高等学校法学案例百选系列教材

总 主 编 季卫东
执行总主编 蒋红珍

劳动与社会保障法案例百选

主 编 齐 斌

参 编（以姓氏笔画为序）

张君强 余菲菲 董传羽

高等教育出版社·北京

内容简介

　　本书是马克思主义理论研究和建设工程重点教材《劳动与社会保障法学》的配套辅助教材，由齐斌律师团队负责编撰。 本书主要收录了各地劳动人事争议仲裁委员会和人民法院审结的仲裁、一审、二审和再审劳动争议案，包括最高人民法院指导案例、公报案例，亦收录了少量劳务合同纠纷案、劳动与社会保障行政诉讼案以及由劳动关系衍生的刑事案件、侵犯法人名誉权案和损害公司利益赔偿纠纷案，并纳入了劳动领域个别社会热点事件和通过非诉手段解决的（准）劳资纠纷。

　　本书既可用于劳动法实践教学，亦可用作劳动和社会保障判例研究以及各类用人单位人力资源管理、企业法务和律师执业参考书。

图书在版编目（ＣＩＰ）数据

　　劳动与社会保障法案例百选 / 齐斌主编；季卫东总主编. -- 北京：高等教育出版社，2021.6
　　ISBN 978-7-04-055964-4

　　Ⅰ. ①劳… Ⅱ. ①齐… ②季… Ⅲ. ①劳动法-案例-中国②社会保障法-案例-中国 Ⅳ. ①D922.505②D922.182.305

　　中国版本图书馆 CIP 数据核字(2021)第 054858 号

策划编辑　周轶男　　　责任编辑　姜　洁　杨丽云　　　封面设计　王　鹏　　　版式设计　杜微言
责任校对　高　歌　　　责任印制　存　怡

出版发行	高等教育出版社	网　　址	http://www.hep.edu.cn
社　址	北京市西城区德外大街4号		http://www.hep.com.cn
邮政编码	100120	网上订购	http://www.hepmall.com.cn
印　刷	北京市艺辉印刷有限公司		http://www.hepmall.com
开　本	787 mm×1092 mm　1/16		http://www.hepmall.cn
印　张	23.5		
字　数	570 千字	版　次	2021 年 6 月第 1 版
购书热线	010 - 58581118	印　次	2021 年 6 月第 1 次印刷
咨询电话	400 - 810 - 0598	定　价	49.00 元

本书如有缺页、倒页、脱页等质量问题，请到所购图书销售部门联系调换
版权所有　侵权必究
物 料 号　55964 - 00

作 者 简 介

齐斌　北京大学法学学士,华东政法大学法律硕士。上海信栢律师事务所主任及中国劳动法服务主管合伙人。曾任职于劳动部政策法规司法规处,参与《劳动法》起草、修改和论证,现任中华全国律师协会劳动和社会保障法专业委员会委员、上海市律师协会劳动与社会保障业务研究委员会副主任、浦东新区政协委员、上海大学法律硕士研究生导师。

余菲菲　普华永道国际派遣和个人税务咨询团队合伙人,在跨国人才流动管理之个人税务筹划和人力资源咨询领域有十多年的专业服务经验,系中国注册税务师和美国注册税务师。

张君强　同济大学法律硕士、比利时布鲁塞尔自由大学投资学硕士,现任上海信栢律师事务所律师。

董传羽　上海大学法律硕士,上海信栢律师事务所律师,兼任中国法学会会员、上海市律师协会劳动与社会保障业务研究委员会委员。

总　　序

　　法律秩序运作的基本模式有两种：一种是规则本位的，即成文法体系；另一种是法官本位的，即判例法体系。无论采取哪种模式，从法律面前人人平等的原则出发，实际上都会把同案同判作为司法公正的主要标准。这就势必最终导致尊重既有判例的倾向。

　　当然，先例拘束力的强弱程度会因国度、文化传统的不同而有所不同。例如在英国，作为最高审判机构的贵族院以及上诉法院的先例曾经具有绝对的拘束力，较高审级的先例对下级的审判也具有绝对的拘束力。直到20世纪后半叶，英国法院才开始有权修正自己的先例，从而使得其对后续判决的拘束力有所缓和、削弱。同属判例法体系的美国虽然也奉行遵循先例原则，但在适用上更有弹性，更注重通过审判进行规范创造和制度改革。而在采取成文法体系的欧陆各国，制度并没有明确法院援用判例的义务，下级法院也享有打破先例进行审判的自由，一切以抽象的法律条文为准绳。尽管如此，出于司法统一的考虑，参照既有判例审理案件也成为欧陆各国审判机构的普遍现象。

　　一般而言，先例或者既有的判例是指在解决具体纠纷时就法律问题所做的具体判断，也就是由法庭给出的法律结论，或者由法院系统宣示的法律定理。为了确保判断的正当性，防止主观造成偏颇，判例除了陈述结论和定理外，还必须通过论证提供判决理由。为了确保判断的可问责性，防止心证过程黑箱化，在判决理由之外还往往会列举法官的补充意见、少数意见乃至反对意见。因而在研究判决时，我们应该区别判决理由与法官意见，但同时又有必要把这两个方面都纳入视野之中，以便更准确地理解判例的内容以及预测其后的判决。如果说同案同判是正义的主要诉求，那么通过判例的拘束力来预测判决进而促成司法统一就是题中应有之意。因此，判例也就自然而然在事实上获得了某种程度的法源性。

　　判例具有因地制宜、因时制宜的灵活性，有利于在具体语境中权衡不同情节和利害进行法律适用，所以尽管中国采取的是成文法体系，但自古以来也颇重视以事例补充法律、以条例辅助法律的机制。在清代甚至还一度出现过轻律重例的倒置现象。在现代中国，自20世纪末叶开始，通过典型案例、参考案例、指导性案例等形式和实践经验的累积，逐步形成了具有鲜明特色的以案例指导司法的制度。2010年11月26日最高人民法院发布《关于案例指导工作的规定》，2015年6月2日又公布了该规定的实施细则，标志着案例指导制度的正式确立和定型。现在推广的这种案例指导制度显然与法学界通常所说的先例或者判例不同，是最高人民法院从各地报送和推荐的实例中筛选出来并进行加工处理后，由审判委员会审定并发布的。在中国，指导性案例不是裁判根据，而只能作为判决理由；可以参照适用，却没有规范的拘束力。的确，指导性案例也具有统一司法尺度的作用，但主要体现为精选样板、加工判文所发挥的示范意义。与之形成对照和互补的，是由最高人民法院审判委员会制定并发布的司法解释。按照规定，法官应该在判决中援引相关的司法解释作为裁判根据，并把司法解释的适用情况作为法官人事考勤的一项指标。如果说司法解释是作为裁判根据的法律的细则化，那么指导性案例就是判决理由的一般性参考框架，是在权衡不同事实、价值以及利害关系时适当增减调整的砝码。通过指导性案例，法律推理的话语空间可以保持适当规模，权利和规范的创造活动也被限定在一定范围之内，这就会增加司法的协调度和精确度。

　　无论先例、判例，还是指导性案例，都是值得进行研究和推敲的，因为它们都浓缩了事实与规范以及结论三者之间的互动关系。透过它们还可以观察办案法官或者最高人民法院怎样按照一定要件对事实进行选择和建构，也可以找到解释、议论、沟通与法理之间的对应关系及其各种不同的组合方式。在这里，存在着规范形成和续造的动态，不断推陈出新又环环相扣，促成法律体系的进化。在这里，书本上的法律与实践中的法律互相交错融合，呈现出多层多样的状况，法律解释也会在特定的语境里发生微妙变化。由此可见，如果不对具体案件中的事实进行细致的观察和分析，就很难理解现行制度的运作，也很难对法律的解释和判断进行适当的评价。如果不深入探讨判例、案例，就很难正确把握权利义务关系的实际构成，也很难对法学理论进行反思和创新。在这个意义上，也不妨把判例、案例理解为法律的一系列实验，是法学知识创新的重要渊源和取之不尽的素材。

　　由此可见，判例、案例的研究对于法学理论以及各种部门法的学习和知识创新具有非常重要的意义。无论是司法还是法学教育，进一步发展的关键均在于采取切实手段尽早形成和完善案例研究和评释的机制，因为日常化的案例研究和评释很容易让违法审判以及制裁畸轻畸重的问题显露，可以大幅度减少对审判人员和案件进行监督的制度成本，并形成司法者都各自审慎行事的良好氛围。为了不使案例指导流于肤浅甚至流于形式，必须使案例研究与大学等机构的学术活动和教育课程密切结合起来，把案例评释作为培养法科学生的基本内容，让他们的专业生涯从有深度的、规范化的案例研究起步。应该采取一些切实有效的措施鼓励研究生和青年学者发表案例的解说和批评，承认有关成果具备不逊于学术论文的价值，这样做下去对法学研究和司法实务的改观都会产生较深远的影响。

　　正是出于上述认识，上海交通大学凯原法学院高度重视和大力推动分学科或跨学科的判例研究会，在以"三三制"法科特班为抓手的课程设置改革和教学方法改革过程中也一直强调判例评释，并曾经策划编辑有关的课本和参考资料。很幸运的是，我们的努力以及从 2015 年年底开始酝酿的关于"高等学校法学案例百选系列教材"的构想获得了高等教育出版社的欣赏和支持。感谢陈建华副社长、于明副主任和姜洁编辑等的鼎力支持，在 2017 年启动了与法学类权威教科书配套但又具有一定学术独立性的 16 种法学案例百选系列教材的编写出版计划，由学科负责人担任各卷主编，从本院以及全国组织案例评释撰稿人。在执行总主编蒋红珍副院长的积极推动和精心协调下，该系列教材编辑委员会多次开会商讨，形成了基本统一的体例和模板，但又给各卷主编们留下了一些自由裁量的空间。

　　通过各位主编和来自全国不同法学院校的撰稿者们的共同努力，现在这套"高等学校法学案例百选系列教材"终于陆续付梓。借此机会，向参与这项工程的所有专家学者、提供行政支撑的凯原法学院教务办公室、我们的战略合作伙伴高等教育出版社及相关责任编辑、慷慨提供研究资助的文宣基金表示由衷的感谢！但愿这套教材对法学教育内容和形式的改进、法理研究的深入以及庭审指向的司法改革都有所裨益。

于 2019 年晚春上海

前　　言

我国《劳动法》①从法律层面确立了劳动争议"一裁二审""先裁后审"的处理机制。《劳动争议调解仲裁法》规定,部分小额劳动争议和执行国家劳动标准的争议对用人单位而言"一裁终局"。因此,典型的劳动争议案均需经过仲裁前置程序,且通常由法院作出最终处理。这是劳动争议与普通民事案件在处理机制上的最大区别。

《劳动与社会保障法学》将劳动法与社会保障法作为两个不同的部门法,统一纳入社会法范畴;该书"社会保障法"一编既包括与用人单位及劳动者相关的社会保险,又包括与劳动关系无甚关联的社会救助、社会福利(职业福利除外)和社会优抚。根据最高人民法院有关劳动争议的司法解释,我国法院仅受理部分社会保险待遇损失赔偿的争议,而社会救助、社会福利和社会优抚方面的司法案例则十分少见。

鉴于此,本书主要收录各地劳动人事争议仲裁委员会仲裁和人民法院审结的一审、二审和再审劳动争议或劳务合同纠纷案(包括最高人民法院指导案例);个别案件系经最高人民检察院抗诉后由最高人民法院提审。本书亦收录了一些劳动与社会保障行政诉讼案件。

就劳动法而言,劳动合同法律制度是重中之重,本书第三章的案例占全书案例总数1/3以上,导致各章内容存在不均衡;但这其实反映了劳动仲裁和司法实践中大量劳动争议案系劳动合同纠纷的现实。

作为马克思主义理论研究和建设工程重点教材《劳动与社会保障法学》(主教材)配套用书,本书在编纂时尽量将有关案例与主教材各章一一对应,以便加深读者对主教材的理解;因无法将案例与每章之下各节再一一对应,亦为避免体系过于零散,本书采取在每章之下对案例连续编号的方式,案例首部尽量列明各节的主旨或细分主题。主教材第十二章(社会保险基金)、第十三章(社会救助)因相关仲裁、诉讼案件较少,本书暂未收录对应的案例;主教材第十四章(社会福利和社会优抚)包括职业福利,本书收录了住房公积金相关案例,在本书中编为第十二章。为全面体现劳动关系的复杂性和劳资双方权利义务的界限,本书还在"附章"等处收录了少量与企业负责人、股东、高级管理人员和其他劳动者有关的侵犯法人名誉权案、损害公司利益赔偿纠纷案以及刑事案件。此外,本书也纳入了劳动领域个别社会热点事件和通过非诉手段解决的(准)劳资纠纷。

需要说明的是,本书案例编排仅供参考,分类标准是相对的。因为劳动争议仲裁、诉讼请求通常有多项,很难将每个案件都笼统归于某一类,对诸多案例严格按逻辑排列也比较困难;况且,几乎所有劳动争议案例均可对应主教材劳动争议处理(劳动争议仲裁、诉讼)章节,而本书显然不宜仅以上述章节囊括所有案例。因此,我们选取的每个案例往往仅重点提示一个主题或问题点,并列于相应位置。为简洁起见,某个主题(往往对应主教材每节之下小标题)有多个案例的,仅在第1个案例列明相关主题。

---

① 为行文简洁,本书在引用我国法律法规时一般使用简称,如《中华人民共和国劳动法》简称为《劳动法》。特殊注明的除外。

　　本书由上海信栢律师事务所主任、合伙人齐斌律师主持编写并摘录、评析了逾半数案例，同所张君强律师和董传羽律师分别摘录、评析了部分案例；普华永道国际派遣和个人税务咨询团队合伙人余菲菲女士在"武汉天驭灵动生活网络技术有限公司与张某劳动合同纠纷案"中，结合我国 2018 年修正后的《个人所得税法》和新业态用工关系，就灵活用工税务解决方案进行了探讨。

　　我国劳动法律、法规、规章和规范性文件纷繁复杂，劳动人事问题往往具有较强的政策性、地域性，"裁审衔接""类案同判"任重道远。举一个团队、一家事务所之力，难以从立法完善、政府责任、劳资双方（包括工会）、裁审口径等诸多角度对每个案件作出尽善尽美的评析，疏漏之处在所难免，唯望本书对法律学子及有关各界有所裨益。

2020 年 12 月 22 日

目　录

上编　劳　动　法

下编　社会保障法

为顾及读者阅读的广度和深度,我们精选了 20 个案例,感兴趣的读者可扫码付费阅读。

上编　劳动法

第一章　劳动法基础理论

1. 劳动法的适用范围：代驾驾驶员劳动关系的确认
——孙某与北京亿心宜行汽车技术开发服务有限公司劳动争议案

摘要： 代驾驾驶员主张与服务平台存在劳动关系，"一裁二审"均未支持。

来源： 北京市石景山区劳动人事争议仲裁委员会京石劳仲字〔2014〕第 712 号仲裁裁决书；北京市石景山区人民法院（2014）石民初字第 8170 号民事判决书；北京市第一中级人民法院（2015）一中民终字第 176 号民事判决书。

【事实概要】

2013 年 4 月 17 日，甲方北京亿心宜行汽车技术开发服务有限公司（下称公司）与乙方孙某（男，1961 年生）签订《e 代驾驾驶员合作协议》。协议载明：（1）合作内容：由甲方向乙方提供代理驾驶送车服务的信息，由乙方为客户提供代理驾驶服务（下称代驾服务）。乙方按照甲方对社会公布的各项收费标准收费并获取服务收益，甲方从乙方预存的信息费中扣除相应费用，作为甲方提供信息服务的费用。（2）（略）。（3）合作服务流程：①由甲方接受客户预约后通知乙方服务内容，或客户直接与乙方联系。②乙方依据本协议执行"代理驾驶"的合作任务。（4）（略）。（5）收益分配与结算形式：①甲方向乙方提供代驾服务信息，暂定按每次代驾实际收费的 20% 收取信息费用，扣税后其余部分为乙方所得。②（客户）通过 e 代驾正规预约渠道预约乙方的，视为甲方向乙方提供代驾服务信息，甲方有权收取对应的信息费。③随着市场的变化以及竞争的改变，甲方有权调整对乙方收取的信息费，其他特殊情况（下）信息费用的收取（由）甲方另行通知乙方。

2014 年 3 月 26 日，公司解除与孙某的合作协议。

【裁判要旨】

1. 北京市石景山区劳动人事争议仲裁委员会裁决

孙某向北京市石景山区劳动人事争议仲裁委员会提起仲裁，要求公司返还手机折旧费 1 190 元、2013 年 2 月 25 日至 2014 年 3 月 7 日的工资 2 600 元、工装费 100 元；补缴上述期间的社会保险费;支付解除劳动合同经济补偿金 6 000 元。仲裁委员会作出裁决,认为孙某与公司之间并非劳动关系,驳回其仲裁申请。

2. 北京市石景山区人民法院一审判决

孙某不服上述仲裁裁决,诉至北京市石景山区人民法院(下称一审法院),称其于 2013 年 2月 25 日入职被告(公司),岗位为代驾司机,双方签订了劳动合同,月平均工资 4 000 元,在职期间受公司管理,由公司支付劳动报酬,后被公司无故辞退,故请求公司支付解除劳动合同经济补偿金等(全部请求同仲裁)。

一审法院经审理认为:当事人对自己提出的诉讼请求所依据的事实或者反驳对方诉讼请求所依据的事实有责任提供证据加以证明。没有证据或者证据不足以证明当事人的事实主张的,由负有举证责任的当事人承担不利后果。在本案中,孙某主张其与公司存在劳动关系,但未提供相关证据证明其主张,故一审法院对其诉讼请求不予支持。如孙某与公司存在其他经济纠纷,可依法另行解决。综上所述,判决驳回孙某的诉讼请求。

3. 北京市第一中级人民法院二审判决

孙某不服一审判决,向北京市第一中级人民法院(下称二审法院)提起上诉。二审法院依法组成合议庭,公开开庭审理了此案。上诉人孙某到庭参加诉讼,公司未到庭参加诉讼。孙某请求二审法院撤销一审判决,发回重审或改判支持其全部诉讼请求。孙某称,其提交银行交易明细、工作服、工作用手机、《委托代驾协议》、《单位介绍信》等与工作有关的相关证据,已经尽到最大程度的举证责任,一审法院明显加重了其举证责任。公司答辩称:不同意孙某的上诉请求,请求二审法院驳回上诉,维持原判。

二审法院认为:关于确认劳动关系是否存在,主要考虑如下因素:(1)用人单位和劳动者符合法律、法规规定的主体资格;(2)用人单位依法制定的各项规章制度适用于劳动者,劳动者受用人单位的劳动管理,从事用人单位安排的有报酬的劳动;(3)劳动者提供的劳动是用人单位工作的组成部分。本案中,根据双方签订的《e 代驾驾驶员合作协议》,公司向孙某提供代驾信息,孙某向客户提供代驾服务并收取代驾费用,公司从孙某预存的信息费中扣除信息服务费用,孙某可自行掌握工作时间,其工作报酬亦非按月从公司领取,故双方之间的关系不符合劳动关系的特征,不属于劳动关系。因此,孙某基于其与公司之间存在劳动关系而提出的各项诉讼请求,缺乏依据,二审法院不予支持。

综上所述,孙某的上诉理由不能成立,一审判决认定事实清楚,适用法律正确,二审法院于2015 年 2 月 12 日判决:驳回上诉,维持原判。

【法 律 评 析】

(一)评析要点

本案名为劳动争议,并从劳动仲裁开始,但实际上双方之间并非劳动关系。

近年来,借助互联网平台运营的企业(服务范围包括叫车、代驾、送餐、快递等)之用工关系成为社会热点。互联网的发展确实导致用工模糊化、零碎化,也直接导致处于经济运行"食物链"末端或底层的劳务人员(未必都是低技术、低学历人员)边缘化。

与此相关,国外出现了"Gig Economy"(零工经济)的概念,用以描述现代劳动力市场。即,传统的产业工人阶层正在分化、缩小,"朝九晚五"的工作模式也逐渐消失,越来越多的人沦为"零工"(Gig Employee,国内亦有人译为"临工")。当然,"零工"除了短期工人(我国计划经济时代称"临时工")外,还包括所谓的"独立承包商"(独立劳动者,类似我国的个体工商户)。2018年12月12日,"爱迪生研究"(Edison Research)发布了题为《美国人与零工经济》(Americans and the Gig Economy)的报告,认为几乎1/4的美国成年人靠零工经济赚钱。

日本的"零工"(非正规雇佣劳动者)占劳动力总数的比例从1990年的约18%升至2018年的38%(约2 090万人)。这些劳动者绝大多数从事临时或不规律的工作,在职场上面临不平等待遇,薪资极低,缺乏保障。根据日本动画师演出协会2019年发布的《动漫人实况调查》,全行业中,正式合同工仅占14.7%,非正式工基本由20~30岁的年轻人构成,薪资只有行业平均水平的1/4。[①]

劳动结构失衡导致底层劳工运动在日本兴起。2003年,日本成立"飞特(freeter)族全体工会"。日本厚生劳动省对"飞特族"的定义为:15~34岁,学生和家庭主妇除外,依靠兼职生活或正在寻找兼职的人。"飞特族全体工会"则删除了该定义中对年龄和身份的限制,将所有处于不稳定劳动状况的人都划入其动员对象,包括学生、女性等弱势群体。[②]

21世纪初,英国经济学家、全民基本收入理念的提倡者盖伊·斯坦丁(Guy Standing)使用"不稳定无产者"[即precariat,是precarious(即不稳定)和proletariat(即无产者)的组合]指代那些被不确定、债务和屈辱缠绕,逐渐失去文化、公民、社会、政治、经济权利,陷入"弃民"(denizen)状态的劳动者,并称他们正在形成一个"新危险阶级"。[③]笔者认为,"零工"不完全等于"不稳定无产者";部分"零工"系自愿放弃稳定的正式工作、从事自由职业,就本意而言,其并未将自己视为用工企业(平台)的员工。当然,特定情况下,不排除某些"零工"因突发事件(比如疾病或意外伤害,无论是否与工作有关)或某种或然利益(如我国《劳动合同法》框架下的未签书面劳动合同双倍工资差额、解除或终止劳动合同经济补偿金或赔偿金),主张存在劳动关系的可能性。

除"零工"外,"远程办公"(类似普华永道有条件实行的"WeFlex"工作方式[④])也日渐流行。2017年,法国"远程办公"员工已占全国劳动者总数的16%。2017年9月法国政府公布了《加强劳工关系透明性与安全性法令》,对"远程办公"协议内容、工作方式、工作内容和劳动者权利作出了规范;根据该法令,劳动者在远程办公场所因工作受伤,也应被认定为工伤。[⑤]

关于互联网用工、"零工"等情形下的劳动(雇佣)关系认定,目前国际上似尚未形成共识。2016年7月,英国两名Uber司机起诉公司,法院支持其与公司系"劳动/雇佣关系"。2019年5月14日,美国劳资关系委员会总法律顾问彼得·罗布(Peter Robb)则在一份建议备忘录中称,Uber司机是独立合同工,而不是企业雇员。[⑥]笔者认为,劳动关系应基于劳动合同,不管书面合同、口头协议还是双方通过实际履行达成的约定;任何合同成立的前提都是双方或多方的合

①②③ 冷君晓:《从绝望到反抗:日本不稳定劳动者的社会运动》,"澎湃思想市场"微信公众号,2019年10月19日发布(同年10月21日修改)。

④ 普华永道(PwC)实行的"WeFlex"(经事先申请,有条件地在工作场所之外包括家中工作)只是对正常工作方式的补充,不等于完全的"远程办公"。

⑤ 董积霞编译:《法国政府发布新法令保障远程劳动者权益》,载《上外区域国别法治动态》2017年第9期,第3页。

⑥ 徐冰:《Uber司机不是"雇员"符合"零工经济"模式》,载《新京报》2019年5月17日。

意,劳动合同成立的前提是双方具有建立劳动关系而非其他关系的合意。当然,就此问题,学者①和司法实务界人士众说纷纭,后者的意见尤其值得关注。

此外,随着数字化、人工智能(AI)、自动化包括机器人的发展,到 2050 年,仅仅在美国,18 岁到 45 岁的青壮劳力工作岗位可能消失 500 万个。就世界范围而言,将来可能只要 20% 的人口即可创造全世界财富、维持全球经济运转。② 另一方面,德国汉斯·博克勒基金会马克·施廷格(Marc Schietinger)博士认为,数字化不是岗位杀手;因数字化,德国就业岗位增减各约 150 万,分别占德国全部岗位(4 500 万)的 1/30。③ 无论将来如何,其时的劳动关系与社会保障问题已超出本书范围,兹不赘述。

(二) 法律依据与实务分析

本案二审判决阐述的确认劳动关系的三个因素,是基于原劳动和社会保障部有关规范性文件。④ 根据该文件,用人单位招用劳动者未订立书面劳动合同,但同时具备上述三个因素的,劳动关系成立。此时,认定双方存在劳动关系可参照下列凭证:(1)工资支付凭证或记录(职工工资发放花名册)、缴纳各项社会保险费的记录;(2)用人单位向劳动者发放的"工作证""服务证"等能够证明身份的证件;(3)劳动者填写的用人单位招工招聘"登记表""报名表"等招用记录;(4)考勤记录;(5)其他劳动者的证言等。其中,(1)、(3)、(4)项的有关凭证由用人单位负举证责任。⑤

本案二审阶段,公司作为被上诉人未到庭参加诉讼,只是进行了书面答辩,这可能意味着公司对本案结果持乐观态度。二审也确实维持了一审判决。

实务中,除本案二审判决阐述的因素外,确认劳动关系时还可运用公平、诚实信用等原则;若双方争议进入了仲裁、诉讼,特定情况下,仲裁员和法官将根据一方的证据优势在一定范围内行使自由裁量权。

作者:齐斌

---

① 有学者认为,"零工"是否自备(车辆等)生产资料,是考量其与互联网平台是否具有劳动关系的重要因素。亦有人主张从保护消费者(乘客等)权益的角度考量此问题。

② 资讯来源:普华永道全球派遣服务年会(Global Mobility Conference),2018 年 10 月 30 日至 11 月 2 日,美国圣地亚哥。

③ 资讯来源:"中德数字化时代的职工权益保护"论坛,2019 年 9 月 12 日,上海。

④ 劳动和社会保障部《关于确立劳动关系有关事项的通知》(劳社部发〔2005〕12 号)第 1 条。

⑤ 《关于确立劳动关系有关事项的通知》第 2 条。

2. 网络主播劳动关系的确认
——钱某与上海某文化公司确认劳动关系纠纷案

摘要:网络直播平台主播要求确认其与合作公司存在劳动关系,"一裁二审"均未支持。

来源:上海市宝山区人民法院(2018)沪 0113 民初 11088 号民事判决书;上海市第二中级人民法院(2018)沪 02 民终 8868 号民事判决书。①

【事 实 概 要】②

钱某(女,1995 年 3 月生)与上海某文化公司于 2015 年 11 月 7 日签订《××直播主播独家合作协议》,约定:鉴于甲方(钱某)是一名具有直播特长,有志于长期在××直播平台上发展,逐步提升直播水平和知名度的主播。……甲方同意与乙方(上海某文化公司)××直播平台合作,将××直播平台作为互联网独家分享平台,直播内容为娱乐类直播。乙方同意将××直播平台的相关资源提供给甲方,帮助甲方在××直播平台上提升人气和收益。同时,根据甲方产生的内容(包括但不限于视频、音频、新闻、采访、文字、肖像等)向第三方平台进行输出,用于包装甲方的形象,提升其知名度。乙方承诺将根据甲方的内容质量和表现,并根据乙方的时间安排,向甲方提供不低于人民币 800 万元的包装推广,具体推广资源位的价值,详见合作附件。双方合作期限为 3 年,即从 2015 年 11 月 7 日至 2018 年 11 月 7 日。……甲方在乙方平台进行直播节目分享,获取用户赠送的虚拟道具,按照乙方指定的兑换规则,获得收益,具体分成比例及兑换规则以乙方官网发布为准。甲方同意将乙方××直播平台作为独家互联网直播分享的平台,甲方承诺在合作期内未经乙方书面同意不得在乙方以外的任何第三方互联网平台上进行直播分享。……甲方同意根据乙方的安排,准时参加相关宣传、比赛、推广活动,包括但不限于乙方策划、组织或参与的特定直播、视频发布、解说或相关产品的发布推广活动,每月不少于两次。甲方进行直播必须遵守乙方平台规则。……合作期间,自合作开始第二个月起,若甲方每月直播天数不少于 14 天(当日连续直播时长若小于半个小时,不计算到月直播天数中),且月日均直播人气在 3 000 人以上,则:(1)当月直播时长在 60~80 小时(含 80 小时),将获得人民币 3 000 元;(2)当月直播时长在 80~100 小时(含 100 小时),将获得人民币 4 500 元;(3)当月直播时长在 100 小时以上(不含 100 小时),将获得人民币 6 000 元。(4)如甲方未能满足以上条件或要求,则当月费用不予发放。若甲方合作期内有两个月未能达到以上条件,则乙方保留解除协议的权利。

后双方因劳动关系的确认发生争议。

---

① 如本书前言所述,除部分小额劳动争议和执行国家劳动标准的争议对用人单位"一裁终局"外,我国劳动争议一般的处理机制是"一裁二审""先裁后审";典型的劳动争议案均需经过仲裁前置程序,且通常由法院作出最终处理。故许多劳动人事仲裁裁决书并未生效,亦未公开。近年虽有部分地区允许有条件地在互联网公布生效的劳动人事仲裁裁决文书(如江苏省人力资源和社会保障厅、江苏省劳动人事争议仲裁委员会 2019 年 8 月 19 日发布的《全省劳动人事争议仲裁裁决文书互联网公布意见》),但本书收录的案例鲜有仲裁裁决书生效的情形,且后续法院判决书、裁定书许多并不披露仲裁裁决书、通知书、决定等的案号(文号),故本书许多案例来源仅列明法院判决书、裁定书案号,特此作出说明。

② 一审法院认定,二审法院认为属实。

【裁判要旨】

1. 劳动人事争议仲裁委员会①裁决

钱某于 2018 年 3 月 22 日申请仲裁，要求确认其与上海某文化公司于 2015 年 11 月 7 日至 2017 年 9 月 25 日期间存有劳动关系。仲裁裁决对钱某的所有申诉请求不予支持。

2. 上海市宝山区人民法院一审判决

钱某不服仲裁裁决，诉至上海市宝山区人民法院（下称一审法院），请求确认其与公司于 2015 年 11 月 7 日至 2017 年 9 月 25 日期间存在劳动关系。

一审法院认为：当事人对自己提出的诉讼请求所依据的事实或者反驳对方诉讼请求所依据的事实有责任提供证据加以证明。没有证据或者证据不足以证明当事人的事实主张的，由负有举证责任的当事人承担不利后果。双方之间签订的系《××直播主播独家合作协议》，钱某作为完全民事行为能力人应当清楚签订协议的相应后果，该协议系当事人真实意思表示，未违反法律强制性规定，不存在无效或可撤销情形，该协议合法有效。钱某称该协议名为合作协议实为劳动合同。然而，首先，钱某、公司没有建立劳动关系的合意，双方已经明确双方为合作关系。其次，双方有建立合作关系的基础和价值。本案中公司为钱某提供互联网分享平台、为其提供包装推广渠道，钱某的收入来源不仅是公司支付的酬劳，还有用户赠送的虚拟道具的相应兑换收益，故钱某不仅是通过提供劳动力换取公司支付的报酬，也是借用公司的平台获得更多的收益，双方有合作的条件和真实意愿。再次，钱某的直播时间比较灵活，虽然也有一定的时长要求，但是其可以自行安排直播的时间、地点和内容，故双方关系松散、人身隶属性较弱。最后，公司虽对钱某权利义务进行一定限制，但这是双方基于合作关系而进行的约定，符合网络直播行业的惯例，并不能等同于用人单位对于员工的管理。综上，双方之间并不符合构成劳动关系的要件，故钱某诉请要求确认与公司于 2015 年 11 月 7 日至 2017 年 9 月 25 日期间存在劳动关系，依据不足，不予支持。据此判决：驳回钱某的诉讼请求。

3. 上海市第二中级人民法院二审判决

钱某不服一审判决，向上海市第二中级人民法院（下称二审法院）提起上诉。二审法院于 2018 年 9 月 18 日组成合议庭进行了审理。

钱某上诉请求：撤销一审判决，支持其在一审中的诉讼请求，一、二审诉讼费用由公司承担。其事实和理由为：钱某需要接受公司的管理，包括每月直播的时间、工作量、直播时应遵守的规则；同时，公司根据钱某付出的劳动，定期给予报酬。协议约定劳动者的工资按月支付和以小时计酬，体现劳动关系中的工资报酬规定。钱某服从公司平台的规则，接受用人单位的管理，服从其工作安排，遵守企业的规章制度。钱某的收入不仅仅来源于公司支付的酬劳，还有用户赠送的虚拟道具的相应兑换权益，后一部分的利润分成实际上是提成的不同表现形式，故双方之间本质上就是一种劳动关系。公司给钱某的所有劳动收入，均是公司通过第三方个人或者劳务公司转账支付的，证明公司有规避应承担的劳动法律规定义务的明显意图，通过合作协议这种合法的手段掩盖实质劳动合同的目的。

公司辩称：一审法院认定事实清楚，适用法律正确，要求驳回钱某的上诉请求，维持一审

---

① 二审判决未列明具体的仲裁委员会名称，应为上海市宝山区劳动人事争议仲裁委员会。

判决。

二审法院认为:本案的争议焦点在于钱某与公司之间是否存在劳动关系。首先,从协议内容看,钱某同意与公司合作,将××直播平台作为互联网独家分享平台,公司则同意将该直播平台相关资源提供给钱某,帮助钱某在该直播平台提升人气和收益,双方之间本质上属于通过平等合作实现互利共赢,而并无建立劳动关系的意思表示,钱某提出双方之间本质是劳动关系、具有人身和经济依附性的观点,二审法院不予认可。其次,从收入来源看,钱某的收入来源不仅来自公司根据直播时长支付的酬劳,还有根据用户赠送的虚拟道具的相应兑换收益,赠送的虚拟道具越多,意味着能够兑换的收益越高,也即钱某是借用公司的直播平台获取收益,而非向公司交付劳动成果,公司也仅仅是根据钱某获得的虚拟道具的数量,按照既定规则直接兑换权益,而不是向钱某支付劳动报酬,钱某提出的该收益是提成的不同表现形式的观点二审法院不予认可。再次,公司虽然对钱某的直播时长有一定的要求,但钱某在具体直播时间、直播地点、直播方式和内容等方面具有自主性和灵活性,无须受到公司的约束、支配和管理,双方之间缺乏明显的人身隶属性。最后,公司要求钱某必须遵守平台规则,并要求钱某根据安排参加相关宣传、推广活动等,作为平台,对主播的相关权利义务进行一定程度的限制,既是出于维护合作关系的需要,也符合行业惯例;钱某认为这是在接受用人单位的管理,服从公司安排,遵守公司规章制度,是在为公司提供劳动的观点,二审法院不予认可。综上所述,钱某要求确认与公司之间存在劳动关系的请求,二审法院不予支持。一审判决认定事实清楚,适用法律正确,应予维持。

二审法院遂于 2018 年 11 月 22 日判决:驳回上诉,维持原判。

【法律评析】

(一)评析要点

如本案二审法院所认定,本案争议焦点是双方之间有无劳动关系。笔者一贯主张,确认劳动关系,最关键的是确定双方之间有无建立劳动关系而非其他关系的合意。就"网约车"等互联网新业态而言,实务中经常遇到的情形是:个人一方起初只想从事自由职业、与网络平台建立合作关系,后因事业不顺、遭逢事故或意外,又主张与对方存在劳动关系,企图以此实现基于劳动关系的相关利益(比如工伤待遇等)。笔者认为,多数情况下,此种主张有违诚实信用,不应获得司法支持。

上海市第一中级人民法院曾审理一起网络科技公司与"网红"曲某之间的"跳槽"纠纷,法院认为案涉网络服务与演出合作,属非典型合同关系,适用《合同法》①一般规定,"跳槽"属违约;双方之间签订的主播经纪协议无人身依附性,不具有劳动关系的从属特征。该案起因与本案不同,但案涉双方之间的关系是类似的。

互联网新业态情况下的劳动关系认定因素,主要是(从业人员与网络平台的)人身依附性、业务从属性、计酬方式(比如快递员往往按件取酬)和经营风险承担主体(比如快递员"丢单"后是自行赔偿还是由平台赔偿)。笔者认为,除非双方签订书面劳动合同,上述任何单一因素

---

① 《民法典》自 2021 年 1 月 1 日起施行,《合同法》同时废止。现应适用《民法典》合同法编的一般规定。

都只是认定劳动关系的参照而非决定性因素;司法实践中应防止劳动关系的泛化,兼顾"新经济"主体与从业人员双方的利益,并重视诚实信用原则。当然,快递员、"网约车"司机等从业人员对我国实体经济的持续发展和国民生活的便利化功不可没,如何保护其民事权益乃至将其纳入劳动保障体系,值得立法者和业界深思并应尽快建立相应机制。

（二）法律依据与实务分析

本案发生时有效的我国《民法通则》第 58 条第 1 款第（6）项规定,"以合法形式掩盖非法目的的"民事行为无效;《合同法》第 52 条规定,"有下列情形之一的,合同无效:……（三）以合法形式掩盖非法目的……"。《劳动合同法》则无类似表述。现行有效的《民法典》第 146 条第 1 款规定,"行为人与相对人以虚假的意思表示实施的民事法律行为无效。"

本案钱某在上诉状("事实和理由"部分)称,公司"通过合作协议这种合法的手段掩盖实质劳动合同的目的",这种表述令人费解。套用当时有效的《民法通则》和《合同法》,钱某或其代理人的逻辑似乎是,合作协议就是合法或正大光明的,"实质劳动合同"就是非法或见不得人的。其实《劳动合同法》并无"实质劳动合同"和"非实质劳动合同"之区分,只有签订和不签订劳动合同之不同法律后果。实务中,也没有理由认为合作关系与劳动关系的合法性有高下之分;无论合作关系还是劳动关系,只要依法建立,都是法律保护的民事关系。如果钱某直接主张公司实际上是与其建立了劳动关系但未签订书面劳动合同,则相对容易理解。但如此主张,又与双方签订合作协议之事实相悖。

本案双方当初自愿签订合作协议,亦非"以虚假的意思表示实施的民事法律行为",因此,根据现行《民法典》之规定,该合作协议亦属有效。

总之,两审法院对本案的判决是合理合法的。本案对网络直播平台主播与平台公司之间的关系界定具有一定的启示意义。

作者:齐斌

3. 劳动法律关系的主体：送餐员劳动关系的确认
——武汉天驭灵动生活网络技术有限公司与张某劳动合同纠纷案

摘要：外卖送餐员主张与公司存在劳动关系并要求未签订书面劳动合同的二倍工资差额，获"一裁二审"支持。

来源：湖北省武汉市江汉区劳动人事争议仲裁委员会江劳人仲字〔2018〕第 640 号仲裁裁决书；湖北省武汉市江汉区人民法院（2019）鄂 0103 民初 2930 号民事判决书；湖北省武汉市中级人民法院（2019）鄂 01 民终 11783 号民事判决书。

【事实概要】

张某于 2017 年 8 月应聘到武汉天驭灵动生活网络技术有限公司（下称天驭公司）处从事美团外卖送餐员工作。工作期间，张某接受天驭公司的劳动管理，天驭公司向张某提供了工作服、工作帽、车篓、工作证等劳动装备。

天驭公司的经营范围为计算机软硬件及网络系统的技术开发、技术咨询、技术服务；设计、制作、发布、代理国内各类广告业务；电动自行车及零件的批发兼零售；食品销售等。

张某于 2017 年 9 月 20 日、10 月 20 日、11 月 20 日、12 月 20 日、2018 年 1 月 22 日、2 月 13 日、3 月 20 日、4 月 20 日、5 月 21 日、7 月 20 日分别收到尚某通过银行转账方式的转款 4 783.9 元、3 749 元、6 321 元、5 907 元、6 808 元、3 640.5 元、7 018 元、6 578.5 元、4 557 元、3 400 元。尚某系天驭公司财务人员。对此，天驭公司称系协助张某与"美团"结算劳务费。

2018 年 6 月 18 日 12 时 48 分，张某因交通事故受伤，后未上班。

【裁判要旨】

1. 武汉市江汉区劳动人事争议仲裁委员会裁决

2018 年 9 月 12 日，张某就劳动关系等事宜向武汉市江汉区劳动人事争议仲裁委员会申请仲裁。仲裁委员会作出裁决书，裁决：（1）确认 2017 年 8 月至 2018 年 6 月 18 日期间天驭公司与张某之间存在劳动关系；（2）天驭公司应当一次性向张某支付未签订劳动合同双倍工资差额 47 979 元；（3）驳回张某的其他仲裁请求。

2. 武汉市江汉区人民法院一审判决

天驭公司不服仲裁裁决，诉至武汉市江汉区人民法院（下称一审法院）。

一审法院认为，原劳动和社会保障部《关于确立劳动关系有关事项的通知》第 1 条规定，用人单位招用劳动者未订立书面劳动合同，但同时具备下列情形的，劳动关系成立：（1）用人单位和劳动者符合法律、法规规定的主体资格；（2）用人单位依法制定的各项劳动规章制度适用于劳动者，劳动者受用人单位的劳动管理，从事用人单位安排的有报酬的劳动；（3）劳动者提供的劳动是用人单位业务的组成部分。本案中天驭公司系独立法人，属于中国境内的企业，张某系适格的劳动者，两者均符合法律规定的主体资格；张某从事的美团外卖送餐员工作系天驭公司业务的组成部分；天驭公司的财务人员每月以银行转账方式向张某转款，天驭公司称其系协助张某与"美团"结算劳务费以及设置站点为美团骑手提供电动车充电及休息场所的服务,但天驭公司未提交相关证据予以证实。

因此,根据上述事实,可以认定天驭公司与张某之间存在事实劳动关系。关于双方劳动关系的存续时间,张某称其于 2017 年 8 月入职天驭公司,2018 年 6 月 18 日受伤后因伤情较重无法上班。天驭公司作为用人单位未能提供应由其掌握的张某入职、离职时间的相关证据,根据《劳动合同法》第 7 条"用人单位应当建立职工名册备查"的规定,天驭公司应承担举证不能的相应后果。故根据查明的事实即天驭公司财务人员向张某发放工资的时间、张某受伤的时间以及张某的意见,综合认定双方的劳动关系存续时间,即认定天驭公司、张某在 2017 年 8 月 1 日至 2018 年 6 月 18 日期间存在劳动关系。《劳动合同法》第 82 条第 1 款规定,用人单位自用工之日起超过 1 个月不满 1 年未与劳动者订立书面劳动合同的,应当向劳动者每月支付 2 倍的工资。天驭公司、张某劳动关系存续期间,天驭公司未与张某签订书面劳动合同,天驭公司应向张某支付 2017 年 8 月 1 日至 2018 年 6 月 18 日期间未签订书面劳动合同的 2 倍工资差额,即 47 979 元(3 749 元+6 321 元+5 907 元+6 808 元+3 640.5 元+7 018 元+6 578.5 元+4 557元+3 400 元)。

综上,依照《劳动合同法》第 7 条、第 82 条第 1 款和《民事诉讼法》142 条之规定,一审法院于 2019 年 9 月 2 日判决:(1)天驭公司与张某 2017 年 8 月 1 日至 2018 年 6 月 18 日期间存在劳动关系;(2)天驭公司于判决生效之日起 10 日内向张某支付未签订书面劳动合同的 2 倍工资差额 47 979 元;(3)驳回天驭公司的诉讼请求。

3. 武汉市中级人民法院二审判决

天驭公司不服一审判决,向武汉市中级人民法院(下称二审法院)上诉,请求撤销一审判决,依法改判支持天驭公司全部诉讼请求。事实和理由是:双方当事人之间不存在劳动关系,张某为美团外卖骑手,天驭公司并未对其进行管理,工资实际是美团外卖与天驭公司结算的劳务费,天驭公司也没有直接招聘张某,双方不形成事实劳动关系,不应支付未签订劳动合同的双倍工资。

二审期间,双方当事人均未提交新证据。二审法院经审查,一审查明的事实属实,依法予以确认。

二审法院认为,本案的争议焦点为张某与天驭公司之间是否构成事实劳动关系。事实劳动关系认定的本质在于劳动者和用人单位形成人身、经济上的隶属性,劳动者为用人单位付出了一定劳动并已经获得或应当获得劳动报酬和有关福利待遇。判断是否存在劳动关系,应以劳动和社会保障部《关于确立劳动关系有关事项的通知》第 1 条规定对双方是否具备劳动关系的基本特征进行审查。结合本案,天驭公司和张某均符合建立劳动关系的主体资格。张某主张其是通过天驭公司在网上发布的招聘广告成为美团骑手从事外卖配送服务,天驭公司虽提出异议,认为是与该公司具有合作关系的站长发布的招聘信息,人员是由站长招聘,但未对此予以举证。张某的劳动报酬由尚某持续并有规律性地支付,天驭公司庭审中认可其身份为该公司法定代表人亲属,但认为支付的上述费用系协助"美团"结算的劳务费,但对此亦未予以举证。张某在相应的区域内进行美团外卖订单配送工作,并按照要求的标准和配套设施提供劳动,从事的工作内容也是天驭公司的业务范围。张某在外卖配送中有着装要求,顾客对派送骑手有评价机制,劳动报酬也是由公司进行计件发放,按月结算,均可视为天驭公司对其进行管理,一审认定"张某与天驭公司满足劳动和社会保障部《关于确立劳动关系有关事项的通知》第 1 条规定的有关确认劳动关系的条件,双方之间符合劳动关系的本质特征,确认双方在 2017 年 8 月 1 日至 2018 年 6 月 18 日期间存在劳动关系",具有事实与法律依据。天驭公司在张某入职 1 个月后仍未签订书面劳动合同,一审法院依据《劳动合同法》第 82 条第 1 款规定据实核算天驭公司应支付的未签订书面劳动合同双倍工资,实体处理并无不当。

综上,二审法院认为天驭公司上诉理由不能成立,其上诉请求不予支持,遂于 2019 年 12 月 11 日判决驳回上诉,维持原判。

【法律评析】

(一)评析要点

网络经济时代,随着越来越多的企业依托互联网运作,新型用工模式应运而生,劳动关系认定不可避免地成为劳动争议频发点。

本案中,案外人"美团"系外卖服务平台,其运营者并未与外卖"骑手"(送餐员)签订劳动合同,甚至并未直接发生任何法律关系,而是通过代理公司(本案当事人天驭公司)招募骑手、支付报酬,导致骑手与代理公司之间发生劳动关系认定问题。

本案"一裁二审"的说理兹不赘述。虽然本案已有定论,但围绕互联网用工等灵活用工方式的劳动关系认定尚有不小的争议,各地司法实践也有所不同。因此,对类似案件,应结合双方乃至案外人(如本案中的服务平台"美团")的具体情况和当地的政策与司法解释,慎重研判、认定劳动者(劳务人员)与劳动(劳务)接受方之间是否存在劳动关系。

(二)法律依据与实务分析

本案两审法院援引的法律依据见上文。

与本案相关,重庆市高级人民法院等六部门《关于审理劳动争议案件适用法律问题的会议纪要(四)》认为,外卖平台公司与外卖人员之间既有可能存在劳动关系,也有可能不存在劳动关系,应当根据劳动关系的认定标准,并结合具体案情进行认定。《浙江省人力资源和社会保障厅关于优化新业态劳动用工服务的指导意见》①提倡"双维护",即"统筹处理好促进新业态经济发展和维护新业态从业人员利益两者之间的关系,既要维护新业态企业依法享有经营管理的自主权,又要维护广大新业态从业人员的合法权益";该意见称,"对难以直接适用现行劳动保障法律法规的新业态从业人员,引导企业积极履行社会责任,通过与当事人协商签订书面协议,明确新业态企业和从业人员以及关联单位的权利和义务";"依法建立灵活多样的劳动关系";"可以签订电子劳动合同";"依法使用多样化的用工方式";"新业态企业通过劳务外包、加盟协作和其他合作关系等形式,与新业态从业人员签订民事协议的,应当合理确定企业、从业人员、合作单位的权利和义务";"非全日制用工和未与新业态企业建立劳动关系的新业态从业人员,可以按规定以灵活就业人员身份参加社会保险"。

笔者认为,对新业态的用工关系,除劳动法律法规外,还可从税法(个人所得税)的角度予

---

① 浙人社发〔2019〕63 号,2019 年 10 月 30 日成文,同年 11 月 4 日发布实施。

以考量和筹划。

标准用工模式下，用人单位与劳动者签订劳动合同、建立劳动关系，由用人单位向员工支付劳动报酬，按照"工资薪金收入"代扣代缴个人所得税。灵活用工模式下，双方乃至多方（如本案双方当事人和案外人"美团"）之间关系的认定，会直接影响对个人所得税应税收入项目的判定以及应由何方承担个人所得税扣缴义务。具体而言，根据不同的用工模式，结合我国2018年修正后的《个人所得税法》，从业者与企业之间法律关系的认定及其对个人所得税的影响大致包括以下几种类型：

1. 从业者个人与企业存在劳动关系。企业系该个人的工资收入的扣缴义务人，适用3%至45%的超额累进税率。本案中，仲裁委员会和法院认定张某和天驭公司之间存在事实劳动关系，则天驭公司支付张某的劳动报酬时理论上需要按照"工资薪金收入"进行月度代扣代缴；但案发时双方劳动关系已解除，至于之前已支付的报酬如何报税是一个实务操作问题，另当别论。

2. 从业者个人与企业存在劳务关系（而非劳动关系）。企业系该个人的劳务报酬所得的扣缴义务人，适用20%～40%的超额累进税率。需注意，根据修正后的《个人所得税法》，自2019年1月1日起，企业在支付劳务报酬时预扣预缴个人所得税，居民个人在次年3月至6月期间还需就取得的劳务报酬和工资薪金一起并入综合所得中，按纳税年度合并计算个人所得税，并适用3%～45%的超额累进税率。

3. 从业者通过（自设）个体工商户或者个人独资企业等主体类型与企业签订服务合同。在该类安排下，由于从业者的法律主体从自然人变为个体工商户或个人独资企业，不再是上述劳动关系或劳务关系中劳动者或劳务人员自然人主体。根据修正后的《个人所得税法》，个体工商户从事生产经营活动取得的所得、个人独资企业投资人来源于独资企业生产经营的所得适用5%～35%的超额累进税率；个体工商户以及个人独资企业投资人系自行申报的纳税义务人。

实务中，市场上也有一些劳务平台基于以上模式衍生出相关灵活用工安排，例如，由劳务平台依据委托代征关系向从业者直接征收（代扣代缴）个人所得税；亦有某些劳务平台依据地方主管税务部门个人所得税核定征收等相关文件，将从业者的所得视为适用于核定征收的经营所得收入。企业可结合自身实际情况，在专业人士指导下甄别、选择合法合规、行之有效且灵活的用工税务解决方案。

另外，2020年初新型冠状病毒疫情（COVID-19）爆发期间，阿里巴巴旗下"盒马鲜生"倡导"共享员工"模式，通过借调、合作或者短期用工等方式分摊人才供给方的用人成本，缓解了企业现金流压力。上文所述对"共享员工"模式下相关法律问题，比如合作企业各方和从业者之间劳动关系（劳务关系）认定及其对个人所得税的影响，亦有一定的借鉴意义。

作者：齐斌、余菲菲

4. 应届实习生劳动关系的确认
——郭某诉江苏益丰大药房连锁有限公司劳动争议案①

摘要：应届生在实习期间与用人单位签订劳动合同，主张劳动关系获法院支持。

来源：《最高人民法院公报》2010 年第 6 期（总第 163 期）（江苏省南京市白下区人民法院一审、江苏省南京市中级人民法院终审）。

【事 实 概 要】②

郭某系江苏广播电视大学（南京市莫愁中等专业学校办学点）药学专业 2008 届毕业生，于 2008 年 7 月毕业。

2007 年 10 月 26 日，原告郭某向一审被告江苏益丰大药房连锁有限公司（下称益丰公司）进行求职登记，并在被告益丰公司的求职人员登记表中登记其为南京市莫愁职业高级中学 2008 届毕业生，2007 年是其实习年。2007 年 10 月 30 日原告与被告签订的劳动合同书约定，录用条件之一为原告具备中专或中专以上学历。

双方为确认是否存在劳动关系发生争议。

【裁 判 要 旨】

1. 南京市白下区劳动争议仲裁委员会仲裁决定

2008 年 7 月，益丰公司以对与郭某是否存在劳动关系持有异议为由，向南京市白下区劳动争议仲裁委员会提起仲裁申请，请求确认双方之间的劳动关系不成立。南京市白下区劳动争议仲裁委员会于 2008 年 8 月 19 日作出仲裁决定，以郭某系在校学生，不符合就业条件，不具有建立劳动关系的主体资格，双方之间的争议不属于劳动争议处理范围为由，决定终结仲裁活动。

2. 南京市白下区人民法院一审判决

郭某向南京市白下区人民法院（下称一审法院）提起诉讼，诉称其系南京市莫愁中等专业学校 2008 届毕业生；2007 年 10 月 30 日双方签订劳动合同，为期 3 年；其认为原、被告之间存在劳动关系，双方签订的劳动合同真实、合法、有效，请求法院判决确认原、被告之间的劳动合同有效。

一审被告益丰公司主要辩论意见为：原告系在校学生，不具备劳动关系的主体资格；同时，原告不具备劳动合同约定的录用条件。因此，原、被告之间的合同名为劳动合同，实为实习合同，原、被告之间所建立的不是劳动关系，不属于劳动法调整的劳动法律关系；请求依法驳回原告的起诉。

---

① 本案为最高人民法院公报案例，载《最高人民法院公报》2010 年第 6 期（总第 163 期）。虽本案郭某入职时确为学生身份，但本案判决未支持公司关于"郭某不具备劳动关系主体资格"的主张。

② 江苏省南京市白下区人民法院一审查明的事实。

本案一审的争议焦点是：原告郭某与被告益丰公司签订的劳动合同是否有效。

南京市白下区人民法院一审认为：首先，原告与被告益丰公司签订劳动合同时已年满19周岁，符合《劳动法》规定的就业年龄，具备与用工单位建立劳动关系的行为能力和责任能力。原劳动部《关于贯彻执行〈中华人民共和国劳动法〉若干问题的意见》（下称《意见》）第4条仅规定了公务员和比照实行公务员制度的事业组织和社会团体的工作人员，以及农村劳动者、现役军人和家庭保姆不适用劳动法，并未将在校学生排除在外，学生身份并不当然限制郭某作为普通劳动者加入劳动力群体。《意见》第12条规定："在校生利用业余时间勤工助学，不视为就业，未建立劳动关系，可以不签订劳动合同。"该条规定仅适用于在校生勤工助学的行为，并不能由此否定在校生的劳动权利，推定出在校生不具备劳动关系的主体资格。综上，法律并未明文规定在校生不具备劳动关系的主体资格，故原告能够成为劳动关系的主体。

其次，原告郭某于被告益丰公司处劳动的行为不属于《意见》第12条规定的情形，显然不属于勤工助学或实习。郭某在与益丰公司签订劳动合同后，亦按照规定内容为益丰公司付出劳动，益丰公司向郭某支付劳动报酬，并对郭某进行管理，完全符合劳动关系的本质特征。故益丰公司辩称双方系实习关系的理由不能成立。

再次，原告郭某签约时虽不具备被告益丰公司要求的录用条件，但郭某在填写益丰公司求职人员登记表时，明确告知了益丰公司其系2008届毕业生，2007年是学校规定的实习年，自己可以正常上班，但尚未毕业，益丰公司对此情形完全知晓。双方在此基础上就应聘、录用达成一致意见，签订劳动合同。因此，劳动合同的签订是双方真实意思的表示，不存在欺诈、隐瞒事实或胁迫等情形，并没有违反法律、行政法规的规定，且郭某已于2008年7月取得毕业证书，益丰公司辩称郭某不符合录用条件的理由亦不能成立。

综上，一审法院认为原告郭某与被告益丰公司存在劳动关系。据此，该院依照《劳动法》第17条、第18条之规定，于2008年11月18日判决：原告郭某与被告益丰公司于2007年10月30日签订的劳动合同有效。

3. 南京市中级人民法院二审判决

益丰公司不服一审判决，向南京市中级人民法院（下称二审法院）提起上诉。二审时，益丰公司又提出，被上诉人郭某身份为在校学生，其在实习期不能办理社会保险；一审判决确认双方存在劳动关系显失公平。

二审法院确认了一审查明的事实，认为实习是以学习为目的，到相关单位参加社会实践，没有工资，不存在由实习生与单位签订劳动合同明确岗位、报酬、福利待遇等情形。本案中，被上诉人郭某不属于实习，理由同一审法院。故上诉人的上述理由也不能成立。益丰公司与郭某签订劳动合同，是双方真实意思的表示，双方利益也不存在重大失衡，不应视为显失公平。

综上，益丰公司与郭某签订的劳动合同是双方真实意思表示，且不违反法律、行政法规的禁止性规定，该劳动合同合法、有效。据此，二审法院于2009年4月7日判决驳回上诉，维持原判。

【法律评析】

（一）评析要点

在校学生实习是以学习为目的，到相关单位参加社会实践，没有工资或只领取少量补贴的一种行为。在校生一般不会与单位签订劳动合同明确岗位、报酬、福利待遇等,也就不会被认定为劳动关系。但若双方以建立劳动关系为目的甚至签订了劳动合同,单位支付报酬,学生(比如达到就业年龄的应届生)提供正常岗位的劳动,则可能被认定为劳动关系。

实践中的实习主要包括教学实习、带薪实习和就业实习,还有在校生自行联系的各类实习。一般情况下,在校生实习应由学校与相关单位及在校学生签订三方实习协议,约定实习的目的、期限、报酬(如有)、终止条件、责任及争议处理等内容。在就业实习的情况下,企业或其他单位应注意,若具备特定条件,实习生可能被认为与单位建立了劳动关系(见上文案例)。

实习生一般应为全日制在校生。单位与已离校(以办理毕业手续为准)的毕业生(16周岁①以上;即使是应届生)建立"实习"关系没有法律依据,如若发生争议,通常会被认定为事实劳动关系。

一般来说,实习生不是劳动法意义上的劳动者,单位不能为实习生缴纳社会保险费,一旦实习生在实习期间发生意外伤害,单位无法为实习生申请认定工伤,可能需其自行承担人身损害赔偿责任。

根据劳动和社会保障部《关于确立劳动关系有关事项的通知》(劳社部发〔2005〕12号),认定劳动关系主要看是否具备以下情形:用人单位和劳动者符合法律、法规规定的主体资格;用人单位依法制定的各项劳动规章制度适用于劳动者,劳动者受用人单位的劳动管理,从事用人单位安排的有报酬的劳动;劳动者提供的劳动是用人单位业务的组成部分。但单位通过规章制度的设计、实习协议的约定和具体的实习安排,一般可以避免被认定为与实习生存在劳动关系。

某些情形下,单位招用实习生可能属于非全日制用工(具体定义、法律要求详见《劳动合同法》第五章第三节)。

因实习引发的纠纷主要包括实习报酬、人身损害赔偿及认定劳动关系纠纷。

1. 针对因实习报酬引发的纠纷,应着重审查单位与实习生签订的实习协议中约定的报酬标准、计时标准,并审查该报酬标准是否低于用人单位所在地人民政府规定的最低小时工资标准。

2. 针对实习生人身损害赔偿纠纷,应重点参照《工伤保险条例》和《最高人民法院关于审理工伤保险行政案件若干问题的规定》(法释〔2014〕9号)关于工伤认定的标准,甄别实习生发生的人身损害是否系在实习工作场合、时间、因实习工作导致的人身损害,以此判断单位是否需承担相应责任。

3. 针对实习引发的认定劳动关系纠纷,应重点审查实习协议,确定该实习生是否具备劳动关系主体资格,以及双方是否具有建立劳动关系的合意。

(二)法律依据与实务分析

一审判决援引的《劳动法》第17条规定:"订立和变更劳动合同,应当遵循平等自愿、协商一致的原则,不得违反法律、行政法规的规定。劳动合同依法订立即具有法律约束力,当事人

---

① 《民法典》第18条第2款规定:"十六周岁以上的未成年人,以自己的劳动收入为主要生活来源的,视为完全民事行为能力人。"

必须履行劳动合同规定的义务。"第18条规定:"下列劳动合同无效:(一)违反法律、行政法规的劳动合同;(二)采取欺诈、威胁等手段订立的劳动合同。无效的劳动合同,从订立的时候起,就没有法律约束力。确认劳动合同部分无效的,如果不影响其余部分的效力,其余部分仍然有效。劳动合同的无效,由劳动争议仲裁委员会或者人民法院确认。"①

北京市高级人民法院、北京市劳动争议仲裁委员会《关于劳动争议案件法律适用问题研讨会会议纪要(二)》②第23条("在校学生在用人单位进行实习,是否应认定劳动关系?")认为,"在校学生在用人单位进行实习,应当根据具体事实进行判断,对完成学校的社会实习安排或自行从事社会实践活动的实习,不认定劳动关系。但用人单位与在校学生之间名为实习,实为劳动关系的除外。"

本案要点是,即将毕业的大专院校在校学生以就业为目的与用人单位签订劳动合同且接受用人单位管理,按合同约定付出劳动;用人单位在明知求职者系在校学生的情况下仍与之订立劳动合同并向其发放劳动报酬;该劳动合同合法有效,应当认定双方之间形成劳动合同关系。

本案判决表面看具有一定的颠覆性,即法院认为在校生也可与单位建立劳动关系。但综合本案事实和两审判决书的说理,上述判决又在情理之中。

本案中,公司与已达到就业年龄的在校生,在信息沟通顺畅、不存在欺诈、胁迫、重大误解或显失公平的情况下,出于合意签订了劳动合同,之后公司由于某种原因又企图否定双方的劳动关系;法院认为公司没有充分的法律依据,因而判决公司败诉。因此,本案实际上还隐含着诚信问题。一言以蔽之,公司不是必须与该名在校生签订劳动合同;但既然自愿签订了3年期的劳动合同,就不能再以在校生的身份为由否定该合同的效力。

泛泛而言,实习生与退休返聘人员一样,均属"特殊员工",用人单位本无义务与其签订劳动合同。本案员工(郭某)之所以最终胜诉,乃因公司与其签订了劳动合同。"特殊员工"与"特殊劳动关系"有一定关联,二者均非法律概念,只是实务中的一种概括。在国家层面,"特殊劳动关系"一词曾出现在人力资源和社会保障部《劳动人事争议仲裁员任职培训大纲(试行)》③第一部第一章第二节。上海市劳动和社会保障局《关于特殊劳动关系有关问题的通知》④则对"特殊劳动关系"作出了较为清晰的界定。

根据上述通知第1条,特殊劳动关系是现行劳动法律调整的标准劳动关系和民事法律调整的民事劳务关系以外的一种用工关系,其劳动者一方在用人单位从事有偿劳动、接受管理,但与另一用人单位存有劳动合同关系或不符合劳动法律规定的主体条件。该通知第2条规定,"用人单位使用下列人员之一的形成特殊劳动关系:1. 协议保留社会保险关系人员;2. 企业内部退养人员;3. 停薪留职人员;4. 专业劳务公司输出人员;5. 退休人员;6. 未经批准使用的外来从业人员;7. 符合前条规定的其他人员。"该通知第3条进一步规定,"用人单位与劳动者形成特殊劳动关系,应当参照执行以下劳动标准:1. 工作时间规定;2. 劳动保护规定;3. 最低工

---

①　本案双方于2007年10月30日签订劳动合同,当时《劳动合同法》已经颁布、尚未生效。
②　京高法发〔2014〕220号,2014年5月7日发布、实施。
③　人社厅发〔2013〕127号,2013年12月22日。
④　沪劳保关发〔2003〕24号,2003年4月25日。

资规定。形成特殊劳动关系的双方当事人可以协商约定有关的劳动权利义务。"

　　《劳动合同法》并未对"特殊劳动关系"作出界定,该法生效后,即使在上海市,"特殊劳动关系"已鲜有提及。但"特殊员工"在任何时代都是存在的。

作者:齐斌

5. 全日制在校生劳动关系的确认
——韩某与北京演艺专修学院劳动争议案

摘要：应届本科毕业生、即将攻读全日制硕士研究生的韩某应聘其他学校并与之签订劳动合同，半年后因劳动合同解除要求支付工资差额和经济补偿金（仲裁请求为赔偿金），仲裁裁决均未支持，一审判决部分支持。

来源：北京市昌平区劳动人事争议仲裁委员会京昌劳人仲字〔2018〕第1099号仲裁裁决书；北京市昌平区人民法院（2018）京0114民初7018号民事判决书。

【事实概要】①

韩某（女，1995年8月生）于2017年7月1日进入北京演艺专修学院（下称学院）从事传媒工作室干事工作，双方约定韩某每月基本工资3 200元，并签订了《劳动合同书》，劳动合同期限自2017年7月1日至2020年6月30日，其中试用期自2017年7月1日至2017年12月31日。学院为韩某缴纳了社会保险和住房公积金。

2017年9月起，韩某同时在学院另一部门兼职教授英语。2017年11月1日，因客观原因传媒工作室的所有工作停止，韩某在传媒工作室也没有具体的工作内容，但韩某主张其每周三都在学院为学生授课。学院支付韩某2017年11月工资数额为1 149.8元，2017年12月工资数额为504.8元；其中韩某2017年11月、12月每月社会保险等个人缴费部分为732.2元；2017年11月课时费为300元，2017年12月课时费为244元；2017年11月缺勤扣款为1 618元，2017年12月缺勤扣款为2 207元。

韩某系中国戏曲学院学生，2017年7月中国戏曲学院本科毕业并考入该学院国际文化交流系攻读硕士研究生。本案学院主张，韩某入职时并未告知其马上就读全日制研究生的事实，韩某向学院提供了本科毕业证书和学位证书，双方的本意是建立劳动关系，正常情况下应该坐班。韩某亦认为双方系劳动关系，当时已经告知本案学院其即将就读研究生的情况，并约定无须坐班。

【裁判要旨】

1. 北京市昌平区劳动人事争议仲裁委员会裁决

韩某于2018年1月25日向北京市昌平区劳动人事争议仲裁委员会提出仲裁申请，要求学院：（1）支付2017年11月1日至2017年12月31日应发的基本工资6 400元；（2）支付无故解除劳动合同赔偿金19 200元。

仲裁委员会于2018年3月19日作出京昌劳人仲字〔2018〕第1099号裁决书，裁决：（1）驳回韩某要求支付2017年11月1日至2017年12月31日应发的基本工资6 400元的仲裁申请；（2）驳回韩某要求支付无故解除劳动合同赔偿金19 200元的仲裁申请。

---

① 一审判决认定。

2. 北京市昌平区人民法院一审判决

韩某不服仲裁裁决,诉至北京市昌平区人民法院(下称一审法院)。一审法院适用普通程序,公开开庭进行了审理。韩某主要提出如下诉讼请求:(1)学院支付韩某 2017 年 11 月 1 日至 2017 年 12 月 31 日未发放的基本工资 4 745.4 元;(2)学院支付韩某解除劳动合同经济补偿金 9 600 元。主要事实与理由是:2017 年 11 月、12 月实发工资不符合劳动合同约定的月基本工资。现学院无理由解雇其,也不支付经济补偿金,故向法院提起诉讼。学院辩称:学院在 2017 年 11 月、12 月已经把该发的工资都发给韩某,包括课时费;没有拖欠基本工资,学院按照韩某实际的出勤天数计算工资,包括韩某来上课那天又给了其课时费,其出勤都计算了,没来上班肯定不能给其工资。

一审法院认为:当事人对自己提出的诉讼请求所依据的事实或者反驳对方所依据的事实有责任提供证据加以证明。没有证据或者证据不足以证明当事人的事实主张的,由负有举证责任的当事人承担不利后果。本案的争议焦点是双方是否存在劳动关系。学院以招聘应届毕业生的名义录取韩某,双方签订了劳动合同,韩某受学院的管理,并从事学院安排的有报酬的劳动,学院亦为韩某缴纳了社会保险和住房公积金。并且,从学院提供的考勤表来看,韩某在 2017 年 11 月 15 日之前均为全勤,并未体现韩某系兼职性质。故韩某与学院之间符合劳动关系的基本特征,双方系劳动关系。韩某于 2017 年 7 月 1 日入职,正常工作至 2017 年 12 月 31 日,故一审法院认定韩某与学院自 2017 年 7 月 1 日至 2017 年 12 月 31 日期间存在劳动关系。

关于韩某主张工资一节,首先,传媒工作室在 2017 年 11 月初没有具体工作内容,学院提交的课时记录表显示韩某在 2017 年 11 月 8 日、11 月 15 日、12 月 6 日有课时,考勤表却显示韩某 2017 年 11 月 1 日至 11 月 15 日全勤(学院主张 2017 年 11 月 15 日之前均为全勤系因在拍宣传片),之后均显示"没来",2017 年 12 月 6 日显示全勤,2017 年 12 月其他时间均显示"没来",故一审法院对学院提交的考勤表的真实性不予认可。其次,学院提交的考勤表显示韩某在 2017 年 11 月 15 日之前均为全勤,结合韩某就读研究生的实际情况,一审法院对韩某主张的无须坐班予以采信。再次,2017 年 11 月之后系学院的原因导致传媒工作室没有具体的工作内容,且韩某同时在学院为学生授课,相关课时费也显示在学院提交的工资表中(2017 年 11 月课时费为 300 元,2018 年 12 月课时费为 244 元),相比其他月份并未明显减少,故韩某在 2017 年 11 月、12 月仍然为学院提供劳动。综上,学院提交的证据并未显示韩某需要坐班,且韩某在 2017 年 11 月、12 月仍在学院授课,在此期间传媒工作室没有相应的工作内容并非因韩某本人原因,故学院在 2017 年 11 月、12 月工资中对韩某的缺勤扣款没有依据,故学院应支付韩某 2017 年 11 月 1 日至 2017 年 12 月 31 日工资差额 3 825 元。关于解除劳动合同经济补偿金一节,学院未提交双方解除劳动关系的相关证据,结合传媒工作室没有具体工作内容和工作人员的情况,一审法院对韩某主张的"学院称无法提供工作解除劳动合同"予以采信。一审法院认定"由学院提出,双方协商一致解除劳动合同,学院应支付韩某解除劳动合同经济补偿金 3 200 元"。

综上所述,一审法院根据《劳动合同法》第 30 条、第 46 条、第 47 条和《民事诉讼法》第 64 条之规定,于 2018 年 9 月 30 日判决:(1)被告学院于本判决生效后 10 日内支付韩某 2017 年 11 月 1 日至 2017 年 12 月 31 日工资差额 3 825 元;(2)被告学院于本判决生效后 10 日内支付韩某解除劳动合同经济补偿金 3 200 元;(3)驳回韩某的其他诉讼请求。

【法律评析】

（一）评析要点

如一审判决所认定,本案争议焦点是双方是否存在劳动关系。但本案其实存在诸多疑点,笔者亦不了解后续情况（一方或双方是否上诉;若上诉,二审结果如何）,故对一审判决持保留态度。本案实际上隐含以下问题:

第一,全日制在校生是否具有劳动者的主体资格。对此,我国现行主要劳动法律法规并未有禁止性规定。但笔者认为,考量该问题,还应结合教育行政部门的规章、规范性文件、校规校纪、日常管理惯例和教育常识。全日制在校生以学为主,即使已年满 16 周岁,① 一般也只能参加实习（包括个人实习和学校统一安排的实习）、兼职、勤工助学等活动,平时主要接受学校的管理,② 客观上无法与用人单位建立标准劳动关系、从事全职工作。当然,实务中也有例外（见下文）。

第二,韩某是否确实在应聘本案学院时将其即将就读中国戏曲学院研究生的情况告知本案学院。即使韩某的劳动者主体资格有瑕疵,若其已在应聘时如实告知本案学院,本案学院仍与其签订劳动合同,则韩某的全日制研究生身份未必影响双方劳动合同的效力,因合同系双方合意且并未违反法律、行政法规的强制性（禁止性）规定。③ 但,若如本案学院所主张,韩某入职时确未告知本案学院其马上就读全日制研究生的事实,则本案存在诚实信用问题。根据《劳动合同法》第 8 条,用人单位有权了解劳动者与劳动合同直接相关的基本情况,劳动者应当如实说明;若劳动者违反此义务,导致用人单位确因劳动者隐瞒真实身份或其他情形（尤其是有碍于履行劳动合同的情形）而错误与其签订劳动合同,则劳动者应承担相应责任（包括赔偿用人单位损失）,且不应因其不诚信的行为获益。此种情况下,笔者认为,法院不应认定双方存在劳动关系。

第三,双方解除劳动关系的具体过程。韩某如因个人原因（《劳动合同法》第 38 条规定的、用人单位未及时足额支付劳动报酬等情形除外）辞职或提出与学院协商解除劳动合同,学院均无需向其支付经济补偿。本案未见双方劳动合同解除方面的证据,一审法院认定系由学院提出、双方协商一致解除劳动合同,因此学院需依法向韩某支付经济补偿。

（二）法律依据与实务分析

一审判决援引的《劳动合同法》第 30 条第 1 款规定:"用人单位应当按照劳动合同约定和国家规定,向劳动者及时足额支付劳动报酬。"如上所述,本案一审法院认定韩某与学院之间存

---

① 《劳动法》第 15 条规定:"禁止用人单位招用未满十六周岁的未成年人。文艺、体育和特种工艺单位招用未满十六周岁的未成年人,必须依照国家有关规定,履行审批手续,并保障其接受义务教育的权利。"

② 在校生管理的重要性在非常时期尤为凸显。比如 2020 年 1 月春节期间（即武汉等地因新型冠状病毒"封城"期间）,上海大学向全体师生（包括非全日制研究生）、员工发出新型冠状病毒感染肺炎防控情况排摸表并要求填报。当然,这主要是一个实务问题,而非（劳动）法律问题。

③ 参见本书案例 4"郭某诉江苏益丰大药房连锁有限公司劳动争议案",即应届生在实习期间与用人单位签订劳动合同,主张劳动关系获法院支持。

在劳动关系,因此学院是其用人单位,应向其足额支付劳动报酬;若学院提出协商解除劳动合同,还应(依据《劳动合同法》第46条、第47条)向韩某支付经济补偿。

本案一审法院一方面认为,学院为韩某缴纳了社会保险和住房公积金,从学院提供的考勤表来看,韩某在2017年11月15日之前均为全勤,并未体现韩某系兼职性质;另一方面,又对韩某主张的"无须坐班"予以采信。亦即,一审法院认为韩某是无须坐班的全职员工。这虽然符合某些学校(主要是高等院校)教师的工作特点,却与韩某的全日制研究生身份有所矛盾。因为韩某作为一年级研究生,在未办理休学等特定手续的情况下,通常不可能完全不上课,亦即理论上无法从事全职工作(不坐班不等于可以去上学)。

其实根据韩某的上述身份,本案学院聘用韩某时,本来或许可以采取非全日制用工的方式(这是笔者的探讨和引申,并非本案实际情况)。《劳动合同法》第五章第三节就"非全日制用工"作出了规定,即非全日制用工是指以小时计酬为主,劳动者在同一用人单位一般平均每日工作时间不超过4小时,每周工作时间累计不超过24小时的用工形式。

非全日制用工形式灵活,故在实践中多被一些服务性行业所采用。其与一般劳动关系的区别主要在于:非全日制用工双方当事人可以订立口头协议而未必签订书面合同;从事非全日制用工的劳动者可以与一个或者一个以上用人单位订立劳动合同(后订立的合同不得影响先订立的合同的履行);非全日制用工不得约定试用期;任何一方都可随时通知对方终止用工,且在终止用工时用人单位不向劳动者支付经济补偿;非全日制用工小时计酬标准不得低于用人单位所在地人民政府规定的最低小时工资标准,其劳动报酬结算支付周期最长不得超过15日。

非全日制用工近年来逐渐流行,在实践中也逐步暴露出一些问题,用人单位有必要掌握非全日制用工的界限。实践中的问题之一是,非全日制用工劳动者要求认定与用人单位存在标准劳动关系。基于前述非全日制用工的特征,司法层面认定双方是否存在劳动关系的焦点多集中在用工时间、工资发放周期以及双方关于用工关系的合意等要素上。就用工时间而言,若劳动者的实际工作时间长期超过前述每日4小时、每周累计24小时的限度,则司法机关有较大可能认定双方为全日制用工关系,劳动者便可据此主张包括经济补偿金在内的权利。相比而言,工资支付周期虽然应当引起用人单位的注意,但其在判断用工性质上的重要性似乎不及前述工作时间,即便用人单位存在操作瑕疵、未能以不超过15日为工资支付周期,司法机关大多也不会仅以此为由否定双方非全日制用工的性质(尤其是,按月先发工资再工作实际上有利于劳动者,等于单位预支两个周期的工资)。此外,非全日制用工一般实行小时工资制,若用人单位在发放薪酬时未以此为准(如参照全日制用工模式向员工发放补贴、津贴、奖金等),则有一定可能被司法机关认定为全日制用工;故用人单位若要向非全日制用工劳动者发放除小时工资以外的报酬,应与劳动者事先达成书面协议,以便在出现争议时能够充分举证。

实践中经常有用人单位就是否需要与非全日制员工签订书面劳动合同产生疑问。虽就法律规定而言,非全日制用工并不需要签订书面劳动合同,但考虑到上文提及的诸多风险,通过签订书面合同对用工性质和双方权利义务作出明确界定,可使用人单位在发生相关争议时能够提供较为充分的有利证据。当然,非全日制用工合同文本应有别于普通的劳动合同。

作者:齐斌

6. 劳动者与用人单位的权利：规避法律与违法的界限

——2007 年下半年华为公司数千名员工集体辞职、"再上岗"事件

摘要：《劳动合同法》颁布后、生效前，华为公司数千名[1]工作满 8 年的老员工"主动"请辞，被称为华为"辞职门"事件。

【事 实 概 要】

华为"辞职门"事件 2007 年曾引起广泛的报道和争议。数千名员工集体"请辞"，其实是"下岗再上岗"。因涉及众多员工，合理的解释是，事件是公司发起并推动的，而且据称华为总裁任正非先生当时也在"辞职"之列。

据悉，华为公司当年耗资约 10 亿元向员工支付经济补偿金，人均十几万元。华为对员工的补偿方案是员工本人月收入（包括工资和奖金）的"N+1"倍，其中"N"为员工在本公司的工作年限。而根据我国法律规定，如员工主动辞职（劳动者单方解除劳动合同），企业一般无需支付经济补偿；只有在当年个别地区，以及在《劳动合同法》生效后，劳动者因用人单位拖欠劳动报酬等原因解除劳动合同时，用人单位才需要支付经济补偿（《劳动合同法》第 38 条、第 46 条）。因此，业内不少人士认为，华为此举的主要目的可能是"买断工龄"，即员工在本公司的工作年限自其"再上岗"之日重新起算，由此可规避（推迟）员工于公司连续工作满 10 年后与其签订无固定期限劳动合同的法律义务。不过，当年华为公司有关人员对此予以否认。

当时已在华为工作多年的某员工"第一次休了一周的年假"，本想休两周，未获领导批准；"再上岗"后，"除了（该员工自己）工号从 2 万多变成 10 万多以外，员工们真是皆大欢喜"。[2]

据称，对华为公司此举，"法务部开始反对，但拗不过任总（正非），后来发现又能休假，又能补钱，没啥损失，也就不拦着了。当时，真正下了岗回不来（不回来）的只有大概百十人"；"（此事）引起的舆论影响很大，当时全国总工会还派人到华为调研"，但最后不了了之。[3]

【事件后续情况】

如上所述，当年绝大多数华为员工并不抵触"下岗再上岗"的安排，除百十人由于各种原因离职外，部分员工在短期休假后又回到公司继续工作，可能还有相当一部分员工的工作从未间断。

笔者迄今未尝听闻当年"下岗再上岗"的华为员工因此与公司发生劳动争议。

当然，该事件影响过于巨大，直接催生了《深圳经济特区和谐劳动关系促进条例》[4]。该条例第 24 条："用人单位与劳动者解除或者终止劳动合同，在六个月内重新订立劳动合同的，除

---

[1] 一说 5 100 人，一说 7 000 人。

[2] 亲历华为"辞职门"事件的笔者校友、当年华为公司法务人员 2019 年 12 月初于"北大法律人在上海"微信群中自述。除华为公司法务部外，据笔者所知，当时为华为提供劳动法律服务的律师对公司上述举措亦持谨慎态度。

[3] 华为公司法务人员 2019 年 12 月初于"北大法律人在上海"微信群中自述。

[4] 该条例自 2008 年 11 月 1 日起施行，2019 年 4 月 26 日发布并实施修正本。

因劳动者违反《中华人民共和国劳动合同法》第三十九条规定被用人单位解除劳动合同外,劳动者在本单位的工作年限应当连续计算。依据前款规定连续计算工作年限的,计算经济补偿年限时,应当扣除已支付经济补偿的年限。"

【法律评析】①

(一)评析要点

笔者对华为"辞职门"事件的观点一如既往:执行法律和规避法律是相辅相成的;规避或应对法律不但不等于违法,还可以促进法律的完善。

一般认为,上述事件与"无固定期限劳动合同"有关。尽管有学者一再强调,无固定期限劳动合同不等于终身合同、签订此类合同的员工也不同于计划经济时代的"固定工",而且此类合同在法定条件下亦可解除;但无论就人性还是资本的自然属性而言,学者不可能比企业更关心"资方"自身的利益,何况,无论是根据《劳动法》还是《劳动合同法》,企业提前解除一份无固定期限劳动合同并非易事。因此,企业对无固定期限劳动合同的担忧自然有其道理。

(二)法律依据与实务分析

1995 年 1 月 1 日起施行的《劳动法》第 20 条第 2 款规定:"劳动者在同一用人单位连续工作满十年以上,当事人双方同意延续劳动合同的,如果劳动者提出订立无固定期限的劳动合同,应当订立无固定期限的劳动合同。"这是一个软性条款,因为它把"当事人双方同意延续劳动合同"设定为订立无固定期限劳动合同的前提之一。

而 2008 年 1 月 1 日起施行的《劳动合同法》第 14 条第 2 款第(1)项则规定,若劳动者在用人单位"连续工作满十年","劳动者提出或者同意续订、订立劳动合同的,除劳动者提出订立固定期限劳动合同外,应当订立无固定期限劳动合同"。

显然,《劳动合同法》比《劳动法》更进了一步,它不允许用人单位在劳动者连续工作满 10 年后决定是否"延续劳动合同",而是将这一选择权授予了劳动者;更有甚者,劳动者还可选择签订无固定期限劳动合同,而用人单位无权拒绝。这可能就是 2007 年华为"辞职门"事件的玄机所在。

问题的关键在于,当年华为数千名员工是否"自愿"辞职?考虑到华为独特的企业文化和管理惯例,即使此次集体辞职事件是由公司发起、推动,如果员工自愿配合,或者说(从劳动争议仲裁和诉讼的角度)员工不能证明其受到了公司的欺诈或胁迫,那么这种"辞职"行为在法律上就是成立的;或者说华为公司并不违法。众所周知,除非用人单位与劳动者另有合法约定,劳动者的辞职权(单方解除劳动合同的权利)受法律保护。如果华为个别员工自愿辞职、华为接受,于法不悖;至于该员工辞职后又加入华为,则是另一个问题,更不违法。在此情况下,上述过程是完全合法的。该过程无论进行一次还是重复数千次,法律性质并无不同。

当然,如果某些员工并非自愿辞职,华为公司的做法在法律上还是值得商榷的。

---

① 本节主要内容摘自笔者:《政府的归政府,华为的归华为——从华为员工集体辞职事件看《劳动合同法》催生的"话语泡沫"》,载《第一财经日报》2007 年 11 月 6 日,A7 版头条。

　　笔者认为,当年"辞职门"事件中,华为公司的行为无论是规避《劳动合同法》还是进行人力资源调整、摈弃"工号文化"(打破按工号论资排辈的习气),外界均应以平常心视之,理由如上所述。只是,在《深圳经济特区和谐劳动关系促进条例》以"特区速度"于《劳动合同法》生效当年就出台并施行后,华为公司在"辞职门"事件中的操作至少在深圳已不可仿效。但该事件显然在我国劳动立法以及人力资源管理和律师执业实务中具有标杆性,故笔者将其纳入本书,以对读者有所启迪:除对我国无固定期限劳动合同制度的深入思考,更重要的是,厘清劳动者与用人单位的权利边界,辨明规避法律与违法的区别。

作者:齐斌

7. 用人单位索赔恢复电脑数据费用
——邱某与上海某贸易公司劳动争议案

摘要:员工离职时删除工作电脑资料并拒绝告知公司电脑密码,本案公司委托专业科技公司恢复电脑数据后,索赔恢复费用获法院支持。

来源:上海市黄浦区人民法院(2017)沪 0101 民初 8384 号民事判决书;上海市第二中级人民法院(2017)沪 02 民终 10169 号民事判决书。

【事实概要】①

邱某(女,1983 年 3 月生)于 2011 年 10 月 8 日入职上海某贸易公司(下称公司),双方签订的最后一份劳动合同期限自 2015 年 11 月 1 日起,无固定期限,约定邱某担任营业部营业助理,月薪税后 5 462 元。每月 25 日发放上月 16 日至本月 15 日的工资。2016 年 2 月起,邱某的工资调整为 5 626 元。2016 年 11 月 30 日,公司、邱某签订协商解除劳动合同经济补偿金协议书,双方的劳动合同于 2016 年 12 月 1 日解除,公司给予邱某一次性工龄补偿金及一个月额外支付工资共计 46 466 元。2016 年 12 月 1 日,邱某办理离职手续,公司支付邱某经济补偿金。2016 年 12 月,公司员工通过微信要求邱某告知工作电脑的密码及电脑内文件资料未果。2017 年 2 月,公司向邱某发出律师函,要求邱某在本月 21 日到公司在其使用过的电脑上解锁电脑密码,并移交电脑中的所有资料。如邱某届时不去,公司将委托上海某科技公司办理解除电脑密码的程序;如发现文件资料确被删除,将进行恢复数据,将会产生 8 000 元的维修损失。为避免造成不必要的经济损失,要求邱某去公司协商解决。

公司、邱某对公司应支付邱某 2016 年 11 月 16 日至 11 月 30 日工资 2 813 元均无异议。

本案一审庭审中,公司提供了微信聊天记录及短信记录。证明公司员工潘某于 2016 年 12 月 5 日通过微信向邱某索要其工作电脑的密码,邱某回复:"你汇报野口(公司法定代表人),让他自己想办法","野口说不用交接,所以我电脑清空了","其实算他识相了,赔偿到位,不然嘿嘿玩玩他还是随随便便的"。公司员工赵某向邱某发送短信,告知接到总经理通知,要求邱某告知电脑密码并把电脑恢复成离职前模式,否则停发半月工资并追究相应法律责任。邱某回复称其在 12 月 1 日当日领取赔偿金(补偿金)时已按照公司要求办理结束全部离职手续,公司在其离职后再提出的要求与其无关,离职后电脑经历了什么状态变化也与其无关。其要求公司支付剩余工资,保留通过法律途径追索的权利。经庭审质证,邱某认可潘某向其索要过电脑密码,其没有告知是因为公司未支付最后半个月工资;认可离职前删除过包括其私人文件等内容,不认可删除了公司重要文件。

公司还提供了某科技公司出具的报价单、公司与某科技公司签订的委托合同、服务费发票及付款凭证,证明公司委托某科技公司对邱某使用的工作电脑进行密码破解及硬盘恢复的费用为 9 200 元,经恢复后电脑存有公司证照、员工联系资料、公司各部门订单、对账、客户联系资

---

① 一审法院认定,二审法院确认。

料、公司进出口业务资料、公司订房、机票等总务事宜资料以及邱某大量私人照片及个人旅游资料。经庭审质证,邱某对上述证据不予认可,认为某科技公司与本案公司是常年合作伙伴,报价单明确写明密码破解免费,委托合同又出现密码破解费,发票是IT服务费,无法证明就是硬盘恢复的费用。我国法律及双方签订的劳动合同从未规定员工离职时不得删除电脑里的任何文件,邱某删除的并非公司唯一的重要资料,公司没有实际损失,公司没有必要对硬盘进行恢复,邱某没有过错,无需承担修复费。

本案二审庭审中,邱某提供淘宝网页截屏,认为电脑硬盘恢复的费用在几十元至数百元等,公司支付的数据恢复费用9 200元远超市场价,存在伪造的可能。本案公司提供某科技公司情况证明一份,证明公司委托该科技公司恢复电脑硬盘数据费用为9 200元,已开具增值税发票,公司支付了上述费用。邱某对上述某科技公司的证明内容不予认可。另,二审法院审理中,公司经法院要求将恢复的数据内容拷贝后带至法院给邱某核实。邱某代理人表示不看也不认可相关性及真实性。

【裁 判 要 旨】

1. 上海市黄浦区劳动人事争议仲裁委员会裁决

2017年1月11日,邱某向上海市黄浦区劳动人事争议仲裁委员会申请仲裁,要求公司支付2016年11月16日至11月30日工资2 813元。公司反请求要求邱某交付电脑密码及资料,如无法交付,要求邱某支付恢复电脑硬盘数据的费用8 000元。仲裁委员会裁决:(1)公司于本裁决书生效之日起10日内支付邱某2016年11月16日至11月30日工资2 813元;(2)对公司的反请求事项不予支持。

2. 上海市黄浦区人民法院一审判决

公司不服仲裁裁决,向上海市黄浦区人民法院(下称一审法院)起诉请求:判令邱某赔偿公司电脑解锁及恢复硬盘数据的费用9 200元。

一审法院认为:根据《劳动合同法》第50条规定,用人单位在解除或终止劳动合同时有出具解除或者终止劳动合同证明,并在15日内为劳动者办理档案和社会保险关系转移手续的义务。劳动者有按照双方约定,遵循诚实信用的原则办理工作交接的义务。工作交接是为保持用人单位相关工作的有序、顺利进行,不至于劳动者换人后有关工作前后衔接不上,影响正常的生产经营。工作交接主要包括公司财产物品的返还、资料的交接等。本案邱某在离职时虽进行了工作电脑的物品交接,但事后公司发现该电脑有邱某设置密码尚未解锁,且通过微信、短信及律师函通知邱某告知密码并移交电脑中的工作资料,邱某有义务配合完成。鉴于邱某在仲裁及本案审理期间均未告知电脑开机密码及离职前删除了电脑内的工作资料,现公司委托专业公司对电脑密码解锁、恢复硬盘数据所产生的维修费用要求邱某承担,理由正当,应予支持。公司、邱某对仲裁裁决中"公司应支付邱某2016年11月16日至11月30日的工资2 813元"均无异议,可予准许。

为此,依照《劳动合同法》第50条之规定,判决如下:(1)公司应自本判决生效之日起7日内支付邱某2016年11月16日至11月30日的工资2 813元;(2)邱某应于本判决生效之日起7日内支付公司电脑密码解锁、恢复硬盘数据费9 200元。

3. 上海市第二中级人民法院二审判决

邱某不服一审判决,向上海市第二中级人民法院(下称二审法院)提起上诉。二审法院于 2017 年 11 月 1 日立案。

邱某上诉请求为:撤销一审判决第二项,改判邱某无需支付公司恢复数据的费用人民币 9 200 元。邱某所述事实及理由如下:公司称邱某保管重要文件,与事实不符。邱某只是营业部助理,不保管重要文件,电脑中也未存在足以影响到公司无法正常开展业务的文件。离职时,邱某已经移交了包括诉争电脑在内的所有物品,公司没有争议。公司无证据证明禁止员工删除数据,也无证据证明恢复数据的必要性,亦无证据证明删除文件的行为确对公司经营造成损失,所以邱某无义务进行赔偿。此外,公司所称的数据恢复费用远超市场价格,存在伪造的可能,邱某对此不予认可。据此,请求二审法院支持邱某上诉请求。

公司辩称,邱某拒绝告知诉争电脑的密码,并恶意删除电脑中的数据材料,应当承担赔偿责任。公司在一审诉讼中已经提供了证据证明邱某拒绝告知电脑密码,而且删除了电脑中的全部文件,现邱某否认删除的行为,与事实不符。邱某具体担任营业部业务助理工作,保管营业部的相关信息,这些信息是公司在经营中的重要文件,诉争电脑及电脑中的文件均为公司的财产,邱某在离职后应该完好无损地移交公司,公司恢复被删除的文件是取回属于公司的财产,完全合理。且经过专业公司恢复数据后,发现被删除的文件包括了公司客户信息、公司订单、进出口通关资料、公司产品报价、营业部与客户的邮件往来信息等重要资料。邱某称已经返还了公司电脑,但邱某拒绝告知电脑密码,又删除了公司的重要文件,怎能视为移交。在仲裁审理中,公司基于和邱某调解的意愿,暂时没有恢复相关的数据,但最终双方未能达成一致意见,仲裁委员会认为恢复数据的费用未实际发生故未支持公司的请求,鉴于上述因素,公司最终还是委托专业公司进行了数据恢复,产生了相关费用,并且有发票和支付凭证为证,一审法院支持公司的请求完全正确。综上,请求二审法院驳回邱某的上诉请求。

二审法院认为,劳动者、用人单位的合法权益均受法律保护。正如一审法院所述,劳动者应当履行遵循诚实信用的原则办理工作交接的义务。为保证用人单位相关工作有序、顺利进行,不影响正常的生产经营活动,劳动者应当返还公司的财物以及相关经营资料,当然也包括存储在电脑硬盘上的相关数据及文件。保证公司财物和相关经营数据文件的完整性也是劳动者理应遵守的基本义务。邱某虽然在离职时将电脑返还给公司,但邱某因其与公司存在工资争议而拒绝告知密码,并且删除了存储在硬盘上的数据文件,对此邱某完全可以通过合理的途径予以解决,但其以拒绝告知密码和删除文件的方式激化矛盾,显属不当。邱某认为公司没有禁止员工删除硬盘上的文件,其无需遵守的主张,对此二审法院认为,保证公司财物和相关经营数据文件的完整性是劳动者理应遵守的基本义务,在未得到公司许可下,员工不得擅自删除公司经营文件,故对邱某的上述主张,二审法院难以支持。经查实,公司恢复硬盘数据后发现,除涉及邱某个人的相关文件外,还有涉及公司证照、员工联系资料、公司各部门订单、对账、客户联系资料、公司进出口业务资料、公司订房、机票等总务事宜等涉及公司经营的重要资料,邱某将上述内容删除更是不当。现公司委托专业公司对电脑密码解锁、恢复硬盘数据产生了相关费用,公司要求邱某予以承担,理由正当,应予支持。至于维修费用的金额,公司已经提供了增值税发票、支付凭证以及某科技公司的情况说明,可以证实公司支付了费用 9 200 元,邱某虽然一直对维修费的金额表示异议,但未能提供充分证据予以反驳,所以二审法院对邱某的异议不予采纳。

综上所述,邱某的上诉请求不能成立,应予驳回;一审判决认定事实清楚,适用法律正确,应予维持,二审法院遂于 2018 年 1 月 19 日判决:驳回上诉,维持原判。

【法 律 评 析】

(一)评析要点

本案核心是劳动者在劳动合同解除或终止时负有妥善交接工作的义务。"按照双方约定"办理工作交接是法律的要求;无约定或约定不明的,自然应当按照职场惯例,遵守职业道德和诚实信用原则。

本案中,邱某认为公司没有禁止员工删除硬盘上的文件,劳动合同中对此也无任何约定(因而其可以删除工作电脑中的资料且无需赔偿公司恢复数据的损失),显然不可能获得法院支持。用人单位为员工配置的工作电脑与工作手机等物品均属公司财产,员工有义务妥善保管、在离职时完好交接。劳动合同(及员工手册等规章制度)不可能事无巨细、包罗万象,常识问题无需约定或规定,何况诚实信用也是法律原则。

(二)法律依据与实务分析

本案一审判决依据的《劳动合同法》第 50 条规定了劳动合同解除或终止时用人单位和劳动者各自的义务。该条第 2 款规定,"劳动者应当按照双方约定,办理工作交接。"一审判决在引述该款时作了发挥,即增加了"遵循诚实信用的原则"九个字;这是对《劳动合同法》第 3 条第 1 款("订立劳动合同,应当遵循合法、公平、平等自愿、协商一致、诚实信用的原则")的嫁接和引申,并无不妥。由此可见,办理工作交接时返还工作电脑,当然也包括返还电脑中存储的信息资料、数据文件,这些资料、文件往往比电脑本身更重要,关系到用人单位的商业秘密和经营活动的持续性。

本案中,公司尚欠邱某 2 800 余元工资,也许双方还有其他争议,但这不是邱某删除电脑文件、拒绝告知密码的理由。在协商不成的情况下,邱某申请劳动仲裁索要工资是正途,但公司也有索赔恢复电脑数据造成的损失的权利。何况,对电脑文件进行简单删除或格式化,并不能彻底销毁电脑数据,只是恢复数据需要代价,而一旦有了代价,自然会产生由谁承担的问题,这就是法律要解决且能够解决的。

本案公司支付的电脑密码解锁、恢复硬盘数据的费用尚属合理。许多情况下,恢复数据的费用远远不止万元上下,通常还可能伴随公证费、律师费。破解密码、恢复硬盘也是笔者团队在办案时经常遇到的情形,许多案件涉及营私舞弊、职务侵占、网络犯罪和"反洗钱",并非单纯的劳动争议。

对顶尖的咨询服务机构而言,破解密码、恢复硬盘只是"法务会计"(Forensic)服务的一部分,属计算机鉴证技术范畴,其服务范围还包括专家报告及法庭作证。

本案起因是员工擅自删除工作电脑文件并拒绝告知前雇主电脑密码。实务中还有一种情形,即用人单位要求员工定期清除电脑中的(垃圾)文件或由公司指定的 IT 人员进行相关操作,如此则另当别论。

作者:齐斌

8. 劳动关系的恢复
——夏某与上海某财务管理咨询公司劳动合同纠纷案

摘要:公司免除外籍法定代表人、董事长的职务后又以严重违纪为由解除其劳动合同,仲裁委员会裁决双方恢复劳动关系,两审法院判决不予恢复。

来源:上海市浦东新区人民法院(2015)浦民一(民)初字第34052号民事判决书;上海市第一中级人民法院(2016)沪01民终4970号民事判决书。

【事实概要】①

夏某(Jimmy,男,1969年3月生,美国籍)、上海某财务管理咨询公司(下称公司)于2013年6月17日签订了期限从2013年6月17日起至2016年6月16日止的《劳动合同》,约定夏某出任公司中国区董事总经理,每年税前工资为240万元,分12个月在每月月底前支付。公司为夏某办理的就业证有效期为2013年12月4日至2017年7月5日,载明职业或身份为法定代表人。

2014年12月1日,公司唯一出资股东作出书面决定,免去夏某公司法定代表人、董事长、董事的职务,并任命他人为公司的法定代表人、董事长、董事。2014年12月2日,公司以夏某存在不服从管理指令等严重违纪行为为由口头解除了双方劳动合同,并随后将书面解除劳动合同通知书邮寄给夏某。2014年12月15日,公司新任命的法定代表人与夏某在黄浦公安分局淮海中路派出所的组织下形成了《会议纪要》,夏某确认自己不再担任公司法定代表人以及承诺整理其在公司内的私人物品并搬离公司。

【裁判要旨】

1. 上海市劳动人事争议仲裁委员会裁决

夏某于2015年3月23日向上海市劳动人事争议仲裁委员会提出申诉,要求:(1)恢复与公司的劳动关系;(2)公司支付2014年11月至裁决之日的工资(按每月20万元计算)。仲裁委员会裁决双方恢复劳动关系、公司支付夏某2015年3月23日至2015年7月27日期间的工资414 943元。

2. 上海市浦东新区人民法院一审判决

公司不服仲裁裁决,向上海市浦东新区人民法院(下称一审法院)起诉。

一审法院认为,根据法律规定,在劳动争议纠纷案件中,因用人单位作出开除、除名、辞退、解除劳动合同、减少劳动报酬等决定而发生劳动争议的,由用人单位负举证责任。本案中,公司主张夏某在职期间存在违纪行为,对此,一审法院认为,公司认定夏某不服从工作指令的行为主要指在2014年11月27日公司所属的T集团(本案公司的母公司)亚太区负责人对夏某工作情况进行考评时,认为夏某当场"爆粗"并进行人身威胁。但公司提供的证据无法直接证

---

① 一审法院认定、二审法院确认。

明夏某的不当行为,且遭夏某否认,因此,公司以上述理由解除与夏某劳动合同,依据不足,一审法院不予采信。关于公司认定夏某在 2014 年 11 月 28 日指使某员工抢占公司公章、营业执照等并将其带离公司置于夏某个人控制之下、拒绝交还公司及 2014 年 12 月 1 日夏某带领社会闲散人员强行冲入公司办公场所并对公司员工进行威胁、公司员工报警的事实,公司并未提供直接的证据证明夏某存在上述违纪行为,而仅提供的间接证据不足以证明公司的主张,且遭夏某否认,故公司以此作为与夏某解除劳动合同的理由之一,依据不足,一审法院不予采信。

综上,经一审法院查实,公司解除与夏某的劳动合同依据不足,属违法解除劳动合同,双方本应恢复劳动关系;但审理中已查明夏某的原工作岗位已由公司任命其他员工担任公司的法定代表人、董事长、董事,双方原劳动合同中约定夏某的岗位为董事总经理,其中"公司总经理"在公司解除与夏某的劳动合同后已任命其他员工担任,实际上公司已无法按原条件安排夏某的工作岗位,且有公司提供的相关文件等证据证明。因此,鉴于双方劳动合同已难以履行,故一审法院确认双方不再恢复劳动关系,但公司违法解除与夏某的劳动合同,夏某可依法向公司主张赔偿。现公司请求不恢复与夏某的劳动关系,一审法院予以支持。同时,因双方劳动合同于 2014 年 12 月 2 日解除,故公司请求不支付夏某 2015 年 3 月 23 日至 2015 年 7 月 27 日期间的工资 414 943 元的诉讼请求,一审法院予以支持。

依照《劳动合同法》第 48 条的规定,一审法院于 2016 年 2 月 24 日判决:(1)公司与夏某不恢复劳动关系;(2)公司不支付夏某 2015 年 3 月 23 日至 2015 年 7 月 27 日期间的工资 414 943 元。

3. 上海市第一中级人民法院二审判决

夏某不服一审判决,向上海市第一中级人民法院(下称二审法院)提起上诉。二审法院于 2016 年 5 月 5 日受理,组成合议庭进行了审理。

夏某上诉称:(1)原审遗漏了对劳动合同之补充协议这份证据涉及的相关事实的审查和认定。该补充协议证明,在公司违反约定单方面解除劳动合同的情况下,夏某有权要求公司支付剩余 19 个月的月薪 380 万元。一审法院却以该证据与本案的处理无直接关系为由在本案中不作审查。(2)原审适用法律不当。根据法律规定,用人单位违法解除劳动合同的法律责任有两类:一是劳动者要求继续履行劳动合同,用人单位应当继续履行;二是劳动者不要求继续履行劳动合同或者劳动合同已经不能继续履行,用人单位应当支付赔偿金。本案中,夏某是要求继续履行劳动合同的,而公司目前仍在持续经营中,有的高管身兼数职,完全有条件安排夏某至合适岗位继续工作,故应判决恢复公司与夏某的劳动关系,一审判决认为公司已无法按照原条件安排夏某的工作没有事实依据。且即使不能恢复双方劳动关系,原审也应当对公司违法解除劳动合同的赔偿责任一并作出判决。综上所述,夏某请求二审法院撤销一审判决第(1)项,维持一审判决第(2)项,改判公司与夏某恢复劳动关系,并支付夏某 2014 年 11 月至 2015 年 3 月 22 日期间的工资(按每月 20 万元计算)。

公司不同意夏某的上诉请求,认为一审判决认定事实清楚,适用法律正确,请求二审法院予以维持。

二审法院审理过程中,夏某主张,劳动合同之补充协议可以证明双方曾约定在公司违反约定单方面解除劳动合同的情况下,夏某有权要求公司支付剩余 19 个月的月薪 380 万元。对此二审法院认为,本案争议焦点是双方劳动关系能否恢复,而非夏某是否有权依据补充协议之约定向公司主张赔偿,故劳动关系解除后的赔偿责任与本案处理无涉,二审法院在本案中不作审查。

二审法院认为,依据相关规定,获得外国人就业许可证的外国人在本市(上海)就业的,在最低工资、工作时间、休息休假、劳动安全卫生、社会保险等方面的劳动标准可适用我国劳动法的相关规定,当事人之间在上述标准之外约定或履行其他劳动权利义务,可按当事人之间的书面劳动合同、单项协议或其他协议以及实际履行的内容予以确定。当事人在上述所列标准及约定之外,提出适用有关劳动标准和劳动待遇要求的,不予支持。本案中,夏某与公司在劳动合同及补充协议中对"用人单位解除劳动合同后,劳动者是否可要求恢复劳动关系"并未约定,故夏某要求与公司恢复劳动关系的上诉请求,二审法院无法予以支持。因双方劳动合同于2014年12月2日解除,故夏某要求公司支付2014年11月至2015年3月22日期间工资的上诉请求,二审法院亦不予支持。

综上所述,二审法院于2016年10月28日判决:驳回上诉,维持原判。

【法 律 评 析】

(一)评析要点

本案涉及外籍高级管理人员劳动关系的处理。关于"高管"劳动关系及薪酬问题,本书另有多个案例阐述,故在此重点讨论外籍人员劳动关系问题。

本案仲裁委员会裁决双方恢复劳动关系,一审判决亦认定公司系违法解除劳动合同;两审法院之所以未支持夏某关于恢复与公司的劳动关系的请求,除因其系"高管"、岗位具有唯一性之外,更主要的原因是夏某的外籍身份,且其与公司的劳动合同及补充协议中均未约定若公司(违法或违约)解除其劳动合同,其可要求恢复劳动关系(见二审判决)。在此,不能用处理中国员工劳动争议的思维逻辑考量本案(详见下文)。

关于仲裁裁决与两审判决为何大相径庭,笔者只能说,此乃我国劳动争议案独特的"风景",因未见仲裁裁决书,笔者不作评判。

(二)法律依据与实务分析

本案一审判决援引的《劳动合同法》第48条规定:"用人单位违反本法规定解除或者终止劳动合同,劳动者要求继续履行劳动合同的,用人单位应当继续履行;劳动者不要求继续履行劳动合同或者劳动合同已经不能继续履行的,用人单位应当依照本法第八十七条规定支付赔偿金。"但一审法院虽认定公司系违法解除劳动合同,却既未判决双方恢复劳动关系,亦未判决公司支付赔偿金,因此一审判决的逻辑颇为晦涩。之所以如此,概因在中国就业的外国人之法律适用的尴尬现状。

《外国人在中国就业管理规定》[①]第21条规定:"用人单位支付所聘用外国人的工资不得

---

① 原劳动部等四部门发布(劳部发〔1996〕29号),1996年5月1日起施行;人力资源社会保障部2017年3月13日修订。

低于当地最低工资标准。"第 22 条①规定："在中国就业的外国人的工作时间、休息休假、劳动安全卫生以及社会保险按国家有关规定执行。"第 25 条规定："用人单位与被聘用的外国人发生劳动争议,应按照《中华人民共和国劳动法》和《中华人民共和国劳动争议调解仲裁法》处理。"

需要说明,《外国人在中国就业管理规定》最新一次修订时,《劳动合同法》已实施九年多,而上述第 25 条则采取了完全列举的方式,并未将《劳动合同法》纳入,在一定意义上说明起草者的立法意图是排除《劳动合同法》某些条款对外国人的适用(《劳动合同法》许多内容与《劳动法》没有实质区别,因此可以说这些内容也适用于外国人)。

原上海市劳动局《关于贯彻〈外国人在中国就业管理规定〉的若干意见》②第 16 条规定："用人单位与获准聘雇的外国人之间有关聘雇期限、岗位、报酬、保险、工作时间、解除聘雇关系条件、违约责任等双方的权利义务,通过劳动合同约定。"

因此,在我国就业的外国人的劳动权利义务与中国公民有所不同。具体而言,若劳动者为中国公民,其与用人单位的劳动权利义务完全受《劳动法》和《劳动合同法》等规制,比如劳动合同中不能任意约定违约责任和劳动合同解除或终止条件;外国人则另当别论。目前上海市统一的司法口径是,在我国就业的外国人若要求适用最低工资、工作时间、休息休假、劳动安全卫生、社会保险五方面的劳动标准,可予支持;其他劳动权利义务则按当事人之间的书面劳动合同、单项协议或其他协议以及双方实际履行的内容予以确定。除非双方当事人有约定,外国人要求适用上述五方面之外的劳动标准和劳动待遇的,法院不予支持。因此,目前至少在上海市,除非双方劳动合同和相关协议中有明确约定,无论解除或终止劳动合同的原因为何,外国人要求用人单位支付经济补偿金或赔偿金的,无法得到法院支持;法院亦不支持外国人要求用人单位支付未签订书面劳动(聘用)合同的双倍工资差额。上海法院甚至认为,外国人劳动争议适用《劳动法》和《劳动争议调解仲裁法》(原《企业劳动争议处理条例》),"系指劳动争议仲裁、诉讼程序上的适用,而非劳动保护实体法律规定的完全适用"。③

本案夏某可以依据与公司签订的劳动合同补充协议另行申请仲裁或起诉,要求公司支付其劳动合同剩余期限的工资(能否获得支持另当别论)。但因其在本案中仅要求公司恢复劳动关系、支付 2014 年 11 月至仲裁裁决之日的工资(二审时又改为请求支付 2014 年 11 月至其申请仲裁前一日即 2015 年 3 月 22 日的工资),在两审法院均判决双方不恢复劳动关系的情况下,其关于上述期间工资的请求也就失去了基础。

如上所述,除非双方劳动合同或补充协议有明确约定,若夏某要求公司支付《劳动合同法》第 48 条、第 87 条规定的违法解除劳动合同赔偿金,法院将难以支持。当然,从诉讼技巧角度,因上述法定赔偿金的数额取决于夏某在公司的工作年限且计算基数不高于上海市上年度职工月平均工资的 6 倍(《劳动合同法》第 47 条第 2 款、第 87 条),且主张赔偿金即不能主张恢复劳动关系,因此夏某选择了后者,但其在二审上诉理由中也提到了赔偿金问题(后另案申请仲裁

---

① 原劳部发〔1996〕29 号文第 23 条。
② 沪劳外发〔1998〕25 号,1998 年 4 月 14 日发布、生效。
③ (2011)徐民一(民)初字第 6127 号民事判决书。其他相关判例包括但不限于:(2011)沪一中民三(民)终字第 128 号、(2012)长民四(民)初字第 443 号、(2015)沪二中民三(民)终字第 6 号、(2015)沪二中民三(民)终字第 9 号、(2016)沪 0118 民初 8948 号、(2017)沪 01 民终 12755 号。

并起诉,见下文本案双方劳动合同纠纷新案)。

此外,本案一审审理中,公司曾申请证人章某、陈某、李某出庭作证,三人均系公司员工(包括新任命的总经理),分别作证称:2014年12月2日中午,夏某与一帮外人欲强行进入公司,公司报警;2014年11月28日至2014年12月15日期间,夏某一直拿着公司的营业执照,公司员工无法进入公司办公;2014年12月15日,公司在拿到任命书和股东决定的公证后,有关人员与夏某及其几个朋友一起到公安局进行协调,同时也有黄浦区工商局的人员确定公证认证件的真实性,后双方签署协议,要求夏某收拾自己的物品离开公司,不再妨碍公司员工办公。证人还就公司预留印鉴变更、网银被冻结等细节作证。公司对上述3位证人证言的真实性无异议;夏某认为上述3位证人均系公司在职员工,与公司存在利害关系,故对上述证言的真实性均不予认可。

笔者曾代表某航空公司处理其员工因春节换班加班费纠纷当着上司的面打伤同事、拒绝道歉赔偿被解除劳动合同的案件,关于打人一节事实,该案唯一证据是被打者及其与打人者之共同上司的证言。当时浦东新区劳动争议仲裁委员会韩姓仲裁员通过"背对背"详问细节(当时在场3人的座位排列、被打者眼镜飞出的方向、撞击墙壁的高度及损坏程度等等)的方式采信了公司两名证人的证言,该案"一裁二审",公司全部胜诉。笔者认为该仲裁员的办案方式比较专业、尽责。简言之,公司在职员工所作的有利于公司的证言并非完全不可采信,有时查明事实只能依靠证人证言,实务中应具体问题具体分析。

此外,自2017年4月1日起,"中华人民共和国外国人工作许可证"已取代"外国人就业证"。[①] 实务中,在我国就业的外国人若因解除或终止劳动合同与用人单位发生争议,其依据中国法律或与用人单位的约定提出的恢复劳动关系的请求能否得到法院支持,除实体上是否合法有据,往往还取决于判决时其是否仍持有以原用人单位为雇主的有效工作许可证。

作者:齐斌

---

① 《国家外国专家局人力资源社会保障部外交部公安部关于全面实施外国人来华工作许可制度的通知》(外专发〔2017〕40号),2017年3月28日发布。

第二章　就业促进法律制度

9. 反就业歧视：疑似艾滋病感染者就业歧视案
——谢某与四川省内江市某公司劳动合同纠纷案

摘要：疑似艾滋病感染者被公司拒绝上班，仲裁后由法院调解结案，当事员工获双倍工资等并与公司签订两年期限劳动合同。

来源：有关报道（见本页注释；因涉及个人隐私，本案员工当事人姓氏已作技术处理）；本案系由四川省内江市市中区人民法院调解结案，调解书（及调解协议）依法不予公开。

【事 实 概 要】①

2017 年 4 月 7 日，谢某以入职招聘第一名的成绩进入四川省内江市某公司（下称公司），入职一个多月后，单位组织体检，其 HIV 抗体检测呈阳性（后复检，报道未披露复检结果）。同年 6 月 9 日，公司部门主任与谢某谈话，称其入职体检不合格，要其回家养病。此后，谢某多次向公司申请签订书面劳动合同并上班，但公司不同意签订劳动合同，只是让谢某在家完成工作任务后用网络传输的方式发给公司同事。同年 7 月 27 日，公司支付 3 000 元工资后，便了无音讯。

谢某随后了解到，我国艾滋检测遵循"自愿咨询检测"原则，企业入职体检不应包含艾滋检测（公务员另有规定②），遂于 2017 年 11 月 10 日向内江市劳动人事争议仲裁委员会申请仲裁，要求公司支付同年 4 月 7 日至 6 月 9 日未签订书面劳动合同双倍工资中的一倍工资 17 646.1 元，支付同年 6 月 10 日起未签订书面劳动合同、也未支付的双倍工资暂计 42 000 元，并与其签订无固定期限劳动合同。

后本案在内江市市中区人民法院主持下调解结案，双方达成调解协议（见下文），谢某回公司上班。据悉，公司领导曾召集部门负责人开会，同事们一致投票表示愿意和艾滋感染者共事。

另据报道，谢某诉涉案医院和市区两级疾病预防控制中心隐私权纠纷案③已于 2018 年 7 月 23 日由四川省成都市（谢某劳动合同履行地即侵权结果发生地）锦江区人民法院受理，谢某

---

① 马梦飞：《内江小伙疑因查出艾滋病被辞退，经法院调解重回岗位》，载《华西都市报》2018 年 5 月 21 日。

② 《公务员录用体检通用标准（试行）》（人力资源社会保障部、国家卫生计生委、国家公务员局以人社部发〔2016〕140 号文修订，2017 年 1 月 1 日施行）第 18 条："淋病、梅毒、软下疳、性病性淋巴肉芽肿、尖锐湿疣、生殖器疱疹，艾滋病，不合格。"本文（注释）中，某些部门系采用部门规范简称。

③ 成都市锦江区人民法院（2018）川 0104 民初 8327 号隐私权纠纷案，已于 2018 年 8 月 20 日由成都市锦江区人民法院作出《民事裁定书》，但并未公开，不公开理由为"人民法院认为不宜在互联网公布的其他情形"。

请求法院判令三被告向其书面道歉、赔偿精神损害抚慰金 10 万元并承担其维护隐私权的合理支出。①

【裁 判 要 旨】

1. 内江市劳动人事争议仲裁委员会裁决

内江市劳动人事争议仲裁委员会组成仲裁庭,于 2017 年 11 月 27 日开庭审理本案,并于同年 12 月 6 日裁决:公司由于未按规定签订劳动合同,应支付谢某 2017 年 6 月 9 日前的双倍工资;公司以体检不合格为由与谢某解除了劳动关系,不属于应签订无固定期限劳动合同的情形。

2. 内江市市中区人民法院调解结果

谢某不服仲裁裁决,向内江市市中区人民法院提起诉讼。

2018 年 1 月 25 日,法院开庭审理本案,根据双方意愿于同年 4 月 28 日调解结案,双方达成调解协议并签订了劳动合同。调解协议内容如下:(1)原告(谢某)与被告(公司)自愿签订书面劳动合同,合同期限为 2018 年 4 月 1 日至 2020 年 3 月 31 日,月工资以双方劳动合同约定为准,扣除社会保险费用、住房公积金及个人所得税后每月不低于 3 400 元;(2)被告支付原告 2017 年 4 月 7 日至同年 6 月 9 日未签订书面劳动合同的双倍工资差额 6 758.74 元(已支付);(3)被告支付原告 2017 年 6 月 10 日至 2018 年 3 月 31 日未签订书面劳动合同的双倍工资 63 000 元,于 2018 年 5 月 30 日前一次性支付给原告。

【法 律 评 析】

(一)评析要点

就业歧视不仅影响平等就业,还关系到社会公平。原"反就业歧视研究课题组"项目负责人蔡定剑教授②认为,如果就业和职业(要求)中规定的条件与工作的内在要求无关,就应视为歧视。③

2019 年 1 月 1 日起,我国《民事案件案由规定》第一部分"人格权纠纷"第三级案由"9. 一般人格权纠纷"项下增加一类第四级案由"1. 平等就业权纠纷"。④

本案表面属劳动争议,实际上是一起典型的就业歧视案;若发生在 2019 年之后,当事员工可不经劳动仲裁、直接向法院起诉(平等就业权纠纷),只不过诉讼请求与劳动争议不同。无论如何,本案最终结果令人欣慰。

我国《就业促进法》与《劳动合同法》均于 2007 年颁布、均自 2008 年 1 月 1 日起实施。施行当年,武汉就发生了"首起反就业歧视诉讼案"。⑤ 25 岁的梁齐(化名)女士应聘湖北某广告公司(下称公司),接到上班通知后接受公司安排的体检,数日后公司通知其系乙肝病毒携带

---

① 因隐私权纠纷与本案劳动争议关系不大,本文不予赘述。
② 北京大学法学博士、中国政法大学教授,2010 年 11 月 22 日病逝。
③ 杨维立:《反就业歧视"第一案"胜诉的示范意义》,载《中国青年报》2008 年 12 月 18 日。
④ 最高人民法院《关于增加民事案件案由的通知》(法〔2018〕344 号),2018 年 12 月 12 日。
⑤ 黄建安:《反就业歧视:任重而道远》,载《湖北日报》2008 年 12 月 17 日(该文又援引同日《长江商报》报道)。

者,不符合公司录用规定。梁齐遂起诉该公司,要求公司向其赔礼道歉并支付精神损害抚慰金49 999元。武汉市江汉区人民法院判决被告公司于10日内向梁齐书面赔礼道歉,并向其支付精神抚慰金5 000元。

除本案和上述案例的情形,反就业歧视、实现平等就业还需要消除就业和职业性别歧视。1958年,国际劳工组织《消除就业和职业歧视公约》首先提出,"就业中的性别歧视"就是基于性别的任何区别、排斥或特惠,"其后果是取消或损害就业方面的机会平等或待遇平等"。

我国《就业促进法》《妇女权益保障法》均规定,用人单位不得以性别为由拒绝录用妇女,或者提高对妇女的录用标准。但据全国妇联妇女研究所2015年在北京等地多所高校的调查,高达86.6%的女大学生受到过一种或多种招聘性别歧视,其中,工科女大学生占80%以上。认为受到招聘性别歧视的女大学生中,多数人认为,在招聘过程中存在"招聘信息显示限男性或男性优先""不给女性复试机会""提高对女性的学历要求"等现象。我国现行法律对就业性别歧视仅作了原则性规定,并未规定相应的细则,且实践中用人单位拥有用人自主权,法律对就业中的性别歧视很难起到真正的监督作用。鉴于此,减少和消除就业中的性别歧视,还需政府出台更多鼓励女性就业的政策,用人单位也应承担更多的社会责任。

(二)法律依据与实务分析

根据原劳动和社会保障部有关文件,①"我国是乙肝高流行地区,每年报告乙肝新发病例近100万。按照1992年全国肝炎血清流行病学调查结果推算,全国约有1.2亿人是乙肝表面抗原携带者"。因此,要"科学认识乙肝表面抗原携带者"。上述文件要求"保护乙肝表面抗原携带者的就业权利。除国家法律、行政法规和卫生部规定禁止从事的易使乙肝扩散的工作外,用人单位不得以劳动者携带乙肝表面抗原为理由拒绝招用或者辞退乙肝表面抗原携带者";还要求"严格规范用人单位的招、用工体检项目,保护乙肝表面抗原携带者的隐私权。用人单位在招、用工过程中,可以根据实际需要将肝功能检查项目作为体检标准,但除国家法律、行政法规和卫生部规定禁止从事的工作外,不得强行将乙肝病毒血清学指标作为体检标准。各级各类医疗机构在对劳动者开展体检过程中要注意保护乙肝表面抗原携带者的隐私权。"

《就业促进法》第3条规定:"劳动者依法享有平等就业和自主择业的权利。劳动者就业,不因民族、种族、性别、宗教信仰等不同而受歧视。"第30条规定:"用人单位招用人员,不得以是传染病病原携带者为由拒绝录用。但是,经医学鉴定传染病病原携带者在治愈前或者排除传染嫌疑前,不得从事法律、行政法规和国务院卫生行政部门规定禁止从事的易使传染病扩散的工作。"第62条规定:"违反本法规定,实施就业歧视的,劳动者可以向人民法院提起诉讼。"第68条规定:"违反本法规定,侵害劳动者合法权益,造成财产损失或者其他损害的,依法承担民事责任;构成犯罪的,依法追究刑事责任。"

除对乙肝表面抗原携带者和疑似艾滋病感染者(如本案谢某)等人员的歧视外,劳动就业实务中,对女性的歧视(性别歧视)以及职场性骚扰也比较常见,已发生的案件或媒体披露的事件可谓九牛一毛、冰山一角。

---

① 《关于维护乙肝表面抗原携带者就业权利的意见》,劳社部发〔2007〕16号,2007年5月18日发布。

　　为促进和保障女性就业,2019 年 2 月 18 日,人力资源和社会保障部等九部门①发出《关于进一步规范招聘行为促进妇女就业的通知》,其第 2 条规定:"依法禁止招聘环节中的就业性别歧视。各类用人单位、人力资源服务机构在拟定招聘计划、发布招聘信息、招用人员过程中,不得限定性别(国家规定的女职工禁忌劳动范围等情况除外)或性别优先,不得以性别为由限制妇女求职就业、拒绝录用妇女,不得询问妇女婚育情况,不得将妊娠测试作为入职体检项目,不得将限制生育作为录用条件,不得差别化地提高对妇女的录用标准。"

　　此外,众所周知,世界主要国家包括我国在内,女性预期寿命高于男性,而我国女职工的退休年龄却低于男职工。这对女职工究竟是保护还是歧视,值得思考。

　　目前,我国法定的企业职工退休年龄是男年满 60 周岁,女工人年满 50 周岁,女干部(管理人员)年满 55 周岁。② 另据《国务院关于工人退休、退职的暂行办法》(国发〔1978〕104 号),全民所有制企业、事业单位和党政机关、群众团体的工人满足以下条件的职工应该退休:(1)男年满 60 周岁,女年满 50 周岁,连续工龄满 10 年的。(2)从事井下、高空、高温、特别繁重体力劳动或者其他有害身体健康的工作("特殊工种"),男年满 55 周岁、女年满 45 周岁,③连续工龄满 10 年的。本项规定也适用于工作条件与工人相同的基层干部。(3)男年满 50 周岁,女年满 45 周岁,连续工龄满 10 年,由医院证明,并经劳动鉴定委员会确认,完全丧失劳动能力的。(4)因工致残,由医院证明,并经劳动鉴定委员会确定,完全丧失劳动能力的。

　　此外,根据我国《国民经济和社会发展第十三个五年规划纲要》④第六十五章"积极应对人口老龄化"第一节"促进人口均衡发展"第二段规定,国家将"综合应对劳动年龄人口下降,实施渐进式延迟退休年龄政策"。

作者:齐斌

---

　　①　指的是人力资源社会保障部、教育部、司法部、卫生健康委、国资委、医保局、全国总工会、全国妇联、最高人民法院。

　　②　依据包括但不限于劳动和社会保障部《关于制止和纠正违反国家规定办理企业职工提前退休有关问题的通知》(劳社部发〔1999〕8 号,1999 年 3 月 9 日)。需说明,特定人员退休年龄与普通人员有所不同,比如司级女干部退休年龄可达 60 岁。

　　③　《关于制止和纠正违反国家规定办理企业职工提前退休有关问题的通知》(劳社部发〔1999〕8 号)另规定,因病或非因工致残、由医院证明并经劳动鉴定委员会确认完全丧失劳动能力的,退休年龄为男年满 55 周岁、女年满 45 周岁。

　　④　全国人民代表大会 2016 年 3 月 16 日发布。

10."易性"员工劳动合同纠纷

——北京当当网信息技术有限公司与高某劳动争议案

摘要:公司以旷工为由解除"易性"员工劳动合同,员工要求继续履行劳动合同并补发工资,"一裁二审"均予支持。

来源:北京市东城区劳动人事争议仲裁委员会京东劳仲字[2019]第 470 号仲裁裁决书;北京市东城区人民法院(2019)京 0101 民初 5075 号民事判决书;北京市第二中级人民法院(2019)京 02 民终 11084 号民事判决书。

【事 实 概 要】①

2015 年 4 月 13 日,高某(二审判决书载明性别为"女")入职北京当当网信息技术有限公司(下称公司)担任技术部产品总监,双方签订两份劳动合同,最后一份劳动合同到期日为 2019 年 4 月 12 日。公司的计薪周期为上月 26 日至本月 25 日,每月 5 日发放上个月工资,高某月薪 51 259 元。高某于 2018 年 6 月 27 日起未再出勤,公司自 2018 年 6 月 26 日起未再向高某支付工资。

关于未出勤原因,高某主张其于 2018 年 4 月 16 日经上海市精神卫生中心诊断为易性症,需要进行男转女性别重置及手术,故于 2018 年 6 月 27 日通过微信向主管领导李某请病假,并于同日进入第二军医大学附属长征医院住院手术。2018 年 7 月 19 日,高某出院,出院记录中记载"出院医嘱:建议休息一个月"。同日,第二军医大学附属长征医院出具病情证明单,建议"术后全休贰月"。2018 年 7 月 20 日,高某向李某申请在家办公 1 个月。

公司主张高某的休假申请未按照该公司制度进行预先请假,且提交的假条有遮挡无法判断为病假,病情证明单与出院证记载休息时间不一致,应以出院医生建议为准,故未批准高某的休假申请。高某对公司的上述主张不予认可。本案一审法院向上海市精神卫生中心调查核实,高某在该院的诊断证明真实,主治医生答复:如病人随后进行性别置换手术可根据手术情况休病假。一审法院又向出具病情证明单的第二军医大学附属长征医院整形美容科副主任医师核实,按照高某的手术情况,其术后休假时间应以病情证明单记载为准。

关于请假制度,公司提交了公证书及 2016 年修订版《员工手册》及有高某签收的《员工手册》发放回执和阅读声明。高某认可其签收了该版《员工手册》,但主张该版《员工手册》的修订未经过民主程序。公司主张《员工手册》在《劳动合同法》实施之前就有,2016 年只是进行了修订,请假制度相关内容并未修改,但公司未提交该《员工手册》经过民主程序制订或修订的相关证据。

双方均认可公司的请假流程需在办公系统提交请假申请,由主管领导和员工关系管理员审批通过后,才视为请假。但高某主张该流程实际上并未严格执行,员工可以事后补办请假手续,并提交了公司人力资源部 2018 年 7 月—9 月发送给全体员工的考勤通知邮件,证明在薪资

---

① 一审法院认定、二审法院确认。

结算周期内可以补交请假手续,邮件中要求于当月薪资结算周期结束前确保请假流程完结,并提示如超过(周期),"系统线上是无法发起请假的……需要小伙伴们走线下纸质签批流程"。公司认可邮件的真实性,但不认可关联性,主张邮件针对的是未打卡的补签审批流程。

2018 年 8 月 27 日,公司向高某邮寄《返岗通知书》,邮寄地址为北京市昌平区,查询记录显示 8 月 29 日他人收,高某主张未收到该通知书。2018 年 9 月 6 日,公司向高某邮寄了《解除劳动合同通知书》,因其"自 2018 年 7 月 2 日至今连续旷工,公司通知您于 2018 年 8 月 31 日前返回公司上班,您也未按时返岗",解除与其的劳动合同,邮寄地址同样为北京市昌平区。高某主张上述地址自 2017 年年中就不再居住,快递员投递未果打电话联系,其要求快递员变更地址重新投递后才收到该解除通知书。

【裁 判 要 旨】

1. 北京市东城区劳动人事争议仲裁委员会裁决

2018 年 11 月 22 日,高某向北京市东城区劳动人事争议仲裁委员会申请仲裁,要求公司:(1)撤销《解除劳动合同通知书》,继续履行劳动合同;(2)支付 2018 年 6 月 26 日至 9 月 6 日期间工资 123 706 元;(3)支付 2018 年 9 月 7 日至 11 月 22 日工资 121 939 元。

2019 年 2 月 12 日,仲裁委员会作出裁决:(1)撤销《解除劳动合同通知书》,双方于 2018 年 9 月 6 日起继续履行 2017 年 4 月 13 日签订的劳动合同;(2)公司支付高某 2018 年 6 月 26 日至 9 月 6 日工资 14 537.3 元;(3)公司支付高某 2018 年 9 月 7 日至 11 月 22 日工资 121 939 元;(4)驳回高某的其他申请请求。

2. 北京市东城区人民法院一审判决

公司不服仲裁裁决,向北京市东城区人民法院(下称一审法院)起诉请求:(1)确认公司与高某之间的劳动合同于 2018 年 9 月 6 日解除;(2)不支付高某 2018 年 6 月 26 日至 9 月 6 日期间工资 14 537.3 元;(3)不支付高某 2018 年 9 月 7 日至 11 月 22 日工资 121 939 元。

一审法院认为,劳动者享有休息休假的权利。为了保护劳动者所享有的劳动权利和在患病医疗期间的合法权益,《劳动法》和《劳动合同法》均对用人单位的单方解除权做了限制规定。考虑到用工管理的实际情况,劳动者因病不能到岗必然影响用人单位的正常工作安排,故用人单位均以内部规章制度的形式对劳动者请休病假进行规定。在保障劳动者就医和休假权的同时,加强对劳动者任意请休病假的约束,保障用人单位良好的工作秩序,是制定内部请假制度的首要目的。但在实际操作过程中,对劳动者请休病假的审批和许可也应进行个案考虑,如审查过于机械化,不考量劳动者所患疾病的特殊性,则反倒不利于劳动者合法权益的保护。

本案的争议焦点细分有三:第一,高某因病手术情况是否属于可申请休病假事项;第二,如高某可申请休病假,其请假手续是否符合公司的内部规章制度;第三,如高某的请假手续存在瑕疵,公司是否可以其未履行请假手续属于旷工为由解除双方劳动合同。关于第一个争议焦点,高某因易性症而选择手术治疗,并持有医院出具的诊断证明和休假建议,且经法院向参与高某诊疗的医院进行核实,其诊断证明和休假证明均真实有效,故高某的手术属于可以请休病假的情形,但仍需按照公司规定履行请休病假的手续并获得批准,以享受病假相关待遇。关于第二个争议焦点,公司的《员工手册》规定病假需提前申请,因突发事件不能提前填写《请假单》者,可事后补交请假手续。该《员工手册》通过办公系统公示发布且高某亦在签订劳动合同同时签收,故法院推定高某理应知晓公司的请假流程。本案中,高某的病情并非突发疾病,是否需要进行手术系高某经过慎重考虑后作出的选择,故高某应该提前履行请假手续;但高某并未提前履行线上请假手续,而是通过口头告知的形式,在手术前通过微信告知其主管领导,手术后也是通过微信与该主管领导沟通术后恢复所需时间及仍需请病假的情况。故根据公司的规章制度,高某的请假程序明显存在瑕疵。关于第三个争议焦点,高某虽然未及时履行线上请假手续,但其手术前、后均向其主管领导口头请假,应视为其已告知用人单位请休病假事宜。作为用人单位的管理者,主管领导明确表示同意高某休假,应视为代表用人单位行使用工管理权;亦说明其工作部门已预见到高某因病不能上班的事实,并因此对相关工作进行了安排,高某的请假未对公司工作安排造成影响。事后高某亦通过办公系统提交休假申请、补交病假材料。但公司人事主管部门在未查证病假和病情的情况下,直接未通过高某的休假申请,属于用工管理权行使不当。

综上,高某的请假行为虽在形式上存在瑕疵,但可认为事实上已履行了请假手续。高某的病情具有特殊性和私密性,从诊断到手术再到康复和社会复归,都需要一定的康复时间(和)社会适应过程,故高某术前希望对病情保密,请假时仅向其主管领导口头告知,并在提交病假材料时对隐私部分进行处理,系出于自我保护的本能行为,不应严加苛责。综合考虑高某的特殊疾病类型及其口头请假未给公司工作和管理秩序造成混乱的情况,一审法院认为公司仅以人力资源(部)未通过高某的病假审核就直接认定高某未履行请假手续属于旷工,缺乏合理性。因用人单位作出的解除劳动合同决定而发生的劳动争议,由用人单位负举证责任。用人单位在制定、修改或者决定有关劳动报酬、工作时间、休息休假、劳动安全卫生、保险福利、职工培训、劳动纪律以及劳动定额管理等直接涉及劳动者切身利益的规章制度或者重大事项时,应当经职工代表大会或者全体职工讨论,提出方案和意见,与工会或者职工代表平协商确定。本案中公司据以作出与高某解除劳动合同的依据为其公司《员工手册(2016版)》,但其并未提交该版员工手册修订经过民主程序的相关证据,故公司据此解除与高某的劳动合同,在程序上存在瑕疵。

综上所述,公司的解除决定,无论实体上还是程序上均有瑕疵,该解除不符合法律规定,属于违法解除劳动合同。高某要求继续履行与公司的劳动合同,合法有据,予以支持。因公司违法解除双方劳动关系,致使高某无法继续为其提供劳动,故应按照正常工作期间工资标准支付高某2018年9月7日至11月22日期间的工资,高某主张的该期间的工资数额不高于法院核算标准,法院对仲裁该项裁决结果予以确认。高某向公司申请2018年6月28日至6月29日休年假未获批准,其于2018年6月27日住院治疗,故法院确认其自6月27日至9月6日期间处于休病假期间,应按病假工资标准享受相关待遇。2018年6月26日高某正常出勤,应正常支付工资。故判决:(1)确认公司与高某自2018年9月6日起继续履行劳动合同;(2)自判决生效之日起7日内,公司支付高某2018年6月26日至9月6日期间工资6 089.34元;(3)自判决生效之日起7日内,公司支付高某2018年9月7日至11月22日工资121 939元;(4)驳回公司的其他诉讼请求。

3. 北京市第二中级人民法院二审判决

公司和高某均不服一审判决,分别向北京市第二中级人民法院(下称二审法院)提起上诉。

公司主张,高某的工作岗位为产品总监,具有不可替代性和唯一性,目前该岗位已经被他人替代,且双方劳动合同于 2019 年 4 月 12 日已经届满,客观上双方已不具备继续履行劳动合同的基础。高某所患疾病为易性症,公司的其他员工也表示无法与高某一起工作。高某辩称,从公司向其发送的函件中提及的自行配备保安、如厕问题等内容来看,解除劳动合同的真正原因是性别歧视;互联网的精神是包容、平等、非歧视,本案实际涉及特殊人群的工作问题。

高某上诉请求撤销一审判决第(2)项,改判公司向高某支付 2018 年 6 月 26 日期间至 9 月 6 日期间的工资 39 839 元。

二审法院认为,公司与高某解除劳动合同是否违法、双方订立的劳动合同是否应当继续履行、公司是否应当支付高某 2018 年 6 月 26 日至 11 月 22 日期间的工资以及上述期间的工资标准应当如何认定系本案的三个争议焦点。二审法院针对三个争议焦点逐一分析如下:

第一,关于公司与高某解除劳动合同是否违法。二审法院认为,判断公司与高某解除劳动合同的行为是否违法,需要厘清以下三个方面的问题:一是公司与高某解除劳动合同是否具备劳动规章制度方面的依据;二是公司是否履行了法律规定的解除劳动合同程序;三是公司关于高某存在旷工行为的主张是否成立。

(1)关于公司与高某解除劳动合同是否具备劳动规章制度方面的依据,公司所设置的预先请假制度具有劳动规章制度的效力依据,但二审法院并不能就此推断出"非因突发事件未预先请假=旷工"的结论;即便公司欲作出"非因突发事件未预先请假=旷工"的规定,也要经过民主程序的审查,且需符合劳动关系管理的"合情""合理"之要求。在未就"未完成审批流程"的原因作出区分的情况下,将"未完成审批流程不到岗"一律等同于"旷工"具有较大的争议,二审法院认为高某就此提出的未经民主程序制定的质疑具有合理性,故上述规定不能作为解除劳动合同的依据。

(2)关于公司是否履行了法律规定的解除劳动合同程序,二审法院认为,公司依据《劳动合同书》载明的高某地址作为解除劳动合同通知书的送达地址,并无不当。《劳动合同法》第 43 条规定:用人单位单方解除劳动合同,应当事先将理由通知工会。用人单位违反法律、行政法规规定或者劳动合同约定的,工会有权要求用人单位纠正。用人单位应当研究工会的意见,并将处理结果书面通知工会。高某据此主张公司在解除劳动合同时未履行通知工会的法定义务,但公司以该公司并未建立工会为由进行抗辩,高某又主张即便公司未建立工会,公司亦应当履行通知街道工会的义务。鉴于《劳动合同法》第 43 条并未就用人单位未建立工会的情况下,是否应通知街道工会作出明确规定,二审法院对高某关于公司在解除劳动合同时未履行通知街道工会的义务即构成违法的主张,不予采信。

(3)关于公司所主张的高某存在旷工行为,二审法院认为,高某所患的易性症是一种少见的性别身份认同障碍,属于精神类疾病。根据原国家卫生计生委办公厅发布的《性别重置技术管理规范(2017 年版)》之规定,进行性别重置手术的手术对象应当满足的条件包括:对性别重置的要求至少持续 5 年以上且无反复过程,术前接受心理、精神治疗 1 年以上且无效等。由此可见,在术前接受心理、精神治疗 1 年以上且无效的情况下,选择继续进行心理治疗还是做性别重置手术对于高某而言无疑是一个重大的人生抉择,故高某关于"医生曾告知其做手术前最后一刻都可以反悔"的陈述具有合理性,因此即便"是否进行性别重置手术"系来自高某的主观抉择,但抉择的确定时间只能来自其做手术前的最后一刻,这与进行普通常规手术具有极大不同。由此，虽然高某选择进行性别置换手术并非突发事件，但私密性和抉择的难以确定性，决定了高某选择手术当天向主管领导口头请假，并于事后申请线上审批的行为符合一般人的逻辑和认知，其行为具有合理性。公司主张高某于 2018 年 7 月 25 日提交的出院证存在人为遮挡导致无法完成病假审批流程，高某则解释称其之所以将出院证中"诊断"栏内容及"今后注意事项"栏第 2 点遮挡，系基于其心理上还不想让他人知道其进行了性别置换手术。考虑到大众对性别置换的认知和接受程度，以及高某在性别置换手术后所需要的心理调适过程，二审法院认为高某的解释具有一定的合理性，且高某在公司提出质疑后亦补交了未加任何遮挡的病情证明单，公司在解除劳动合同前已经充分了解了高某申请病假的原因，其作为用人单位的知情权已经得到实现。

综上，高某并不存在旷工行为，且公司与高某解除劳动合同依据的劳动规章制度亦不充分，一审法院认定公司与高某解除劳动合同的行为不符合法律规定并无不当，二审法院予以确认。

第二，关于公司与高某订立的劳动合同是否应继续履行。二审法院询问公司是否有其他岗位为高某安排，公司称可以商量。但公司认为继续履行劳动合同会涉及高某的如厕等生理问题以及其他同事心理上的不适问题。对此，二审法院认为，有关公安机关已经依据公安部治安管理局《关于公民手术变性后变更户口登记性别项目有关问题的批复》将高某的性别由男性更改为女性，高某即有权以女性的身份进行如厕，其他同事也应当接受高某的新性别，以包容的心态与其共事。

本案中，公司在高某第二次劳动合同履行期间违法解除劳动合同，在仲裁委员会裁决双方继续履行劳动合同后，公司仍坚持起诉不同意继续履行劳动合同，导致双方第二次订立的劳动合同在一审法院审理期间到期。鉴于该份劳动合同到期时双方是否应继续履行劳动合同仍处于不确定状态，导致高某无法在该份劳动合同到期前行使要求续订、订立劳动合同的权利；公司亦未明确通知高某要到期终止该份劳动合同，故公司以双方订立的第二份劳动合同于 2019 年 4 月 12 日在诉讼中到期为由主张劳动合同到期终止，于法无据，二审法院不予支持。

公司与高某的第二份劳动合同到期后，双方续订劳动合同的，可就高某的岗位和薪酬待遇重新协商，根据"薪随岗变"的原则，高某要求原岗位和薪资不得降低的理由不能成立，但公司亦应当尽可能根据高某的能力和体能为其安排相近岗位，不得滥用"薪随岗变"的原则极大幅度降低其薪酬待遇。

第三，关于公司是否应当支付高某 2018 年 6 月 26 日至 11 月 22 日期间的工资以及上述期间的工资标准应当如何认定。二审法院认为，上述期间的工资支付争议应以劳动合同解除之日即 2018 年 9 月 6 日作为节点分别予以考虑：一是 2018 年 6 月 26 日至 9 月 6 日期间的工资支付争议；二是 2018 年 9 月 7 日至 11 月 22 日期间的工资支付争议。

（1）关于 2018 年 6 月 26 日至 9 月 6 日期间的工资支付争议。如前所述，二审法院已经认定高某不构成旷工，故对公司该项上诉理由不予采信。高某主张其 2018 年 6 月 26 日至 7 月 1 日期间为年休假，但其向主管李某的请假理由为要住院手术，在办公系统填写的请假原因亦为"手术"，故二审法院对其该期间为年假的主张，不予采信。高某主张根据公司的《员工手册》，其病假天数超过了 20 天，20 天内应计算为工资标准的 60%，超过 20 天的，病假期间工资才按当地最低工资标准的 80% 计算。公司则认为根据《员工手册》，高某的病假天数超过了 20 天，一律应按照当地最低工资标准的 80% 计算。对此，二审法院认为，根据公司的《员工手册》，病假天数超过 20 天的病假工资标准应如何计算，确实能作出高某和公司所述的两种解释，但根据"有利原则"应作出对劳动者高某有利的解释。有利原则，即劳动关系双方当事人的约定、用人单位内部劳动规则的规定、用人单位的单方承诺与劳动基准或者法律规定不一致的，应当适用对劳动者有利的约定或者规定；若这些约定或者规定的含义不明确，应当作出对劳动者有利的解释。据此，高某该部分的上诉理由成立，但鉴于仲裁委员会作出裁决后高某未提起诉讼，应视为其同意仲裁裁决结果，故 2018 年 6 月 26 日至 9 月 6 日期间的病假工资应按 14 537.3 元确定。

（2）关于 2018 年 9 月 7 日至 11 月 22 日期间的工资支付争议。高某于 2018 年 9 月 7 日至 11 月 22 日期间未能提供劳动，系公司违法解除劳动合同所致，故公司应以支付工资的形式赔偿高某上述期间的工资损失。鉴于高某在二审法院审理期间提交的出院小结显示其 2018 年 9 月 16 日至 9 月 27 日期间处于住院治疗期间，故上述期间的工资损失应按照病假工资确定，二审法院据此核算上述期间的病假工资为 877.24 元。2018 年 9 月 7 日至 9 月 15 日、9 月 28 日至 11 月 22 日期间，公司与高某订立的第二份劳动合同尚未到期，双方之间的争议处于劳动仲裁审理期间，公司未向高某送达复工通知要求其继续工作，故该期间的工资损失应按照高某的原工资标准确定，二审法院据此核算上述期间的工资损失为 105 463.92 元。

综上所述，高某、公司的上诉请求部分成立。二审法院依照《劳动合同法》第 4 条、第 48 条等规定，于 2020 年 1 月 3 日判决：（1）维持一审判决第（1）项；（2）撤销一审判决第（4）项；（3）变更一审判决第（2）项为：自本判决生效之日起 7 日内，公司支付高某 2018 年 6 月 26 日至 9 月 6 日期间工资 14 537.3 元；（4）变更一审判决第（3）项为：自本判决生效之日起 7 日内，公司支付高某 2018 年 9 月 7 日至 11 月 22 日工资 106 341.16 元；（5）驳回公司的其他诉讼请求。

【法 律 评 析】

（一）评析要点

本案堪称 2020 年开年最令人关注的劳动争议案之一。不仅由于本案起因涉及变性（或称易性、转性、性别置换）人权益和就业歧视，还因为两审判决的说理部分也各有亮点，可谓相映生辉、精彩纷呈，足见两审法官都十分用心。

除对用人单位规章制度制定程序及其效力等经典劳动法律问题的分析之外，一审判决关于何种情况可认定为病假和高某未（适当）履行请假手续能否构成旷工以及二审判决关于高某未履行预先请假手续是否具有合理理由的阐述，均入情入理。

二审判决如下说理则更是充满激情和人文关怀，从文风到内容都值得关注："我们习惯于按照我们对于生物性别的认识去理解社会，但仍然会有一些人要按照自己的生活体验来表达他们的性别身份，对于这种持续存在的社会表达，往往需要我们重新去审视和认识……只有我们容忍多元化的生存方式，才能拥有更加丰富的文化观念，才能为法治社会奠定宽容的文化基础，这或许就是有学者指出'社会宽容乃法治之福'的逻辑。我们尊重和保护变性人的人格、尊严及其正当权利，是基于我们对于公民的尊严和权利的珍视，而非我们对于变性进行倡导和推广。公安部治安管理局《关于公民手术变性后变更户口登记性别项目有关问题的批复》为变性人在户口登记中进行性别项目变更提供了明确依据、原国家卫生计生委办公厅发布的《性别重置技术管理规范（2017 年版）》则为易性症患者进行性别重置技术提供了医疗技术规范。而如变性人作为劳动者，其就业的权利也应当受到法律保障……劳动者因为进行性别置换手术而转变性别并获公安机关认可后，其享有平等就业不受歧视的权利……""本案中，公司于 2019 年 7 月 22 日向高某发送的函件中提及了'精神病人发作，其他员工的恐惧、不安和伦理尴尬，如厕问题'等内容，导致高某据此主张受到了公司的就业歧视。在此，本院呼吁并相信公司及其员工能够发扬'开放、平等、协作、快速、分享'的互联网精神，以更加开放、宽容的心态面对高某，在高某能够胜任新岗位的前提下构建和发展和谐稳定的劳动关系。本院亦提示高某要珍惜社会给予的尊重和保护，在维护自身权利的同时不要滥用权利，以更加坦诚、平和的心态面对公司，力争在新的岗位上取得更优异的成绩。"

（二）法律依据与实务分析

本案主要法律依据是《劳动合同法》第 4 条，以及同法第 48 条，即"用人单位违反本法规定解除或者终止劳动合同，劳动者要求继续履行劳动合同的，用人单位应当继续履行；劳动者不要求继续履行劳动合同或者劳动合同已经不能继续履行的，用人单位应当依照本法第八十七条规定支付赔偿金。"本案高某系要求继续履行劳动合同（恢复劳动关系），此类纠纷在各地劳动争议中通常不占多数，但处理起来相当棘手。

关于《劳动合同法》第 43 条，即用人单位单方解除劳动合同应事先通知工会的问题，笔者认同本案二审法院的观点：在用人单位并未成立工会的情况下，其单方解除劳动合同无需通知街道工会等组织。在此有必要说明，（京沪以外）某些地方法院通过判决（以及劳动争议裁审会议纪要等文件）要求未设立工会的用人单位在单方解除劳动合同时事先通知地方工会（或产业工会等），实际上是为用人单位设置了超出现行法律规定的义务，导致劳资关系明显失衡，实务中也难以操作，故并不妥当。

就双方的案件操作而言，本案二审中，公司新提交如下证据：（1）崔某的劳动合同书、劳动合同变更协议、办公系统中崔某的岗位截图，用以证明产品总监的岗位具有不可替代性及唯一性，且该职位目前已由崔某担任，客观上不具备与高某继续履行劳动合同的可能性。（2）员工邮件截图，用以证明多位同事表达了对高某继续履行劳动合同后的担忧，包含工作、心理及生理等各个方面。（3）2008 版《员工手册》（2007 年 12 月 29 日修订执行）、2010 版《员工手册》、2012 版《员工手册》、2014 版《员工手册》、2015 版《员工手册》，用以证明公司自 2007 年起便已实施《员工手册》，且对于突发事件的请假流程实行双轨制管理，未完成请假流程擅自不到岗按照旷工处理。高某不认可崔某的劳动合同书、劳动合同变更协议、办公系统中崔某的岗位截图这三份证据的证明效力，并主张按照上述三份证据所显示的内容，公司在与高某解除劳动合同前的 2018 年 9 月 4 日就已将高某的岗位安排给崔某；认为员工邮件截图的真实性存疑，且涉嫌对员工的诱导和对高某的就业歧视；认为各版《员工手册》的真实性存疑。

高某则新提交两份证据，第一份是公司于 2019 年 7 月 22 日向高某发送的函件，用以证明公司与其解除劳动合同的原因是就业歧视。上述函件载明："……您作为精神病人，享有精神病人的权利。当当作为雇主，需要保护全体员工的合法、正当权利。这种权利的体现，不仅仅是精神病人发作时其他员工不受侵害，还要包括其他员工不在恐惧、不安、伦理尴尬的状态下安心工作。为了安全环境,您自行配备安保人员? 还是您作为精神病患者,请人力资源和社会保障局介入? ……女同事坚决反对您使用女厕所,男同事反对您使用男厕所……变性人如厕,如何做到并尊重和保护其他员工的权利及意愿,请您及您的律师提供方案。……"

高某在二审时提交的第二份证据是第二军医大学第二附属医院 2019 年 9 月 27 日的出院小结,用以证明其具备继续履行劳动合同的身体条件。该出院小结载明:"入院日期:2019-09-16,出院日期:2019-09-27;出院时情况:现患者一般情况良好,体温正常,伤口愈合良好,无红肿渗出。"

公司对 2019 年 7 月 22 日所发送函件的真实性认可,但主张并非公开信息,发送函件的原因是:一审法院判决之后,公司已经在准备高某的返岗工作,但就工作和生活的安排存在正常顾虑。针对高某提交的第二军医大学第二附属医院 2019 年 9 月 27 日的出院小结,公司发表质证意见如下:此前没有见过,自 2018 年到现在可以看出她的身体状态还不是很良好,手术还没有做完,不适宜从事互联网公司高强度的劳动,且对高某本人的身体恢复也不是很好。

本案双方在二审时还分别提交上述证据,说明的确针锋相对,都是求胜心切。

此外,本案二审法院补充查明:公司提交的 2008、2010、2012、2014、2015 及 2016 版《员工手册》均载有:"员工请假需提前申请,并提交相关休假证明,经批准后生效。请假在 1 个工作日(含)以内,由直属上级批准;请假在 3 个工作日(含)以内,由部门两级批准;请假在 3 个工作日以上,由部门长批准;因突发事件不能提前填写《请假单》者,需与直属上级联系,口头请假;立即解聘:包括但不限于以下原因:连续旷工 3 日(含)以上,或 3 个月内累计旷工 6 日(含)以上。"2008、2012 版《员工手册》未见"超出上述假期天数的休假申请需逐级报总裁特批,未完成审批流程擅自不到岗的按旷工处理"的规定,2010、2014、2015 及 2016 版《员工手册》则均有该规定。二审法院询问公司是否有其他岗位为高某安排,公司称可以商量,但高某本人不一定愿意。二审法院询问高某是否愿意接受新的岗位,高某称其可以接受崔某原任的 UED 岗位或者其他岗位,但不同意降低原岗位的薪资和待遇。关于如厕问题,公司称该问题并非提供设备设施就可以解决,而是其他同事心理上的问题。另,公司称该公司并未建立工会,高某称不清楚公司是否建立有工会,但主张即便公司未建立工会,也应当履行通知街道工会的义务。

如二审判决所述,本案涉及就业歧视问题。《劳动法》第 12 条规定:"劳动者就业,不因民族、种族、性别、宗教信仰不同而受歧视。"《就业促进法》第 3 条规定:"劳动者依法享有平等就业和自主择业的权利";"劳动者就业,不因民族、种族、性别、宗教信仰等不同而受歧视。"可以说,仅因加了一个"等"字,《就业促进法》就比《劳动法》更进一步,其对就业歧视的种类作了不完全列举,即不限于"民族、种族、性别、宗教信仰"。换言之,基于政治信仰或党派的歧视,亦应为我国《就业促进法》所禁止。此方面值得关注的新动向是,西方对跨国公司和外国大学、政府机构内的中共党员雇员日益敏感和关注。2020 年 12 月 13 日,英国《每日电讯报》刊载一篇题为《汇丰、渣打和德意志银行的高级雇员是中共党员》的文章[1];次日,澳大利亚新闻网又刊发题为《中国共产党数据库泄露显示对西方公司的渗透》的文章。而在这之前,继 2020 年 5 月美国国会参议院通过《外国公司问责法案》(Holding Foreign Companies Accountable Act) 之后,12 月 2 日,美国国会众议院也表决通过了该法案,同月 18 日经特朗普总统将该法案签署生效。

---

[1]　作者:Ben Gartside、Jack Hazlewood 和 Juliet Samuel。

根据该法案第 3 部分"附加披露(SEC. 3. ADDITIONAL DISCLOSURE)"之(b)"要求(REQUIREMENT)"第(4)、(5)项,(在美国上市的)外国发行人应披露发行人董事会或与发行人有关的运营实体董事会成员中每个中共官员的姓名,并披露发行人章程(或类似文件)中是否包含中共党章的任何内容。上述法案如果实施,有可能导致赴美上市的"中国概念股"企业内具有中共党员身份的董事会成员职业发展受阻。

我国《就业促进法》第 62 条规定:"违反本法规定,实施就业歧视的,劳动者可以向人民法院提起诉讼。"第 68 条规定:"违反本法规定,侵害劳动者合法权益,造成财产损失或者其他损害的,依法承担民事责任;构成犯罪的,依法追究刑事责任。"随着社会发展和劳动者维权意识的提高,今后我国就业歧视相关案件可能增加,案由也会更加丰富。

作者:齐斌

11. 年龄歧视纠纷
——陈某与广州市运输有限公司增城分公司劳动争议案

摘要：法院判决限定年龄的招聘行为侵犯劳动者平等就业权。

来源：广州市增城区人民法院（2016）粤 0183 民初 901 号民事判决书。

【事实概要】

陈某，1958 年 9 月生，准驾车型为 A1、A2、E，自 2013 年 8 月 12 日起准许驾驶校车。广州市运输有限公司增城分公司（下称运输公司）拟招聘大客车司机，在 2015 年 7 月 8 日填报《计划招聘需求表》，载明："岗位名称：大客车司机；岗位职责：驾驶营运客车或公交车；学历：不限；专业：不限；性别：男；年龄：18～45 岁；工作年限：1 年以上驾驶经验；其他条件：有 A1 牌驾驶证；需求数量：10 名；月均工资 5 000 元，购买五险一金。"

2015 年 11 月 18 日，陈某前往广州市人力资源市场增城区分市场求职。同年 11 月 30 日，增城区分市场推荐陈某到本案运输公司应聘，并出具了《职业介绍推荐信》。当日，运输公司以陈某超出招聘年龄为由不予录用，并填写《反馈信息》，载明："陈某（先生/小姐）于 2015 年 11 月 30 日前来我单位面试，我单位决定不录用。不录用原因：由于陈某已经超出我司招聘年龄内。"

本案庭审中，运输公司主张不予录用陈某的理由除了其超出招聘年龄以外，还包括其无客运运输从业资格证等证明材料。对此，运输公司提交了《广州交通集团有限公司营运驾驶员管理规定（试行）》（穗交集〔2012〕109 号）以及该运输公司《驾驶员安全管理制度》，欲证明驾驶员必须持有机动车驾驶证、营运驾驶员从业资格证、本人身份证等有效证件，新招聘的驾驶大型客车营运驾驶员必须有 3 年以上客车驾驶员和 10 万公里以上安全行车资历，年龄在 50 周岁以内；3 年内无重大以上交通事故责任记录。

【裁判要旨】

陈某将运输公司诉至广州市增城区人民法院，要求运输公司赔礼道歉、支付精神损害抚慰金并更正招聘信息中的年龄要求至 60 周岁。法院经审理认为，运输公司抗辩称拒录陈某仍有其他原因，如无客运运输从业资格证，无 3 年以上客车驾驶员经验材料等；但该抗辩并未否认陈某年龄不符合要求是其拒绝录用陈某的原因之一。因此，公司的抗辩不足以推翻陈某的主张，法院不予采纳。劳动者的平等就业权依法受到国家法律保护，任何公民都平等地享有就业的权利和资格，不因民族、种族、性别、年龄、身高、宗教信仰、经济能力等受到限制。陈某应聘的大客车司机岗位，公安部自 2012 年 9 月 12 日颁布的《机动车驾驶证申领和使用规定》第 50 条第 1、2 款已对驾驶各车型的年龄作出了强制性规定（"年龄在 60 周岁以上的，不得驾驶大型客车、牵引车、城市公交车、中型客车、大型货车、无轨电车和有轨电车……")。① 而陈某持有准驾车型为 A1 的驾驶证，依法可驾驶大型客车至 60 周岁。现运输公司在其招聘信息中要求大客车司机年龄为 18 周岁至 45 周岁，明显剥夺并损害了包括陈某在内的年龄在 45 周岁至 60 周岁并持有 A1 驾驶证这一类群体的平等就业机会。

关于运输公司提出其招聘 18 周岁至 45 周岁的大客车司机不仅是基于公司制度规定，也是基于该工作岗位的高危性、高劳动强度等因素以及用人单位的用人自主权，因此并未构成就业歧视的抗辩。法院认为，用人单位的用人自主权应当依法行使，不得侵犯劳动者的平等就业权。公安部已从驾驶人的年龄条件、身体条件、驾驶技能等各方面对各类准驾车型驾驶证的申领以及各类车型驾驶证的审验管理进行了综合考量并作出了规定，而运输公司自行设定的高于部门规章规定且与个人能力无关的年龄标准显然超出了依法行使用人自主权的界限，侵犯了陈某的平等就业权。陈某据此要求运输公司赔礼道歉和支付精神损害抚慰金的诉讼请求，合理合法，法院予以支持。根据运输公司的过错程度、侵权行为方式、所造成的后果等因素，酌定运输公司向陈某口头赔礼道歉并赔偿陈某精神损害抚慰金 3 000 元。关于陈某要求运输公司更正招聘信息中的年龄要求至 60 周岁的诉请，法院认为，运输公司发出的招聘信息侵害了包括陈某在内的不特定人的平等就业权，陈某可就该侵权行为对其自身造成损害的后果提起诉讼，但就运输公司针对不特定人作出的行为，陈某没有诉的利益，法院不予支持。

【法律评析】

（一）评析要点

本案要点在于限定年龄的招聘行为是否侵犯平等就业权。

本案并非劳动争议案件，但却与劳动就业密不可分。根据最高人民法院现行民事案件案由规定，本案属于"平等就业权纠纷"，俗称"就业歧视"。就业歧视，即对待劳动者不以能力衡量，而是因肤色、性别、健康、民族、年龄、地域等等而区别对待，选择招聘或任用。我国只对就业歧视作了笼统规定。例如《宪法》第 33 条第 2 款规定，中华人民共和国公民在法律面前一律平等。《劳动法》第 12 条和第 13 条规定，劳动者就业，不因民族、种族、性别、宗教信仰不同而受歧视；妇女享有与男子平等的就业权利。《就业促进法》第 3 条规定，劳动者依法享有平等就业和自主择业的权利；劳动者就业，不因民族、种族、性别、宗教信仰等不同而受歧视。

就业歧视包括两个方面，一是招聘录用过程中的歧视，二是劳动合同履行过程中的歧视。本案中运输公司拒绝聘用陈某就属于前一种情形，拒绝的理由之一是年龄不符合招聘要求。如上所述，我国对就业歧视（或称平等就业）的法律规定较为抽象，在立法技术上采取列举式立法模式，可能导致认定就业歧视受到局限。不过，上述规定未提到年龄歧视，并不意味着用人单位在招聘录用时可以任意作出年龄限定和标准。当用人单位的用工自主权与劳动者平等就

---

① 《机动车驾驶证申领和使用规定》已于 2016 年 1 月 29 日经公安部令第 139 号修改，同年 4 月 1 日实施。其第 59 条第 1 款规定："年龄在 60 周岁以上的，不得驾驶大型客车、牵引车、城市公交车、中型客车、大型货车、无轨电车和有轨电车；持有大型客车、牵引车、城市公交车、中型客车、大型货车驾驶证的，应当到机动车驾驶证核发地或者核发地以外的车辆管理所换领准驾车型为小型汽车或者小型自动挡汽车的机动车驾驶证。"

业权冲突时,需要根据案件事实及判决的社会效果判断究竟优先保护何种权利。

有的观点认为,用人单位从营利角度考虑,希望聘用年富力强的员工无可厚非,对年龄的限制是企业用工自主权的基本体现;此外,某些特殊岗位具有高危性、高劳动强度等特征,年长员工身体可能难以承受,且稍有不慎可能造成人身伤害。例如,本案运输公司所招聘的大车司机,需要长时间驾驶,并承载着较高价值的货物甚至是乘客,因此危险性、劳动强度都很高,招聘年富力强的司机承运不仅是用人单位的要求,某种程度上也是货主、乘客的期待。故综合考虑,企业希望雇用年龄相对较轻的员工,符合用人单位用工自主权,不应构成就业歧视。

但上述观点具有一定的片面性。诚然,企业以营利为目的,经济效益最大化是其首要追求,不过企业的运转不能超出法律框架,甚至在法无明文规定时,企业还应承担一定的社会责任。首先,我国提倡平等就业,平等就业权是宪法赋予每个公民的权利;从法律层级来看,宪法是国家根本大法,公民的宪法权利显著高于劳动法律赋予用人单位的用工自主权,因此应该优先受到保护。其次,用人单位行使用工自主权也有边界。招聘录用员工是劳动法律赋予用人单位的当然权利,单位可根据自己的生产经营特点和工作内容提出工作技能、学历、经验等要求,但民族、宗教、性别、年龄等因素不能作为录用与否的依据。本案中,陈某被拒的原因之一就是年龄不符合运输公司的要求。公安部既然对陈某应聘的岗位规定了 60 岁的年龄上限,运输公司的招聘要求(18~45 岁)就可能导致 45 岁至 60 岁、符合法定标准的劳动者丧失就业机会;若放任这种招聘行为,会引起负面的社会效应,严重侵犯劳动者平等就业权。最后,侵犯劳动者平等就业权,应当承担相应的法律责任。本案中,陈某在招聘期间权利受到侵害,较难证明直接的经济损失,但平等就业不仅是宪法赋予公民的就业权利,还是法律保障自然人主体基本人格权的体现,故最高人民法院将平等就业权纠纷置于"一般人格权纠纷"案由之下。

(二)法律依据与实务分析

2018 年 11 月,国务院《关于做好当前和今后一个时期促进就业工作的若干意见》提出,"就业是最大的民生,也是经济发展的重中之重"。本案是平等就业权纠纷,根据《就业促进法》第 62 条规定,违反本法规定,实施就业歧视的,劳动者可以向人民法院提起诉讼。

关于本案中陈某要求支付精神损害抚慰金的请求,《最高人民法院关于确定民事侵权精神损害赔偿责任若干问题的解释》第 1 条规定,自然人因人格权利遭受非法侵害,向人民法院起诉请求赔偿精神损害的,人民法院应当依法予以受理。违反社会公共利益、社会公德侵害他人隐私或者其他人格利益,受害人以侵权为由向人民法院起诉请求赔偿精神损害的,人民法院应当依法予以受理。当然,囿于我国现行法律体系和司法理念,本案判决的抚慰金数额只是象征性的。

此外,国际劳工组织《就业和职业歧视公约》对就业和职业歧视的定义为:第一,指基于种族、肤色、性别、宗教、政治见解、民族血统或者社会出身等原因,具有取消或者损害就业或者职业机会均等或待遇平等作用的任何区别、排斥或优惠;第二,有关会员国经与有代表性的雇主组织与工人组织(可能不存在)以及其他适当机构协商后可能确定的、具有取消或者损害就业和职业机会均等和待遇平等作用的其他任何区别、排斥或优惠。

作者:董传羽

第三章 劳动合同法律制度

12. 基于期限对劳动合同的分类：无固定期限劳动合同适用条件
——唐某与苏州凯旋机电元件有限公司经济补偿金（赔偿金）纠纷案①

摘要：用人单位在（2008 年之后）与劳动者连续订立两次固定期限劳动合同后终止该合同，被判违法并支付赔偿金 20 余万元。

来源：江苏省苏州市劳动人事争议仲裁委员会苏劳人仲案字〔2017〕第 203 号仲裁裁决书，江苏省苏州市相城区人民法院（2017）苏 0507 民初 3440 号民事判决书；江苏省苏州市中级人民法院（2018）苏 05 民终 1194 号民事判决书。

【事 实 概 要】②

唐某于 2000 年 6 月进入苏州凯旋机电元件有限公司（下称凯旋公司或公司）从事司机工作。在职期间，公司、唐某多次签订劳动合同，双方最后两次劳动合同的签订时间为 2010 年 3 月 9 日、2012 年 3 月 29 日，劳动合同期限分别为：2010 年 4 月 1 日至 2012 年 3 月 31 日止、2012 年 4 月 1 日至 2017 年 3 月 31 日。其间，唐某因工作表现良好，被公司任命为驾驶班班长，享受职务津贴每月 200 元。

2015 年 7 月 21 日，因唐某在 2015 年 7 月 6 日以不愿意加班为由，拒绝于当日下午 1∶30 分出车去上海浦东机场接领导，给车辆调配带来困难，公司依据《就业规则》和《车辆及驾驶员管理规则》给予唐某黄牌警告及降职处罚。唐某不再担任驾驶班班长一职，且自 2015 年 9 月起不再发放职务津贴。

2017 年 2 月 21 日，公司向唐某发出书面通知，内容为："按照《劳动法》有关规定，您与公司签订的劳动合同即将到期，我们将在尊重您个人意见的前提下与您继续签合同。请认真思考，并在 3 月 10 日之前将您的意见反馈给我们，以便我们及时为您办妥有关手续。"唐某收到后于同年 2 月 23 日书面回复公司，内容为："公司通知已收到。同意办理劳动合同续签手续，请签合同期为无固定期合同。"

2017 年 2 月 27 日，公司又向唐某发出通知，内容为："您与本公司的书面劳动合同到 2017 年 3 月 31 日到期，本公司决定不再与您续签书面劳动合同，并依照劳动合同法的相关规定予以补偿。"之后，公司又于 2017 年 3 月 3 日、6 日、15 日、23 日向唐某发出类似通知或"重申"，并称公司依照《劳动合同法》相关规定给予唐某 10 个月的补偿。

---

① 就结果而言，本案属违法解除劳动合同赔偿案。但本案是关于无固定期限劳动合同及《劳动合同法》第 14 条第 2 款第（3）项具体适用之地域差异的典型案例，故置于本节。

② 一审法院查明的事实。

唐某收到上述"重申"后回复:本人自 2017 年 2 月 23 日起多次要求公司与我签订无固定期限劳动合同,本人不认可公司的通知。

凯旋公司于 2017 年 3 月 31 日终止与唐某的劳动合同后,自 2017 年 4 月 1 日以后不再让唐某进入公司。

一审期间,凯旋公司、唐某双方确认,唐某离职前 12 个月的平均工资为 5 950.88 元。

【裁 判 要 旨】

1. 苏州市劳动人事争议仲裁委员会裁决

唐某以凯旋公司拒绝签订无固定期限劳动合同并违法终止劳动合同为由向苏州市劳动人事争议仲裁委员会申请仲裁,请求公司支付其赔偿金 205 785.96 元、拖欠的津贴工资 3 800 元、未休年休假工资 2 504.49 元。2017 年 6 月 9 日,仲裁委员会作出裁决:(1)自本裁决书生效之日起 10 日内,被申请人凯旋公司支付申请人唐某赔偿金 202 329.92 元。(2)对申请人唐某的其他仲裁请求不予支持。

2. 苏州市相城区人民法院一审判决

凯旋公司不服上述仲裁裁决,向苏州市相城区人民法院(下称一审法院)起诉(经济补偿金纠纷),请求不予向唐某支付赔偿金。

关于公司与唐某终止劳动合同是否违法、应否支付赔偿金,公司认为,双方之间的劳动合同期满终止,且唐某严重违反用人单位的规章制度,存在《劳动合同法》第 39 条第(2)项的情形,故公司可以不续签无固定期限劳动合同。唐某认为,公司于 2017 年 4 月 1 日拒不让其进入公司,事实上违法解除了双方的劳动关系。一审法院认为,用人单位与劳动者已连续订立两次固定期限劳动合同,第二次固定期限劳动合同期满后,劳动者根据《劳动合同法》第 14 条第 2 款第(3)项的规定提出续订劳动合同并要求订立无固定期限劳动合同的,用人单位应当与劳动者续订劳动合同。本案中,公司、唐某自 2010 年 4 月 1 日起连续签订了两次固定期限劳动合同,且没有《劳动合同法》第 39 条和第 40 条第(1)项、第(2)项规定的情形,唐某于 2017 年 2 月 23 日向公司提出要求续订劳动合同,并要求签订无固定期限劳动合同,公司应当与唐某签订无固定期限劳动合同;公司违法终止与唐某的劳动合同,应当支付赔偿金。唐某离职前 12 个月月平均工资为 5 950.88 元,唐某自 2000 年 6 月起至 2017 年 3 月 31 日止在公司工作,工龄已超过 16.5 年,应按 17 个月计算赔偿金,故赔偿金应为 202 329.92 元(5950.88 元/月×17 个月×2 倍)。

综上所述,依据《劳动合同法》第 14 条第 2 款第(3)项、第 39 条、第 40 条第 1 款第(1)项、第(2)项、第 47 条第 1 款、第 48 条、第 87 条的规定,一审法院判决:凯旋公司应于判决生效之日起 10 日内支付唐某赔偿金计人民币 202 329.92 元。

3. 苏州市中级人民法院二审判决

凯旋公司不服一审判决,向苏州市中级人民法院(下称二审法院)提起上诉,请求撤销原判,依法改判无需支付赔偿金 202 329.92 元或分段计算相应费用。二审法院组成合议庭审理了本案。二审中,当事人没有提交新证据。

二审法院认为,劳动者与用人单位连续两次订立固定期限劳动合同,劳动者没有《劳动合同法》第 39 条规定的情形,用人单位应当与劳动者订立无固定期限劳动合同,除非劳动者提出订立固定期限劳动合同。本案中,唐某与公司已连续订立两次固定期限劳动合同,在唐某明确提出订立无固定期限劳动合同的情况下,公司应与其订立无固定期限劳动合同。公司辩称唐某在履职过程中存在严重违反用人单位规章制度的情形,但公司提供的每日评价表、社员绩效考核制度、黄牌、橙牌警告公示及奖惩建议书均无唐某的确认,唐某也不认可,上述证据无法证明唐某在职期间存在《劳动合同法》第39条所规定的情形并足以导致公司不续签劳动合同。因此,公司属于违法终止劳动合同,应支付唐某赔偿金。根据《劳动合同法实施条例》第25条的规定,赔偿金的计算年限应从用工之日起开始计算。公司认为违法终止劳动合同的赔偿金应分段计算的理由,不能成立,二审法院不予采信。一审判决认定事实清楚,适用法律正确,所作判决并无不当。

故,二审法院于2018年3月9日判决驳回上诉,维持原判。

【 法 律 评 析 】

(一)评析要点

企业劳动用工的合法性问题错综复杂,部分原因在于立法层面。比如,2008年1月1日《劳动合同法》生效后,1995年1月1日起施行的《劳动法》依然有效,但二法关于劳动合同终止的规定不尽相同;《劳动合同法》不允许用人单位与劳动者约定终止条件,而《劳动法》(第19条)是允许的。又如,全国各地劳动法规、规章、"司法解释"(加引号乃因司法解释制定权理应专属最高人民法院)和裁审(劳动人事争议仲裁委员会和法院)会议纪要等对同一问题往往有不同规定。再如,《劳动合同法》第14条第2款第(3)项关于连续订立两次固定期限劳动合同后续订(无固定期限)劳动合同的时点(条件),在实际执行中出现了严重的地域分歧;北京、江苏(本案发生地)等多数地区的用人单位实际上难以终止第二份固定期限劳动合同(选择权在劳动者),[①]上海则允许用人单位终止第二份固定期限劳动合同。[②]

就上述问题,笔者在《劳动合同法》颁布后、实施前即已撰文[③]详加阐述,历年来也多次呼吁各界关注,因为全国范围内因上述条项导致的司法实务之混乱和"类案不同判",不容忽视。这也是笔者将本案编入本书的缘由。

《劳动合同法》第14条第2款规定,用人单位与劳动者协商一致,可以订立无固定期限劳动合同。有下列情形之一,劳动者提出或者同意续订、订立劳动合同的,除劳动者提出订立固定期限劳动合同外,应当订立无固定期限劳动合同:……(3)连续订立两次固定期限劳动合同,且劳动者没有本法第39条和第40条第(1)项、第(2)项规定的情形,续订劳动合同的。

问题是,在与劳动者连续订立两次固定期限劳动合同后,用人单位有无终止劳动合同的选

---

① 此种解读其实在更大程度上助长了劳务派遣的泛滥,因超出本案主题,在此不予详述。

② 上海市高级人民法院《关于适用〈劳动合同法〉若干问题的意见》(沪高法〔2009〕73号,2009年3月3日)第4条第(4)项"用人单位与劳动者连续订立几次固定期限劳动合同以后,续订劳动合同应当订立无固定期限劳动合同"规定:"《劳动合同法》第十四条第二款第三项的规定,应当是指劳动者已经与用人单位连续订立二次固定期限劳动合同后,与劳动者第三次续订合同时,劳动者提出签订无固定期限劳动合同的情形。"笔者赞同该意见。但北京、江苏、浙江、广东等地通过劳动争议裁审会议纪要或高级人民法院问题解答等方式提出了相左的观点。

③ 齐斌:《浅议〈劳动合同法〉的若干疏漏》,载 http://www.chinalawinfo.com/,2021年2月15日最后访问。

择权？之所以产生此问题,症结在于本项中"续订劳动合同"六个字。如果立法者的意图是否定用人单位的上述选择权,则"续订劳动合同"六个字(以及"续订"前的逗号)是多余的。因为一旦加上该六个字(以及"续订"前的逗号),就应理解为,本项通过两个逗号间隔了三个并列条件:(1)连续订立两次固定期限劳动合同;(2)劳动者没有本法第39条和第40条第1项、第2项规定的情形;(3)(双方同意)续订劳动合同。

换言之,如果用人单位不同意续订劳动合同,则本项的三个法定条件未完全具备,用人单位也就没有义务与劳动者签订无固定期限劳动合同。

平心而论,上述理解无论从文义上还是法理上都完全成立。就法理而言,合同是双方的合意;合同期满时,任何一方都有续订与否的选择权,这种选择权不宜通过立法予以剥夺。何况,第14条第2款第一句就是"用人单位与劳动者协商一致,可以订立无固定期限劳动合同";如果用人单位不同意,则无法构成"协商一致"。在续订劳动合同操作实务和劳动争议案件审理中,对上述条款的适用理应仅仅是一个证据问题(即,该条款所述情形下,若劳动者不能证明用人单位有意续订合同,则单位应有权终止合同)。

但现实是,包括北京、江苏在内,目前上海以外主要地区的劳动法学界、实务界"主流意见"[1]仍然认为,只要没有《劳动合同法》第39条和第40条第(1)项、第(2)项规定的情形,劳动者在与用人单位连续订立了两次固定期限劳动合同后,便有权与用人单位签订无固定期限劳动合同。

笔者认为,《劳动合同法》施行已逾12年,与其说《劳动合同法》第14条第2款存在缺陷,不如说对法律条款的理解出了问题。因为,在成文法国家,解释法律应严格按照法条本身的文义,而不应脱离既定文义去揣测立法(参与)者的意图或盲目依据其编写的、与法条文义有出入、没有法律效力的释义,最高人民法院个别法官的个人意见当然亦不足为据。若法条本身确有问题,应由立法机关予以修订或修正。

如果从保护劳动者的角度对《劳动合同法》第14条第2款予以政治性解读,甚或将该款理解为可以根据不同地区的经济、社会发展状况予以弹性适用的"软法",在该法尚未进一步修订的情况下,各界法律人或可勉强自圆其说。季卫东教授[2]指出:"硬法对软法的实施是具有重要意义的,软法对硬法也有它的重要意义。软法强调共识、公众接受和适应社会现实,它可以强化硬法的正当性,使承认规则以软法的形式嵌入到硬法的体制中去。当一个国家非常大且强调情理、语境,强调关系网络之间的互动时,则要求法律实施灵机应变,而这是软法可以做到的。随着……社会关系越来越复杂化、动态化,法律若固守原有的规范性思维方式,则可能不适应社会现实。这个时候,软法为法律回应社会提供了一个通道,使得法律能够与社会互相适应。"[3]

当然,《劳动合同法》第14条第2款究竟能否算作"软法",以及可否由地方裁审机关(各地劳动人事争议仲裁委员会和法院,多为高级人民法院)对同一个法律条款在北京、江苏、浙

---

[1]　参见2011年1月7日至8日北京市劳动争议调处专题研讨会《会议综述》第9条等。

[2]　上海交通大学中国法与社会研究院院长、日本研究中心主任。

[3]　摘自季卫东:"软法与智能网络社会的治理",2019年10月31日下午北京大学法学院凯原楼模拟法庭讲座笔记,"法意编译 法意读书"微信公众号整理,季卫东教授审定并授权推出。

江、广东和上海等几乎同样发达的地区予以不同的解读和适用,令人深思。

（二）法律依据与实务分析

本案最主要的法律依据是《劳动合同法》第 14 条第 2 款第(3)项(见上文;笔者认为包括苏州两级法院在内的全国大多数法院对该项的理解有待商榷)。一审判决主文前列举的同法第 39 条、第 40 条第 1 款第(1)项、第(2)项其实与本案无关。另据《劳动合同法》第 48 条,"用人单位违反本法规定解除或者终止劳动合同,劳动者要求继续履行劳动合同的,用人单位应当继续履行;劳动者不要求继续履行劳动合同或者劳动合同已经不能继续履行的,用人单位应当依照本法第八十七条规定支付赔偿金。"同法第 87 条规定:"用人单位违反本法规定解除或者终止劳动合同的,应当依照本法第四十七条规定的经济补偿标准的二倍向劳动者支付赔偿金。"《劳动合同法实施条例》第 25 条进一步明确,"用人单位违反劳动合同法的规定解除或者终止劳动合同,依照劳动合同法第八十七条的规定支付了赔偿金的,不再支付经济补偿。赔偿金的计算年限自用工之日起计算。"

本案公司方可能出于增加胜算的考虑,一方面主张其可依据《劳动合同法》第 14 条第 2 款第(3)项终止员工的第二份固定期限劳动合同,另一方面又主张该员工具有《劳动合同法》第 39 条第(2)项的情形(严重违反用人单位规章制度,故可予以过失性辞退),但法院并未采信公司方相关证据。仅从诉讼技术层面,应当指出,在我国劳动法律框架下,劳动合同终止与解除是两种完全不同的情形,对同一份劳动合同实难既主张终止、又主张解除。因此,公司方上述两种主张是难以并存的,择一适用方为上策。就本案而言,鉴于江苏省对《劳动合同法》第 14 条第 2 款第(3)项的理解不利于用人单位,公司方的唯一选择是对员工严重违反规章制度的证据予以补强,争取法院采信。当然,也无法强人所难。

此外,本案公司的上诉请求是"依法改判无需支付赔偿金……或分段计算相应费用"。笔者认为,若公司方认为赔偿金可以分段计算,最好在庭审时以"让步法"陈述意见(或庭后提交书面意见),而非直接写入上诉请求,因为"无需支付赔偿金"和"分段计算(赔偿金)"是两个相互矛盾的请求,一并主张会显得己方底气不足。况且赔偿金如何计算是由法官依法确定的,并无争辩空间。

作者:齐斌

13. 劳动规章制度

——徐某与江苏通光强能输电线科技有限公司劳动争议案

摘要：有独立法人资格的子公司执行母公司的规章制度，如果母公司履行了《劳动合同法》第4条规定的民主程序且在子公司内向劳动者公示或告知的，母公司的规章制度可以作为处理子公司劳动争议的依据。

来源：江苏省海门市劳动人事争议仲裁委员会海劳人仲案字［2018］第538号仲裁裁决书；江苏省海门市人民法院（2019）苏0684民初40号民事判决书；江苏省南通市中级人民法院（2019）苏06民终2986号民事判决书。

【事 实 概 要】①

2012年11月12日起，徐某至江苏通光强能输电线科技有限公司（下称通光公司）工作，从事操作工工作。双方订立了书面劳动合同，约定：实行综合计算工时制；徐某提供正常劳动的，通光公司支付给徐某的工资已包含了徐某的加班工资（当地最低工资标准为基本工资，以此为基础计算加班工资）；徐某已知晓并愿意执行本公司经职代会通过的《综合管理条例》；通光公司包括江苏通光电子线缆股份有限公司、江苏通光光缆有限公司、四川通光光缆有限公司以及合同签订后由通光公司出资兴办的公司，徐某服从在上述公司中调动工作。公司的《综合管理条例》第2章第1节第28条第4项规定，连续旷工2日、当月累计旷工3日或全年累计旷工超5日按自动离职处理。

2018年5月至6月，徐某前往复旦大学附属中山医院就诊，被诊断为心房颤动，该医院出具病情证明单，建议休息24天。同年6月25日，徐某向通光公司请病假，期限至7月20日止。2018年7月31日，海门市中医院出具病情诊断证明书，诊断"房颤复律后"，建议徐某休息10天。次日，徐某向通光公司请病假，期限至同年8月10日止。8月14日，海门市中医院第二次出具病情诊断证明书，诊断"房颤电复律后"，建议休息10天。次日，徐某续请病假，期限至2018年8月24日止。同年8月31日，通光公司向徐某发出"员工休假返岗通知书"，载明：徐某病假假期于2018年8月24日结束，应于同月27日到单位报到；但徐某既未到公司销假上班，也未向公司提交任何证明申请延长休假期限；要求徐某在收到通知之日起3日内到公司报到上班，否则视为严重违反公司制度及劳动纪律，作无故旷工处理。同年9月3日，徐某向南通市疾病预防控制中心门诊部申请职业病诊断（职业性尘肺病）。同年9月6日，通光集团有限公司工会委员会认为徐某旷工事实确实存在，经工会商议表决，同意依据《劳动合同法》第39条第2款规定和公司《综合管理条例》第2章第1节第28条规定，解除与徐某的劳动关系。次日，通光公司向徐某发出《员工解除劳动协议通知书》，载明：因徐某旷工10日，经公司考虑，自2018年9月10日起解除徐某与公司的劳动关系。

2019年3月22日，南通市疾病预防控制中心门诊部出具"职业病诊断证明书"，诊断结论

---

① 一审查明，二审确认。因本案讨论的核心问题不涉及加班工资，故省略加班工资相关内容。

为:徐某"无尘肺"。

【裁判要旨】

1. 海门市劳动人事争议仲裁委员会裁决

2018 年 11 月 12 日,徐某向海门市劳动人事争议仲裁委员会申请仲裁,要求通光公司支付其 2016 年 6 月至 2018 年 5 月的加班工资及违法解除劳动合同赔偿金。仲裁委员会于同年 12 月 15 日作出仲裁裁决,驳回徐某的仲裁请求。

2. 海门市人民法院一审判决

徐某不服仲裁裁决,向海门市人民法院(下称一审法院)起诉请求:(1)通光公司支付加班工资;(2)通光公司支付违法解除劳动合同赔偿金。

一审法院认为,关于通光公司解除与徐某的劳动关系是否违法,通光公司应否支付徐某赔偿金;《劳动合同法》第 39 条规定,劳动者严重违反用人单位的规章制度的,用人单位可以解除劳动合同。本案中,徐某在病假期满后应返回工作岗位,但其未返回,亦未向通光公司提交延长休假期限申请,在通光公司通知其返岗、告知相应后果的情况下,徐某仍未在相应期限内到公司报到,旷工 10 日,属严重违反用人单位规章制度的情形。通光公司依据《综合管理条例》对徐某的旷工行为作出解除劳动合同的决定并将理由通知工会,该行为符合法律规定。徐某在严重违反用人单位规章制度后进行职业病诊断申请,不属于《劳动合同法》第 42 条规定的用人单位不得解除劳动合同的情形;即使劳动者在疑似职业病诊断或者医学观察期间,也不意味着劳动者可以无视用人单位的规章制度。故徐某主张通光公司违法解除劳动合同于法无据,通光公司无须支付赔偿金(加班工资问题略)。

综上,一审法院依照《劳动法》第 79 条、《劳动合同法》第 39 条、《劳动争议调解仲裁法》第 27 条等规定,判决驳回徐某的诉讼请求。

3. 南通市中级人民法院二审判决

徐某不服一审判决,向南通市中级人民法院(下称二审法院)提起上诉,请求撤销一审判决,发回重审或依法改判。事实和理由是:其因病持续请假了 40 多天,后虽有几天未及时提交病假条、履行请假手续,但收到单位返岗通知后也于 9 月 5 日到车间报到,不至于产生与旷工同等程度的后果,不足以达到严重违反用人单位规章制度的情形;通光公司解除劳动合同依据的《综合管理条例》是其母公司通光集团有限公司制定的,通光公司未按民主程序另行制作规章制度,母公司的规章制度不能当然适用于通光公司,故通光公司解除其劳动合同缺乏规章制度依据;通光公司虽将解除劳动合同理由通知了母公司工会,但非本公司工会,该通知行为不产生法律效力;其不知晓《综合管理条例》,通光公司也未提供证据证明何时召开职代会并通过上述条例;其愿意执行的是本公司而非母公司的《综合管理条例》;其未参加专门培训,通光公司一审提交的三份培训签到表,前两份非其签名,第三份虽其签名,只是交接班前的安全生产会,一审认定该证据错误;一审第二次庭审中,通光公司提供工会管理通知、培训记录表及签到表,其当庭提出异议并要求鉴定、庭后邮寄书面鉴定申请,第三次庭审中一审法院利用其代理人未出庭做其工作,笔录体现其不要求鉴定而采纳公司的上述证据,程序违法。综上,通光公司违法解除双方劳动关系,应支付赔偿金。

通光公司辩称:徐某连续旷工十多天是事实且其本人亦已自认。其母公司通光集团有限公司的管理制度《综合管理条例》经民主程序制定并公示,对徐某具有约束力,可作为处理劳动争议的依据。合同所示是本公司《综合管理条例》,如徐某认为其知晓并愿意执行的另有其他《综合管理条例》,应当承担举证责任。既然双方合同中确认,对《综合管理条例》已经知晓并愿意执行,对《员工手册》已经收到、熟知并愿意遵守,足以证明上述文件有关考勤管理制度的内容已经公示、徐某已明知,适用于徐某。

二审中,徐某提供一份网络查询并打印的通光公司、江苏通光电子线缆股份有限公司营业执照信息,证明通光公司的母公司是江苏通光电子线缆股份有限公司,非通光集团公司,认为通光公司依据通光集团公司的规章制度解除其劳动合同不当。通光公司对证据的真实性无异议,认为江苏通光电子线缆股份有限公司的母公司是通光集团公司,称通光集团公司是通光公司母公司亦无不当。

二审法院认为,本案二审中的争议焦点是通光公司解除劳动合同是否违法,徐某主张赔偿金应否支持。根据《劳动合同法》相关规定,劳动者严重违反用人单位的规章制度的,用人单位可以解除劳动合同。有独立法人资格的子公司执行母公司规章制度,母公司履行了《劳动合同法》第4条规定的民主程序且在子公司内向劳动者公示或告知的,母公司的规章制度可以作为处理子公司劳动争议的依据。本案中,徐某数次请休病假,在休息期限到期后均未及时提交续假证明,最后一次续假期限应至2018年8月24日止,但其未按时返岗,亦未向通光公司提交延长休假期限申请;2018年8月31日通光公司通知徐某返岗并告知相应后果,徐某仍未按要求到公司报到或说明理由,通光公司认定徐某的行为构成旷工并无不当。通光公司的股东为江苏通光电子线缆股份有限公司,通光集团有限公司为江苏通光电子线缆股份有限公司的发起人;通光集团有限公司制定的规章制度,内容不违反法律、行政法规,亦不存在明显不合理的情形,并已通过培训、签订劳动合同时告知等形式让徐某知悉,故通光公司依据《综合管理条例》等对徐某的旷工行为作出解除劳动合同的决定并将理由通知工会,符合法律规定。故徐某主张通光公司违法解除劳动合同并主张赔偿金,二审法院不予支持。

综上所述,徐某的上诉理由二审法院不予支持,遂判决驳回上诉,维持原判。

【法 律 评 析】

（一）评析要点

本案主要争议焦点是:有独立法人资格的子公司执行母公司规章制度,母公司履行了《劳动合同法》第4条规定的民主程序且在子公司内向劳动者公示或告知,子公司依据该规章制度解除员工劳动合同是否合法。本案中,"一裁二审"均支持了公司一方。

另外,关于从事接触职业病危害作业的员工(未进行离岗前职业健康检查)的解雇限制,本案一审法院认为,徐某在严重违反用人单位规章制度后进行职业病诊断申请,不属于《劳动合同法》第42条规定的用人单位不得解除劳动合同的情形;即使劳动者在疑似职业病诊断或者医学观察期间,也不意味着劳动者可以无视用人单位规章制度。可见,一审法院认为"过失性辞退"不受《职业病防治法》第35条规定的对从事接触职业病危害作业的劳动者未进行离岗前健康检查不得解除或终止劳动合同的限制。

（二）法律依据与实务分析

《江苏省高级人民法院劳动争议案件审理指南（2010 年）》第 3 章第 3 节第 2 条第 2 项（规章制度制定程序存在瑕疵时的效力认定）规定，《劳动合同法》只是要求用人单位制定规章制度需与工会或职工代表协商确定，但是否实施规章制度的最终决定权仍在用人单位。表面上看这一规定徒具程序价值，并无实质意义，但是其对于强化集体协商机制，加强劳动关系的自我协调功能具有极其重要的意义，因此，在劳动争议案件审理中，应当将该民主程序的经过作为认定规章制度生效的强制性要件，以此发挥裁判本身具有的行为规范功能，促使用人单位主动发展与劳动者的协商机制。为了贯彻这一立法目的，审判实践中对劳动规章制度的效力认定可作如下把握：（1）用人单位在《劳动合同法》施行前制定的规章制度，虽未经过《劳动合同法》第 4 条第 2 款规定的民主程序，但内容不违反法律、行政法规及政策规定，并已向劳动者公示或者告知的，可以作为人民法院审理劳动争议案件的依据。（2）《劳动合同法》施行后，用人单位制定、修改或者决定直接涉及劳动者切身利益的规章制度或者重大事项时，未经过《劳动合同法》第 4 条规定的民主程序，一般不能作为人民法院审理劳动争议案件的依据。但是，如果该规章制度或者重大事项的内容不违反法律、行政法规的规定，且不存在明显不合理的情形，并已向劳动者公示或者告知的，可以作为人民法院审理劳动争议案件的依据。（3）有独立法人资格的子公司执行母公司的规章制度，如子公司履行了《劳动合同法》第 4 条规定的民主程序，或母公司履行了《劳动合同法》第 4 条规定的民主程序且在子公司内向劳动者公示或告知的，母公司的规章制度可以作为处理子公司劳动争议的依据。

对下辖众多子公司的集团公司而言，若由每家子公司均通过与工会或职工代表协商制定自己的规章制度，不但缺乏效率，也无必要。因此，子公司执行母公司的规章制度并非不可能，只是需遵循一定的限制。就江苏省上述文件和本案两审判决而言，子公司依据母公司规章制度处理违规员工，应具备以下前提：

（1）母公司制定的规章制度内容不违反法律、行政法规，亦不存在明显不合理的情形；（2）子公司或母公司履行了《劳动合同法》第 4 条规定的民主程序；（3）规章制度已通过签订劳动合同时告知或培训、公示等形式让劳动者知悉。当然，有工会的，用人单位在解除违规员工劳动合同前还应征求单位工会意见。至于用人单位未成立工会时如何处理，尽管《劳动合同法》未有明确规定，但有的地区认为无工会的用人单位解除劳动合同应征求上级工会意见。[1]

总之，本案"一裁二审"支持了作为子公司的用人单位，一定程度上是因为江苏省对子公司执行母公司的规章制度有上述明确规定。其他地区除非也有类似规定，用人单位（子公司）最好将母公司规章制度"内化"为自身的规章制度，以最大限度地防范法律风险。

作者：张君强

---

[1] 《江苏省劳动合同条例》（2013 年 1 月 15 日修订、同年 5 月 1 日起施行；江苏省第十一届人民代表大会常务委员会公告第 124 号）第 31 条第 2 款规定："用人单位单方解除劳动合同，应当事先将理由通知工会，用人单位尚未建立工会的，通知用人单位所在地工会。"

14. 劳动合同订立的程序："缔约过失"非诉案件
——招聘阶段因用人单位反悔导致的应聘者索赔案

摘要：公司撤销录用通知，拟录用 CIO 候选人索赔百万，后双方和解。

来源：笔者 2014 年为某公司出具的法律意见书等。本案未进入仲裁或诉讼程序，故无可公开的裁判文书。类似案件可参见上海市嘉定区人民法院（2018）沪 0114 民初 16222 号民事判决书。

【事 实 概 要】

员工录用环节涉及员工背景调查、学历或履历欺诈、（因性别、户籍、年龄或健康等引起的）就业歧视、特定待遇（如办理户口）的授予等诸多问题。近年来因用人单位在发出录用通知后又反悔引起的纠纷屡见不鲜；其中关键问题之一，就是用人单位撤销录用通知的行为性质及其法律后果。

年过半百的美籍华人 K 某原系上海某国有控股公司（下称 D 公司）IT 部门员工，到与 D 公司无关的某互联网金融公司（下称 A 公司）任职 8 个月后，D 公司又拟重新录用 K 某为 CIO（首席信息官），属"高管"之列。

2014 新年伊始，D 公司向 K 某发出一份热情洋溢的录用函，内容详尽，几乎就是一份劳动合同。函中通知 K 某在 2014 年 3 月 31 日之前报到，并告知 K 某办理《外国人就业证》的具体手续。根据录用函，K 某的待遇甚为优厚，月度基本薪酬加奖金即达人民币 100 万元，租房费用每月可报销人民币 2 万元，还有人民币 10 万元生活费用补贴。此外，在医疗、假期、往返美国机票等方面，公司亦许诺提供优厚待遇。K 某收到录用函后，书面回复将于 2014 年 2 月底从 A 公司辞职，于 3 月初入职 D 公司。

天有不测风云，在 K 某踌躇满志准备重返 D 公司之际，D 公司突然更换了董事长。新任董事长不同意录用 K 某为 CIO，要求人力资源部无论如何撤销对 K 某的录用函。但 K 某在得悉 D 公司拟撤销对他的录用时，已向 A 公司提交了辞呈。D 公司经侧面了解，未发现 K 某与 A 公司之间存在明显纠纷；相反，2013 年 12 月，行业监管机构刚刚批准 K 某为 A 公司副总经理。

D 公司人力资源部负责人与 K 某经数轮协商，K 某坚决不同意 D 公司撤销录用。D 公司无奈，提出降级录用 K 某担任部门总经理级技术职务，亦被 K 某坚拒。K 某认为 D 公司的做法是对双方原约定的违背，也是对信用的破坏；还称自己连续工作二十多年了，马上面临失业，这让他精神近乎崩溃。对 D 公司降级录用的提议，K 某认为，他的工作没有实权是做不好的，是浪费生命。他声称，如果公司撤销录用，需向其支付人民币 120 万元赔偿金；后改为至少赔偿人民币 80 万元（最后一次谈判时要求最低赔偿人民币 40 万元）。

D 公司总经理乃请笔者协助处理此一棘手纠纷。

【操 作 经 过】

本案的争议焦点在于 D 公司是否需为其撤销录用函而向 K 某承担赔偿责任。

本案并非典型的劳动争议。双方虽曾签订劳动合同,但在 K 某离职后、D 公司重新录用他之前,双方并不存在劳动关系。因此,双方因撤销录用而产生的纠纷不属于劳动争议,而属于普通民事纠纷。

关于录用通知(本案中称录用函)的性质,业内众说纷纭。笔者认为,录用通知的性质取决于通知的内容,可能是要约邀请,也可能是要约或承诺;个别情况下(比如有员工签署栏且员工已签名或以其他方式接受)还可能被认定为合同,甚至是劳动合同。

本案中,D 公司向 K 某发出的录用函,性质属于要约,其核心内容是建立劳动关系。K 某接受了录用并向 A 公司辞职,显然是作出了承诺(即接受了 D 公司的要约)。因此,双方已就建立劳动关系达成合意;虽未签订劳动合同,但录用函对 D 公司具有法律约束力;若 D 公司撤销录用,将构成合同法上的缔约过失,有义务适当赔偿 K 某的实际损失乃至"期待利益"损失。

接受 D 公司专项委托后,律师进行了必要的法律调查和案例检索,在此基础上向 D 公司出具了务实、中肯的法律意见书。

根据相关判例,若用人单位在发出录用通知后反悔,法院一般判决用人单位赔偿应聘者一定金额的工资损失,通常为 3 个月左右的工资;上海市某区人民法院的两个案例曾判令公司赔偿员工在找到新工作之前的工资损失。

律师建议,为最大限度地维护 D 公司利益和声誉,在撤销对 K 某录用函的前提下,公司可考虑对其作出一定金额的赔偿,具体在人民币 20~40 万元之间为宜。

D 公司同意了律师的建议,委托律师起草了一份撤销录用函的简短"通知",于 2014 年 3 月上旬第一次谈判时由代理律师面交 K 某。K 某看完通知后情绪激动,认为公司没有诚意,第一次谈判不欢而散。但公司和律师根据 K 某的某些言行,判断双方还有谈判空间。

2014 年 3 月中旬,D 公司两位副总经理、一名人力资源部主管和代理律师再次与 K 某谈判。K 某带来一位女士,称其为他们夫妇共同的朋友,到场目的是协助管理他的情绪。他希望当天能达成协议,并避免互相指责和伤害。谈判中,双方就金额反复磋商。K 某要求的赔偿额从税后人民币 40 万元降到 30 万元、28 万元、25 万元直至 22 万元;公司方始终坚持人民币 20 万元,最终 K 某同意,并当即签署公司代理律师预先起草的、内容周全的协议书,双方握手言和。一场潜在的涉外纠纷就这样化解于无形。

【法 律 评 析】

(一)评析要点

在用工模式确定之后,劳动用工的第一个环节就是员工招聘和录用。此环节的重要文件之一是用人单位发给应聘人员的录用通知(offer letter)。录用通知不等于劳动合同,也不是建立劳动关系的必备文件,但实务中用人单位(尤其外资企业)普遍采用。

应聘人员基于用人单位的录用通知往往产生"期待利益",向上一家用人单位辞职、办理工作交接。但世事无常,发出录用通知的用人单位由于主要负责人更迭、组织架构调整等原因,有时会反悔。此时,收到录用通知的应聘人员往往处于无以复加的尴尬境地。

从法律角度,用人单位如欲撤销录用通知,须在应聘人员承诺接受录用通知之前将撤销通知送达应聘人员。此外,应聘人员一般有理由认为录用通知是不可撤销的,其向上一家用人单位辞职系为与下一家用人单位建立劳动关系作准备,此时,录用通知在法律上是不可撤销的。

万一用人单位在发出录用通知并收到应聘人员入职承诺后又拒绝录用,则构成合同法上的"缔约过失",需承担相应的法律责任。可见:(1)公司招聘员工时发送的录用通知内容需谨慎推敲;(2)若录用操作不当,虽然双方未建立劳动关系,但企业有时也需承担缔约过失责任,赔偿应聘员工合理的损失;(3)处理(准)员工(尤其是"高管")争议,资深专业人士的参与往往是必要的。

就上述案例而言,一方面,撤销录用函构成公司一方的缔约过失,公司支付一定的赔偿金是合理合法的。另一方面,从经营管理角度,既然新任董事长不欢迎前员工 K 某以 CIO 身份"高调"归来,律师的谈判目标是尽量以较小代价促使 K 某接受公司决定。考虑到本案双方实际情况,代理律师建议的赔偿额度是人民币 20~40 万元;公司管理层最终确定的上限是人民币 20 万元,否则只能任由 K 某诉诸公堂。

根据 K 某的一系列言行,公司和律师认为他并不是真正想打官司,或者说对诉讼结果没有太高期望。他急于了结此事,不想与老东家(D 公司)闹僵;最后一次谈判带来女性朋友管理其情绪,说明 K 某基本是理性的。加上公司方态度坚决(在场谈判人员反复声明没有权限承诺更高的赔偿金额),最终顺利促成了谈判结果。应该说人民币 20 万元的赔偿金额尚属合理。

(二)法律依据与实务分析

今后在处理类似本案的案件时,主要法律依据包括《民法典》的相关规定。

《民法典》第 476 条规定:"要约可以撤销,但是有下列情形之一的除外:(一)要约人以确定承诺期限或者其他形式明示要约不可撤销;(二)受要约人有理由认为要约是不可撤销的,并已经为履行合同做了合理准备工作。"第 477 条规定:"撤销要约的意思表示以对话方式作出的,该意思表示的内容应当在受要约人作出承诺之前为受要约人所知道;撤销要约的意思表示以非对话方式作出的,应当在受要约人作出承诺之前到达受要约人。"第 500 条规定:"当事人在订立合同过程中有下列情形之一,造成对方损失的,应当承担赔偿责任:(一)假借订立合同,恶意进行磋商;(二)故意隐瞒与订立合同有关的重要事实或者提供虚假情况;(三)有其他违背诚信原则的行为。"

此外,劳动关系建立之初,用人单位须与劳动者签订书面劳动合同,否则自用工之日起一个月后,应依法支付二倍工资。[①]

例如,某外资企业负责人由于不了解中国法律,以为录用通知就是劳动合同,结果被离职员工索赔未签书面劳动合同的二倍工资,一审法院判决[②]该企业向员工当事人支付未签劳动合同二倍工资差额 33 万元;由于胜诉无望,该企业在二审阶段接受调解,金额略低于一审判决结果。

作者:齐斌

---

① 《劳动合同法》第 10 条规定:"建立劳动关系,应当订立书面劳动合同。已建立劳动关系,未同时订立书面劳动合同的,应当自用工之日起一个月内订立书面劳动合同。"另据该法第 82 条第 1 款,"用人单位自用工之日起超过一个月不满一年未与劳动者订立书面劳动合同的,应当向劳动者每月支付二倍的工资。"

② 上海市闵行区人民法院(2010)闵民一(民)初字第 3442 号民事判决书。

15. 未签劳动合同能否主张二倍工资

——金某与郑州某服饰有限公司劳动争议纠纷案

摘要： 人事经理与用人单位未签订劳动合同不得主张二倍工资。

来源： 河南省郑州市中原区人民法院（2011）中民一初字第 1006 号民事判决书；河南省郑州市中级人民法院（2011）郑民二终字第 1221 号民事判决书；河南省郑州市中级人民法院（2014）郑民申字第 608 号民事裁定书。

【事实概要】

金某于 2009 年 9 月 11 日到郑州云顶服饰有限公司（下称云顶公司）工作，任人力资源部总监，履行招聘新员工的职责，并代表公司与赵某、李某等签订了劳动合同。2010 年 8 月 4 日，金某向公司申请离职获准，云顶公司给金某补发 7 月份工资 12 580 元、8 月份 4 天的工资 1 653 元，并额外支付一个月工资 12 400 元。

【裁判要旨】

1. 郑州市中原区劳动争议仲裁委员会裁决

金某向郑州市中原区劳动争议仲裁委员会申请仲裁，要求云顶公司支付未签订劳动合同二倍工资差额 125 800 元及社会保险费 21 134 元。2010 年 11 月 26 日，仲裁委员会裁决云顶公司支付金某 9 个月的未签订书面劳动合同一倍工资 113 220 元。

2. 郑州市中原区人民法院一审判决

云顶公司不服仲裁裁决，向郑州市中原区人民法院（下称一审法院）提起诉讼。一审法院于 2011 年 6 月 28 日判决驳回金某要求云顶公司支付二倍工资的请求。一审法院认为，金某到云顶公司工作，双方应当签订劳动合同。金某的岗位是人力资源总监，其在职期间代表公司与其他员工签订了劳动合同，证明金某知道签订劳动合同是人力资源总监的职责，也证明人力资源总监有提供劳动合同规范文本的便利。云顶公司和金某之间应当签订而未签订劳动合同，不是人力资源总监故意不履行职责，就是人力资源总监因过失而未履行职责。如果是金某故意不签，根据《劳动合同法实施条例》第 6 条第 1 款规定，（自用工之日起超过一个月不满一年）劳动者不与用人单位订立书面劳动合同的，用人单位应当书面通知劳动者终止劳动关系，并依照《劳动合同法》第 47 条的规定支付经济补偿。该条未明确用人单位没有书面通知劳动者终止劳动关系的法律后果，也未明确用人单位书面通知劳动者终止劳动合同的时限，也未规定支付二倍工资，故金某要求云顶公司支付未签订劳动合同二倍工资的请求不能成立。如果是金某因过失而未履行职责，未签订劳动合同，根据权利义务相一致的原则，不履行义务，不享有权利，自己未履行义务造成的后果自己承担，不能要求权利义务关系相对方承担责任，云顶公司不应承担支付与金某未签订劳动合同二倍工资的义务。综上所述，金某要求云顶公司支付二倍工资证据不足，云顶公司的诉讼请求应予支持。

3. 郑州市中级人民法院二审判决

金某不服一审判决,向郑州市中级人民法院(下称二审法院)上诉称:(1)根据《劳动合同法》第 82 条的规定,用人单位自用工之日起超过一个月不满一年未与劳动者订立书面劳动合同的,应当向劳动者每月支付二倍的工资。从文义解释的角度看,该条为二倍工资罚则,其中并未规定归责条件,因此只要未签订书面劳动合同,用人单位就需支付二倍工资。(2)金某若作为人事负责人与单位签订劳动合同,则只能自己与自己签合同。这种订立合同的方式属于自己代理行为,显然违反了民法上关于合同由两个以上主体签订的基本原则。鉴于此,对公司人事负责人的劳动合同,公司一方负有积极主动及时与其签订的义务。而云顶公司却怠于与金某签订劳动合同,由此造成的不利后果理应由云顶公司承担。

云顶公司答辩称:(1)双方没有签订劳动合同责任在于金某,金某作为人力资源总监,负责签订劳动合同是其岗位职责。(2)金某被任命为人力资源总监后,云顶公司召开过多次会议,强调规范公司人事管理,金某还提了很多建议;金某代表公司与他人签订了很多劳动合同。因此,是金某不与云顶公司签订劳动合同。(3)在一审期间,云顶公司提交了金某代表公司与其他员工签订劳动合同的证据。

二审法院认为,金某任云顶公司人力资源总监 10 个月,双方应当订立书面劳动合同。此间,云顶公司明确要求人力资源部,所有员工的劳动合同以及档案等相关手续必须规范。金某代表公司与职工签订劳动合同是职能部门应当履行的岗位职责,不签订书面劳动合同的法律责任其也应当清楚。云顶公司、金某应当签订书面劳动合同而未签订劳动合同,金某未履行职责,责任在于金某个人,其应承担相应的不利后果。原审判决事实清楚,适用法律、判决结果均无不当。故金某称云顶公司应向其支付未订立书面劳动合同期间双倍工资的上诉主张不能成立,不予支持。二审法院遂判决:驳回上诉,维持原判。

4. 郑州市中级人民法院再审裁定

金某不服二审判决,向二审法院申请再审。二审法院认为"原审认定事实清楚,适用法律正确,实体处理并无不当,诉讼程序符合法律规定",金某申请再审的理由不成立,其申请再审的请求不予支持。二审法院遂于 2014 年 11 月 28 日作出裁定,驳回金某再审申请。

【法 律 评 析】

(一)评析要点

本案要点在于人事负责人未与用人单位签订劳动合同可否主张二倍工资。

为全面保障劳动者权益,针对实践中劳动合同签订率低的情况,我国在 2008 年起正式施行的《劳动合同法》中规定,建立劳动关系,应当订立书面劳动合同;若用人单位自用工之日起超过一个月不满一年未与劳动者订立书面劳动合同的,应当向劳动者每月支付二倍的工资。近年来,诉请用人单位支付二倍工资差额赔偿的案件出现一类特点,即劳动者中有一部分是高级管理人员、行政管理部门或人力资源岗位的管理者或员工。为处理这类可能存在诚信或道德风险的劳动争议案件,裁审机关逐渐形成了趋同的意见和口径,即许多情况下不支持劳动者的请求。

（二）法律依据与实务分析

本案金某系根据《劳动合同法》第 82 条提出诉请。此外，《劳动合同法实施条例》第 5 条规定："自用工之日起一个月内，经用人单位书面通知后，劳动者不与用人单位订立书面劳动合同的，用人单位应当书面通知劳动者终止劳动关系，无需向劳动者支付经济补偿，但是应当依法向劳动者支付其实际工作时间的劳动报酬。"第 6 条规定："用人单位自用工之日起超过一个月不满一年未与劳动者订立书面劳动合同的，应当依照劳动合同法第八十二条的规定向劳动者每月支付两倍的工资，并与劳动者补订书面劳动合同；劳动者不与用人单位订立书面劳动合同的，用人单位应当书面通知劳动者终止劳动关系，并依照劳动合同法第四十七条的规定支付经济补偿。前款规定的用人单位向劳动者每月支付两倍工资的起算时间为用工之日起满一个月的次日，截止时间为补订书面劳动合同的前一日。"第 7 条规定："用人单位自用工之日起满一年未与劳动者订立书面劳动合同的，自用工之日起满一个月的次日至满一年的前一日应当依照劳动合同法第八十二条的规定向劳动者每月支付两倍的工资，并视为自用工之日起满一年的当日已经与劳动者订立无固定期限劳动合同，应当立即与劳动者补订书面劳动合同。"

本案中，金某作为公司人事负责人有别于一般员工，拥有为自己订立劳动合同的便利条件且有责任督促公司与自己签约。从立法本意推论，金某应不属于《劳动合同法》第 82 条保护的对象，公司在与其订立劳动合同的问题上没有明显过错或违法行为，不应受到支付二倍工资差额的惩罚。

《劳动合同法》实施之后，其第 82 条在给用人单位敲响警钟的同时，也导致一些劳动者恶意利用用人单位合同管理上的不完善，故意拖延与用人单位订立劳动合同，请人代签，甚至在订立劳动合同后单方销毁、隐匿或偷回单位的文本，再以未订立书面劳动合同为由要求用人单位支付二倍工资差额。凡此种种，已构成现行《劳动合同法》框架下我国劳动关系中最大的道德风险之一，违背了《劳动合同法》第 82 条设立的初衷，造成法律适用上的混乱，并可能导致仲裁裁决和法院判决失之偏颇，劳动者群起效仿。因此，一旦查明劳动者有上述过错，其关于未订立劳动合同二倍工资差额的请求即不应得到裁审机关的支持。

随着司法实践中经验的积累和对法律的正确理解和适用，现今裁审机关对诉请用人单位支付二倍工资差额赔偿的案件逐渐形成了较为务实的审理意见，即对负责劳动合同管理的员工之上述请求将从严审查，谨慎支持，以免某些不诚信的劳动者通过诉讼获取不当利益。比如，上海市高级人民法院《关于适用〈劳动合同法〉若干问题的意见》第 2 条第 1 款就规定，劳动合同的订立和履行，应当遵循诚实信用原则。劳动者已经实际为用人单位工作，用人单位超过一个月未与劳动者订立书面合同的，是否需要双倍支付劳动者的工资，应当考虑用人单位是否履行诚实磋商的义务以及是否存在劳动者拒绝签订等情况。如用人单位已尽到诚信义务，因不可抗力、意外情况或者劳动者拒绝签订等用人单位以外的原因，造成劳动合同未签订的，不属于《劳动合同法实施条例》第 6 条所称的用人单位"未与劳动者订立书面劳动合同"的情况；因用人单位原因造成未订立书面劳动合同的，用人单位应当依法向劳动者支付双倍工资；但因劳动者拒绝订立书面劳动合同并拒绝继续履行的，视为劳动者单方终止劳动合同。

作者：董传羽

16. 劳动合同订立的形式
——彤果商贸（上海）有限公司与张某劳动合同纠纷案

摘要：员工主张未签劳动合同二倍工资差额等，公司未能提供劳动合同原件，仅围绕复印件由法院委托进行心理测试和笔迹鉴定，鉴定和判决结果有利于公司。

来源：上海市普陀区劳动人事争议仲裁委员会普劳人仲〔2017〕字第3116号仲裁裁决书；上海市普陀区人民法院（2017）沪0107民初27810号民事判决书①。

【事 实 概 要】

张某（男，1975年生；仲裁申请人、一审被告）于2016年7月4日入职彤果商贸（上海）有限公司（下称公司，一审原告）处工作，担任服装制版师一职，每月基本工资10 000元，另有饭贴300元，公司每月6日以银行转账方式支付张某上月工资直至2017年8月28日。

本案的争议焦点是双方是否签订过《劳动合同》。为此，一审法院委托鉴定机构对公司证人进行了心理测试，并对公司提供的《劳动合同》复印件进行了司法鉴定。以下均为一审法院认定的法律事实。

一审庭审中，公司申请对2016年10月14日其职员黄某就是否与被告张某办理（签订）过劳动合同进行心理测试。经被告张某以及证人黄某同意，一审法院委托上海市公安局物证鉴定中心就上述日期黄某是否与张某办理（签订）过劳动合同进行心理测试。该鉴定中心于2018年4月2日出具的"沪公物鉴（检）心字〔2018〕15号"分析意见书载明：在该起劳动合同纠纷案件中，黄某关于2016年10月14日其与张某办理（签订）过劳动合同的陈述可信度高于张某。经质证，公司对分析意见的真实性、关联性、合法性认可；张某对分析意见的真实性、合法性没有异议，对关联性有异议，认为上述鉴定中心进行的是一个心理压力的测试，不同人心理变化会有不同反映，测试结果并不足以证明张某签过合同，只能说在该测试中黄某和张某对同一问题的回答的反映是不同的；张某本身是内向的人，如果有外部压力的话会对其心理活动造成影响，所以张某认为（上述心理测试和分析意见）不能证明原、被告之间签订过劳动合同。

一审庭审中，公司申请对落款日期为2016年10月14日的《劳动合同》复印件上第2页"乙方（签字）"处"张××"的签名进行笔迹鉴定。经原、被告一致同意，一审法院委托司法鉴定科学研究院进行鉴定，该研究院于2018年5月3日出具的司鉴院〔2018〕技鉴字第523号司法鉴定意见书载明：倾向认为检材《劳动合同》上需检的"张××"签名是出自张某的笔迹。经质证，公司对该鉴定意见书认可，称该鉴定意见书和上述心理测试分析意见书可互相印证，说明被告和原告之间确实签订过劳动合同，张某的陈述存在虚假性，法院不应采信；张某对鉴定意见书真实性、合法性没有异议，对关联性有异议，认为该意见书只鉴定了复印件上"张××"三个字倾向性是出自张某，但这只是复印件，即便该字迹是其本人的，也无法证明是否通过变造、伪造或其他方式将其签名复印到该合同上。

---

① 此为一审判决。至本文成稿日，笔者未见本案后续裁判文书。

一审庭审中,张某提出对公司提供的上述劳动合同复印件签字是否存在复印、变造进行鉴定。经双方一致同意,一审法院委托司法鉴定科学研究院对张某的申请进行鉴定。该研究院质量管理处于 2018 年 8 月 28 日出函称:"关于贵院申请张××劳动合同复制件上乙方签字处'张××'签字是否变造形成一案,根据现有材料,无法受理"。经质证,公司对此表示认可;张某表示尊重鉴定机构的意见。

对 2016 年 10 月 14 日张某与公司黄某是否签订过《劳动合同》这一节有争议的事实,一审法院认定如下:首先,庭审中公司提供了《劳动合同》复印件,司鉴院[2018]技鉴字第 523 号司法鉴定意见书载明:倾向认为检材《劳动合同》上需检的"张××"签名是出自张某的笔迹。张某虽提出《劳动合同》上"张××"存在变造,并申请进行鉴定,但司法鉴定科学研究院对张某的申请无法受理,张某缺乏证据证明其上述主张,故一审法院依法采纳[2018]技鉴字第 523 号司法鉴定意见书的证明内容,确认《劳动合同》上需检的"张××"签名是出自其笔迹;对张某主张签字存在变造的说法,一审法院不予采信。

其次,公司对在本案中仅能提供《劳动合同》复制件的原因申请证人黄某出庭作证,根据证人证言,黄某在 2016 年 10 月 14 日将《劳动合同》原件交付张某,故公司仅留存有复印件。张某对此不予认可,主张其从未与公司签订过书面劳动合同。沪公物鉴(检)心字[2018]15 号分析意见书载明:在该起劳动合同纠纷案件中,黄某关于 2016 年 10 月 14 日其与张某办理(签订)过劳动合同的陈述可信度高于张某。张某虽予以否认,但根据上述分析意见书,结合公司提供的《劳动合同》复印件、证人证言等证据,已形成了完整的证据链,足以证明证人黄某的证言,故一审法院依法确认证人黄某的证言,对张某的辩称意见,一审法院不予采纳。

最后,对是否签订《劳动合同》这一事实,举证责任在用人单位处。本案中,公司提供了《劳动合同》复印件,并申请证人黄某、陈某到庭就《劳动合同》为复印件的原因当庭作证,结合一审法院对心理测试和鉴定意见书的上述两点分析,公司已完成其就双方在 2016 年 10 月 14 日签订《劳动合同》的举证责任,一审法院予以采信,张某的辩称意见均缺乏证据予以支持,一审法院对张某的意见均不予采信,据此依法确定双方在 2016 年 10 月 14 日签订了《劳动合同》。

【裁 判 要 旨】

1. 上海市普陀区劳动人事争议仲裁委员会裁决

2017 年 8 月 30 日,张某向上海市普陀区劳动人事争议仲裁委员会提起仲裁申请,要求公司支付 2016 年 8 月 4 日至 2017 年 8 月 3 日期间未签劳动合同双倍工资差额 113 300 元、2017 年 8 月 26 日双休日加班工资 947 元、违法解除劳动关系的赔偿金 30 900 元。仲裁委员会于 2017 年 9 月 6 日受理。同年 10 月 25 日,仲裁委员会裁决:(1)公司应于本裁决书生效之日起 5 日内支付张某 2017 年 8 月 26 日双休日加班工资 947 元整;(2)公司应于本裁决书生效之日起 5 日内支付张某 2016 年 9 月 1 日至 2017 年 7 月 3 日期间未签订劳动合同二倍工资差额 103 474 元;(3)张某的其他仲裁请求不予支持。

2. 上海市普陀区人民法院一审判决

公司不服仲裁裁决,向上海市普陀区人民法院(下称一审法院)提起诉讼,要求判令原告

（公司）无需支付被告（张某）2016 年 9 月 1 日至 2017 年 7 月 3 日期间未签劳动合同二倍工资差额人民币 103 474 元。公司主张的事实与理由是：被告在简历上弄虚作假，在工作上推卸责任，更为了谋取二倍工资差额的巨大利益，在多位证人指证的情况下，谎称公司从未与其签订书面劳动合同。被告张某辩称，原、被告未签订过任何劳动合同。

一审法院受理后，于 2018 年 1 月 30 日第一次公开开庭进行了审理，因原告（公司）提出测谎及鉴定申请，该案依法中止审理。测谎及鉴定意见作出后，该案依法恢复审理，一审法院于同年 5 月 30 日第二次公开开庭进行了审理，因被告张某提出鉴定申请，一审法院再次中止审理。后因鉴定机构对被告的鉴定申请不予受理，该案依法恢复审理，一审法院于同年 9 月 19 日第三次公开开庭进行了审理。上述开庭均适用简易程序。

一审法院认为，公民、法人的合法权益受法律保护。第一，根据法律规定，用人单位自用工之日起超过一个月不满一年未与劳动者订立书面劳动合同的，应当向劳动者每月支付二倍的工资。根据原、被告双方确认的事实及仲裁裁决的内容，仲裁裁决要求由公司向张某支付自 2016 年 9 月 1 日起未签劳动合同二倍工资差额，张某对仲裁裁决并未起诉，视为接受；在 2016 年 9 月 1 日至 2016 年 10 月 13 日期间，根据一审法院所作的认定，双方在客观上并未签订书面劳动合同，证人黄某在证言中提及的"试用期"等理由均非法定的用人单位可不与劳动者签订书面劳动合同的理由，故一审法院依法确定公司理应支付张某 2016 年 9 月 1 日至 2016 年 10 月 13 日期间未签劳动合同双倍工资差额，故对公司的该部分诉讼请求，一审法院不予支持。第二，一审法院已确定双方在 2016 年 10 月 14 日签订了《劳动合同》，公司已履行了其法定的义务，张某在本案中坚称双方从未签订书面劳动合同，存在不如实陈述的情形，且系在仲裁和（一）审理阶段均不如实陈述，客观上对民事诉讼造成了妨碍，一审法院已就张某的上述行为依法作出处理。第三，对 2016 年 10 月 14 日至 2017 年 7 月 3 日期间的未签劳动合同二倍工资差额，公司不同意支付的理由，于法有据，一审法院予以支持。当然必须指出的是，公司在劳动合同文本的签订、管理、备案过程中存在瑕疵，客观上造成了其仅能提供《劳动合同》复印件的情况，公司亦应改进其相应的管理制度。第四，根据张某每月基本工资 10 000 元、饭贴 300 元核算 2016 年 9 月 1 日至 2016 年 10 月 13 日期间未签劳动合同二倍工资差额，一审法院依法确定金额为 14 714 元。公司对仲裁裁决其应于裁决书生效之日起 5 日内支付张某 2017 年 8 月 26 日双休日加班工资 947 元整并未起诉，且认可尚未支付，一审法院在判决主文中予以确认。张某在仲裁阶段主张违法解除劳动关系的赔偿金 30 900 元，因仲裁裁决中已认定原、被告系协商一致解除劳动关系，对张某的上述申请未予支持，张某亦并未起诉，不具有可执行之内容，一审法院在判决主文中不再予以表述。两项鉴定费，由一审法院根据鉴定意见依法处理。

综上，一审法院依照《劳动法》第 3 条和《劳动合同法》第 3 条、第 10 条、第 82 条之规定，于 2018 年 9 月 25 日判决：（1）原告（公司）应于本判决生效之日起 10 日内支付张某 2016 年 9 月 1 日至 2016 年 10 月 13 日期间未签劳动合同二倍工资差额 14 714 元；（2）公司应于本判决生效之日起 10 日内支付张某 2017 年 8 月 26 日双休日加班工资 947 元；（3）公司无需支付张某 2016 年 10 月 14 日至 2017 年 7 月 3 日期间未签订劳动合同二倍工资差额。公司预付的心理测试鉴定费 5 000 元及笔迹鉴定费 1 500 元均由张某负担。

【法 律 评 析】

（一）评析要点

本案系一起普通的劳动争议。在我国,除非法律另有规定(如非全日制用工①),用人单位有义务与劳动者签订书面劳动合同并妥善保存合同文本。而本案中,公司只能提供张某的劳动合同复印件。

不同寻常的是,为证明公司是否与张某签订了劳动合同,本案一审法院委托鉴定机构对公司证人进行了心理测试并对公司提供的劳动合同复印件进行了笔迹鉴定,结果均有利于公司。而张某本人对进行上述鉴定行为均予同意。

鉴于本案中始终没有劳动合同原件,关于双方是否确已签订劳动合同,一审法院根据法律事实作出了认定,支持了公司方的主张。

撇开本案,泛泛而言,法律事实可能符合客观事实,也可能不符合。但没有一个法院、也没有一个法官可以完全根据客观事实判案,因为客观事实可能无人知晓(准确地说,除了当事人包括刑事犯罪嫌疑人或被告人自身,很可能无人知晓、也无法彻底还原)。本案中使用的心理测试虽有争议,但正越来越多地被运用于我国司法实践;尽管如此,心理测试只是法官作出判决的辅助手段,目的是帮助法官形成心证、判定一方证据的"盖然性优势",而且必须坚持受测者自愿的原则(在民事诉讼中,最好取得双方当事人同意)。

（二）法律依据与实务分析

本案一审判决援引的《劳动法》第 3 条,第 1 款是列举劳动者的权利,重点应是第 2 款,即"劳动者应当完成劳动任务,……遵守劳动纪律和职业道德"。援引的《劳动合同法》第 3 条第 1 款规定:"订立劳动合同,应当遵循合法、公平、平等自愿、协商一致、诚实信用的原则。"

另,一审判决还援引了《劳动合同法》第 10 条和第 82 条。

本案张某于 2016 年 7 月 4 日(用工之日)入职公司,双方最迟应于一个月内(同年 8 月 4 日之前)签订书面劳动合同,一审法院确定双方在同年 10 月 14 日才签订了《劳动合同》。张某于 2017 年 8 月 30 日申请仲裁,要求公司支付 2016 年 8 月 4 日至 2017 年 8 月 3 日期间未签劳动合同二倍工资差额。而仲裁委员会显然认为双方确未签订书面劳动合同,之所以仅裁决公司支付张某 2016 年 9 月 1 日至 2017 年 7 月 3 日期间未签订劳动合同二倍工资差额,乃因 2016 年 8 月 4 日至同月 29 日(张某于次年 8 月 30 日申请仲裁)的未签劳动合同二倍工资差额的申请已超过一年的劳动仲裁时效②(但 2016 年 8 月 30 日、31 日却恰在时效之内,仲裁裁决遗漏了这两天);若公司自用工之日起满一年仍不与张某签订书面劳动合同,法律上视为双方已订立无固定期限劳动合同,③即 2017 年 7 月 4 日(用工满一年的次日)至同年 8 月 3 日(张某主张

---

① 《劳动合同法》第 69 条第 1 款规定:"非全日制用工双方当事人可以订立口头协议。"

② 《劳动争议调解仲裁法》第 27 条第 1 款。

③ 《劳动合同法》第 14 条第 3 款规定:"用人单位自用工之日起满一年不与劳动者订立书面劳动合同的,视为用人单位与劳动者已订立无固定期限劳动合同。"

的二倍工资差额计算周期最后一日)期间不存在未签劳动合同二倍工资差额的问题。一审法院并未纠正仲裁裁决的上述计算(遗漏了两天),认为张某对仲裁裁决并未起诉,"视为接受"。这是一审判决的精妙之处,也符合"不告不理"的法律精神。

另,本案一审时,张某未向法院提供证据,也就无法对两次对其不利的鉴定结果进行反驳。

此外,《民事诉讼法》第111条第1款规定:"诉讼参与人或者其他人有下列行为之一的,人民法院可以根据情节轻重予以罚款、拘留;构成犯罪的,依法追究刑事责任:(一)伪造、毁灭重要证据,妨碍人民法院审理案件的……"根据本案一审判决,法院认为张某坚称双方从未签订书面劳动合同,存在不如实陈述的情形,且系在仲裁和(一审)审理阶段均不如实陈述,客观上对民事诉讼造成了妨碍,为此就张某的上述行为依法作出处理。

作者:齐斌

17. 培训服务期违约纠纷
——顾某与中国国际货运航空有限公司劳动争议案

摘要：劳动者违反与用人单位的培训服务期约定，应按约定支付违约金，但数额不得超过用人单位提供的培训费用，用人单位不能同时主张返还培训费。

来源：北京市顺义区劳动人事争议仲裁委员会京顺劳人仲字［2017］第 3275 号仲裁裁决书；北京市顺义区人民法院（2017）京 0113 民初 18490 号民事判决书；北京市第三中级人民法院（2018）京 03 民终 6927 号民事判决书。

【事 实 概 要】

顾某由中国国际货运航空有限公司（下称国货航公司或公司）出资进行初始培训，2009 年 8 月 1 日与国货航公司签订了无固定期限劳动合同，从事飞行员工作。2016 年 3 月 8 日，顾某向国货航公司递交辞职申请。辞职前，顾某的技术级别为副驾驶。

双方另案劳动合同纠纷经过仲裁以及一审、二审诉讼，由北京市第三中级人民法院作出"（2016）京 03 民终 13749 号"终审判决，判令双方于 2016 年 4 月 9 日解除劳动合同，国货航公司为顾某出具解除劳动合同证明并办理人事档案、社会保险关系、空勤人员体检档案、飞行技术履历档案的转移手续。因双方就培训费、违约金、社会保险费、住房公积金和律师费尚有争议，遂生本案。

【裁 判 要 旨】

1. 北京市顺义区劳动人事争议仲裁委员会

国货航公司向北京市顺义区劳动人事争议仲裁委员会申请仲裁，要求顾某返还培训费 2 193 828 元；支付违约金 407 068.69 元；返还 2016 年 4 月至 2017 年 5 月各项社会保险金（费）共计 122 040.68 元；承担律师费用 7 万元；返还自 2016 年 4 月至 2017 年 4 月住房公积金 64 982 元。

仲裁委员会经审理作出裁决书，裁决顾某支付国货航公司培训费 163.3 万元，驳回了国货航公司的其他仲裁请求。

2. 北京市顺义区人民法院一审判决

顾某、国货航公司均不服仲裁裁决，分别诉至北京市顺义区人民法院（下称一审法院）。一审法院认为：根据《劳动合同法》第 22 条之规定，用人单位为劳动者提供专项培训费用，对其进行专业技术培训的，可以与该劳动者订立协议，约定服务期。劳动者违反服务期约定的，应当按照约定向用人单位支付违约金。违约金的数额不得超过用人单位提供的培训费用。用人单位要求劳动者支付的违约金不得超过服务期尚未履行部分所应分摊的培训费用。根据《劳动合同法》第 25 条之规定，除本法第 22 条和第 23 条规定的情形外，用人单位不得与劳动者约定由劳动者承担违约金。本案中，顾某在国货航公司从事飞行员工作，公司为顾某出资进行了初始培训。公司在双方劳动关系存续期间需要为保持、提升顾某的专业技能不断安排培训时间并持续投入培训费用,在顾某提前解除双方劳动关系的情况下,理应合理赔偿公司培训费损失。本案中,公司虽提交了大量的培训合同、培训协议等,但为顾某支付的多项培训费具体金额不够明确,考虑到行业特点,难以苛求公司就所有培训开支逐一提供发票予以证实。一审法院根据现已查明的案件事实,结合双方劳动关系存续时间、顾某工作经历与级别提升情况,并参照民航业培训费的一般标准,予以酌情确定。公司在要求顾某支付培训费用补偿的同时,另行要求顾某支付违约金,构成重复主张,在酌情支持公司关于培训费诉讼请求的情况下,一审法院对公司要求支付的违约金不再重复予以支持。

对于国货航公司主张顾某返还 2016 年 4 月至 2017 年 5 月间公司为其缴纳的各项社会保险(单位和个人部分)以及 2016 年 4 月至 2017 年 4 月缴纳的住房公积金,因双方劳动合同于 2016 年 4 月 9 日解除,此后双方不存在劳动关系,故顾某应当返还双方劳动关系解除之后公司为其缴纳的各项社会保险费用及住房公积金。因社会保险和住房公积金均以月为单位进行缴纳,故顾某应当返还 2016 年 5 月至 2017 年 5 月的社会保险费用以及 2016 年 5 月至 2017 年 4 月期间的住房公积金。另外,公司主张律师费没有法律依据,一审法院不予支持。

综上所述,依照《劳动合同法》第 22 条、第 25 条之规定,一审法院判决:(1)顾某于判决生效之日起 7 日内给付国货航公司培训费 1 633 000 元;(2)顾某于判决生效之日起 7 日内返还国货航公司 2016 年 5 月至 2017 年 5 月社会保险费 113 874.91 元及 2016 年 5 月至 2017 年 4 月住房公积金 60 328 元;(3)驳回顾某的全部诉讼请求;(4)驳回国货航公司的其他诉讼请求。

3. 北京市第三中级人民法院二审判决

顾某和国货航公司均不服一审判决,向北京市第三中级人民法院(下称二审法院)提起上诉。二审法院于 2018 年 5 月 24 日立案后,依法组成合议庭进行了审理。

顾某上诉请求依法撤销一审判决书第(1)、(2)、(3)项,并依法改判为顾某无需向国货航公司给付或返还上述培训费、社会保险费和住房公积金。事实和理由是:(1)顾某与公司并未就服务期限进行约定,公司以劳动合同的期限即无固定期限劳动合同作为服务期主张支付补偿费用不符合法律规定。且公司不能证明其为培训顾某所发生的实际费用,应对此承担举证不能的不利后果。(2)对劳动者进行培训是用人单位的法定义务,顾某无需向公司给付培训费。(3)未依法办理社保转移手续是公司违反生效判决的违法行为,不能因此要求顾某返还社会保险费和住房公积金。

国货航公司上诉请求改判顾某返还公司培训费人民币 2 193 828 元、承担违约金407 068.69 元、承担公司的律师费 7 万元,合计 2 670 896.69 元。事实和理由是:(1)针对顾某应当支付的培训费用 2 193 828 元,法院应该全额支持。(2)既然顾某违反约定提前解除劳动合同,那么其应当按照合同约定及法律规定向公司支付违约金。(3)顾某应当支付公司为此案件负担的律师费用。

顾某辩称:第一,公司所主张的培训费没有事实和法律依据。公司作为用人单位,即使为顾某提供了培训也是其法定义务。在顾某为其提供劳动并创造价值的前提下,公司要求返还培训费既不公平、公正,也没有任何合同依据。第二,在双方劳动关系存续期间,从来没有基于专业技术培训和专项培训资金签订培训协议,并约定付息和违约金。而双方所签订《劳动合同》第 39 条等约定明显违反了《劳动合同法》第 22 条和第 25 条的禁止性规定。因此,根据《劳动合同法》第 22 条、第 25 条等相关法律规定,本案中不存在顾某因违反服务期约定而需向公司支付违约金的情形。第三,公司所主张的律师费没有合同和法律依据,况且双方发生诉争系因公司违法不予办理离职手续引起,过错在公司。而律师费的支出也并非劳动争议案件必须和必要的支出项目。第四,《劳动合同法》关于违约金的立法目的在于解决用人单位为劳动者提供专业技术培训并承担相关费用,而劳动者在服务期未满就提出离职而给用人单位所造成的培训费损失,遵循的是补偿的原则,因此法律规定违约金必须以培训费为基础。用人单位所主张的培训费、违约金不能超过未满服务期所应当分摊的培训费,因此,公司一方如果主张了培训费就不能同时主张违约金,二者属于重复的诉讼请求,一审法院关于此项认定和法律适用是正确的。

二审法院认为,本案二审的主要争议焦点可归纳为以下方面:(1)顾某是否应当向国货航公司支付培训费或违约金。若应支付,一审判决的数额是否合理。(2)顾某是否应当向国货航公司返还相应的社会保险费和住房公积金。(3)顾某是否应当向国货航公司支付律师费。

(1)关于顾某是否应当向国货航公司支付培训费或违约金,二审法院认为,用人单位为劳动者提供专项培训费用,对其进行专业技术培训的,可以与该劳动者订立协议,约定服务期。但服务期并不是劳动合同的必备条款,并非所有劳动合同都会有服务期的约定。尽管公司未与顾某约定具体服务期,但双方签订了无固定期限劳动合同,顾某的辞职给公司造成了损失,导致公司无法对其支出的培训费用获得可预期的回报。考虑到民航业和飞行员职业的特殊性,公司对飞行员进行专业技术培训需要投入巨大的资金和物力,其亦提交了相关证据在案佐证。因此,一审法院根据相关证据,结合双方劳动关系存续时间、顾某工作经历与级别提升情况,并参照民航业培训费的一般标准,判决顾某向公司赔偿相应的培训费并无不当,数额合理,二审法院予以维持。公司在要求顾某支付培训费用补偿的同时,另行要求顾某支付违约金,于法无据,不予支持。

(2)关于顾某是否应当向国货航公司返还相应的社会保险费和住房公积金,顾某与公司的劳动关系于 2016 年 4 月 9 日解除,故顾某应当返还此后公司为其缴纳的各项社会保险费用及住房公积金。一审法院判决正确,二审法院予以维持。

(3)关于顾某是否应当向国货航公司支付律师费,人民法院审理民事案件,必须以事实为根据,以法律为准绳。公司要求顾某承担其律师费,于法无据,一审法院不予支持并无不当,二审法院予以维持。

综上所述,顾某和国货航公司的上诉请求均不能成立,应予驳回;一审判决认定事实清楚,适用法律正确,应予维持。二审法院遂判决驳回上诉,维持原判。

【法律评析】

(一)评析要点

本案关键是劳动者违反服务期约定的违约金如何确定,以及用人单位可否同时主张违约金和培训费用补偿。法院判决的主要法律依据是《劳动合同法》第 22 条和第 25 条。

然而,笔者认为《劳动合同法》上述规定混淆了违约金与赔偿金的概念,把二者混为一谈,大大削弱了违约金的惩罚性质,降低了劳动者的违约成本。[①]

本案中,对国货航公司要求支付的违约金,一审法院认为,公司在要求顾某支付培训费用补偿的同时,另行要求顾某支付违约金,构成重复主张,一审法院不再重复予以支持。二审法院对此予以确认。因此,本案的实际后果等于顾某自费培训自己,并未因辞职行为承担任何违约责任;而且以往类似案件中,飞行员向上家支付的违约金(或培训费用补偿),有的最终由下家承担,实际上飞行员"跳槽"成本趋近于零。这是我国劳动立法的一大疏漏。

本案双方虽未约定服务期,但二审法院认为服务期并不是劳动合同的必备条款,并非所有劳动合同都会有服务期的约定;尽管国货航公司未与顾某约定具体服务期,但双方签订了无固定期限劳动合同,顾某的辞职给公司造成了损失,导致公司无法对其支出的培训费用获得可预期的回报,判决支付培训费并无不当。这是二审维持原判的理由之一。

(二)法律依据与实务分析

本案相关法律依据见上文,兹不赘述。

本案涉及的"专业技术培训"有别于通常的入职培训或岗位培训。专业技术培训是专业知识和职业技能的培训,典型的专业技术培训如航空公司招收飞行学员并出资对其进行的培训。由于驾驶飞机是一项专业度极高的技能,具有较高的门槛并须经过长期的专业训练,飞行学员在习得相关技能后将具备在相关领域的就业能力,故法律允许用人单位与此类劳动者订立服务期协议,以平衡双方的利益。

专业技术培训与一般入职培训等的一个重要区别是用人单位应提供专项培训费用。仍以前述飞行员培训为例,培养一个合格的飞行员需要巨额的投入,这是典型的专项培训费用。而用人单位按照本单位工资总额的一定比例提取培训费用来对劳动者进行的职业培训则不在此列。实践中,相关争议发生时,用人单位应就其专业技术培训费用支出承担举证责任,相关证据可以是用人单位与培训机构所签订的协议和支出费用的凭证等,亦可为员工往返培训地的机票和住宿费发票等。

用人单位与劳动者约定服务期时,应同时具备以下要素,否则用人单位将不能通过服务期协议来限制劳动者:(1)双方之间存在劳动关系。服务期设立的目的就是保障用人单位的合法权益,避免劳动者任意辞职。在约定服务期前,用人单位应与劳动者签订劳动合同、建立劳动关系。劳动关系建立后,劳动者即应接受用人单位的管理。(2)用人单位为劳动者提供专项培训费用进行专业技术培训。(3)双方协商一致。满足上述要求后,用人单位便有权与劳动者约定服务期,但应就服务期的具体时间等与劳动者进行协商并达成一致。

关于服务期与劳动合同期限的关系,由于相关法律未对培训服务期的具体时间作出明确规定,故实践中若用人单位与劳动者就此产生争议,法院一般秉承合理原则进行判决。此外,根据《劳动合同法实施条例》第17条,"劳动合同期满,但是用人单位与劳动者依照劳动合同法第二十二条的规定约定的服务期尚未到期的,劳动合同应当续延至服务期满;双方另有约定的,从其约定。"

违约金可谓培训服务期相关争议的最终落脚点,盖因劳动关系具备人身属性,若劳动者坚

---

① 齐斌:《希望能用法律推动社会进步》,载浦东政协官方网站(http://www.pdzx.gov.cn/),2017年7月7日。

持离职,用人单位实际上无法强迫其继续留在本单位工作,只能通过违约金进行救济。《劳动合同法实施条例》第 26 条第 1 款规定:"用人单位与劳动者约定了服务期,劳动者依照劳动合同法第三十八条的规定解除劳动合同的,不属于违反服务期的约定,用人单位不得要求劳动者支付违约金。"第 2 款规定:"有下列情形之一,用人单位与劳动者解除约定服务期的劳动合同的,劳动者应当按照劳动合同的约定向用人单位支付违约金:(一)劳动者严重违反用人单位的规章制度的;(二)劳动者严重失职,营私舞弊,给用人单位造成重大损害的;(三)劳动者同时与其他用人单位建立劳动关系,对完成本单位的工作任务造成严重影响,或者经用人单位提出,拒不改正的;(四)劳动者以欺诈、胁迫的手段或者乘人之危,使用人单位在违背真实意思的情况下订立或者变更劳动合同的;(五)劳动者被依法追究刑事责任的。"

因此,劳动者有上述情形之一的,用人单位便可根据双方的约定向劳动者追索违约金,但不得超过服务期尚未履行部分所应分摊的培训费用。

作者:张君强

18. 劳动合同的效力：保守商业秘密
——许某等侵犯商业秘密刑事案

摘要：劳动者(含已离职员工)违反用人单位(权利人)保守商业秘密的要求,使用其所掌握的用人单位商业秘密,造成特别严重后果的,构成侵犯商业秘密罪。

来源：北京市海淀区人民法院(2018)京0108刑初258号刑事判决书;北京市第一中级人民法院(2019)京01刑终329号刑事裁定书。

【事实概要】

许某于2012年至2014年间伙同徐某,违反被害单位北京福星晓程电子科技股份有限公司(下称晓程公司)有关保守商业秘密的要求,将其所掌握的晓程公司不为公众所知悉的智能电表的四个核心程序源代码技术信息提供给他人;并伙同徐某等人使用上述核心程序技术信息制作电表,通过其所实际控制的北京海马兴旺科贸有限公司(下称海马公司)向朝鲜平壤电器件合营公司(下称平壤合营公司)出口销售含有晓程公司上述核心程序技术信息的电表,非法获利。其中,许某负责出口及销售电表事宜,徐某负责采购电表元器件、加工及后续焊接等事宜。

经审计,自2005年3月至2012年6月,晓程公司上述四个非公知核心程序技术研发成本为人民币2 637 716.19元。经被害单位报案,徐某于2017年6月14日被公安机关抓获归案,许某于同年6月22日经上网追逃被抓获归案。

【判决要旨】

1. 北京市海淀区人民法院一审刑事判决

北京市海淀区人民法院(下称一审法院)审理后认为：被告人许某、徐某违反权利人有关保守商业秘密的要求,披露、使用或允许他人使用其所掌握的权利人商业秘密,造成特别严重的后果,其行为均已构成侵犯商业秘密罪,应予惩处。徐某与许某合谋侵犯被害单位商业秘密,并相互分工配合,共同分赃获利。鉴于徐某到案后曾能如实供认其部分罪行,犯罪情节相对许某较轻,在量刑时酌情予以体现。依照《刑法》第219条第1款第(3)项、第3款、第4款,第25条第1款,第53条第1款之规定,于2019年3月22日判决：(1)许某犯侵犯商业秘密罪,判处有期徒刑4年,罚金人民币300万元。(2)徐某犯侵犯商业秘密罪,判处有期徒刑4年,罚金人民币200万元。

2. 北京市第一中级人民法院二审刑事裁定

许某、徐某不服一审判决,提出上诉。北京市第一中级人民法院(下称二审法院)依法组成合议庭,公开开庭审理了本案。北京市人民检察院第一分院指派检察员任某出庭履行职务,①上诉人许某、徐某的辩护人均到庭参加诉讼。

---

① 刑事诉讼案件一审中,检察员(公诉人)的职责是"出庭支持公诉";二审时检察员的职责是"出庭履行职务"。

　　许某的部分上诉理由是:其出口给平壤合营公司的电表系半成品,不含有涉案电表程序;其邮箱发送的程序是朝鲜人通过 U 盘给他的,朝鲜人有权持有电表程序,其不构成侵犯商业秘密罪,请求二审改判无罪。

　　徐某的主要上诉理由为:本案鉴定程序由晓程公司委托,不是公安机关和检察机关委托鉴定,鉴定程序违法;其销往朝鲜的电表中不含有涉案程序;其仅负责购买元器件然后进行焊接,其他均不知晓,其不构成侵犯商业秘密罪,原判对其罚金刑量刑过重。

　　北京市人民检察院第一分院部分出庭意见为:平壤合营公司一方无权合法享有涉案电表程序;本案的证据能够证明许某和徐某侵犯晓程公司商业秘密的犯罪事实,达到排除合理怀疑的程度,且原判量刑适当。

　　二审期间,许某的辩护人向法庭提交了平壤对外民事法律事务所出具的确认书和翻译件及律师谈话笔录等新证据。北京市人民检察院第一分院检察员向法庭提交了证人询问笔录和检察员工作记录等。

　　二审法院对本案争议焦点归纳如下:(1)许某、徐某是否使用涉案电表程序生产、出口电表。(2)对涉案电表程序的相关鉴定是否具有合法性。(3)许某使用涉案电表程序是有权使用还是非法使用。(4)本案是否给商业秘密权利人造成重大损失或者造成特别严重后果。(5)许某、徐某是否构成侵犯商业秘密罪。

　　针对上述焦点问题,二审法院主要评判如下:许某使用涉案电表程序生产电表并将电表出售至平壤合营公司,徐某配合许某购买元器件、组装电表。许某使用涉案电表程序系非法使用。在案证据证明晓程公司与平壤合营公司之间实质上是电表买卖关系,该合作方式不必然产生知识产权的授权,晓程公司通过知识产权控制供货,卖方将核心程序提供给买方亦不符合常理。故在案证据无法证明平壤合营公司占有涉案电表程序系有权占有。许某是通过晓程公司的内部员工获得涉案电表程序。劳动合同、保密协议及考勤记录等证据证明晓程公司对公司商业秘密采取了必要的保密措施,许某、徐某与晓程公司签订了劳动合同和保密协议,二人对晓程公司的计算机软件等均负有保密义务。本案属于给商业秘密权利人造成特别严重后果。徐某在供述中自认其与许某合作制造了三四十万个电表,且二审检察员提交了工作记录,证明胡某曾于 2014 年受使领馆委派随同晓程公司人员前往平壤合营公司与负责人磋商,并签订了会议纪要,该会议纪要及工作记录证明 2014 年 7 月 16 日平壤合营公司河某承认收到海马公司销售的电能表共计 39 万只。

　　结合有关证据,海马公司仅退税获利就超出人民币 250 万元,在案的涉案程序研发成本审计报告系由公安机关依法委托有合法资质的审计主体依法作出,审计结论客观真实,并无不当。原判综合涉案程序研发成本及许某、徐某获利情况认定其侵犯商业秘密行为非法获利巨大,并无不当。侵犯商业秘密案件中,被告人的巨大获利使得被害单位通过正常交易行为获得的收益减少,该罪名保护的法益是以知识产权交易的市场经济秩序,其中必然包含被害单位因商业秘密可获得的收益。因此,被害单位损失的认定可以参考被告人的获利数额。许某、徐某原系晓程公司的员工,与晓程公司签订保密协议,对晓程公司合法有权享有的商业秘密具有保密义务。二人的行为均符合侵犯商业秘密罪的构成要件,且二人在共同犯罪中的地位、作用相当,均应承担主犯责任。

　　综上,二审法院认为,许某、徐某违反权利人有关保守商业秘密的要求,使用其所掌握的权利人商业秘密,造成特别严重的后果,其行为均已构成侵犯商业秘密罪,依法应予惩处。二人合谋侵犯被害单位商业秘密,并相互分工配合,共同分赃获利。鉴于徐某到案后曾能如实供认其部分罪行,犯罪情节相对许某较轻,原判已经根据这一情节对徐某在量刑时予以充分考虑,量刑适当,对徐某所提罚金刑过重的上诉理由,二审法院不予采纳。一审法院根据二人犯罪的事实,犯罪的性质、情节及对社会的危害程度所作出的判决,事实清楚,证据确实、充分,定罪及适用法律正确,量刑适当,审判程序合法,依法应予维持。依照《刑事诉讼法》第236条第1款第(1)项之规定,裁定驳回许某、徐某的上诉,维持原判。

【法 律 评 析】

(一)评析要点

本案系刑事案件,但与被告人和原用人单位(商业秘密权利人)之间的劳动关系有关联。劳动者有义务保守用人单位的商业秘密,即便已离职,亦应保护原用人单位的商业秘密。商业秘密的保护期限与竞业限制期不同,一般没有限制。只要用人单位的商业秘密仍不为公众所知悉且用人单位继续采取保密措施,劳动者即应严格保密,且未经合法授权不得使用该商业秘密。如本案二审法院认定,许某、徐某违反权利人有关保守商业秘密的要求,使用其所掌握的权利人商业秘密,造成特别严重的后果,其行为均已构成侵犯商业秘密罪,依法应予惩处。

商业秘密是企业在市场竞争中非常重要的资源,甚至是最核心的资源。因此,国家不仅从民事法律角度对企业商业秘密进行保护,而且将商业秘密纳入了刑法的保护范围,大大加强了对商业秘密的保护力度。但因刑事处罚是违法主体承担的法律责任中最严重的一种,因此审判机关对相关犯罪的认定犯罪非常谨慎。

本案中,二审法院对五大焦点问题作出了细致、透彻的法律评判和充分的说理,综合一审认定的事实和二审新证据及控辩双方意见,最终认定两被告人违反了《刑法》相关规定(见下文)且属共犯,并据此维持了一审判决。

(二)法律依据和实务分析

《劳动合同法》第23规定:"用人单位与劳动者可以在劳动合同中约定保守用人单位的商业秘密和与知识产权相关的保密事项。对负有保密义务的劳动者,用人单位可以在劳动合同或者保密协议中与劳动者约定竞业限制条款,并约定在解除或者终止劳动合同后,在竞业限制期限内按月给予劳动者经济补偿。劳动者违反竞业限制约定的,应当按照约定向用人单位支付违约金。"同法第90条规定:"劳动者违反本法规定解除劳动合同,或者违反劳动合同中约定的保密义务或者竞业限制,给用人单位造成损失的,应当承担赔偿责任。"如本案二审法院认定,许某等与公司签订了劳动合同和保密协议,其对公司的计算机软件等均负有保密义务。需要指出,上述约定的效力及于员工离职之后。

《刑法》第219条规定,有下列侵犯商业秘密行为之一,给商业秘密的权利人造成重大损失的,处3年以下有期徒刑或者拘役,并处或者单处罚金;造成特别严重后果的,处3年以上7年以下有期徒刑,并处罚金:(1)以盗窃、利诱、胁迫或者其他不正当手段获取权利人的商业秘密的;(2)披露、使用或者允许他人使用以前项手段获取的权利人的商业秘密的;(3)违反约定或者违反权利人有关保守商业秘密的要求,披露、使用或者允许他人使用其所掌握的商业秘密的。明知或者应知前述所列行为,获取、使用或者披露他人的商业秘密的,以侵犯商业秘密论。本条所称商业秘密,是指不为公众所知悉,能为权利人带来经济利益,具有实用性并经权利人采取保密措施的技术信息和经营信息。本条所称权利人,是指商业秘密的所有人和经商业秘密所有人许可的商业秘密使用人。

　　关于侵犯商业秘密罪"给商业秘密的权利人造成重大损失"和"造成特别严重后果"的标准,《最高人民法院、最高人民检察院关于办理侵犯知识产权刑事案件具体应用法律若干问题的解释》①第 7 条规定:"实施刑法第二百一十九条规定的行为之一,给商业秘密的权利人造成损失数额在五十万元以上的,属于'给商业秘密的权利人造成重大损失',应当以侵犯商业秘密罪判处三年以下有期徒刑或者拘役,并处或者单处罚金。给商业秘密的权利人造成损失数额在二百五十万元以上的,属于刑法第二百一十九条规定的'造成特别严重后果',应当以侵犯商业秘密罪判处三年以上七年以下有期徒刑,并处罚金。"

作者:张君强

---

　　①　法释〔2004〕19 号,2004 年 11 月 2 日最高人民法院审判委员会第 1331 次会议、2004 年 11 月 11 日最高人民检察院第十届检察委员会第 28 次会议通过,2004 年 12 月 8 日最高人民法院发布,自 2004 年 12 月 22 日起施行。

19. 竞业限制

——腾讯科技(上海)有限公司与徐某竞业限制纠纷案

摘要: 员工违反竞业限制约定,一审法院判其支付原公司违约金人民币 372 万余元,二审法院改判其支付原公司人民币 1 940 万余元股票收益。

来源: 上海市徐汇区劳动人事争议仲裁委员会徐劳人仲〔2017〕通字第 74 号仲裁通知书;上海市徐汇区人民法院(2017)沪 0104 民初 13606 号民事判决书;上海市第一中级人民法院(2018)沪 01 民终 1422 号民事判决书。

【事 实 概 要】①

自 2009 年 4 月 1 日起,腾讯科技(上海)有限公司(下称腾讯上海公司)与徐某建立劳动关系,徐某从事网络游戏开发运营工作。双方最后一份劳动合同签订于 2011 年 9 月 15 日,期限自 2011 年 10 月 1 日起至 2017 年 9 月 30 日止。

2009 年 8 月 6 日、2012 年 10 月 25 日,腾讯上海公司作为甲方、徐某作为乙方,先后签订了两份主要内容相同的《保密与不竞争承诺协议书》(下称《协议书》)。后一份《协议书》的相关内容为:"鉴于乙方已经(或可能)知悉甲方及其关联公司的重要商业秘密或者对甲方及其关联公司的竞争优势具有重要影响的信息,乙方特作出本保密与不竞争承诺,作为甲方母公司——腾讯控股有限公司授予乙方股票期权或限制性股票的对价。"《协议书》中,乙方承诺:"1. 未经甲方书面同意,在职期间不得自营、参与经营与甲方或甲方关联公司构成业务竞争关系的单位;2. 不论因何种原因从甲方或其关联公司离职,离职后两年内(自劳动关系解除之日起计算,到劳动关系解除两年后的次日止,下同)乙方不得与同甲方或甲方关联公司有竞争关系的单位建立劳动关系、劳务关系、劳务派遣、咨询顾问、股东、合伙人等关系。……3. 不论因何种原因从甲方或其关联公司离职,离职后两年内都不得自办与甲方或关联公司有竞争关系的企业或者从事与甲方及其关联公司商业秘密有关的产品、服务的生产、经营……"甲方承诺:"根据《购股权计划》《股份奖励计划》由甲方的母公司——腾讯控股有限公司将于乙方任职期间向乙方发放股票期权或限制性股票若干作为乙方承诺保密与不竞争的对价。股票期权或限制性股票发放的具体数目及执行细则依乙方和腾讯控股有限公司签署有关股票期权或限制性股票授予协议而定。鉴于前述对价关系,若乙方的保密与不竞争承诺因任何原因被认定为无效,乙方行使股票期权或限制性股票所获得的收益须全额返还给甲方(除非甲方书面免除乙方的返还义务)。"

双方并约定:"乙方不履行本协议约定的义务,应当承担违约责任:第一,对于已授予还未行使的股票期权或限制性股票乙方无权再行使;对于已行使股票期权或限制性股票,则甲方有权向乙方追索所有任职期间行使股票期权或限制性股票所生之收益。若行使股票期权所生之收益数额难以确定的,以甲方对乙方的违约行为初次采取法律行动(包括但不限于发送律师

---

① 一审法院认定。

函、法律函、诉讼、劳动仲裁)当日的股票市值与授权基础价格之差价计算;限制性股票以采取法律行动当日股票市值计算。除非乙方可举证证明上述实际收益。第二,乙方违约行为给甲方或甲方关联公司造成损失的,乙方应当承担赔偿责任(如已经支付违约金的,应当予以扣除)……"

与前述两份《协议书》相对应,徐某和腾讯控股有限公司先后签订了四份相关协议,约定了限制性股票数、登记日和解禁日;并约定,徐某和其雇主应另行签订保密和不竞争方面的协议,如有违反,雇主有权根据协议要求赔偿。上述四份协议最后均附有徐某事先签署的通知书,通知腾讯上海公司希望获得被授予的股票。

2010 年 8 月 13 日至 2013 年 9 月 23 日,上述四份协议中的限制性股票解禁日陆续届满,分五次解禁并过户至徐某股票账户内的腾讯控股有限公司的限制性股票合计 19 220 股,抵扣税款的股票数合计 3 388 股,实际过户至徐某名下合计 15 832 股。双方确认,针对这些解禁并过户至徐某名下的限制性股票,计算得出的应纳税所得额(限制性股票收益)为人民币 2 672 842.89 元。

2014 年 6 月 24 日,腾讯上海公司为徐某办理了退工日期为 2014 年 5 月 28 日的网上退工手续。之后,案外人 A 公司为徐某办理了招工日期为 2014 年 6 月 1 日的用工手续。A 公司成立日期为 2014 年 1 月 26 日,徐某为该公司法定代表人、股东。案外人 B 公司、D 公司成立日期均为 2014 年 11 月 19 日,F 公司成立日期为 2015 年 1 月 7 日。B 公司、D 公司和 F 公司的法定代表人、执行董事均为徐某,A 公司为该三公司的股东。上述四公司经营范围都包括"计算机技术、电子技术、互联网技术、通讯技术领域内的技术开发、技术服务、技术转让、技术咨询"。

腾讯上海公司的经营范围包括"开发、设计、制作计算机软件,销售自产产品,并提供相关的技术咨询和技术服务";Z 公司的经营范围包括"从事计算机软硬件技术开发,技术转让,提供相关技术及信息服务";两公司的股东均为 Y 公司。Z 公司持有"腾讯王者荣耀软件"的计算机软件著作权登记证书。

双方一致确认,腾讯上海公司申请仲裁之日 2017 年 5 月 27 日为周六,非股市交易日,前一天 2017 年 5 月 26 日系争限制性股票的收市价为每股港币 278 元,当日汇率 0.881 71。徐某 2013 年 4 月至 2014 年 3 月工资(税前)为人民币 37 050 元,2014 年 4 月起为人民币 44 050 元;在腾讯上海公司工作期间,徐某曾担任植物大战僵尸游戏研发负责人;2014 年 5 月 15 日,腾讯控股有限公司对投票进行拆细,一股分为五股。

【裁 判 要 旨】

1. 上海市徐汇区劳动人事争议仲裁委员会通知书

2017 年 5 月 27 日,腾讯上海公司向上海市徐汇区劳动人事争议仲裁委员会申请仲裁,要求徐某依据双方签订的《协议书》支付人民币 23 121 805 元;承担腾讯上海公司因采取法律行动聘请律师费用等各项维权支出人民币 20 万元。同年 6 月 2 日,该仲裁委员会作出仲裁通知书,以腾讯上海公司的请求不属于劳动争议受理范围为由,作出不予受理的通知。

2. 上海市徐汇区人民法院一审判决

腾讯上海公司向上海市徐汇区人民法院(下称一审法院)提起诉讼,请求徐某支付人民币 23 555 588.02 元,并承担律师费人民币 20 万元。

一审法院认为,双方当事人之间先后签订的两份主要内容相同的《协议书》系双方真实意思表示,其中关于徐某承担竞业限制义务及相应违约责任的约定,于法无悖,应为有效。更何况,竞业限制范围过大,并不必然导致竞业限制方面的约定全部无效,不代表徐某无需遵守竞业限制方面的基本义务。

根据双方《协议书》的约定,徐某应承担的违约责任是向腾讯上海公司返还"所有任职期间行使股票期权或限制性股票所生之收益"。该条可理解为竞业限制违约金条款,即徐某违反竞业限制义务,应承担违约金,金额等同于徐某"所有任职期间行使股票期权或限制性股票所生之收益"。且"限制性股票以采取法律行动当日股票市值计算。除非乙方(指徐某)可举证证明上述实际收益"。上述约定于法无悖,应为有效。

根据双方约定,结合徐某违约情况以及系争股票价值变动情况,一审法院认为,以解禁股票的税前份数和解禁日的收市价来衡量双方在《保密与不竞争承诺协议书》约定的"行使"所产生之"实际收益",作为徐某应承担的违约金金额,较为合理,亦符合双方约定。由于双方当事人对各次解禁股票的解禁日收市价及相应汇率确认一致,于法无悖,一审法院予以确认,并据此确定徐某应承担违约金的具体金额。腾讯上海公司主张的违约金计算方法适用于收益无法确定的情况,不符合双方《协议书》约定,一审法院不予采纳。腾讯上海公司还主张 19 220股应适用一拆为五的"拆股",一审法院认为,由于"拆股"发生在 19 220 股限制性股票解禁归属徐某之后,腾讯上海公司的主张缺乏合同依据,不予采纳。

关于腾讯上海公司主张的律师费损失,由于双方在《协议书》中明确约定"乙方违约行为给甲方或甲方关联公司造成损失的,乙方应当承担赔偿责任(如已经支付违约金的,应当予以扣除)",该约定符合法律规定,合法有效。腾讯上海公司在要求徐某承担违约金的情况下再行诉请律师费损失,与此有悖,于法无据,一审法院不予支持。

一审法院遂于 2017 年 12 月 7 日判决:(1)徐某于判决生效之日起 7 日内支付腾讯上海公司违约金人民币 3 723 246.26 元;(2)驳回腾讯上海公司要求徐某承担律师费的诉讼请求。

3. 上海市第一中级人民法院二审判决

腾讯上海公司与徐某均不服一审判决,向上海市第一中级人民法院(下称二审法院)提起上诉。腾讯上海公司上诉请求:撤销一审判决,依法改判徐某支付人民币 23 555 588.02 元,并承担律师费人民币 20 万元。

二审法院认为,根据《协议书》的约定,腾讯上海公司有权向徐某追索所有任职期间行使限制性股票所生之收益。鉴于股票价格一直在变动,股票所生之收益,应当包括股票价格变动的部分。一审以"行使"限制性股票即解禁日确定收益,与约定不符。2010 年 8 月至 2013 年 9月,虽然授予徐某限制性股票为 19 220 股,但 3 388 股抵扣了税款,实际过户至徐某名下为15 832 股,因此应以 15 832 股计算收益。腾讯上海公司要求以 19 220 股计算收益,不予支持。鉴于徐某拒不提供交易记录,其曾有卖出的主张,不予采信。且由于徐某不提供交易记录,导致收益数额难以确定,因此应以腾讯上海公司采取法律行动当日股票市值计算。腾讯上海公司申请仲裁的 2017 年 5 月 26 日并非交易日,应以前一交易日限制性股票收市价每股港币 278元、当日汇率 0.88171 确定采取法律行动当日股票市值。2014 年 5 月 15 日该股票一股拆为五股,因此股票数量为 79 160 股。综上,徐某应支付腾讯上海公司人民币 19 403 333 元。一审判决第(1)项有误,二审法院予以改判。腾讯上海公司关于律师费人民币 20 万元的请求,一审判决时已说明了理由,并无不当,二审法院予以维持。

综上,二审法院认为,腾讯上海公司的上诉请求部分成立,徐某的上诉请求均不成立,遂于2018 年 6 月 22 日判决:(1)维持一审判决第(2)项;(2)撤销一审判决第(1)项;(3)徐某于本判决生效之日起 10 日内支付腾讯上海公司人民币 19 403 333 元;(4)驳回腾讯上海公司其余上诉请求;(5)驳回徐某的上诉请求。

【法 律 评 析】

(一)评析要点

就来龙去脉和基本事实而言,本案是一起典型的竞业限制纠纷。但就处理结果而言,本案又有一定的特殊性,即终审判赔的巨额款项是违约方(员工)向前雇主承担的违约责任,不能简单等同于其返还的竞业限制补偿金或支付的违约金。

就我国《劳动合同法》的立法意图和法条设置而言,竞业限制的目的是保密,主要是保护用人单位的商业秘密(和其他知识产权)。《劳动合同法》第 23 条第 1 款规定:"用人单位与劳动者可以在劳动合同中约定保守用人单位的商业秘密和与知识产权相关的保密事项。"第 2 款规定:"对负有保密义务的劳动者,用人单位可以在劳动合同或者保密协议中与劳动者约定竞业限制条款,并约定在解除或者终止劳动合同后,在竞业限制期限内按月给予劳动者经济补偿。劳动者违反竞业限制约定的,应当按照约定向用人单位支付违约金。"

正如笔者早年撰文①指出,上述条款仅规定"在劳动合同或者保密协议中"约定竞业限制条款,而实务中有些企业与员工可能签订单独的竞业限制协议;根据合同自由的原则,只要内容适当,这种单独的协议也应是合法有效的。但根据《劳动合同法》第 25 条,"除本法第二十二条和第二十三条规定的情形外,用人单位不得与劳动者约定由劳动者承担违约金";这似乎将竞业限制协议排除在外,而没有违约金条款的竞业限制协议,无异于一纸空文。因此,用人单位可能不得不将竞业限制条款纳入劳动合同或保密协议,尽量避免签订单独的竞业限制协议,以免其中的违约金条款被认定为无效。当然,本案可能不涉及该问题。②

我国《民法典》在第 123 条第 2 款列举了知识产权的客体,其中第(5)项即为"商业秘密"。可见,商业秘密也是一种知识产权。

无论广义的知识产权还是知识产权范畴内的商业秘密(权),都是用人单位的法定权利或称绝对权利,理论上应受到法律的无条件保护。但若无具体可行的制度设计,这些法定权利或绝对权利往往会沦为空谈。竞业限制就是通过用人单位和劳动者双方以合同或协议作出的约定来保护用人单位商业秘密等合法权益的一种制度设计。因此,双方有关竞业限制的权利义务主要以约定为准,约定不明的可适用相关法律或司法解释(见下文)之规定。

我国的竞业限制制度并非肇始于《劳动合同法》。早在 20 世纪 90 年代,劳动部等就有相

---

① 齐斌:《浅议〈劳动合同法〉的若干疏漏》,载 http://www.chinalawinfo.com/,2021 年 2 月 15 日最后访问。
② 我们只看到了本案判决书,并未看到员工(徐某)及其代理人的答辩状或代理词。笔者认为,鉴于《劳动合同法》的上述规定,若竞业限制约定并非通过劳动合同或保密协议(可包括"保密与竞业限制协议")作出,哪怕仅仅作为一种聊胜于无的诉讼技巧,劳动者一方其实可提出"约定无效"或"用人单位无权主张违约金"之抗辩。

关规定,当时的竞业限制期限最长可达 3 年。① 纵观上述规定和现行《劳动合同法》,竞业限制都是从劳动者离职(解除或终止劳动合同)开始的。劳动者在职期间当然也有保密和不竞争(具体含义参见竞业限制相关规定)的义务,但竞业限制相关规定通常并不向劳动者离职前追溯,劳动者在职期间的相关义务系通过竞业限制以外的其他规定和用人单位规章制度界定(比如劳动者包括高级管理人员的忠实或称忠诚义务②)。

竞业限制既然是为用人单位的商业秘密权或知识产权而设置,竞业限制谈判的发起人和相关约定的起草方一般是用人单位,限制劳动者的就业权当然是题中应有之义。本案中,徐某一方曾主张其与腾讯上海公司签订的《协议书》之竞业限制范围"无限扩大"、"实质剥夺了员工法定的就业及择业权"、系"格式合同",因而无效,但该主张未获两级法院支持。

用人单位当然也可以在劳动者离职前或竞业限制期限内随时宣布免除劳动者的竞业限制义务,因为权利可以放弃。根据有关司法解释③,"在竞业限制期限内,用人单位请求解除竞业限制协议时,人民法院应予支持";同时,"在解除竞业限制协议时,劳动者请求用人单位额外支付劳动者三个月的竞业限制经济补偿的,人民法院应予支持"。本案中,徐某一方认为,一审既认定腾讯上海公司及其关联公司与徐某就游戏开发方面的合作事宜进行过商谈及合作,又无视合作给徐某带来的合理信赖(即,徐某认为腾讯上海公司上述合作视为"已放弃要求其履行竞业限制义务"),前后矛盾。笔者认为,用人单位放弃要求劳动者履行竞业限制义务应该是明示的,因为竞业限制约定也是明示的。况且,若徐某一方认为腾讯上海公司及其关联公司与徐某合作就意味着公司"已放弃要求其履行竞业限制义务",等于承认上述义务确曾存在,亦即肯定了双方之间《协议书》的效力,这与徐某一方关于《协议书》无效的主张(见上文)互相矛盾。

竞业限制制约了劳动者的职业选择权、从事擅长的工作之权利和取得相对优厚报酬的权利,作为一种平衡,法律才规定用人单位需向被限制的劳动者支付经济补偿。就法理而言,不宜因为双方未约定补偿金或未约定补偿金标准就一概否定竞业限制条款的效力,上海法院持此观点,笔者亦赞同。但在全国劳动争议仲裁和诉讼实践中,如果用人单位为劳动者设定了竞业限制义务却没有约定经济补偿,则该竞业限制条款也可能被裁决或判决为无效或者对劳动

---

① (1)原劳动部《关于企业职工流动若干问题的通知》(1996 年 10 月 31 日起实施)第 2 条规定:"……用人单位也可规定掌握商业秘密的职工在终止或解除劳动合同后的一定期限内(不超过三年),不得到生产同类产品或经营同类业务且有竞争关系的其他用人单位任职,也不得自己生产与原单位有竞争关系的同类产品或经营同类业务,但用人单位应当给予该职工一定数额的经济补偿。"(2)原国家科委《关于加强科技人员流动中技术秘密管理的若干意见》(1997 年 7 月 2 日起实施)第 7 条规定:"单位可以在劳动聘用合同、知识产权权利归属协议或者技术保密协议中,与对本单位技术权益和经济利益有重要影响的有关行政管理人员、科技人员和其他相关人员协商,约定竞业限制条款,约定有关人员在离开单位后一定期限内不得在生产同类产品或经营同类业务且有竞争关系或者其他利害关系的其他单位内任职,或者自己生产、经营与原单位有竞争关系的同类产品或业务。凡有这种约定的,单位应向有关人员支付一定数额的补偿费。竞业限制的期限最长不得超过三年。竞业限制条款一般应当包括竞业限制的具体范围、竞业限制的期限、补偿费的数额及支付方法、违约责任等内容。"
② 如《劳动合同法》第 29 条规定:"用人单位与劳动者应当按照劳动合同的约定,全面履行各自的义务。"另,《公司法》(2018 年修正)第 147 条第 1 款规定:"董事、监事、高级管理人员应当遵守法律、行政法规和公司章程,对公司负有忠实义务和勤勉义务。"
③ 《最高人民法院关于审理劳动争议案件适用法律若干问题的解释(四)》第 9 条。

者没有约束力。① 徐某一方也曾主张腾讯上海公司没有支付竞业限制补偿金,无权主张违约金;因为《劳动合同法》第 23 条第 2 款规定,约定竞业限制后,(用人单位应该)在解除或者终止劳动合同后,在竞业限制期限内按月给予劳动者经济补偿;事实上,腾讯上海公司仅仅是在劳动合同的"不竞争补偿费"中规定了"报酬体系中的 200 元/月为乙方离职后承担不竞争义务的补偿费",故徐某一方认为该约定与法律规定相冲突而无效。徐某一方还认为,限制性股票系于劳动关系存续期间授予,属于徐的工资薪金;股票不是用人单位(腾讯上海公司)给付,是腾讯控股有限公司授予。显然,上海两级法院并未采信徐某一方上述观点。但相关问题并非"案结事了",仍然值得业内研讨。

如上所述,法律也规定,劳动者违反竞业限制约定的,应当按照约定向用人单位支付违约金。理解竞业限制违约金有两个要点:第一,违约金需由双方约定,但若畸高,法官依自由裁量权可予调整;第二,只要双方明确约定了违约金,用人单位无需就因劳动者违反竞业限制义务而受到的损失进行举证。这与《劳动合同法》框架下用人单位可与劳动者约定的另一违约金即服务期违约金相比,显然更为合理;因为服务期违约金"不得超过用人单位提供的培训费用"。② 本案中,双方的劳动合同曾约定"乙方(徐某)违反不竞争的约定,除乙方与新聘用单位解除非法劳动关系,尚须向甲方(腾讯上海公司)支付人民币拾万元违约金"。这本属货真价实的"违约金",大概因其金额只有区区 10 万元,与系争的股票收益相比微不足道,被两级法院的判决直接无视(一审法院的理由是双方后来签订的《协议书》替代了之前劳动合同中的违约金约定)。

本案所涉金额巨大,一审法院判令徐某支付腾讯上海公司违约金人民币 372 万余元,二审法院则判令徐某支付腾讯上海公司人民币 1 940 万余元,后者是前者的 5 倍多(一审法院认为一拆为五的"拆股"发生于限制性股票解禁归属于徐某之后,因此不予适用),但二审判决并未写明是"违约金"。

根据双方《协议书》的约定,(若徐某违约)腾讯上海公司有权向徐某追索其所有任职期间行使限制性股票所生之收益。据此,向腾讯上海公司返还上述收益,是徐某承担违约责任的一种方式,但不宜说该笔收益就是"违约金"。因此,二审判决的措辞更高一筹。

---

① 关于该问题,不同地区的处理口径有所差异。在上海,双方对竞业限制条款约定不清,只要当事人就竞业限制有一致的意思表示,竞业限制条款对双方仍有约束力;补偿金数额约定不明,双方可继续协商;协商不成,按劳动者此前正常工资的 20%~50% 支付(参见上海市高级人民法院《关于适用〈劳动合同法〉若干问题的意见》第 13 条)。在重庆,竞业限制协议未约定用人单位向劳动者支付经济补偿,劳动者请求确认该协议无效的,劳动争议仲裁委员会可能予以支持(参见《重庆市劳动争议仲裁专题研讨会纪要》)。在广东佛山,没有约定经济补偿金的竞业限制条款可能对劳动者不具有约束力(参见佛山市中级人民法院相关解释)。

② 《劳动合同法》第 22 条第 2 款规定:"劳动者违反服务期约定的,应当按照约定向用人单位支付违约金。违约金的数额不得超过用人单位提供的培训费用。用人单位要求劳动者支付的违约金不得超过服务期尚未履行部分所应分摊的培训费用。"笔者认为,该款如此规定,在一定意义上是混淆了"违约金"与"赔偿金"的概念,把二者混为一谈,也大大削弱了"违约金"的惩罚性质,降低了劳动者的违约成本。换言之,劳动者在服务期内提前离职,其作为违约金付出的最大代价也不过是用人单位曾为其支付的培训费用;而这些培训费是可以转化为个人技能、为其创造日后收益的。当然,根据《劳动合同法》第 90 条,"劳动者违反本法规定解除劳动合同,或者违反劳动合同中约定的保密义务或者竞业限制,给用人单位造成损失的,应当承担赔偿责任"。理论上,该"赔偿责任"可与上述"违约金"并存;但劳动争议处理实践中,劳动人事争议仲裁委员会和人民法院未必支持用人单位在已按照培训费用数额向劳动者追索违约金的情况下,再要求其赔偿同等金额的培训费用。

（二）法律依据与实务分析

一审判决援引的法律条文之一是《劳动法》第 78 条，"解决劳动争议，应当根据合法、公正、及时处理的原则，依法维护劳动争议当事人的合法权益"。该条并无实质意义。一审判决还援引了《劳动合同法》第 23 条第 2 款。另，二审法院在说理部分（关于腾讯上海公司是否有权主张违约金①）还引用了《最高人民法院关于审理劳动争议案件适用法律若干问题的解释（四）》第 8 条。

本案双方均提交了大量证据，并进行了针锋相对的辩论；笔者仅根据二审判决，认为终审结果主要是由本案"基本面"（即双方在先约定以及徐某从腾讯上海公司离职前后的行为）所决定；双方代理人均已尽心尽力。②

本案一、二审判决金额的巨大差异引人注目。如二审判决所述，腾讯上海公司向徐某追索的、所有任职期间行使限制性股票所生之收益，包括股票价格变动的部分；二审法院认为一审以"行使"限制性股票即解禁日确定收益，与约定不符，应以 2010 年 8 月至 2013 年 9 月实际过户至徐某名下的 15 832 股（2014 年 5 月 15 日该股票又一股拆为五股，因此股票数量为 79 160 股）计算收益。由于徐某不提供交易记录，故二审判决拟以腾讯上海公司采取法律行动（申请仲裁）当日股票市值计算；但该日非交易日，故又以前一交易日限制性股票收市价每股港币 278 元、当日汇率 0.881 71 确定市值。即二审判令徐某支付腾讯上海公司人民币 1 940 万余元的计算公式为：278（港元；股价）×0.881 71（港元兑人民币汇率）×79 160（股数）。

可以认为，二审法院上述计算方式，对类似案件具有一定的标尺作用。至于在徐某愿意提供股票交易记录、由法院据实计算的情况下，判决结果对徐某是否更有利，我们作为局外人就无从知晓了（本案审理期间，系争股票有可观的涨幅）；但对执业律师而言，上述问题显然也隐含了诉讼技术层面的考量，具有一定的博弈性质。这种博弈并非仅仅针对诉讼对方，同时也涉及法官（或仲裁员）。而从裁判者角度，为维护更高的法益，一旦认定一方当事人有过错、不诚信，在证据不充分的情况下，往往倾向于按照对该方当事人不利的方式作出判决。这与刑事案件的判案逻辑（排除一切合理怀疑）是有区别的。因此，民事诉讼当事人往往必须承担拒绝举证或举证不能的后果。

在竞业限制纠纷司法实践中，一旦法院认定劳动者违反竞业限制义务，通常采取的处理方式是判令劳动者向前雇主（用人单位）支付违约金、返还前雇主已支付的竞业限制经济补偿。除此之外，法官对"判令劳动者与前雇主的竞争对手解除劳动关系（继续履行竞业限制义务）"往往持谨慎态度，且极少在劳动争议案中适用禁止令，因为难以执行。何况在许多案件中，法院作出判决时，当事人约定的竞业限制期限往往也已经结束。

腾讯上海公司与徐某案的另一层意义在于，该案中，二审法院系按照双方约定判令徐某承担"支付违约金、返还竞业限制补偿"之外的违约责任，即支付（返还）股票收益。尽管一审法院实际上将该收益（计算方式与二审不同）理解为违约金（腾讯上海公司则主张前述限制性股

---

① 本案二审判决在说理部分指出，二审中徐某（根据上述司法解释——笔者注）提出的腾讯上海公司无权主张违约金的理由均不成立。尽管如此，违约金之辩无疑是本案关键论点，从诉讼技巧角度，越早提出越好。

② 此类案件标的额大、对抗性强、律师费不菲，代理律师为最大限度地维护己方当事人权益，必然竭尽所能提出对己方有力的论点和证据。

票属于提前支付的竞业限制补偿,并认为双方在《协议书》中约定"限制性股票以采取法律行动当日股票市值计算"属于《合同法》第 114 条①规定的"约定因违约产生的损失赔偿额②的计算方法",约定合法);但二审法院并未拘泥于上述框架,径直判决徐某支付腾讯上海公司上述金额。这种审判思路值得业内人士研究。简言之,对一个复杂的经济、法律现象下定义有时是困难的,但通过否定一种利益去维护更高的法益则是法官可以通过判决实现的。

本案一审中,徐某曾提供关于"竞业限制"的网上搜索结果截屏打印件、网上博客文章的打印件、网上文章的打印件,因腾讯上海公司有异议,一审法院认为该材料不构成有效证据,不予确认。从诉讼技巧角度,如果上述打印件并非关键证据,仅为影响法官的心证,为节省当事人的成本,代理律师未必坚持办理公证(境外证据通常还需在国外认证、由指定翻译机构翻译);但会向当事人释明,一旦对方不认可,此类证据将无法被法院采信。

此外,本案中的程序问题也值得深思。上海市徐汇区劳动人事争议仲裁委员会对本案未作裁决,而以腾讯上海公司的请求不属于劳动争议受理范围为由,作出不予受理的仲裁通知书。但一、二审法院相继以"竞业限制纠纷"案由审理了本案并先后作出判决。鉴于一、二审判决援引了《劳动合同法》和《最高人民法院关于审理劳动争议案件适用法律若干问题的解释》,上海两级法院无疑是按劳动争议审理本案;在劳动争议处理程序中,诉讼程序是独立的,而且往往是最终的(仅部分小额劳动争议和有关执行国家劳动标准的案件,仲裁裁决对用人单位是终局的③),仲裁委员会的认定对法院并无拘束力。因此,法院按劳动争议审理本案于法不悖。实务中也有其他一些案件(如涉及高级管理人员和《公司法》的案件),劳动人事争议仲裁委员会不予受理,最终由法院进行实体审理并作出判决。问题在于,类似本案的限制性股票(收益)纠纷和一些股票期权纠纷往往涉及境外(上市)公司,而境外(上市)公司并非我国《劳动合同法》意义上的用人单位。④ 因此,我国法院对上述纠纷原告或上诉人的某些请求会不作处理。当然,本案仅涉及双方之间的金钱给付,虽然计价涉及我国香港,属于我国法律上的"关境外",但并不影响判决的作出和执行。

最后,笔者认为,本案只是双方以及各自的关联方(包括徐某投资设立的公司及其合作伙伴)之间利益纠葛的冰山一角;伴随本案,上述各方之间还有其他诉讼在国内外进行。本案背后隐含着巨大的商业利益和不为外人知的博弈、角逐。若二审判决列举的徐某相关陈述属实,在其从腾讯上海公司离职以后,腾讯上海公司还通过其投资设立的公司及其合作伙伴"实现了可观的经济收益"(徐某因此主张腾讯上海公司"已放弃要求其履行竞业限制义务")。因此,若仅就本案二审判决结果认定双方的胜负,可能太简单了,有时显得天真。

作者:齐斌

---

① 现为《民法典》(合同编)第 585 条。《合同法》自 2021 年 1 月 1 日废止。

② 本案看点之一是,包括两级法院在内的诉讼各方对系争限制性股票(收益)的性质有多种认知。上述股票(收益)究竟属于腾讯上海公司提前支付给徐某的竞业限制补偿(属《劳动合同法》范畴,系劳动者履行竞业限制义务的对价)还是因徐某违约给公司造成的损失(公司方在此引述了原《合同法》相关条文),公司方在本案中似提出了不同的主张;虽然事出有因,上述不同论点却在某种意义上起到互相削弱的作用。在上诉理由中,徐某一方曾主张上述股票收益属"极其高额的竞业限制违约金"(旨在否定双方《协议书》的效力)。而一审法院径直以违约金认定上述股票收益(只是计算方法与腾讯上海公司的主张以及二审法院的认定不同),二审法院则回避了"违约金"的定性。

③ 《劳动争议调解仲裁法》第 47 条。

④ 《劳动合同法》第 2 条。

20. 异地办公员工竞业限制
——上海某网络科技公司与其北京办公室技术人员竞业限制纠纷案

摘要：员工违反竞业限制义务，被判决履行竞业禁止（竞业限制）约定、退回公司已支付的补偿金。

来源：北京市海淀区劳动人事争议仲裁委员会京海劳仲字［2014］第 10709 号、京海劳仲字［2015］第 292 号仲裁裁决书；上海市虹口区人民法院（2015）虹民四（民）初字第 5 号民事判决书。

【事 实 概 要】

L 某于 2011 年 9 月至上海某网络科技公司（下称公司）工作，被派至该公司北京办公室担任技术顾问。2013 年 9 月双方续签了《劳动合同》。《劳动合同》中明确约定了竞业禁止（竞业限制，下同）条款，内容是：L 某在从公司离职后一年内不能为与甲方（本案公司）竞争的公司、组织兼职/全职工作或提供咨询及技术服务，为此甲方应在竞业限制期内每月按照 L 某离职前工资的 30%支付补偿金。

2014 年 5 月，L 某辞职，公司当月向其发出《竞业禁止通知》，要求其不得到包括成都某软件公司在内的竞争对手处就职；从该月起公司按照双方劳动合同的约定，每月向 L 某支付竞业禁止补偿金。该通知还写明："如您（L 某）不履行规定的义务，应当承担违约责任。违约金需一次性向公司支付，违约金额度为您离开公司前上年度薪酬总额的 3 倍"，即 27 万余元。

后公司人事部人员得知 L 某离职后即加入了成都某软件公司，在该软件公司北京办事处工作。L 某先后任职的两家公司经营同种业务。

【裁 判 要 旨】

1. 北京市海淀区劳动人事争议仲裁委员会裁决

经必要的证据搜集和准备，公司于 2014 年 9 月向上海虹口区劳动人事争议仲裁委员会申请仲裁，要求被告继续履行竞业限制协议并支付违约金等。

案件被受理后，L 某收到了仲裁庭寄送的文书，随后于 2014 年 10 月向北京市海淀区劳动人事争议仲裁委员会申请仲裁，要求确认其《劳动合同》关于竞业禁止（竞业限制）的条款无效，并要求公司支付加班费等 10 万余元；公司针锋相对地提出了反请求。上海的案件遂被移送至北京合并审理。

2014 年 12 月 18 日，北京市海淀区劳动人事争议仲裁委员会裁决 L 某继续履行与原公司的竞业限制约定；驳回 L 某的全部仲裁请求和公司的其他仲裁请求。

2. 上海虹口区人民法院一审判决

公司不服北京市海淀区劳动人事争议仲裁委员会裁决，向上海市虹口区人民法院提起诉讼，要求 L 某继续履行竞业限制约定，结束与成都某软件公司的劳动关系，返还公司已支付的 2014 年 5 月至 9 月竞业限制补偿金 9 900 元，支付违约金 27 万余元。L 某亦向北京市海淀区人民法院起诉,但因公司先行起诉,其所起诉的案件被移送至上海市虹口区人民法院合并审理。L某未到上海参加庭审。

上海市虹口区人民法院经审理认为,"公民和法人的合法权益应受法律保护";双方《劳动合同》中"对被告(员工)离职一年内履行竞业限制义务作出约定","并未违反法律规定,为双方真实意思表示,为合法有效,被告应当予以履行";"本案中,被告离职一年内至与原告(公司)从事同类业务的企业就业,违反了双方的合同约定,被告对此亦未到庭进行抗辩,根据公平合理原则,被告应当返还"竞业限制补偿金;"双方在劳动合同中对违约金并无约定",故原告要求被告支付违约金于法无据,法院不予支持;对原告要求被告结束与成都某软件公司劳动关系的诉讼请求,因不属于本案处理范围,法院对此不予处理。

该院遂于2015年5月22日作出缺席判决,判令L某履行与原告(公司)的竞业限制约定至2015年5月14日(即离职后满1年之日);返还公司已支付的竞业限制经济补偿金近8 000元;对公司关于支付违约金的请求以及L某关于支付加班工资等的全部请求均不予支持。该判决已生效。

【法律评析】

(一)评析要点

本案亦为典型的竞业限制纠纷,笔者团队为公司代理人。本案吊诡之处在于,与员工签订劳动合同的公司位于上海,而该员工在该公司北京办公室工作,劳动合同履行地与公司注册地不一致,且公司注册地与实际经营地亦分别在上海两个区。而且,该员工以其他案由针对公司在北京申请了劳动仲裁。因此,出现了两地多次"抢管辖"[①]的戏剧性局面。这也是劳动争议特有的现象。

本案双方通过劳动合同约定了"竞业禁止"(竞业限制的另一种说法[②]),不违反法律,因此双方均应遵守。L某跳槽至原东家竞争对手处工作,违反了《劳动合同》。经分析案情,笔者团队律师认为,虽然《劳动合同》关于竞业禁止的约定比较笼统,但应属合法有效,因此公司有权要求L某履行该约定。

竞业限制一般适用于涉密人员。笔者认为,即使劳动者暂未直接接触包括商业秘密在内的相关保密信息,也不代表劳动者不会在工作场合或从其他劳动者处了解到相关保密信息。当然,用人单位与直接接触保密信息的劳动者另行签订保密协议更具有针对性和合理性,但未与用人单位签订保密协议的劳动者也应遵守用人单位的保密制度、履行保密义务。因此,对竞业限制的人员范围,宜作广义理解,不能仅限于高级管理人员和高级技术人员,因为"其他负有保密义务的人员"本来就是一个"口袋条款"。实务中,极端情形下,虚职"高管"知晓的公司商业秘密未必多于公司前台秘书和专职门卫。何况用人单位为员工设置竞业限制需要支付经济

---

① 笔者曾见同行发在微信群里的一份日期为2019年11月20日的裁定书——公司和员工对北京市石景山区劳动人事争议仲裁委员会的仲裁裁决均不服,江苏省南京市溧水区人民法院因公司向该院起诉的案件比员工向北京市石景山区人民法院起诉的案件晚1分30秒受理,裁定支持员工的管辖权异议,将已受理的案件移送北京市石景山区人民法院受理。

② 有学者认为"竞业禁止"与"竞业限制"并非同一概念,但就本案而言,讨论该问题没有意义。

补偿,无缘无故的竞业限制当然不合常理。

本案公司关于违约金的请求未获仲裁委员会和法院支持,因竞业限制违约金应由双方约定。但"用人单位和劳动者在竞业限制协议中约定的违约金过分高于或者低于实际损失,当事人请求调整违约金数额的,人民法院可以参照《最高人民法院关于适用〈中华人民共和国合同法〉若干问题的解释(二)》第二十九条①的规定予以处理。"②此外,"劳动者违反竞业限制约定,向用人单位支付违约金后,用人单位要求劳动者按照约定继续履行竞业限制义务的,人民法院应予支持。"③即劳动者支付违约金并不免除其竞业限制义务。

作为劳动争议的一种,竞业限制仲裁和诉讼往往由用人单位("跳槽"员工的"老东家")发起,标的额(返还经济补偿、支付违约金)通常也较高。

竞业限制争议中,认定"竞争关系"是一个难点。实践中,不少案件是通过公司的经营范围认定竞争关系。但现实中许多企业出于经营策略的考虑,经营范围往往囊括众多类别,而实际主营业务可能仅为其中一项或几项。如果不加甄别地全面对比两家用人单位的经营范围,可能会错误认定竞争关系。例如,将同行业上下游企业或为同种产品供应不同零部件的企业认定为竞争对手,都有不妥之处。笔者团队还协助处理过涉及存在竞争关系的知名大众消费品跨国公司的竞业限制争议案。两家公司均以生产化妆品和洗涤用品闻名,员工从上家跳槽到下家的子公司,而该子公司仅生产净水。笔者认为该案两公司不存在竞争关系,该案在一审阶段经调解结案。该案竞争关系的认定,对法官而言可能也是一个难点。

另外,竞业限制争议案中,法院对判决劳动者一方"继续履行竞业限制义务"持谨慎态度;且即使判决,往往也难以执行。对此,上海某些法院的解决之道是,若劳动者不执行"继续履行竞业限制义务"的判决、继续为"老东家"的竞争对手工作,"老东家"可主张其再次违反竞业限制约定,诉请重新支付违约金。本案法院判决"被告(员工)与原告(公司)履行竞业限制"至双方约定的竞业限制期限届满,而判决日期是该届满日的8天之后,该项判决对公司而言意义不大。

(二)法律依据与实务分析

实体方面,本案主要法律依据是《劳动合同法》第23条、第24条④。此外,本案判决书还援引了《民法通则》第4条⑤。

---

① 即规定:"当事人主张约定的违约金过高请求予以适当减少的,人民法院应当以实际损失为基础,兼顾合同的履行情况、当事人的过错程度以及预期利益等综合因素,根据公平原则和诚实信用原则予以衡量,并作出裁决。当事人约定的违约金超过造成损失的百分之三十的,一般可以认定为合同法第一百一十四条第二款规定的'过分高于造成的损失'"。

② 《最高人民法院第八次全国法院民事商事审判工作会议(民事部分)纪要》(法〔2016〕399号,2016年11月21日)第28条。

③ 《最高人民法院关于审理劳动争议案件适用法律若干问题的解释(四)》第10条。

④ 《劳动合同法》第24条规定:"竞业限制的人员限于用人单位的高级管理人员、高级技术人员和其他负有保密义务的人员。竞业限制的范围、地域、期限由用人单位与劳动者约定,竞业限制的约定不得违反法律、法规的规定。""(第2款)在解除或者终止劳动合同后,前款规定的人员到与本单位生产或者经营同类产品、从事同类业务的有竞争关系的其他用人单位,或者自己开业生产或者经营同类产品、从事同类业务的竞业限制期限,不得超过二年。"

⑤ 《民法通则》(自2021年1月1日废止)第4条规定:"民事活动应当遵循自愿、公平、等价有偿、诚实信用的原则。"相应的规定见《民法典》第4~9条。

　　另据《劳动合同法》第 90 条,劳动者违反劳动合同中约定的保密义务或竞业限制,给用人单位造成损失的,应当承担赔偿责任。

　　本案中 L 某明显存在违约行为。仲裁委员会和法院之所以未支持公司关于违约金的主张,乃因《劳动合同》中并未约定违约金的支付情形和具体金额,公司发出的《竞业禁止通知》不构成双方的约定。因此,在金钱给付方面,法院仅判决 L 某偿还公司已向其支付的竞业限制经济补偿金。

　　至于公司要求 L 某"结束"(包括解除和终止)与竞争对手的劳动关系,因至判决当月 L 某的竞业限制期限已经届满,且法院一般慎于作出此类判决,故法院未予支持。此前的仲裁裁决亦回避了此问题。

　　本案在管辖上颇费周折。虽然公司在上海虹口区先行申请仲裁,也已被受理,但 L 某为反制公司,亦在北京市海淀区申请仲裁。根据《劳动争议调解仲裁法》第 21 条第 2 款,"劳动争议由劳动合同履行地或者用人单位所在地的劳动争议仲裁委员会管辖。双方当事人分别向劳动合同履行地和用人单位所在地的劳动争议仲裁委员会申请仲裁的,由劳动合同履行地的劳动争议仲裁委员会管辖"。但问题在于,L 某在北京申请的仲裁并非仅仅针对竞业禁止(竞业限制)问题,而是还包括要求加班工资等;上述法律并未规定在争议双方仲裁请求不一致的情况下,两起异地仲裁案如何确定管辖。最后,经京沪两家仲裁委员会协调,公司作了让步,本案最终在北京仲裁。

　　就诉讼而言,公司注册于上海市虹口区,但实际经营地位于浦东新区。根据《最高人民法院关于适用〈中华人民共和国民事诉讼法〉若干问题的意见》①第 4 条,"法人的住所地是指法人的主要营业地或者主要办事机构所在地",故本案中公司可向经营地所在地浦东新区起诉;但为避免波折,仲裁后,笔者团队建议公司将案件诉至公司注册地虹口区人民法院。另据《最高人民法院关于审理劳动争议案件适用法律若干问题的解释》②第 8 条第 1 款,劳动争议案件由用人单位所在地或者劳动合同履行地的基层人民法院管辖,北京市海淀区作为 L 某的劳动合同履行地,也有权管辖本案。因公司的起诉先被受理,本案戏剧性地改由上海市虹口区人民法院管辖。也许正因如此,L 某缺席了庭审,放弃了诉讼权利。

　　一审判决作出后,双方均未上诉,判决生效,公司并据此申请了强制执行。

　　本案中,公司有保密意识,也在劳动合同中对员工设置了竞业限制,但条款不够严密细致,尤其是没有约定违约金,导致案件结果有少许遗憾。但通过仲裁和诉讼,对当事员工起到了一定的震慑和惩戒作用,对其他员工也是警示。

作者:齐斌

---

　　①　法发〔1992〕22 号。2015 年 2 月 4 日最高人民法院《关于适用〈中华人民共和国民事诉讼法〉的解释》(法释〔2015〕5 号)实施后废止。

　　②　法释〔2001〕14 号,2001 年 4 月 16 日实施(2008 年调整部分条文序号)。

21. 劳动合同的履行：员工在职期间开设竞业公司被辞退

——刘某与某化学品有限公司劳动争议案

摘要：员工在职期间开设竞业公司，一、二审法院均支持用人单位辞退员工。

来源：山东省博兴县劳动人事争议仲裁委员会博劳人仲裁字［2015］第 209-1 号、博劳人仲裁字［2015］第 209-2 号仲裁裁决书；山东省博兴县人民法院（2015）博民初字第 1573 号民事判决书；山东省滨州市中级人民法院（2016）鲁 16 民终 1115 号民事判决书。

【事 实 概 要】

刘某系某化学品有限公司（下称公司）员工，与公司订立无固定期限劳动合同，担任该公司中国区农化应用销售经理。双方劳动合同约定：员工有下列情况之一，公司可以单方解除本合同。……b. 严重违反劳动纪律或者公司的规章制度，包括但不限于《员工手册》；……d. 在为本公司服务期间，未经公司书面同意，员工直接或间接地自营或兼职从事其他生产经营活动或与其他用人单位建立劳动关系；e. 在为本公司服务期间，员工存在利益冲突的情形的，即员工存在潜在或实际影响公司的行为或情形，包括但不限于：（1）员工本人或配偶，以及员工本人或配偶的近亲属直接或间接持有公司的竞争对手、下属经销商或代理商、供应商或客户的股权或权益；（2）员工本人或配偶，以及员工本人或配偶的近亲属在上述实体内担任高级管理人员，或者在公司的竞争对手、下属经销商或代理商、供应商或客户处任职；……在为本公司服务期间，员工有上述第（1）或（2）条规定的情形的，应立刻书面告知公司；员工未如实并立刻告知公司上述第（1）条或存在上述第（2）条至第（4）条规定的行为的，均构成严重违纪，公司有权立刻解除与员工的劳动合同关系。

公司《员工手册》第 2-2 条第 5 款规定，在任何情况下，被聘人员不应在受雇于公司的整个期限内，直接或间接从事与公司业务直接或间接竞争的任何活动。第 2-2 条第 6 款规定，未经公司批准，被聘人员不得从事兼职工作（包括固定、不固定或顾问性质的兼职工作）或担任其他公司的董事职务。被聘人员违反这一要求可导致与公司劳动关系的解除。

本案公司的经营范围为：生产销售阳离子、阴离子、非离子表面活性剂及其原料；上述产品、同类产品及产品原料的进出口、批发和佣金代理及相关配套业务；仓库仓储业务；生产氮气；生产氢气等。

2013 年 9 月 11 日，刘某出资 150 万元与他人成立广饶县某生物公司，刘某持 50% 的股份，任执行董事，系公司法定代表人。

2014 年 10 月 20 日，本案某化学品有限公司经工会同意，向刘某送达解除劳动合同通知，以刘某在劳动合同履行期间的行为违反《劳动合同法》第 39 条之规定为由，决定于当日解除与刘某的劳动合同。

【裁 判 要 旨】

1. 山东省博兴县劳动人事争议仲裁委员会裁决

2015 年 10 月 8 日，刘某向博兴县劳动人事争议仲裁委员会提起申诉，请求裁决：（1）公司支付违法解除劳动合同的经济补偿 540 144 元;(2)支付拖欠的 2014 年 10 月 1 日至 10 月 22 日期间工资 11 002.93 元;(3)支付应予报销的电话费 2 100 元。

2015 年 11 月 19 日,仲裁委员会作出 1 号裁决书裁决公司支付刘某拖欠的工资 7 371.87 元;2 号裁决书裁决刘某返还公司的惠普笔记本电脑及配件。对刘某申请的经济补偿金、赔偿金、电话费不予支持。

2. 山东省博兴县人民法院一审判决

刘某不服仲裁裁决,向博兴县人民法院(下称一审法院)提起诉讼。就刘某要求支付违法解除劳动合同赔偿金的请求,一审法院认为,依法订立的《劳动合同》具有约束力,用人单位与劳动者都应当按照《劳动合同》的约定履行各自的义务。该《劳动合同》第 7 条第 1 项规定:员工应遵守公司现行的及将来不时修订的劳动纪律商业操守和各项规章制度(包括但不限于《员工手册》等)。员工违反公司劳动纪律和规章制度的,公司可依据相关规定给予纪律处分,直至解除本合同。刘某在员工声明中签字确认其本人已从公司收到并阅读过《员工手册》及公司所有现行有效之规章制度,并承诺将遵守《员工手册》及公司相关规章制度的所有规定。现刘某认可其在劳动合同履行期间出资成立广饶县某生物公司并任该公司法定代表人,该公司的经营范围是阳离子、阴离子、非离子、表面活性剂、织物柔顺剂、塑料稳定剂、纺织助剂、油田助剂、化工助剂、脂肪酸、脂肪胺的销售及科研开发,与本案公司经营范围明显重合。刘某的这一行为严重违反双方签订的《劳动合同》的约定及本案公司的规章制度,公司有权按《劳动合同》约定解除与刘某的劳动关系。公司经征求单位工会意见后,以刘某违反《劳动合同法》第 39 条为由解除双方的劳动合同关系,符合该公司《员工手册》及相关法律规定,并无不当。刘某要求公司支付违法解除劳动合同赔偿金,缺乏事实证据和法律依据,不予支持。

3. 山东省滨州市中级人民法院二审判决

刘某不服一审判决,向滨州市中级人民法院(下称二审法院)提起上诉。二审法院经审理认为,公司与刘某解除劳动合同符合《劳动合同法》第 39 条规定,原审法院未支持刘某请求公司支付经济补偿金并无不当。刘某主张《劳动合同》中有关禁止兼职的条款是在不公平的情况下签订的,并非其真实意思表示,但没有向法院提供相应证据予以证实,其上诉理由不能成立,二审法院不予支持。

【法 律 评 析】

(一)评析要点

本案要点在于员工在职期间开设竞业公司,用人单位是否可以辞退。

众所周知,为保护用人单位的商业秘密,维护公司的竞争优势,用人单位可以对负有保密义务的劳动者,在劳动合同或者保密协议中与劳动者约定竞业限制条款,要求相关劳动者在解除或者终止劳动合同后,不得到与本单位生产或者经营同类产品、从事同类业务的有竞争关系的其他用人单位,不得自己开业生产或者经营同类产品、从事同类业务。不过,法律对竞业限制约定有诸多限制,如竞业限制补偿、竞业限制对象、竞业限制期限、竞争关系的认定等等。本案中,刘某与公司并未签订竞业限制协议,且刘某的违规行为发生于其任职期间,而非劳动合同解除或终止后,因此本案并非因竞业限制而产生的劳动争议。

实际上,除竞业限制这类约定义务外,劳动者在劳动关系存续期间还应履行诚实信用的法定义务,遵守忠实勤勉的劳动纪律和职业道德。《劳动法》第 3 条第 2 款规定,劳动者应当"遵守劳动纪律和职业道德";第 25 条第(2)项规定,劳动者严重违反劳动纪律或者用人单位规章制度的,用人单位可以解除劳动合同。《劳动合同法》第 3 条第 1 款规定,"订立劳动合同,应当遵循合法、公平、平等自愿、协商一致、诚实信用的原则"。

一般而言,对违反诚实信用原则、不遵守劳动纪律和职业道德的员工,用人单位应有权予以惩处。以本案为例,刘某明知单位有禁止兼职和在外开设公司以及禁止从事与本单位有竞争业务的工作的规定,仍与他人出资开设公司并任法定代表人,属于严重违反公司规章制度的行为,根据相关法律规定,用人单位有权予以辞退。具体而言,如何认定刘某行为系严重违反用人单位规章制度,法院在判决中进行了较为充分的阐述。

(二)法律依据与实务分析

严重违规(违纪)是辞退员工较为常见的理由。《劳动法》第 25 条第(2)项和《劳动合同法》第 39 条第(2)项均规定,严重违反用人单位规章制度的,用人单位可以解除劳动合同;《劳动法》还规定,严重违反劳动纪律也可辞退。

用人单位的规章制度是为了维护其正常生产经营秩序,保证各项工作顺利开展,就涉及劳动者切身利益的事项,依照法律法规而制定、公示或告知的各种规定、制度的总和。《劳动合同法》第 4 条第 1 款规定,"用人单位应当依法建立和完善劳动规章制度,保障劳动者享有劳动权利、履行劳动义务。"除法律规定和合同约定的有限情形之外,管理和规范劳动者行为最有效的手段就是规章制度,因此它在劳动人事管理中占据举足轻重的地位。《最高人民法院关于审理劳动争议案件适用法律若干问题的解释》第 19 条规定,"用人单位根据《劳动法》第四条之规定,通过民主程序制定的规章制度,不违反国家法律、行政法规及政策规定,并已向劳动者公示的,可以作为人民法院审理劳动争议案件的依据。"

本案公司提供证据比较充分。公司制定了较为完善的规章制度并在劳动合同中对种种违规行为进行明确约定,经归纳,与刘某行为相关的规定主要是:(1)未经许可的兼职或经营行为属于严重违纪。(2)不如实上报利益冲突属于严重违纪。(3)从事与公司有竞争关系的工作,公司可予以辞退。而刘某的行为可对应上述规定。首先,刘某在公司任职期间,出资开设公司,并担任法定代表人,属于在外经营和兼职的行为。其次,刘某开设公司的经营范围与本案公司有较大重合,存在竞争关系,导致两家公司之间可能存在利益冲突。因此,刘某违规行为证据确凿,一、二审法院均认定公司辞退行为合法,符合法律应有之意。

但若用人单位规章制度未明确规定员工在外任职或经营的行为属严重违规,仍可根据诚实信用原则以及劳动纪律、职业道德包括忠诚义务对员工作出适当处理。劳动者的忠诚义务是诚实信用原则的自然延伸,劳动者在履行劳动合同的过程中,应恪守信用,善意地履行自己的义务。

《劳动合同法》第 39 条第(4)项规定,"劳动者同时与其他用人单位建立劳动关系,对完成本单位的工作任务造成严重影响,或者经用人单位提出,拒不改正的",用人单位可以解除劳动合同。本案中刘某作为公司的中国区销售经理,能够掌握公司的商品价格、客户名单等商业秘密,其擅自在外设立与本案公司生产、经营范围大致相同的其他公司,势必影响其本职工作,造成公司的经济损失,这违背了其对公司的忠诚义务。而若有证据证明刘某利用职务便利让公司客户与自己的公司交易,则属于严重失职、营私舞弊,给公司造成重大损害的,公司亦可根据《劳动合同法》第 39 条第(3)项解除其劳动合同。

另据《公司法》第 148 条第 1 款第(5)项:董事及高级管理人员不得未经股东会或者股东大会同意,利用职务便利为自己或者他人谋取属于公司的商业机会,自营或者为他人经营与所任职公司同类的业务。故若违规员工担任高级管理职务,其行为除违反劳动法律外,还有可能违反《公司法》规定的义务。

总之,在规章制度缺位的情况下,劳动纪律、职业道德以及诚实信用原则都可以发挥约束员工行为的作用。上海市高级人民法院《关于适用〈劳动合同法〉若干问题的意见》第 11 条认为,"劳动合同的履行应当遵循依法、诚实信用的原则。劳动合同的当事人之间除了规章制度的约束之外,实际上也存在很多约定的义务和依据诚实信用原则而应承担的合同义务。如《劳动法》第三条第二款关于'劳动者应当遵守劳动纪律和职业道德'等规定,就是类似义务的法律基础。因此,在规章制度无效的情况下,劳动者违反必须遵守的合同义务,用人单位可以要求其承担责任。劳动者以用人单位规章制度没有规定为由提出抗辩的,不予支持。但在规范此类行为时,应当仅对影响劳动关系的重大情况进行审核,以免过多干涉用人单位的自主管理权。"

作者:董传羽

22. 劳动合同的中止

——吴某与兴化市垛田镇农业服务中心劳动争议再审案

摘要：劳动合同中止期间不计算为劳动者在用人单位的工作年限，也不计算为支付劳动者经济补偿的年限。

来源：江苏省兴化市人民法院（2017）苏 1281 民初 6978 号民事判决书；江苏省泰州市中级人民法院（2018）苏 12 民终 320 号民事判决书；江苏省高级人民法院（2019）苏民申 364 号民事裁定书。

【事实概要】

1998 年 5 月 31 日，吴某凭江苏省兴化市垛田镇党委的介绍信至垛田服务中心（下称服务中心）处工作。2007 年 7 月 2 日，吴某、服务中心双方签订了留职停薪协议书，约定服务中心同意吴某从 2007 年 7 月 1 日起至 2010 年 6 月 30 日止 3 年留职停薪。2010 年 7 月 1 日、2012 年 7 月 1 日，双方又两次签订了留职停薪协议书，约定服务中心同意吴某从 2010 年 7 月 1 日至 2012 年 6 月 30 日 2 年、2012 年 7 月 1 日至 2015 年 6 月 30 日 3 年留职停薪。吴某在留职期间不享受服务中心工资福利，但性质职级不变。吴某在留职期间，镇事业单位人员工资如调整，吴某应视同在职人员一样享受，但只作档案工资，不予发放。待协议期满后正常上班发放。吴某在留职期间，遇上级招聘人才考试、提拔重用等重大事项，服务中心应及时告知吴某，吴某应作出相应回答，否则后果自负。吴某在协议期满后应立即到站上班，或继续签订协议。如吴某期满后 1 个月内未到站上班，服务中心有权作为自动放弃工作处理。

2015 年 7 月，吴某至服务中心处上班，但服务中心否认安排其工作。

【裁判要旨】

1. 江苏省兴化市人民法院一审判决

本案已经过劳动仲裁前置程序（仲裁结果略）。吴某不服仲裁结果，向江苏省兴化市人民法院（下称一审法院）起诉请求：（1）判令确认双方之间的事实劳动关系，继续履行合同，如无法履行，则要求服务中心支付经济赔偿金 2800 元/月×16.5 年（1995 年 5 月 31 日至 2016 年 11 月）×2＝92 400 元（扣除留职停薪的期间 6 年）；（2）判令服务中心支付工资 2800 元/月×17 个月（2015 年 7 月至 2016 年 11 月）＝47 600 元；（3）调解裁决服务中心支付吴某的社会保险费用 10000 元/年（养老、医疗保险）×16.5 年＝165 000 元。

一审法院认为，吴某要求服务中心给付社会保险费用的请求不属于人民法院民事案件受理范围。吴某主张 2015 年 7 月至 2016 年 11 月的工资，考虑到服务中心并未安排吴某从事实际工作，但吴某为要求服务中心安排其工作进行奔波、交涉又花费了一定的时间、精力，故酌定服务中心给付吴某 2 个月的工资，吴某主张 2800 元/月的工资标准，予以照准即应给付吴某 5 600 元工资。关于经济赔偿金，因服务中心不同意再履行劳动合同，故其应给付吴某经济赔偿金。因吴某于 1998 年 5 月 31 日至服务中心处工作，但 2007 年 7 月 1 日至 2015 年 6 月 30

日吴某处于留职停薪阶段,在此期间吴某并未在服务中心处工作,故该期间的工作年限应予扣减,服务中心应给付吴某经济赔偿金 2800 元/月×9.5 年×2 = 53 200 元。综上,一审法院依照《劳动法》第 50 条,《劳动合同法》第 47 条、第 48 条、第 87 条之规定判决:(1)服务中心于判决生效后 7 日内给付吴某各项费用合计 58 800 元;(2)驳回吴某的其他诉讼请求。

2. 江苏省泰州市中级人民法院二审判决

吴某不服一审判决,向江苏省泰州市中级人民法院(下称二审法院)提出上诉。二审法院于 2018 年 1 月 24 日立案受理,依法组成合议庭进行了审理。

吴某上诉请求:查明事实后依法改判,继续履行合同,并支付 2008 年至 2015 年停薪留职期间的经济赔偿金(2800 元/月×8 个月×2);或发回重审。事实和理由是:(1)双方之间的停薪留职协议合法有效,对双方具有法律约束力,双方的事实劳动关系一直处于持续状态。其在履行该协议过程中没有过错,完全是服务中心的违约行为导致其合法权益受到损害。且该协议系服务中心动员其签订,协议可继续履行,服务中心应按约定让其继续上班,并依法为其办理、缴纳社会保险。(2)其工作时间应从 1995 年起算。根据相关规定,对于非因劳动者原因发生工作单位变动,且原单位未支付补偿的情形,原工作单位工作年限合并计算入新单位的工作年限。其 1998 年由其他单位调入服务中心处,有相关证据为证,故 1995 年至 1998 年的工作期限应当计算,服务中心应支付该期限内的经济赔偿金。(3)其提出的 2015 年 7 月至 2016 年 11 月的工资请求应予支持。停薪留职协议到期后,其按时到服务中心处上班,一直要求安排具体工作,但服务中心要求等待分工。其未实际工作是服务中心造成的,且其上班亦有相关证据证实。

服务中心答辩称:(1)停薪留职协议无效,该协议未经审批,且根据相关文件精神,2005 年和 2012 年都对与吴某同类用工形式的人进行了清退,不保留劳动岗位。2012 年起对事业编制外人员一律实行冻结,不得新进,故继续履行合同与兴化市发布的文件相悖,吴某要求继续履行合同没有事实和法律依据。(2)吴某 1998 年 5 月 31 日正式调入服务中心,服务中心和电管站均是独立的事业单位法人,吴某 1995 年至 1998 年在电管站期间的工龄与服务中心无关。(3)2015 年 7 月,服务中心从未接纳过吴某作为单位职工并安排其具体工作,也没有与其就劳动合同的履行达成过任何意向。双方并未形成事实的劳动关系,吴某也未向服务中心提供劳动。(4)经济补偿应当补偿单位职工实际工作期间,而 2008 年至 2015 年,吴某未服务中心上班,未实际履行劳动合同。且吴某一审期间在计算经济赔偿金时已主动扣除了停工留薪的期限,二审再次提出,应当不予支持,服务中心亦不同意在二审期间一并处理。此外,一审法院判决经济赔偿金无事实依据,服务中心没有非法解除劳动合同。

二审法院另查明:一审期间,吴某提交兴化市垛田乡委员会出具的行政介绍信、《垛田镇镇办事业单位人员工资审批花名册》,证明其经兴化市垛田乡委员会介绍,于 1998 年 5 月 31 日到垛田服务中心工作,其工作年限应从 1995 年计算。服务中心对上述证据真实性均无异议。

根据双方当事人的诉辩意见,二审法院归纳本案的争议焦点有三个:(1)吴某与服务中心之间的劳动关系能否继续履行;(2)吴某的工作年限如何认定,即应否计算其入职服务中心前的工作年限;(3)吴某主张的 2015 年 7 月至 2016 年 11 月期间的工资能否支持。

关于争议焦点(1),二审法院认为,《劳动合同法》第 48 条规定,"用人单位违反本法规定解除或者终止劳动合同,劳动者要求继续履行劳动合同的,用人单位应当继续履行;劳动者不要求继续履行劳动合同或者劳动合同已经不能继续履行的,用人单位应当依照本法第八十七条规定支付赔偿金。"本案中,吴某要求继续履行劳动合同,根据上述法律规定,应当重点审查该劳动合同(或劳动关系)是否存在不能履行的情形。服务中心一直不同意继续履行劳动合同,吴某于 2015 年 7 月起就一直要求服务中心安排工作,但时隔近 1 年时间,服务中心仍未安排其具体工作,可见双方存在较大矛盾。综合本案实际情况,恢复重建双方劳动关系存在诸多客观障碍,双方间亦无维系劳动关系的信任基础,故一审法院未支持吴某要求继续履行劳动合同的请求,并无不当,二审法院予以确认。

关于争议焦点(2),二审法院认为,《最高人民法院关于审理劳动争议案件适用法律若干问题的解释(四)》第 5 条第 1 款规定,"劳动者非因本人原因从原用人单位被安排到新用人单位工作,原用人单位未支付经济补偿,劳动者依照劳动合同法第三十八条规定与新用人单位解除劳动合同,或者新用人单位向劳动者提出解除、终止劳动合同,在计算支付经济补偿或赔偿金的工作年限时,劳动者请求把在原用人单位的工作年限合并计算为新用人单位工作年限的,人民法院应予支持。"基于此,新用人单位在计算经济补偿或者赔偿金时,劳动者在原用人单位的工作年限应否合并计算为新用人单位工作年限的判断标准是原用人单位是否与劳动者办理了解除或者终止劳动合同手续,并向劳动者支付了经济补偿。本案中,1998 年 5 月 31 日,吴某经兴化市垛田乡委员会调动至垛田服务中心处工作。服务中心未能提供证据证实吴某原工作单位已与吴某办理了解除和终止劳动关系相关手续并向其支付了经济补偿金,故吴某的工作年限应当连续计算。吴某上诉称其工作时间应从 1995 年起算,具有事实和法律依据,二审法院予以采纳。虽然本案相关证据仅能明确吴某入职原工作单位的时间系 1995 年,但吴某一审主张从 1995 年 5 月 31 日起算,结合相关立法精神,可予认定。因 2007 年 7 月 1 日至 2015 年 6 月 30 日吴某处于留职停薪阶段,其并未在服务中心处工作,双方劳动关系处于中止状态,该期间的工作年限应予扣减。综上,服务中心应给付吴某经济赔偿金 2800 元/月×12.5 个月×2 = 70 000 元。

关于争议焦点(3),二审法院认为,2015 年 7 月,吴某要求服务中心安排其具体工作,在服务中心未明确答应安排其具体工作的情况下,一直将该状态持续到 2016 年 11 月,其未能采取有效措施防止自身损失扩大。一审考虑到服务中心未安排吴某从事实际工作,吴某为要求服务中心安排其工作进行奔波、交涉又花费了一定的时间、精力,酌定服务中心给付吴某 2 个月的工资 5 600 元,并无不当,二审法院予以确认。

综上所述,吴某关于工作年限计算的上诉请求具有事实和法律依据,应予支持。一审法院对此未予处理,二审法院予以纠正。据此,依照《民事诉讼法》第 170 条第 1 款第(2)项之规定,判决:(1)撤销一审判决;(2)服务中心于本判决生效后 7 日内给付吴某经济赔偿金、工资合计 75 600 元;(3)驳回吴某的其他诉讼请求。

3. 江苏省高级人民法院再审裁定

吴某不服二审判决,向江苏省高级人民法院(下称再审法院)申请再审:一、二审法院未支持其继续履行劳动合同的请求,违反了《劳动合同法》第 48 条的规定;双方劳动关系从 2007 年 7 月 1 日至 2015 年 6 月 30 日一直处于连续状态,并未处于中止状态;双方的留职停薪协议合法有效,留职停薪职工视同在职职工,与用人单位存在劳动关系,应当作为计算经济赔偿的年限,二审判决有误;2015 年 7 月至 2016 年 11 月合同到期后,其到单位上班,未从事实际工作完全是服务中心造成的,服务中心理应支付其合同到期后到单位上班签到的工资;服务中心未为其办理社会保险且不能补办,导致其无法享受社会保险待遇,服务中心应当承担未依法为其缴纳社会保险费用导致损失的赔偿责任。因此,吴某依据《民事诉讼法》第 200 条第(2)项、第(6)项的规定申请再审。

再审法院经审查认为,本案中,吴某在一审中提出的第一项诉讼请求为"判令确认双方之间的事实劳动关系,继续履行合同,如无法履行,则要求垛田服务中心支付经济赔偿金 92 400 元",而服务中心在诉讼中明确表示不同意继续履行劳动合同,客观上亦存在吴某从 2015 年 7 月起就一直要求服务中心安排工作而服务中心在时隔一年多时间内仍未安排吴某具体工作的事实。因此,一、二审法院综合本案实际情况,认定恢复重建吴某与服务中心的劳动关系存在诸多客观障碍,双方间亦无维系劳动关系的信任基础,据此未支持吴某要求继续履行劳动合同的请求,而判决服务中心因不同意履行劳动合同向吴某支付经济赔偿金。该判决并不与吴某的一审诉讼请求相悖,亦不违反《劳动合同法》第 48 条。

《江苏省劳动合同条例》第 30 条规定,有下列情形之一的,劳动合同可以中止:(1)经双方当事人协商一致的;(2)劳动者因涉嫌违法犯罪被限制人身自由的;(3)劳动合同因不可抗力暂时不能履行的;(4)法律、法规规定的其他情形。劳动合同中止期间,劳动关系保留,劳动合同暂停履行,用人单位可以不支付劳动报酬并停止缴纳社会保险费。劳动合同中止期间不计算劳动者在用人单位的工作年限。劳动合同中止情形消失,除已经无法履行的外,应当恢复履行。本案中,吴某与服务中心先后签订 3 份留职停薪协议,该协议实际就是双方对 2007 年 7 月 1 日至 2015 年 6 月 30 日期间中止劳动关系后相关权利义务进行的约定,因此该期间不应计算为吴某的工作年限。而且,吴某在 2017 年 11 月 7 日一审庭审中已确认其主张的经济赔偿金 92 400 元系扣除了留职停薪的 6 年期间,在二审中又要求支付 2008 年至 2015 年留职停薪期间的经济补偿金,显然超出了一审的诉讼请求,亦与上述条例规定相悖。因此,吴某主张其留职停薪期间应纳入经济赔偿金的计算年限,没有事实和法律依据。吴某一审起诉要求服务中心给付社会保险费,根据上述条例规定,服务中心在劳动合同中止期间可以停止缴纳社会保险费;且吴某该诉请也不属于人民法院民事案件受理范围,故一审法院对吴某该诉请不予理涉,并无不当。吴某现变更一审的诉讼主张,认为服务中心未为其办理社会保险手续且无法补办而导致其无法享受社会保险待遇,要求服务中心赔偿其损失,不属于本案审查范围,再审法院对此不予理涉。

吴某与服务中心签订的留职停薪协议终止后,吴某于 2015 年 7 月要求服务中心安排其具体工作,但服务中心拒绝安排吴某的工作,以行为表明服务中心已作出单方解除与吴某劳动关系的意思表示,故吴某此时理应知道服务中心存在违法解除劳动关系的情形,应及时通过合法途径维护自己的权利。因此,一、二审法院考虑到吴某因要求服务中心安排其工作奔波交涉而花费了一定的时间与精力,酌定服务中心给付吴某 2 个月的工资,并无不当。吴某以其自行制作的考勤表要求服务中心应向其支付 2015 年 7 月至 2016 年 11 月期间的工资,于法无据,一、二审判决不予支持,依据充分。

综上,依照《民事诉讼法》第 204 条第 1 款、《最高人民法院关于适用〈中华人民共和国民事诉讼法〉的解释》第 395 条第 2 款规定,再审法院裁定驳回吴某的再审申请。

【法律评析】

（一）评析要点

本案历经仲裁、一审、二审和再审，几乎穷尽了劳动争议案件全部程序。本案涉及的三个主要争议焦点，除劳动合同中止的时间应否计入经济补偿年限外，其他两个争议焦点本书其他案例已有详尽评析，兹不赘述。

经济补偿金的立法本意是在某些特定的劳动合同解除或终止情形下，对劳动者以往在本单位工作所作出的贡献给予补偿。换言之，若劳动者未实际在用人单位付出劳动，即便其与该单位存在形式上的劳动关系（如停薪留职），但其未为本单位提供实际劳动的时间不应计入其工作年限，亦不应计入计算经济补偿金的年限。故本案一、二审法院均未将劳动合同中止期间计算为劳动者在用人单位的工作年限，再审法院对此予以确认。

（二）法律依据与实务分析

本案再审法院援引了《江苏省劳动合同条例》第30条。该条例第15条第2款还规定："劳动者在试用期内患病或者非因工负伤须停工治疗的，在规定的医疗期内，试用期中止。"《江苏省劳动人事争议疑难问题研讨会纪要（2017）》对问题（11）"劳动合同中止期间是否计入符合签订无固定期限劳动合同（条件）的时间或者计发经济补偿的年限"的解释为："符合《江苏省劳动合同条例》第三十条规定劳动合同中止情形的，劳动合同中止期间不计算为劳动者在用人单位的工作年限，不计入《劳动合同法》第十四条第一项规定的'连续工作满十年'可以签订无固定期限劳动合同的期间，也不计算为支付劳动者经济补偿的年限。"另，《上海市劳动合同条例》第26条规定："劳动合同期限内，有下列情形之一的，劳动合同中止履行：（一）劳动者应征入伍或者履行国家规定的其他法定义务的；（二）劳动者暂时无法履行劳动合同的义务，但仍有继续履行条件和可能的；（三）法律、法规规定的或者劳动合同约定的其他情形。劳动合同中止情形消失的，劳动合同继续履行，但法律、法规另有规定的除外。"上海市劳动和社会保障局《关于实施〈上海市劳动合同条例〉若干问题的通知》第12条规定："按照《条例》第二十六条规定，劳动合同中止履行的，劳动合同约定的权利义务暂停履行。中止履行劳动合同期间用人单位可以办理社会保险账户暂停结算（封存）手续，期间不应计算劳动者同一用人单位工作时间。劳动合同中止期间，合同期满的，劳动合同终止。但是，法律、法规、规章对劳动合同中止履行期间的权利义务及合同期限另有规定以及当事人双方另有约定的除外。劳动者在中止履行劳动合同期间不得再与其他用人单位建立劳动关系。用人单位为不符合中止条件的劳动者办理社会保险账户暂停结算（封存）手续的，应按规定为其补缴社会保险费用；对劳动者造成损失的，用人单位应当承担赔偿责任。双方当事人有争议的，按劳动争议处理程序解决。"

我国尚未从国家层面对劳动合同的中止履行作出明确、清晰的规定，仅原劳动部《关于贯彻执行〈中华人民共和国劳动法〉若干问题的意见》第28条第1款规定，"劳动者涉嫌违法犯罪被有关机关收容审查、拘留或逮捕的，用人单位在劳动者被限制人身自由期间，可与其暂时停止劳动合同的履行。"江苏、上海上述法规、文件，山西、山东关于中止（履行）劳动合同的规定（浙江相关规定已废止，北京市高级人民法院《关于劳动争议案件法律适用问题研讨会纪要》

（2009 年 8 月 17 日）第 14 条关于"（用人单位与劳动者）双方长期两不找"的解释和天津市关于劳动合同"暂时停止履行"的规定（津人社局发〔2013〕24 号，第 12～14 条）分别仅适用于当地。

　　鉴于 2020 年全球爆发了新型冠状病毒疫情（COVID-19），我国有必要完善相关劳动立法，充分考虑劳动合同中止履行的情形。至于在江苏、上海等已对劳动合同中止履行作出规定的地区，用人单位可否在疫情等特殊期间中止履行劳动合同，仍有待进一步明确。因为，从国家或立法者角度，无论将疫情视为不可抗力还是中止履行劳动合同，首要考量是对劳动者的生活保障。

作者：张君强

23. 劳动合同的承继

——杨某与张家港某塑料制品有限公司劳动争议案

摘要：公司合并构成《劳动合同法》规定的"客观情况发生重大变化"，用人单位据此解除劳动合同符合法律规定。

来源：张家港市劳动人事争议仲裁委员会张劳人仲案字〔2018〕第387号仲裁裁决书；张家港市人民法院（2018）苏0582民初10912号民事判决书。

【事 实 概 要】

杨某于2005年7月进入江苏省张家港市某外资塑料制品有限公司（下称T塑料公司）工作，双方最后一份劳动合同期限为2016年7月1日至2018年6月30日。2018年3月，T塑料公司经股东会决议，与同一集团所属张家港某科技有限公司（下称T科技公司）签订合并协议，T科技公司吸收合并T塑料公司，合并后T塑料公司注销，其全体职工由T科技公司接收。

2018年4月2日，T塑料公司、T科技公司联合在《江苏经济报》发布合并公告，合并方式同上，合并基准日为2018年3月31日。

2018年3月27日，T塑料公司通知杨某参加次日起举行的换岗协商会。3月30日，T塑料公司派工作人员与杨某进行面谈，告知杨某由于公司统合，需要调整部分员工工作岗位，杨某所在的TPS（事务处理系统）岗位亦在调整之列；征求杨某意见是否愿意去"（生产）现场"，如果杨某同意，今后TPS需要的话，还有机会调回TPS。杨某明确表示不同意去现场。4月1日，T塑料公司工会出具《工会意见》，同意公司与杨某解除劳动合同。同日，T塑料公司向杨某发出《解除劳动合同通知书》称："因生产和发展需要，为整合产能，公司股东决定与××××（张家港）科技公司进行合并；合并后，您的劳动合同因公司合并等客观原因，需要协商变更；公司于2018年3月28日与您就变更劳动合同进行了协商，但很遗憾双方未能就变更劳动合同内容达成一致。……根据劳动合同法第40条第（3）项之规定，公司与您签订的劳动合同将被解除……"，该通知还告知公司将向杨某支付经济补偿金、"代通知金"合计91 464.07元。次日，T塑料公司将该款汇至杨某账户。

【裁 判 要 旨】

1. 张家港市劳动人事争议仲裁委员会裁决

杨某不同意公司的方案，向张家港市劳动人事争议仲裁委员会申诉，要求确认其与T塑料公司2005年7月至2018年3月存在劳动关系，并要求T塑料公司支付2018年3月份工资6 144元、赔偿金185 033元。庭审中，杨某确认已收到其3月份工资，故变更其仲裁请求为要求T塑料公司支付赔偿金93 568.93元。

仲裁委员会经审理认为，劳动合同订立时所依据的客观情况发生重大变化，致使劳动合同无法履行，经用人单位与劳动者协商，未能就变更劳动合同内容达成协议的，用人单位提前30日书面通知劳动者本人或者额外支付劳动者1个月工资后可以解除劳动合同。为证明解除行为合法,T 塑料公司出具与杨某协商变更劳动合同内容的视频、《工会意见》、《解除劳动合同通知书》等证据,证明解除程序符合法律规定。仲裁委员会认定 T 塑料公司解除杨某劳动合同符合法律规定,遂裁决双方 2005 年 7 月至 2018 年 3 月存在劳动关系;杨某要求 T 塑料公司支付违法解除劳动合同赔偿金的仲裁请求缺少依据,不予支持;T 塑料公司需补足经济补偿金和"代通知金"的(计算)差额 131.85 元。

2. 张家港市人民法院一审判决

杨某不服仲裁裁决,将 T 科技公司诉至张家港市人民法院(下称一审法院),请求支付赔偿金 170 557.92 元、"代通知金"6 316.91 元,合计 176 874.83 元。事实与理由是:其 2005 年 7 月进入 T 塑料公司工作,2018 年 4 月 1 日 T 塑料公司无故向其发出解除劳动合同通知书,严重侵犯其合法权益,T 科技公司应当承担相应赔偿责任。

T 科技公司辩称,T 塑料公司合法解除劳动合同并足额支付经济补偿金、"代通知金",请求驳回杨某诉讼请求。

一审法院审理过程中,T 塑料公司已注销工商登记(2018 年 9 月 12 日注销)。T 科技公司自愿作为 T 塑料公司的债权债务承继人参加诉讼,全面履行 T 塑料公司应对杨某履行的权利义务。

一审法院认为,T 塑料公司与杨某签订劳动合同时所依据的客观情况发生重大变化,该劳动合同无法继续履行,经协商,双方未能就变更劳动合同内容达成协议,T 塑料公司在征询工会意见、额外支付杨某 1 个月工资后,与杨某解除劳动合同并已足额支付经济补偿金,并无不当。杨某的诉讼请求无相应法律依据,不予支持。一审法院遂判决驳回杨某的诉讼请求。

杨某未提起上诉,故一审判决生效。

【法 律 评 析】

(一)评析要点

本案系因公司合并导致劳动合同订立时所依据的"客观情况发生重大变化"时,用人单位依法解除劳动合同的典型案例。之所以纳入"劳动合同的承继"一节,乃因《劳动合同法》第 34 条规定,"用人单位发生合并或者分立等情况,原劳动合同继续有效,劳动合同由承继其权利和义务的用人单位继续履行"。因此,公司合并的情况下,劳动合同承继是原则,本案被吸收合并的 T 塑料公司中除杨某之外绝大部分员工的劳动合同均由 T 科技公司承继并继续履行。另一方面,因公司合并致使原劳动合同无法履行,公司与员工协商后,双方未能就变更劳动合同内容达成协议,公司在支付经济补偿金并额外支付 1 个月工资("代通知金")的情况下解除劳动合同,符合法律规定。

本案要点有二:第一,公司合并是否构成《劳动合同法》第 40 条第(3)项所称"客观情况发生重大变化";第二,公司依据该项解除劳动合同之前是否履行了协商变更合同内容的法定程序。仲裁委员会和一审法院在上述问题上均支持了公司一方。尤其是,公司在解除杨某劳动合同前征询了工会意见,程序可谓完备。

（二）法律依据与实务分析

《劳动合同法》第 40 条规定，"有下列情形之一的，用人单位提前三十日以书面形式通知劳动者本人或者额外支付劳动者一个月工资后，可以解除劳动合同：……（三）劳动合同订立时所依据的客观情况发生重大变化，致使劳动合同无法履行，经用人单位与劳动者协商，未能就变更劳动合同内容达成协议的。"另据原劳动部办公厅《关于〈劳动法〉若干条文的说明》（劳办发〔1994〕289 号），"客观情况"是指：发生不可抗力或出现致使劳动合同全部或部分条款无法履行的其他情况，如企业迁移、被兼并、企业资产转移等，并且排除《劳动法》第 27 条（经济性裁员）所列的客观情况。因此，公司被兼并属于"客观情况发生重大变化"应无争议。

实务中，因公司合并导致"客观情况发生重大变化"的具体时点（下称合并时点）是一个有意义的问题。众所周知，法律是一门对时点要求非常严谨的学科，无论是法律规定的各类期间的起算时点还是结束时点，或是诉讼中涉及个人行为能力时对年龄的界定，均对时点有严格要求。具体到本案，尽管用人单位合并属于客观情况发生重大变化，但合并时点以何日为准，目前法律尚无明确规定。

笔者认为，一般来说，合并时点无外乎三种情形：（1）合并各方依法签订有效的合并协议；（2）用人单位依法作出合并决议并发布合并公告；（3）合并各方依法完成变更或注销登记。[①] 就该三种情形，笔者分析如下：

第一种情形，合并协议是由合并各方就并购事宜签订的法律文件，属于平等主体签订的民事合同，缺乏公信力，且未必当然履行。实践中，公司之间签订了并购协议但最终未能完成并购的案例比比皆是。因此，仅凭并购协议就认定"客观情况发生重大变化"实难服众，亦可能系明修栈道、暗度陈仓，当然也难以让员工信服。

第二种情形，合并各方的股东会或（单一）股东依法作出合并决议并在报纸上发布合并公告，该种情形具有一定的公信力且更容易让员工信服。因为，按照《公司法》等相关规定，公司合并应作出决议，通知债权人并在报纸上公告。[②] 如此，公司合并事项已严格受到法律的约束，即使存在可能无法完成并购的风险，但此时的合并进程已经严重影响到公司的经营，实质上已属于"客观情况发生重大变化"。

第三种情形，毫无疑问，公司依法合并且完成变更或注销登记当然属于"客观情况发生重大变化"，但从公司公告合并事项到最终完成变更或注销登记往往耗时数月甚至数年，若以此作为"客观情况发生重大变化"的时点，对公司和员工都不利（若被兼并的公司停工停产，根据相关规定，从第二个工资支付周期开始，公司仅需向员工支付当地最低工资标准一定比例的生活费，员工未来的经济补偿基数亦将因此大大降低），而且实务操作可行性较差，亦非立法本意。

综上，笔者认为以上述第二种情形作为合并时点，既符合立法本意，也具有可操作性，对公

---

① 《公司法》第 179 条第 1 款规定："公司合并或者分立，登记事项发生变更的，应当依法向公司登记机关办理变更登记；公司解散的，应当依法办理公司注销登记；设立新公司的，应当依法办理公司设立登记。"

② 如《公司法》第 173 条规定："公司合并，应当由合并各方签订合并协议，并编制资产负债表及财产清单。公司应当自作出合并决议之日起十日内通知债权人，并于三十日内在报纸上公告。债权人自接到通知书之日起三十日内，未接到通知书的自公告之日起四十五日内，可以要求公司清偿债务或者提供相应的担保。"

司和员工来说都比较有利。因此,笔者建议,在处理类似本案的项目时,公司宜于(通过报纸或有关部门认可的电子媒体)公告公司合并事项之后,再单方解除员工劳动合同(协商解除劳动合同的时点则可灵活处理)。

作者:张君强

24. 劳动合同的解除：协商解除劳动合同后员工否认
——日资企业与资深主管协商解除劳动合同纠纷案

摘要：员工在签订劳动合同解除协议书时故意埋下伏笔，离职后向公司发难，公司仲裁败诉，一审、二审胜诉。

来源：上海市劳动人事争议仲裁委员会沪劳人仲［2017］办字第 856 号仲裁裁决书；上海市松江区人民法院（2017）沪 0117 民初 19287 号民事判决书；上海市第一中级人民法院（2018）沪 01 民终 3964 号民事判决书。

【事 实 概 要】

X 某于 2014 年 10 月 13 日入职上海某日资企业担任品质保证高级经理，后担任制造部门工厂长，2016 年 5 月 23 日被任命为施工管理部部长兼安装管理课长。双方末次签订劳动合同期限为 2015 年 10 月 14 日至 2018 年 10 月 13 日。X 某离职前工资标准为每月 20 200 元。X 某最后工作至 2017 年 6 月 30 日，当日公司向其出具《劳动合同解除协议书》，载明："经甲（公司）乙（X 某）双方平等友好协商，达成一致意见……甲乙双方所订立的劳动合同至 2017 年 6 月 30 日解除"。甲方支付乙方经济补偿金（含税）78 736 元，乙方对此表示同意。"本协议自双方签字之日起生效"。协议下方，公司在甲方代表处签字盖章，X 某在乙方签字的横线下方书写"收到"并签署姓名及日期（一式两份，X 某签字后公司再盖章；下同）。同日，公司向 X 某出具《保密协议》，其首部载明"鉴于：甲乙双方经充分协商就解除劳动合同事宜达成一致，并已经签署《劳动合同解除协议书》……"，协议下方，公司在甲方处签字盖章，X 某在乙方处下方书写"收到了"并签署姓名及日期。同日，X 某在员工离职移交清册上签字并办理工作交接，公司于当日向其开具上海市单位退工证明。是日，距 X 某达到法定退休年龄还有一年半。

2017 年 7 月 5 日，公司人事部长通过微信询问 X 某在协议上的"签字是什么意思"，称"不同意的话公司就不能支付（经济补偿金）"。X 某未予回复。

2017 年 7 月 13 日，X 某向上海市劳动人事争议仲裁委员会申请仲裁，请求：公司自 2017 年 6 月 30 日起恢复与其的劳动关系，支付该日至仲裁裁决之日的工资，支付一年间的"出差津贴"2 万元（此项"一裁二审"均未支持）。

2017 年 9 月 30 日，公司向 X 某支付 78 736 元经济补偿金。

【裁 判 要 旨】

1. 上海市劳动人事争议仲裁委员会裁决

上海市劳动人事争议仲裁委员会认为，当事人对于自己的主张有责任提供证据。X 某在《劳动合同解除协议书》中明确写明"收到"，意思表示为已收到该份协议，并不能证明其已经接受该协议书的内容，其对签字的内容及位置并不存在过错。且之后公司又询问 X 某"收到"二字的含义，在未得到其答复的情况下，也没有按照协议约定金额向其支付经济补偿金，证明公司亦不确定 X 某是否接受该解除协议书。故公司在未取得 X 某同意的情况下即为其办理了退工,确有不妥。现 X 某主张恢复劳动关系,仲裁委员会予以支持。遂于 2017 年 9 月 14 日裁决:公司自 2017 年 6 月 30 日起与 X 某恢复劳动关系,支付 X 某 2017 年 7 月 13 日至裁决日期间的工资 4.1 万余元,对 X 某其他请求(出差津贴)不予支持。

2. 上海市松江区人民法院一审判决

双方均不服仲裁裁决,先后诉至上海市松江区人民法院(下称一审法院)。

一审法院适用简易程序审理本案。庭审中,X 某称其签署《劳动合同解除协议书》及《保密协议》时并不认可其中的内容,故其另书写"收到"及"收到了"且告知公司其需要回去考虑后再作答复,但其还未答复公司,公司就解除了双方的劳动关系。

一审法院认为,本案争议焦点在于双方是否已经协商解除了劳动关系。X 某"如不认可协议的内容,可不在协议上签字,或签字时备注清楚不认可协议的内容,或以其他方式明确告知公司其暂不认可协议的内容",但其"并未提供证据证明其将该意思表示明确告知了"公司,协议签订后其"当即办理了工作交接手续",公司工作人员于 2017 年 7 月 5 日以微信方式询问其是否同意协议内容时,其"仍未作出明确的不同意的意思表示,故可以认定双方于 2017 年 6 月 30 日签订的《劳动合同解除协议书》已经生效,双方已协商一致解除了劳动关系",其"关于恢复劳动关系及支付恢复期间工资的诉请,没有法律依据,不予支持"。遂于 2018 年 2 月 9 日判决:支持公司要求不恢复与 X 某劳动关系的诉讼请求,公司无需支付 2017 年 7 月 13 日至同年 9 月 14 日(仲裁裁决日)的工资 4.1 万余元,驳回 X 某的全部诉讼请求。

3. 上海市第一中级人民法院二审判决

X 某不服一审判决,向上海市第一中级人民法院(下称二审法院)提起上诉,主要上诉请求是撤销原审判决,改判恢复双方的劳动关系。二审中双方均未提交新证据。

二审法院认为原审判决认定事实正确,双方当事人均无异议,该院予以确认。

二审中,法官询问 X 某,按照其陈述,既然其(签署协议书时)告知公司还要回去(和妻子)商量,为何当天在员工离职移交清册上签字并(自行去每个部门)办理完工作交接;X 某表示这是公司的行政命令和安排,其是"服从公司的工作交接(指令),不是其同意离职",如果不签字,"害怕公司说其违反公司行政命令开除其"。X 某并表示,之后未将(和妻子)商量结果告知公司。

关于为何不回复 2017 年 7 月 5 日公司人员的微信询问。X 某表示其"看了微信内容,觉得公司带有威胁性,在侮辱其人格,故以不回复的形式表达有异议,且认为劳动合同已经解除,没有必要回答公司的询问"。

公司表示,公司对于《劳动合同解除协议书》的生效是确定的,但是人事部长 2017 年 7 月 5 日被他人告知 X 某"在签协议时留了心眼","因为担心公司利益受损"就给 X 某发了微信,"想保护公司利益,有谨慎的意识,是一个普通人,故(公司)延后支付了经济补偿金"。

X 某在二审审理中表示,2017 年 6 月 30 日其直接上司(日籍)"和其谈降薪事宜,没谈妥",然后公司"直接打印"《劳动合同解除协议书》和《保密协议》,经济补偿金计算方式其看不懂。二审法官询问 X 某,(既然)"对于经济补偿金的数额不清楚,拿到解除协议是否向公司提出过异议",其表示"没有,我什么话也没有说,我对这份协议是不置可否的"(其在原审时的陈述为"当时看到协议很生气,也没有向公司表示同意不同意")。

二审法院归纳的争议焦点与一审相同,认为 X 某关于其是否同意《劳动合同解除协议书》

内容的"前后陈述矛盾",且"其签署了一式两份,且在两份解除协议上均书写了'收到',如果仅仅是签收该文件以便回家商量,没有必要签署一式两份,更没有必要在给自己的那份上也书写'收到'"。且其在"公司的工作人员 2017 年 7 月 5 日发送微信询问时","仍未作出不同意的意思表示"。其还签署了一式两份的《保密协议》,"在员工离职移交清册上签字并办理完工作交接"。"从上述行为来看,双方已就协商解除劳动合同达成了一致意见并已签订书面协议"。其害怕公司开除的"解释有违常理,难以采信"。因此,"双方签订的《劳动合同解除协议书》已经生效","公司于 2017 年 9 月 30 日支付相关款项一节,并不影响该解除协议书的生效",故不支持 X 某的请求。

二审法院遂于 2018 年 5 月 28 日判决:驳回上诉,维持原判。

【法律评析】

(一)评析要点

本案系笔者团队律师(为用人单位)代理的一起协商解除劳动合同纠纷案。

鉴于用人单位单方解除劳动合同容易触发劳动争议,因此,无论解除个别员工的劳动合同还是进行集体裁员,充分运用《劳动合同法》第 36 条(见下文)、尽量以协商方式解除劳动合同,是解聘员工、避免争议的不二法门。因为该条未附加任何条件和前置程序,只要双方形成合意,即可解除劳动合同。当然,根据《劳动合同法》第 46 条第(2)项,若协商解除劳动合同系由用人单位提出,单位须依法向劳动者支付经济补偿。

但即使用人单位与劳动者协商解除劳动合同,也不能确保万无一失。由于各种各样的原因,个别劳动者在签订协商解除劳动合同协议书后,又针对用人单位申请劳动仲裁,之后一方或双方诉讼至法院。此类案件,多数情况下用人单位将最终得到支持。但若当初的协议书有瑕疵,用人单位也可能败诉。

本案的特殊性在于,《劳动合同解除协议书》内容合理合法,只是员工在签署时故意"做手脚",公司经办人员也未坚持要求其更正不合常规的签名方式,员工遂申请劳动仲裁,导致一场旷日持久的纠纷。当然,员工最终败诉,一切又回到了原点。

(二)法律依据与实务分析

《劳动合同法》第 36 条规定:"用人单位与劳动者协商一致,可以解除劳动合同。"协商解除劳动合同一般应由双方签订书面协议书。若员工提出解除劳动合同,用人单位通常不宜按协商解除劳动合同处理,而应要求员工提交本人签字的书面辞呈(辞职书),辞呈应意思表示明确,不能有所含混,也不应让员工随意附加条件,否则容易引发争议。

本案诉讼阶段,员工方还援引了《民法总则》第 140 条①,即:"行为人可以明示或者默示作出意思表示。沉默只有在有法律规定、当事人约定或者符合当事人之间的交易习惯时,才可以视为意思表示。"另据员工方援引的同法第 142 条,"有相对人的意思表示的解释,应当按照所使用的词句,结合相关条款、行为的性质和目的、习惯以及诚信原则,确定意思表示的含义。无

---

① 现为《民法典》(总则编)第 140 条,《民法总则》自 2021 年 1 月 1 日废止。

相对人的意思表示的解释,不能完全拘泥于所使用的词句,而应当结合相关条款、行为的性质和目的、习惯以及诚信原则,确定行为人的真实意思。"但上述条款适用于本案实属牵强。首先,就《民法总则》第 140 条①而言,X 某于 2017 年 6 月 30 日签署《劳动合同解除协议书》是一个完整、自洽的民事法律行为,足以覆盖其在 2017 年 7 月 5 日公司人员微信询问时的沉默;换言之,其在签约后是否回复、如何回复公司人员,基本上无关紧要。其次,就《民法总则》②第 142 条而言,正如两审法院的说理,X 某作为临近退休的外资企业资深管理人士,无法就其奇特的签字(留言)行为自圆其说,唯有承担相应法律后果。退一万步,即使其签字(留言)确有歧义,在其办理离职手续且事后(直至申请仲裁)又未提出任何异议的情况下,只能确认其同意解约。否则,将导致劳资双方利益失衡,③也是对用人单位管理成本和司法资源的极大浪费。毕竟,此事无关国计民生,人人皆须对自身行为负责。而且,就普通合同(协议)而言,我国法律并未规定签名须在横线之上,亦未规定添加了"收到"字样将导致签名无效。

本案中,X 某的经济补偿金系在仲裁裁决书作出后支付,确实事出有因;二审法院认为公司于 2017 年 9 月 30 日(双方签约 3 个月后)支付相关款项,并不影响双方《劳动合同解除协议书》的生效。事实上,当时公司相关人员曾询问笔者是否需要支付上述经济补偿金,笔者建议公司尽快支付。另,此类补偿款在银行发送给收款人的短信通知中一般备注为"工资",这只是银行科目设置问题,并不影响补偿金的性质(本案员工方曾提出此问题);何况公司有详细的计算方式。

为证明双方协商解约过程,在律师建议下,一审阶段公司方提交了两份公证证言(证人均为双方协商时在场的日籍人士),其中一名证人还由翻译陪同出庭。这些举措有助于法庭查明真相,在一定程度上增加了公司的胜算。

笔者早年代表某日资银行处理敏感员工(曾要求与银行进行集体谈判的工会主席)劳动关系时,虽然员工本人确有意向辞职,但双方还是以签订协议书的方式协商解除劳动合同,这是因为银行参照经济补偿标准向员工支付了一笔不菲的"慰问金",④双方有必要对相关事项作出书面约定。笔者代银行起草的协议书正文第一句是"经乙方(员工)提议(双方经协商同意解除劳动合同)"。员工自始至终未对该句表述提出任何异议。令银行意外的是,该员工随后针对银行申请劳动仲裁,要求支付"协商解除劳动合同经济补偿";该案⑤历经"一裁二审",员工全部败诉,未获分文"补偿"。除协议表述严谨外,银行之所以胜诉,还因员工在三个阶段提出了三种索要"补偿"的理由(其中之一是"3 年未加工资的补偿"),令大家啼笑皆非。

本案用人单位亦为日资企业。日资企业的劳动人事管理有其自身的特点。本案员工若无意离职,可以拒绝公司的提议,等待不久之后退休;万一公司单方解约,员工有异议可再申请劳动仲裁。而公司以为员工同意协商,其也接受了公司的方案,双方可以和平解约。孰料,"我本将心向明月,奈何明月照沟渠",员工处心积虑、不按常理出牌,导致双方貌似顺畅的协商解约

①　现为《民法典》(总则编)第 140 条,《民法总则》自 2021 年 1 月 1 日废止。
②　现为《民法典》(总则编)第 142 条,《民法总则》自 2021 年 1 月 1 日废止。
③　恢复劳动关系是一种较重的法律责任,实务中也难以操作,尤其在双方丧失信任基础的情况下。
④　银行日籍管理人员认为,既然协商解除劳动合同是由员工提出,依法无需支付经济补偿;因此,银行承诺支付的款项即使是参照经济补偿标准计算,也只能称为"慰问金"。
⑤　上海市第一中级人民法院终审,(2007)沪一中民一(民)终字第 2615 号。

仍未能避免一场"一裁二审"的纠纷,令人唏嘘。

　　从用人单位角度,不考虑经营管理需求,仅就法律实务而言,若员工在书面文件上的签名行为反常或附加多余字眼,单位可以果断收回或销毁相关书面文件,阻却其生效或避免其效力待定,这样双方至少可以回复到协商之前的状态。当然,本案事实未按此路径演进,作为执业律师,只能根据既定事实代理案件、维护当事人的合法权益;法官也将依据法律事实作出判决。

　　与本案的签约过程相反,笔者在为用人单位提供法律服务的过程中,还遇到过外资企业将已盖章的协议文本交给员工,员工拒绝签字却带走协议文本的情况。此时,为避免双方权利义务长期处于不确定状态,增加企业的谈判筹码,笔者建议该企业立即通过公证处发出撤销协议的通知[①]并办理证据保全公证。案件后续发展表明该举措十分必要(员工仲裁基本败诉,一审调解结案,企业最终仅支付了当初协议书草案金额的一半左右)。

　　总之,对劳资任何一方而言,协商解除劳动合同虽然一般可以皆大欢喜,但具体操作时亦不可掉以轻心;协商的关键是自愿、公平、诚信,有时需要审时度势、适可而止。

作者:齐斌

---

　　① 《合同法》(自2021年1月1日废止)第18条规定:"要约可以撤销。撤销要约的通知应当在受要约人发出承诺通知之前到达受要约人。"现为《民法典》(合同编)第476条规定:"要约可以撤销,但是有下列情形之一的除外:(一)要约人以确定承诺期限或者其他形式明示要约不可撤销;(二)受要约人有理由认为要约是不可撤销的,并已经为履行合同做了合理准备工作。"

25. 协商解除劳动合同后怀孕女职工反悔
——某知名互联网公司关联企业上海分公司与 Y 某劳动合同纠纷案

摘要：女职工与公司协商解除劳动合同后，以"不知怀孕"为由要求撤销协议，仲裁裁决支持女职工，一审、二审支持公司方。

来源：上海市浦东新区劳动人事争议仲裁委员会浦劳人仲［2013］办第 10206 号仲裁裁决书；上海市浦东新区人民法院（2014）浦民一（民）初字第 3423 号民事判决书；上海市第一中级人民法院（2014）沪一中民三（民）终字第 1187 号民事判决书。

【事实概要】

Y 某（女）自 2008 年 5 月起担任某知名互联网公司之关联企业上海分公司的（下称 W 公司）高级客户经理。后 W 公司因经营方向调整，于 2013 年 10 月与包括 Y 某在内的大部分员工（数十名，包括几名怀孕女职工）协商解除劳动合同，并依法支付 Y 某经济补偿金约 10 万元。W 公司针对普通员工及怀孕女职工存在两种不同的经济补偿方案。对怀孕女职工，公司支付工资至哺乳期（根据预产期推算）结束，并依法支付解除劳动合同经济补偿金。

根据双方于 2013 年 10 月 16 日签订的《协商解除劳动合同协议》，"本人（Y 某）同意上述内容（补偿方案等——笔者注），也理解上述支付构成本人可能对公司（W 公司）提出的、因对聘用期间及劳动关系之终止而产生的任何性质的所有主张的全部和最终解决。"

令 W 公司意外的是，2013 年 11 月，Y 某向上海市浦东新区劳动人事争议仲裁委员会申请劳动仲裁，以"重大误解"为由要求与公司恢复劳动关系，理由是上月与公司协商解除劳动合同时不知自己已怀孕；解除劳动合同导致其孕期无工作、无法享受相关待遇，显失公平。作为证据，Y 某提供了孕情诊断书（超声检查报告单），推定的最早怀孕时间为其与 W 公司签订《协商解除劳动合同协议》前 3 天。该仲裁委员会支持了 Y 某的请求。

W 公司不服上述仲裁裁决，向上海市浦东新区人民法院（下称一审法院或原审法院）起诉。从一审阶段起，笔者担任 W 公司代理人，参与该公司与 Y 某案的诉讼。

一审法院经审理，支持了公司方；Y 某上诉于上海市第一中级人民法院（下称二审法院），二审法院维持原判，公司最终胜诉。

为保护妇女的劳动权益，《劳动合同法》规定，用人单位一般不得在女职工"孕期、产期、哺乳期"单方面解除劳动合同（女职工有严重过失的除外）。[①] 而《劳动合同法》第 36 条规定，"用人单位与劳动者协商一致，可以解除劳动合同"。该条没有"但书"。

但引致怀孕的基础事实显然属于私生活范畴，用人单位难以了解。经笔者团队严谨查证，医院出具的孕检证明其实依赖于就诊女性自述；即使陈述属实，对怀孕日期的推断也不可能天衣无缝。而且，根据上述互联网公司法务人员介绍，W 公司在遣散员工时，对个别怀孕女员工

---

① 《劳动合同法》第 42 条规定，劳动者有下列情形之一的，用人单位不得依照本法第 40 条、第 41 条的规定解除劳动合同：……（4）女职工在孕期、产期、哺乳期的；……

提供了优惠的补偿方案,即工资一直支付至怀孕女员工哺乳期满。这是一笔可观的收入,也是一个巨大的诱惑有;有个别女员工伪造孕检证明从公司骗取了补偿金,公司获悉后已向相关派出所报案(后续情况不详)。

本案二审时,Y某的代理律师称其已在家带孩子。二审判决书落款时间距本案仲裁裁决书认定的该女职工"最早怀孕时间"整整1年。因此,该女职工在与公司协商解除劳动合同前后怀孕,应属事实。只是,遗憾的是,其在与公司协商解除劳动合同时并不知道自己已经怀孕或者即将怀孕,而公司对此并没有任何过错。

本案单位一方系分公司,无论在本案发生后是否注销,总公司依然存续,该女职工也有前同事转岗至外省工作。因此,若存在合法事由,双方恢复劳动关系仍具有可能性。此外,本案公司在与孕期女职工协商解除劳动合同时支付工资至哺乳期结束,不是基于法律规定,而是一种人性化操作。

【裁判要旨】

1. 上海市浦东新区劳动人事争议仲裁委员会裁决

仲裁委员会认为,根据相关法律规定,女职工在孕期、产期、哺乳期的,用人单位不得解除劳动合同。本案中,申请双方虽然系协商解除劳动合同,但从医院出具的超声报告及诊断记录可以显示申请人(Y某)怀孕的最早时间为2013年10月13日,距离申请人2013年10月16日签订《协商解除劳动合同协议》仅有四天左右的时间,申请人主张其签订解除协议时不知晓自身怀孕的主张存在合理性,该仲裁委员会予以采纳。据此,由于申请人在不知晓自己已经怀孕也无法预知的情况下对自身认识错误而签订《协商解除劳动合同协议》的情形应当属于重大误解,申请人要求撤销解除协议,恢复劳动关系的请求并无不当,仲裁委员会予以支持。因调解未成,仲裁委员会于2014年1月2日裁决双方于本裁决生效之日起恢复劳动关系。

2. 上海市浦东新区人民法院一审判决

W公司对裁决不服,向一审法院提起诉讼,要求判令原、被告无需恢复劳动关系。

一审法院认为,用人单位与劳动者协商一致,可以解除劳动合同。原告(W公司)于2013年10月16日与被告(Y某)协商一致签订协商解除劳动合同协议而解除劳动合同,并未违反法律相关规定,属合法有效。对于被告以其2013年10月16日签订协商解除劳动合同协议时并不知晓已于2013年10月13日怀孕之事实,属于对自身情况产生了重大误解而主张撤销《协商解除劳动合同协议》并恢复与原告劳动关系的辩称,一审法院认为:一则原、被告确认2013年10月16日签订协议时,原告不知晓被告已怀孕;二则即便如被告所称其当时确实不知晓已怀孕,该情形也不属于重大误解而可撤销。故对于原告要求无需恢复与被告劳动关系的诉请,一审法院予以支持,于2014年6月13日判决原告W公司无需与被告Y某恢复劳动关系。

3. 上海市第一中级人民法院二审判决

二审法院认为:根据在案证据及双方陈述,上诉人Y某与被上诉人W公司之间的劳动合同系因双方协商一致而解除。无论何方提出订立案涉《协商解除劳动合同协议》之要约,并不影响上述认定。双方劳动合同之解除符合《劳动合同法》第36条规定,另法律并未规定用人单位不得与怀孕女职工协商解除劳动合同,故该解除当属有效。Y某作为具有完全行为能力的民事主体,应对其在案涉协议文本上的签字行为承担法律责任,并诚实信用地履行该协议。在此,二审法院赞同原审法院就案涉协议不属因重大误解而可撤销之认定。

综上,原审法院根据查明的事实所作判决正确,应予维持。上诉人 Y 某的上诉请求,理由不能成立,二审法院不予支持。据此,二审法院于 2014 年 10 月 13 日判决驳回上诉,维持原判。

【法 律 评 析】

(一)评析要点

本案关键是:Y 某在 W 公司与其解除劳动合同时是否确已怀孕,W 公司是否有义务、有能力了解 Y 某怀孕事实,以及(万一 Y 某在解除劳动合同之日确实怀孕)W 公司是否需另行承担法律责任。

(二)法律依据与实务分析

本案主要法律依据是《劳动合同法》第 36 条。

本案一审由一位年轻女法官(时任代理审判员)独任审理。该法官尽职尽责,多次致电笔者,希望公司支付一定金额(比如 3—5 万元),调解结案。但公司更多考虑管理因素(若向 Y 某支付额外补偿,其他女员工也可能效仿),而且有了个别女员工伪造孕检证明骗取补偿金的前车之鉴,坚决拒绝调解。恰在此时笔者看到了北京市高级人民法院和北京市劳动争议仲裁委员会新发布的一份会议纪要,其中一条明确指出,"女职工与用人单位协商解除劳动合同后,发现自己怀孕后又要求撤销协议或者要求继续履行原合同的,一般不予支持"。① 尽管该会议纪要对上海法院判案并无拘束力,笔者仍将该会议纪要寄交本案法官,供其作出判决时参考。最终,一审判决支持了公司。

Y 某更换了律师并提起上诉,改为要求公司支付违法解除劳动合同赔偿金。除前述理由,其又提出两点新理由:第一,公司系"单方面通知其提前解除劳动合同,双方未经协商谈判";第二,公司未就此次"经济性裁员"报请批准和备案,故"不具有合法性"。其二审代理律师主张,公司与多名员工协商解除劳动合同,实际上是经济性裁员,应履行法定程序"对此,笔者针锋相对地指出,《劳动合同法》第 36 条关于"协商解除劳动合同"之规定并未限制用人单位同时对多名员工适用该条;"经济性裁员"与"协商解除劳动合同"皆属法定情形。无论原因为何,用人单位与全体或大多数员工协商解除劳动合同并非"经济性裁员",无需履行《劳动合同法》第 41 条第 1 款规定的报告程序。

同时,笔者还指出,劳动关系相关问题应适用《劳动法》和《劳动合同法》而非《合同法》②;但《劳动法》和《劳动合同法》中均未提及"重大误解"。《最高人民法院关于审理劳动争议案件适用法律若干问题的解释(三)》第 10 条第 2 款虽提及"重大误解",但该条规定重心是第 1 款,即,有关协议只要"不违反法律、行政法规的强制性规定,且不存在欺诈、胁迫或者乘人之危情

---

① 北京市高级人民法院、北京市劳动争议仲裁委员会《关于劳动争议案件法律适用问题研讨会会议纪要(二)》第 45 条,(2014 年 5 月 7 日)发布。

② 现为《民法典》合同编。《合同法》自 2021 年 1 月 1 日起废止。

形的,应当认定有效"。换言之,以"重大误解"为由撤销协议是例外,应慎重。即使按照合同法范畴的"重大误解"理论讨论本案,重大误解的内容或对象亦应是与 Y 某自身无关的客观情形或者公司一方的情况,而不应包括 Y 某自身的情况。

二审答辩时,笔者当庭指出,怀孕不是无缘无故的,而是"特定基础事实的结果";Y 某作为正常的已婚成年女性,对其自身怀孕(哪怕是意外怀孕)情况的认知(包括怀孕事实的存在与否以及怀孕具体日期)无论如何不应属于重大误解的内容或对象。

二审法院认为,"无论何方提出订立案涉《协商解除劳动合同协议》之要约"均不影响双方协商一致解除劳动合同这一事实;"法律并未规定用人单位不得与怀孕女职工协商解除劳动合同";Y 某"作为具有完全民事行为能力的民事主体,应对其在案涉协议文本上的签字行为承担法律责任,并诚实信用地履行该协议";"在此,本院赞同原审法院就案涉协议不属因重大误解而可撤销之认定"。因此,判决驳回上诉,维持原判。

本案的启示是:(1)女职工(不知)怀孕并不构成"重大误解"事由;(2)各地裁审口径有时决定劳动争议案的胜负。

劳动争议案除可能涉及《公司法》,往往还会涉及《民法典》等重要法律。本案涉及的合同法律问题也十分典型。笔者认为,用人单位与劳动者恢复劳动关系是一种重大的责任。承担民事责任的依据无外乎违约、侵权、不当得利和无因管理。公司在与 Y 某协商解除劳动合同过程中没有任何过错,既未违约(已按协商解除劳动合同协议履行完毕),亦未侵权,本案更不存在不当得利和无因管理情形,故要求公司与 Y 某恢复劳动关系,没有法律依据。

笔者还向法院反复申明,本案应充分考虑诚信风险与判决的社会效果。Y 某有关怀孕的证据均为单方取得,公司不具备检验的条件和可能;即使 Y 某确实怀孕,其怀孕的具体日期依靠现有医学技术也是无法查证的;退一万步,即使如本案仲裁委员会所认定,Y 某在签订协商解除劳动合同协议之前三天怀孕,签约时双方也均无法获知其怀孕事实,只能按当时双方已知的事实签约并履行。换言之,只能由 Y 某自身承担后果。若在劳动关系处理过程中,女员工因怀孕可以获得重大额外利益,势必对用人单位造成巨大的诚信风险。因此,若判决支持 Y 某的诉请,不但没有法律依据,且其社会效果也是值得商榷的。如上所述,北京市高级人民法院和北京市劳动争议仲裁委员会对类似 Y 某的女员工之撤销原协商解除劳动合同协议等请求"一般不予支持"。至于何为例外情形,只能见仁见智,由大家想象了。

作者:齐斌

26. 员工请病假出国旅游被过失性辞退
——北京阿里巴巴云计算技术有限公司与丁某劳动争议再审案

摘要：员工请病假出国旅游被公司解除劳动合同，公司"一裁二审"均败诉，再审胜诉。

来源：北京市海淀区劳动人事争议仲裁委员会京海劳仲字［2013］第6557号仲裁裁决书；北京市海淀区人民法院（2013）海民初字第26371号民事判决书；北京市第一中级人民法院（2015）一中民终字第650号民事判决书；北京市高级人民法院（2017）京民再65号民事判决书。

【事 实 概 要】

丁某于2013年1月28日入职阿里巴巴（科技）北京有限公司，后非因其个人原因，用人单位主体变更为北京阿里巴巴云计算技术有限公司（下称阿里巴巴公司）。2013年4月1日，阿里巴巴公司与丁某签订了劳动合同，期限自2013年4月1日起至2016年1月27日止，未约定试用期。丁某的职位为资深经理。

2013年4月19日，丁某通过电子邮件向公司请病假两周，公司予以批准。丁某提交的诊断证明书、病历手册、医疗费单据记载，2013年4月18日丁某到北京按摩医院就诊，该医院诊断及建议为：颈椎病，建议休两周。

丁某于2013年4月19日前往巴西，同年5月4日回国。2013年4月25日，阿里巴巴公司以丁某在试用期内不符合录用条件为由通知与其解除劳动合同。经丁某与公司交涉，公司撤销了上述解除劳动合同决定。

2013年5月16日，阿里巴巴公司再次向丁某送达解除劳动合同通知，主要内容为：您提出两周病假全休申请后当日即赴巴西出境旅游，属提供虚假申请信息并恶意欺骗公司，上述行为严重违反公司规章制度，公司决定立即解除你的劳动合同，劳动合同解除日期为2013年5月16日。

丁某遂以要求撤销阿里巴巴公司对其作出的解除劳动合同决定、继续履行劳动合同为由，向北京市海淀区劳动人事争议仲裁委员会提出申诉（下称丁某案）。

【裁 判 要 旨】

1. 北京市海淀区劳动人事争议仲裁委员会裁决

北京市海淀区劳动人事争议仲裁委员会经审理，对丁某案裁决如下：阿里巴巴公司于2013年5月16日对丁某作出的解除劳动合同决定不能成立，双方应继续履行所签订的劳动合同。

2. 北京市海淀区人民法院一审判决

阿里巴巴公司不服上述仲裁裁决，向北京市海淀区人民法院（下称一审法院或原审法院）提起诉讼，请求确认公司对丁某作出的解除劳动合同决定合法有效，公司无需继续履行双方签署的劳动合同。一审法院于2014年11月20日作出判决：撤销阿里巴巴公司于2013年5月16

日对丁某作出的解除劳动合同决定,判令双方继续履行劳动合同。

3. 北京市第一中级人民法院二审判决

阿里巴巴公司不服上述一审判决,向北京市第一中级人民法院(下称二审法院)提起上诉,请求撤销一审判决、改判支持其诉讼请求。二审法院查明的事实与一审法院查明的事实一致。

二审法院认为:劳动者在与用人单位履行劳动合同期间,因患病需要休息,应以医疗机构出具的诊断证明及休假证明为依据。本案中,丁某提交了医院出具的诊断证明书、病历手册、医疗费单据及病休两周的证明等证据材料,在阿里巴巴公司未提供相反证据的情况下,法院可以认定丁某就诊情况属实。公司主张的丁某在休病假期间长途飞行前往巴西,表明丁某所谓的病情并未达到需要全休的程度,属于公司的主观判断,丁某的病情是否需要全休显然应当以医疗机构出具的休假证明为准。公司的规章制度中并没有对员工休病假期间的休假地点作出限制性规定,同时法律对此也无限制性规定,这意味着丁某在休病假期间前往巴西这一行为本身并没有规章制度及法律上的约束。故公司以丁某严重违反企业规章制度为由决定与丁某解除劳动合同,缺乏法律依据,上述解除劳动合同的决定应予撤销,双方应继续履行劳动合同。公司所述丁某与其他用人单位已经建立了新的劳动关系的主张(见下文法律评析部分),因未提供证据加以证明,法院不予采信。二审法院于 2015 年 2 月 6 日作出判决(原终审判决):驳回上诉,维持原判。

4. 北京市高级人民法院再审判决

阿里巴巴公司不服二审判决,向北京市高级人民法院(下称再审法院)申请再审。再审法院裁定提审本案,并依法组成合议庭开庭审理。再审中,公司和丁某就本案相关事实均未提交新的证据。再审查明的事实与原审法院查明的事实一致。丁某在再审中辩称,阿里巴巴公司解除其劳动合同依据的理由没有证据,其提供了真实病历诊断,履行了请假手续。公司的调查涉及个人隐私,可以拒绝回答。公司仅凭怀疑就认为其存在欺骗行为,依据不足。故要求维持原终审判决。

再审法院认为,依法保护劳动者合法权益的前提条件是劳动者与用人单位在法律上的平等和相互尊重。劳动者严重违反用人单位的劳动纪律和规章制度,有悖相互尊重和信任,导致劳动合同失去继续履行的基础,按照相关法律规定,用人单位可以解除劳动合同。虽然司法实践中倡导用人单位制定明确的规章制度和劳动纪律,但是不能苛求其对劳动者的日常行为事无巨细地作出规制。对于劳动纪律和规章制度中没有具体涉及的情形,应当遵循民法基本原则加以理解适用,而诚实信用原则不但是劳动者应当恪守的社会公德,更是用人单位与劳动者依法建立和履行劳动关系的基石。本案中,丁某于 2013 年 4 月 18 日前往医院就诊,4 月 19 日就以自己患有严重颈椎病、医生建议休息为由,向阿里巴巴公司请病假两周,并于当日启程前往巴西。丁某回国后,公司的工作人员与其谈话时,丁某回避休假地点,仅强调事先已请假,且以公司规章制度没有对员工的休假地点作出限制为由辩解。再审庭审中,丁某对于前往巴西期间的行程以及是否遵医嘱接受适当的治疗或疗养等问题均予以回避。根据上述事实,再审法院认为,用人单位的规章制度虽然未对劳动者休假地点作出限定,但是劳动者休假期间的行为应当与其请假事由相符。按照一般生活常识判断,公司有理由质疑丁某请病假的目的并非休养或治疗,丁某在公司向其了解情况时拒绝提供真实信息,违背诚信原则和企业规章制度,对用人单位的工作秩序和经营管理造成恶劣影响,故公司以丁某严重违反企业规章制度为由决定与其解除劳动合同合法有效。

综上所述,阿里巴巴公司的再审申请理由成立。原审判决认定事实和适用法律有误,再审予以纠正。依照《劳动合同法》第 39 条第 2 款①等规定,再审法院于 2017 年 11 月 22 日作出终审判决:撤销北京市第一中级人民法院原终审判决及北京市海淀区人民法院一审判决;确认阿里巴巴公司与丁某之间的劳动合同于 2013 年 5 月 16 日解除。

【法律评析】

(一)评析要点

北京市高级人民法院对丁某案再审判决的亮点在于,再审法院没有拘泥于"阿里巴巴公司针对丁某的行为(请病假赴国外旅游)是否有具体的规章制度",而是根据双方的证据和法官在庭审中形成的心证,认定劳资双方已不存在信任关系,导致劳动合同失去了继续履行的基础。因此,再审法院直接援引"诚实信用"这一民法基本原则,认定公司与丁某解除劳动合同合法有效,并强调该原则亦为"劳动者应当恪守的社会公德"。

鉴于我国现阶段正致力于构建社会诚信体系,丁某案再审法院的上述认定无疑是非常可取的。但根据我国的劳动争议处理机制,劳动争议案件(在前置仲裁之后)通常仅在基层人民法院和中级人民法院审理;我们期待中级以下法院也更多地适用"诚实信用"原则处理特定的劳动争议案件,以"构建和发展和谐稳定的劳动关系",②切实贯彻"公平"和"诚实信用"等《劳动合同法》明文规定的基本原则。③

当然,再审法院一方面认为本案起因和关键事实(请病假赴国外旅游)属"劳动纪律和规章制度中没有具体涉及的情形";另一方面又在判决主文之前的说理部分认为"丁某在公司向其了解情况时拒绝提供真实信息,违背诚信原则和企业规章制度",但未列明"企业规章制度"的具体条款,亦未采取"让步"式说理,④导致判决逻辑稍嫌晦涩。但瑕不掩瑜,笔者对该判决结果持激赏态度。

(二)法律依据与实务分析

《劳动合同法》第 39 条规定:"劳动者有下列情形之一的,用人单位可以解除劳动合同:……(二)严重违反用人单位的规章制度的;……"

《劳动合同法》与《劳动法》的重要区别之一是,《劳动合同法》第 39 条的"过失性辞退"事由中,删除了"(违反)劳动纪律"⑤。因此,用人单位笼统地以劳动者"违纪"为由解除其劳动合同,往往难以得到劳动人事争议仲裁委员会和/或法院的支持。换言之,用人单位应按照《劳

---

① 应为《劳动合同法》第 39 条第(2)项。

② 《劳动合同法》第 1 条。

③ 《劳动合同法》第 3 条第 1 款。

④ 即,阿里巴巴公司固然没有规定只能在公司所在地休病假,但《阿里集团员工纪律制度》却明文规定:对公司要求提供的个人重要信息有意虚报、欺骗、隐瞒,公司可以立即解除劳动合同。

⑤ 《劳动法》第 25 条规定:"劳动者有下列情形之一的,用人单位可以解除劳动合同:……(二)严重违反劳动纪律或者用人单位规章制度的;……"

动合同法》第 4 条规定的程序,制定明确、具体的规章制度并公示或告知劳动者,方可在劳动争议仲裁和诉讼中立于不败之地。但规章制度不可能包罗万象,在处理员工相关问题的时候,发现并没有可以直接适用的规章制度具体条款,是许多用人单位都感到棘手的问题。

由于种种原因,中国不同地区对劳动法律法规的理解和执行存在一定的差异。在制定或修改规章制度所需履行的民主流程等问题上,总体而言,上海市的司法实践比较务实、衡平(即兼顾用人单位和劳动者双方利益)。比如,多年前笔者曾代理上海某航空公司处理一起员工因春节期间数百元加班费争执而打伤同事、拒绝道歉赔偿、最终被解除劳动合同的案件,尽管该航空公司的《人力资源手册》中没有任何关于打人及其后果的规定,浦东新区劳动争议仲裁委员会和上海两级法院(浦东新区人民法院及上海市第一中级人民法院)均支持了公司一方。

与此对照,2015 年,北京某法院在审理某科技公司员工吴某与同事打架被辞退引起的劳动争议案时却认为,吴某在上班时间与同事打架虽属不当,但公司据以辞退吴某的规章制度未经公司全体职工讨论、协商,各项制度亦未告知职工或组织职工学习,故制定程序违法,不能约束职工行为。因此,判决公司向吴某支付违法解除劳动合同赔偿金一万余元(二审法院维持一审判决)。

因此,用人单位若依据《劳动合同法》第 39 条第(2)项,以劳动者严重违反规章制度为由解除其劳动合同,首先需要确定其有无可以适用的规章制度具体条款;其次,应确认该条款内容于法不悖,且规章制度的制定(或修改)履行了《劳动合同法》第 4 条规定的民主程序,并已公示或告知劳动者;再次,劳动者违反规章制度的行为须达到"严重"程度。此外,用人单位应正视不同地区、同一地区不同法院乃至同一法院"类案不同判"的现实,尊重和理解法官判案的内在逻辑,因为法官审理案件重在"亲历亲为",即使是同类案件,因当事人双方(及其代理人)的举证力度、证据优势不同,加之不同地区(甚至同一直辖市不同的中级人民法院)在审判口径方面的微妙差异和法官的自由裁量(自由心证)因素,导致不可能完全实现"类案同判"。①

回到阿里巴巴公司与丁某案,双方在"一裁二审加再审"四个阶段,均展现了一定的诉讼技巧。就举证而言,为证明与丁某解除劳动合同符合法律规定,公司向法院提交了电子邮件、《阿里集团员工纪律制度》、《阿里巴巴集团商业行为准则》、谈话录音等证据。电子邮件为丁某向公司请病假时发送,内容为:"老板,你好。最近两周一直受到头疼困扰,昨天去医院检查,发现颈椎问题严重,医生要求先全休两周,五一后根据复查情况有可能要住院治疗。"公司主张按照

---

① 为统一法律适用和裁判尺度,树立与维护人民法院裁判的公信力,严格落实全面推进"类案和新类型案件强制检索"制度的要求,2019 年 10 月 11 日最高人民法院印发《关于建立法律适用分歧解决机制的实施办法》(法发〔2019〕23 号)(下称《实施办法》),同月 28 日起正式施行。该《实施办法》旨在从审判机制上极力避免本级生效裁判之间发生法律适用分歧,在分歧解决工作组织体系、分歧解决申请、分歧解决工作流程、分歧解决结果的适用等方面作出了具体规定。根据该《实施办法》,最高人民法院审判委员会是该项法律适用分歧解决工作的领导和决策机构。最高人民法院审判管理办公室、各业务部门和中国应用法学研究所根据法律适用分歧解决工作需要,为最高人民法院审判委员会作出决定提供服务和决策参考,并负责落实其决定。该《实施办法》第 2 条规定:"最高人民法院各业务部门、各高级人民法院、各专门人民法院在案件审理与执行过程中,发现存在以下情形的,应当向审管办提出法律适用分歧解决申请:(一)最高人民法院生效裁判之间存在法律适用分歧的;(二)在审案件作出的裁判结果可能与最高人民法院生效裁判确定的法律适用原则或者标准存在分歧的。"第 3 条规定:"法研所在组织人民法院类案同判专项研究中,发现最高人民法院生效裁判之间存在法律适用分歧的,应当向审管办提出法律适用分歧解决申请。"第 11 条规定:"审委会关于法律适用分歧作出的决定,最高人民法院各业务部门、地方各级人民法院、各专门人民法院在审判执行工作中应当参照执行。"

丁某请病假时的描述,其病情十分严重,如此严重的病情根本不可能长途飞行,由此可见丁某提供了虚假信息。丁某对上述邮件的真实性予以认可,但不认可公司主张的证明目的。《阿里集团员工纪律制度》第 1.13 条规定:对公司要求提供的个人重要信息有意虚报、欺骗、隐瞒,例如教育背景、个人信息、培训与工作经历、入职体检信息、资质资格信息等,公司可以立即解除劳动合同。《阿里巴巴集团商业行为准则》中规定:员工必须按阿里巴巴集团的要求来履行作为员工的职责,遵守上级主管的合理的指挥及与阿里巴巴集团签订的雇佣协议。员工故意违反上述义务的公司可予以解雇。公司称丁某回国后公司就其出国事宜进行了询问,丁某表示其并未出国,其上述行为属于不服从公司合理的指挥、故意隐瞒重要信息。丁某对上述规章制度的真实性无异议,表示公司一直要求其承认是去巴西旅游,其从来没有否认出国休养的事实,只是不认可是出国旅游。谈话录音是 2013 年 5 月 16 日公司的几位工作人员与丁某交谈时录制,谈话中公司反复追问丁某休病假时是在北京还是在巴西,丁某强调其是在休病假,至于在哪儿休病假与该日谈话的主题无关,公司如果采取这种谈话方式而且还录音,就不是善意的,其什么也不回答。丁某对上述录音的真实性无异议,表示谈话当日其是要与公司沟通试用期①解除劳动合同的后续事宜,没想到公司又采用诱导的方式和其讨论休病假的事情,认为公司不是善意的,就没有正面答复。谈话结束后,公司就拿出了解除劳动合同通知让其签字。

此外,阿里巴巴公司就丁某已在其他单位任职的主张,向法院提交了网页截屏图、视频资料予以证明,上述证据显示丁某在 2013 年 7 月参加了天津卫视主办的求职类娱乐节目"非你莫属",并且应聘成功。丁某对上述证据的真实性无异议,表示其实际上并没有入职节目中的招聘单位。公司就丁某已经入职新单位的主张,未向法院提交其他证据予以证明。在本案审理过程中,公司亦未向法院举证证明其规章制度中有对员工病休期间休假地点的限制性规定。

总之,本案"一裁二审"结果高度契合,再审判决却出现了颠覆性反转,令人掩卷深思。也许,除了用人单位规章制度、法律法规具体条款、法律基本原则和社会公德,无论作为社会公民还是劳动者,还有一些形而上的东西需要敬畏。而为构建一个和谐、理想的社会,司法机关任重道远。

作者:齐斌

---

① 判决书原文如此。但如上所述,丁某的劳动合同并未约定试用期。

27. 员工因违反公司销售政策被过失性辞退
——互联网公司与销售员劳动合同纠纷案

摘要：互联网公司因员工与"黑名单"客户签约触犯"高压线"解除其劳动合同，仲裁委员会认为公司行为违法，两审法院认为合法，公司最终胜诉。

来源：上海市长宁区劳动人事争议仲裁委员会长劳人仲［2011］办字第 424 号仲裁裁决书；上海市长宁区人民法院（2011）长民一（民）初字第 3755 号民事判决书；上海市第一中级人民法院（2012）沪一中民三（民）终字第 157 号民事判决书。

【事 实 概 要】

M 某于 2004 年 2 月 3 日进入某知名互联网公司上海分公司（从事电子商务）工作，双方签订劳动合同，最后期限至 2013 年 2 月 2 日。合同约定 M 某担任销售专员工作。合同同时约定，根据经营需要，公司可制定规章制度，M 某应严格遵守；公司的规章制度可通过在内部局域网公布，提供书面文件要求 M 某签收，在会议或培训上宣布，通过电子邮件告知或张贴通知等方式向 M 某公示；M 某违反规章制度，公司有权根据规章制度进行处分，包括但不限于警告、记过、直至解除劳动合同。公司经审批，于 2009 年 10 月 21 日至 2010 年 10 月 20 日、2010 年 12 月 23 日至 2011 年 12 月 22 日对销售岗位实行不定时工作制。M 某每月基本工资 5 000 元，另加销售提成。

根据公司于 2009 年 7 月 10 日修订的《（准）黑名单客户管理规定》（下称《管理规定》），黑名单客户是指客户的行为已经导致第三方经济利益受到侵害，造成公司声誉受到影响的。《管理规定》并列明了一系列（销售专员）操作规范，要求专员跟进客户时要提高警觉性，与新客户签单前必须上门拜访其办公场所，疑似非诚信客户一律不得签单；明知客户生产或销售假冒伪劣商品或其他侵权商品的，一律不得签单；被公司列入（准）黑名单的客户，一律不允许再与其签单，包括该客户转介绍、重新注册的公司等。因主观因素签了黑名单客户，公司将予以辞退，扣回客户全额佣金，并罚款佣金额的 25%，但自查自纠除外。2010 年 10 月 22 日修订的《管理规定》又对黑名单客户及处理标准作出了进一步界定。另据公司于 2009 年 5 月 1 日修订的《销售处分规定》，明知客户生产或销售假冒伪劣商品或其他侵权商品，或已经被诚信安全部列入（准）黑名单仍与其签单，或者与上述客户转介绍的公司、另行注册的公司等有关联的公司签单，属于严重违规行为之一，由公司辞退。

2010 年 9 月 21 日，公司通过电子邮件向 M 某发出终止服务预通知，告知 M 某，其此前多次拜访的签约客户——上海某商贸公司被列为黑名单。M 某在仲裁期间认可邮箱地址属其使用。2010 年 11 月 17 日，上海某国际贸易公司与本案公司签约，合同显示 M 某为本案公司联系人。M 某的拜访记录显示，上述上海某国际贸易公司的联系人之一与上述上海某商贸公司的联系人之一均系史某（同一人）。

此外，M 某还与香港、上海等地多家问题客户（指被本案公司严重警告和"限权"的客户）或黑名单客户签约或续订合同。其间，公司多次以电子邮件等方式发出提示。由此导致公司对 M 某扣款及罚款共计 3.8 万余元。

2011 年 2 月 28 日,公司以 M 某存在严重失职行为为由,通知其解除劳动合同。

2011 年 3 月 22 日,M 某向上海市长宁区劳动争议仲裁委员会申请仲裁,要求公司支付违法解除劳动合同赔偿金等。

【裁 判 要 旨】

1. 上海市长宁区劳动争议仲裁委员会裁决①

上海市长宁区劳动争议仲裁委员会认为,因用人单位解除劳动合同而发生劳动争议的,由用人单位负举证责任。公司(被申请人)表示 M 某(申请人)明知客户生产或销售假冒伪劣商品或其他侵权商品,仍与上述客户及其关联公司进行签单,严重违反公司规章制度。但 M 某否认收到过公司发送的《黑名单客户通知》邮件,亦否认数家公司两两间互为关联关系。公司陈述及其提供的证据不足以证明公司的上述主张,且公司亦未就 M 某给公司造成的实际损害进行举证。因公司未充分证明其解除(劳动合同)行为的合法性,对 M 某要求公司支付违法解除劳动合同赔偿金的请求,仲裁委员会予以支持;因 M 某劳动合同解除前 12 个月的平均工资高于本市上年度职工月平均工资的三倍,其赔偿金的计算基数以 2009 年度市平(均)工资 3 566 元予以确认。根据 M 某在公司的实际工作年限,公司应支付 M 某违法解除劳动合同赔偿金 16 万余元。仲裁委员会于 2011 年 6 月 3 日作出裁决(主文共有四项,在此不予赘述)。

2. 上海市长宁区人民法院一审判决②

双方均不服仲裁裁决,分别向上海市长宁区人民法院(下称一审法院)起诉。

一审法院认为,双方签订的劳动合同约定,公司规章制度的公示方式包括在内部局域网公布、通过电子邮件告知等。公司以局域网及电子邮件作为办公平台符合其经营特性。故 M 某认为其从未在局域网知晓规章制度,也未收到公司发送的电子邮件,③法院不予采信。用人单位制定的规章制度,是"适用于该单位的劳动规则,劳动者应予遵守"。M 某(与黑名单客户关联公司签约)的行为"违反了诚信原则",公司根据《销售处分规定》对其作出辞退决定,并未违反法律规定。故公司要求不承担支付 M 某违法解除劳动合同赔偿金(之义务)的诉讼请求,予以支持。一审法院并认为 M 某的个别签约行为"具有主观故意",其"不能在其过错行为中获利"(故公司扣回相关佣金的"管理行为并无不妥",但"公司对劳动者无罚款权")。

一审法院遂于 2011 年 12 月 13 日作出一审判决:(1)驳回 M 某的诉讼请求(其中一项是要求公司支付其 7 年间的休息日加班工资共计 46 万余元);(2)公司返还 M 某(部分)扣款 3.6 万余元;(3)支持公司不支付 M 某解除劳动合同赔偿金 16 万余元的诉讼请求(第四项系关于年休假工资,法院支持了公司)。

3. 上海市第一中级人民法院二审判决

双方均不服一审判决,分别向上海市第一中级人民法院(下称二审法院)提起上诉。二审

---

① 该案仲裁由一名仲裁员独任审理。笔者团队未参与本案仲裁。

② 该案一审由审判长、代理审判员、人民陪审员组成合议庭审理。

③ 一审开庭中,M 某矢口否认以其姓名拼音组合为前缀的两个工作邮箱系由其使用,甚至声称其不上网、也不使用电子邮箱。

法院认为原审事实认定无误,依法予以确认。遂于 2012 年 4 月 18 日判决驳回上诉,维持原判。

【法 律 评 析】

(一)评析要点

本案是一起因企业对员工予以过失性辞退(以严重违反用人单位规章制度为由单方解除劳动合同)导致的劳动争议。

企业劳动用工是否合法在一定程度上取决于用人单位的实际操作。比如,《劳动合同法》第 4 条关于用人单位规章制度制定、修改程序的规定就非常绕口且令人费解;有业内人士认为这是立法智慧的体现,其实也可说是在较大程度上给予了劳动法专业律师操作空间,同时赋予劳动争议仲裁员及法官相当的自由裁量权。在立法相对模糊的情况下,用人单位的实际操作技巧便至关重要。比如用人单位对规章制度的公示、告知,通过发放《员工手册》、张贴公告、发布于内网、群发电子邮件的方式往往都不足为据,发生争议时,员工往往一概否认知晓;最安全的方式是让每名员工亲笔签收每一版规章制度,承诺已阅知并完全理解、同意其内容且愿意遵守。

企业劳动用工的合法性贯穿于招聘到解除(终止)劳动合同的每一个环节,甚至延续到员工离职后、直至竞业限制期结束。其中,用人单位单方解聘是劳动争议多发点。"解聘"与"离职"用法律语言表述,就是劳动合同(劳动关系)的解除或终止。劳务关系当然也可能涉及解聘和离职的问题,但此处不予讨论。

无论立法者和某些学者如何解释,对专业律师和用人单位人事主管而言,在现行《劳动合同法》语境下,用人单位单方解除劳动合同的法定情形其实相当有限,即《劳动合同法》第 39 条规定的"过失性辞退"(严格来说,该条第(1)项即试用期不符合录用条件只是能力问题,算不上过失)、第 40 条规定的"无过失性辞退"和第 41 条规定的"经济性裁员",但上述规定同时须受第 42 条"用人单位不得解除劳动合同的情形"限制并按照第 43 条接受工会监督(即用人单位单方解除劳动合同时的"通知工会"程序①)。

鉴于用人单位对劳动合同解除等事项负有举证责任,②且以不胜任工作或客观情况发生重大变化为由单方解除劳动合同以及进行经济性裁员均需履行法定前置程序,用人单位解除员工劳动合同在实体和程序上均被法院支持殊为不易。尤其在解除一些特殊员工("三期"女职工和"高管"等)劳动合同时,单位经常败诉。因此,笔者建议用人单位在解除员工劳动合同前,注意搜集、固定各方面证据,必要时进行公证,根据解除理由,充分履行培训、调岗、协商变更劳动合同内容、民主协商及报备当地人力资源和社会保障局等前置程序,尽量取得工会(包括上级工会)同意,并及早咨询专业律师。

---

①　根据某些判例和内部文件,在某些地区(如江苏省常州市),若用人单位未设立工会,在单方解除劳动合同时,可能需通知上级工会。

②　《最高人民法院关于审理劳动争议案件适用法律若干问题的解释》(法释〔2001〕14 号,2001 年 4 月 16 日)第 13 条规定:"因用人单位作出的开除、除名、辞退、解除劳动合同、减少劳动报酬、计算劳动者工作年限等决定而发生的劳动争议,用人单位负举证责任。"

劳动合同终止的法律依据是《劳动合同法》第 44 条,①兹不赘述。不过,有必要说明,虽然根据现行有效的《劳动法》第 19 条第 1 款第(6)项,用人单位和劳动者可以约定"劳动合同终止的条件",个别地区(如上海市)也曾规定双方可将"用人单位提前一定时间(比如 6 个月)通知劳动者"约定为劳动合同终止条件,但在《劳动合同法》生效后,实务中双方无法随意约定终止条件;即使约定,也难得到劳动人事争议仲裁委员会和法院认可。

离职还涉及工作交接和公司证照、财物(包括车、房)和文件资料等的交接,有时也会引发纠纷。

本案的争议焦点是公司解除当事员工的劳动合同是否合法有据。

(二)法律依据与实务分析

《劳动合同法》第 39 条规定:"劳动者有下列情形之一的,用人单位可以解除劳动合同:……(二)严重违反用人单位的规章制度的;(三)严重失职,营私舞弊,给用人单位造成重大损害的……"

关于本案公司是否构成违法解除劳动合同,仲裁委员会的裁决理由之一是,公司未就 M 某给公司造成的实际损害进行举证。需要说明,公司以《劳动合同法》第 39 条第(2)项(严重违反规章制度)为由解除员工劳动合同,并不以实际损害为前提。只有以同条第(3)项(严重失职,营私舞弊)为由解除劳动合同时,才需证明员工给公司"造成重大损害"。本案发生前,尽管公司曾以"严重失职"为由向 M 某发出解除劳动合同的通知,但实质是 M 某严重违反了公司规章制度。因此,笔者在为公司代理本案一审诉讼时,重点是就 M 某严重违反公司规章制度的事实进行证据补强,包括协助公司办理若干证据保全公证,最终共提交四组、26 份证据。

围绕公司解除 M 某劳动合同的合法性(公司曾在仲裁阶段败诉),笔者发表了如下代理意见:(1)双方劳动合同已明确约定在公司内部局域网上公布公司的规章制度。该约定合法有效。(2)公司已在内部局域网上公布《销售处分规定》,明文规定与黑名单公司或其关联公司签约的,将导致辞退(解除劳动合同)的后果。(3)M 某作为公司老员工,不可能不知晓上述规定。其所签署的《个人声明》亦已确认,"公司的各项规章制度,本人均已阅读完毕,愿意接受并同意劳动合同的有效期内(包括试用期)受其约束。"(4)目前,用人单位内部管理过程中,普遍以电子邮件方式发送有关通知。本案公司(作为网络公司)更是如此。收阅和回复电子邮件是公司员工日常工作的重要组成部分。M 某不可能未收到公司向其发送的、告知黑名单公司的电子邮件。其在事先知悉香港某公司和上海某公司被投诉侵权并将被处罚之后仍与后者签约(续约),在得知上海某商贸公司被"拉黑"后,又与该公司联系人史某实际控制的上海某国际贸易公司签约,均属明知故犯。(5)事发后,公司主管人员和 M 某的谈话记录中,其确认知道公司《销售处分规定》有关内容,亦确认知道上述(香港、上海)四家公司两两之间的关联关系。(6)在公司已提供大量证据(包括公证书)的情况下,M 某仍坚持否认知晓公司上述规章制度,否认接到和收悉有关黑名单公司的电话和电子邮件(其电子邮箱并非唯一),严重违反诚实信

---

① 《劳动合同法》第 44 条规定:"有下列情形之一的,劳动合同终止:(一)劳动合同期满的;(二)劳动者开始依法享受基本养老保险待遇的;(三)劳动者死亡,或者被人民法院宣告死亡或者宣告失踪的;(四)用人单位被依法宣告破产的;(五)用人单位被吊销营业执照、责令关闭、撤销或者用人单位决定提前解散的;(六)法律、行政法规规定的其他情形。"

用原则。仅此即已反证公司解除其劳动合同完全合理合法。

此外,笔者指出,上海市长宁区劳动争议仲裁委员会对同类案件的裁决(已生效)已认可了公司对具有同样事实(与黑名单公司签约)的员工之处理(解除劳动合同)合法有效,望法庭注意避免出现"类案不同判"的结果。

一审开庭后,笔者又向法庭提交了补充代理意见,指出,制假售假、诚信缺失是目前我国带有普遍性的社会问题。本案中,公司根据充分的证据和公司有关规定解除 M 某的劳动合同,正是基于公司的理念和规章制度,对其作出的适当处理。支持公司的诉请,驳回 M 某的诉请,不但事实清楚、适用法律正确,相信也是一份功德无量的判决。

所幸两审法院采信了公司方的若干证据和笔者的代理意见,在解除劳动合同合法性问题上均支持了公司方。

作者:齐斌

28. 员工因严重失职被过失性辞退
——齐某与深圳航空有限责任公司劳动争议案

摘要：飞行员对特别重大飞机坠毁事故负有直接责任,公司以其"严重失职"为由作出"开除"处分,其一再提起劳动仲裁、诉讼,均败诉。

来源：广东省深圳市宝安区人民法院(2013)深宝法劳初字第 135 号民事判决书;广东省深圳市中级人民法院(2014)深中法劳终字第 1473 号民事判决书;广东省高级人民法院(2015)粤高法民申字第 72 号民事裁定书;广东省深圳市宝安区人民法院(2016)粤 0306 民初 29074 号民事判决书。

【事 实 概 要】①

齐某(男,1970 年生)于 2003 年 6 月入职深圳航空有限责任公司(下称公司),工作岗位为飞行员,后双方签订了无固定期限劳动合同,工资待遇为基本工资加奖金和补助。

2010 年 8 月 24 日,河南航空 E190 机型 B3130 号飞机在执行哈尔滨至伊春客运航班任务的着陆过程中失事,造成机上 44 人死亡、52 人受伤的飞行事故,齐某是该次航班的当班机长。2012 年 6 月 28 日,齐某因该次事故被刑事拘留。2012 年 6 月 29 日,《河南航空有限公司黑龙江伊春"8.24"特别重大飞机坠毁事故调查报告》经国务院批复结案,该调查报告认为该次事故是一起责任事故,机长齐某"作为事故当班机长,未履行《民用航空法》关于机长法定职责的有关规定,违规操纵飞机低于最低运行标准实施进近,……飞机撞地后,没有组织指挥旅客撤离,没有救助受伤人员,而是擅自撤离",对该次事故的发生负有直接责任。2012 年 7 月 10 日,公司作出一份《关于对齐××行政开除处分的决定》,认为齐某严重失职,根据《劳动合同法》的相关规定,对其作出开除处分,即日生效。

齐某主张公司并没有向其送达解除劳动合同关系的通知,仅仅是于 2012 年 7 月 10 日以传真方式委托伊春市公安局向齐某送达了开除决定。

【裁 判 要 旨】

1. 深圳市宝安区劳动人事争议仲裁委员会裁决

2013 年 6 月 20 日,齐某就其与公司劳动争议纠纷一案申请劳动仲裁,请求确认公司于 2012 年 7 月 10 日对其作出的开除处分决定无效;公司支付其 2012 年 7 月 1 日至 2013 年 5 月 31 日的工资人民币 84 万元、经济补偿金人民币 84 万元、违法解除劳动关系的 25% 赔偿金人民币 21 万元。仲裁裁决驳回了齐某的全部仲裁请求。

2. 深圳市宝安区人民法院一审判决

齐某不服仲裁裁决,向深圳市宝安区人民法院(下称一审法院)提起诉讼,一审法院判决驳回其全部诉讼请求。

---

① 摘自上述民事判决书、民事裁定书。

3. 深圳市中级人民法院二审判决

齐某不服一审判决,向深圳市中级人民法院(下称二审法院)提起上诉。二审法院依法组成合议庭审理了本案。二审法院认为,本案双方当事人劳动关系明确,应当受劳动法律、法规保护及调整。对齐某的上诉请求,二审法院具体分析认定如下:

(1)关于双方劳动关系是否解除的问题。(飞行事故经过略)2012年7月10日,公司作出行政开除处分决定,认为齐某严重失职,根据《劳动合同法》的相关规定,对其作出开除处分,即日生效。齐某确认,公司当日以传真方式委托伊春市公安局向其送达了上述开除决定。二审法院认为,用人单位对劳动者作出的开除处分决定,其行为的性质是用人单位单方面解除劳动合同关系。本案公司在作出开除决定后,以适当方式将决定内容告知齐某,因此,开除决定已经发生法律效力,产生了劳动关系解除的效果。上诉人齐某主张开除决定并不产生劳动合同关系解除的法律效果,缺乏法律依据,二审法院依法不予支持。

(2)关于2012年7月1日至2013年5月31日的工资问题。齐某于2012年6月28日被刑事拘留,属于非因用人单位的原因而未能继续为用人单位提供正常劳动,一审判决据此判令公司无需向齐某支付上述期间的工资,符合法律规定,二审法院依法予以维持。

(3)关于解除劳动合同的经济补偿问题,二审法院认为,根据经国务院批复结案的事故调查报告中确认的内容,齐某明显存在《劳动合同法》第39条中所规定的"严重违反用人单位的规章制度"以及"严重失职给用人单位造成重大损害"的情形。公司据此解除其与齐某的劳动合同关系,符合法律规定。齐某上诉请求公司向其支付经济补偿84万元及违法解除劳动关系的经济25%赔偿金21万元,缺乏事实和法律依据,二审法院依法予以驳回。

综上,原审判决认定事实清楚,适用法律正确,二审法院依法予以维持,于2014年5月7日判决:驳回上诉,维持原判。

4. 广东省高级人民法院再审裁定

齐某不服二审判决,向广东省高级人民法院(下称再审法院)申请再审,再审法院组成合议庭对本案进行了审查,认为公司对齐某的行政开除处分决定是"用人单位鉴于劳动者的违纪或违法行为依据其内部规章制度而对劳动者作出的一种行政处罚措施,其行为的性质是用人单位单方面解除劳动合同关系",公司"以适当方式将决定内容告知"齐某后,"开除决定已经发生法律效力,产生了劳动关系解除的效果",齐某"对'开除'一词"的理解不正确。

2015年1月14日,再审法院裁定驳回齐某的再审申请。

5. 后续仲裁、诉讼

2016年11月28日,齐某再次申请劳动仲裁,深圳市宝安区劳动人事仲裁委员会以"申请人未能在劳动争议发生之日起一年内向劳动人事争议仲裁委员会提出仲裁申请,申请仲裁时效已过"为由,对其仲裁申请不予受理。①

齐某又向一审法院起诉,一审法院按劳动争议纠纷立案受理后,适用普通程序公开开庭进行了审理。齐某诉称,2010年8月(飞行事故发生后)至2012年6月期间,其一直在住院治疗,其间被告(公司)未按发生事故前12个月的平均工资标准向其支付工资。其于2012年6月20日做了伤残鉴定,结论为九级伤残,被告未向其支付伤残赔偿。国务院飞行事故调查报告结果

---

① 深宝劳人仲不[2016]14号《不予受理案件通知书》。

公布后,其被判刑 3 年,2015 年 6 月底刑满释放。2012 年 7 月 10 日,被告在齐某不知情的情况下作出了解除其劳动合同的决定,被告未向其支付 9 年 4 个月的经济补偿金。请求法院判令被告支付:(1)2010 年 8 月至 2012 年 7 月其因公受伤住院期间工资 679 238.76 元;(2)伤残等级九级的经济补偿金 9 个月工资 845 607.6 元(齐某在庭审中明确该项即是主张一次性伤残就业补助金);(3)解除劳动合同前其为公司工作 9 年 4 个月的经济补偿金共计 19 个月工资(但其计算方式是经济补偿金的两倍即赔偿金——笔者注),共 1 785 171.6 元。

被告(公司)答辩称:(1)原告起诉的内容已经超过了 1 年时效,原告的诉讼请求不应支持,应当予以驳回;(2)原告所起诉的内容实质上是要求法院直接越过社保局进行工伤认定,已经超出了法院的审理范围;(3)原告第(3)项关于赔偿金的诉讼请求已在其他案件提起,并被判决驳回,在本案中属重复起诉,应当予以驳回。

一审法院认为,《劳动争议调解仲裁法》第 27 条规定:"劳动争议申请仲裁的时效期间为一年。仲裁时效期间从当事人知道或者应当知道其权利被侵害之日起计算。……劳动关系存续期间因拖欠劳动报酬发生争议的,劳动者申请仲裁不受本条第一款规定的仲裁时效期间的限制;但是,劳动关系终止的,应当自劳动关系终止之日起一年内提出。"本案中,齐某与公司的劳动关系于 2012 年 7 月 10 日因公司作出行政开除处分决定终止,"(2013)深宝法劳初字第 135 号"民事判决书中也论述认定了公司已履行通知义务、齐某明知劳动关系已经解除的事实。齐某于 2016 年 11 月 28 日申请仲裁,请求被告支付其 2010 年 8 月至 2012 年 7 月期间的工资,已超过法律规定的"劳动关系终止之日起一年"的仲裁时效,一审法院依法不予支持。

齐某在庭审中明确其第(2)项关于要求被告支付伤残等级九级的经济补偿金 9 个月工资 845 607.6 元的主张,即是主张一次性伤残就业补助金。用人单位向劳动者支付一次性伤残就业补助金的义务,是基于劳动者已被认定为工伤且劳动合同已解除的情形下所产生的。本案中,齐某未能举证其已被认定为工伤,故诉请公司支付一次性伤残就业补助金缺乏事实依据,一审法院不予支持。

关于原告主张的解除劳动合同经济补偿金的诉请,"(2013)深宝法劳初字第 135 号"民事判决书中已经处理,不予重复审理。

一审法院遂于 2017 年 5 月 3 日依照《劳动争议调解仲裁法》第 27 条、《民事诉讼法》第 64 条之规定,再次判决①驳回原告齐某的全部诉讼请求。

【法 律 评 析】

(一)评析要点

本案(指齐某 2013 年 6 月 20 日第一次申请劳动仲裁及后续诉讼,下同)属劳动争议,案件本身并无悬念。本案缘起于特别重大飞行事故,齐某作为在空难中幸存的机长被判刑入狱。

值得深思的是,齐某在本案"一裁二审"加再审均败诉、其本人出狱一年多后,又提起了第二轮劳动仲裁和诉讼(下称"第二季")。仲裁委员会以申请仲裁时效已过为由不予受理;一审法院则以时效已过为由未支持其关于工资的诉请,以其未能举证已被认定为工伤为由不支持

---

① 该案后续情况不详,亦非本文讨论的重点。

其关于一次性伤残就业补助金的诉请,并以另案(即本案)已处理为由不支持其关于解除劳动合同经济补偿金(计算方式为赔偿金)的诉请。

(二)法律依据与实务分析

《劳动合同法》第39条规定:"劳动者有下列情形之一的,用人单位可以解除劳动合同:……(三)严重失职,营私舞弊,给用人单位造成重大损害的;……"本案公司即以此项为由"开除"了齐某(解除其劳动合同)。实务中,用人单位适用该条第(2)项("严重违反用人单位的规章制度")解除劳动合同的情形更为普遍,而本案二审和再审法院均认为齐某"明显存在"上述两项的情形(即存在竞合)。此外,本案齐某被判刑,公司亦可根据该条第(6)项("被依法追究刑事责任")解除其劳动合同,但操作的时间点有所不同。即,若适用该条第(6)项,严格来说,应在齐某被生效刑事判决定罪、追究刑事责任之后。这也是"罪刑法定""无罪推定"的题中应有之义。

需要指出,公司对齐某作出"行政开除处分",虽然实际效果等同于解除劳动合同,但并无《劳动法》和《劳动合同法》依据。早在本案发生前即已失效的《企业职工奖惩条例》①第11条规定,"对于有下列行为之一的职工,经批评教育不改的,应当分别情况给予行政处分或者经济处罚:……(三)玩忽职守,违反技术操作规程和安全规程,或者违章指挥,造成事故,使人民生命、财产遭受损失的;……";第12条规定,"对职工的行政处分"轻则"警告",重则"开除";第13条规定,"对职工给予开除处分,须经厂长(经理)提出,由职工代表大会或职工大会讨论决定,并报告企业主管部门和企业所在地的劳动或者人事部门备案"。可见,即便是在《企业职工奖惩条例》实施的二十多年间,企业也不能随意"开除"职工。该条例失效后,企业对员工作出"行政开除处分",已无法律法规依据。

从本案相关文书中,笔者未见公司当时曾另行向齐某发出解除劳动合同通知;二审和再审法院均认为,开除处分决定的"性质是用人单位单方面解除劳动合同关系",这也是本案再审的争议焦点之一。本案仲裁委员会和法院之所以并未质疑或否定公司对齐某的"开除"决定,恐怕是因为仲裁员和法官认为,相对于齐某的罪责和飞行事故造成的巨大生命、财产损失,公司处分齐某文件上的瑕疵可忽略不计。当然,这只是笔者的推测,不等于笔者完全认同公司的处理。其实,在《劳动合同法》时代,无论劳动者有多大过失,就劳动关系而言,解除劳动合同足矣,"开除""除名"②之类做法于法无据,属违法行为。

另,齐某劳动争议"第二季"中,仲裁委员会和法院均援引了《劳动争议调解仲裁法》第27条。

此外,本案(及"第二季")原因事实(飞行事故)还涉及《民用航空法》,因超出本书范畴,兹不赘述。

作者:齐斌

---

① 国发[1982]59号。1982年4月10日由国务院发布,2008年1月15日由《国务院关于废止部分行政法规的决定》废止。根据该条例第4条,"本条例适用于全民所有制企业和城镇集体所有制企业的全体职工。"

② 《企业职工奖惩条例》(已失效)第18条规定:"职工无正当理由经常旷工,经批评教育无效,连续旷工时间超过十五天,或者一年以内累计旷工时间超过三十天的,企业有权予以除名。"

29. 员工因违反 FCPA 被过失性辞退
——董某与上海某有限公司北京分公司劳动合同纠纷案

摘要：员工违反公司规章制度中有关《美国反海外贿赂行为法》(FCPA)①的禁止性规定，公司有权据此解除劳动合同。

来源：上海市浦东新区人民法院(2014)浦民一(民)初字第 39877 号民事判决书②。

【事实概要】

董某(女)于 2007 年 2 月进入上海某有限公司(下称 H 公司)工作,其持有北京市人力资源和社会保障局于 2009 年 4 月核发的《外国人就业证》,就业证最后有效期延至 2015 年 3 月 25 日。2012 年 2 月 1 日,董某签署 H 公司北京信息技术研究院分公司(下称 H 分公司)发出的《劳动合同更新确认书》,H 分公司书面告知董某从 2012 年 2 月 1 日起,H 分公司将与董某建立无固定期限劳动合同关系,原劳动合同书已履行的工作年限将连续计算。同一天,双方签订无固定期限劳动合同,合同约定董某担任运营总监职务,H 分公司违反合同约定解除劳动合同的,应当依法支付赔偿金等内容。

董某的丈夫伍某及伍某之姐伍某一、伍某一之丈夫黎某均在 H 公司处工作,黎某系董某的直属主管。董某向公司人事部门汇报了董某与伍某的关系,但未汇报其他关系。经 H 分公司对董某的调查,董某承认曾不止一次在未经公司内部批准同意的情况下,采购上百台打印机作为礼品赠送给浙江省某市政府官员。

董某签署的《H 公司员工避免利益冲突认识函》中规定,《H 公司业务经营准则》要求员工对公司恪守忠诚的义务,避免公司利益与员工个人利益发生冲突。员工不得利用其在 H 公司的职位为个人谋利……当员工或员工所在的 H 公司机构可能与员工的家庭成员、朋友或与员工有密切个人关系的人开展 H 公司业务时,员工应当向经理披露。员工声明,其了解公司的上述要求,不会采取任何导致公司利益与员工个人利益发生冲突的行为,并承诺一旦发现利益冲突的可能性,将及时向 H 公司通报,以便公司采取适当的措施。员工明白,违反上述声明将导致与 H 公司雇佣关系的解除……

董某签署的《H 公司员工 FCPA 认识函》规定,《美国境外反腐败法案》(FCPA)禁止任何美国公司及其子公司或关联企业,为了影响外国政府官员的行为或决定,或为了诱使该官员利用其对政府的影响力帮助美国公司及其子公司或关联公司取得或维持业务,或提供业务给任何人,而向该外国政府官员直接或间接地支付费用或给予任何有价值的物品。员工保证,其不会采取任何导致 H 公司违反 FCPA 的行为,并承诺其一旦发现此类违反行为,将及时向 H 公司通报。员工明白,违反上述保证将导致 H 公司雇佣关系的解除……上述关于避免利益冲突的认

---

① Foreign Corrupt Practice Act, 又译为《美国反海外腐败法》《美国境外反腐败法案》(如本案 H 公司相关文件所称),1977 年美国国会颁布。

② 经检索,未见本案二审判决;若双方均未上诉,则一审判决生效。

知和关于 FCPA 的认知亦作为董某与 H 公司签订的劳动合同附件 G—认知函中记载的内容。

H 公司制定并执行的《员工手册》规定,任何违反《美国境外反腐败法案》(FCPA)或其他适用于公司的国内外有关反腐败之法律文件的行为,及违反劳动合同中描述的基本职业道德和劳动纪律的行为,以及其他违反业务经营准则或公司政策、规章、制度中明确说明的禁止或不得从事的事项之行为(不论处于何种目的)等,均属于重大违纪行为;对于任何一次重大违纪行为,公司可立即解除劳动合同。

2014 年 4 月 24 日,H 分公司向董某出具《立即解除劳动合同通知书》,以董某严重违反用人单位规章制度为由,解除双方的劳动合同。董某于劳动关系解除前 12 个月的平均工资为 38 361.89 元。

【裁 判 要 旨】

1. 上海市劳动人事争议仲裁委员会决定

2014 年 10 月 16 日,董某向上海市劳动人事争议仲裁委员会提出申请,要求 H 公司支付违法解除劳动合同赔偿金 575 428.35 元。同月 20 日,仲裁委员会以双方之间的争议不属于其受理范围为由,作出不予受理决定。

2. 上海市浦东新区人民法院一审判决

董某将本案诉至上海市浦东新区人民法院(下称一审法院)。一审法院于 2014 年 11 月 3 日立案受理后,依法适用简易程序,于 2014 年 11 月 25 日公开开庭进行了审理。

董某诉称,其于 2007 年 2 月进入 H 公司工作,先后担任资源经理、业务拓展经理、运营总监等职务。2012 年 2 月,其与 H 公司签订无固定期限劳动合同。2014 年 4 月 24 日,H 公司向其出具《立即解除劳动合同通知书》,单方面违法解除双方的劳动关系。董某于劳动合同解除前 12 个月平均工资为人民币 38 361.89 元。因此董某要求 H 公司支付违法解除劳动合同关系赔偿金 575 428.35 元。

H 分公司辩称,董某的就业证由北京市人力资源和社会保障局核发,双方的劳动争议应由北京市劳动人事争议仲裁委员会受理,董某在上海提出仲裁,不符合法律规定。即使可以作为劳动争议受理,董某超出了核准的地域,也属于违法就业,不应享有赔偿金。即使本案涉及赔偿金,董某主张的计算方式也有误,应按上海市职工月平均工资的 3 倍即 15 108 元,按工作年限 2 倍计算。董某在 H 分公司处工作期间,严重违反了 H 分公司的避免利益冲突规定,还违反商业行为准则规定,H 分公司以董某严重违反规章制度为由解除双方劳动合同的行为合法,其不同意董某的诉讼请求。

一审法院认为,劳动合同是董某与 H 分公司确立劳动关系、明确双方权利和义务的协议,其依法订立即具有法律效力,双方均应依约履行。董某与 H 分公司签订的书面劳动合同以及由董某本人签署的《H 公司员工避免利益冲突认识函》和《H 公司员工 FCPA 认识函》中,均明确规定了避免利益冲突和反腐败行为规则(具体内容见上文),对于上述规定,董某应当知晓并承诺遵守。同时董某亦知道、了解一旦违反规定,将导致劳动合同立即解除的处分。

本案中,董某向人事部门汇报其与丈夫伍某共同在 H 分公司工作的事项,但没有汇报其与伍某之姐伍某一、伍某一丈夫黎某之互相关系,其行为违反了《H 公司员工避免利益冲突认识函》的相关规定。董某在工作期间,未经 H 分公司批准,不止一次擅自同意有关人员采购上百台打印机作为礼品赠送给某市政府官员,其行为已经违反《H公司员工FCPA认识函》的有关规定。H分公司以董某严重违反规章制度为由解除劳动合同关系,事实依据充分,解除理由合法。董某要求H分公司支付违法解除劳动合同赔偿金的诉讼请求,一审法院不予支持。

据此,依照《劳动合同法》第2条第1款、第3条第2款的规定,一审法院判决驳回董某的诉讼请求。

【法 律 评 析】

(一)评析要点

本案系员工违反公司规章制度中关于利益冲突及与FCPA有关的禁止性规定,导致公司以严重违反公司规章制度为由单方辞退。

H公司将违反FCPA的反贿赂规定作为单方辞退的事由,乃因H公司的母公司是一家美国上市公司,若H公司违反FCPA的反贿赂规定,可能导致其母公司和/或相关管理人员受到美国证券交易委员会(SEC)和/或美国司法部(DOJ)等的处罚(包括罚款等民事责任及监禁等刑事责任)。故大多数美资企业都会将员工违反FCPA的反贿赂规定的行为作为严重违反规章制度的"高压线",员工一旦违反,公司将会立即单方解除劳动合同。

本案中,董某在工作期间未经H分公司批准,不止一次擅自同意有关人员采购上百台打印机作为礼品赠送给某市政府官员,其行为已经违反《H公司员工FCPA认识函》的有关规定。H分公司以董某严重违反规章制度为由解除劳动合同关系,事实依据充分,解除理由合法。董某要求H分公司支付违法解除劳动合同赔偿金的诉讼请求,一审法院未支持。当然,董某没有向公司汇报其与丈夫伍某之姐伍某一、伍某一丈夫黎某之互相关系,违反了《H公司员工避免利益冲突认识函》,也是导致公司辞退的原因之一。

(二)法律规定与实务分析

一审法院援引的《劳动合同法》第2条第1款规定:"中华人民共和国境内的企业、个体经济组织、民办非企业单位等组织(以下称用人单位)与劳动者建立劳动关系,订立、履行、变更、解除或者终止劳动合同,适用本法。"同法第3条第2款规定:"依法订立的劳动合同具有约束力,用人单位与劳动者应当履行劳动合同约定的义务。"

与本案有关,FCPA的相关规定及处罚如下:[1]

1. FCPA的反贿赂条款规定,任何实体,不论其是否为上市公司,只要是为取得、维持业务或获取任何不正当利益为目的,而向任何"外国官员"[2]行贿的行为,都属于非法。

违反FCPA反贿赂条款的5个关键因素:

1.1 给付行为:给付、提出给付或承诺给付有价物品

(1)贿赂不需要实际支付;FCPA明确禁止提出给付、授权或承诺给付贿赂。

---

[1]　下文部分内容参考刘霄仑、赵金萍编译:《美国反海外贿赂行为法》,中国财政经济出版社2006年版;卢建平、张旭辉编著:《美国反海外腐败法解读》,中国方正出版社2007年版。

[2]　指美国以外其他国家政府官员。

（2）"有价物品"不限于现金，包括：非金钱利益，比如餐饮、旅游、娱乐、礼物、投资或其他机会等，以及就业机会或其他利益；以顾问费或佣金名义支付的现金；以及政党和候选人的政治献金、慈善捐款和赞助等。

1.2 受贿人：外国政府官员

外国官员、外国政党或其候选人（包括政党官员或国有企业的管理人员），或者任何知道付款或承诺的付款将会被提出给付、给付、承诺给付或转交给前述人员的其他人（给付、提出给付、授权或承诺给付金钱或任何有价物品）。

"外国政府官员"包括但不限于：任何政府官员或雇员，无论其级别或职位（政府部门中任何级别的，经选举、任命或职业雇员，包括公共国际组织如世界银行或联合国的雇员）；以及任何国有的或国家控制的企业（包括大学、音乐学校、音乐厅以及其他类似的机构）的雇员。

无论是直接向外国官员提出给付或进行给付，还是通过其他人进行，FCPA均可适用。

1.3 具有腐败意图

"腐败意图"指不正当地影响接受者的意图或企图；FCPA仅关注意图，并不要求腐败行为是否达到其目的。不要求实际知道给付或有提出给付贿赂的事实；FCPA下的"知道"包括有意识的漠视、故意的忽视和恶意的无视。

1.4 以（a）影响该官员的行为或决定，（b）诱导该官员违反其法定职责，故意为或不为一定的行为，（c）确保不正当优势，或（d）诱导该官员利用其影响力，影响其他官员的行为或决定

1.5 为了协助任何人获得或保留业务，或将业务交给任何人

（1）通过行贿获得或保留的业务，无须是政府或者国有企业自身的业务。即使贿赂是为了不正当地获得或保留第三方的业务，仍然违反了FCPA。

（2）获得或保留业务的行为包括：赢得合同；影响采购流程；规避商品进口法规或逃避关税；获得非公开的招投标信息；偷税、漏税或逃避相关处罚；影响诉讼或强制执行措施的裁定；获得法外豁免；避免合同的终止；以及规避许可或批准的要求。

2. 违反 FCPA 的处罚

2.1 对个人的处罚

（1）一般情况：每一项违反反贿赂条款的行为，个人可能被处以 5 年以下的监禁和100 000 美元以下的罚款；

（2）特定情况：涉及特定的故意违反行为的，个人可能被处以 20 年以下监禁和 5 000 000美元以下罚款。

2.2 对非自然人的处罚①

就每一项违反反贿赂条款的行为，公司和其他单位可能被处以 2 000 000 美元以下罚款；涉及特定的故意违反行为的，可能被处以 25 000 000 美元罚款。

另外，根据《选择性罚款法案》（Alternative Fines Act），上述处罚的金额可能增至违反行为带来的收入金额的两倍，或造成他人损失金额的两倍。美国司法部和美国证券交易委员会均可向法院请求禁止违反 FCPA 的法院指令。

---

① 2014 年美国政府诉法国电器制造商阿尔斯通（Alstom）违反 FCPA 案，阿尔斯通最终被处罚金超 7.7 亿美元，锅炉部全球负责人皮耶鲁奇被处监禁。

3. 关于有价物品的积极抗辩

（1）支付、赠与、提供或承诺提供有价物品构成合理、善意的费用，如取得证照的加速费。

（2）支付、赠与、提供或承诺提供有价物品符合该外国法律。

根据 FCPA 上述规定，本案中，董某未经 H 分公司批准，擅自同意有关人员采购上百台打印机作为礼品赠送给某市政府官员，该行为不仅可能导致 H 公司遭受美国政府调查或处罚，亦涉嫌违反中国反贿赂、反不正当竞争法律的相关规定。[①] 因为上百台打印机价值不菲，且未经公司批准，本案也未提及该赠送属于合法捐赠[②]或董某因被勒索而给予政府官员财物。实践中，员工不仅应当严格遵守公司的规章制度，还应遵纪守法。员工个人的不合规行为不仅可能导致公司遭受巨大损失（如阿尔斯通案），甚至可能导致自己违法犯罪。

本案的后续案情笔者并不了解，一旦人民法院在审理案件过程中发现当事人涉嫌犯罪，会将案件移送给公安机关处理。

作者：张君强

[①] 《刑法》第 389 条规定："为谋取不正当利益，给予国家工作人员以财物的，是行贿罪。在经济往来中，违反国家规定，给予国家工作人员以财物，数额较大的，或者违反国家规定，给予国家工作人员以各种名义的回扣、手续费，以行贿论处。因被勒索给予国家工作人员以财物，没有获得不正当利益的，不是行贿。"第 390 条规定："对犯行贿罪的，处五年以下有期徒刑或者拘役；因行贿谋取不正当利益，情节严重的，或者使国家利益遭受重大损失的，处五年以上十年以下有期徒刑；情节特别严重的，处十年以上有期徒刑或者无期徒刑，可以并处没收财产。"第 393 条规定："单位为谋取不正当利益而行贿，或者违反国家规定，给予国家工作人员以回扣、手续费，情节严重的，对单位判处罚金，并对其直接负责的主管人员和其他直接责任人员，处五年以下有期徒刑或者拘役。因行贿取得的违法所得归个人所有的，依照本法第三百八十九条、第三百九十条的规定定罪处罚。"《反不正当竞争法》第 7 条规定："经营者不得采用财物或者其他手段贿赂下列单位或者个人，以谋取交易机会或者竞争优势：（一）交易相对方的工作人员；（二）受交易相对方委托办理相关事务的单位或者个人；（三）利用职权或者影响力影响交易的单位或者个人。经营者在交易活动中，可以以明示方式向交易相对方支付折扣，或者向中间人支付佣金。经营者向交易相对方支付折扣、向中间人支付佣金的，应当如实入账。接受折扣、佣金的经营者也应当如实入账。经营者的工作人员进行贿赂的，应当认定为经营者的行为；但是，经营者有证据证明该工作人员的行为与为经营者谋取交易机会或者竞争优势无关的除外。"

[②] 《关于禁止商业贿赂行为的暂行规定》（国家工商行政管理局令〔1996〕第 60 号）第 8 条规定："经营者在商品交易中不得向对方单位或者其个人附赠现金或者物品。但按照商业惯例赠送小额广告礼品的除外。违反前款规定的，视为商业贿赂行为。"《中央治理商业贿赂领导小组关于在治理商业贿赂专项工作中正确把握政策界限的意见》（中治贿发〔2007〕4 号）规定"（六）要注意把握以下几种行为的界限"："（第 3 项）附赠与商业贿赂的界限。商业活动中，可以依据商业惯例赠送小额广告礼品。违反规定以附赠形式向对方单位及其有关人员给予现金或物品的，属于商业贿赂。（第 4 项）捐赠与商业贿赂的界限。捐赠应当符合公益事业捐赠法以及其他有关规定，明示并如实入账，不直接或间接与商品交易挂钩，不损害其他经营者合法权益，并且用于公益事业。以捐赠为名，通过给予财物获取交易、服务机会、优惠条件或者其他经济利益的，属于商业贿赂。"

30. 公司辞退不胜任工作员工获支持
——互联网公司与客户经理劳动合同纠纷案

摘要：销售人员业绩考核不合格，经培训后仍不合格，公司以不胜任工作为由解除其劳动合同获仲裁委员会和法院支持。

来源：上海市长宁区劳动人事争议仲裁委员会长劳人仲〔2015〕办字第2483号仲裁裁决书；上海市长宁区人民法院（2016）沪0105民初9963号民事判决书。

【事实概要】

Z某（女）于2005年2月进入某知名互联网公司上海分公司（下称公司）工作，最后一份劳动合同期限为2013年9月2日至2016年9月1日，担任高级客户经理。Z某往年业绩尚可，其于2014年2月生育，7月产假结束后重返岗位，从2014年第四季度起连续三个季度考核未合格。其间，公司要求其改进绩效，并对其进行了业务培训，但在新一轮考核中，Z某业绩仍不达标。公司在征求工会意见（工会表示同意）后，于2015年7月15日以Z某不能胜任工作、经培训后仍不胜任为由通知其解除劳动合同，Z某拒收，并带家属至公司交涉，致公司报警求助。

2015年12月22日，Z某申请劳动仲裁，要求公司与其恢复劳动关系并支付其自申请仲裁日至裁决之日的工资。

【裁判要旨】

1. 上海市长宁区劳动人事争议仲裁委员会裁决

仲裁期间，公司表示，Z某离职后，其客户资源已被重新分配给他人，双方无恢复劳动关系的可能。仲裁员向Z某释明法律规定，当庭询问Z某，若裁决公司系违法解除劳动合同，其是否同意将仲裁请求变更为支付赔偿金，但Z某坚持原请求（恢复劳动关系）。

仲裁委员会经审理认为，公司作为用人单位，有权对劳动者的工作表现制定考核标准及依据，劳动者应当遵守并服从用人单位的管理；公司提供的证据材料可以形成证据链，证明公司在Z某考核不合格后对其进行了培训，但Z某仍考核未合格，故对公司解除（劳动合同）行为的合法性予以认可。

仲裁委员会遂于2016年2月26日裁决：对Z某仲裁请求不予支持。

2. 上海市长宁区人民法院一审判决

Z某不服仲裁裁决，向上海市长宁区人民法院（下称一审法院）起诉，并委托其丈夫和其"所在社区推荐的公民"共同担任其诉讼代理人。

一审法院认为，双方劳动合同约定原告（Z某）"工作主要或部分通过电脑或网络系统进行，双方对文件传输的形式已经作了明确约定"，故法院"对被告（公司）提供的已经公证的电子邮件以及系统文件真实性均予以认定"；被告证据"可以证明原告经考核不合格，并经培训后，仍然考核不合格的事实。原告的谈话亦自认其业绩未达标，上述证据足以证明原告不能胜任工作"，被告据此解除劳动合同符合法律规定。遂于2016年8月22日判决驳回Z某的诉讼请求。

　　Z 某未上诉,因此一审判决生效。

【法律评析】

(一)评析要点

　　本案系因员工不胜任工作而解除劳动合同,是用人单位单方解除劳动合同的法定情形之一。但,员工不胜任工作,用人单位并不能立即辞退,而应经过培训或调岗;只有经培训或调岗仍不胜任的,才可解除劳动合同。因实体和程序方面的严格要求以及用人单位的举证责任,用人单位以劳动者不胜任工作为由单方解除劳动合同,往往容易败诉。

　　本案中,Z 某连续两次业绩考核均未达标,且员工自评与公司测评结果均为不达标。公司在 Z 某第一次业绩考核不达标后,即对其进行培训。培训后,Z 某业绩考核仍不达标。

　　在自评亦为不达标的情况下,Z 某非但拒绝公司与其解除劳动合同,还与家属到公司交涉,并拒绝签收公司发出的解除劳动合同通知,但拒收并不影响通知的效力;若有必要,公司完全可以进行证据保全。

　　本案虽然笔者团队为公司获得了胜诉,但在收到本案仲裁裁决书后,公司法务人员(亦曾从事律师工作)表示,"认真看了一下仲裁文件,应该说是险胜"。所幸法院也支持了公司。

(二)法律依据与实务分析

　　《劳动合同法》第 4 条规定:"用人单位应当依法建立和完善劳动规章制度,保障劳动者享有劳动权利、履行劳动义务。用人单位在制定、修改或者决定有关劳动报酬、工作时间、休息休假、劳动安全卫生、保险福利、职工培训、劳动纪律以及劳动定额管理等直接涉及劳动者切身利益的规章制度或者重大事项时,应当经职工代表大会或者全体职工讨论,提出方案和意见,与工会或者职工代表平等协商确定。在规章制度和重大事项决定实施过程中,工会或者职工认为不适当的,有权向用人单位提出,通过协商予以修改完善。用人单位应当将直接涉及劳动者切身利益的规章制度和重大事项决定公示,或者告知劳动者。"

　　同法第 40 条规定:"有下列情形之一的,用人单位提前三十日以书面形式通知劳动者本人或者额外支付劳动者一个月工资后,可以解除劳动合同:……(二)劳动者不能胜任工作,经过培训或者调整工作岗位,仍不能胜任工作的……"

　　完善的规章制度对用人单位的人事管理至关重要。除规章制度之外,用人单位若要对员工作出处理(尤其是解除劳动合同),还要注意保存和固定其他证据。就不胜任工作而言,公司的考评记录、测评结果以及员工自评(需本人签字)均属重要证据。当然,公司还要对员工进行培训或调岗。至于培训和调岗的形式和实际操作,需针对员工具体情况、公司经营需要和惯例进行具体分析,总的原则是合情合理且有证据支持。

　　销售人员一般有业绩指标,相对而言比较容易考核,但公司应尽量由员工本人签字确认考核结果,以减少公司(在万一发生劳动争议时)的举证负担。有些公司通过内网进行员工考核,但内网页面往往难以打印或者不能清晰展示考核结果,且电子打印件只有经对方认可方为有效证据,故公司可要求员工以电子邮件确认考核结果,或在考评表(或类似文件)打印件上签字。

　　笔者团队律师接受本案公司委托后,立即全面分析案情并与公司相关负责人深入沟通,了解公司相应的规章制度、实际执行情况及该员工具体情况,认为本案系适用《劳动合同法》第40条第(2)项解除劳动合同的典型事例;公司的操作没有问题,证据也比较充分。从实体上讲,Z某不胜任工作已由两次考核结果证明;就程序而言,第一次考核之后,公司已对其培训。此时,公司只要提前30日以书面形式通知Z某或者额外支付Z某1个月工资,即可解除劳动合同。

　　在细致梳理证据材料的基础上,笔者团队律师向仲裁庭提交了公司内部测评系统对Z某的测评结果(两次考核均为不合格)、Z某自我测评结果(亦为不合格)、经Z某签字确认的《业绩不合格工作改进计划》及公司对Z某进行培训的邮件。上述材料已形成了完整的证据链。Z某的代理人在庭审中否认上述测评结果,称该结果可由公司控制、不客观公正。但对上述《业绩不合格工作改进计划》,Z某及其代理人未能举出相反证据证明其主张。

　　本案庭审辩论中,Z某代理人表示,Z某作为女员工,在生育后工作确实有所懈怠。其本意是为Z某开脱,但生育导致工作懈怠并不等于员工在生育后有权不完成工作;由此导致不胜任工作,不能成为对抗公司处理决定的理由。关于考核标准,Z某一方认为对哺乳期女职工不应适用与其他员工相同的标准,但该主张并无法律依据。此外,仲裁庭审时,Z某对公司方的电子证据全部予以认可,还质疑公司选用的公证处,并否认其曾在考核系统中进行自评、亦试图否认公司曾对其进行过培训,对录音证据也不认可(理由是录音未得到其允许)。但实际上,经过公证(公证处的选择是举证一方的自由,法律并不干预)的电子证据和未经许可的录音均为合法证据。

　　以往笔者也代理过一些与员工不胜任工作有关的疑难案件,用人单位并非每次都是胜券在握,相反,许多情况下证据不足、有苦难诉。比如某货运航空公司一位负责订舱的员工,不但性格孤僻、与同事缺乏交流,还工作马虎、常出差错,每次小差错都可能给公司造成巨大损失。为此,公司多达五次为其安排培训,但其均拒绝参加。公司无奈,只好解除其劳动合同。员工遂申请劳动仲裁,要求恢复劳动关系。经笔者代理,该案最终以较小代价调解结案,公司无需与该员工恢复劳动关系。但若员工一意孤行、诉讼到底(尤其是"要工作不要赔偿",即坚持要求恢复劳动关系),公司无疑将处于尴尬境地。

作者:齐斌

31. 考核末位不等于不胜任工作
——中兴通讯（杭州）有限责任公司诉王鹏劳动合同纠纷案①

摘要：劳动者在用人单位等级考核中居于末位，不等同于"不能胜任工作"，不符合单方解除劳动合同的法定条件，用人单位不能仅据此单方解除劳动合同。

来源：浙江省杭州市滨江区人民法院（2011）杭滨民初字第885号民事判决书。

【事实概要】

2005年7月，王鹏进入中兴通讯（杭州）有限责任公司（下称中兴通讯）工作，劳动合同约定王鹏从事销售工作，基本工资每月3840元。该公司《员工绩效管理办法》规定：员工半年、年度绩效考核分别为S、A、C1.C2四个等级，分别代表优秀、良好、价值观不符、业绩待改进；S、A、C（C1.C2）等级的比例分别为20%、70%、10%；不胜任工作原则上考核为C2。王鹏原在该公司分销科从事销售工作，2009年1月后因分销科解散等原因，转岗至华东区从事销售工作。2008年下半年、2009年上半年及2010年下半年，王鹏的考核结果均为C2。中兴通讯认为，王鹏不能胜任工作，经转岗后，仍不能胜任工作，故在支付了部分经济补偿金后解除了劳动合同。

【裁判要旨】

1. 杭州市滨江区劳动人事争议仲裁委员裁决

2011年7月27日，王鹏提起劳动仲裁。同年10月8日，杭州市滨江区劳动人事争议仲裁委员作出裁决，令中兴通讯支付王鹏违法解除劳动合同赔偿金余额36596.28元。

2. 杭州市滨江区人民法院一审判决

中兴通讯认为其不存在违法解除劳动合同的行为，不服仲裁裁决，于2011年11月1日诉至杭州市滨江区人民法院（下称一审法院），请求判令不予支付解除劳动合同赔偿金余额。

一审法院认为：为保护劳动者合法权益，构建和发展和谐稳定的劳动关系，《劳动法》《劳动合同法》对用人单位单方解除劳动合同的条件进行了明确限定。中兴通讯以王鹏不胜任工作、经转岗后仍不胜任为由解除劳动合同，对此应负举证责任。根据《员工绩效管理办法》的规定，"C（C1、C2）考核等级的比例为10%"，虽然王鹏曾经考核结果为C2，但是C2等级并不完全等同于"不能胜任工作"，中兴通讯仅凭该限定考核等级比例的考核结果，不能证明劳动者不能胜任工作，不符合据此单方解除劳动合同的法定条件。虽然2009年1月王鹏从分销科转岗，但是转岗前后均从事销售工作，并存在由于分销科解散导致王鹏转岗这一根本原因，故不能证明王鹏系因不能胜任工作而转岗。因此，中兴通讯主张王鹏不胜任工作、经转岗后仍然不胜任工作的依据不足，存在违法解除劳动合同的情形，应当依法向王鹏支付经济补偿标准二倍的赔偿金。

综上，一审法院判决：中兴通讯于本判决生效之日起15日内一次性支付王鹏违法解除劳

---

① 最高人民法院指导案例第18号。

动合同赔偿金余额 36 596.28 元。宣判后,双方均未上诉,判决已发生法律效力。

【法 律 评 析】

(一)评析要点

本案关键是王鹏的考核结果为 C2 等级是否等同于"不能胜任工作",以及中兴通讯以王鹏"不能胜任工作"为由解除其劳动合同是否履行了法定程序。本案生效判决对上述两个问题均作出了否定的评判。

(二)法律依据与实务分析

《劳动合同法》第 40 条规定:"有下列情形之一的,用人单位提前三十日以书面形式通知劳动者本人或者额外支付劳动者一个月工资后,可以解除劳动合同:……(二)劳动者不能胜任工作,经过培训或者调整工作岗位,仍不能胜任工作的……"

根据上述规定,若用人单位以劳动者"不能胜任工作"为由解除劳动合同,需先认定劳动者不能胜任工作,然后履行培训或者调整工作岗位的法定程序。此后,若劳动者仍不能胜任工作,则用人单位可提前 30 日以书面形式通知劳动者本人或者额外支付劳动者 1 个月工资,且需履行法律(《劳动合同法》第 43 条)规定的通知工会(若有)的义务,方可解除其劳动合同,并须依法支付经济补偿。①

一般来说,用人单位可以在规章制度或绩效考核制度中规定对员工的考核标准并据此对员工进行考核,但用人单位若在规章制度(绩效考核制度)或劳动合同中规定或约定"末位淘汰"或"竞争上岗",则缺乏法律依据。在单位的绩效考核中处于末位或未能竞争上岗并不等于员工不胜任工作;但若用人单位依据依法制定的规章制度或绩效考核制度对员工进行考核,员工考核结果确实不符合要求,一般可认定该员工不胜任工作。只是,如上所述,即使用人单位证明劳动者不胜任工作,也不能直接解除其劳动合同。②

实务中部分用人单位确实可证明员工不胜任工作,但由于未履行"培训或者调整工作岗位"以及通知工会的法定前置程序,导致违法解除劳动合同的后果。

当然,根据最高人民法院有关司法解释③,有工会的用人单位解除劳动合同"符合劳动合同法第三十九条、第四十规定",只是未事先通知工会的,可在"起诉前""补正有关程序",即通知工会。所谓起诉,指劳动争议经仲裁后,任何一方不服仲裁结果,诉至人民法院。

作者:张君强

---

① 《劳动合同法》第 46 条规定,"有下列情形之一的,用人单位应当向劳动者支付经济补偿:……(三)用人单位依照本法第四十条规定解除劳动合同的……"

② 另参见江苏省高级人民法院《劳动争议案件审理指南(2010 年)》关于"劳动者是否'不能胜任工作'的认定"。

③ 《最高人民法院关于审理劳动争议案件适用法律若干问题的解释(四)》第 12 条规定:"建立了工会组织的用人单位解除劳动合同符合劳动合同法第三十九条、第四十条规定,但未按照劳动合同法第四十三条规定事先通知工会,劳动者以用人单位违法解除劳动合同为由请求用人单位支付赔偿金的,人民法院应予支持,但起诉前用人单位已经补正有关程序的除外。"

32. 公司因客观情况发生重大变化解除劳动合同
——跨国公司上海独资企业因组织架构调整与首席财务官解除劳动合同案

摘要:跨国公司全球组织架构调整,其上海独资企业原拟以优厚条件与首席财务官(CFO)Z某协商解除劳动合同,被Z某拒绝;Z某请病假1年,返回公司工作后,公司与其再次协商未果,以客观情况发生重大变化为由解除其劳动合同,获上海市某区劳动人事争议仲裁委员会支持;一审中双方达成调解协议。

来源:本案系笔者团队2016年至2017年代理的案件,经上海市某区劳动人事争议仲裁委员会裁决后,双方在一审阶段经法院调解结案;考虑到仲裁的性质、为当事人保密等因素,本案仲裁裁决书和调解书未公布。

【事实概要】

Z某2001年加入某跨国公司中国独资企业,2011年与同一集团旗下上海某独资公司(下称公司)签订了无固定期限劳动合同,担任首席财务官,月基本工资(年薪除以计薪月数)加住房补贴逾8万元。

2015年3月,因全球经济下滑,该集团总部决定调整组织(经营)架构,中国区亦在调整之列。该集团以公告形式发布了调整方案,但方案中涉及中国区的内容仅有只言片语;公告发布后不久,中国区总裁即按照集团要求,宣布将财务部与业务部合并。公司决定以优厚的补偿方案(总金额高达人民币200余万元)与Z某协商解除劳动合同。孰料Z某闻讯后情绪异常激动,一度与公司人事部等人员发生争执并赴医院检查身体,自下一个工作日起即开始连续请病假,历时近一年(但未超过医疗期)。

自Z某请病假次月起,公司按照每月5 451元①的标准支付其病假工资;当月公司以组织架构调整、CFO职位已不存在为由向其发出《劳动合同变更协议》(Z某未签署,后称因身体状况无法理解协议内容)。

2016年2月底,Z某突然到公司要求上班,公司相关人员最初几天要求Z某签到后回家,此后有一两天,Z某未经公司任何人员通知,在签到后自行离开公司(其自称是在附近公园"思考")。2016年3月上旬,笔者代表公司于两天内与Z某进行了两次协商,其对双方劳动关系如何处理一直避而不谈,遑论补偿金额这一实质性问题。笔者指出,其既然要求上班,就不应擅自离开公司,否则可能需承担相应后果。Z某在笔者与其再次协商未果的次日,终日于公司公共区域待命。当晚,公司通过电子邮件向其发出了《解除劳动合同通知》,并于翌晨面交其本人。《解除劳动合同通知》的主要内容是,因集团组织架构调整,Z某在公司担任的首席财务官职位已不存在,致使双方的劳动合同无法履行;公司一年来多次与Z某协商,但双方未能就变更劳动合同内容达成协议。鉴于此,公司依法解除Z某的劳动合同,并对其经济补偿等作了安排。

---

① 当年适用的上海市职工月平均工资。

两个多月后,Z某申请劳动争议仲裁。

【裁　判　要　旨】

1. 上海市某区劳动人事争议仲裁委员会裁决

在仲裁申请中,Z某未要求恢复劳动关系,而是要求公司支付"违法解除劳动合同"赔偿金320余万元,并提出支付工资差额、未休年假工资、加班工资等请求,金额亦达数百万元。其关于加班的证据材料主要是一些未经公证的电子邮件打印件。

上海市某区劳动人事争议仲裁委员会经开庭审理,认为公司以组织架构调整、协商变更(劳动合同)不成为由解除双方之间的劳动合同,符合《劳动合同法》相关规定(见下文),Z某要求公司支付违法解除劳动合同赔偿金缺乏依据,仲裁委员会不予支持。对Z某关于加班工资的请求,该仲裁委员会亦未支持。

关于变更劳动合同(调岗),仲裁委员会认为:原则上,用人单位调整劳动者岗位,双方应当协商一致;若用人单位因自身经营需要调整劳动者岗位,属于单位自主经营权的体现,也应当得到尊重,当然该调整需在合理的范围之内;而若用人单位的调岗将导致劳动者待遇极大幅度降低,在劳动者未同意的情况下,用人单位的调岗行为对劳动者不具有约束力。

2. 上海市某区人民法院(一审法院)民事调解书

Z某和公司均不服仲裁裁决,分别向上海市某区人民法院起诉,该案在一审阶段经法官调解结案,公司支付的补偿金仅相当于最初拟付金额的一半。

【法　律　评　析】

(一)评析要点

我国劳动法律法规对用人单位单方解除劳动合同作出了较为严格的限制;用人单位非因员工过失解除劳动合同的主要依据限于《劳动合同法》第40条所规定的三种情形(包括"客观情况发生重大变化")以及同法第41条所述情形("经济性裁员")。

由于宏观经济形势影响、原材料涨价、人工成本上升、产业结构调整与产业梯度转移、"贸易战"等各种原因,企业经营状况往往会发生变化,不可避免地导致人事变动。上述人事变动如涉及多人,将可能适用《劳动合同法》关于"经济性裁员"之规定;如系个别,则可能导致《劳动合同法》关于"无过失性辞退"条项之适用,即用人单位以"客观情况发生重大变化"为由解除劳动者的劳动合同。如何界定"客观情况发生重大变化",在理论上和实践中便显得至关重要。此外,根据法律规定(见下文),即使客观情况发生重大变化,用人单位也不能直接解除劳动合同,而是首先需要与劳动者就变更劳动合同内容进行协商。实践中用人单位以"客观情况发生重大变化"为由解除劳动合同时往往引发争议,单位胜诉率不容乐观。

就本案而言,双方争议焦点在于公司所称"组织架构调整"能否构成"客观情况发生重大变化"。经公司方细致举证,仲裁裁决支持公司的解除理由,实属难得。本案还有一个隐含的争议点,即双方是否就变更劳动合同内容进行了协商。笔者认为,在客观情况确实发生重大变化时,用人单位与劳动者(尤其是高级管理人员)协商变更劳动合同内容(调岗、降薪)在实际上难以操作,协商的程序意义大于实质作用;只要用人单位可以证明曾与劳动者协商变更劳动合同内容而且协商不成(通常结果如此),用人单位应有权解除劳动合同。

(二)法律依据与实务分析

根据《劳动合同法》第 40 条第(3)项,"劳动合同订立时所依据的客观情况发生重大变化,致使劳动合同无法履行,经用人单位与劳动者协商,未能就变更劳动合同内容达成协议的","用人单位提前三十日以书面形式通知劳动者本人或者额外支付劳动者一个月工资后,可以解除劳动合同"。1995 年施行的《劳动法》第 26 条第(3)项亦有类似规定。

另据原劳动部办公厅《关于〈劳动法〉若干条文的说明》[1],"客观情况"是指"发生不可抗力或出现致使劳动合同全部或部分条款无法履行的其他情况,[2]如企业迁移、被兼并、企业资产转移等,并且排除本法第二十六条所列的客观情况";但在"企业迁移、被兼并、企业资产转移"等情形以外,目前劳动争议仲裁和司法实践中对何谓"客观情况"仍是众说纷纭,无统一标准。笔者认为,"客观情况"应指用人单位与劳动者建立劳动关系时的实际状况,如组织架构、经营模式、岗位、工作条件、工作地点等;若上述客观情况的变化导致原劳动合同难以继续履行,则可构成"重大变化"。但难点在于如何认定"客观",因为组织架构调整和岗位的撤销等可以由用人单位(或其股东或母公司)主动发起。

追根溯源,劳动法律所称客观情况重大变化,类似传统民商法理论中的"情势变更",通常指合同成立后因不可归责于双方当事人的原因发生重大变化,致使一方或双方的合同目的不能实现,若继续履行原合同则显失公平,此时允许双方协商变更合同内容或者由一方或双方解除该合同。

结合本案,关于企业组织(经营)架构调整是否属于"客观情况发生重大变化",笔者认为应主要考量组织架构调整是否客观、合理,该调整对劳动合同履行的影响程度以及是否为特定员工"量身定做"(即是否具有"普适性")。其中重点是组织架构调整是否客观、合理。

笔者认为,应结合企业管理惯例、实际经营状况乃至宏观或行业经济形势等多种因素综合考量其组织架构调整的客观性和合理性。

其一,认定组织架构调整是否客观、合理,不宜一味拘泥于企业权力机关的决策。比如,实行全球一体化管理的跨国公司之现地法人(尤其是独资企业)往往唯总部是从,本身并没有公司治理、决策机制和程序,而是徒有公司之壳。此时,若要求其出具有关组织架构调整的股东会或董事会决议,往往是强人所难。

其二,认定组织架构调整是否合理,应考虑企业的主观动机和调整的必要性。企业作为市场主体,具有拟制人格。若因法律或国家政策的变化或经营成本上升、利润下降而不得不裁撤相关部门或车间,当具有客观性和合理性。否则,以组织架构调整为名实则实行变相裁员,则可能不具有客观性和合理性。此外,若企业为追逐高额利润进行战略性调整(比如因个别产品前景不佳而停止生产)、调整组织架构,劳动人事争议仲裁委员会和法院可能倾向于认为不属于"客观情况发生重大变化"。

---

① 劳办发〔1994〕289 号。
② 根据《劳动合同法》第 33 条、第 34 条,用人单位变更名称、法定代表人、主要负责人或者投资人等事项或发生合并或者分立等情况,均不影响劳动合同的履行(原劳动合同继续有效)。

当然,若企业因组织架构调整解除高级管理人员的劳动合同,而该高管要求恢复劳动关系,裁判者会在一定程度上考量劳动关系恢复的可能性。

实务中,不同类型的用人单位就"客观情况发生重大变化"(及与员工协商变更劳动合同内容的过程)予以举证时,需要一定的技巧。泛泛而言,以组织架构调整为例,"客观情况发生重大变化"的主要证据材料包括但不限于:

第一,组织架构调整的背景资料。相关资料即使难以构成有效证据,亦可作为仲裁员或法官判案的参考。比如,在笔者为用人单位代理相关劳动争议案件过程中,法院有时会要求用人单位提供近年财务报表乃至行业分析报告。法官显然希望据此查明用人单位组织架构调整的客观性和合理性。

第二,组织架构调整的决策文件和公告等。根据企业类型、内部治理机制的不同和公司章程的规定,相关决策文件可以包括股东(大)会决议、董事会决议、总经理办公会议纪要等等。小型公司未设董事会的,执行董事决定可代替董事会决议。若经本公司章程或股东(大)会、董事会授权,总经理决定也是合法的决策文件。国有企业具有一定的行政色彩或称行政依附性,因此,若国企调整组织架构,除本公司的上述决策文件之外,还可提交上级(集团)公司股东(大)会或董事会决议、上级主管部门或国有资产监督管理部门相关批复等,鲜有法院会否定大型国企和政府部门的红头文件。上述证据均具有较强的证明力。

第三,组织架构调整的程序性文件。考虑到《劳动合同法》第4条(关于民主程序)的规定,用人单位可将与全体员工、员工代表、工会协商或由职工(代表)大会讨论组织架构调整的相关书面文件作为证据提交,但实务中履行上述程序的用人单位比较罕见,组织架构调整决策作出之前是否履行民主程序也并非裁审机关考量的重点;至于《劳动合同法》第4条用语的繁杂及其逻辑性,就不在本文讨论范围了。一般而言,上述程序性文件主要包括企业部门调整和员工安置方案、就解除相关员工劳动合同征求工会意见的通知和工会的书面意见等。若企业没有成立工会,上级工会意见也可作为证据材料。比如某知名互联网集团裁撤下属公司法务岗位时(不是下属公司不需要法务,而是集团强大的法务部门足以支撑和协助),就征求了集团工会意见并向劳动人事争议仲裁委员会提交了工会同意书。至于人力资源和社会保障部门的处置意见,在解除个别员工劳动合同的情况下是不需要的;即使是经济性裁员,某些地区的人力资源和社会保障部门出于特定考虑,也并不热衷于接受用人单位的裁员报告和方案,而是婉转要求用人单位与员工协商解除劳动合同或按客观情况发生重大变化解除劳动合同。

第四,与员工协商变更劳动合同内容等证据材料。除常见证据形式(通知书和电子邮件)外,微信、钉钉、QQ聊天记录、手机短信和谈话(电话)录音、谈话记录(宜由谈话对象签名)等均可作为辅助证据。必要时可办理证据保全公证。

本案的背景是跨国公司全球架构调整。为证明组织架构调整的事实,笔者团队协助公司向仲裁委员会(及法院)提交了海外集团公司"组织架构重组公告"、"关于重组的简报"、官网新闻截图、国内新闻网站的报道截图、"中国地区组织架构重组公告"、群发的电子邮件等证据材料。Z某对以上材料的真实性均不认可。仲裁委员会认为,Z某虽不认可公司提交的证据材料,但未提交任何相反证据加以反驳,理应承担不利之法律后果。因此,裁决公司系合法解除与Z某的劳动合同。有必要说明,为使仲裁委员会和法院采信上述证据,应将外文证据在来源国进行公证并提交中国驻该国大使馆或领事馆认证,再由中国法院认可的翻译机构译为中文;

在国内取得的电子邮件等证据凡是重要的,亦应办理公证。如此,仲裁委员会和法院即使不完全采信上述这些证据的内容,也不会因其欠缺形式要件而直接否定其效力;事实上,形式完备的证据会在一定程度上影响仲裁员和法官的心证,使其理解证据提供方的用心和立场。

在本案发生前的具体操作阶段,公司以何理由解除 Z 某的劳动合同是关键。鉴于公司本来就无意仅以法定标准"打发"Z 某,愿意支付额外补偿,尽管本案从笔者团队介入后历时一年有余,Z 某连续请一年病假也实属罕见,但笔者经再三斟酌,建议公司坚持一年前的初衷,仍以公司组织架构调整导致客观情况发生重大变化(岗位消失)、就变更劳动合同内容协商不成为由解除其劳动合同;而非因 Z 某重返公司后的不当举动(未获公司准许而擅自离开工作场所)采取极端的举措即援引《劳动合同法》第 39 条第(2)项以旷工、严重违反用人单位规章制度为由予以过失性辞退、不支付经济补偿。《解除劳动合同通知》中,详细列明了经济补偿金、代替提前通知的 1 个月工资等数额和计算依据。

公司上述做法,在一定程度上避免了激化矛盾,也为仲裁员(及法官)理解和支持公司的立场奠定了基础。万一公司以 Z 某旷工一两日为由予以过失性辞退,虽可逞一时之快,但仲裁结果恐怕不容乐观,也就不能为诉讼阶段的调解作出良好的铺垫,公司可能需要支付不菲的赔偿金,而且声誉受损。

总之,劳动关系的核心是人与人的关系,用人单位也是通过管理人员尤其是人力资源(人事)部人员、法务部人员以及外部律师与其他员工进行沟通。处理劳动关系无疑应当以人为本、不忘初心,不能只见树木不见森林、只顾浪花却无视海洋,否则用人单位乃至律师本身可能都会陷入尴尬境地。

此外,本案仲裁委员会认为,公司在 Z 某病假期间按照上年度上海市月平均工资标准发放其病假工资,符合《上海市劳动局关于加强企业职工疾病休假管理保障职工疾病休假期间生活的通知》[1]相关规定;但 2016 年 1 月—2 月应按上海市新的年度月平均工资[2]补足相应差额。

作者:齐斌

---

[1] 沪劳保发〔1995〕83 号。

[2] 5 939 元(2015 年)。见上海市人力资源和社会保障局,《上海市 2015 年职工平均工资有关事宜的通知》(沪人社综发〔2016〕12 号),2016 年 3 月 31 日。

33. 经济性裁员
——马某与某电子(中国)有限公司劳动争议案

摘要:公司经济性裁员,未必一概留用与本公司订立无固定期限劳动合同的员工。
来源:北京市朝阳区人民法院(2019)京 0105 民初 35784 号民事判决书;北京市第三中级人民法院(2019)京 03 民终 12382 号民事判决书。

【事 实 概 要】

马某于 2005 年 1 月 10 日入职某电子(中国)有限公司(下称公司),双方自 2014 年 1 月 1 日起签订了无固定期限劳动合同,约定马某劳动报酬标准为:包括月基本工资税前 9 505 元、根据业绩考核结果以每月 2 091 元为计算基数的绩效(提成)奖金。2018 年 3 月 26 日,公司向马某发出《解除劳动合同通知书》,写明:"由于目前国内家电行业竞争愈发激烈,人力及原材料成本不断上涨等因素,近三年均处于严重亏损状态,公司生产经营发生了严重困难,受此状况影响,依据《劳动合同法》第 41 条规定,决定自 2018 年 3 月 26 日解除与您的劳动合同……",并告知马某将在其办结工作交接后,按照"N+1"(其中 N 指依法计算的、马某在本公司工作年限,对应 N 个月工资)标准支付其经济补偿金。2018 年 3 月 27 日,公司向马某支付了解除劳动合同经济补偿金 312 026 元。

公司主张与马某解除劳动合同符合法律规定,就此在本案庭审中提交了《财务审计报告》(2014—2017 年)、《董事会决议》、《对公司经济性裁员通报会的反馈意见》、《关于工会反馈意见的回复》、《被裁减职工花名册及平均工资》、北京市朝阳区人力资源和社会保障局出具的《收悉证明》、协商解除人员名单及协议、辽宁省大连市中级人民法院民事判决书等证据予以证明。

马某主张公司系违法解除劳动合同,主张公司生产经营不存在困难,亏损系因公司以高于市场价的价格向关联的乐金企业购入零件所致,公司年终向职工发了高额年终奖并在裁员的同时招聘新职工可证明其并不存在经营困难,还提交了 2014—2017 年《××(中国)社会责任报告》(部分)以证明公司历年营业额较高,以此证明公司不存在"严重经营困难"。公司仅对上述证据中社会责任报告的真实性认可,但称其中所载明的是集团公司的情况,不能反映该公司的经营情况,对其余证据真实性不予认可。

【裁 判 要 旨】

1. 北京市劳动人事争议仲裁委员会裁决

马某离职后向北京市劳动人事争议仲裁委员会申请仲裁,要求公司支付其违法解除劳动关系赔偿金、克扣的绩效奖金、职责(务)津贴。仲裁委员会裁决公司支付马某违法解除劳动关系赔偿金差额 280 456.6 元,驳回了马某的其他仲裁请求。

2. 北京市朝阳区人民法院一审判决

公司不服仲裁裁决,向北京市朝阳区人民法院(下称一审法院)起诉请求:判决公司无需支付马某违法解除劳动合同赔偿金差额 280 456.6 元。

一审法院认为,关于公司与马某解除劳动合同的合法性问题,首先,《最高人民法院关于民事诉讼证据的若干规定》第 9 条规定:"下列事实,当事人无需举证证明:……(四)已为人民法院发生法律效力的裁判所确认的事实。"①"(2018)辽 0203 民初 2847 号"民事判决认定,公司于 2018 年 3 月 26 日的经济性裁员符合法律规定,判决驳回了该案黄某要求公司支付违法解除劳动合同赔偿金的诉讼请求,该判决现已发生法律效力。而黄某亦与本案公司签有无固定期限劳动合同,与马某的情况相同。

其次,公司提交的证据可以证明公司存在经营困难,已就经济性裁员向工会说明情况并听取了工会意见,并已将裁减人员方案向劳动行政部门报告,符合《劳动合同法》第 41 条第 1 款的规定。马某主张公司不存在经营困难,但所提交的证据不足以推翻《财务审计报告》的效力;其提出的公司在裁员期间雇佣新员工、为在职职工发放高额年终奖等,因现有证据证明公司自 2017 年 12 月至 2018 年 3 月期间仅新雇佣员工数人,亦不足以证明公司不存在经营困难。另据《劳动合同法》第 41 条第 2 款规定,用人单位在经济性裁员时应当优先留用与本单位订立较长期限固定劳动合同及无固定期限劳动合同的职工。根据本案中查明的事实,公司自 2017 年 12 月至 2018 年 3 月期间,因经营困难决定裁员,对于需裁减的员工,首先通过协商方式与其中 109 人解除了劳动关系,对于其余 23 名协商不成的需裁减员工才列入《被裁减职工花名册》并向劳动行政部门报告,其中最终以经济性裁员为由单方面解除劳动合同的员工共计为 15 人。虽然《被裁减职工花名册》显示的裁减员工绝大部分为无固定期限劳动合同员工,但从公司此次裁减的全部人员考量,并非针对无固定期限劳动合同员工;而从 2018 年 4 月公司的职工名册可以看出,公司留用的员工大部分为无固定期限劳动合同员工。因此,一审法院认为,马某所提交的证据不足以证明公司违反了《劳动合同法》第 41 条的规定,公司与马某解除劳动合同符合法律规定,其要求不支付马某违法解除劳动合同赔偿金差额的请求应予支持。

综上所述,一审法院依照《劳动合同法》第 41 条第 1 款、第 2 款规定,判决公司无需支付马某违法解除劳动合同赔偿金差额 280 456.6 元。

3. 北京市第三中级人民法院二审判决

马某不服一审判决,向北京市第三中级人民法院(下称二审法院)提起上诉,请求撤销一审判决,改判公司支付马某违法解除劳动合同赔偿金差额 280 456.6 元。事实和理由是:一审判决认定事实不清,适用法律错误。公司未按照《企业经济性裁减人员规定》第 2 条、原劳动部《关于贯彻执行〈中华人民共和国劳动法〉若干问题的意见》②和《企业经济性裁减人员规定》③履行裁员法定程序,一审法院认定公司裁员程序合法,属于适用法律错误。公司所谓的裁员实际系为应对市场变化而进行的机构及人员调整,公司提交的中国法人组织结构图明确陈述各部门变动的原因并非因经营发生严重困难导致的符合法定条件的裁员。综上所述,公司所谓的裁员,既不符合裁员法定条件,也违反了裁员程序性规定及应优先保留无固定期限员工的规定,侵害了劳动者的合法权益,系属违法解除(劳动合同)。

---

① 该规定于 2019 年修改,现为第 10 条第 1 款第(6)项。
② 劳部发〔1995〕309 号。
③ 劳部发〔1994〕447 号。

公司辩称,同意一审判决,不同意马某的上诉请求,认为公司在整体财务状况发生持续恶化和部门人员冗余的情况下,通过精简机构和缩减人员的方式开源节流合情合法合理;黄某与其他 10 名员工一样,属于同批被纳入裁员名单,同样签署无固定期限劳动合同,工会程序与报备程序均相同,公司已充分证明经济性裁员依据的程序合法;2018 年 4 月职工名册显示,公司经济性裁员完毕后,当月有职工 459 人,其中无固定期限员工 251 人,公司已保留大部分无固定期限员工,这充分驳斥了员工方所谓的经济性裁员仅针对无固定期限员工的说法,该事实已被一审法院认同。马某的请求没有任何事实和法律依据,依法应予驳回。

二审法院认为,结合当事人诉辩意见,本案二审争议焦点为:公司与马某解除劳动合同关系的合法性问题。马某上诉主要提出以下几项理由主张公司的解除行为构成违法解除劳动合同:(1)认为本案与黄某案案情不同,一审法院引用黄某案判决内容有误;(2)不认可公司本次裁员与员工进行了协商解除;(3)公司提交的证据不足以证明公司已经发生严重经营困难;(4)公司在经济性裁员的同时进行大量的新人招录行为,属于不符合法定裁员条件;(5)公司的裁员程序不合法;(6)公司未按照《劳动合同法》有关规定优先留用无固定期限员工;未就裁员人员选定标准进行有效举证,侵害了马某的合法权益,系违法解除。

对此,二审法院认为,公司解除劳动合同的行为符合法律规定,不构成违法解除。具体理由是:首先,依照《劳动合同法》第 41 条(第 1 款)关于经济性裁员的规定,"有下列情形之一,需要裁减人员二十人以上或者裁减不足二十人但占企业职工总数百分之十以上的,用人单位提前三十日向工会或者全体职工说明情况,听取工会或者职工的意见后,裁减人员方案经向劳动行政部门报告,可以裁减人员:(一)依照企业破产法规定进行重整的;(二)生产经营发生严重困难的;(三)企业转产、重大技术革新或者经营方式调整,经变更劳动合同后,仍需裁减人员的;(四)其他因劳动合同订立时所依据的客观经济情况发生重大变化,致使劳动合同无法履行的。"本案中,公司在一审期间提交的《财务审计报告》等证据可以证明公司确实存在经营困难,且已就经济性裁员向工会说明情况并听取了工会意见,并已将裁减人员方案向劳动行政部门报告,符合上述第 41 条第 1 款的规定。马某虽然否认公司相关证据的证明效力,并主张公司不存在经营困难,并未就经济性裁员履行工会程序,且在裁员同时大量招录新员工,不符合经济性裁员的标准,但其并未提交充分的相反证据推翻上述书证之证明力。并且,其以公司在最终裁员方案上未充分听取工会意见及征求意见过程存在程序瑕疵为由主张公司未履行工会程序,亦缺乏依据,二审法院亦不予采信。

其次,公司提交的另案生效判决——大连市西岗区人民法院(2018)辽 0203 民初 2847 号民事判决书中,已经认定了公司 2018 年 3 月 26 日的经济性裁员符合法律规定,该判决现已发生法律效力。虽然涉案的当事人存在细节性事实差异,但并不影响该判决中关于经济性裁员合法性认定的法律效力,考虑到马某与该案黄某属于 2018 年 3 月 26 日同批裁员人员,故应当认定公司对马某进行经济性裁员亦符合法律规定。

再次,对马某提出的公司未按照《劳动合同法》有关规定优先留用无固定期限员工,未就裁员人员选定标准进行有效举证一节。二审法院认为根据一审法院查明的事实,公司已经提交了《被裁减职工花名册及平均工资》、协商解除人员名单及协议等证据用于证明公司自 2017 年 12 月至 2018 年 3 月期间,经济性裁员首先是通过协商方式与其中 109 人解除了劳动关系,对其余 23 名协商不成的需裁减员工才列入《被裁减职工花名册》并向劳动行政部门报告,其中最终以经济性裁员为由单方面解除劳动合同的员工共计 15 人。从 2018 年 4 月公司的职工名册可以看出,公司裁员后留用的员工大部分仍为无固定期限劳动合同员工。因此,马某虽然不认可公司提交的协商解除劳动合同协议书的真实性,但马某所提交的证据亦不足以证明公司违反了《劳动合同法》第 41 条关于优先留用人员的规定,故对马某的该项上诉主张,二审法院亦不予采信。

综上所述,马某的上诉理由不能成立,应予驳回;一审判决认定事实清楚,适用法律正确,应予维持。依照《民事诉讼法》第 170 条第 1 款第(1)项之规定,二审法院判决驳回上诉,维持原判。

【法 律 评 析】

(一)评析要点

本案是因用人单位经济性裁员引起的劳动争议案件。虽仲裁裁决认定公司解除劳动合同违法,需支付违法解除劳动合同赔偿金;但两审法院均认定公司提交的《财务审计报告》可证明公司经营发生严重困难属实且马某提供的证据不足以推翻该情形,进行经济性裁员履行了法定程序(与工会沟通并向劳动行政部门报告),且无违反法律规定的行为,并据此判决公司解除劳动合同合法。

值得注意的是,本案二审判决的理由之一是:与马某同样情形的其他案件在先生效判决确认的事实可以作为本案的定案依据。

(二)法律依据与实务分析

本案一、二审判决援引的《劳动合同法》第 41 条见上文。另,《企业经济性裁减人员规定》第 2 条规定:"用人单位濒临破产,被人民法院宣告进入法定整顿期间或生产经营发生严重困难,达到当地政府规定的严重困难企业标准,确需裁减人员的,可以裁员。"第 4 条规定:"用人单位确需裁减人员,应按下列程序进行:(一)提前三十日向工会或者全体职工说明情况,并提供有关生产经营状况的资料;(二)提出裁减人员方案,内容包括:被裁减人员名单,裁减时间及实施步骤,符合法律、法规规定和集体合同约定的被裁减人员经济补偿办法;(三)将裁减人员方案征求工会或者全体职工的意见,并对方案进行修改和完善;(四)向当地劳动行政部门报告裁减人员方案以及工会或者全体职工的意见,并听取劳动行政部门的意见;(五)由用人单位正式公布裁减人员方案,与被裁减人员办理解除劳动合同手续,按照有关规定向被裁减人员本人支付经济补偿金,出具裁减人员证明书。"第 5 条规定:"用人单位不得裁减下列人员:(一)患职业病或者因工负伤并被确认丧失或者部分丧失劳动能力的;(二)患病或者负伤,在规定的医疗期内的;(三)女职工在孕期、产期、哺乳期内的;(四)法律、行政法规规定的其他情形。"原劳动部《关于贯彻执行〈中华人民共和国劳动法〉若干问题的意见》第 25 条规定:"依据劳动法第二十七条和劳动部《企业经济性裁减人员规定》(劳部发〔1994〕447 号)第四条的规定,用人单位确需裁减人员,应按下列程序进行:(1)提前三十日向工会或全体职工说明情况,并提供有关生产经营状况的资料;(2)提出裁减人员方案,内容包括:被裁减人员名单、裁减时间及实施步骤,符合法律、法规规定和集体合同约定的被裁减人员的经济补偿办法;(3)将裁减人员方案征求工会或者全体职工的意见,并对方案进行修改和完善;(4)向当地劳动行政部门报告裁减人员方案以及工会或者全体职工的意见,并听取劳动行政部门的意见;(5)由用人单位正式公布裁减人员方案,与被裁减人员办理解除劳动合同手续,按照有关规定向被裁减人员本人支付经济补偿金,并出具裁减人员证明书。"

实务中,企业进行经济性裁员需履行的前置程序比较复杂,如证明企业符合经济性裁员的法定情形、提前30日向工会或全体职工说明情况、向劳动行政部门报告等,稍有不慎就将可能产生违法解除劳动合同的后果。如本案公司的做法,企业若因经济原因需进行裁员,最好优先选择按照《劳动合同法》第36条与员工协商解除劳动合同;若按此操作,即便日后发生争议,企业亦可以双方协商一致为由抗辩。当然,协商应平等、自愿,企业不应对员工进行欺诈、胁迫。对员工方来说,企业进行裁员(不限于经济性裁员)有时会支付高于法定标准的经济补偿,此时,在企业无明显违法行为的情况下,双方协商一致解除劳动合同通常对员工也较为有利,至少可免去不必要的诉累。

关于经济性裁员中优先留用人员事宜,《劳动合同法》第41条第2款、第3款虽然规定裁减人员时应当优先留用与本单位订立较长期限固定期限劳动合同和无固定期限劳动合同人员以及家庭无其他就业人员、有需要扶养的老人或者未成年人的人员,并且在6个月内重新招用人员时应当通知及在同等条件下优先招用被裁减的人员,但相关法律法规并未规定实施细则。比如,实务中企业究竟应该按部门、车间、岗位来确定裁减对象还是根据劳动合同期限和家庭经济状况来确定,法律较难干预;就效率和合理性而言,按部门、车间、岗位裁员可能更为可取。但无论如何筛选裁减对象,对协商不成的员工,企业在将其列为拟被裁减人员并确定补偿方案之后,均应提前30日向工会或全体职工说明情况并向劳动行政部门报告。本案中,公司的说明、报告程序完备,证据较为充分,补偿方案合法,因此得以胜诉。

作者:张君强

34. 劳动合同的终止：医疗期满

——顾某与上海外服（集团）有限公司、香港某纺织有限公司上海代表处劳动合同纠纷案

摘要：医疗期满的员工在患病期间合同到期，一、二审法院均判决可以终止劳动合同。

来源：上海市黄浦区人民法院（2017）沪 0101 民初 698 号民事判决书；上海市第二中级人民法院（2017）沪 02 民终 7565 号民事判决书。

【事 实 概 要】

顾某与上海外服（集团）有限公司（下称外服公司）于 2011 年 8 月 1 日签订劳动合同，期限为 2011 年 9 月 1 日至 2013 年 8 月 31 日，并约定：本合同期满即行终止，但期满时顾某根据派遣协议书的约定正在派遣期限内的，且顾某、外服公司和用工单位均无异议的，本合同的终止可自动续延 2 年，并依此类推；顾某确认双方之间的任何文件（包括但不限于本合同）经由外服公司送达以下地址（上海市徐汇区襄阳南路××弄××号）即为送达顾某，在该地址需要变更时顾某应以书面形式或外服公司认可的其他方式通知外服公司，否则顾某理解并同意外服公司送达该地址即为送达顾某。顾某另与外服公司签订了派遣协议书，约定将顾某派遣至香港某纺织有限公司上海代表处（下称捷敦代表处）工作，派遣期限为 12 个月，自 2011 年 9 月 1 日起至2012 年 8 月 31 日止，月工资为税前 7 510 元。2012 年 2 月 10 日，顾某在工作中与捷敦代表处产生纠纷，情绪失控。同年 2 月 13 日，顾某至医院就诊，被诊断为应激障碍抑郁状态，医嘱顾某需服药治疗、门诊随访及在家休息，并开具了病假单。此后，顾某即开始连续请病假休息。外服公司全额发放了顾某 2012 年 2 月税费后工资 5 997.11 元，自 2012 年 3 月起开始发放顾某病假工资。

2013 年 8 月 8 日，捷敦代表处向外服公司发出派遣员工退回通知单，将顾某退回外服公司。同年 8 月 31 日，顾某与外服公司劳动合同到期；外服公司于同年 9 月 3 日向顾某邮寄了合同到期不续签通知书，寄送地址为浦东新区成山路某地址及顾某户籍地址。自 2013 年 9 月起，外服公司不再向顾某支付工资。2013 年 10 月 12 日，顾某丈夫向外服公司出具情况说明，认为因未在 2013 年 8 月 31 日前收到任何不续签通知，故顾某对 2013 年 8 月 31 日合同终止不认可，认为顾某与外服公司仍保持劳动关系。2015 年 5 月 4 日，外服公司通过邮政快递向劳动合同确认的送达地址上海市徐汇区襄阳南路××弄××号寄送顾某的劳动手册及退工证明，但被拒收。2015 年 5 月 26 日，外服公司出具声明，载明：2011 年 9 月 1 日至 2013 年 8 月 31 日您由我公司派遣至捷敦代表处工作，我公司已经于 2013 年 8 月 31 日与您终止了劳动关系，虽您本人对此事拒不认可，但至此之后，您与我公司确已不再存有任何法律上的权利和义务关系……我公司向您正式作出如下声明，我公司与您的劳动关系于 2013 年 8 月 31 日终止，您丈夫此后持续向我公司工会提交您的病假单证明的行为，理应与我公司无涉，我公司工会及相关人员保管该等病假单证明的行为，也并不构成我公司与您继续维系任何劳动法律关系。顾某丈夫在声明上签字确认：原件已收到。2015 年 5 月 28 日，捷敦代表处向外服公司支付了顾某的经济

补偿金 11 014.66 元,但外服公司尚未支付给顾某。

<h1 style="text-align:center">【裁 判 要 旨】</h1>

1. 上海市黄浦区劳动人事争议仲裁委员会裁决

2015 年 8 月 3 日,顾某向上海市黄浦区劳动人事争议仲裁委员会申请仲裁,要求:(1)外服公司自 2013 年 9 月 1 日起继续履行与顾某的劳动合同;(2)外服公司支付 2012 年 2 月 10 日至 2013 年 8 月 31 日工资差额及护工费 12 万元;(3)外服公司支付顾某 2013 年 9 月 1 日至 2015 年 7 月 31 日工资、护工费、医疗费等费用 40 万元;(4)捷敦代表处按每月 3 000 元标准支付顾某 2011 年 2 月至 2015 年 7 月的精神抚慰金。同日,仲裁委员会以顾某的请求超过仲裁时效为由决定不予受理。

2. 上海市黄浦区人民法院一审判决

顾某不服仲裁裁决,起诉至上海市黄浦区人民法院(下称一审法院)。一审法院认为,劳动合同期满,用人单位及劳动者均有权选择是否续签合同,如双方未就续签合同达成合意,且不存在法定或约定的顺延情形的,则劳动合同于期满日终止。根据查明的事实,顾某系与外服公司签订劳动合同,并由外服公司派遣至捷敦代表处工作,其与外服公司的劳动合同于 2013 年 8 月 31 日到期,至合同到期日顾某应享有的医疗期亦早已届满,不存在法定的顺延情形,同时由于顾某的派遣期限(至 2012 年 8 月 31 日到期)先于劳动合同期限到期,本案亦不适用合同约定的顺延情形,故外服公司在合同期满后选择不再与顾某续签合同,并不违反法律规定,双方的劳动合同已于 2013 年 8 月 31 日到期终止。尽管双方就外服公司是否向顾某送达合同到期不续签通知书存有争议,但劳动合同期满终止并不以送达合同到期不续签通知书为要件,故即使外服公司未向顾某有效送达合同到期不续签通知书,亦不影响双方劳动合同于 2013 年 8 月 31 日依法终止的事实;况且,从顾某丈夫 2013 年 10 月出具的情况说明来看,顾某对外服公司不再与其续签合同、双方合同已于 2013 年 8 月 31 日终止的事实亦系知晓的。基于外服公司与顾某终止劳动合同符合法律规定,故对顾某要求与外服公司继续履行原合同及要求外服公司支付其恢复之日起工资的诉请,因缺乏事实依据及法律依据,不予支持。

顾某自 2012 年 2 月 13 日起长期病假,根据相关规定并依据其病假前工资数额,其病假工资应发数额应为税费前 4 506 元/月,外服公司、捷敦代表处提供的工资计算方法与工资发放明细能相对应,能反映出 2012 年 3 月及 4 月外服公司均以 4 506 元的标准向顾某发放工资,之所以该两月有差额系因为扣除了 2012 年 2 月及 3 月多发放的工资,故外服公司亦已足额支付了顾某 2012 年 3 月及 4 月的工资,至于顾某主张的其他期间工资差额,均无事实依据,故对顾某关于工资差额的诉请,不予支持。顾某要求的医药费、护工费及精神抚慰金,不符合法律规定,均不予支持。

综上,一审法院根据《劳动合同法》第 44 条第(1)项、《劳动法》第 78 条之规定,判决驳回顾某的诉讼请求。

3. 上海市第二中级人民法院二审判决

顾某不服一审判决,向上海市第二中级人民法院(下称二审法院)提起上诉。二审中顾某向法院提供了外服公司与其签订的劳动合同两份,并诉称其于 2000 年 6 月 3 日就已进入外服公司工作,曾被派遣至奥斯特代表处、杰孚森代表处工作,故其系老员工,应享有 24 个月医疗期,本案所涉劳动合同的终止应顺延。

二审法院经审理认为,《劳动合同法》规定,劳动合同期满的,劳动合同终止;但劳动者患病或者非因工负伤,在规定的医疗期内的,劳动合同应当顺延至相应的情形消失时终止。2011年9月1日,外服公司与顾某签订期限为2011年9月1日至2013年8月31日的劳动合同,同日双方又签订派遣协议书,由外服公司派遣顾某至捷敦代表处工作,派遣期限为2011年9月1日至2012年8月31日。2012年2月13日顾某开始病休,捷敦代表处通过外服公司从该月起发放顾某病假工资至2013年8月31日,2013年8月8日捷敦代表处将顾某退回外服公司,外服公司于2013年8月31日到期终止与顾某劳动合同。鉴于劳动合同到期前,顾某应享有的医疗期早已届满,其派遣期限也已先于劳动合同期限到期,故既无法定的、亦无合同约定的顺延情形,外服公司以合同到期不再续签为由与顾某终止劳动合同,与法不悖。

顾某上诉称,其于2000年6月3日就已进入外服公司工作,曾被派遣至奥斯特代表处、杰孚森代表处工作,故其系老员工应享有24个月医疗期,本案所涉劳动合同的终止应顺延。对此二审法院认为,顾某确认外服公司在2007年8月31日及2011年8月31日为其办理了两次退工,且认可收到2011年8月外服公司支付的经济补偿金86 250元,故自2011年9月1日外服公司与顾某签订劳动合同起其工龄重新开始计算,顾某关于其应享有24个月医疗期的主张缺乏依据,二审法院不予支持。关于2013年9月3日合同到期不续签通知书是否送达的争议,二审法院认为,在外服公司终止劳动合同并停发顾某2013年9月工资后,顾某丈夫即找到外服公司,外服公司明确表示合同已终止,顾某丈夫不予认可,从顾某丈夫2013年10月12日出具的情况说明即可说明顾某对外服公司到期终止合同一事是清楚的,故一审判决认定即使外服公司未向顾某有效送达合同到期不续签通知书亦不影响合同到期终止的事实,并无不当。

综上,外服公司于2013年8月31日到期终止劳动合同符合法律规定,对顾某要求外服公司自2013年9月1日起继续履行劳动合同并支付自该日起至判决生效之日止的工资的诉讼请求,二审法院不予支持。一审判决对顾某要求外服公司支付2012年2月10日至2013年8月31日期间工资差额的诉讼请求不予支持的理由已经作了详尽阐述,其观点正确,理由充分,二审法院予以确认。当事人有权在法律规定的范围内处分自己的民事权利和诉讼权利。顾某在二审审理中自愿放弃医药费、护工费、精神抚慰金的主张,与法不悖,应予准许。综上所述,顾某的上诉请求不能成立,应予驳回;一审判决认定事实清楚,适用法律正确,应予维持。

【法 律 评 析】

(一)评析要点

本案要点在于:劳动者医疗期满后仍处于病假期间,用人单位可否到期终止劳动合同。

医疗期是指劳动者患病或者非因工负伤停止工作治病休息,用人单位不得因此解除劳动合同的期限。医疗期虽与病假有关,但并非等同于病假。首先,医疗期是法律概念,其立法本意是在合理期限内保障员工休息和恢复工作的权利。而病假实际上依据的是医务人员的诊疗意见,是医学或生理概念,据此可向用人单位申请因病或非因工负伤而休息和享受病假待遇。其次,医疗期的期限有明确的法律规定,即根据劳动者实际工作年限和本单位工作年限,一般给予3~24个月医疗期。而病假并无最长期限,因其系依据医学判断。此外,医疗期是影响劳动合同解除或终止的特殊情形,而休病假本身并不是阻碍劳动合同解除或终止的特殊情况。不过,医疗期与病假又是息息相关的。劳动者处于医疗期时必然在休病假,病假时间短于医疗期的,用人单位不得根据《劳动合同法》第 40 条和第 41 条解除劳动合同,也不得到期终止劳动合同。

(二)法律依据与实务分析

《劳动合同法》第 45 条规定,"劳动合同期满,有本法第四十二条规定情形之一的,劳动合同应当续延至相应的情形消失时终止。但是,本法第四十二条第二项规定丧失或者部分丧失劳动能力劳动者的劳动合同的终止,按照国家有关工伤保险的规定执行。"原劳动部《关于贯彻执行〈中华人民共和国劳动法〉若干问题的意见》第 34 条也有类似规定:"除劳动法第二十五条规定的情形外,劳动者在医疗期、孕期、产期和哺乳期内,劳动合同期限届满时,用人单位不得终止劳动合同。劳动合同的期限应自动延续至医疗期、孕期、产期和哺乳期期满为止。"

原劳动部《企业职工患病或非因工负伤医疗期规定》第 3 条规定,企业职工因患病或非因工负伤,需要停止工作医疗时,根据本人实际参加工作年限和在本单位工作年限,给予 3 个月到 24 个月的医疗期。根据上海市政府《关于本市劳动者在履行劳动合同期间患病或者非因工负伤的医疗期标准的规定》第 2 条,"医疗期按照劳动者在本用人单位的工作年限设置。劳动者在本单位工作第 1 年,医疗期为 3 个月;以后工作每满 1 年,医疗期增加 1 个月,但不超过 24 个月。"因此,本案员工的医疗期按照上述规定已经届满。

医疗期是到期终止劳动合同的法定阻却事由。但本案中,员工医疗期满后仍请病假的,劳动合同到期后用人单位终止合同并非法律禁止的情形。顾某在二审期间提交证据欲证明其于 2000 年 6 月 3 日就已进入外服公司工作,按照其在本单位工作年限,其医疗期应当延长。但二审法院认为顾某因办理过两次退工并领取了经济补偿,因此其工作年限应当重新计算,医疗期不应延长。笔者认为二审法院的处理并无不妥,类似问题可参考《劳动合同法实施条例》第 10 条。简言之,一般情况下,除非劳资双方另有约定,经济补偿和工龄延续不能并存。故若工龄延续,其所"捆绑"的待遇(如医疗期、病假工资等)也就随之调整。《劳动合同法实施条例》第 10 条虽未言及上述"捆绑",但从本案判决来看,法院显然认可"买断工龄"对员工相关待遇的影响,即"买断工龄"不但影响将来的经济补偿计算,还影响与工龄相关的待遇。

当然,根据原劳动部《关于贯彻〈企业职工患病或非因工负伤医疗期规定〉的通知》第 2 条,某些患特殊疾病(如癌症、精神病、瘫痪等)的职工,在 24 个月内尚不能痊愈的,经企业和劳动主管部门批准,可以适当延长医疗期。实践中,某些员工以抑郁等为由休病假并要求延长医疗期。本案中,顾某被诊断为应激障碍抑郁状态,属于精神类疾病;若其要求按照上述规定延长医疗期,则关键在于"应激障碍抑郁状态"或普通精神类疾病是否在医学或法律上构成"精神病"。

作者:董传羽

35. 经济补偿工作年限计算

——陆某与上海交通大学医学院附属瑞金医院北院、上海卢晨劳务派遣有限公司劳动合同纠纷案

摘要: 劳动者非本人原因从原用人单位被安排到新用人单位工作,原用人单位未支付经济补偿,新用人单位向劳动者提出解除劳动合同,在计算支付经济补偿金或赔偿金的工作年限时,应将劳动者在原用人单位的工作年限合并计算为新用人单位的工作年限。

来源: 上海市黄浦区人民法院(2019)沪 0101 民初 19288 号民事判决书;上海市第二中级人民法院(2020)沪 02 民终 818 号民事判决书。

【事 实 概 要】

瑞金医院北院于 2013 年 1 月正式试营业。瑞金医院北院与上海吉晨卫生后勤服务管理有限公司(下称吉晨公司;发包方)自 2012 年 11 月起签订物业服务合同,将保洁、保安、物业、文员等岗位外包给吉晨公司。吉晨公司将部分岗位转包给嘉定区非正规就业组织国嘉公益服务社。2013 年 5 月,吉晨公司与上海晨源保洁服务有限公司(下称晨源公司;承包方)签订项目承揽合同,吉晨公司将瑞金医院北院后勤服务中的保洁、运送、装卸、保安、电梯等操作工作发包给晨源公司,就业人员由晨源公司招聘和建立劳动关系,并支付工资和缴纳社保,期限至 2020 年 11 月 30 日。同时,吉晨公司与上海卢晨劳务派遣有限公司(下称卢晨公司)签订劳务承揽合同,将瑞金医院北院的工程维修、保洁、运送、导医、营养配膳、电脑录入文员、电梯驾驶等劳务工作交由卢晨公司承揽,有效期自 2013 年 5 月 1 日起至卢晨公司被依法注销时止。

陆某(女)于 2013 年 4 月 1 日至 2014 年 1 月 31 日在国嘉公益服务社工作。该服务社安排陆某在瑞金医院北院担任文员。2014 年 2 月 1 日,晨源公司与陆某签订了期限自 2014 年 2 月 1 日至 2016 年 12 月 31 日的劳动合同,陆某仍在瑞金医院北院担任文员。2017 年 1 月起卢晨公司与陆某签订 1 年期劳动合同,到期后续订 1 年至 2018 年 12 月 31 日。2018 年 12 月 6 日,卢晨公司发出调整岗位通知,安排陆某至新华医院项目部报到上班,工资待遇不变。陆某不予接受。2018 年 12 月 21 日,卢晨公司以陆某违纪为由与其解除劳动合同。

本案庭审中,陆某提供交通银行交易明细证明自 2013 年 1 月 18 日起其工资发放账户为×99,其与晨源公司签订劳动合同后仍使用该账户。2016 年 4 月 20 日起,工资账户变更为×12 099,陆某与卢晨公司签订劳动合同后仍使用该账户。故陆某主张晨源公司与卢晨公司系关联公司,工作年限应连续计算。卢晨公司表示,晨源公司与卢晨公司系独立法人,不属于关联企业,陆某提供的两个账户系交通银行专用发放工资的账户,不是企业账号;陆某于 2016 年 12 月 31 日与晨源公司终止劳动合同后未向该单位主张经济补偿金,属于放弃权利,且已超仲裁时效。争议双方对陆某离职前 12 个月扣除加班费外的平均工资为 3 207 元无异议,对仲裁裁决卢晨公司支付陆某 2018 年 11 月工资差额 412 元和卢晨公司支付陆某 2018 年 12 月 1 日至 12 月 21 日工资 2 130 元无异议。

【裁 判 要 旨】

1. 上海市劳动人事争议仲裁委员会裁决

2019 年 3 月 27 日,陆某向上海市劳动人事争议仲裁委员会申请仲裁,要求卢晨公司支付 2018 年 11 月工资差额 583 元、2018 年 12 月 1 日至 12 月 21 日的工资 2 413.80 元、违法解除劳动合同赔偿金 45 500 元;瑞金医院北院承担连带责任。

仲裁委员会裁决卢晨公司支付陆某 2018 年 11 月工资差额 412 元、2018 年 12 月 1 日至 12 月 21 日工资 2 130 元、违法解除劳动合同赔偿金 12 828 元;对陆某的其他仲裁请求不予支持。

2. 上海市黄浦区人民法院一审判决

陆某不服仲裁裁决,起诉至上海市黄浦区人民法院(下称一审法院);卢晨公司表示服从仲裁裁决。一审法院于 2019 年 8 月 5 日立案后,依法适用简易程序,公开开庭进行了审理。

陆某请求卢晨公司支付 2018 年 11 月工资差额 412 元、2018 年 12 月 1 日至 12 月 21 日工资 2 130 元、违法解除劳动合同赔偿金 45 500 元;要求瑞金医院北院承担连带责任。

一审法院经审理后认为,卢晨公司对仲裁裁决支付陆某违法解除赔偿金无异议,对陆某要求将其在国嘉公益服务社及晨源公司的工作年限合并计算有异议。关于陆某计算赔偿金的工作年限,根据《最高人民法院关于审理劳动争议案件适用法律若干问题的解释(四)》第 5 条第 1 款,劳动者非本人原因从原用人单位被安排到新用人单位工作,原用人单位未支付经济补偿,新用人单位向劳动者提出解除劳动合同,在计算支付经济补偿金或赔偿金的工作年限时,劳动者请求把在原用人单位的工作年限合并计算为新用人单位工作年限的,人民法院应予支持。陆某一直在瑞金医院北院担任文员,工作场所、工作岗位从未变化,2013 年 4 月至 2014 年 1 月陆某与非正规就业组织国嘉公益服务社签订劳动合同,2014 年 2 月至 2016 年 12 月晨源公司与陆某签订劳动合同,2017 年 1 月起卢晨公司与陆某签订劳动合同。故陆某均系非本人原因,劳动合同主体由原用人单位变更为新用人单位。原用人单位未支付经济补偿,故陆某要求将其在晨源公司的工作年限合并计算符合法律规定。2014 年 1 月,陆某退出非正规就业组织国嘉公益服务社,由于非正规就业劳动组织不具备独立法人资格,没有被《劳动法》和《劳动合同法》纳入用人单位的范畴。因此从业人员与非正规就业劳动组织之间产生的纠纷不受《劳动法》等相关法律调整,故该部分工作年限要求卢晨公司承担,不予支持。卢晨公司应按 3 207 元为基数,支付陆某违法解除合同赔偿金 32 070 元。双方对仲裁裁决第 1 项、第 2 项均无异议,可予准许。陆某与瑞金医院北院不存在劳动关系,对陆某要求瑞金医院北院承担连带责任的诉请,不予支持。

据此判决:卢晨公司应于本判决生效之日起 7 日内支付陆某 2018 年 11 月工资差额人民币 412 元、2018 年 12 月 1 日至 12 月 21 日的工资人民币 2 130 元、违法解除劳动合同赔偿金人民币 32 070 元;陆某的其他诉讼请求不予支持。

3. 上海市第二中级人民法院二审判决

卢晨公司不服一审判决,向上海市第二中级人民法院(下称二审法院)提起上诉。二审法院依法组成合议庭对本案进行了审理。

卢晨公司上诉请求:撤销一审判决主文第三项,改判卢晨公司不支付陆某违法解除劳动合同赔偿金人民币 32 070 元。事实和理由是:陆某与卢晨公司之间仅在 2017 年 1 月至 2018 年

12月之间存在劳动关系,之前陆某履行的系其与其他公司签订的劳动合同,陆某作为劳动人事文员,应当知道相应的法律后果。一审判决适用相关司法解释中关于"非因本人原因被安排到新用人单位"的规定处理本案争议,但陆某未举证证明有上述情形,故一审判决有误。现同意按照仲裁关于违法解除劳动合同赔偿金的裁决支付陆某 12 828 元。

陆某辩称,其自入职至被解除劳动合同期间,工作场所、工作岗位及工资发放主体均未发生过变化,符合最高人民法院相关司法解释的规定。一审法院认定事实清楚,适用法律正确,应当维持原判。瑞金医院北院未作答辩。

二审法院确认了一审法院认定的事实无误,并认为,本案争议在于陆某在晨源公司的工作年限是否应当在本案合并计算。卢晨公司上诉认为不应合并计算,理由是其与晨源公司系两个不同的法人,陆某系自愿与上述两个公司先后订立劳动合同,陆某并未证明其与晨源公司订立劳动合同系根据卢晨公司的安排而为。但根据查明的事实,瑞金医院北院于 2012 年与吉晨公司签订物业服务合同后,将保洁、保安、物业、文员等岗位外包给吉晨公司。2013 年 5 月 1日,吉晨公司分别与晨源公司和卢晨公司签订项目承揽合同和劳务承揽合同,其中劳务承揽合同约定医院的文员等劳务工作由卢晨公司承揽,承揽合同期限从 2013 年 5 月 1 日起至卢晨公司被注销时止。可见,卢晨公司从 2013 年 5 月 1 日起排他性地取得了瑞金医院北院文员等劳务岗位的人事安排权。陆某自 2013 年 4 月起一直在瑞金医院北院文员岗位工作至 2018 年 12月,在国嘉公益服务社退出后,陆某虽与晨源公司订立了劳动合同,但显而易见的是晨源公司并无对瑞金医院北院文员等劳务岗位的人事安排权,而与劳动者订立劳动合同的相对方非由劳动者控制,陆某也无从知晓瑞金医院北院与卢晨公司关于文员岗位的约定,故陆某与晨源公司订立劳动合同并非卢晨公司所称的系陆某自愿选择的结果,而是根据卢晨公司安排而为。一审判决适用相关司法解释处理本案争议无误,二审法院对卢晨公司提出的上诉意见不予采信。至于一审判决的其他事项,卢晨公司未提出异议,二审法院一并予以维持。

综上,卢晨公司提出的上诉请求不能成立,应予驳回。一审判决认定事实清楚,适用法律正确,应予维持。二审法院遂判决驳回上诉,维持原判。

【法 律 评 析】

（一）评析要点

本案争议焦点是陆某在晨源公司的工作年限是否应当合并计算为卢晨公司的工作年限。

本案仲裁裁决和法院判决的违法解除劳动合同赔偿金数额不同,乃因仲裁委员会和法院对陆某在晨源公司的工作年限应否合并计入在卢晨公司的工作年限有不同认识。当然,某种意义上也是因为仲裁委员会作出裁决时较少参考最高人民法院相关司法解释。但最高人民法院司法解释对下级法院作出判决显然具有指导意义。

（二）法律依据与实务分析

《劳动合同法实施条例》第 10 条第 1 款规定:"劳动者非因本人原因从原用人单位被安排到新用人单位工作的,劳动者在原用人单位的工作年限合并计算为新用人单位的工作年限。原用人单位已经向劳动者支付经济补偿的,新用人单位在依法解除、终止劳动合同计算支付经济补偿的工作年限时,不再计算劳动者在原用人单位的工作年限。"本案两审法院援引的《最高人民法院关于审理劳动争议案件适用法律若干问题的解释(四)》第5条第1款见上文。关于何为"劳动者非因本人原因从原用人单位被安排到新用人单位工作",该解释第5条第2款规定:"用人单位符合下列情形之一的,应当认定属于'劳动者非因本人原因从原用人单位被安排到新用人单位工作':(一)劳动者仍在原工作场所、工作岗位工作,劳动合同主体由原用人单位变更为新用人单位;(二)用人单位以组织委派或任命形式对劳动者进行工作调动;(三)因用人单位合并、分立等原因导致劳动者工作调动;(四)用人单位及其关联企业与劳动者轮流订立劳动合同;(五)其他合理情形。"

各地对认定"劳动者非因本人原因从原用人单位被安排到新用人单位工作"也有相关规定。比如:

1. 上海市高级人民法院《关于适用〈劳动合同法〉若干问题的意见》①第18条(如何把握《实施条例》②第10条规定的劳动者非因本人原因,由原用人单位被安排到新用人单位工作,其连续工作年限的计算问题)中规定:"2008年9月18日之后,不是由劳动者本人提出,而是由用人单位以组织调动、委派等方式安排到另外一个用人单位工作,且用人单位未向劳动者支付解除或终止合同的经济补偿金的,属于非因劳动者本人原因而由单位安排到新用人单位的情况。如,用人单位根据工作需要,在关联企业之间、集团企业内部调整劳动者具体工作单位等等。2008年9月18日之前产生的类似问题,按当时的规定处理。"

2. 《江苏省劳动合同条例》③第25条规定:"有下列情形之一,劳动者非因本人原因从原用人单位被安排到新用人单位工作的,劳动者在原用人单位的工作年限合并计算为新用人单位的工作年限;原用人单位已经向劳动者依法支付经济补偿的,新用人单位在依法解除、终止劳动合同计算支付经济补偿的工作年限时,不再计算劳动者在原用人单位的工作年限:(一)用人单位以委派形式对劳动者进行岗位变动的;(二)用人单位因资产业务划转、资产购并、重组等原因导致劳动者岗位变动的;(三)用人单位安排劳动者在其下属分支机构或者关联企业间流动的;(四)用人单位及其关联企业与劳动者轮流订立劳动合同的;(五)法律、法规规定的其他情形。""《劳动合同法实施条例》实施前,用人单位根据国家相关政策规定进行改制的,劳动者的工作年限计算应按改制时的政策规定处理。"④

3. 《深圳市中级人民法院关于审理劳动争议案件的裁判指引》⑤第105条规定:"用人单位恶意规避《劳动合同法》第十四条的下列行为,应认定为无效行为,劳动者的工作年限和订立固定期限劳动合同的次数应连续计算:(1)为使劳动者'工龄归零',迫使劳动者辞职后重新与其签订劳动合同的;(2)通过设立关联企业,在与劳动者签订合同时交替变换用人单位名称的;(3)通过非法劳务派遣的;(4)其他明显违反诚信和公平原则的规避行为。《劳动合同法》实施前,用人单位已按国家和省有关主辅分离辅业改制、劣势企业关闭退出和富余人员安置等规定,办理了劳动合同手续并依法支付了经济补偿的,工作年限不连续计算。"

---

① 沪高法〔2009〕73号。
② 《劳动合同法实施条例》,2008年9月18日公布施行。
③ 江苏省人大常委会公告第124号。
④ 参见江苏省高级人民法院《劳动争议案件审理指南》(2010年)。
⑤ 深中法发〔2015〕13号。

　　解除或终止劳动合同经济补偿金以及违法解除或终止劳动合同赔偿金是在劳动者无过错的情况下、用人单位解除或终止劳动合同或者劳动者依据《劳动合同法》第38条相关规定解除劳动合同时,由用人单位按照法定补偿标准和劳动者在用人单位的工作年限以货币形式给与劳动者的补偿或赔偿,体现的是国家对劳动者的保护。因此,如果不能准确认定劳动者的工作年限,会导致经济补偿金或赔偿金数额有误,损害劳动者的合法权益。本案即体现了对上述问题的司法救济。

作者:张君强

36. 经济补偿金个人所得税的扣除
——赵某与中原证券公司劳动合同纠纷案

摘要:公司在员工拒绝的情况下扣除经济补偿金的个人所得税,法院判决公司应予退还。

来源:河南省郑州市高新技术产业开发区人民法院(2016)豫 0191 执异 16 号执行裁定书;
河南省郑州市中级人民法院(2016)豫 01 执复 37 号执行裁定书。

【事实概要】

中原证券公司与赵某曾存在劳动关系,后双方因故解除劳动合同,经法院审理,作出(2014)开民初字第 6862 号民事判决书,判决中原证券公司向赵某支付经济补偿等共计 88 631.35 元。后赵某向郑州市高新技术产业开发区人民法院(下称执行法院)申请强制执行。中原证券公司在为赵某代扣代缴社会保险、住房公积金以及解除劳动合同经济补偿的个人所得税后将余额支付给指定账户。

执行法院认为,中原证券公司履行生效判决义务在向赵某支付款项的同时,依法负有扣缴税费的义务,是法定的扣缴义务人,但履行法定扣缴义务亦必须依照法律、行政法规的规定,不得侵害相对人的合法权益。其扣缴赵某 2014 年 1 月份住房公积金、养老保险费、医疗保险费、失业保险费的个人应缴部分共计 3 261.44 元,未对赵某权益造成损失和损害,应当视为是对生效判决的履行。其扣缴税款的行为是在赵某拒绝的情况下强行代缴个人所得税,违反了法律、行政法规的规定,侵害了赵某的合法权益,不产生代扣代缴的法律效力,该部分数额不能视为是对生效判决的履行,应继续予以执行;对赵某根据生效判决所应取得款项的税款征收,应由中原证券公司将相关情况报告税务机关,由税务机关直接向赵某征收,中原证券公司已扣缴的税款可向税务机关申请退还。同时,根据《个人所得税法实施条例》第 36 条"纳税义务人有下列情形之一的,应当按照规定到主管税务机关办理纳税申报:(一)年所得 12 万元以上的;……"的规定,①赵某亦负有依法自行申报纳税的义务。故,中原证券公司的异议部分成立,据此,执行法院作出执行裁定。

【裁判要旨】

中原证券公司不服执行法院上述执行裁定,向郑州市中级人民法院申请复议,称:(1)公司已全面履行了判决义务,赵某申请强制执行无事实和法律依据;(2)就赵某提出的个税代扣代缴异议,公司亦依法履行了必要的程序,并未侵害其合法权益;(3)公司代扣代缴的税款应视为履行生效判决书所确定劳动报酬的组成部分,代扣代缴的税款应当在执行款项中予以扣除。故申请撤销上述执行裁定。

郑州市中级人民法院经审理认为,《税收征收管理法实施细则》第 94 条规定:"纳税人拒绝

---

① 《个人所得税法实施条例》已于 2018 年 12 月 18 日第四次修订,修订后于 2019 年 1 月 1 日起施行,此次修订删除了该条规定。案发时引用的是该条例第三次修订后的条文。

代扣、代收税款的,扣缴义务人应当向税务机关报告,由税务机关直接向纳税人追缴税款、滞纳金;纳税人拒不缴纳的,依照税收征管法第六十八条的规定执行。"本案强制执行的依据是给付劳动报酬的民事法律文书,因此被执行人中原证券公司给付申请执行人赵某的金额应为裁判文书所确认的金额,公司在赵某拒绝的情况下从金额中代扣代缴税款的行为,不符合生效法律文书所确定的履行方式,且对于该扣税金额及比例赵某并不认可。根据相关法律规定,工资薪金所得、劳务报酬所得应缴纳个人所得税,本案中赵某取得执行款后应自行到税务机关缴纳个人所得税。关于公司缴纳的住房公积金、养老保险费、医疗保险费、失业保险费部分,本案执行依据中并未要求公司向有关机构缴纳上述款项,公司擅自缴纳上述款项不是执行判决书判决的内容,对已经缴纳的住房公积金、养老保险费、医疗保险费、失业保险费部分在执行中可以征得赵某同意予以扣除。故执行法院作出的执行通知书未超执行范围,其执行行为并无不当。执行法院异议审查程序确认公司代缴住房公积金、养老保险费、医疗保险费、失业保险费的行为视为对判决的履行明显不当,应予纠正。

综上,申请复议人中原证券公司提出的执行异议理由不能成立,郑州市中级人民法院不予支持。

【法 律 评 析】

(一)评析要点

本案要点在于用人单位可否在劳动者拒绝的情况下扣除经济补偿金的个人所得税。

众所周知,作为扣缴义务人,用人单位在向员工支付劳动报酬时应为其代扣代缴个人所得税。因此,用人单位在向劳动者支付解除劳动合同经济补偿金时,通常也会考虑对其应缴的个人所得税进行代扣代缴。

经济补偿金虽然也是用人单位发放的个人收入,但与工资收入并不相同,它是在劳动合同解除或终止后,由用人单位依法一次性支付给劳动者的经济补助。通过经济补偿金的给付可减少劳动者失去工作的损失,使劳动者在失去原有工作和找到新工作之间有一个良好的经济过渡。在劳动者重新就业的合理时间内,经济补偿金实际上相当于原有工作待遇的一部分,起到接续生计的作用。因此,经济补偿金在一定金额内是免征个人所得税的(见下文)。

本案中,用人单位支付给员工的全部款项(含经济补偿金)为 88 631.35 元,尚未超过当地上年职工平均工资 3 倍,因此本无需扣缴一次性解除劳动合同经济补偿金的个人所得税。不过,法院虽认为用人单位扣缴个人所得税的行为不妥,但未从上述角度论述,而是从纳税人义务承担和对生效判决完全履行的角度分析,认为用人单位强行扣缴个人所得税侵害了劳动者利益,自行执行了非判决之内容,应当予以纠正;用人单位可以将相关情况报告税务机关,由税务机关直接向劳动者征收税款,用人单位已扣缴的税款可向税务机关申请退还。

(二)法律依据与实务分析

2015 年,"税收法定"的原则写入《立法法》,对税种征收、税收程序的规范化、合法化确立了强有力的法律基础。用人单位作为扣缴义务人,有义务对劳动者的应税所得代扣代缴个人所得税。《个人所得税法》第 9 条第 1 款规定,"个人所得税以所得人为纳税人,以支付所得的单位或者个人为扣缴义务人。"第 11 条第 1 款规定,"居民个人取得综合所得,按年计算个人所得税;有扣缴义务人的,由扣缴义务人按月或者按次预扣预缴税款;需要办理汇算清缴的,应当在取得所得的次年三月一日至六月三十日内办理汇算清缴……"作为扣缴义务人,若用人单位未履行扣缴义务,根据《税收征收管理法》第 69 条,"扣缴义务人应扣未扣、应收而不收税款的,由税务机关向纳税人追缴税款,对扣缴义务人处应扣未扣、应收未收税款百分之五十以上三倍以下的罚款。"

至于对解除劳动合同经济补偿金个人所得税的计算和征收,《财政部、国家税务总局关于个人与用人单位解除劳动关系取得的一次性补偿收入征免个人所得税问题的通知》规定,个人因与用人单位解除劳动关系而取得的一次性补偿收入(包括用人单位发放的经济补偿金、生活补助费和其他补助费用),其收入在当地上年职工平均工资 3 倍数额以内的部分,免征个人所得税;超过的部分按照《国家税务总局关于个人因解除劳动合同取得经济补偿金征收个人所得税问题的通知》的有关规定,计算征收个人所得税,即,对个人因解除劳动合同而取得的一次性经济补偿收入,应按"工资、薪金所得"项目计征个人所得税。考虑到个人取得的一次性经济补偿收入数额较大,而且被解聘人员可能在一段时间内没有固定收入,因此,对个人取得的一次性经济补偿收入,可视为一次取得数月的工资、薪金收入,允许在一定期限内进行平均。具体平均办法为:以个人取得的一次性经济补偿收入,除以个人在本企业的工作年限数,以其商数作为个人的月工资、薪金收入,按照税法规定计算缴纳个人所得税。个人在本企业的工作年限数按实际工作年限数计算,超过 12 年的按 12 年计算。

综合本案案情和法院观点,笔者认为,判决书说理部分尚有待改进。例如,若劳动者所获一次性解除劳动合同经济补偿未达征税标准,则实际可以直接"釜底抽薪",以此为由认定用人单位扣税行为违法。另外,在阐述用人单位强行扣税不妥、可向税务机关报告时,本案裁定并无理论或法规依据作为支撑,甚至与有关规定相悖。根据《个人所得税法》《税收征收管理法》和《关于个人与用人单位解除劳动关系取得的一次性补偿收入征免个人所得税问题的通知》等,用人单位有义务也有权利扣缴个人所得税,无需征得纳税人的同意,向税务机关报告的方式并非规范的操作流程。因此,如果一定要强调向税务机关报告,只能从中原证券公司已非用人单位、纳税人已无扣缴义务人故应自行报税的角度去论述;但此角度也并不周全,因为根据相关规定,扣缴义务人并不以劳动关系作为纽带,而是以款项支付作为认定标准。不过,本案的特殊之处在于劳动者系向法院申请生效判决的强制执行,如果许可用人单位扣缴个人所得税后再履行判决,则与法院生效判决金额产生偏差,导致执行不足。因此,法院最终的裁定或有其道理。但笔者认为,用人单位在向劳动者支付解除劳动合同经济补偿时仍应履行扣缴义务人的扣税义务,只是最好向劳动者充分说明个人所得税扣缴的相关规定,达成书面约定为妥。万一遇本案情况,在法院作出生效裁决后,单位只能按法院认定的操作执行,如实履行生效判决,并及时向税收征管机关报告以避免相关风险。

不管本案裁判如何,员工作为纳税义务人理应承担依法缴纳的个人所得税的义务。实务中,不少单位可能采取本案的操作方式,为员工提前代扣代缴个人所得税。但若员工明确反对,笔者建议,用人单位可将相关情况报告税务机关或对应的税收专管员,由税务机关直接向员工征收应纳税款,以免用人单位作为扣缴义务人承担相应责任。当然,实际操作时,情形可能比较复杂,只能一案一议。

作者:董传羽

37. 经济补偿金计算基数

——曹某与无锡万达广场商业管理有限公司劳动合同纠纷案

摘要：员工请求加班工资应计入经济补偿金计算基数，江苏高院再审未予支持。

来源：江苏省高级人民法院(2016)苏民申6515号民事裁定书。

【事实概要】

曹某系无锡万达广场商业管理有限公司(下称商业公司)员工，2010年4月入职。2015年8月，曹某因被解除劳动合同而向劳动争议仲裁委员会(下称仲裁委)申请仲裁，随后向法院起诉，要求商业公司支付违法解除劳动合同赔偿金；经一、二审审理，法院判令商业公司向曹某支付赔偿金37 147元。

【裁判要旨】

曹某认为，自己的月平均工资为5 720.11元，计算经济补偿的月工资标准应当包含加班工资，遂请求江苏省高级人民法院(下称江苏高院)再审本案，改判商业公司支付违法解除劳动合同赔偿金62 921.21元。江苏高院受理并通知商业公司应诉答辩。商业公司认为：(1)曹某不包含加班工资的离职前12个月平均工资为3 377元，包含加班工资的平均工资为5 720.11元，双方对此无异议。一、二审法院认定，曹某离职前12个月所有正常工作时间的平均收入为3 377元，以此为基数计算经济补偿金，符合法律规定。(2)从经济补偿金的性质及法律规定来看，经济补偿金系用人单位与劳动者解除或终止劳动关系后，为弥补劳动者损失或基于用人单位所承担的社会责任而给予劳动者的补偿，故经济补偿金应以劳动者正常工作时间的工资为计算基数。而加班工资系劳动者提供额外劳动所得的报酬，不属于正常工作时间内的劳动报酬。对比原劳动部《关于贯彻执行〈中华人民共和国劳动法〉若干问题的意见》第55条和《劳动合同法实施条例》第27条，上述规定也未将加班工资计入经济补偿计算基数。本案中，商业公司并未恶意将本应计入正常工作时间的收入计入加班工资，以此减少正常工作时间工资、降低经济补偿金的标准。故商业公司认为在计算经济补偿金的基数时，不应将加班工资包括在内。(3)商业公司已完全按照二审生效判决的金额向曹某付清全部费用，无需另行支付其他款项。(4)曹某所称经济补偿计算基数包括加班工资没有法律依据。综上所述，商业公司请求驳回曹某的再审申请。

江苏高院认为，本案是关于劳动合同解除、终止后经济补偿金计算基数的问题，焦点在于是否应当将加班工资计算在经济补偿金基数内。《劳动合同法实施条例》第27条规定，《劳动合同法》第47条规定的经济补偿的月工资按照劳动者应得工资计算，包括计时工资或者计件工资以及奖金、津贴和补贴等货币性收入。原劳动部《违反和解除劳动合同的经济补偿办法》第11条规定，经济补偿金的工资计算标准是指企业正常生产情况下劳动者解除合同前12个月的月平均工资。根据上述规定，经济补偿金的工资计算标准不应当包括延长工作时间的工资报酬。一、二审法院以曹某离职前12个月不包含加班工资的正常月平均工资3 377元为基数,判决商业公司支付曹某解除劳动合同的经济补偿金 37 147 元,符合法律规定。故江苏高院于 2017 年 3 月 13 日驳回曹某的再审申请。

【法 律 评 析】

(一)评析要点

本案相关裁定和判决就"是否应当将加班工资计算在经济补偿金基数内"作出了认定和分析。实践中,解除或终止劳动合同经济补偿金的计算一直是劳动法领域里较为棘手的问题,其复杂之处不单在于计算方法繁复(甚至有时需要分段计算),还在于工资构成多元造成的计算基数难以确定,以及各地规定不一引发的困扰和混淆。其中,"是否应当将加班工资计算在经济补偿金基数内"就是分歧较大的问题之一。本案法院判决和裁定否定了将加班工资计入经济补偿金的计算基数,代表了部分地区的司法实践,具有一定的法律依据,但也有其他一些地区的法院持不同观点、有相反判例。

(二)法律依据与实务分析

以江浙沪地区为例,与本案有关的法律依据和司法实践观点如下:

1. 江苏

江苏曾分别于 2010 年和 2017 年发布省级文件,提到经济补偿金计算基数是否包括加班工资问题。江苏省高级人民法院 2010 年发布的《劳动争议案件审理指南》(下称江苏高院审理指南)第四节"劳动合同解决和终止"中的第 6 条第 4 项称,"原劳动部《违反和解除劳动合同的经济补偿办法》第 11 条规定,经济补偿金的工资计算标准是指企业正常生产情况下劳动者解除劳动合同前十二个月的平均工资。《劳动合同法实施条例》第二十七条对此作出明解,'劳动合同法第四十七条规定的经济补偿的月工资按照劳动者应得工资计算,包括计时工资或者计件工资以及奖金、津贴和补贴等货币性收入。劳动者在劳动合同解除或者终止前 12 个月的平均工资低于当地最低工资标准的,按照当地最低工资标准计算。劳动者工作不满 12 个月的,按照实际工作的月数计算平均工资。'根据上述规定,经济补偿金的计算标准应不包括加班工资。"然而,在江苏高院审理指南所引述的文件和规定并未发生变化的情况下,江苏省劳动人事争议仲裁委员会与包括江苏省高级人民法院民一庭在内的各有关部门会谈后,于 2017 年 7 月 3 日发布《江苏省劳动人事争议疑难问题研讨会纪要》(下称江苏仲裁研讨会纪要),其第 2 条第(10)项认为,劳动者在解除或终止劳动合同前 12 个月内的加班工资应当作为计算平均工资的内容,即经济补偿金的计算基数应包括加班工资。

对江苏高院审理指南与江苏仲裁研讨会纪要的上述矛盾,并不能简单根据"新法优于旧法"的原则,优先适用江苏仲裁研讨会纪要。实际上,江苏各地法院在江苏仲裁研讨会纪要发布后,多数情况下仍继续坚持江苏高院审理指南的意见,即一般认为经济补偿金的计算标准不包括加班工资,与本案的裁判结果一致。例如,江苏省徐州市中级人民法院(2017)苏 03 民终 2349 号民事判决书引述了徐州市睢宁县人民法院一审观点,参照了江苏高院审理指南,认为经济补偿金的计算标准不包括加班工资。但也有"类案不同判"的情形,且这些裁判无明显规律可循。例如,江苏高院在(2015)苏民再提字第 88 号民事裁定书中认为,《劳动合同法实施条例》第 27 条虽未明确规定月工资标准是否包括加班工资,但国家统计局《关于工资总额组成的规定》第 4 条和《江苏省工资支付条例》第 62 条均规定工资标准包括加班工资;依照上述法律、法规、规章,经济补偿金的月平均工资计算标准包括加班工资。

2. 浙江

浙江部分省级文件提到了经济补偿计算基数问题。例如,2009 年 8 月浙江省劳动争议仲裁委员会发布的《关于劳动争议案件处理若干问题的指导意见(试行)》第 47 条规定,"用人单位支付劳动者解除劳动合同经济补偿金或赔偿金时,劳动者根据《劳动合同法》第八十二条规定所得二倍工资中加付的一倍工资、应休未休年休假额外支付的工资报酬不计入经济补偿金和赔偿金的计算基数。"又如,2014 年 4 月浙江省高级人民法院民事审判第一庭、浙江省劳动人事争议仲裁院发布的《关于审理劳动争议案件若干问题的解答(二)》第 11 条提到,《劳动合同法》第 47 条第 3 款规定的"本条所称月工资是指劳动者在劳动合同解除或者终止前十二个月的平均工资",应理解为劳动合同解除或者终止前劳动者正常工作状态下 12 个月的平均工资,不包括医疗期等非正常工作期间。但上述规定均未明释加班工资是否归入经济补偿金的计算基数。2009 年 7 月杭州市中级人民法院发布的《关于审理劳动争议案件若干实务问题的处理意见(试行)》第 14 条则较为明确地规定,"劳动者解除劳动合同前十二个月的平均工资水平应按照劳动者每月应发工资数额计算。个人应负担而由用人单位代扣代缴的个人所得税、社会保险费等不予扣除。加班工资等不固定的收入不予扣除。"

经检索裁判文书,浙江法院一般认为经济补偿金(及赔偿金)的计算基数应包括加班工资。例如,杭州经济技术开发区法院(2017)浙 0191 民初 228 号民事判决书中,法院在计算违法解除劳动合同赔偿金时,将应发加班工资计算在内。金华市中级人民法院(2018)浙 07 民终 3702 号民事判决书中,二审法院认为根据《劳动合同法实施条例》第 27 条,原审法院将加班工资、通讯费、交通补贴等列入经济补偿金的月平均工资计算基数内符合法律规定。但温州市鹿城区人民法院(2015)温鹿民初字第 400 号民事判决书中,法院则认为"经济补偿的月工资按照劳动合同解除或终止前十二个月的平均工资计算,包括计时工资或者计件工资以及奖金、津贴和补贴等货币性收入,但不应包括加班工资"。

由此可见,关于经济补偿金的月平均工资计算标准是否包括加班工资,浙江各地法院也存在分歧。

3. 上海

上海市高级人民法院(下称上海高院)曾于 2013 年发布《民事法律适用问答(2013 年第 1 期)》(下称上海高院民事问答),对于劳动争议案件中确定经济补偿金计算基数时是否需要将加班工资包括在内的问题,上海高院认为:第一,经济补偿从性质上看系用人单位与劳动者解除或终止劳动关系后,为弥补劳动者损失或基于用人单位所承担的社会责任而给予劳动者的补偿,故经济补偿金应以劳动者的正常工作时间工资为计算基数。第二,加班工资系劳动者提供额外劳动所获得的报酬,不属于正常工作时间内的劳动报酬。第三,从原劳动部《关于贯彻〈中华人民共和国劳动法〉若干问题的意见》第 55 条和《劳动合同法实施条例》第 27 条规定来看,也应认为经济补偿金不包含加班费。综上,在计算经济补偿金计算基数时不应将加班工资包括在内。由此可见,上海高院对此问题的意见导向明确,即经济补偿金的计算基数不包括加班工资。当然,也不能一概而论,上海高院在上述文件中还指出,如有证据证明用人单位存在恶意将本应计入正常工作时间的工资计入加班工资,已达到减少正常工作时间工资标准的情况,则该部分"加班工资"应计入经济补偿金的计算基数。

　　经检索裁判文书,上海法院在审理中基本贯彻了上海高院民事问答的意见。例如,根据上海市第二中级人民法院(2019)沪02民终1440号民事判决书,一审法院(上海市静安区人民法院)认为经济补偿系用人单位与劳动者解除劳动关系后弥补劳动者损失或基于用人单位所应承担的社会责任而给予的补偿,故应以劳动者的正常工作时间工资为计算基数,而加班工资系劳动者额外提供劳动所获报酬,不属于正常工作时间内的劳动报酬,故经济补偿金不应将加班工资纳入其中,对劳动者主张周末固定加班费应计入劳动关系解除前12个月工资总额的主张,一审法院不予采纳。同理,其他加班工资也不应计入其中。该案二审中,上海市第二中级人民法院认同一审法院观点,认为,"计算经济补偿金应当以劳动者离职前十二个月的平均工资为基数,该工资应为劳动者在正常工作时间内提供劳动的对价,不应包含加班工资。"另外,上海市第一中级人民法院在(2016)沪01民终9984号民事判决书中认为,《违反和解除劳动合同的经济补偿办法》第11条明确规定,经济补偿金的工资计算标准是指企业正常生产情况下劳动者解除合同前12个月的月平均工资。加班工资系劳动者提供额外劳动所获得的报酬,一审在剔除加班工资后,以劳动者正常工作时间工资标准计算赔偿金正确。《劳动合同法实施条例》第27条并没有规定月工资包括加班工资在内。《上海市企业工资支付办法》规范的是企业工资支付的行为,国家统计局的文件涉及统计口径的规定,均非确定经济补偿标准的依据。劳动者依据有关规定认为经济补偿金的月工资应包括加班工资在内,理解错误。因此,劳动者要求将加班工资计入经济补偿金计算基数的请求,不予支持。

　　由此看来,尽管《上海市企业工资支付办法》和国家统计局《关于工资总额组成的规定》均明确规定加班工资属于工资的组成部分,但上海法院认为上述规定对经济补偿金的计算无法律约束力,在实践中仍坚持认为加班工资不计入经济补偿金计算基数。

作者:董传羽

38. 用人单位违法解除或终止劳动合同的后果：恢复劳动关系
——上海家化联合股份有限公司与王某劳动合同纠纷案

摘要：公司被监管部门"责令改正"违规行为，遂解除总经理劳动合同，"一裁二审"均支持恢复劳动关系。

来源：上海市虹口区人民法院（2014）虹民四（民）初字第 2100 号民事判决书；上海市第二中级人民法院（2015）沪二中民三（民）终字第 747 号民事判决书。

【事 实 概 要】

1991 年 7 月，王某入职上海家化联合股份有限公司（下称上海家化）担任市场部品牌经理一职，后曾出国深造。2004 年 1 月 1 日，王某回国后再次与上海家化建立劳动关系。同月 21 日，王某被聘任为副总经理。2012 年 12 月 18 日，王某被聘任为总经理。

2013 年 11 月 19 日，上海家化、王某签订自 2014 年 1 月 1 日起的无固定期限劳动合同，约定：上海家化聘用王某担任总经理；王某每月固定工资为人民币 51 900 元；王某具有严重违反规章制度或者严重失职，营私舞弊，对上海家化造成重大损害的情形时，上海家化可以随时解除劳动合同。2014 年 3 月，王某工资调整为 54 495 元，上海家化支付王某工资至 2014 年 5 月 31 日。

2013 年 11 月 20 日，上海家化收到中国证券监督管理委员会上海监管局"沪证监（2013）49 号"《责令改正的决定》，该决定认为上海家化未披露关联交易；某著名会计师事务所于 2014 年 3 月 11 日出具否定意见的《内部控制审计报告》。2014 年 5 月 12 日，上海家化召开五届十五次董事会，认为王某在上述事件中负有不可推卸的责任，审议并通过关于解除王某总经理职务及提请股东大会解除王某董事职务的议案。同年 5 月 13 日，上海家化向王某送达《员工违纪处理通知书》，决定即日 15 时起，上海家化辞退王某，王某将不再是上海家化员工，不再承担总经理职务，不享受公司任何相关权益。

本案二审期间，王某称其在职期间根据公司股权激励机制规定获得了公司部分股权，其中部分已经解锁，另 31.5 万股股权公司本已同意解锁，后又以其已被开除为由不予解锁。根据规定，如不予解锁，公司有权以原价回购。中国证券监督管理委员会上海监管局行政处罚决定涉及的责任人所持有的股权激励股份，上海家化均给予解锁，唯独王某例外。其已就此诉至上海市虹口区人民法院，要求上海家化继续履行股权激励协议，解锁其名下的股份。二审期间，王某还表示其从未质疑上海家化董事会免除其总经理职务，认为其只是比普通员工特殊一点的劳动者，坚持要求恢复劳动关系，愿意在上海家化从事任何工作。

2015 年 2 月，上海家化向上海市虹口区社会保障部门申报社保费缴纳基数时，提交的 2014 年度该企业职工月平均工资为 13 460.40 元。

【裁 判 要 旨】

1. 上海市虹口区劳动人事争议仲裁委员会裁决

王某对上海家化《员工违纪处理通知书》的内容及处理结果均不予认可，于 2014 年 6 月 4

日向上海市虹口区劳动人事争议仲裁委员会申请仲裁,要求:(1)与上海家化从 2014 年 5 月 14 日起恢复劳动关系;(2)上海家化支付王某 2014 年 5 月 14 日至 6 月 24 日的工资 72 660 元(以月工资 51 900 元为标准)。仲裁委员会于 2014 年 8 月 4 日裁决:(1)王某要求与上海家化恢复劳动关系(从 2014 年 5 月 14 日起)的请求予以支持;(2)上海家化支付王某 2014 年 6 月 1 日至 6 月 24 日工资 42 355.17 元。

2. 上海市虹口区人民法院一审判决

上海家化不服,起诉至上海市虹口区人民法院(下称一审法院),要求判令该公司无需与王某恢复劳动关系;无需支付王某 2014 年 6 月 1 日至 6 月 24 日工资 42 355.17 元(一审审理中,双方均表示对仲裁裁决认定王某 2014 年 6 月 1 日至 6 月 24 日工资金额为 42 335.17 元没有异议)。

一审审理中,上海家化认为,公司与王某的劳动合同中约定其工作岗位为总经理,现董事会解除了其总经理职务,即意味着双方劳动合同的结束。王某则表示,作为上海家化签订无固定期限劳动合同的员工,即使不在总经理岗位,亦愿意在其他任何岗位继续为上海家化工作。

一审法院经审理后认为,本案争议焦点在于上海家化与王某解除劳动合同是否合法,是否应恢复劳动关系。

根据上海家化《员工违纪处理通知书》,公司系因王某具有严重违纪、严重失职行为与其解除劳动关系。但王某自 2012 年 12 月 18 日起担任总经理一职,而证监会上海监管局《责令改正的决定》认定的关联交易所涉时间段为 2008 年 4 月至 2013 年 7 月,历时 5 年 3 个月,且关联交易绝大部分又发生于 2012 年 12 月底前,王某任总经理所涉的时间段仅有 7 个月余,所以上海家化将会计师事务所出具否定意见的《内部控制审计报告》之责任完全归咎于王某一人失职,不尽合理。一审法院认为,上海家化作为用人单位应依法承担王某存在严重违纪、失职行为事实的举证责任以及证明不能的不利法律后果。上海家化对王某存在《员工手册》所列可予以解除的严重违纪、严重失职行为并未提供充分证据证实,依据现有证据亦无法认定王某任总经理期间具有法律规定用人单位可单方解除之“严重”违纪、失职行为,故上海家化以此为由与王某解除劳动关系缺乏事实依据。

再则,王某坚决表示愿意从事其他任何工作岗位,双方劳动合同并无不能继续履行之客观情形,故上海家化认为在董事会解除王某总经理职务后双方劳动关系即行结束的意见,于法无据。

据此,一审法院依照《劳动合同法》第 48 条、《最高人民法院关于民事诉讼证据的若干规定》第 2 条之规定,判决:(1)上海家化与王某恢复劳动关系;(2)自本判决生效之日起 3 日内,上海家化支付王某 2014 年 6 月 1 日至 6 月 24 日的工资 42 355.17 元。

3. 上海市第二中级人民法院二审判决

一审判决后,上海家化不服,向上海市第二中级人民法院(下称二审法院)提起上诉,称:公司依据董事会决议与王某解除劳动关系有事实和法律依据;双方间劳动合同存续的基础已丧失,且双方历经一年多的劳动争议仲裁和诉讼,已无互信的基础,公司也不存在其他可供王某从事的职位,原审法院作出恢复劳动关系的判决不具备执行的可能性。被上诉人王某辩称,其是上海家化土生土长的员工,并非职业经理人;其与公司的劳动关系仍有存续的基础。

二审法院认为,本案系因上海家化董事会对王某作出解除总经理职务的决定引发。要确定王某恢复劳动关系及支付工资的主张能否获得支持需解决如下几个问题:(1)总经理等高级管理人员与所服务公司间发生争议是否适用劳动法律法规? 公司董事会依据《公司法》及公司章程可对高级管理人员行使解聘权的规定与公司依照劳动法行使解雇权需受法定条件限制的规定是否存在冲突?(2)上海家化对王某作出解除劳动合同决定的理由是否成立?(3)王某与上海家化是否存在恢复劳动关系的基础?(4)如需支付工资则王某主张的 2014 年 6 月 1 日至 2014 年 6 月 24 日期间工资应按何标准确定?

关于问题(1),二审法院认为,公司法与劳动法是调整不同领域社会关系的法律规范。从目前的劳动立法现状看,我国尚未建立独立于劳动关系之外的委任制职业经理人制度,也无明确规定将高级管理人员排除在劳动法适用范围之外。对于已与公司建立劳动关系的高级管理人员而言,董事会通过决议解除其职务应视为是对其岗位进行变更,并不必然导致劳动关系的解除。公司基于劳动法享有的解雇权与其基于公司法享有的对高级管理人员的解聘权虽有牵连,但并不冲突。王某不同于那些通过平等协商与公司建立委任关系的具有特殊经营能力和知识的职业经理人。董事会作出聘任其为总经理以及以后撤销其总经理职务的决议均是对其岗位作出的变更,并不必然导致劳动关系的解除。上海家化认为基于董事会撤销王某总经理职务的决议即可与其解除劳动合同,依据不足。

关于问题(2),王某认为公司内控出现问题时的主要阶段,其仅仅是负责市场的副总经理。二审法院认为,解除劳动合同是从根本上消灭劳动关系,用人单位作出此项决定,应当慎重。根据相关司法解释规定,用人单位作出解除劳动合同决定的,用人单位应对违纪事实、适用法律及处理程序合法承担举证责任。对王某担任总经理期间的工作业绩,上海家化是基本认可的,现其又以王某严重失职、严重违反规章制度为由作出解除劳动合同决定缺乏依据。

关于问题(3),上海家化作出解除劳动合同的决定不当,是否恢复劳动关系首先需考虑当事人意愿,对当事人要求恢复履行劳动合同的,除非无继续履行的可能性,用人单位应当继续履行。而是否存在无法继续履行的情形,应结合实际情况综合判断。现王某坚持要求恢复劳动关系,故二审法院审查的重点在于劳动合同是否有继续履行的可能性。二审法院认为,王某原虽为公司高管,但连续工龄已满 10 年,不予恢复劳动关系实质上亦剥夺了王某作为老职工可以要求履行无固定期限劳动合同的权利,有失公平。上海家化可根据王某工作能力、知识水平及公司的经营需要,另行安排合适岗位以确保劳动合同得以履行完毕。

关于问题(4),二审法院认为,王某表示对董事会撤销其总经理职务并未质疑,且实际上2014 年 6 月 1 日至 2014 年 6 月 24 日期间,其亦未作为公司总经理提供相应劳动,其主张上海家化按原总经理的工资标准支付其工资不合理。2014 年度上海家化的职工月平均工资为13 460.40 元,按此标准确定王某仲裁、诉讼期间的工资更符合公平合理的原则。

二审法院遂于 2015 年 9 月 25 日作出终审判决:(1)维持一审判决主文第(1)项;(2)撤销一审判决主文第(2)项;(3)上海家化应于本判决生效之日起 3 日内支付王某 2014 年 6 月 1 日至 6 月 24 日的工资人民币 10 520.77 元。

【法律评析】

（一）评析要点

本案属高级管理人员劳动争议。《公司法》第216条第（1）项规定："高级管理人员，是指公司的经理、副经理、财务负责人，上市公司董事会秘书和公司章程规定的其他人员。"股东、投资人（合伙人）的情况比较特殊，因此，在探讨高级管理人员劳动关系问题时，我们一般是针对不具备股东或投资人（合伙人）身份、主要以劳动报酬为收入来源的职业经理人。

涉及高级管理人员等特殊身份人员的劳动争议有增多的趋势。其中，涉及免职（解除或终止劳动合同或劳动关系）以及薪酬的争议居多。

一方面，由于立法相对阙如，实务中，关于高级管理人员等特殊身份人员的劳动争议究竟是（主要）适用《劳动法》《劳动合同法》及其配套法规、规章、司法解释还是（主要）适用《公司法》及其配套法规、规章、司法解释，众说纷纭。另一方面，尽管高级管理人员等劳动关系确有特殊性，但《劳动合同法》及《劳动合同法实施条例》并未将劳动者区分为普通劳动者及高级管理人员等。[①] 笔者认为，在现行中国法律框架下，高级管理人员等的劳动争议虽然在个别问题（主要是程序事项比如免职手续）上可以适用《公司法》及其配套法规、规章、司法解释，但在实体事项（比如是否应该支付解除或终止劳动合同经济补偿或赔偿金）上主要仍应适用《劳动法》《劳动合同法》及其配套法规、规章、司法解释。

至于今后《劳动合同法》等是否应对高级管理人员等特殊身份人员的劳动合同（劳动关系）的处理作出特殊规定，纯属理论问题，不应影响当前发生的高级管理人员等劳动争议案件的法律适用。

总之，高级管理人员等特殊身份人员劳动争议的法律适用，归根结底涉及的是立法改革及司法伦理等深层次问题。

就立法而言，我国现行劳动法律法规仍嫌粗疏，过于关注普通（尤其是底层）劳动者，对高级管理人员等劳动关系的特殊性缺乏充分的认识和法律规制。

就司法而言，成文法国家的法官应该严守的职业伦理之一，就是保守与谦抑；就本案主题而言，法官在审理与高级管理人员等特殊身份人员有关的劳动争议案时，不应偏离案件的"劳动"本质；如果上述人员的劳动争议案因诉请金额庞大等莫须有的原因而被法官排除《劳动法》《劳动合同法》的适用或索性按股东（合伙人）纠纷处理，则案件的结局必然令人啼笑皆非，此等判决势必不伦不类。

作为执业律师，对于上述问题可采取淡定、释然的立场；在立法相对阙如、许多问题尚无定论的情况下，律师只要按对当事人有利的原则行事即可，因为律师的天职就是最大限度地维护当事人合法权益。

由于高管岗位和身份的特殊性，公司在合法解除其职务后，其往往不太可能在本单位从事其他工作。但若其不愿与公司解除劳动关系，公司也不能随意单方解除其劳动合同。由于高管的工资和福利待遇较高，在其离任（被解职）后，公司是否保留其原有工资待遇是一个难题。

---

① 《劳动合同法》仅在第24条关于竞业限制的规定中出现了"高级管理人员"字样。

本案一大看点是,二审法院判令上海家化按照 2014 年度本公司职工月平均工资补发王某在该案仲裁、诉讼期间的工资,而未根据有关规定①和司法惯例,以公司作出解除劳动合同决定前 12 个月的员工当事人平均工资为标准。这体现了二审法院对该案起因的全面考量以及对劳资双方利益的综合平衡。毕竟,本案背后隐含的是总经理"股权激励股票"权益(恢复劳动关系只是表面诉求),而且员工当事人在仲裁、诉讼期间的确未作为总经理为公司提供劳动。因此,本案终审判决是在司法层面对高管和普通劳动者权利义务分别基于公司法和劳动法予以分层处置的积极探索,值得用人单位和专业律师在处理高管相关纠纷时借鉴。

(二)法律依据与实务分析

本案一审判决援引了《劳动合同法》第 48 条,即"用人单位违反本法规定解除或者终止劳动合同,劳动者要求继续履行劳动合同的,用人单位应当继续履行;劳动者不要求继续履行劳动合同或者劳动合同已经不能继续履行的,用人单位应当依照本法第八十七条规定支付赔偿金"。

一审判决还援引了《最高人民法院关于民事诉讼证据的若干规定》第 2 条,即"当事人对自己提出的诉讼请求所依据的事实或者反驳对方诉讼请求所依据的事实有责任提供证据加以证明。没有证据或者证据不足以证明当事人的事实主张的,由负有举证责任的当事人承担不利后果。"

本案属高级管理人员离职争议,即因免职或解除、终止高级管理人员劳动合同(劳动关系)而引起的争议。相关高级管理人员常见的诉请(包括仲裁和诉讼请求)为支付薪酬(通常为绩效薪酬)、经济补偿(针对合法解除或终止劳动关系)或赔偿金(针对违法解除或终止劳动关系,是经济补偿的二倍)。

但出于种种考量,在用人单位涉嫌违法解除或终止劳动关系的情况下,有些高级管理人员会要求恢复劳动关系,本案即为一例。比如,若高级管理人员在用人单位任职期限较短,而赔偿金系按本单位工作年限计算,导致可请求的金额不高,不如要求恢复劳动关系、补发仲裁及诉讼期间的工资;又如,劳动关系事关股权激励、股票期权(如本案)。

由于高级管理人员身份的特殊性,其劳动合同(劳动关系)也具有不同于一般劳动者的特征(包括但不限于):(1)高级管理人员的工作岗位通常具有唯一性。高级管理人员一般需经企业董事会乃至股东会(股东大会)聘任,有些(如国有企业高管)是由上级单位(用人单位的股东)任命。实务中,高级管理人员与其所任职的用人单位发生纠纷时,多数情况下,其劳动合同(主要是工作内容、职务或岗位条款)不存在变更的余地,唯一的结局就是解除(终止)劳动合同(劳动关系)。(2)高级管理人员劳动合同(劳动关系)的解除或终止程序不同于普通劳动者。对普通劳动者,在具备法定情形时或经双方协商,用人单位可通过提前 30 日通知(或支付替代提前通知的工资)、即时通知等方式解除其劳动合同,劳动合同也存在法定终止情形。②

但由于种种原因,企业解除或终止高级管理人员的劳动合同(劳动关系),未必履行《劳动合同法》规定的程序。比如,某国有企业总经理系由上级单位(独资股东)任命;其与所任职的

---

①　《上海市企业工资支付办法》第 23 条。
②　《劳动合同法》第 36 条、第 39 条—41 条、第 44 条等。

企业签订的劳动合同中,约定的工作内容(职务或岗位)是"总经理",劳动合同中并未有关于工作内容、职务或岗位变动的任何约定。上级单位因故(在该总经理不同意的情况下)以"红头文件"形式将该总经理免职并调至关联企业担任部门副职。笔者认为,上述情况下,劳动争议仲裁委员会和法院不应拘泥于《劳动合同法》关于劳动合同变更、解除与终止的程序性规定,而应直接认定该总经理被解除了与其原任职单位的劳动合同,并可适用《劳动合同法》中关于经济补偿或赔偿金等规定。因为高级管理人员的职务变动与劳动合同的可履行性密切相关;若高级管理人员被免职,则其劳动合同往往也就失去了履行的必要和可能。上述案例中,在当事人(总经理)已被独资股东免职并重新任命关联企业职务的情况下,关于其与原任职企业的劳动合同,唯一合理的解释就是该合同已被解除。

何况,《劳动合同法》对高级管理人员等高薪劳动者的经济补偿(或赔偿金)设置了上限(支付经济补偿的标准按本市职工月平均工资 3 倍的数额支付、支付经济补偿的年限最高不超过 12 年、赔偿金为经济补偿标准的 2 倍①),法院其实不必过多考量国有企业向高级管理人员支付经济补偿或赔偿金是否可能损害国家、社会及他人的合法利益(关于此种考量,参见下述上海市司法解释);因为无论经济补偿还是赔偿金都是有限的。

综上所述,笔者认为,与高级管理人员职务任免等有关的劳动争议,在适用法律时,确实存在公司法与劳动法竞合的问题。具体而言,在判断或确认高级管理人员职务任免相关事项乃至认定其劳动合同或劳动关系可否被解除或终止时,可主要适用《公司法》等相关规定,并依据企业章程乃至惯例,还应充分考虑双方是否仍然存在信任基础以及上述人员被免职后其与原任职企业劳动合同的可继续履行性。总体而言,法官可能倾向于尽量避免判决恢复被免职高级管理人员的劳动关系。但在认定是否支持高级管理人员关于经济补偿或赔偿金的诉请(仲裁请求)时,当且仅当适用《劳动合同法》及《劳动合同法实施条例》等。即,不能因为高级管理人员的身份及特殊的任免职程序而排除《劳动合同法》及《劳动合同法实施条例》关于经济补偿和赔偿金条款的适用。

本案特殊性在于,公司对总经理的归咎有瑕疵,其依据证券监管部门《责令改正的决定》(之后公司又收到了《行政处罚决定书》,但此时本案已在诉讼阶段,何况本案双方对该处罚决定各有不同解读)和会计师事务所出具的否定意见的《内部控制审计报告》对总经理一人作出解除劳动合同的决定,"一裁二审"均不认可;公司在 2014 年 4 月(即解除总经理劳动合同前 1 个月)通过的年度报告中还称"高度认可王某作为总经理的工作业绩",(仲裁败诉后)在一审阶段又指责总经理参与私分小金库,处理和应对方略不够连贯、从容。而总经理一方充分利用了现行劳动法律(劳动者并未"分层"或"分类")赋予高级管理人员的空间,基于特殊考虑(股票期权巨大利益),策略性地主张恢复劳动关系而不坚持恢复原职,从而给法院支持己方留出了余地。

因此,由于本案基本事实和双方在证据、辩论方面全方位的较量,关于上海家化应与王某恢复劳动关系,"一裁二审"意见高度一致;二审法院改按上海家化的职工月平均工资而非王某的原工资标准计算其在仲裁和诉讼期间的工资,体现了"公平合理""利益平衡"的劳动争议审理理念。某种意义上,本案二审法官如此判决实属无奈,因为我国劳动立法并未区分高级管理

---

① 《劳动合同法》第 47 条第 2 款、第 87 条。

人员和普通劳动者并对其报酬等事项分别作出规定,作为非判例法国家,将立法的问题交由司法处理,裁判者只能在一定空间内行使自由裁量权,尽量维持判决的衡平。这也是我国司法改革的题中应有之义。当然,对上海家化而言,两审判决金额相差区区 3 万余元,可以忽略不计;关键在于,其不得不与王某恢复劳动关系,而且双方的纠葛并未因本案终审而画上句号,兹不赘述。

除本案总经理之类的高级管理人员,还有几类特殊身份人员,其劳动争议的法律适用也比较棘手。

通常而言,专职工作的企业法定代表人或负责人亦属高级管理人员范畴。律师事务所合伙人(合作人)及会计师事务所合伙人(股东)则通常归入专业人员范畴,但在某种意义上也具有企业高级管理人员的特征(如参与事务所经营管理决策等),因此,本文略加讨论。当然,一些挂名的"合伙人"律师(纯粹出借名义协助他人设立律师事务所或未在司法局登记、不参与事务所管理决策的工资合伙人或称薪酬合伙人,某些事务所二级以下合伙人等)不在讨论之列。

第一,企业法定代表人或负责人劳动争议的法律适用。企业法定代表人或负责人相关劳动争议如何适用法律,不能一概而论,必须区分各种不同情形。由于经济活动的复杂性,法定代表人或负责人的实际身份也具有多样性。有些属于股东、投资人(合伙人),处理其劳动争议时,首先应考虑其股东、投资人(合伙人)身份。有些则与其他高级管理人员无异,自身未参与出资,受企业实际控制人指挥,其实也是职业经理人;万一此类人员与企业发生劳动争议,在适用法律时应将其按照高级管理人员处理,否则势必造成案件审理结果与现实情况的背离。

实务中还有一种情况,姑且称为"名义出资"。简言之,企业实际控制人或主要股东、投资人(合伙人)为满足法律要求,提供原始资本,以他人名义出资甚至将其注册为法定代表人或负责人。此类人员的劳动争议处理相当棘手;法官为了追求效率,往往对个人一方投资人(股东、合伙人)身份的真实性及其原始出资的来源不予深究,仅凭表面证据(如工商登记信息)判案(见下文有关会计师劳动争议的案例)。

对法定代表人或负责人的劳动争议如何适用法律,各地有不同的做法。根据上海市有关司法解释,①"对于企业的现任法定代表人或负责人要求企业支付薪酬的纠纷,劳动争议处理机构不予受理。""企业的法定代表人或负责人要求企业支付薪酬的纠纷,符合以下情形的,劳动争议处理机构可以受理,但应慎重审查其诉讼请求:1.法定代表人或负责人已经工商登记变更;2.法定代表人或负责人虽未经工商变更登记,但股东大会或董事会已通过变更决议;3.法定代表人或负责人已不能行使法定职权。""对于欠薪事实明确但具体欠薪金额不明确,当事人经释明后未能提供其他证据证明高额欠薪事实,且企业已处于经营困难、濒临破产并存在大量对外债务的情况下,劳动争议处理机构可参照本市相同或相近行业职工平均工资标准予以确认,本市相同或相近行业没有职工平均工资标准的,可参照本市职工平均工资标准予以确定。"

可见,上海法院对已离职或确定即将离职的法定代表人或负责人的薪酬纠纷将按劳动争议处理,但要求此类人员对其"高额薪酬"承担较重的举证责任,并在审理中兼顾"国家、社会、集体及他人的合法利益"。

---

① 上海市高级人民法院《关于审理劳动争议案件若干问题的解答》(沪高法民一〔2006〕17号)第1条(企业高级管理人员要求企业支付薪酬)。

　　第二,律师事务所合伙人(或合作人,下同)相关纠纷的法律适用。通常认为,合伙人与其所执业的律师事务所之间不属于普通的劳动关系,一般不适用《劳动合同法》等;司法部、人力资源和社会保障部《关于规范律师行业劳动关系的指导意见(草案)》①亦将合伙人与聘用律师区别对待。

　　根据上海市高级人民法院有关解释,②"对于律师事务所与其工作人员在劳动过程中发生的争议能否作为劳动争议案件处理,目前不宜一概而论。但是,对于律师事务所与其合伙人、合作人等在劳动过程中发生的争议,应按照《民法通则》③和《律师法》等有关法律规定处理,不应作为劳动争议案件受理。另外,办理转所手续等争议属于司法行政管理范畴,应通过司法行政部门协调处理。"可见,不但律师事务所合伙人的相关纠纷不应适用《劳动合同法》等,聘用律师与律师事务所在工作过程中发生的争议也不宜一概按劳动争议处理(当然,并非完全排除《劳动合同法》等的适用)。

　　《劳动合同法实施条例》第3条规定,"依法成立的会计师事务所、律师事务所等合伙组织和基金会,属于劳动合同法规定的用人单位。"该条并未对合伙人和聘用律师予以区分。在极端的情况下,若合伙人律师直接违反《劳动合同法》等的强制性规定(比如拒绝与事务所签订书面劳动合同,尽管该合同通常只是形式上的),而此种违反有可能给事务所及其他合伙人带来法律风险时,笔者认为,此种情形下,若因事务所终止上述合伙人的劳动关系等事由发生劳动争议,并不能完全排除《劳动合同法》及《劳动合同法实施条例》对上述合伙人的适用;只是,事务所终止与注册合伙人的劳动关系并非终止一般的劳动关系,还将涉及合伙人决议、司法局注册等一系列问题。而上述问题如何解决尚无定论。

　　第三,具备合伙人(股东)身份之会计师劳动争议的法律适用。会计师事务所许多是以有限公司形式注册,此类会计师事务所的合伙人同时具有股东身份。这是会计师事务所与律师事务所在组织形式及合伙人身份上的区别之一。笔者曾处理过会计师事务所合伙人(同时为股东及前任法定代表人)劳动争议。该案个人一方并非真正的出资合伙人(股东),其原始出资系由某机构提供。④ 该案涉及的问题包括但不限于:(1)全职工作的会计师事务所合伙人(股东)是否适用《劳动合同法》及《劳动合同法实施条例》(关于劳动者拒绝与用人单位订立劳动合同的,用人单位可以终止劳动关系的规定⑤)。(2)法院在审理上述人员的劳动争议案时,是否应对合伙人(股东)相关事项作出认定或判断。该案一审法院曾以个人一方的起诉不属于劳动争议处理范围为由而予以驳回。但二审法院裁定书认为,"我国现行法律法规亦未将兼有投资者与劳动者双重身份的自雇者排除在劳动法调整范围之外"。⑥ 根据二审法院裁定书,一审法院对该案按劳动争议进行了实体审理,但对股东之间的事项也作出了认定和判断。

---

　　① 此为2011年征求意见稿,迄今未见同名规范性文件公布。

　　② 上海市高级人民法院《关于审理劳动争议案件若干问题的意见》(沪高法民一〔2007〕7号;2007年3月21日)第3条(律师事务所与其工作人员在劳动过程中发生争议的处理)。

　　③ 《民法通则》自2021年1月1日起失效,现已被《民法典》替代。

　　④ 因涉及当事人的商业秘密和业内敏感问题,在此不予详述。

　　⑤ 《劳动合同法实施条例》第6条第1款。

　　⑥ (2009)沪一中民一(民)终字第3911号《民事裁定书》第5页第6至8行。

总之,基于会计师事务所等机构的特殊性,并不能完全排除《劳动合同法》及《劳动合同法实施条例》对兼有合伙人(股东)身份的劳动者(会计师等,下同)之适用。兼有合伙人(股东)身份的劳动者的工作权(执业权)乃至股权是否得到保障,在一定意义上亦取决于其自身是否完全遵守《劳动合同法》等法律法规的规定。

作者:齐斌

39. 用人单位因离职手续瑕疵赔偿员工损失

——中国某管理学会与许某劳动争议案

摘要: 用人单位为员工办理离职手续不力,被判赔偿员工损失。

来源: 北京市西城区劳动人事争议仲裁委员会京西劳人仲字[2018]第 1419 号仲裁裁决书;北京市西城区人民法院(2018)京 0102 民初 16023 号民事判决书;北京市第二中级人民法院(2018)京 02 民终 9047 号民事判决书。

【事 实 概 要】

2005 年 7 月 1 日,许某入职中国某管理学会工作,担任出纳。2015 年 7 月 1 日双方签订了无固定期限劳动合同。2017 年 5 月 31 日,许某提交辞职报告;同年 6 月 28 日,完成工作交接。双方均认可的备忘录内容为:针对许某提出的补齐 2011 年之前的社会保险费用问题,中国某管理学会同意补缴许某 2005 年 7 月至 2011 年 6 月的社会保险;针对许某提出的关于自 2015 年至提出辞职期间未涨过工资问题,中国某管理学会决定参照近两年学会在职人员相关薪酬政策标准,对许某给予一次性经济补偿,共计 16 350 元;另外给予许某 800 元补偿等。中国某管理学会于 2017 年 7 月 27 日在该备忘录上盖章,许某于 2017 年 8 月 10 日签字。2017 年 8 月 10 日,中国某管理学会将许某的档案交给许某本人。后许某于当日前往北京市东城区职业介绍服务中心办理档案转移未妥。许某主张其未能办理的原因系中国某管理学会未为许某办理社保减员,且由于中国某管理学会补缴许某的社保等原因,其直到 2017 年 9 月 14 日才再次前往上述服务中心办理档案转移。当日,上述服务中心以许某档案中缺少招工手续(招工表或派遣证)、行政工资关系介绍信应盖人事章等问题发出退档告知书。2017 年 9 月 15 日,该中心又以许某档案中缺少招工手续(招工表或派遣证)为由再次将许某的档案退回。许某遂将档案交回中国某管理学会,现档案仍由中国某管理学会持有。

2017 年 8 月 7 日,某财富公司向许某发出《聘用通知书》,通知许某被公司录用为财务主管,税前薪资为 1 万元,2017 年 8 月 11 日 9 时报到,要求报到时提供包含与原单位解除或终止劳动合同的证明原件等材料。许某收到该通知后于 8 月 10 日前往中国某管理学会开具离职证明,但中国某管理学会只有一份《离职证明》,让许某签字后就收回了,并未给许某。因此,许某未能如约入职某财富公司。

由于档案未能转移,许某无法缴纳医疗保险,导致其所产生的医药费未能报销,许某认为中国某管理学会应赔偿由此造成的损失 4 391.65 元。

许某就上述事实与中国某管理学会协商要求补偿、赔偿未果。

【裁 判 要 旨】

1. 北京市西城区劳动人事争议仲裁委员会裁决

2018 年 2 月,许某向北京市西城区劳动人事争议仲裁委员会(下称西城区仲裁委)申请仲裁,要求:(1)办理档案转移手续;(2)开具离职证明;(3)支付 2017 年 8 月至 2018 年 3 月 7 日因没有开具离职证明造成的工资损失8万元;(4)报销2018年1月、2月发生的医药费3 594.15元;(5)退还因领取解除劳动关系经济补偿金误扣的个人所得税3 566.09元。

2017年4月3日,西城区仲裁委裁决:中国某管理学会为许某出具解除劳动合同的证明;中国某管理学会为许某办理档案转移手续;中国某管理学会支付许某2017年8月11日至2018年3月7日期间因未出具解除证明而产生的工资损失69 195.4元。驳回许某其他仲裁请求。

2. 北京市西城区人民法院一审判决

双方均不服仲裁裁决,分别诉至北京市西城区人民法院(下称西城区法院)。诉讼中,西城区法院询问许某为何直至2018年2月才申请仲裁,许某主张由于退档后双方一直在协商,其也一直要求中国某管理学会尽快解决,但最后中国某管理学会没有给其消息,后其又前往劳动监察部门、咨询律师等,因此直至2018年2月才申请仲裁;正是由于中国某管理学会未出具离职证明和转移档案,其至今仍未找到工作。

中国某管理学会主张针对许某档案材料中缺少招工手续(派遣证或招工表),根据《普通高等学校毕业生就业工作暂行规定》,地方主管毕业生调配部门和高等学校应该按照规定统一使用报到证,报到证由国家教委授权地方主管毕业生就业调配部门审核签发。中国某管理学会认为北京某职业学校、北京市东城区教育委员会未向许某核发派遣报到证是导致许某档案不能在东城区职业介绍服务中心存放的直接原因,因此,该管理学会以本案审理结果与北京某职业学校、北京市东城区教育委员会有利害关系为由申请追加其作为第三人参加诉讼。西城区法院经审查认为,无需追加北京某职业学校、北京市东城区教育委员会作为第三人,对中国某管理学会的申请不予准许。

西城区法院认为,用人单位应当在解除或者终止劳动合同时出具解除或者终止劳动合同的证明,并在15日内为劳动者办理档案和社会保险关系转移手续。本案中,许某于2017年5月31日提出辞职,双方已于6月28日办理完毕离职交接手续,截至开庭之日,许某档案仍在中国某管理学会处保管,因此,中国某管理学会应为许某办理档案转移手续。关于开具解除劳动合同证明,2018年6月5日中国某管理学会为许某开具了《离职证明》,已经履行完毕,因此,中国某管理学会要求不开具解除劳动合同证明的请求,法院予以支持。关于因未开具离职证明给许某造成的工资损失问题,中国某管理学会出示的《离职证明》不能证明其已于2017年8月10日将离职证明交给许某,法院对其主张不予采信。现许某出示的《聘用通知书》及西城区仲裁委核实的情况可以证明由于中国某管理学会未出具离职证明导致许某无法入职某财富公司,因此,中国某管理学会应向许某赔偿损失。根据许某申请仲裁的时间、许某的工资情况,法院酌情确定中国某管理学会一次性支付许某因未出具离职证明所造成的损失6万元。

关于因中国某管理学会未转移档案所造成的2018年1月、2月、4月医药费损失,双方劳动关系于2017年5月31日解除,6月28日办理完毕交接手续,中国某管理学会于同年8月10日将档案交给许某,但由于档案内缺乏相应材料,同年8月和9月两次退档,9月份的退档原因系档案内无招工手续(派遣证或招工表),中国某管理学会对许某未能转档负有责任,应在其责任范围内对许某的医疗费损失承担赔偿责任。而许某至2018年2月才申请仲裁,西城区法院酌情确定中国某管理学会赔偿许某医疗费损失2 500元。关于退还误扣的个人所得税,因个人所得税所产生的争议不属于法院受案范围,因此许某的该项诉讼请求法院不予处理。

故西城区法院判决:判决生效之日起 15 日内,中国某管理学会为许某办理档案转移手续,向许某支付因未出具离职证明而产生的工资损失 60 000 元、因未转移档案所造成的无法缴纳医疗保险所产生的医药费损失 2 500 元;驳回许某和中国某管理学会的其他诉讼请求。

3. 北京市第二中级人民法院二审判决

中国某管理学会不服一审判决,上诉至北京市第二中级人民法院(下称北京二中院)。

二审中,双方当事人均未提交新证据。北京二中院对西城区法院查明的事实予以确认,还补充查明:双方一致认可中国某管理学会是许某毕业后入职的第一家用人单位。依据中国某管理学会申请,北京二中院向许某毕业的原北京市某学校(现北京某职业学校)调取该校在许某毕业时向其开具的《教育部门向劳动部门转交学生材料花名册》,并了解许某毕业时的档案转移情况。该校回函称,许某确系该校 2005 届毕业生,但由于时间久远及学校合并调整,现无法提供《教育部门向劳动部门转交学生材料花名册》复印件和许某档案从该校转出的情况。

北京二中院认为,《最高人民法院关于适用〈中华人民共和国民事诉讼法〉的解释》第 90 条规定:"当事人对自己提出的诉讼请求所依据的事实或者反驳对方诉讼请求所依据的事实,应当提供证据加以证明,但法律另有规定的除外。在作出判决前,当事人未能提供证据或者证据不足以证明其事实主张的,由负有举证证明责任的当事人承担不利的后果。"

《劳动合同法》第 50 条第 1 款规定:"用人单位应当在解除或者终止劳动合同时出具解除或者终止劳动合同的证明,并在十五日内为劳动者办理档案和社会保险关系转移手续。"本案中,许某毕业后即入职中国某管理学会,档案亦由该学会接收并保管,东城区职业介绍服务中心出具的《退档告知书》显示中国某管理学会曾为许某办理过档案转移手续,但由于档案材料存在问题被退档,现该档案仍在中国某管理学会保管。中国某管理学会不能证明档案材料存在问题系由许某过错所致,故其仍有义务继续为许某办理档案转移手续,一审法院判决其为许某办理档案转移手续并无不当。对上述《退档告知书》中所载档案材料问题,中国某管理学会、许某应相互协助予以解决,尽量减少由此造成的损失。

中国某管理学会出示的《离职证明》不足以证明其已于 2017 年 8 月 10 日将离职证明交给许某,许某出示的《聘用通知书》及西城区仲裁委核实的情况可以证明由于中国某管理学会未及时出具离职证明导致许某无法入职某财富公司,因此中国某管理学会应向许某赔偿损失。西城区法院根据许某申请仲裁的时间、许某拟入职单位提出的工资标准等,酌情确定中国某管理学会一次性支付许某因未出具离职证明所造成的损失 6 万元,并无不当。

关于许某主张的 2018 年 1 月、2 月、4 月的医药费损失,根据北京市目前的社会保险政策,职工可通过用人单位缴纳医疗保险或个人以灵活就业人员身份缴纳医疗保险的方式参加职工医疗保险并享受相关医疗待遇。但因中国某管理学会未及时为许某出具离职证明,导致许某未能入职下家用人单位,且因许某档案材料问题导致许某不能将档案转入职业介绍服务中心、以灵活就业人员身份缴纳医疗保险,许某不能享受医疗保险待遇的过错不在其本人,故一审法院酌情确定中国某管理学会赔偿许某医疗费损失 2 500 元,并无不当。

综上,二审法院认定,中国某管理学会的上诉请求不能成立,应予驳回;一审判决认定事实清楚,适用法律正确,应予维持,遂判决驳回上诉、维持原判。

【法律评析】

（一）评析要点

本案要点在于用人单位是否应为员工办理离职手续,以及未办理离职手续应承担的法律责任。有的用人单位认为,员工在离职后,用人单位的雇主责任和管理职责即告终结,没有义务再为员工提供任何协助。但实际上,办理离职手续属于劳动合同的"后合同义务",也是用人单位的法律义务,如果为员工办理离职手续不当,将要承担一定的法律责任。本案中,中国某管理学会在员工离职后未转移个人档案、出具离职证明,导致员工没有完成离职手续,无法顺利入职新用人单位,造成了工资、医疗费等方面的经济损失,理应赔偿。

（二）法律依据与实务分析

《劳动合同法》第 50 条第 1 款的规定见上文。为员工办理离职手续,包括开具离职证明和办理档案、社保转移手续是用人单位的法定义务,未按规定办理离职手续的,应当承担赔偿责任。《劳动合同法》第 89 条规定,"用人单位违反本法规定未向劳动者出具解除或者终止劳动合同的书面证明,由劳动行政部门责令改正;给劳动者造成损害的,应当承担赔偿责任。"此外,因用人单位未开具离职证明导致员工无法享受社会保险待遇的,根据人力资源和社会保障部《实施〈中华人民共和国社会保险法〉若干规定》第 19 条,"用人单位在终止或者解除劳动合同时拒不向职工出具终止或者解除劳动关系证明,导致职工无法享受社会保险待遇的,用人单位应当依法承担赔偿责任。"

此外,《劳动合同法》第 91 条规定,"用人单位招用与其他用人单位尚未解除或者终止劳动合同的劳动者,给其他用人单位造成损失的,应当承担连带赔偿责任。"因此,在招聘过程中,用人单位一般会要求新入职员工提供前一用人单位开具的离职证明,以确保不致承担连带赔偿责任。本案中,某财富公司要求许某提供离职证明,但中国某管理学会未提供该证明,导致许某数个月未能再就业。司法实践中,法院通常会结合双方过错程度、员工新入职公司为其确定的工资标准(或失业金标准和失业期限)酌定未依法办理离职手续的用人单位之赔偿金额。

作者:董传羽

40. 劳务派遣：连带责任
——深圳某服装公司及上海两家劳务派遣公司与胡某劳动合同纠纷案

摘要：用工单位违法解除用工关系、劳务派遣单位违法解除劳动关系，承担违法解除劳动合同连带责任。

来源：上海市浦东新区劳动人事争议仲裁委员会浦劳人仲〔2013〕办字第6559号仲裁裁决书；上海市奉贤区人民法院（2013）奉民三（民）初字第3217号民事判决书；上海市第一中级人民法院（2015）沪一中民三（民）终字第294号民事判决书。

【事 实 概 要】

深圳某服装公司（下称服装公司）与上海某劳务派遣公司（下称 A 公司）先后签署了两份《劳务派遣协议》，协议期间，2009 年 4 月 18 日，胡某进入服装公司工作，半个多月后与 A 公司签订《劳动合同》，同日与服装公司签订《用工协议》，期限均为 3 年。胡某在服装公司某门店从事导购员工作。其间，服装公司多次直接通知胡某加薪、晋升，还以《人事任命书》任命其为上海直销区销售主管，负责区域内的终端销售工作。3 年后胡某与 A 公司续订《劳动合同》，期限为 2 年，但约定 A 公司与用工单位（服装公司）的劳务协议终止时，上述同日签订的劳动合同也一并终止。

2012 年 8 月 23 日，服装公司向 A 公司发函告知，双方签署的《劳务派遣协议》将于 2012 年 9 月 30 日到期，到期后不再续约。因服装公司未向 A 公司支付被派遣员工的 2012 年 9 月份社会保险费，A 公司未为胡某缴存 9 月份的社会保险费。2012 年 9 月 5 日，A 公司为胡某办理了退工手续，但未向胡某主动出示《上海市单位退工证明》，胡某此时尚不知自己已被 A 公司退工。2012 年 9 月 30 日上述《劳务派遣协议》到期后，胡某并未被服装公司退回 A 公司，而是继续在原岗位工作。2012 年 11 月 20 日，胡某与另一劳务派遣公司（下称 B 公司）签署《劳动合同书》，约定 B 公司派遣胡某到服装公司工作，自 2012 年 11 月 1 日起，期限 2 年。2013 年 4 月 7 日，服装公司召开会议，明确了胡某的工作职责包括将各门店的盘点数据录入电脑，并生成电子表格。2013 年 5 月 10 日，服装公司作出《岗位调整通知》，告知胡某因未能完成电子表格制作等工作，决定将其调整为某门店（与原门店相距 50 多公里）的导购员。如未按时报到，则按照自动离职处理。胡某此后并未按时报到，2013 年 7 月 1 日，服装公司向 B 公司发出通知，称胡某已构成旷工，服装公司已与其解除用工关系。2013 年 7 月 5 日，B 公司向胡某发出通知，告知胡某因连续旷工超过 3 天，已构成严重违纪，双方劳动关系自 2013 年 7 月 5 日解除。

【裁 判 要 旨】

1. 上海市浦东新区劳动人事争议仲裁委员会裁决

胡某于 2013 年 7 月 19 日向上海市浦东新区劳动人事争议仲裁委员会申请劳动仲裁，要求 B 公司、服装公司及 A 公司连带支付违法解除劳动合同赔偿金 4 万余元，并分别要求服装公司和 B 公司支付工资差额和加班工资等共计近 6 万元。

2013年9月6日,仲裁委员会裁决B公司支付胡某违法解除劳动合同赔偿金9 000余元,服装公司承担连带责任,并部分支持了胡某关于工资差额和加班工资的请求共计1.4万余元。

2. 上海市奉贤区人民法院一审判决

胡某不服仲裁裁决,诉至上海市奉贤区人民法院(下称奉贤区法院),诉讼请求与仲裁请求大致相同。

奉贤区法院认为,本案的争议焦点之一在于服装公司对胡某进行调岗是否具有合理性,而服装公司的调岗理由不能成立,故调岗不具合理性。B公司据此解除胡某劳动合同,系违法解除劳动合同。B公司与服装公司应当连带支付胡某与B公司劳动关系存续期间的违法解除劳动合同赔偿金。A公司在整个过程中并无过错,无须承担法律责任。故服装公司应当单独承担胡某自2009年4月18日入职至2012年10月31日期间违法解除劳动合同的赔偿金2.7万余元。

据此,奉贤区法院依照《劳动合同法》第92条第2款等,于2014年12月12日判决:(1)B公司于判决生效之日起10日内支付胡某违法解除劳动合同赔偿金人民币9 000余元,服装公司承担连带责任;(2)服装公司于判决生效之日起10日内支付胡某违法解除劳动合同赔偿金人民币2.7万余元。此外,还判决服装公司向胡某支付工资差额和加班工资2.5万余元。

3. 上海市第一中级人民法院二审判决

胡某、B公司和服装公司均不服一审判决,向上海市第一中级人民法院(下称上海一中院)提起上诉。

上海一中院经审理查明,原审认定的事实无误,依法予以确认。上海一中院亦对原审法院阐述的关于本案系争劳动关系是否违法解除的判决理由与法律依据予以确认。上海一中院认为,本案中,胡某的用人单位发生变化,但是工作场所、工作岗位并没有发生变化,而且更换用人单位的原因在于服装公司变更了与其合作的劳务派遣公司,因此,应当将胡某在原用人单位服装公司(实为用工单位——笔者注)、A公司的工作年限合并计算入新用人单位B公司的工作年限中。本案支付违法解除劳动合同赔偿金的责任主体应该是B公司。用人单位自用工之日起即与劳动者建立劳动关系,而胡某于2009年4月18日就进入服装公司工作。因此,胡某的工作年限起算点应当为2009年4月18日。除一审判决第(1)项判决的金额之外,B公司还需要支付胡某违法解除劳动合同赔偿金2.1万余元。

上海一中院遂于2015年4月29日判决:维持一审判决第(1)项等;撤销一审判决第(2)项;B公司于本判决生效之日起10日内支付胡某违法解除劳动合同赔偿金人民币2.1万余元。

【法律评析】

(一)评析要点

本案劳务派遣关系的认定对理清各方权利义务、确定解除合同责任具有至关重要的意义。胡某与服装公司、A公司分别签订了《用工协议》和《劳动合同》,服装公司和A公司签订了《劳务派遣协议》。在与A公司的《劳务派遣协议》到期后,服装公司与B公司又签订《劳务派遣协议》,由B公司继续派遣胡某在服装公司工作。因此,本案劳务派遣三方关系明确,胡某为劳动者,A公司、B公司为用人单位,服装公司为用工单位。

但本案中的用人单位和用工单位在履行《劳动合同》及《劳务派遣协议》时，存在诸多违法、违规行为。

第一，A 公司与胡某的劳动合同中约定，若 A 公司与服装公司的劳务协议终止，劳动合同一并终止。而根据《劳动合同法》第 44 条之规定，劳动合同的终止不包含上述情形，上述约定是违法的。

第二，A 公司作为用人单位，应为劳动者缴纳社会保险费，但本案中 A 公司以服装公司未按时支付社会保险费为由拒绝为胡某缴纳社会保险费，当属违法，应依法补缴。

第三，用工单位对劳动者的管理应有适当的边界。服装公司作为用工单位，对胡某的升职、加薪、岗位管理、奖励惩罚、岗位调动均有直接的管理权，甚至对胡某与哪家用人单位建立劳动关系亦有实质上的决定权。虽然本案判决并未认定胡某与服装公司构成事实劳动关系，但服装公司显然已经超越了作为用工单位所应有的权限，可能会被认定为与劳动者建立了事实劳动关系。

第四，用工单位或用人单位的调岗行为应具备合理性，并与劳动者协商一致。服装公司单方对胡某作出的岗位调整不具有合理性。服装公司将胡某退回后，用人单位辞退胡某的行为应属违法解除劳动合同。由于本案中用人单位违法解除劳动合同是在 A 公司与胡某"终止"劳动合同之后发生，尽管 A 公司的"终止"行为并不合法，但 A 公司在 B 公司违法解除胡某劳动合同该问题上并无过错。胡某可另行通过仲裁或诉讼的方式要求 A 公司承担相应法律责任。

第五，根据法律规定，用人单位违法解除劳动合同的，应当依法支付违法解除劳动合同赔偿金。虽然服装公司违法调整胡某工作岗位，但违法解除劳动合同的行为系 B 公司作出，B 公司作为用人单位应被认定为支付赔偿金的责任主体，服装公司作为用工单位应当承担连带责任。

（二）法律依据与实务分析

本案一审判决援引了《劳动合同法》第 92 条第 2 款之规定："用工单位给被派遣劳动者造成损害的，劳务派遣单位与用工单位承担连带赔偿责任"。

2008 年施行的《劳动合同法》第一次以法律的形式确立了"劳务派遣"这一用工方式的地位，当然，也包含限制劳务派遣的立法意图。但《劳动合同法》施行后，劳务派遣却如火如荼，愈演愈烈，令立法者和业内人士始料未及。为此，2012 年 12 月 28 日，全国人大常委会作出了《关于修改〈中华人民共和国劳动合同法〉的决定》（2013 年 7 月 1 日起施行），人力资源和社会保障部亦于 2014 年颁布《劳务派遣暂行规定》，分别对劳务派遣作出进一步规范。

毋庸讳言，对用人单位而言，使用劳务派遣可以在一定程度上规避同工同酬。据报道，[①]人力资源和社会保障部相关司局负责人 2013 年 8 月 29 日表示，"虽然劳务派遣职工享有与用工单位的劳动者同工同酬的权利，但同工同酬不包括福利和社会保险"，原因是（该部及中华全国总工会之外）"其他部门和部分央企"强烈反对将福利和社会保险纳入同工同酬范畴。"这意味着，在福利待遇上企业对于正式工和劳务派遣职工的标准上，还是可以自己掌握的。""同工

---

① 赵鹏：《劳务派遣同工同酬不包括福利和社保》，载《京华时报》2013 年 9 月 1 日第 3 版。

同酬是有条件的,是指相同岗位等量劳动取得同等业绩的劳动者应该获得相同的劳动报酬,并不是简单的岗位相同就拿同样的工资。"尽管上述言论掀起了一定的波澜,反对者众,但笔者认为,不同种类员工(即使岗位相同)待遇不同往往具有一定的合理性,不是法律能够彻底规制的。至于对"待遇"和"报酬"(同工同酬的"酬")如何界定,目前尚属见仁见智的问题,日后可通过立法进行规范。

现行《劳动法》对同工同酬仅有宣言式的规定,①而《宪法》关于同工同酬的规定则侧重于强调"男女同工同酬"。② 同工同酬背后隐藏的深层次问题是公民自由迁徙的权利以及外来人员在常住地的生活保障等等;不改革现行户籍制度和捆绑于户籍的一系列制度和举措,奢谈(劳务派遣工与正式工)同工同酬无异于舍本逐末。

可见,如果一定要对同工同酬问题(无论是否涉及劳务派遣)进行规制,至少应从《劳动法》的高度作出制度设计,人力资源和社会保障部的规章乃至国务院行政法规都会显得力不从心,因为同工同酬问题过于重大、敏感,牵扯面也太广。

另外,《劳动合同法》第14条第2款规定:"用人单位与劳动者协商一致,可以订立无固定期限劳动合同。有下列情形之一,劳动者提出或者同意续订、订立劳动合同的,除劳动者提出订立固定期限劳动合同外,应当订立无固定期限劳动合同:……(三)连续订立二次固定期限劳动合同,且劳动者没有本法第三十九条和第四十条第一项、第二项规定的情形,续订劳动合同的。"

上述条款对劳务派遣单位是否适用,众说纷纭。通常而言,鉴于上述条款没有"但书"或除外规定,不能当然排除其对劳务派遣单位的适用。但就劳务派遣的性质而言,要求劳务派遣单位与被派遣劳动者签订无固定期限合同可能并不适宜。另一方面,根据《劳动合同法》第58条第2款,"劳务派遣单位应当与被派遣劳动者订立二年以上的固定期限劳动合同"。如果该款可被认为是该法第14条的特别条款,则劳务派遣单位在任何情况下均不必与被派遣劳动者签订无固定期限劳动合同。但该款是否为"特别条款"我们不能擅自揣测;究竟如何理解上述条款之间的关系,应以相关有权解释为准。

笔者认为,在《劳动法》时代,③劳务派遣最核心的功能是通过同工不同酬降低企业成本,满足企业灵活性用工需求(比如规避编制限制)也是劳务派遣的功能之一,但当时该功能并不突出(即使在国企,"正式工"④劳动合同到期亦可终止,除编制和工资总额限制方面的考虑外,未必选用劳务派遣)。此外,对外商投资企业而言,使用劳务派遣可以在一定程度上弥补由于外籍管理人员对中国法律及社会环境的陌生所造成的不便。

但《劳动合同法》施行后,劳务派遣避免用工固化(避免签订无固定期限劳动合同)的功能被无限放大,劳务派遣一度呈泛滥趋势。其根源是《劳动合同法》(主要是第14条)中关于无固定期限劳动合同的制度设计不尽合理,过于刚性。虽然无固定期限劳动合同不等于不可解除和终止的合同,《劳动合同法实施条例》第19条也罗列了用人单位与劳动者解除劳动合同(包

---

① 《劳动法》第46条第1款。
② 《宪法》第48条第2款。
③ 自1995年1月1日《劳动法》开始施行至2008年1月1日《劳动合同法》开始施行。
④ 根据原劳动部有关文件,"正式工"和"临时工"早已成为历史概念。此处仅为表述方便。

括无固定期限劳动合同)的 14 项条件,但众所周知,提前解除劳动合同对企业而言相当棘手,即使理由充分也动辄导致劳动争议;个别企业苦恼地发现,有的员工竟然是炒不掉的。①

就地方立法而言,2002 年施行的《上海市劳动合同条例》第 25 条规定:"签订劳动合同的用人单位和实际使用劳动者的单位不一致的,用人单位可以与实际使用劳动者的单位约定,由实际使用劳动者的单位承担或者部分承担对劳动者的义务。实际使用劳动者的单位未按照约定承担对劳动者的义务的,用人单位应当承担对劳动者的义务。"此规定所针对的情形包括"劳务派遣"。

相较于一般劳动关系,劳务派遣系由三方共同参与的人力资源配置方式,更为特殊和复杂。从劳务派遣的缔约关系来看,经营劳务派遣业务的主体(下称劳务派遣公司)是用人单位,劳动者是派遣对象,劳动者与劳务派遣公司签订劳动合同,双方建立劳动关系;接受劳务派遣的主体则是用工单位,需与劳务派遣公司签订劳务派遣协议。从劳务派遣的利益给付关系来看,为满足用工单位经营需要,劳务派遣公司提供自雇的劳动者为用工单位工作,为此用工单位支付给劳务派遣公司一定的服务费或佣金;劳务派遣公司作为用人单位,应承担为劳动者发放薪酬、缴纳社会保险费等法律义务。用工单位作为实际用工主体,对劳动者进行日常管理、岗位培训,并应支付加班费、绩效奖金,提供岗位相关福利待遇等。

《劳动合同法》第 66 条规定:"劳动合同用工是我国的企业基本用工形式。劳务派遣用工是补充形式,只能在临时性、辅助性或者替代性的工作岗位上实施。前款规定的临时性工作岗位是指存续时间不超过六个月的岗位;辅助性工作岗位是指为主营业务岗位提供服务的非主营业务岗位;替代性工作岗位是指用工单位的劳动者因脱产学习、休假等原因无法工作的一定期间内,可以由其他劳动者替代工作的岗位。"

1. 劳务派遣岗位的"三性"

劳务派遣作为一种灵活的用工方式,只能在临时性、辅助性、替代性的工作岗位上实施。这主要是为了防止用工单位任意使用劳务派遣工,导致被派遣劳动者的利益受损。因此,2012年通过对《劳动合同法》的修订,明确了劳务派遣岗位的"三性",确立了以劳动合同用工为主导、劳务派遣用工为辅助的用工体系。

(1)临时性。对用工单位而言,存续不超过 6 个月的岗位(工作)并不普遍,一般主要是短期生产管理项目、紧急的加班生产或某些商务仪式或筹备工作等。

(2)辅助性。《劳务派遣暂行规定》②要求实施劳务派遣的辅助性岗位必须经职工代表大会或全体职工讨论,提出方案和意见,与工会或职工代表平等协商确定,并在用工单位内公示。③ 因此,用工单位若要在辅助性岗位上实施劳务派遣,除必须满足岗位的实质条件之外,还应符合上述程序条件。

(3)替代性。替代性岗位是指用工单位的劳动者因脱产学习、休假等原因无法工作的一定期间内,可由其他劳动者替代工作的岗位。其中,"无法工作的一定期间"之具体时间并无明

---

① 孙莹:《员工不上班总告状屡屡获胜 公司历时 9 年摆脱影子员工》,载《北京晚报》2013 年 9 月 4 日,第 36 版。

② 自 2014 年 3 月 1 日起施行。

③ 《劳务派遣暂行规定》第 3 条第 3 款。

确规定。实践中一般根据地方性规定或劳动行政部门的意见执行,如《山东省劳动合同条例》①第 48 条第 2 款规定,"替代性工作岗位是指用工单位的劳动者因脱产学习、休假等原因无法工作,一年之内可以由其他劳动者替代的工作岗位"。另外,关于岗位可被替代的原因,法律规定列举了"脱产学习、休假等",但未作严格限定;一般来说,被替代的原因也应当具有合理性。

2. 劳务派遣的用工比例

根据《劳务派遣暂行规定》第 4 条,用工单位应严格控制劳务派遣用工数量,使用的被派遣劳动者数量不得超过其用工总量的 10%,即:

$$派遣员工的人数 \leq (订立劳动合同的人数 + 派遣员工的人数) \times 10\%$$

此外,该条所称用工单位是以《劳动合同法》《劳动合同法实施条例》规定的独立用工主体为准;取得营业执照的分支机构或未取得营业执照但获得用人单位委托的分支机构均是独立的用工主体,可单独列为计算派遣用工比例的用工单位。

对超过劳务派遣用工比例的单位,劳动行政(人力资源和社会保障)部门应责令限期改正。鉴于《劳动合同法》明确规定,只有被派遣劳动者有《劳动合同法》第 39 条、第 40 条第 1 项(患病或者非因工负伤医疗期满不能工作)、第 2 项(不胜任工作)情形时,用工单位才可将其退回;当用工单位不满足"三性"要求或超比例用工时,不得随意将被派遣员工直接退回用人单位(但各方通过自愿达成的协议作出类似安排并无不妥)。若用工单位逾期未改正,劳动行政部门还可按每人 5 000 元以上 1 万元以下的标准处以罚款。② 此外,用工单位因此给被派遣劳动者造成损害的,还需承担赔偿责任。辽宁省、重庆市等地的地方性规定还明确,不满足"三性"要求或超比例用工的,该劳务派遣关系将被认定为事实劳动关系。

3. 劳务派遣与外包的区别

《劳务派遣暂行规定》第 27 条规定,用人单位以承揽、外包的名义,按劳务派遣的用工形式使用劳动者的,按照本规定处理。

劳务派遣与外包在用工形式上存在显著区别。我国法律虽然对外包暂无明确界定,但实践中外包通常是指发包人将一定业务或工作整体委托承包人完成,发包人在该工作完成过程中不负责管理,主要根据整个工作内容和工作完成情况支付服务费。常见的外包形式有生产线外包、仓储物流外包、辅助岗位外包(如保安、食堂、保洁)、人力资源外包等。劳务派遣与外包的区别主要是:

(1) 工作过程管理不同。对用工单位而言,外包属于结果导向型工作,劳务派遣则是过程管理型工作。在外包关系中,发包人一般不对外包工作人员进行直接管理,外包的工作结果是支付服务费的主要标准。在劳务派遣中,用工单位则需对被派遣劳动者的工作过程进行直接管理,其工作结果不是支付薪酬的主要标准。

(2) 费用支付标准不同。外包一般以整个工作项目和工作完成情况作为费用计算和支付标准;而劳务派遣则是以被派遣劳动者的人数作为费用计算和支付标准。

(3) 生产资料提供者不同。外包一般由承包方自备生产资料;而劳务派遣的生产资料则

---

① 修订后自 2013 年 10 月 1 日起施行。
② 《劳动合同法》第 92 条第 2 款。

由用工单位提供。

（4）薪酬待遇发放者不同。外包工作人员劳动报酬由承包方支付，福利待遇由承包方提供，社会保险费亦由承包方缴纳。但在劳务派遣中，劳动者的劳动报酬由劳务派遣公司支付，正常的福利待遇一般也由派遣公司提供，社会保险费由派遣公司缴纳；经与派遣公司约定，用工单位亦可代作某些支付或承担某些责任；被派遣劳动者的加班费、绩效奖金、与岗位有关的福利待遇则应由用工单位支付和提供。

回顾本案，胡某在服装公司连续工作超过 4 年，单个岗位的工作时间也超过 6 个月，不符合临时性的要求；胡某所从事的导购员、销售主管等工作均是用工单位主营业务岗位，不符合辅助性的要求；其亦非在用工单位其他劳动者脱产学习、休假期间替代他人从事工作，因此也不符合替代性的要求。

此外，本案由上海市浦东新区劳动人事争议仲裁委员会作出裁决，却由上海市奉贤区人民法院一审，乃因本案有四个当事人（胡某与用工单位深圳某服装公司以及上海两家劳务派遣单位），其中，上海两家劳务派遣单位注册地址或经营地址分处上海不同区域，服装公司在上海也有浦东、宝山等多处经营地址。

作者：齐斌

第四章　集体劳动关系法律制度

41. 工会：集体合同纠纷
——企业工会委员会诉公司分支机构劳动争议（履行集体合同纠纷）案

摘要：沃尔玛（湖南）百货有限公司常德水星楼分店工会委员会与沃尔玛（湖南）百货有限公司常德水星楼分店因撤店劳动争议案。

来源：湖南省常德市劳动人事争议仲裁委员会（2014）常劳人仲字 49 号、50 号仲裁裁决书；湖南省常德市武陵区人民法院（2014）武民初字第 01302 号民事裁定书。

【事 实 概 要】①

1. 申请人主张的事实

被申请人沃尔玛（湖南）百货有限公司常德水星楼分店于 2009 年 1 月 17 日开业，至 2014 年 3 月实有员工 135 名，其中大多数员工与被申请人签订的是无固定期限劳动合同。申请人（该分店工会委员会）于 2010 年成立，分店现有 135 名员工均为工会会员。

2011 年 7 月 18 日，申请人与被申请人签订了《沃尔玛（湖南）百货有限公司常德水星楼分店集体合同书》（下称《集体合同书》），并于 2011 年 7 月 20 日报常德市武陵区人力资源和社会保障局审查同意。《集体合同书》有效期为 2011 年 7 月 18 日至 2014 年 7 月 17 日。《集体合同书》第 2 条规定："本合同规范劳动合同管理、劳动报酬、工作时间和休息休假、保险福利和劳动安全卫生。"第 6 条规定："劳动合同的内容以及订立、变更、解除或终止，应符合法律、法规的有关规定。"第 20 条规定："当一方就本合同的执行情况和变更提出商谈时，另一方应予答复，并在 15 天内进行集体协商。"

2014 年 3 月 5 日，被申请人在超市醒目位置张贴《沃尔玛（湖南）百货有限公司常德水星楼分店员工安置通知》（下称《安置通知》），宣布将于 2014 年 3 月 19 日闭店，并于宣布当日调动外店员工约 200 余人替代现有员工的工作岗位，并锁定现有员工的工作 ID 和电脑权限。该《安置通知》要求员工在其所提供的方案中进行选择，并于 3 月 19 日 17：30 前作出答复，否则就视为劳动者拒绝选择。

2014 年 3 月 24 日，申请人向被申请人递交了《谈判邀约函》，认为被申请人此次闭店裁撤员工及员工安置方案不符合《劳动合同法》第 4 条、第 41 条、第 43 条、第 87 条，《工会法》第 52

---

① 围绕沃尔玛（湖南）百货有限公司常德水星楼分店撤销发生了多起劳动争议仲裁、诉讼案（包括一审、二审；员工方当事人分别为工会和员工个人）。本"事实概要"主要依据[2014]常劳人仲字 50 号仲裁裁决书，但下文所引常德市武陵区人民法院（2014）武民初字第 01302 号民事裁定书系针对[2014]常劳人仲字 49 号仲裁裁决书作出，该案申请人系以沃尔玛（湖南）百货有限公司常德水星楼分店工会委员会主席黄某为首的若干名员工。

条之规定,被申请人没有经过职代会讨论,也没有与申请人协商就作出该《安置通知》。并由此产生了集体劳动争议,为此员工集体提出了 14 条诉求。

2014 年 3 月 31 日,常德市总工会向被申请人发出《关于邀请沃尔玛公司常德水星楼分店劳资双方开展协商谈判的函》(申请人声称被申请人拒绝接收)。

2014 年 3 月 28 日,被申请人总经理电话通知部分员工,要求领取《关于终止劳动合同的通知》(下称《终止通知》)。后被申请人又在公司收货部门口张贴《终止通知》的公告,并以电话、短信等方式向公告所示人员进行沟通告知,同时向公告公示的 65 名员工,按照企业方的安置标准将补偿款打到了员工工资卡账户。

在《终止通知》中,被申请人以分店解散为由,依据《劳动合同法》第 44 条之规定,终止与劳动者的劳动合同。

2. 被申请人主张的主要事实

2014 年 3 月 5 日,被申请人组织工会主席、代表召开了碰头会,征求工会的意见召开员工大会,8 人出席;3 月 7 日至 3 月 28 日,被申请人与工会、员工多次协商。3 月 19 日之前已有 50 多名员工与公司协商解除了劳动合同;3 月 28 日,被申请人终止了部分员工的劳动合同;3 月 31 日,被申请人与曾同意和公司协商解除劳动关系的几名员工终止了劳动关系,至此与全部员工结束劳动关系。被申请人一共 129 名员工,将近一半员工与被申请人签订了解除劳动合同协议书。

被申请人提交的证据包括《关于沃尔玛(湖南)百货有限公司撤销常德水星楼分店的决定》,拟证明被申请人依《董事会决议》被撤销。申请人对《董事会决议》真实性、合法性有异议,认为不能确认该次董事会参加人员是否合法。仲裁委员会认为,申请人对《董事会决议》质证意见只是一种简单否定,并未提交任何证据证明《董事会决议》不真实、不合法,《董事会决议》能够证明 2014 年 3 月 28 日 18:00 沃尔玛(湖南)百货有限公司董事会决议撤销被申请人的事实,仲裁委员会予以采信。

仲裁委员会认为,被申请人相关证据证明 2014 年 3 月 5 日至 3 月 28 日期间被申请人与工会、员工多次就员工安置问题沟通的事实,仲裁委员会予以采信。

3. 仲裁委员会确认的案件事实

2009 年 1 月 13 日,被申请人依法成立,营业执照上所登记的企业类型为外资经营企业分支机构。

2010 年 2 月 8 日,申请人依法取得工会法人资格证书。2011 年 7 月 18 日,申请人与被申请人签订《集体合同书》,合同书中"公司"系指沃尔玛(湖南)百货有限公司常德水星楼分店。

《集体合同书》第 2 条约定:"本合同规范劳动合同管理、劳动报酬、工作时间和休息休假、保险福利和劳动安全卫生。"第 4 条约定:"本合同及其附件适用于和公司签订《劳动合同书》的全日制员工,不含外籍及港、澳、台员工。"第 6 条约定:"劳动合同的内容以及其订立、变更、解除或终止,应符合法律、法规的有关规定。"第 20 条约定:"当一方就本合同的执行情况和变更提出商谈时,另一方应予答复,并在 15 天内进行集体协商。"第 22 条约定:"本合同生效后,公司和员工必须全面履行。任何一方违反本合同的,必须承担违约责任。公司违反本合同给员工造成损害的,应按相关规定依法承担赔偿责任。员工违反本合同给公司利益带来影响和损失的,应当按相关规定和劳动合同承担责任,并应立刻纠正违约行为,挽回损失,消除影响。"

第23条约定:"本合同期限三年,从2011年7月18日至2014年7月17日。"第24条约定:"本合同在履行过程中有下列情况之一,本合同终止:(1)公司被撤销、解散或依法宣告破产;(2)因不可抗力原因,致使本合同条款无法履行;(3)本合同期满或双方约定的终止条件出现。"

2014年3月5日,被申请人与工会主席及工会委员就员工安置事宜进行沟通。工会方表示,被申请人必须向其发出书面谈判的邀约函,工会才会参与正式谈判;对此,被申请人不予认可。

会后,被申请人通知全体员工于当天参加沟通大会,但只有部分员工参加。沟通大会结束后,被申请人将《安置通知》进行张贴,《安置通知》称:被申请人将于2014年3月19日起停止营业,并提供了转职、升职及领取"N+1"经济补偿等几种方案供员工选择。

2014年3月5日至3月28日期间,被申请人与申请人、员工多次就员工安置问题进行沟通。截至3月28日,有54名员工与被申请人协商一致解除劳动合同。2014年3月24日,申请人向被申请人发送《谈判邀约函》,称:经过前期沟通,公司方与工会已就11条诉求条款口头达成共识,但需进一步协商和具体落实;将3条劳资双方还存在较大分歧的诉求作为此次协商谈判的重点。被申请人收到此函,但未书面回复。

2014年3月31日,湖南省常德市总工会向双方发送《关于邀请沃尔玛公司常德水星楼分店劳资双方开展协商谈判的函》,被申请人未书面回复。

截至2014年3月31日,被申请人共终止69名员工劳动合同。2014年4月25日,申请人提起仲裁申请。

2014年3月28日18:00,沃尔玛(湖南)百货有限公司董事会作出决议:"因经营不善,同意公司撤销位于常德市武陵区城南办事处东湖巷社区人民中路水星楼负一楼名为'沃尔玛(湖南)百货有限公司常德水星楼分店'的分支机构,并办理工商注销手续"。同日,沃尔玛(湖南)百货有限公司根据董事会决议,决定撤销被申请人。

【裁 判 要 旨】

1. 常德市劳动人事争议仲裁委员会裁决

因履行集体合同纠纷,沃尔玛(湖南)百货有限公司常德水星楼分店工会委员会以该分店为被申请人,于2014年4月25日向常德市劳动人事争议仲裁委员会提出仲裁申请,请求依法裁决:(1)确认《沃尔玛(湖南)百货有限公司常德水星楼分店员工安置通知》无效;(2)责令被申请人承担违反集体合同的违约责任即公开向员工和工会道歉;(3)责令被申请人与申请人就闭店问题进行集体协商。

上述仲裁委员会2014年4月29日受理本案后,根据三方原则,由一名首席仲裁员和两名仲裁员组成仲裁庭,并于2014年5月27日进行了公开开庭审理。

仲裁委员会认为:集体合同的履行,是指在集体合同依法签订后,双方当事人按照集体合同的约定完成集体合同约定的义务。就本案而言,申请人主张被申请人未履行《集体合同书》约定的义务,由此提出上述3项仲裁请求。

第(1)项仲裁请求,实际上是要求确认被申请人作出《安置通知》的民事行为无效,并由此产生自始无效的法律后果。从庭审查明来看,申请人主张无效的理由是被申请人作出《安置通知》之前未履行与工会或职工协商的程序,因程序违法而导致该民事行为无效。

首先,无论从内容、形式、还是法律后果上看,被申请人的《安置通知》应有别于用人单位单方面作出的解除或终止劳动合同决定。《安置通知》称将于2014年3月19日停止营业,并告知员工几项安置选择,等待员工回复。《安置通知》内容并不违反劳动法律法规的规定。该《安置通知》中的内容既可以被员工接受,也可以不为员工接受,也就是说,在员工未作出选择之前,该《安置通知》对双方的劳动关系不产生任何影响。其次,从逻辑上说,假定该通知违法被确认为无效,按照自始无效的理论,是否导致(部分员工——笔者注)已经与被申请人协商一致解除劳动合同的行为也当然无效呢? 这个结论显然有悖常理,并有违自愿、公平和意思自治的民事活动原则。最后,从事实上看,2014年3月5日,被申请人就《安置通知》主动与申请人沟通和协商,但申请人坚持认为被申请人必须出具书面的谈判邀约函才能视为协商程序的正式启动。在不能与工会协商一致的情况下,被申请人以张贴的方式将《安置通知》向全体员工告知。2014年3月5日至2014年3月28日期间,被申请人采取了挂号信、短信等多种方式向员工告知《安置通知》的内容,并有部分员工与被申请人协商解除劳动合同。如果认定被申请人完全没有履行协商程序,则显失公平。因此,申请人主张《安置通知》无效,无法律依据和事实依据,仲裁委员会不予支持。

关于第(2)项仲裁请求,公开道歉并不是《劳动法》《劳动合同法》等劳动法律法规规定的承担责任的方式。同时,双方依法签订的《集体合同书》中违约责任的承担方式亦无此种约定,故申请人的此项仲裁请求既无法律规定,也无当事人约定,仲裁委员会不予支持。

关于第(3)项仲裁请求。首先需要明确的是,我国法律没有"闭店"一说,申请人所称的"闭店"指被申请人的被撤销,而公司撤销分公司属于市场经济条件下市场经营主体的经营自主权,是不需要与劳动者协商的事项。其次就集体协商本身而言,无论是《集体合同规定》《湖南省集体合同规定》等规定,还是双方签订的《集体合同书》的约定,均只明确"一方提出集体协商,另一方应予回复,无正当理由不得拒绝集体协商",并未就不予回应的一方应承担何种责任或如何承担责任予以规定或约定。而仲裁委员会并非行政执法部门,亦无权作出"责令"任何一方进行协商的裁决。

另外,从《劳动法》《工会法》《劳动合同法》三部法律规定来看,均明确了只有履行集体合同争议才能够由工会提起仲裁和诉讼。履行集体合同,首先要保证一个前提条件,即当事人因履行集体合同发生争议时,该集体合同还合法有效的存在。本案申请人申请仲裁时,仲裁委员会只对申请仲裁所需的立案证据材料进行必要的形式上的审查。基于仲裁立案的需要,对申请人所主张的事实和理由,在仲裁申请时只是一种假定,假定发生纠纷的权利为申请人所享有,这种假定在仲裁过程中始终被认为存在,直至查明案件事实为止。本案通过庭审查明,双方当事人签订的《集体合同书》第24条对"被申请人被撤销,集体合同终止"有明确的约定;同时,该约定符合《集体合同规定》第38条"集体合同期满或双方约定的终止条件出现,即行终止"的规定。又根据《公司登记管理条例》第49条、《企业法人登记管理条例施行细则》第40条之规定,公司有权撤销其设立的分支机构。

仲裁委员会认为,自2014年3月28日沃尔玛(湖南)百货有限公司作出撤销被申请人(常德水星楼分店)决定之日起,申请人与被申请人双方所订立的《集体合同书》自行终止,申请人沃尔玛(湖南)百货有限公司常德水星楼分店工会委员会所提出的履行集体合同的事实基础已经不复存在,故申请人要求被申请人就闭店问题进行集体协商的仲裁请求,仲裁委员会不予支持。

经调解无效,依据《劳动法》第 34 条、第 78 条、第 84 条第 2 款,《劳动合同法》第 56 条,《工会法》第 14 条、第 20 条第 4 款,《劳动争议调解仲裁法》第 2 条第(6)项、第 6 条、第 42 条第 1 款、第 43 条第 1 款、第 50 条,《公司登记管理条例》第 49 条等规定,该仲裁委员会于 2014 年 6 月 25 日作出非终局裁决:驳回申请人的全部仲裁请求。

2. 湖南省常德市武陵区人民法院民事裁定①

沃尔玛(湖南)百货有限公司常德水星楼分店工会委员会不服仲裁裁决书,起诉至常德市武陵区人民法院,该院于 2014 年 7 月 9 日受理。

经法院审查,被告沃尔玛(湖南)百货有限公司常德水星楼分店已于 2014 年 6 月 5 日被常德市工商行政管理局核准注销登记。法院认为:被告被注销登记,其法律主体资格已经消失。原告以其为被告进行诉讼,属于诉讼主体不适格。据此,于 2014 年 7 月 22 日裁定驳回原告起诉。

【法律评析】

(一)评析要点

就我国现行《劳动法》《工会法》《劳动合同法》和《公司法》等而言,本案结果并无悬念。案外的故事和各方的角力才是本案的重点。

据报道,②至 2014 年 4 月 22 日,包括沃尔玛(湖南)百货有限公司常德水星楼分店(沃尔玛常德门店;下称公司)工会委员会主席黄某在内的 78 名员工,已经在沃尔玛常德门店外抗议 48 天。他们按照以往的工作时间,早上 8 点 30 分来到店门口,下午 5 点离开。对公司提出的方案,黄某等员工并不认可。黄某认为,公司"闭店"没有提前一个月知会工会,属于程序违法;因此,这些员工要求获得"N③+1④的两倍赔偿⑤"。2014 年 3 月 18 日上午政府解释会议召开,当地区长、市总工会、沃尔玛华中区事务经理、区商务局等政府和资方代表都出席了此次会议,黄某作为工会代表出席了会议。会议中,相关部门和沃尔玛都认为关闭门店程序合法,安置内容也合法,员工继续"闹"(抗议)需要承担法律责任。

根据本案仲裁裁决书,沃尔玛常德门店在《安置通知》中称,其将于 2014 年 3 月 19 日起停止营业。若此节属实,该门店工会主席等 78 名员工在门店停业后的抗议行为,可能不是严格意义上的"罢工",因为用人单位已经无需这些员工为其提供劳动。

中华人民共和国成立后共制定了四部宪法,其中 1954 年《宪法》未对罢工作出规定;1975

---

① 如前注所述,本裁定系针对[2014]常劳人仲字 49 号仲裁裁决书,但不影响评析本案。

② 陈白:《湖南沃尔玛常德店罢工 48 天 员工拒绝接受安置方案》,载《新京报》2014 年 4 月 23 日。

③ 指合法解除或终止劳动合同的情况下,用人单位应支付给劳动者的经济补偿金。

④ 指用人单位依据《劳动合同法》第 40 条解除劳动合同时,若未提前 30 日以书面形式通知劳动者本人,则需额外支付劳动者一个月工资以代替提前通知,俗称"代通金"。

⑤ 指违法解除或终止劳动合同的情况下,用人单位应支付给劳动者相当于合法解除或终止劳动合同经济补偿金之两倍的赔偿金,业内俗称"2N"。但所谓"N+1 的两倍赔偿"则没有法律依据。

年《宪法》和 1978 年《宪法》均规定"公民有言论、通信、出版、集会、结社、游行、示威、罢工的自由"(如 1978 年《宪法》第 45 条)。1982 年《宪法》中又取消了关于罢工的规定。

关于我国在 1982 年《宪法》中取消《罢工自由》之规定的理由,当时参加宪法起草工作的法学家萧蔚云教授的说法是:(在社会主义制度下)"工人是国家的主人,工人的利益和国家的利益是一致的,如果罢工,只能使国家和工人自己的利益受到损失,使国民经济受到损害,而且罢工常常影响到社会秩序的安全和给人民的工作、生活带来很大的不便。"①

尽管我国现行《宪法》对罢工的规定阙如,但罢工是劳动法领域不可回避的问题。实际上,其他法律已对罢工有所提及。如《戒严法》第 13 条规定戒严期间可以禁止罢工。② 我国《劳动法》和《劳动合同法》对罢工问题亦未作出规定。

(二)法律依据与实务分析

本案仲裁裁决书在裁决主文前援引的《劳动法》第 34 条是关于集体合同生效的规定,第 78 条是关于劳动争议的处理原则,第 84 条第 2 款是关于履行集体合同发生争议时的仲裁和诉讼(与裁决书援引的《劳动合同法》第 56 条和《工会法》第 20 条第 4 款内容大致相同)。

此外,裁决书援引的《工会法》第 14 条是关于工会的法人资格;《劳动争议调解仲裁法》第 2 条第(6)项、第 6 条、第 42 条第 1 款、第 43 条第 1 款、第 50 条均是劳动争议仲裁的程序性事项(包括举证规则);《公司登记管理条例》第 49 条则规定了分公司的撤销、注销等事项。

本案工会委员会(仲裁申请人)认为,依据《劳动合同法》第 4 条之规定,闭店是关乎会员切身利益的重大事项,店方(仲裁被申请人)在未召开职工代表大会或者经过全体职工讨论、也未与申请人协商的情况下,单方面宣布闭店,违反了《劳动合同法》相关规定;双方签订的《集体合同书》尚在有效期内,且闭店事宜直接关系到《集体合同书》规范的劳动合同管理、劳动报酬等事项,直接关系到《集体合同书》本身的履行。其还认为,根据《公司法》规定,分公司不具备解散的主体资格,被申请人以分公司解散为由,适用《劳动合同法》第 44 条终止劳动合同,是违法行为,这种行为也直接违反了《集体合同书》第 6 条之规定;因此,工会委员会认为店方系"粗暴关店",严重违反了《劳动合同法》第 4 条、第 41 条、第 43 条,《工会法》第 52 条及《集体合同书》第 6 条、第 20 条的相关规定。

正如本案仲裁委员会所指出,"闭店"并非法律概念。因此,本案工会方在书面文件或庭审辩论中屡屡提及"闭店",在某种程度上导致其说理不力、缺乏法律依据。公司(包括分公司)撤销、解散并非《劳动合同法》第 4 条所规制的对象。换言之,在我国现行法律框架下,员工(包括工会)在公司是否撤销、解散的问题上并没有什么发言权;当然,员工可以争取在公司撤销、解散时获得妥善安置或合理合法的补偿。《集体合同书》只是约定劳动报酬和劳动条件等的最低标准,③与个别劳动合同一样,集体合同也是可以依法、依约解除或终止的;在公司撤销、解散的情况下,集体合同与个别劳动合同会面临同样的宿命(无法继续履行)。尽管如此,劳资双方

---

① 肖蔚云:《我国现行宪法的诞生》,北京大学出版社 1986 年版,第 47 页。
② 《戒严法》(1996 年 3 月 1 日起施行)第 13 条规定:"戒严期间,戒严实施机关可以决定在戒严地区采取下列措施,并可以制定具体实施办法:……(2)禁止罢工、罢市、罢课;……"
③ 《劳动合同法》第 55 条规定:"……用人单位与劳动者订立的劳动合同中劳动报酬和劳动条件等标准不得低于集体合同规定的标准。"

都有义务维护劳动关系的和谐稳定;用人单位撤销、解散时,也应避免损害劳动者的合法权益。

此外,本案工会方援引的《劳动合同法》第 41 条与本案无关,因为该条适用的前提是用人单位仍然存续;第 43 条适用于本案也比较牵强,因为本案用人单位已被撤销。《工会法》第 52 条是对参加工会活动的职工和工会工作人员的解雇保护,是劳动行政部门的职责,也与本案仲裁、诉讼无关。

作者:齐斌

42. 职工民主参与：职工代表大会决议可否成为变更劳动合同的依据
——晏某诉上海华谊工程有限公司劳动合同纠纷案

摘要：公司依据职工代表大会（下称职代会）决议单方变更劳动合同，一审支持，二审改判。

来源：上海市闵行区劳动人事争议仲裁委员会闵劳人仲［2017］办字第772号仲裁裁决书；上海市第一中级人民法院（2017）沪01民特747号民事裁定书；上海市闵行区人民法院（2018）沪0112民初3835号民事判决书；上海市第一中级人民法院（2018）沪01民终7129号民事判决书。

【事 实 概 要】

晏某与上海华谊工程有限公司（下称华谊公司）签订自2002年10月1日起的无固定期限劳动合同，约定晏某在财务岗位工作。2016年3月8日，华谊公司聘任晏某担任资产财务部经理。2016年5月17日，华谊公司出具《关于侯××等同志职务任免的通知》，内载："……晏×同志任工程经济室副经理，不再担任资产财务部经理职务。王××同志任资产财务部副经理（主持工作）……"。晏某2016年6月之前每月工资由岗位工资16 200元、特殊津贴1 000元、年功工资960元、保密津贴100元、交通津贴700元及职称津贴200元构成。2016年7月之后交通津贴调整为350元。

本案之前，双方还发生了不止一起关联劳动仲裁和诉讼案。2016年9月20日，晏某就工资差额等事宜向上海市闵行区劳动人事争议仲裁委员会申请仲裁，要求华谊公司支付其2016年7月至9月期间的交通津贴差额1 050元、同年8月至9月期间的岗位工资差额10 960元。该仲裁委于2016年10月24日作出闵劳人仲（2016）办字第5930号裁决书，裁决华谊公司支付晏某岗位工资差额10 960元，其余请求未予支持。之后，华谊公司按仲裁裁决支付晏某岗位工资差额10 960元，晏某不服该裁决，向上海市闵行区人民法院（下称闵行区法院）提起诉讼，该法院于2017年3月15日作出（2016）沪0112民初34600号民事判决书，判决华谊公司支付晏某2016年7月至同年11月的交通津贴差额1 750元。华谊公司不服，提起上诉。2017年8月22日，上海市第一中级人民法院（下称上海一中院）作出（2017）沪01民终5801号民事判决书，判决驳回上诉、维持原判。

2016年11月2日，华谊公司内网公示《公司转型发展改革办法》及3个附件。《公司转型发展改革办法》内载："上海华谊工程有限公司近几年来'生产经营发生重大困难'，累计亏损高达21 928万元，公司将资不抵债；公司原来的组织架构已不适应公司发展需要……经公司党政联席会讨论确定，经上海××集团公司同意，制定本转型发展改革办法"。该办法就"岗位聘任和未上岗员工安置"作出规定，称将依据附件3《员工岗位竞聘和安置实施办法》进行岗位竞聘。《员工岗位竞聘和安置实施办法》规定：本办法适用于与公司签订劳动合同的在职在岗员工；员工均须参加岗位竞聘，最多可选择竞聘2个岗位；对参加竞聘未获聘用的无固定期限劳动合同员工、未参加竞聘的无固定期限劳动合同员工将实行"内部待岗"。员工在接到内部待岗通知书后,其月生活费待遇按下列标准实施:第一个月,按本人原工资标准发放;第二个月起,按已公布的上海市最低工资标准的 80% 发放;个人所需承担的各项社会保险、公积金费用由公司承担,同时将员工的劳动关系转入综合管理部集中管理。晏某未参加岗位竞聘。

2016 年 11 月 23 日,晏某又向闵行区劳动人事争议仲裁委员会申请仲裁,要求判定华谊公司擅自单方变更其工作岗位该行为无效,恢复其资产财务部经理的工作岗位;并责令公司继续履行 2002 年双方所签订的无固定期限劳动合同。该仲裁委于同日作出闵劳人仲(2016)通字第 336 号不予受理通知书:因争议事项不属劳动仲裁受理范围决定不予受理。晏某不服,向闵行区法院提起诉讼。2017 年 3 月 15 日,该法院作出(2016)沪 0112 民初 34601 号民事裁定书,驳回晏某的起诉。晏某不服,提起上诉。2017 年 5 月 19 日,上海一中院作出(2017)沪 01 民终 5863 号民事裁定书,驳回晏某上诉,维持原裁定。

晏某 2016 年 12 月工资明细显示交通津贴 350 元、特殊津贴 1 000 元、岗位工资 16 200 元、年功工资 960 元、保密津贴 100 元、职称津贴 200 元,合计应发工资 18 810 元。2017 年 1 月工资明细显示岗位工资、应发工资为 6 697.90 元,扣除各项税费后实发工资为 2 847 元。

【裁判要旨】

1. 上海市闵行区劳动人事争议仲裁委员会裁决

2017 年 2 月 3 日,晏某就工资差额等事宜再次向闵行区劳动人事争议仲裁委员会申请仲裁。仲裁审理过程中,华谊公司同意支付晏某 2016 年 12 月的交通津贴差额 350 元。该仲裁委于同年 10 月 25 日裁决华谊公司支付晏某 2016 年 12 月的交通津贴差额 350 元及 2017 年 1 月的工资差额 12 492.10 元。

2. 上海市第一中级人民法院民事裁定

华谊公司不服,向上海一中院提起诉讼,申请撤销仲裁裁决。2017 年 12 月 27 日,上海一中院裁定撤销闵行区劳动人事争议仲裁委员会上述裁决。这并非对本案作出的最终处理,因此,对上海一中院"撤裁"的理由和逻辑,不再分析。

3. 上海市闵行区人民法院一审判决

晏某向闵行区法院提起诉讼。闵行区法院认为,《劳动合同法》规定,用人单位与劳动者协商一致,可以变更劳动合同约定的内容。然劳动合同的变更并非仅限于用人单位与单一劳动者之间的协商一致。职工代表大会是由全体职工选举的职工代表组成,表达全体职工的意志,体现大多数职工的利益,拥有对企业的重大决策进行审议、监督行政领导、维护职工合法权益的权利,职工代表大会通过的决议或作出的决定,由企业行政部门组织实施,职工代表大会负责进行监督和检查。因此,职代会决议亦是劳动合同变更的一种合法形式。一审法院审理期间,华谊公司提供的审计报告显示该公司存在巨额亏损,晏某亦确认其知晓公司经营困难。华谊公司在此背景下召开职代会确定公司组织机构调整,要求职工岗位竞聘,并形成"改革办法",系公司为维持企业正常经营而采取的措施,并非滥用用工权之举。"改革办法"中涉及的岗位出任和安置办法系经过职代会讨论等相应程序,因此"改革办法"系经企业与职工代表协商一致,非华谊公司单方所为,亦非华谊公司针对特定员工劳动合同约定内容的直接变更,"改革办法"适用于晏某。因此,晏某在明知"改革办法"的情况下,应依"改革办法"参加竞聘。晏某不参加竞聘,由此产生的后果应由其自行承担,故晏某诉请要求华谊公司支付其工资差额

12 492.10 元缺乏依据,一审法院难以支持。

4. 上海市第一中级人民法院二审判决

晏某不服一审判决,向上海一中院提起上诉。二审中,双方均未提交新证据。经审理查明,一审法院认定的事实无误,双方亦无异议,上海一中院予以确认。

二审另查明,双方订立的《劳动合同》第 5 条"劳动报酬"约定,用人单位按本公司工资分配方案按月支付劳动报酬,晏某的劳动报酬根据公司效益状况和晏某工作实绩、考核情况上下浮动,保障晏某在提供正常劳动的情况下,其不低于上海市最低工资标准。2012 年 6 月 28 日,上海某设计院有限公司名称变更为华谊公司。二审中,华谊公司表示,2017 年 1 月 1 日起晏某属待岗状态。晏某表示,一审中已提供证据证明 2017 年 1 月 1 日起其仍在财务岗位工作。

经审理,上海一中院认为:《劳动合同法》第 35 条第 1 款规定,用人单位与劳动者协商一致,可以变更劳动合同约定的内容。本案中,劳动合同约定晏某在财务岗位工作,双方均应依该约定履行。虽然《公司员工岗位竞聘和安置实施办法》经过华谊公司七届一次职工代表大会表决,但晏某未予接受。一审认为职工代表大会决议已直接变更了晏某的劳动合同,缺乏依据。晏某未参加竞聘,双方应继续履行劳动合同的约定。即使按华谊公司所述,2017 年 1 月 1 日起晏某属待岗状态,该待岗亦非基于双方达成的合意。《公司员工岗位竞聘和安置实施办法》规定接到待岗通知书后第二个月起按已公布的上海市最低工资标准的 80% 发放,该工资报酬的调整有欠合理。鉴于 2016 年 6 月前晏某的月工资合计为 19 160 元,华谊公司 2017 年 1 月以应发工资 6 697.90 元发放,确有不足,应支付当月工资差额 12 462.10 元。关于华谊公司提出系由于经营极端困难而采取全面调整举措,有关"改革办法"亦经过职代会审议通过的意见,上海一中院认为,该意见有相应的文件等证据予以证明,可以说明华谊公司并非滥用用工管理权。但本案中涉及工资报酬的调整,从现有证据来看,尚难以证明其合理性。

【法律评析】

(一)评析要点

本案两审判决书就"公司可否依据职代会决议单方变更劳动合同"这一问题作出了认定和分析。本案还涉及《公司员工岗位竞聘和安置实施办法》的适用,由此可延伸出单位规章制度与劳动合同冲突与适用的问题。

上海一中院认为,一方面劳动合同的变更应是劳动者与用人单位协商一致的结果,未经协商而径行变更的做法于法有悖,也不利于劳动关系和谐、稳定。另一方面,用人单位有权依据用工管理权限对劳动者工资进行调整。本案用人单位因效益不佳,期望通过降低薪酬的方式与劳动者共克时艰,可以理解;但将劳动者的工资由近 2 万元降至 6 000 余元,幅度较大,合理性有待商榷。

当然,上海一中院也在判决书中指出,用人单位在出现法定情形时,可以依照《劳动合同法》规定对劳动合同作出相应处分(解除或终止)。

(二)法律依据与实务分析

职工代表大会是企业民主协商的重要形式之一,与劳动者切身利益相关的内容均可通过职代会进行协商。《劳动法》第 8 条规定："劳动者依照法律规定,通过职工大会、职工代表大会或者其他形式,参与民主管理或者就保护劳动者合法权益与用人单位进行平等协商。"第 33 条第 1 款规定："企业职工一方与企业可以就劳动报酬、工作时间、休息休假、劳动安全卫生、保险福利等事项,签订集体合同。集体合同草案应当提交职工代表大会或者全体职工讨论通过。"《劳动合同法》进一步强调和补充了类似的规定,如第 4 条第 2 款规定:"用人单位在制定、修改或者决定有关劳动报酬、工作时间、休息休假、劳动安全卫生、保险福利、职工培训、劳动纪律以及劳动定额管理等直接涉及劳动者切身利益的规章制度或者重大事项时,应当经职工代表大会或者全体职工讨论,提出方案和意见,与工会或者职工代表平等协商确定。"《劳动合同法》第 51 条则与《劳动法》第 33 条规定类似。

关于职代会集体协商、讨论通过的内容(决议)可否作为劳动合同变更的依据,本案一审法院认为职代会决议亦是劳动合同变更的合法形式。但本案二审法院并不认可用人单位可通过职代会决议的形式单方面对劳动者进行调岗、调薪,认为职代会决议并不等于用人单位与劳动者个人的合意;用人单位安排劳动者待岗(变更工作内容和劳动报酬)既然并非双方的合意,那么应属无效变更。

可见,本案涉及职代会的法律地位和职代会决议的效力。《上海市职工代表大会条例》第 4 条第 3 款、第 4 款规定:"职工代表大会(或者职工大会,下同)是企事业单位实行民主管理的基本形式,是协调劳动关系的重要制度,是职工行使民主管理权力的机构。职工代表大会应当充分发扬民主,实行少数服从多数的原则。"第 9 条规定:"职工代表大会依法行使审议建议、审议通过、审查监督、民主选举、民主评议等职权。"第 10 条规定:"下列事项应当向职工代表大会报告,接受职工代表大会审议,并通过职工代表大会听取职工的意见和建议:(一)企事业单位的发展规划,年度经营管理情况和重要决策;(二)企事业单位制订、修改、决定直接涉及职工切身利益的规章制度或者重大事项,以及改革改制中职工分流安置、经济补偿等劳动关系变更的方案;(三)工会与企业就职工工资调整、经济性裁员、群体性劳动纠纷和生产过程中发现的重大事故隐患或者职业危害等事项进行集体协商的情况;(四)职工代表大会工作机构的工作情况、联席会议协商处理的事项;(五)国有、集体及其控股的企业、事业单位财务预决算等重要事项;(六)法律法规规定或者企事业单位与工会协商确定应当向职工代表大会报告的其他事项。企事业单位决定改制、合并、分立、搬迁、停产、解散、申请破产等重大问题,应当依照法律的规定,通过职工代表大会审议或者其他形式听取职工的意见和建议。"第 34 条规定:"职工代表大会在其职权范围内审议通过的事项对本单位以及全体职工具有约束力,未经职工代表大会重新审议通过不得变更。"另外,《国有企业富余职工安置规定》第 8 条第 1 款规定:"经企业职工代表大会讨论同意并报企业行政主管部门备案,企业可以对职工实行有限期的放假。职工放假期间,由企业发给生活费。"

总之,职代会是企业民主管理的一种基本形式,是职工行使民主管理权力的机构,在特定情况下企业事项还需提交职代会审议,听取职工意见和建议,且职代会审议通过的事项对单位和全体职工有约束力。根据职代会相关法律规定,本案中职代会通过的《公司员工岗位竞聘和安置实施办法》内容确实属于职代会应当审议的范围,对单位和全体职工有约束力;该实施办法经职代会审议通过,可以作为企业用工管理的规章制度。

除劳动合同变更应以协商一致为前提之外,本案涉及的另一重要问题是规章制度与劳动合同内容冲突时谁应优先适用。根据《最高人民法院关于审理劳动争议案件适用法律若干问题的解释（二）》第16条，"用人单位制定的内部规章制度与集体合同或者劳动合同约定的内容不一致，劳动者请求优先适用合同约定的，人民法院应予支持。"据此，本案中，当《公司员工岗位竞聘和安置实施办法》与劳动合同内容发生冲突时，劳动者可以要求优先适用劳动合同约定，企业规章制度原则上并不能直接变更员工的劳动合同，也不能优先于劳动合同而适用。

作者：董传羽

第五章 劳动基准法律制度

43. 外国人是否适用中国劳动基准
——布什与上海德国学校劳动合同纠纷案

摘要：外国人要求按照中国法律支付经济补偿金，一审驳回，二审支持。

来源：上海市青浦区人民法院（2016）沪0118民初1950号民事判决书；上海市第二中级人民法院（2016）沪02民终9210号民事判决书。

【事实概要】

外国人布什于2011年1月10日入职上海德国学校（下称学校）任教。2010年12月6日，双方签订一份期限为2011年1月10日至2014年7月31日的《劳动合同》，约定布什职位为欧洲校区管理领导人，享受Ⅱb等级津贴，该合同第4.2条约定在现行的津贴制度之外，除基本工资，布什还可得到以下福利：保险补贴（社会险）、外派补贴、13个月的基本工资、度假金、接待居住费用的报销（护照办理费用等）。2014年2月26日，布什、学校签订一份《临时工劳务合同》，期限为2014年8月1日至2015年7月31日，约定布什职位为欧洲校区管理领导人，享受E12等级津贴。该合同第2.2条约定合同的终止需要书面申请；第4.1条、第4.2条约定津贴按照现行的雇员薪酬制度发放，在现行津贴制度之外，除基本工资，雇员还可以得到保险补贴（社会险）、外派补贴、13个月的基本工资、接待居住费用的报销（护照办理费用等）及其他补贴；如家庭和生活状况改变，请立即以书面形式报告学校管理层，以便雇主在津贴方面做出相应的调整。该合同未就终止合同的经济补偿作出约定。

2015年4月14日，学校管理人员向布什发送电子邮件，通知布什双方劳动合同将于2015年7月31日到期终止。布什在学校工作至2015年7月31日，当日布什、学校之间的劳动合同终止。学校为布什办理了两份外国专家证，有效期分别为2011年3月29日至2012年4月1日、2012年3月5日至2016年4月1日，专家证载明布什的职位为行政经理。布什工资单显示其2013年8月至2013年12月期间的月工资包括：基本工资、地区补贴、普通补助、国外劳务补贴；2014年1月至2015年7月期间的月工资包括：基本工资、外派补贴及忠诚奖金。

【裁判要旨】

1. 上海市青浦区劳动人事争议仲裁委员会裁决

布什于2015年9月16日向上海市青浦区劳动人事争议仲裁委员会申请仲裁，要求学校支付终止劳动合同经济补偿金、2013年8月1日至2015年7月31日期间的福利待遇差额及上述福利待遇差额25%的经济补偿金。

仲裁委员会经审理作出裁决,要求学校支付布什终止劳动合同的经济补偿金 73 588.50 元,对布什的其他请求不予支持。

2. 上海市青浦区人民法院一审判决

布什、学校均不服仲裁裁决,诉至上海市青浦区人民法院(下称一审法院)。布什请求判令学校:(1)支付不续签劳动合同的经济补偿金人民币 81 765 元;(2)补足 2013 年 8 月 1 日至 2015 年 7 月 31 日期间的福利待遇差额 1 223 934.31 元 (611 967.16 元×2 年);(3)就欠付的福利待遇赔偿 305 983.58 元(1 223 934.31 元×25%);(4)承担布什为本案支付的所有费用,包括并不限于司法机关收取的费用、法律服务费用、翻译机构费用(但未列具体金额)。一审庭审中,布什增加诉讼请求,要求学校支付诉请(1)和(2)的同期银行贷款利率利息,具体金额庭后补充;2016 年 5 月 3 日,布什书面明确该项诉请金额为 58 424 元。学校则要求判令学校不支付布什终止劳动合同经济补偿金 73 588.50 元。

关于终止劳动合同的经济补偿金,一审法院认为,外国人在我国就业的,仅在最低工资标准、工作时间、休息休假、劳动安全卫生以及社会保险五个方面适用我国劳动基准的法律规定,其余事项可按照双方约定或实际履行的内容予以确定。现布什、学校之间签订的劳动合同于 2015 年 7 月 31 日到期终止,而布什、学校未就终止劳动合同的经济补偿金作出约定,故布什要求学校依据《劳动合同法》支付其不续签劳动合同的经济补偿金 81 765 元的诉讼请求缺乏依据,不予支持。对学校要求不支付布什终止劳动合同的经济补偿金 73 588.50 元的诉讼请求,予以支持。关于 2013 年 8 月 1 日至 2015 年 7 月 31 日的福利待遇差额,用人单位有自主规定员工福利待遇的用工管理权,现学校给予其未婚员工及配偶收入较低的员工额外的福利待遇,布什、学校一致认可布什不符合享有该福利待遇的条件,故对布什要求学校支付其福利待遇差额 1 223 934.31 元的诉讼请求,不予支持。布什要求学校支付上述福利待遇差额 25% 的赔偿 305 983.58 元的诉讼请求,缺乏事实及法律依据,不予支持。布什要求学校承担其为本案支出的所有诉讼费用及支付其诉请(1)和(2)的同期银行贷款利率利息 58 424 元的诉讼请求未经仲裁前置程序,依法不予处理。

综上,一审法院依照《劳动法》第 2 条第 1 款之规定判决:(1)学校要求不支付布什终止劳动合同的经济补偿金 73 588.50 元的诉讼请求予以支持;(2)驳回布什的全部诉讼请求。

3. 上海市第二中级人民法院二审判决

布什不服一审判决,向上海市第二中级人民法院(下称上海二中院)提起上诉,请求撤销一审判决,改判支持布什一审全部诉讼请求。后布什表示不再坚持要求学校承担布什为本案支付的所有费用。

布什在上诉中认为,外国人是否适用中国的《劳动法》、《劳动合同法》及其他劳动法律规定,其最根本的依据是 1996 年人力资源和社会保障部颁布的《外国人在中国就业管理规定》①。该规定于 2010 年进行修订,其中有一条明确,仅从最低限度方面对外国人进行劳动法方面的保护,主要是最低工资、工作时间、休息休假等。如果继续沿用《劳动合同法》不保护外国人的原则,对外国人在中国就业的可持续性是有损害的。综上,请求二审法院支持布什的上

———————

① 该规定于 2010 年、2017 年两次修正,修正后的《外国人在中国就业管理规定》对外国人劳动法方面的保护没有实质性变化。

诉请求。

　　学校则辩称,关于终止合同经济补偿金的支付应是"有约定的从约定",坚持一审期间的意见,请求驳回布什的上诉,维持原判。

　　上海二中院认为,《劳动合同法》对用人单位支付劳动者经济补偿金适用的情形有明确的规定。布什系外籍人员,办理了外国人就业证并在中国境内就业,所以布什与学校之间建立了合法的劳动合同关系,应当受到《劳动合同法》的保护。本案中,布什、学校间的劳动关系因劳动合同到期终止。鉴于双方在劳动合同中对合同期满终止劳动关系的法律后果未做明确的约定,因此双方应当按照《劳动合同法》的相关规定履行。根据《劳动合同法》的规定,用人单位在劳动合同到期后未与劳动者续订劳动合同的,应当支付经济补偿金。据此,布什要求学校支付经济补偿金的请求成立,应予支持。仲裁委员会裁决学校支付布什终止劳动合同经济补偿金 73 588.50 元并无不当。一审法院对此判决有误,上海二中院予以更正。关于布什主张的福利待遇差额和赔偿问题,上海二中院认为,一审期间布什确认其不符合福利待遇薪酬制度的相关要求,但认为该制度不合理。现在审理中,布什亦未提供充足的证据证明学校应当支付其福利待遇差额,故对布什的该项上诉请求,上海二中院不予支持。

　　综上,上海二中院判决:(1)撤销一审判决;(2)学校应于本判决生效之日起 10 日内支付布什终止劳动合同的经济补偿金人民币 73 588.50 元;(3)布什要求学校支付 2013 年 8 月 1 日至 2015 年 7 月 31 日期间的福利待遇差额人民币 1 223 934.31 元及欠付福利待遇的赔偿人民币 305 983.58 元的诉讼请求,不予支持。

【法 律 评 析】

(一)评析要点

　　本案两审判决就"外国人是否适用中国的《劳动法》、《劳动合同法》及其他劳动法律规定"问题作出了不同的认定和分析。

　　长期以来,外国人是否适用中国的劳动法律一直是实践中争议较大的问题,主要分歧表现为本案两审法院两种意见。本案中,上海二中院认为,外籍人员办理了外国人就业证并在中国境内就业的,应受到《劳动合同法》的保护;虽双方就某些劳动待遇未达成合意,但相关法律有明确规定的,外籍人员可享受相关法律规定的待遇,例如本案中布什所要求的终止劳动合同经济补偿金。

(二)法律依据与实务分析

　　目前我国关于外国人就业的规定主要是原劳动部、公安部、外交部、原对外贸易经济合作部颁布的《外国人在中国就业管理规定》,其第 21 条规定"用人单位支付所聘用外国人的工资不得低于当地最低工资标准";第 22 条规定,"在中国就业的外国人的工作时间、休息休假、劳动安全卫生以及社会保险按国家有关规定执行"。此即为一审法院作出判决的主要依据,即外国人在我国就业的,仅在最低工资标准、工作时间、休息休假、劳动安全卫生以及社会保险五个方面适用我国劳动基准的法律规定。

　　此外,国家层面关于外国人就业的规范还有《最高人民法院关于审理劳动争议案件适用法律若干问题的解释（四）》第 14 条，即规定："外国人、无国籍人未依法取得就业证件即与中国境内的用人单位签订劳动合同，以及香港特别行政区、澳门特别行政区和台湾地区居民未依法取得就业证件即与内地用人单位签订劳动合同，当事人请求确认与用人单位存在劳动关系的，人民法院不予支持。持有《外国专家证》并取得《外国专家来华工作许可证》的外国人，与中国境内的用人单位建立用工关系的，可以认定为劳动关系。"本案中，学校为布什办理了外国专家证和相关就业手续，虽然登记岗位与实际有所偏差，但法院最终认定了双方的劳动关系合法，这是判决学校支付终止劳动合同经济补偿金的前提条件。

　　处理外国人在中国就业的法律适用问题，还应遵守或参照当地法规、规章、规范性文件和司法解释。以上海为例，原上海市劳动局《关于贯彻〈外国人在中国就业管理规定〉的若干意见》第 16 条规定："用人单位与获准聘雇的外国人之间有关聘雇期限、岗位、报酬、保险、工作时间、解除聘雇关系条件、违约责任等双方的权利义务，通过劳动合同约定。"上海市高级人民法院《关于审理劳动争议案件若干问题的会议纪要》第 2 条规定："（一）原劳动部、公安部、外交部、原对外贸易经济合作部等四部门颁布的《外国人在中国就业管理规定》第二十二条、第二十三条规定的最低工资、工作时间、休息休假、劳动安全卫生、社会保险等方面的劳动标准，当事人要求适用的，劳动争议处理机构可予支持。（二）当事人之间在上述规定之外约定或履行的其他劳动权利义务，劳动争议处理机构可按当事人的书面劳动合同、单项协议、其他协议形式以及实际履行的内容予以确定。（三）当事人在上述（一）、（二）所列的依据之外，提出适用有关劳动标准和劳动待遇要求的，劳动争议处理机构不予支持。"据此，上海市高级人民法院《劳动争议案件审理要件指南（一）》第 11 条进一步明确，"外国人、台港澳居民、定居国外华侨主张按照《劳动法》、《劳动合同法》适用相关劳动标准，应举证证明如下要件事实：1. 主张的劳动权利涉及最低工资、工作时间、休息休假、劳动安全卫生等方面；2. 劳动合同未对上述劳动权利进行约定或约定的标准低于劳动法律相关法定标准。说明：鉴于上述人员就业的特殊性，故在确定劳动关系双方权利义务时，应在保障此类人员最低工资、工作时间、休息休假、劳动安全卫生等基本劳动权利的原则下，结合平等自愿、意思自治以及诚实信用、公平合理等原则，充分审查当事人之间的约定。对于除上述规定之外的劳动权利义务，可按当事人之间的书面劳动合同、单项协议或其他协议以及实际履行的内容予以确定。"

　　综上，上海市劳动行政部门和法院系统对"外国人是否适用中国的《劳动法》、《劳动合同法》及其他劳动法律规定"总体上是依照传统观点，即最低工资等"五个方面"依据法定标准，其他待遇有约定的按约定，无约定的不支持。但本案中，上海二中院在用人单位和劳动者未进行约定的情况下，支持了外国人关于终止劳动合同经济补偿金的请求，无疑代表了一种新的司法实践模式，其理念是对在华就业外国人及其雇主的利益进行再平衡。随着中国经济与世界全面接轨、"一带一路"倡议的实施，如果继续沿用现行法规、规章和司法实践中对在华就业外国人的"有限保护"做法，将不利于吸引外国高水平人才参与我国现代化建设，也给我国参与国际经济竞争造成了一定阻碍。

作者：董传羽

44. 标准工时制：加班工资
——杨某诉某保险公司劳动合同纠纷案

摘要： 员工辞职后索要加班工资等共计 20 万余元，仲裁裁决均未支持或不处理，法院酌判公司支付 1.2 万余元加班工资。

来源： 上海市浦东新区人民法院（2010）浦民一（民）初字第 29326 号民事判决书；上海市第一中级人民法院（2011）沪一中民三（民）终字第 461 号民事判决书。

【事 实 概 要】

杨某于 2008 年 1 月 16 日进入某保险公司（下称公司）工作。双方续签了期限自 2009 年 1 月 16 日起至 2012 年 3 月 31 日止的劳动合同，约定杨某从事人力资源岗位工作，所属序列为综合序列，职级为高级文员。公司根据国家的有关规定和《关于总部员工实行技术和综合序列管理的通知》，按月以货币形式向杨某支付与其职级、岗位相对应的劳动报酬。杨某月工资原为 5 600 元，2010 年 1 月起调整为 6 100 元。

2010 年 5 月 27 日，杨某以"鉴于现实残酷生存压力与微薄收入的强烈对比，审慎的（地）综合考虑各方面因素"为由向公司提出辞职。杨某最后工作至 2010 年 5 月 31 日。

公司自 2006 年起实施的《住房补贴实施细则》规定，员工在享受住房补贴时必须与公司签订住房补贴协议，否则不得享受。员工在补贴年限内辞职、被辞职（退）或因其他原因与公司解除劳动关系的，为公司服务期限已满 5 年的，住房补贴归个人所有，服务未满 5 年的，其住房补贴由公司全额收回。

2007 年 3 月，本案公司与案外人中国人寿保险股份有限公司上海市分公司签订保险合同，本案公司作为投保人为其公司员工购买国寿永泰团体年金保险（分红型）。公司提交了员工李某（案外人）与公司签订的"共享未来"长期激励协议，协议载明李某被列为"共享未来"长期激励计划激励对象，为维护双方利益，约定李某为公司持续服务期限 60 个月（5 整年，自员工入公司并正式签署本协议之日即 2007 年 12 月 12 日算起），公司为李某购买 38 863 元的国寿永泰团体年金保险，李某为公司服务满 5 年即可根据保险条款领取相应的退休生活补助；双方同意并认可，本协议项下的人才留用计划的性质为雇主向雇员提供的特别待遇，因而该特殊支付的款项不应构成李某工资的一部分以及经济补偿金的计算基数的一部分。杨某入职后，双方之间并未签订"共享未来"长期激励协议。杨某提供公司"关于姜×仲裁事项的复函"，该函中载明"大连分公司：经研究，同意你公司支付姜×加班费及通讯费 4 360 元。鉴于你公司上报文件时已超过诉讼时效，同意支付其'共享未来'保险金 4 576.72 元。"杨某要求公司参照该函向其支付保险金 5 000 元。

杨某在公司处工作时间为上午 9：00 至 12：00，下午 13：30 至 17：30（合计 7 小时）。公司对杨某不实施考勤。

【裁判要旨】

1. 上海市浦东新区劳动人事争议仲裁委员会裁决

2010 年 7 月 30 日,杨某向上海市浦东新区劳动人事争议仲裁委员会提出仲裁申请,要求公司:(1)支付 2009 年 11 月至 2010 年 5 月工资差额 42 300 元及 25% 经济补偿金 10 575 元;(2)支付 2010 年上半年年度奖金 24 000 元及 25% 经济补偿金 6 000 元;(3)支付 2009 年 8 月至 2010 年 4 月期间加班工资 50 199.47 元及 25% 经济补偿金 12 549.87 元;(4)支付解除劳动合同经济补偿金 23 333 元;(5)支付 2009 年 11 月至 2010 年 5 月过节费福利差额 10 800 元;(6)支付 2008 年 1 月至 2010 年 5 月住房补贴 17 984 元;(7)支付 2008 年 1 月至 2010 年 5 月"共享未来"保险金 5 000 元。

2010 年 9 月 1 日,仲裁委员会裁决对杨某请求(1)—(5)项不予支持,对其请求(6)—(7)项不予处理。

2. 上海市浦东新区人民法院一审判决

杨某不服,遂诉至上海市浦东新区人民法院(下称一审法院),诉讼请求同仲裁申请。

一审法院认为,本案中,杨某主张公司应按人力资源部人事管理处处长助理的工资标准向其支付工资差额、过节费差额,不予支持。原因如下:首先,杨某并未被公司任命为人力资源部人事管理处处长助理的职务;其次,自原人事管理处处长助理苗某辞职后,杨某主张其承担了原属苗某的全部工作,遭公司否认,且根据杨某提供的部分来文处理签、交接清单,仅反映杨某承担了公司中高级干部的管理工作,不足以证明其承担了原属苗某的全部工作及苗某作为部门领导理应承担的指导部门工作、协调部门间关系等职责;最后,杨某在本案中要求适用"同工同酬"的规定取得相应的工资待遇,"同工同酬"原则不能简单以劳动者是否从事相同工作内容来衡量,还应综合考虑劳动者的个人经验、工作技能、公司关于职级序列管理制度等因素。现公司已按双方约定和综合序列高级文员的工资标准向杨某足额发放了工资和过节费,杨某还要求公司按照人力资源部人事管理处处长助理的工资标准向其支付 2009 年 11 月 1 日至 2010 年 5 月 31 日工资差额 42 300 元及 2009 年 11 月至 2010 年 5 月过节费差额的诉讼请求,故一审法院不予支持。因公司不存在拖欠工资待遇的行为,杨某要求公司支付 2009 年 11 月 1 日至 2010 年 5 月 31 日工资差额 42 300 元的 25% 的经济补偿金的诉讼请求,亦不予支持。

杨某系因个人原因辞职,其要求公司支付解除劳动合同经济补偿金的诉讼请求,不符合劳动者辞职应予支付经济补偿金的法定情形,故对该项诉讼请求不予支持。用人单位有权根据本单位的生产经营特点和经济效益,自主确定奖金发放与否、发放的方式及金额等。双方之间就奖金的发放并未作约定,根据公司《招聘、离职管理办法》的规定,离职人员不参与公司当年年终考核,同时不再参与公司年终绩效奖金的分配。杨某已于 2010 年 5 月 31 日离职,不符合公司发放奖金的条件。且杨某仅凭听闻就要求公司发放 2010 年半年度奖金,显然缺乏事实和法律依据,故对杨某要求公司支付 2010 年上半年度奖金 24 000 元及 25% 经济补偿金 6 000 元的诉讼请求不予支持。劳动者应当就所主张的加班事实的存在承担举证责任。本案中,杨某就其主张的加班事实提供了经公司报销确认的交通费单据以及加班时间内发送的电子邮件为证,虽然电子邮件的真实性遭公司否认,但基于公司确认电子邮件中载明的邮箱系公司邮箱,大部分收件人系公司员工,同时考虑到杨某已离职,要求其进一步承担对电子邮件真实性的举证过于苛求且公司作为用人单位若对电子邮件真实性有异议亦有条件举证反驳,故法院根据公司已为杨某报销的交通费单据,结合电子邮件综合考虑杨某是否存在其所主张的加班事实。在确定 2009 年 8 月 22 日至 2010 年 4 月 27 日期间杨某加班时间时,综合考虑如下因素:(1)公司规定的正常工作时间为 7 小时,尚不足法定工作时间 8 小时,应予相应扣除;(2)杨某主张的加班时间中应扣除必要的就餐休息和候车时间;(3)因公司准予杨某报销加班产生的交通费单据,若杨某确存在其主张的加班事实,按常理应将上下班交通费单据均申请报销,然杨某对部分休息日、节假日的加班事实仅能提供单程票,不足以证明存在其所主张的加班事实,杨某亦未提供其他证据证明其所主张的加班时间,故对此不予确认。

综上,一审法院确认 2009 年 8 月 22 日至 2010 年 4 月 27 日期间杨某延长工作时间为 134.5 小时,休息日工作时间为 87.5 小时,结合杨某工资标准,公司应支付杨某 2009 年 8 月 22 日至 2010 年 4 月 27 日期间加班工资 12 842.96 元。双方对于杨某工资标准及其是否存在加班事实产生争议,并非公司恶意拖欠,故杨某要求公司支付加班工资的 25%经济补偿金的诉讼请求,不予支持。

根据公司《住房补贴实施细则》的规定,享有住房补贴的前提是员工需与公司签订住房补贴协议,同时员工与公司解除劳动关系时已为公司服务满 5 年。现杨某既未与公司签订住房补贴协议,离职时为公司服务也未满 5 年,其要求公司支付 2008 年 1 月至 2010 年 5 月住房补贴 17 984 元的诉讼请求,无事实和法律依据,不予支持。"共享未来"保险金系公司为员工向案外保险公司购买的团体年金保险,员工与公司签订"共享未来"长期激励协议,符合协议约定条件后员工可依约享受保险权益。杨某并未提供证据证明公司为其购买了该保险金,双方之间并未签订过"共享未来"长期激励协议,双方亦未约定返还保险金事宜,现杨某仅凭公司关于案外人仲裁事项的复函就要求公司支付保险金,缺乏事实和法律依据,不予支持。

据此,一审法院依照《劳动法》第 44 条、第 78 条的规定,判决如下:(1)公司于判决生效之日起 10 日内支付杨某 2009 年 8 月 22 日至 2010 年 4 月 27 日期间的加班工资 12 842.96 元。(2)驳回杨某的其余诉讼请求。

3. 上海市第一中级人民法院二审判决

杨某与公司均不服一审判决,向上海市第一中级人民法院(下称二审法院)提起上诉。杨某上诉请求撤销原判,改判支持其原审诉请。理由是,关于工资差额及其经济补偿金、过节费福利差额,原审判决对《同工同酬》的理解有误,原审中其提供的证据能够证明其承担了人事助理的工作,而且实际上也在从事该岗位工作,双方劳动合同关于职级待遇等的约定已经由于条件变化不再适用;关于加班工资,对加班时间的计算,原审法院因公司正常工作时间不足 8 小时予以相应扣减、扣除就餐时间和候车时间以及(因)只能提供单程票而不认定为加班有误,而且出勤情况应当由对方举证;关于上半年度奖金,原审判决混淆了年终奖和年中奖的概念;关于住房补贴、保险金,系公司经讨论并由规章制度确定下来的福利,其应当享受。公司上诉请求撤销原判主文第(1)项,改判不支付杨某相应款项(加班工资)。理由是,公司对杨某不实行考勤,亦未安排其加班,为杨某报销交通费实际是为增加其福利,审核时较宽松,杨某提供的证据不足以证明加班时间。

二审法院于 2011 年 1 月 26 日立案受理,组成合议庭进行了审理。

二审法院认为,关于杨某要求公司支付 2009 年 11 月至 2010 年 5 月工资差额 42 300 元及

25%经济补偿金10 575元、2009年11月至2010年5月过节费福利差额10 800元的诉请,公司已按双方劳动合同约定岗位及职级的工资标准足额发放了杨某工资和过节费。在公司未任命杨某为人力资源部人事管理处处长助理职务的情况下,杨某以其实际承担了部分管理工作为由,要求公司根据同工同酬原则按照人力资源部人事管理处处长助理的工资标准支付其工资差额、过节费差额,缺乏依据,二审法院均不予支持。

关于加班工资,一审法院根据杨某提供的已报销交通费单据、电子邮件,综合考虑相关因素后,确认杨某的加班时间及加班工资,并无不当。杨某上诉要求公司支付2009年8月至2010年4月期间加班工资50 199.47元及25%经济补偿金12 549.87元,公司上诉要求不支付杨某加班工资,无新的事实与理由,二审法院均不予支持。

关于杨某要求公司支付2010年上半年度奖金24 000元及25%经济补偿金6 000元、解除劳动合同经济补偿金23 333元、2008年1月至2010年5月住房补贴17 984元、2008年1月至2010年5月"共享未来"保险金5 000元的诉请,一审法院在就上述作出判决时,已经阐明了判决理由,该理由正确,二审法院予以认同,所作判决应予维持。

综上,二审法院认为杨某与公司的上诉请求,理由均不成立,遂于2011年4月8日判决:驳回上诉,维持原判。

【法律评析】

(一)评析要点

本案杨某的诉请多达7项,金额共计20万余元,仲裁委员会均不予支持或不予处理,最终只有少数加班工资(1.2万余元)得到了两审法院支持。

法院不支持杨某加班工资之外全部诉请的理由如上所述。关于加班工资,应当说,杨某在一定时期内确曾为公司努力工作,只是公司并不考勤;笔者曾代公司答辩称,杨某提供的证据不足以证明其为公司工作的时间超过了法定的标准工作时间,其所主张的加班工资没有法律依据和事实根据。

目前,我国劳动仲裁不收费(多年前曾每案收取300元),劳动争议诉讼费(受理费)仅10元,法院还经常减半收取或免收。因此,劳动者针对用人单位(反之亦然)申请劳动仲裁和起诉,除自身时间、交通等成本和律师费(或有)外,没有其他诉讼成本,易导致诉权被滥用。

据报道,浙江省杭州市萧山区曾发生诉请金额高达10亿元的劳动争议,[①]若属经济纠纷,同等金额的案件受理费可高达504.18万元。无独有偶,2008年5月底、6月初,当时广东省"最大标的(额)"劳动争议案当事人、入职中山市某公司半年多的湖南籍员工阿亮因工种问题与公司发生纠纷,被公司以长期不上班、自动离职(阿亮自称其一个月前提出辞职,被车间领导挽留)为由解约;其申请劳动仲裁,除要求支付(解除劳动合同)赔偿金和工资外,还索赔10亿元的精神损失费。中山市劳动争议仲裁委员会认为,索赔精神损失费的请求不属劳动争议,故不予处理;遂于同年9月8日根据案情分别作出了"一裁终局"和"非一裁终局"两份裁决;根据裁

---

① 黄某诉杭州某服装公司,索赔由于"无法参军"造成的损失10亿元。

决,公司需支付阿亮赔偿金 2 387.28 元和 2008 年 5 月份工资 1 570.65 元。阿亮不服仲裁裁决,向中山市第二人民法院提起诉讼,除上述赔偿金和工资外,还将精神损失索赔数额增加到了 100 亿元(另有 2 万余元零头,下略)。一审法院驳回阿亮此项诉请后,其又向中山市中级人民法院提起上诉。中山市中级人民法院经公开开庭审理,认为该案系劳动争议,阿亮提出的精神损失赔偿请求没有事实和法律依据,判令公司向阿亮支付 3 500 余元违法解除劳动合同赔偿金(一审此项判决金额同仲裁裁决)及 2008 年 5 月份工资 1 900 余元,驳回了阿亮要求公司赔偿 100 亿元精神损失费的诉请(二审中阿亮还提出新诉请,要求公司在《中山日报》上连续 10 天刊登道歉声明,被审判长当庭驳回;调解时,阿亮坚持精神赔偿金不能少于 1 000 万元)。据报道,记者询问阿亮索赔 100 亿元精神损失费的依据时,其回答"人格尊严是无价的","时间也是金钱"(故此项请求从仲裁时的 10 亿元增加到一审时的 100 亿元),"法院最终怎么判决,应该听取民意"。二审庭审结束后,审判长接受记者采访时表示,漫天要价、滥用权利的行为不仅会使案件变得更加复杂,还大量浪费国家司法资源,让渴望得到国家公权力救助的人得不到及时有效的救助,并影响劳资和谐。①

与上述"天价"劳动争议案相比,本案杨某虽然仅约 6% 的诉请金额获法院支持,但应该说其还是相当"内敛""克制"的。

(二)法律依据与实务分析

一审判决援引的《劳动法》第 44 条规定:"有下列情形之一的,用人单位应当按照下列标准支付高于劳动者正常工作时间工资的工资报酬:(一)安排劳动者延长工作时间的,支付不低于工资的百分之一百五十的工资报酬;(二)休息日安排劳动者工作又不能安排补休的,支付不低于工资的百分之二百的工资报酬;(三)法定休假日安排劳动者工作的,支付不低于工资的百分之三百的工资报酬。"一审判决援引的《劳动法》第 78 条是关于劳动争议解决的原则,对本案无实质意义。

本案是多年前笔者为用人单位代理的一起劳动争议案,虽然貌似复杂,但实质问题仅是杨某是否曾为公司加班、公司应否支付加班工资以及(若应支付)如何计算加班工资。对此,一审判决已作充分阐述;就此问题,法官在一定程度上行使了自由裁量权,笔者不拟详加评论。唯有一点:《劳动法》第 44 条关于加班工资的规定,每一项都有"(用人单位)安排"字样,即,认定加班不能全凭劳动者一面之词,还应结合用人单位的加班制度以及每次加班是否经申请、审批等因素综合考虑。另,本案于 2010 年 11 月 2 日一审开庭时,法官曾就杨某在同年 1 月 3 日的活动询问双方;公司方表示,公司该日未安排杨某值班;即使杨某曾于该日前往公司办公场所,也不能说明其确系加班。其实根据具体职责的不同,某类"值班"和加班有所区别,在此不予赘述。

此外,一审判决关于"同工同酬"的论述有可取之处。本案中,杨某的职务问题实际上属于用人单位经营管理自主权范畴,两审法院未强行认定杨某应"升职"是明智的。

---

① 邓新建、李志金、徐兵:《极端维权"最牛"打工仔索赔 100 亿》,载《法制日报》2009 年 2 月 26 日。另见张慧鹏、林劲标、李志金:《状告东家索赔 100 亿元精神损失 广东中山"最牛"维权者终审败诉》,载《人民法院报》2009 年 4 月 20 日;并参见"下沙资讯"网首页"人才专栏"之"案例分析",案例 27:《10 亿标的劳动争议案》,载《中山日报》2008 年 9 月 30 日。

值得一提的是，本案法院判决公司支付给杨某加班工资的数额，实际上与公司一开始就提出的调解方案非常接近，遗憾的是杨某不能接受，致使本案走完了"一裁二审"全部程序。

作者：齐斌

45. 休息时间制度：值班与加班

——滕某与城口政协劳动争议再审案

摘要：政协办公室保洁员追索失业金、解除劳动合同经济补偿、额外经济补偿金、工资、加罚经济补偿金、住房公积金、未及时缴纳住房公积金赔偿金、未签劳动合同双倍工资、双倍工资的 150% 额外经济补偿、加班工资、买断工龄补偿金等共计 51 万余元并要求补交养老保险费，经"一裁二审"和两次再审，最终获赔 1.5 万余元。

来源：重庆市城口县人民法院（2011）城法民初字第 00660 号民事判决书；重庆市第二中级人民法院（2012）渝二中法民终字第 386 号民事判决书；重庆市高级人民法院（2013）渝高法民提字第 237 号民事判决书；最高人民法院（2016）最高法民再 187 号民事判决书。

【事实概要】

2004 年，中国人民政治协商会议城口县委员会（下称城口政协）因保洁工作需要，聘请滕某（女）为保洁员，双方于 2004 年 9 月 28 日签订了《政协机关保安保洁人员聘用合同》（下称劳动合同），后多次续订固定期限劳动合同。2009 年劳动合同到期日为 2010 年 3 月 1 日，到期后，城口政协未按时与滕某续订劳动合同，后补签。2010 年劳动合同到期日为 2011 年 4 月 13 日，约定每月工资 500 元、奖金 100 元，到期后，城口政协与滕某因办理社会保险事宜未能达成协议，双方没有续订劳动合同。城口政协于 2011 年 5 月 11 日出具《终止和解除劳动合同证明书》，终止了其与滕某间的劳动关系。

2009 年国庆及中秋节假日至 2011 年春节假日期间，城口政协安排滕某值班共 35 天，其中法定节假日 13 天，其他为休息日。

【裁判要旨】

1. 重庆市城口县劳动争议仲裁委员会①裁决

滕某于 2011 年 5 月 12 日向当地劳动争议仲裁委员会提出仲裁申请，仲裁委员会裁决城口政协支付滕某经济补偿金 2 921.27 元、失业保险待遇 6 240 元并为滕某补缴 2007 年 3 月至 2011 年 5 月期间的养老保险费，对滕某的其他请求（大致同一审诉请，见下文）未予支持。

2. 重庆市城口县人民法院一审判决

滕某不服仲裁裁决，向重庆市城口县人民法院（下称一审法院）起诉请求：判令城口政协支付其失业金 17 680 元、解除劳动合同经济补偿 14 292.5 元、额外经济补偿金 12 780 元、加罚经济补偿金 1 512.5 元、住房公积金 30 000 元、未及时缴纳住房公积金赔偿金 45 000 元、未签劳动合同二倍工资 60 210 元、二倍工资的 150% 额外经济补偿、节假日加班工资 3 3120 元和买断工龄补偿金 210 000 元等，并补交养老保险金（费）。

---

① 笔者未见本案仲裁裁决书。最高人民法院再审判决未列明具体的仲裁委员会名称；本案仲裁阶段应是由城口县劳动争议仲裁委员会（经网上检索，亦有"城口县人事劳动争议仲裁委员会"之称）审理。

一审法院确定滕某与城口政协的劳动关系从 2004 年 10 月 1 日起算。双方 2010 年 4 月 13 日所签劳动合同期限届满后,滕某仍在城口政协工作,城口政协未表示异议,依照《最高人民法院关于审理劳动争议案件适用法律若干问题的解释(一)》第 16 条第 1 款规定,应视为双方同意以原条件继续履行劳动合同。城口政协于 2011 年 5 月 11 日出具了《终止和解除劳动合同证明书》,系城口政协单方终止劳动关系,根据《劳动合同法》第 46 条的规定,城口政协应当向滕某支付经济补偿金。滕某在劳动合同解除前 12 个月的平均工资为 649.17 元。《劳动合同法》自 2008 年 1 月 1 日起实行,此前并无劳动合同期满终止需支付经济补偿的规定,故应从 2008 年 1 月 1 日起计算经济补偿的年限。根据《劳动合同法》第 47 条规定,城口政协应支付经济补偿金 2 272.1 元(649.17 元/月×3.5 个月),城口政协同意按仲裁裁决支付经济补偿金 2 921.27 元,不违反法律规定,予以确认。滕某要求城口政协支付加付赔偿金的诉讼请求,不符合《劳动合同法》第 85 条规定,不予支持。城口政协明示同意支付滕某 5 个月奖励工资和 2011 年 5 月份工资共计 1 210 元,不违反法律规定,予以确认。

滕某在城口政协从事保洁工作,其工作性质决定其节假日期间不可能整天值班,滕某要求城口政协支付节假日加班工资的诉讼请求,不予支持。滕某要求城口政协支付 2000 年 1 月 1 日至 2004 年 9 月 27 日未签订劳动合同二倍工资的诉讼请求,因滕某的证据不足以证明其与城口政协(在上述期间)存在劳动关系,不予支持。2004 年、2008 年、2010 年劳动合同期满后,虽存在未按时续订劳动合同的情况,但滕某仍然在城口政协工作,城口政协未表示异议,应视为双方同意以原条件继续履行劳动合同。滕某要求城口政协支付 2004 年、2008 年、2010 年劳动合同期限届满后,城口政协未按时续订劳动合同双倍工资的诉讼请求,不符合《劳动合同法》第 82 条(关于不订立书面劳动合同的法律责任)规定,不予支持。城口政协未按规定参加失业保险,造成滕某不能享受失业保险待遇,根据《重庆市人民政府〈关于印发重庆市失业保险条例实施办法的通知〉》(渝府发〔2004〕29 号)第 13 条之规定,城口政协应比照滕某工作年限应享受失业保险金的 120% 予以赔偿。城口县属重庆市三类地区,失业保险金发放标准为 520 元/月,故确认城口政协赔偿滕某失业待遇损失 9 360 元(520 元/月×15 个月×120%)。住房公积金不属于用人单位必须为劳动者缴纳的费用,故对滕某要求城口政协支付住房公积金和未及时缴纳住房公积金赔偿金的请求,不予支持。滕某要求城口政协支付买断工龄补偿金的诉讼请求,于法无据,不予支持。按照《社会保险费征收暂行条例》的相关规定,用人单位没有为职工办理基本养老保险、基本医疗保险和失业保险登记并按时依法足额缴纳社会保险费的行为,属社会保险征收中的违法行为,并不属于用人单位与职工之间的争议,应由社会保障部门进行处理。劳动者认为用人单位没有依照法律规定为其办理社会保险登记并按时依法足额缴纳社会保险费的,可以向当地劳动保障行政管理部门举报和申诉,故对滕某要求由城口政协为其办理基本养老保险的诉讼请求,不作处理。

根据《劳动合同法》第 46 条、第 47 条、第 82 条、第 85 条,《失业保险条例》第 2 条、第 14 条、第 17 条,《最高人民法院关于审理劳动争议案件适用法律若干问题的解释(一)》第 16 条第 1 款,《民事诉讼法》第 64 条第 1 款之规定,一审法院于 2011 年 11 月 28 日作出判决:(1)城口政协支付滕某经济补偿金 2 912.27 元、奖励工资 500 元、2011 年 5 月份工资 710 元、失业保险赔偿金 9 360 元,在判决生效后 30 日内付清;(2)驳回滕某的其他诉讼请求。

3. 重庆市第二中级人民法院二审判决

滕某不服,向重庆市第二中级人民法院(下称二审法院)提出上诉,请求:撤销原判,判令城口政协支付滕某以下费用:(1)全额补缴 2000 年至今的社会养老保险金(费)12 万元;(2)下岗补偿金 21 万元或者订立无固定期限劳动合同;(3)失业保险金 12 480 元,失业期间医疗费报销金 5 200 元;(4)违法解除劳动合同赔偿金 14 292.5 元;(5)住房公积金 45 000 元;(6)未签订劳动合同期间双倍工资及额外经济补偿金共计 90 180 元;(7)节假日加班工资 33 120 元;(8)精神损失赔偿金 50 000 元。

二审法院认为:(1)关于城口政协是否应为滕某全额补缴 2000 年至今的社会养老保险金(费)12 万元的问题。《劳动法》第 72 条、第 73 条明确规定劳动者依法享受社会保险待遇,且用人单位和劳动者必须依法参加社会保险,缴纳社会保险费用。因此,城口政协应当依法为滕某缴纳双方在劳动关系存续期间的社会保险费用。《最高人民法院关于审理劳动争议案件适用法律若干问题的解释(三)》第 1 条规定:"劳动者以用人单位未为其办理社会保险手续,且社会保险经办机构不能补办导致其无法享受社会保险待遇为由,要求用人单位赔偿损失而发生争议的,人民法院应予受理。"但从本案查明的事实来看,滕某在本案中是要求城口政协为其全额补缴社会保险费,而非主张赔偿损失,且城口政协也明确表示愿意为滕某补办社会保险手续,因此,滕某的此项上诉请求不予支持。滕某可自行与城口政协补办社会保险手续或向当地劳动及社会保障部门申请补办社会保险手续。(2)关于城口政协是否应支付滕某下岗补偿金 21 万元,或者是否应与滕某签订无固定期限劳动合同的问题。滕某在一审期间并未提出要求与城口政协订立无固定期限的劳动合同,其在二审期间提出的主张不属于二审案件审理范围,故此项主张不予支持。对于 21 万元下岗补偿金,无法律明确规定,该诉讼请求也不予支持。(3)关于城口政协应否支付滕某失业保险金 12 480 元及失业期间医疗费报销金 5 200 元的问题。城口政协未按规定给滕某参加失业保险,造成滕某不能享受失业保险待遇,应当比照滕某工作年限应享受失业保险金的 120% 予以赔偿。滕某主张自己在城口政协处已经工作 10 年以上,应当按照 24 个月的标准享受失业保险待遇的请求,与查明的客观事实不符。滕某在城口政协的工作时间应从 2004 年起计算至 2011 年止,一审法院据此判令城口政协赔偿滕某失业保险待遇损失 9 360 元是正确的。(4)关于城口政协是否应当支付因违法解除劳动合同的补偿金 14 292.5 元的问题。滕某于 2010 年 4 月 13 日与城口政协订立为期 1 年的固定期限劳动合同,期满之后城口政协即与滕某终止了劳动关系,依照《劳动合同法》第 46 条之规定,城口政协应当支付滕某经济补偿。由于《劳动合同法》实施之前,国家没有固定期限劳动合同期满终止应当支付经济补偿的规定,所以对滕某的经济补偿支付年限应当从 2008 年 1 月 1 日起计算,滕某在二审中主张从 2000 年起计算支付年限的上诉主张于法无据,不予采纳。一审法院在查清本案事实的基础上,依照城口政协自愿的原则,判令城口政协支付滕某经济补偿 2 921.27 元并无不当。(5)关于城口政协是否应当支付滕某住房公积金 45 000 元的问题。住房公积金不属于用人单位必须为劳动者缴纳的费用,因此对滕某此项上诉请求不予支持。(6)关于城口政协是否应支付滕某未订立书面劳动合同期间的双倍工资及支付额外经济补偿金共计 90 180 元的问题。本案已经审理查明,在 2009 年 3 月 1 日所订立的劳动合同届满之后,城口政协在 2010 年 4 月 13 日又与滕某订立第三次固定期限劳动合同,虽然存在未订立书面合同的情况,但持续时间并不长。且在此期间,双方当事人的劳动关系一直处于延续状态,对劳动者的权益没有造成明显损害。因此,一审法院判决驳回滕某该项诉讼请求并无不当。滕某主张的额外经济补偿金,其实质是《劳动合同法》第 85 条所规定的赔偿金。依照该规定,是否应当向劳动者加付赔偿金,应由劳动行政部门决定,不属于人民法院案件审理范畴,因此滕某该项上诉请求不予支持。(7)关于城口政协是否应向滕某支付节假日加班工资 33 120 元的问题。二审已查明,滕某按照城口政协的要求总共值班 35 天。从本案双方当事人订立的《劳动合同》来看,合同中对滕某的工作范围有明确约定,要求滕某每天坚持打扫卫生并随时坚持保洁;对其具体工作时间没有明确约定。所以,城口政协在上述节假日中安排滕某值班的行为应当理解为是要求滕某按照劳动合同约定,每天坚持打扫卫生,坚持保洁,并不属于安排滕某在节假日进行加班。同时,滕某也未能举证证实双方在劳动关系存续期间的其他节假日有加班的情形发生。因此,对滕某的此项上诉请求不予支持。(8)关于城口政协是否应支付滕某及其家人精神损失赔偿金 50 000 元的问题。双方当事人在劳动关系存续期间因劳动事宜发生的纠纷,不适用精神损害赔偿规则。

综上,二审法院认为滕某的上诉理由均不能成立,遂于 2012 年 5 月 10 日作出判决:驳回上诉,维持原判。

4. 重庆市高级人民法院再审判决

滕某向重庆市高级人民法院(下称原再审法院)申请再审,请求:(1)要求城口政协出示 2000 年协议书以及历年工资表以确认存在劳动关系;(2)要求城口政协完善社会养老保险等社会强制保险事宜;(3)依法确立双方无固定期限劳动合同关系,城口政协依法作出赔偿(赔偿依据及标准与上诉请求一致),妥善解决滕某的就业问题。原再审法院于 2013 年 7 月 31 日裁定提审本案。

原再审法院认为:(1)关于滕某要求城口政协出示 2000 年协议书以及历年工资表以确认存在劳动关系的问题。根据"谁主张谁举证"的原则,滕某应当提供证据证明存在劳动关系。滕某在再审中要求城口政协出示 2000 年协议书以及历年工资表以确认存在劳动关系的理由不能成立。(2)关于滕某要求城口政协完善社会养老保险等社会强制保险事宜的问题(略,同二审判决)。(3)关于滕某要求依法确立双方无固定期限劳动合同关系,要求城口政协依法作出各项赔偿,妥善解决就业的问题。①关于滕某要求要么支付下岗补偿金 21 万元,要么履行无固定期限劳动合同妥善解决就业问题的再审请求。现行法律并没有支付下岗补偿金的规定,故该项请求于法无据;滕某在提起诉讼时并没有要求与城口政协确立无固定期限劳动合同,其在再审审理期间提出的新主张不属于再审案件审理范围,故此项请求不予支持。②关于滕某要求支付失业保险金 12 480 元及失业期间医疗报销金 5 200 元的再审请求(失业保险金问题略,同一、二审判决)。其主张的医疗报销金 5 200 元于法无据,不予支持。③关于滕某要求支付解除劳动合同的经济补偿金的再审请求(略,同一、二审判决)。④关于滕某要求支付住房公积金的再审请求。住房公积金不属于劳动报酬,也不是法律强制要求用人单位缴纳的社会保险种类,不属于劳动争议范畴,一、二审对此认定正确,予以确认。⑤关于滕某要求支付精神损害赔偿的再审请求。本案是劳动争议而非侵权纠纷,不适用精神损害赔偿规则,对此项请求不予支持。⑥关于滕某要求支付未签订劳动合同期间双倍工资及额外经济补偿金 90 180 元的再审请求。虽然城口政协在 2010 年 4 月 13 日与滕某订立第三次劳动合同时超过了第二次合同期满后 1 个月,但根据《劳动合同法》第 82 条之规定,只有用人单位自"用工之日"——而不是上次合同期满之日——起超过 1 个月未与劳动者订立书面劳动合同的,才应当支付 2 倍的工资。现有证据不足以证明在签订 2010 年 4 月 13 日的劳动合同前哪一日为滕某的用工之日,故滕某要求支付双倍工资的请求不予支持。滕某请求的额外经济补偿金其实质是加付赔偿金,根据《劳动合同法》第 85 条的规定,用人单位是否应当向劳动者加付赔偿金,应由劳动行政管理部门决定,不属于人民法院案件审理范畴,因此滕某要求支付加付赔偿金的请求不予支持。⑦关于滕某要求支付节假日加班工资 33 120 元的再审请求。《劳动合同》中对于滕某的工作范围是每天坚持打扫卫生,并随时坚持保洁,对于其具体的工作时间没有明确的约定。故滕某的工作性质实际上是不定时工作制,节假日中安排滕某值班属于劳动合同中约定的劳动范围,不应支付加班工资。

综上,重庆市高级人民法院认为原二审判决认定事实清楚,适用法律正确,于 2014 年 9 月 21 日判决维持原二审判决。

5. 最高人民法院再审判决

滕某不服重庆市高级人民法院再审判决(下称原判决),向检察机关申诉。最高人民检察院向最高人民法院提出抗诉。最高人民法院裁定提审本案,并组成合议庭开庭审理。

最高人民检察院抗诉认为,原判决认定的基本事实缺乏证据证明,适用法律确有错误,本案应当再审并依法改判。具体抗诉理由如下:

第一,原判决认定双方劳动关系开始于 2004 年,缺乏证据证明。滕某提交的 6 份协议书中,签于 2000 年 1 月 1 日的第一份首部和尾部手写体"肖某"被划掉改为"滕某"。滕某主张系经城口政协同意后改动,城口政协对此不予认可。根据双方提交的证据,肖某在城口政协工作期间另有其他工作,此期间滕某也在城口政协从事与肖某相同的工作。但对于滕某是以家属身份临时帮助、顶替肖某工作,还是滕某独立与城口政协建立了劳动关系,双方各执一词。滕某要求城口政协提供 2000 年 1 月 1 日签订的协议书、职工名册档案和工资表,城口政协未提供。其中,滕某要求提供协议书和职工名册档案的依据并不充分,因若双方确实没有在此时建立劳动关系,则并不存在该证据。至于工资表,在已有证据证明 2004 年以前或者是滕某或者是肖某与城口政协建立了劳动关系的情况下,此时只要城口政协提供当时制作的工资表,即可证明是谁与之建立了劳动关系,但城口政协未予提供。根据《最高人民法院关于民事诉讼证据的若干规定》①(下称《民事诉讼证据规定》)第 6 条"在劳动争议纠纷案件中,因用人单位……计算劳动者工作年限等决定而发生劳动争议的,由用人单位负举证责任"和第 75 条"有证据证明一方当事人持有证据无正当理由拒不提供,如果对方当事人主张该证据的内容不利于证据持有人,可以推定该主张成立"的规定,依法应推定滕某的主张成立,即双方之间的劳动关系开始于 2000 年 1 月 1 日。

第二,原判决认定劳动关系因合同期满而终止并支付经济补偿金,适用法律错误。双方都作出了劳动合同期满继续延续劳动关系的真实意思表示,城口政协提出通过劳务派遣或签订非全日制用工合同的方式解决,滕某亦同意劳务派遣。因双方在协商养老保险事宜时对工作年限产生争议,城口政协作出终止劳动关系的决定。根据《劳动合同法》第 14 条第 2 款的规定,在已经连续签订二次固定期限劳动合同、连续工作满 10 年的情况下,除劳动者提出订立固

---

① 此规定于 2020 年 5 月修订。

定期限劳动合同外,应当订立无固定期限劳动合同。在上述法定情形下,即使原合同期满,只要劳动者提出或同意继续订立劳动合同且没有主张订立固定期限劳动合同,城口政协必须与滕某订立无固定期限劳动合同。同时,合同到期后,双方劳动关系仍然延续存在。根据《劳动合同法》第 87 条"用人单位违反本法规定解除或者终止劳动合同的,应当依照本法第四十七条规定的经济补偿标准的二倍向劳动者支付赔偿金"的规定,城口政协应向滕某支付赔偿金。又根据《劳动合同法实施条例》第 25 条"用人单位违反劳动合同法的规定解除或者终止劳动合同,依照劳动合同法第八十七条的规定支付了赔偿金的,不再支付经济补偿。赔偿金的计算年限自用工之日起计算"的规定,支付赔偿金后,不需再支付经济补偿金。

第三,原判决认定城口政协无需支付加班费,适用法律错误。原判决以"劳动合同约定滕某的工作范围是每天坚持打扫卫生,并随时坚持保洁,对于其具体的工作时间没有明确的约定,工作性质实际上是不定时工作制"为由不支持滕某加班工资请求;但从劳动合同约定"白天不离人、晚上住宿单位、节假日昼夜值班"等内容看,实际是违法的标准工时制。即使是不定时工作制,根据《关于贯彻执行〈中华人民共和国劳动法〉若干问题的意见》第 67 条"经批准实行不定时工作制的职工,不受劳动法第四十一条规定的日延长工作时间标准和月延长工作时间标准的限制,但用人单位应采用弹性工作时间等适当的工作和休息方式,确保职工的休息休假权利和生产、工作任务的完成"的规定,不定时工作制一是要经过批准,二是劳动者仍然有休息休假权。且相对于标准工时制,不定时工作制只是在工作日加班和休息日上班不支付加班工资,仅支付正常工资,但无论是何种工时制,节假日上班都必须支付加班工资。

滕某对抗诉意见无异议,请求再审支持其全部诉讼请求,并提出以下申诉理由:第一,城口政协应当保存并向法庭出示双方所签合同、职工名册以及向劳动行政部门备案登记等相应材料,然而其均拒绝提交。因此,应当认定 2000 年 1 月 1 日双方所签劳动合同有效。第二,滕某于 2010 年劳动合同到期后,要求城口政协签订无固定期限劳动合同。然而,城口政协办公室领导为照顾其亲戚,拒绝滕某依法提出的合理要求;实际上,自 2011 年 3 月 6 日中午撞见原政协领导的不雅行为之后,滕某便被无理辞退了。

城口政协辩称,其并不认可 2004 年劳动合同的真实性,但该合同符合证据属性,原判决认定本案以 2004 年作为滕某与城口政协劳动关系开始的时间,城口政协不再反驳。

最高人民法院认为,关于滕某与城口政协之间的劳动关系何时开始的问题。在本案中,尚无证据证明城口政协持有不利于其主张的协议书、职工名册档案和工资表而拒不提供,因此,并不能依照《民事诉讼证据规定》第 6 条和第 75 条的规定,推定滕某与城口政协之间的劳动关系开始于 2000 年 1 月 1 日。原审法院依照滕某与城口政协 2004 年签订的聘用合同认定双方之间劳动关系开始于 2004 年 10 月 1 日,有相应证据证明,是正确的,最高人民法院予以确认。

关于原判决判令城口政协向滕某支付经济补偿金是否适用法律错误,本案是否应当依照《劳动合同法》第 87 条向滕某支付赔偿金的问题。直到本案一审过程中,滕某也没有提出与城口政协订立无固定期限劳动合同的主张。因此,滕某与城口政协是在以前历次签订的固定期限劳动合同到期后,因劳动合同期限之外的内容未达成一致而导致劳动关系的终止,没有证据证明城口政协存在着"违反本法规定解除或者终止劳动合同的"情形,故本案不应依照《劳动合同法》第 87 条向滕某支付赔偿金。原判决依照《劳动合同法》第 46 条、第 47 条的规定并结合一方当事人自愿的原则,判令城口政协向滕某支付 2 921.27 元经济补偿金,不存在适用法律错误的问题,最高人民法院予以维持。

关于城口政协是否应当向滕某支付加班费的问题。双方实际履行的是不定时工作制,2009年起,滕某值班期间共35天,其中法定节假日13天,其他为休息日。《劳动法》第44条规定(延长工时的报酬支付标准,略)。《劳动法》第五十一条规定:"劳动者在法定休假日和婚丧假期间以及依法参加社会活动期间,用人单位应当依法支付工资。"《劳动和社会保障部关于职工全年月平均工作时间和工资折算问题的通知》(劳社部发〔2008〕3号)第2条规定:"按照《劳动法》第五十一条的规定,法定节假日用人单位应当依法支付工资,即折算日工资、小时工资时不剔除国家规定的11天法定节假日。据此,日工资、小时工资的折算为:日工资:月工资收入÷月计薪天数;小时工资:月工资收入÷(月计薪天数×8小时)。月计薪天数=(365天-104天)÷12月=21.75天。"根据上述规定和本案相关事实,城口政协应当支付滕某加班工资2 331元(计算依据略)。原判决不支持滕某关于加班费的诉讼请求,认定事实和适用法律错误,最高人民法院予以纠正。

关于滕某提出的其他各项再审请求。(1)滕某起诉要求城口政协为其全额补缴社会保险金,而非主张赔偿损失,且城口政协明确表示愿意为滕某补办社会保险手续、补缴社会保险费用,因此,原判决不支持滕某该项请求,认为滕某可自行与城口政协补办社会保险手续、补缴社会保险费用,是正确的。(2)滕某要求要么支付下岗补偿金21万元,要么签订无固定期限劳动合同妥善解决就业问题。但是,其支付下岗补偿金的请求没有法律依据;滕某在起诉时并未提出与城口政协确立无固定期限劳动合同的诉讼请求,其在二审、再审审理期间提出的新主张不属于审理范围,因此,原判决对此项请求不予支持,是正确的。(3)滕某要求支付失业保险金12 480元及失业期间医疗报销金5 200元,原判决判令赔偿滕某9 360元是正确的(不支持其医疗报销金请求)。(4)滕某要求支付解除劳动合同的经济补偿金。原判决判令城口政协支付滕某经济补偿金2 921.27元并无不当。(5)住房公积金并非劳动报酬,也不属于法律强制要求用人单位缴纳的社会保险种类,故原判决驳回滕某要求支付住房公积金的诉讼请求,是正确的。(6)滕某在劳动争议中要求精神损害赔偿,缺乏法律依据,原判决不予支持,是正确的。(7)滕某要求支付未签订劳动合同期间双倍工资及额外经济补偿金90 180元。虽然城口政协在2010年4月13日与滕某订立第三次劳动合同时超过了第二次合同期满后1个月,但依照《最高人民法院关于审理劳动争议案件适用法律若干问题的解释(一)》第16条第1款规定,应视为双方同意以原条件继续履行劳动合同,故原判决不支持滕某要求支付双倍工资的请求,并无不当。滕某请求的额外经济补偿金其实质是加付赔偿金,根据《劳动合同法》第85条的规定,用人单位是否应当向劳动者加付赔偿金,应由劳动行政管理部门予以决定,不属于人民法院案件审理范畴,因此,原判决不支持滕某要求支付加付赔偿金的请求,是正确的。对于滕某提出的其他诉讼请求,原判决不予支持,也具有充分的事实和法律依据,最高人民法院予以维持。

综上所述,最高人民法院认为原判决适用法律确有错误,最高人民检察院抗诉理由部分成立,遂于2019年4月1日判决如下:(1)撤销重庆市高级人民法院(2013)渝高法民提字第237号民事判决,重庆市第二中级人民法院(2012)渝二中法民终字第386号民事判决,重庆市城口县人民法院(2011)城法民初字第00660号民事判决第(2)项;(2)维持重庆市城口县人民法院(2011)城法民初字第00660号民事判决第(1)项;(3)城口政协办公室在本判决生效后30日内支付滕某加班工资 2 331 元;(4)驳回滕某的其他诉讼请求。

【法律评析】

（一）评析要点

本案员工当事人是仲裁申请人、一审原告、二审上诉人、高级人民法院再审申请人和最高人民法院再审申诉人(最高人民检察院根据其申诉提出抗诉),维权精神可嘉。只是,一起普通的劳动争议历经"一裁二审"、高级人民法院提审(再审)和最高人民检察院抗诉、最高人民法院提审(再审)各个阶段,确实耗费了国家大量司法资源。而各阶段案件受理费却分别只有 10 元(劳动仲裁免费),最高人民法院再审判决金额总计仅 15 813.27 元,比重庆三级法院判决金额仅仅多了加班工资 2 331 元。费此周章获该结果,令人深思。

本案仲裁委员会裁决城口政协支付滕某经济补偿金和失业保险待遇共计 9 161.27 元并为滕某补缴 2007 年 3 月至 2011 年 5 月期间的养老保险费;重庆市三级法院的判决结果是一致的。最高人民法院再审判决则维持了一审判决第(1)项,撤销了一审判决第(2)项、二审判决和重庆市高级人民法院再审判决。即,本案五个阶段出现了三种结果,由此可见劳动争议案件之烦琐及结果之难测。当然,本案四级法院对滕某要求补缴社会保险费(而非赔偿未办社会保险手续导致的社会保险待遇损失)的请求未予处理,则均是依据最高人民法院相关司法解释(见上文),还考虑到了城口政协愿为滕某补办社会保险手续、补缴社会保险费用一节事实。

本案最高人民检察院共有三个抗诉理由:其一是依法应推定滕某关于双方之间劳动关系开始于 2000 年 1 月 1 日的主张成立;其二是城口政协应向滕某支付(违法解除或终止劳动合同)赔偿金而非(合法终止劳动关系)经济补偿;其三是城口政协应向滕某支付加班工资。其中,仅第三个理由获最高人民法院支持。笔者认同最高人民法院的观点,并认为:首先,关于劳动关系建立时间,不能加重任何一方的举证责任、随意进行推定。其次,劳动争议诉讼亦为民事诉讼,根据"不告不理"的原则,法院判决应针对当事人的诉请;即使其诉请有偏差,法官通常也只能在庭审时释明,除非特殊情况,不宜在判决中自行纠正。这也是为了保障对方当事人的辩论权。[①] 就劳动关系的解除或终止,本案滕某一审时系要求城口政协支付"解除劳动合同经济补偿"和"额外经济补偿金"(及所谓"加罚经济补偿金"),并未主张赔偿金。何况,如最高人民法院所认定,并根据意思自治的原则,员工方不能仅以多次签订固定期限劳动合同为由主张用人单位违法;尤其是,若劳动者在固定期限劳动合同履行期间未作其他主张,则法院不宜支持其在诉讼阶段才提出的签订无固定期限劳动合同等主张。

---

① 笔者在 21 世纪初曾与同事代表某日本公司及其上海公司应对某大学三工程师提起的一起技术成果侵权纠纷(当时媒体称"武汉知识产权第一案")。上述三工程师发现某日本公司设计制造(并通过其上海公司在国内销售)的测绘仪有多余的电脑程序,在双方未谈及对价的情况下,向该公司指出后,该公司立即予以改正、登报声明并召回缺陷产品。该公司为表谢意,邀请三工程师赴日访问。后三工程师起诉该公司及其上海公司,索要 1 000 万元人民币("技术成果"的对价)。武汉市中级人民法院一审驳回其诉请,湖北省高级人民法院在三工程师及其代理律师从未主张、两审庭审根本未涉及、我方亦未有机会抗辩的情况下,以三工程师与上述公司之接触实际是缔约行为、双方之间存在"事实上的合同"为由作出终审判决,"酌定"上述公司赔偿其 50 万元。

（二）法律依据与实务分析

本案一审判决援引的《劳动合同法》第 46 条、第 47 条规定了解除或终止劳动合同的经济补偿及其计算；第 82 条规定了不订立书面劳动合同的法律责任；第 85 条规定了未依法支付劳动报酬、经济补偿等的法律责任，即劳动行政部门责令限期支付劳动报酬、加班费或者经济补偿而用人单位逾期不支付的，（可）责令用人单位按应付金额 50% 以上 100% 以下的标准向劳动者加付赔偿金，此为行政程序，须有上述前置情形且取决于"劳动行政部门"的裁量，因此，本案仲裁委员会及各级法院均未支持滕某关于"加付赔偿金"的请求。此外，一审判决援引的《失业保险条例》第 2 条规定，"城镇企业事业单位、城镇企业事业单位职工依照本条例的规定，缴纳失业保险费。城镇企业事业单位失业人员依照本条例的规定，享受失业保险待遇"。该条例第 14 条、第 17 条分别规定了失业保险金领取条件及期限。

本案一审判决还援引了《最高人民法院关于审理劳动争议案件适用法律若干问题的解释（一）》第 16 条第 1 款，即"劳动合同期满后，劳动者仍在原用人单位工作，原用人单位未表示异议的，视为双方同意以原条件继续履行劳动合同。一方提出终止劳动关系的，人民法院应当支持。"一审判决援引的《民事诉讼法》第 64 条第 1 款则规定，"当事人对自己提出的主张，有责任提供证据"。本案双方围绕争议焦点进行了大量举证（限于篇幅，本文作了压缩），应当说，本案再审结果取决于双方当事人的证据质量和证据优势。比如，本案争议焦点之一是双方何时建立用工关系，城口政协为证明双方自 2007 年才建立劳动关系提交了多份证人证言，但因利害关系原因未获法院采信。

根据本案一审判决，滕某提供的聘用合同系"城口政协"盖章。我国《宪法》①序言规定，中国人民政治协商会议是有广泛代表性的统一战线组织。另据《中国人民政治协商会议章程》②总纲和有关条文③，"中国人民政治协商会议是中国人民爱国统一战线的组织，是中国共产党领导的多党合作和政治协商的重要机构，是我国政治生活中发扬社会主义民主的重要形式，是国家治理体系的重要组成部分，是具有中国特色的制度安排"；政协针对中国共产党和"国家机关及其工作人员"的工作行使民主监督和参政议政等职能。可见，我国政协并非国家机关；而《劳动合同法》第 2 条第 2 款所称事业单位和社会团体亦未将各级政协组织排除在外。至于本案各级法院将"城口政协办公室"列为一审被告、二审被上诉人和再审被申请人（被申诉人）并判决其承担相应责任，是一种惯常处理手段。就逻辑而言，既然一审判决援引的《失业保险条例》第 2 条仅提及"城镇企业事业单位"及其职工，"政协办公室"就应属事业单位（因其显然并非企业）。类似机构还有政协服务中心、"政协之友社"等。当然，包括本案用人单位在内的各级政协办公室是否依据有关规定④办理了登记或者备案手续，似乎无从查证。

此外，本案一审判决和原二审判决认为"住房公积金不属于用人单位必须为劳动者缴纳的

---

① 2018 年 3 月 11 日修正。
② 2018 年 3 月 15 日修订。
③ 第 3 条第 3 款、第 4 款等。
④ 国务院《事业单位登记管理暂行条例》（2004 年 6 月 27 日修订）第 3 条规定："事业单位经县级以上各级人民政府及其有关主管部门（以下统称审批机关）批准成立后，应当依照本条例的规定登记或者备案。事业单位应当具备法人条件"。

费用"，与我国有关规定①相悖。重庆市高级人民法院则认为"住房公积金不属于劳动报酬，也不是法律强制要求用人单位缴纳的社会保险种类，不属于劳动争议范畴"。该说法原则上正确，但该法院却未纠正此前一、二审判决的问题，还称"一、二审对此（住房公积金）认定正确，予以确认"，值得商榷。最高人民法院重申了重庆市高级人民法院上述理由，称"原判决驳回滕××要求支付住房公积金的诉讼请求，是正确的"，则并无不妥。总之，如同社会保险缴费争议，目前我国住房公积金缴费纠纷一般是经行政程序（由住房公积金管理中心）解决，法院不予处理（强制执行除外）。

值得一提的是，根据最高人民法院再审判决可知，本案当事人滕某仅委托其两名肖姓亲属（包括其夫）担任诉讼代理人。本案属劳动争议，诉请名目繁多，滕某在诉讼阶段反复变更诉请，在一定程度上削弱了其主张。

作者：齐斌

---

① 参见国务院《住房公积金管理条例》（1999 年 4 月 3 日发布、2002 年 3 月 24 日修订、2019 年 3 月 24 日修正）第三章"缴存"、第六章"罚则"。

46. 带薪年休假
——北京湖西岛有机农业发展有限公司与王某劳动争议案

摘要：用人单位关于劳动者在一定时间内未能休完的年休假清零的规定无效。

来源：北京市昌平区劳动人事争议仲裁委员会京昌劳人仲字［2019］第 1260 号仲裁裁决书；北京市昌平区人民法院（2019）京 0114 民初 8566 号民事判决书；北京市第一中级人民法院（2019）京 01 民终 10626 号民事判决书。

【事实概要】①

王某于 2015 年 2 月 25 日入职北京湖西岛有机农业发展有限公司（下称湖西岛公司），职位为财务主管，双方签订了劳动合同书，湖西岛公司自 2015 年 3 月至 2018 年 12 月为王某缴纳了社会保险。关于工资标准，王某主张其自 2018 年开始工资调整为每月 24 000 元，包括工资部分 21 000 元和凭票报销部分 3 000 元；湖西岛公司对此不予认可，主张王某自 2017 年开始工资为每月税前 17 000 元，税后 14 245.25 元，报销根据需要实报实销，没有固定额度。王某提交了《财务部 2018 年人员工资调整表》《东亚银行账户交易历史查询》《招商银行交易流水》，《财务部 2018 年人员工资调整表》显示："卫总：您好！根据您的指示，财务部人员 2018 年度待遇调整如下：王某的目前工资为 20 000，申请增加金额 4 000，增加后工资 24 000……"。王某同时提交了《付款申请单》复印件和《内部报销凭证》复印件，主张湖西岛公司曾于 2018 年 4 月发放现金 7 300 元，系 2018 年 1 月、2 月的报销工资每月 3 000 元和 2017 年 12 月报销工资 1 300 元。湖西岛公司提交了 2017 年 3 月至 2018 年 1 月间《代发业务交易结果清单》。湖西岛公司每月打卡发放上上月 25 日至上月 24 日的工资。

王某正常工作至 2019 年 1 月 9 日，双方于当日解除劳动合同，系王某向湖西岛公司发送电子邮件、以湖西岛公司长期拖欠其工资为由申请解除劳动合同。

王某主张其每年带薪年休假应为 10 天，其中 2017 年休了 3 天，2018 年未休。王某提交了《年休假工龄证明》、《北京市社会保险个人权益记录》和《2017 年 12 月至 2018 年 12 月考勤表》复印件，《北京市社会保险个人权益记录》显示 2000 年 9 月至 2015 年 2 月王某实际缴费 174 个月，其中通过北京市西城区人力资源公共服务中心缴费 111 个月，王某主张在该服务中心缴费是用人单位补贴个人社会保险费用后由个人缴纳的。考勤表中显示王某 2018 年 2 月休假 3 天，2018 年 2 月、3 月显示王某剩余年假 56 小时，自 2018 年 4 月开始王某剩余年假为 80 小时。考勤表有员工本人、考勤员宋某、公司领导高某或王某的签字。王某主张其于 2018 年 2 月休了 2017 年年休假，王某与湖西岛公司均认可公司规定每年的年休假需在次年的 3 月底之前休完，从 2018 年 4 月开始重新计算年休假。湖西岛公司主张王某每年年休假应为 5 天，但该公司没有已休年休假的记录。

关于北京市西城区人力资源公共服务中心为王某缴纳社会保险期间的累计工作年限，经

---

① 一审查明，二审确认或另查明。因本案讨论的核心问题系年休假，故省略加班工资等内容。

二审法院询问,王某表示无法提供与其他用人单位签订的劳动合同。

【裁 判 要 旨】

1. 北京市昌平区劳动人事争议仲裁委员会裁决

王某于 2019 年 1 月 10 日向北京市昌平区劳动人事争议仲裁委员会提出仲裁申请,要求确认双方于 2015 年 2 月 25 日至 2019 年 1 月 9 日存在劳动关系,湖西岛公司支付工资差额(略)、延时加班费(略)和 2017 年至 2018 年未休带薪年假工资 37 517.24 元以及解除劳动合同经济补偿金 96 000 元。

仲裁委员会于 2019 年 3 月 5 日作出裁决书,裁决王某与湖西岛公司于 2015 年 2 月 25 日至 2019 年 1 月 9 日期间存在劳动关系;湖西岛公司支付王某工资差额(略)、加班工资(略)、2017 年至 2018 年未休带薪年休假工资 13 517.24 元、解除劳动合同经济补偿金 84 000 元;驳回王某的其他申请请求。

2. 北京市昌平区人民法院一审判决

王某、湖西岛公司均对仲裁裁决不服,诉至北京市昌平区人民法院(下称一审法院)。

一审法院认为,王某与湖西岛公司均认可自 2015 年 2 月 25 日至 2019 年 1 月 9 日期间存在劳动关系,法院不持异议。

关于 2017 年至 2018 年未休年休假工资一节,王某主张其年休假天数为每年 10 天,湖西岛公司虽不予认可,但从王某提交的考勤表所显示的年休假天数来看,2018 年 3 月显示王某剩余年假 56 小时,2018 年 4 月显示王某剩余年假为 80 小时,与湖西岛公司陈述的公司规定每年的年休假需在次年 3 月底之前休完、从次年 4 月开始重新计算年休假相吻合,亦体现了公司对王某的工龄予以认可。考勤表有相关人员签字,公司虽对考勤表不予认可,但未提交证据予以证明。据此,一审法院对王某主张的每年年休假 10 天、2017 年剩余年休假 7 天、2018 年剩余年休假 10 天予以采信,公司主张王某 2017 年年休假已经作废于法无据,一审法院不予采信。故公司应支付王某 2017 年至 2018 年未休年休假工资 30 252.87 元。

关于解除劳动合同经济补偿金一节,用人单位未及时足额支付劳动报酬,劳动者可依法提出解除劳动合同,且用人单位应支付解除劳动合同的经济补偿金。故湖西岛公司应支付王某解除劳动合同经济补偿金 84 000 元。

综上,一审法院依照《劳动法》第 45 条、第 50 条,《劳动合同法》第 38 条、第 46 条、第 47 条,《民事诉讼法》第 64 条等规定,判决:王某与湖西岛公司自 2015 年 2 月 25 日至 2019 年 1 月 9 日期间存在劳动关系;湖西岛公司于判决生效后 10 日内支付王某 2017 年至 2018 年未休年休假工资 30 252.87 元、解除劳动合同经济补偿金 84 000 元(判决主文有省略)。

3. 北京市第一中级人民法院二审判决

湖西岛公司不服一审判决,向北京市第一中级人民法院(下称二审法院)提起上诉。二审法院于 2019 年 11 月 7 日立案,依法组成合议庭开庭进行了审理。

湖西岛公司上诉请求改判公司无需支付王某 2017 年至 2018 年未休年休假工资 30 252.87 元及解除劳动合同经济补偿金 84 000 元(其他请求略)。部分事实和理由是:关于年休假,根据湖西岛公司的规定,每年 3 月底前尚未休完的上一年度带薪年休假作废,且公司对王某在一审提交的考勤表不予认可。根据王某提交的 2018 年 4 月考勤表的记载,王某 2017 年的年休假已清零,重新计算,且该表经其签字确认,其 2017 年的年休假应视为已休完。此外,根据王某同事回忆,王某 2018 年的年休假也已休完,故公司无需支付王某 2017 年和 2018 年的未休年休假工资。另王某的社会保险大部分由其自行缴纳,由用人单位缴纳社会保险的时长不足 10 年,其应仅享有每年 5 天的年休假。关于解除劳动合同经济补偿金,王某在湖西岛公司承受巨大资金压力、到处筹措资金的情况下,未进行任何工作交接即辞职,一审法院判令公司支付解除劳动合同经济补偿金系对公司的不公平,且一审法院按照错误的工资基数进行计算,增加了公司负担。

二审法院认为,湖西岛公司作为用人单位应就王某的工资标准承担举证责任。现公司未能就王某的工资标准提交相应证据予以证明,应承担举证不能的不利后果,一审法院认定王某 2018 年 1 月起工资标准为 21 000 元并无不当。

就 2017 年至 2018 年未休年休假工资一节,关于王某在该期间应享有的带薪年休假天数,《职工带薪年休假条例》第 3 条规定,职工累计工作已满 1 年不满 10 年的,年休假 5 天;已满 10 年不满 20 年的,年休假 10 天。湖西岛公司上诉称王某由用人单位缴纳社会保险时长不足 10 年,其应仅享有每年 5 天的带薪年休假。二审法院认为,职工的累计工作时间包括职工在机关、团体、企业、事业单位、民办非企业单位、有雇工的个体工商户等单位从事全日制工作期间,以及依法服兵役和其他按照国家法律、行政法规和国务院规定可以计算为工龄的期间(视同工作期间)。本案中,王某主张其累计工作时间已达 10 年,需就其主张向法院提交档案记载、单位缴纳社保费记录、劳动合同或者其他具有法律效力的证明材料予以证明,否则将承担举证不能的不利后果。王某在一审中提交的《北京市社会保险个人权益记录》显示,其由用人单位缴纳社会保险时长不足 10 年,其他期间系自行通过北京市西城区人力资源公共服务中心缴费。王某虽主张在上述服务中心缴费是其他用人单位补贴社会保险费用后由其个人缴纳,但未能提交劳动合同等证据予以证明,二审法院对该主张难以采信。因此,王某于 2017 年至 2018 年应享有每年 5 天的法定带薪年休假。王某提交的考勤表中所显示的其年休假超过 5 天的部分,属于超出法律法规规定的带薪年休假天数,现王某未能提交证据证明其与湖西岛公司对此有过相关补偿约定,故应当按每年法定带薪年休假 5 天的标准核算王某的未休年休假工资。一审法院对王某法定年休假天数认定有误,二审法院予以纠正。

关于王某 2017 年至 2018 年未休年休假天数,湖西岛公司主张王某 2017 年未休年休假作废,2018 年年休假已休完。公司作为负有管理责任的用人单位,应就王某的请休带薪年休假情况负有举证责任,否则将承担举证不能的不利后果。现湖西岛公司未能就王某的请休带薪年休假情况予以举证,故二审法院对公司上述主张不予采信。湖西岛公司主张根据其公司规定,王某 2017 年未休年休假已经作废,该主张于法无据,二审法院对此不予采纳。结合王某自认 2017 年已休 3 天年休假、2018 年尚未请休年休假的陈述,经核算,王某 2017 年未休年休假天数为 2 天,2018 年未休年休假天数为 5 天,湖西岛公司应支付王某 2017 年至 2018 年未休年休假工资 12 781.61 元。

就解除劳动合同经济补偿金一节,用人单位未及时足额支付劳动报酬的,劳动者可以解除劳动合同,并要求用人单位支付经济补偿金。如上所述,本案中,湖西岛公司确存在至今尚未支付王某工资的情形,公司上诉时以因经营困难而欠发工资以及王某离职时未进行工作交接为由主张无需支付经济补偿金,该上诉理由缺少法律依据,公司无权以此为由拒绝支付。经核算,湖西岛公司应支付王某解除劳动合同经济补偿金 84 000 元。对公司要求无需支付王某解除劳动合同经济补偿金 84 000 元的上诉请求,二审法院不予支持。

综上所述,湖西岛公司的上诉请求部分成立。二审法院遂判决公司于本判决生效后 10 日内支付王某 2017 年至 2018 年未休年休假工资 12 781.61 元(判决主文有省略,解除劳动合同经济补偿金一项维持一审判决)。

【法律评析】

(一)评析要点

本案争议焦点之一是王某依法应享有的未休带薪年休假的天数及其未休年休假能否"清零"。

关于未休年休假天数计算,一审法院根据王某提供的考勤表认定其每年年休假为 10 天。但二审法院则结合王某提供的社保缴费记录认定其于 2017 年至 2018 年应享有每年 5 天的法定带薪年休假;至于其提交的考勤表中所显示的年休假超过 5 天的部分,因超出法律法规规定,而王某未能提交证据证明其与公司对此有相关补偿约定,故应按每年法定带薪年休假 5 天的标准核算王某的未休年休假工资。

关于年休假清零,两审法院均认为,湖西岛公司主张根据其公司规定,王某 2017 年未休年休假已经作废,于法无据;因此,公司有关年休假清零的规定无效。

(二)法律依据与实务分析

《职工带薪年休假条例》第 5 条规定:"单位根据生产、工作的具体情况,并考虑职工本人意愿,统筹安排职工年休假。年休假在 1 个年度内可以集中安排,也可以分段安排,一般不跨年度安排。单位因生产、工作特点确有必要跨年度安排职工年休假的,可以跨 1 个年度安排。单位确因工作需要不能安排职工休年休假的,经职工本人同意,可以不安排职工休年休假。对职工应休未休的年休假天数,单位应当按照该职工日工资收入的 300% 支付年休假工资报酬。"《企业职工带薪年休假实施办法》第 4 条规定:"年休假天数根据职工累计工作时间确定。职工在同一或者不同用人单位工作期间,以及依照法律、行政法规或者国务院规定视同工作期间,应当计为累计工作时间。"该办法第 10 条第 2 款规定:"用人单位安排职工休年休假,但是职工因本人原因且书面提出不休年休假的,用人单位可以只支付其正常工作期间的工资收入。"

本案中,王某主张其应享有的年休假天数为 10 天,但二审法院并未完全采信其主要证据(考勤表)。而公司主张的年休假清零的规定亦未获两审法院支持,且公司未能举证证明其已安排王某休年休假、但王某因本人原因且书面提出不休年休假。因此,法院最终判决公司支付王某 2017 年至 2018 年共 7 天的未休年休假工资 12 781.61 元。

实务中,不少用人单位在规章制度中规定了类似本案的(法定)年休假清零政策,因于法无据,万一因此发生劳动争议,很可能被法院认定为无效。若确因劳动者原因无法休年休假,则用人单位应当要求其书面提出放弃年休假的申请,以免日后发生争议时用人单位无法举证。还有些用人单位在法定带薪年休假之外给予员工额外的福利带薪年休假,可结合上述法规规章对两种年休假的休假顺序、折薪规则和福利年休假可否以及如何"清零"作出详细规定并公示或告知员工。并且,因事关员工切身利益,最好履行《劳动合同法》第 4 条规定的民主程序。当然,将上述内容纳入劳动合同则更为可取。

作者:张君强

47. 工资制度：工资构成与形式
——高级管理人员绩效奖金争议

摘要: 前董事长、总经理索千万绩效奖金未获支持。

来源: 上海市浦东新区劳动人事争议仲裁委员会浦劳人仲〔2013〕办第 5696 号仲裁裁决书;上海市浦东新区人民法院(2013)浦民一(民)初字第 28696 号民事判决书;上海市第一中级人民法院(2014)沪一中民三(民)终字第 227 号民事判决书;上海市高级人民法院(2014)沪高民一(民)申字第 1053 号民事裁定书。

【事 实 概 要】

M 某是非银行金融领域资深人士,长期担任上海某国有控股非银行金融机构(下称公司)总经理,后期还兼任董事长。2012 年 1 月,公司董事会通过议案,解除了 M 某的董事长和总经理职务;后 M 某提出辞职,双方劳动关系于 2012 年 6 月解除。

2013 年 6 月,M 某申请劳动仲裁,要求公司补发其 2004 年度及 2006 年度(绩效)薪酬共计约人民币 1 000 万元,并提出其他 4 项请求。本案 M 某的主要证据是两家会计师事务所分别出具的审计报告(专项复核报告),结论大致是:公司尚欠 M 某绩效薪酬若干元(同其诉请金额)。但律师注意到,上述报告首页下方已写明"本专项复核报告仅供贵公司管理当局及向董事会呈报之用"。可见,即使是上述报告的制作者(会计师事务所)亦明知上述报告不能代替公司董事会的决定。而且,上述报告在公司并未存档,公司仅在与 M 某的仲裁案发生之后才初次知晓存在上述报告。但是,会计师事务所出具上述报告的费用是公司支付的。考虑到 M 某的职务,这也不足为奇。

【裁 判 要 旨】

1. 浦东新区劳动人事争议仲裁委员会裁决

在与本案公司有关人士交流过程中,律师了解到,2007 年 M 某曾主动退回公司约人民币 100 万元"超发"薪酬,背景是行业监管机构发布了限薪令,该行业高管年薪不得超过人民币 120 万元。为此,M 某作为党委负责人签发了要求公司高管清退超发薪酬的红头文件。仲裁委员会于 2013 年 8 月作出裁决,对 M 某全部请求均不予支持或不予处理。M 某遂诉至法院。

2. 浦东新区人民法院一审判决

浦东新区人民法院(下称一审法院)对本案高度重视,由相关审判庭副庭长亲任审判长。经开庭审理,一审法院认为,"本案所涉及的劳动薪酬争议,应受我国相关劳动法律、法规的调整";"关于原告(M 某)的薪酬待遇标准及发放事宜,亦应符合我国《公司法》以及被告《公司章程》的有关规定","由被告(公司)董事会决定"。最后,仅判决公司支付 M 某 2010 年、2011 年延期兑付的绩效年薪差额合计人民币 2 万余元(公司认可且原本即准备支付),驳回 M 某其余诉讼请求。

3. 上海市第一中级人民法院二审判决

M 某不服一审判决,提起上诉。上海市第一中级人民法院(下称二审法院)于 2014 年 5 月判决驳回上诉,维持原判。

4. 上海市高级人民法院再审裁定

虽二审法院已作出终审生效判决,但 M 某仍不服,又于 2014 年 6 月底向上海市高级人民法院申请再审。同年 10 月,上海市高级人民法院作出再审民事裁定书,驳回 M 某的再审请求。

上海高院再审裁定的主要理由有二:第一,董事长相关薪酬争议当然适用《公司法》,而公司董事会并无兑现 M 某主张的薪酬之决议(实际上今后也不可能作出此类决议)。第二,行业监管机构等 2007 年前后曾发布限薪令,业内公司高管年薪不得超过 120 万元,M 某曾据此带头清退超发薪酬。上述第二个问题实际上又可引申出诚实信用问题,这是民法基本原则,本案属民事诉讼,当然也适用诚信原则,此前两审法院亦曾肯定代理律师提出的此等观点。

【法律评析】

(一)评析要点

本案系高管劳动争议,而且不是一般的高管,是董事长兼总经理、公司法定代表人。无论是董事会聘用总经理,还是总经理聘用其他高管,在履行公司内部相关程序后,公司仍需与其签订劳动合同。同时适用劳动法律法规与《公司法》,是此类案件的特点。但由于我国现行劳动法律法规并未对劳动者进行分层(未区分高管和普通劳动者),高管劳动争议往往最终是适用《公司法》解决。

仅就工资发放而言,高管与普通员工并无二致(至多是月薪和年薪的区别)。但部分高管除了工资,可能还有根据公司经营业绩等指标确定的奖金,其性质与一般员工(相对固定)的奖金有较大区别;尤其是,总经理等高管的奖金通常须由董事会乃至股东决定。根据《公司法》第 46 条第(9)项,董事会有权决定聘任或者解聘公司经理及其报酬事项,并根据经理的提名决定聘任或者解聘公司副经理、财务负责人及其报酬事项。此处"决定"的内容不仅包括薪酬确定与发放依据和金额,还包括特定年度的薪酬是否发放。若公司与高管约定(或以专项制度规定)了考核标准和奖金发放条件,在相关条件成就以前,公司可主张无需履行支付义务。

本案中,M 某原任职的公司章程规定,高管薪酬应由董事会决定。董事会下设薪酬委员会,包括 M 某在内的高管之薪酬悉由该委员会决定。

因此,本案争议焦点有二:第一,公司是否欠发 M 某薪酬;第二,若欠发薪酬,公司是否应向 M 某支付(发放条件是否具备)。

(二)法律依据及实务分析

本案用人单位属国有控股企业,在法律适用方面具有特殊性。总经理与公司之间虽然存在劳动关系,不能排除劳动法律法规的适用,但在包括本案双方在内的有关各方(包括控股股东即上级公司以及公司董事会)之间亦存在民法意义上的委任关系。此外,也不能忽视《公司法》《企业国有资产法》等有关法律之规定,控股股东和行业监管机构等一系列管理规范乃至党规党纪。

　　以《劳动合同法》为例,纵览《劳动合同法》,基本上所有条文均基于"强资本弱劳工"的一般认识,着眼于保护普通劳动者;就本案争议焦点而言,竟难找出一个可以具体适用的条款,"一裁二审"及再审共四份裁判文书均未援引《劳动合同法》任何条文作为裁判理由。

　　本案主要法律依据如下:

　　《公司法》①第 46 条②:"董事会对股东会负责,行使下列职权:……(九)决定聘任或者解聘公司经理及其报酬事项,并根据经理的提名决定聘任或者解聘公司副经理、财务负责人及其报酬事项……"第 108 条③第 4 款:"本法第四十六条④关于有限责任公司董事会职权的规定,适用于股份有限公司董事会。"

　　《企业国有资产法》⑤第 27 条:"国家建立国家出资企业管理者经营业绩考核制度。履行出资人职责的机构应当对其任命的企业管理者进行年度和任期考核,并依据考核结果决定对企业管理者的奖惩。履行出资人职责的机构应当按照国家有关规定,确定其任命的国家出资企业管理者的薪酬标准。"

　　《劳动争议调解仲裁法》第 27 条⑥:"劳动争议申请仲裁的时效期间为一年。仲裁时效期间从当事人知道或者应当知道其权利被侵害之日起计算……劳动关系存续期间因拖欠劳动报酬发生争议的,劳动者申请仲裁不受本条第 1 款规定的仲裁时效期间的限制;但是,劳动关系终止的,应当自劳动关系终止之日起一年内提出。"本案一审判决还援引了《劳动法》第 3 条第 1 款。⑦

　　此外,由于高管位高权重,若其在履行劳动合同过程中给公司造成损失,公司可依照《公司法》第 149 条⑧的规定向其索赔。如公司总经理为减少个人所得税支出,通过不合规的方式进行避税,之后公司作为代扣代缴义务人向税务机关补缴税款后,便可尝试根据民法的一般规定和《公司法》前述规定(通过诉讼)向其追回损失。在证据方面,高管对公司的掌控往往会形成"内部人控制",万一发生绩效薪酬争议,在劳动关系中通常被认为强势的公司一方反而居于绝对的劣势,不但对公司有利的证据会被高管隐瞒,高管反而还可能掌握对公司不利的证据,比如本案中的薪酬专项审计报告。

作者:齐斌

---

　　① 2018 年修订。

　　② 2005 年修订版第 47 条。本案一审判决于 2014 年 1 月 21 日作出,适用当时有效的《公司法》(2005 年修订版)。

　　③ 2005 年修订版第 109 条。本案一审判决援引了该条。

　　④ 2005 年修订版第 47 条。

　　⑤ 本案"一裁二审"及再审四份裁判文书均未援引《企业国有资产法》相关条文作为裁判理由。

　　⑥ 本案仲裁裁决书仅援引了《劳动争议调解仲裁法》第 50 条(关于不服非终局仲裁裁决可在 15 日内向人民法院起诉的规定)。

　　⑦ 即:"劳动者享有平等就业和选择职业的权利、取得劳动报酬的权利、休息休假的权利、获得劳动安全卫生保护的权利、接受职业技能培训的权利、享受社会保险和福利的权利、提请劳动争议处理的权利以及法律规定的其他劳动权利。"

　　⑧ 即:"董事、监事、高级管理人员执行公司职务时违反法律、行政法规或者公司章程的规定,给公司造成损失的,应当承担赔偿责任。"

48. "特殊奖励"：高级管理人员劳动报酬的确定
——欧洲奢侈品公司上海独资公司与副总经理劳动报酬等争议案

摘要：奢侈品公司副总经理离职，索取 2 500 余万元"特殊奖励"。

来源：本案系笔者团队 2015 年代理的案件，经上海市某区劳动人事争议仲裁委员会裁决后，双方在一审阶段经法院调解结案；考虑到仲裁的性质、为当事人保密等因素，本案仲裁裁决书和调解书未公开。

【事 实 概 要】

某欧洲奢侈品公司（母公司）于 2011 年 5 月 20 日在上海设立独资公司，C 某当日即入职该独资公司，担任副总经理职务。该公司的日常经营管理（包括公章保管和使用）完全由该副总经理和总经理 H 某（案外人；与 C 某互为异性）负责。双方签订的劳动合同约定（H某的劳动合同中也有类似约定），"本合同因任何原因、方式终止或解除的，甲方（公司）均同意甲方以上一会计年度销售额（税前）的 25％或人民币捌佰万元（以二者金额较高者为标准）向乙方（C 某）支付特殊奖励，该奖励应自本合同终止或解除之日起十日内支付完毕。甲方支付该奖励并不免除其依法所应承担的合同终止或者解除经济补偿金、代替通知金、赔偿金等法定支付义务。"该公司认可双方签订过劳动合同，但因 C 某不愿意交接，导致公司无法取得该劳动合同。

该独资公司《章程》规定：董事会的职权包括聘任公司总经理、副总经理和财务总监并决定其报酬事项；董事会的决定应以书面形式作出并在公司存档；总经理可代表公司签署期限不超过两年或金额不超过 50 万元人民币的合同，或签署金额在 50 万元人民币至 100 万元人民币之间的、公司业务计划中许可的合同；员工的薪酬级别由总经理在股东批准的预算额度内确定。

2014 年 9 月，上述独资公司通过董事会决议同时免除 C 某的副总经理职务和 H 某的总经理职务。2015 年 2 月，该公司又以上述二人严重违反公司规章制度、严重失职、营私舞弊给公司造成重大损失为由向其发送解聘通知。

2015 年 4 月，C 某申请仲裁，主张公司系违法解除劳动合同，并要求支付人民币 2 500 余万元"特殊奖励"等。

本案案情复杂，涉及我国内地、我国香港地区、欧洲三地；证据繁多，并曾引起欧洲某国驻沪总领事关切；争议金额高达人民币 2 500 余万元，在单一劳动争议案中甚为罕见，万一败诉，用人单位将承担巨大经济责任。

【操 作 要 旨】

1. 上海市某区劳动人事争议仲裁委员会裁决

上海市某区劳动人事争议仲裁委员会认为，申请人主张的 2 500 余万元特殊奖励，依据是《劳动合同》相关条款；而《劳动合同》该条款"所载内容的金额为 800 万元以上，却没有经过被申请人(公司)董事会或股东的授权,应属无效";公司向仲裁委员会提供的两份有关 C 某报酬的董事会决议(C 某认可其中一份中其签字真实性),能够反映公司董事会曾按《章程》行使其职能。然 C 某陈述其《劳动合同》系经公司股东方的代表及总经理 H 某同意后签署,但未能提供相关证据加以证明,亦无法提供该合同中的报酬条款系经公司董事会批准的相应材料,故难以仅凭《劳动合同》本身确认该条款的有效性。

仲裁委员会认为,"盈利是企业赖以生存和发展的基石,提供给员工的工资报酬和福利待遇是企业在经营过程中需要慎重考量的经营成本。申请人(C 某)所主张的特殊奖励系被申请人(公司)上年度 25% 的销售额(税前)或者 800 万元(两者取其高),可见该奖励的核算直接指向被申请人营业收入,处于所有成本计算之前,无视企业上年度盈利状况,且所占比例和起始金额畸高。因此,这项金额极高、脱离企业经营状况、支付条件单一(任何原因解除或终止劳动合同)的条款确实存在有违常理之处,结合申请人身兼被申请人副总经理与董事会成员两职的情况,应当较普通员工更加慎重的(地)审查其该项主张及相应证据"。

最终,仲裁委员会采纳了本案公司代理方关于对方劳动合同的质证意见,于 2015 年 7 月 1 日作出裁决,认为 C 某关于特殊奖励的请求依据不足,不予支持。但因公司在仲裁阶段未及时充分举证,仲裁委员会裁决公司向对方支付违法解除劳动合同赔偿金 13 万余元。

2. 上海市某区人民法院(下称一审法院)民事调解书

上述仲裁结果与笔者的预测完全一致。为最大限度地维护当事人合法权益,争取时间进一步调查取证,经委托人(公司)同意,笔者团队协助公司向一审法院起诉,主要诉请是不同意支付 C 某违法解除劳动合同赔偿金 13 万余元。C 某稍后亦起诉,要求公司向其支付违法解除劳动合同赔偿金 13 万余元及"劳动合同约定"的特殊奖励 2 327 万余元(此项比仲裁请求略低)等。

一审法院合并审理,先是适用简易程序,组织双方进行证据交换;后因案情复杂,又转入普通程序,组成合议庭审理本案。经多次长时间开庭(因本案双方证据繁多)和主审法官耐心细致的调解,双方于 2015 年 10 月 19 日达成调解协议;一审法院据此于同年 10 月 26 日作出《民事调解书》,公司无需向 C 某支付任何款项,双方再无争议。

C 某在调解书中确认公司解除其职务及终止其与公司的劳动关系的决定合法合规,并确认,"鉴于原告(公司)从未自行或授权他人同意、或与被告(C 某)达成任何有关特殊奖励的协议或条款,被告不再向原告主张该等奖励"。

【法律评析】

(一)评析要点

本案属典型的高管劳动争议:用人单位对涉嫌"内部人控制"的正、副总经理先解职后解聘,继而引发副总经理违法解除劳动合同之诉,旨在投石问路;若有利可图,同样情形的总经理势必效仿;公司万一败诉,需支付的总金额将高达 5 000 万元以上。

高管薪酬争议的法律适用是一个值得探讨的问题。高管的薪酬争议主要涉及绩效或奖励薪酬(奖金),有些也涉及加班工资(未必每家用人单位都为高管申请实行不定时工作制,也不是所有地区都像北京一样直接认可高管适用不定时工作制①）。

　　高管的薪酬通常由董事会乃至上级股东与其直接约定，而非在劳动合同中约定（劳动合同一般仅约定基本工资或基本年薪）。某些国有控股企业会通过目标责任书等形式与下属企业高管约定薪酬计算、支付方式，包括绩效或奖励薪酬。

　　因此，高管的薪酬争议具有一定的特殊性。由于此类争议通常发生在离职之时，既然发生纠纷，单位一方（包括上级股东）通常不会如实陈述、也不愿提交对单位不利的证据。而毋庸讳言，某些法官对高管的高额薪酬诉请存在一种本能的抵触。凡此种种，均可能导致高级管理人员索取应得薪酬的努力付诸东流。

　　另一方面，由于高管收入可观，导致用人单位或上级股东具有逃避支付高额薪酬的内在动因。许多情况下，高管薪酬的计算取决于其所任职单位的审计结果乃至相关诉讼（如债权回收）案件的判决或执行情况。因故意延迟审计等原因导致高管的绩效年薪或奖励年薪难以计算，理论上，责任应由高管的任职单位及其股东承担；但实务中，由于缺乏计算依据，法官很难作出有利于高管的判决，法院也不愿为一起劳动争议案进行费时耗力的司法审计，何况许多案件涉及有影响力的当地企业。

　　许多案例（尤其是上海法院审理的劳动争议案）中，尽管用人单位未申请实行不定时工作制，但高管关于加班工资的诉请常常无法得到支持。除了证据方面的原因，法官可能倾向于认为，高管实际上是不定时工作的（本单位无人对其作出约束或进行考勤），其也领取了高额薪酬，因此不存在支付加班工资的问题。这种理解具有一定的合理性，虽然在法律上尚需商榷（《劳动法》第 44 条关于加班工资的规定并未将高管排除在适用范围之外）。

　　笔者认为，在处理高管相关薪酬争议时，不但应当依据其《劳动合同》，还应依据其所任职单位乃至上级股东的薪酬制度以及其与董事会或上级单位签署的目标责任书等一切书面文件，除非上述制度或文件内容违法。适用法律的一般原则仍然是以《劳动法》《劳动合同法》《劳动合同法实施条例》等为主，在薪酬确定程序等具体问题上可适当参照或适用《公司法》及其配套规定。

（二）法律依据与实务分析

　　本案主要涉及《劳动合同法》和《公司法》，争议焦点是公司解除劳动合同的合法性及劳动合同"特殊奖励"约定的有效性（是否双方合意）。

　　《劳动合同法》第 39 条规定："劳动者有下列情形之一的，用人单位可以解除劳动合同：……（二）严重违反用人单位的规章制度的；（三）严重失职，营私舞弊，给用人单位造成重大损害的；……"

　　《公司法》第 147 条规定："董事、监事、高级管理人员应当遵守法律、行政法规和公司章程，对公司负有忠实义务和勤勉义务。董事、监事、高级管理人员不得利用职权收受贿赂或者其他非法收入，不得侵占公司的财产。"第 148 条规定："董事、高级管理人员不得有下列行为：（一）挪用公司资金；……（四）违反公司章程的规定或者未经股东会、股东大会同意，与公司订

---

①　《北京市企业实行综合计算工时工作制和不定时工作制的办法》（京劳社资发〔2003〕157 号）第 16 条第 2 款规定："企业中的高级管理人员实行不定时工作制，不办理审批手续。"

立合同或者进行交易;(五)未经股东会或者股东大会同意,利用职务便利为自己或者他人谋取属于公司的商业机会,自营或者为他人经营与所任职公司同类的业务;……(八)违反对公司忠实义务的其他行为。董事、高级管理人员违反前款规定所得的收入应当归公司所有。"

《刑法》第 271 条第 1 款规定:"公司、企业或者其他单位的人员,利用职务上的便利,将本单位财物非法占为己有,数额较大的,处五年以下有期徒刑或者拘役;数额巨大的,处五年以上有期徒刑,可以并处没收财产。"

本案中,因双方在诉讼中和解,公司解除 C 某劳动合同的合法性未经司法认定,可谓小小的遗憾;当然,如上所述,C 某已在调解书中确认公司解除其职务及终止其与公司的劳动关系的决定合法合规。关于 C 某及原总理 H 某(案外人)是否营私舞弊、涉嫌职务侵占,笔者不拟详加讨论。

关于"特殊奖励",C 某作为证据提交的《劳动合同》确实写明无论其因任何原因离职,公司均需支付其不低于公司上一会计年度销售额(税前)的 25% 或人民币 800 万元(二者取其高)的特殊奖励。但欧洲母公司否认签订过该份《劳动合同》,而作为本案仲裁被申请人的中国独资公司自筹备阶段至 C 某(和 H 某)被免职前一直由该二人控制,公章自然由其或其指定的下属保管。因此,《劳动合同》的真实性就成为本案关键。

笔者作为公司代理人,在仲裁答辩书中就强调:本案双方之间从未就所谓"特殊奖励"进行过意思联络和沟通,更不可能就此达成合意;根据公司《章程》,总经理仅有权签署金额在人民币 100 万元以下的合同,金额更高的合同则须由董事会批准签署;而 C 某所提供的劳动合同中却有不低于人民币 800 万元之约定,董事会对此毫不知情,其中显然存在诚实信用问题。

最终,C 某在调解书中确认,"鉴于原告(公司)从未自行或授权他人同意、或与被告(C 某)达成任何有关特殊奖励的协议或条款,被告不再向原告主张该等奖励"。

除仲裁庭和法庭抗辩之外,为取得本案胜诉,笔者团队主要进行了以下工作:(1)调查取证。在委托人(公司)协助下,笔者团队从上海、香港地区、欧洲某国首都搜集了丰富的证据并进行了公证、认证和翻译,目的是证明 C 某等确实存在严重损害公司利益的行为。(2)多管齐下,发起衍生案件诉讼。针对 C 某等涉嫌挪用公司资产以及虚构交易的行为,精心选取胜诉可能性较大的数起案件,针对几家表面上毫无关联的第三方公司提起不当得利之诉,敲山震虎。值得一提的是,上述几家被告竟然"不约而同"地委托了同一家律师事务所的两名律师分别作为其诉讼代理人。(3)进行刑事报案准备。案件进入一审阶段之后,经数次开庭审理,竟意外峰回路转:对方主动要求和解,撤回全部请求,以此要求公司不作其他追究。双方最终调解结案,调解书内容完全是按公司方意愿表述。

从实务操作层面,本案的启示是:(1)外资企业应对劳动争议,往往需要跨国取证并进行公证、认证和翻译,需预留时间、统筹规划;(2)对涉嫌营私舞弊的高管等,可考虑借助刑事手段对其进行反制;(3)在证据不充分和信息不对称的情况下,提起不当得利之诉往往可以出奇制胜,一劳永逸地解决劳动争议。

总之,涉及高管解聘与离职的案件,往往案情纷繁复杂,当事人诉请金额巨大。此时,作为用人单位代理人,可审时度势使出"组合拳",釜底抽薪,"曲线救国"。

就上述 2 500 万元离职补偿案而言,笔者团队操作要诀主要是以下三点:第一,精准把握案件关键(劳动合同的真实性);第二,与客户(及其聘用的外国律师事务所)保持良好顺畅的沟通并通力合作,不遗余力地调查取证;第三,精研案情,通观全局,跳出纯粹代理劳动争议的窠臼,出其不意地发起数起不当得利之诉,直指本案对方当事人 C 某和案外人 H 某以及二人与数家关联公司的利益同盟关系,迫使对方达成和解。其实公司代理人的招式尚未穷尽,笔者当时所在事务所的刑事专业律师早已摩拳擦掌,对方识时务、知进退实乃明智之举。

作者:齐斌

49. 对未考勤员工如何计算和支付加班费

——杨某与广州电子泊车管理有限公司劳动争议案

摘要： 未考勤员工要求用人单位发放加班工资，仲裁委支持，法院均未支持。

来源： 广东省高级人民法院（2011）粤高法审监民提字第144号民事判决书；最高人民法院（2012）民再申字第186号民事裁定书。

【事实概要】

杨某系广州电子泊车管理有限公司（下称泊车公司）员工，因加班费等争议申请劳动仲裁并提起诉讼。在劳动仲裁阶段，泊车公司和杨某已对加班事实作出确认，且裁决书对杨某要求加班工资的请求也予以支持，但一、二审法院和广东省高级人民法院（下称广东高院）未支持杨某关于加班工资的请求。泊车公司主张杨某的月工资中已包括加班工资，并以《工资发放汇总表》为依据证明泊车公司已向杨某支付加班工资。

【裁判要旨】

杨某不服一、二审法院及广东高院的判决，向最高人民法院（下称最高院）申请再审，理由主要是：(1) 广东高院再审裁定单独以《工资发放汇总表》为依据认定泊车公司已支付加班费，缺乏证明力。(2) 一、二审法院审判程序违法。根据《最高人民法院关于审理劳动争议案件适用法律若干问题的解释》第13条和《广东省工资支付条例》①第44条的规定，因工资支付发生争议，用人单位负有举证责任。本案中，泊车公司主张其每月支付给杨某的工资中已经包含了加班费，但却未提交任何证据证明，因此，泊车公司应当承担举证不能的责任，即应当认定泊车公司未向杨某发放加班费。

最高院认为：(1) 杨某提出劳动仲裁《裁决书》对其加班工资未支付的事实进行了确认，原审法院未予以采信。但根据原判认定事实，虽然双方对仲裁认定的基本事实认可，但这并不能表明双方对于案涉加班费没有争议。从杨某、泊车公司对《裁决书》查明的事实无异议的表示，可确认杨某2004年6月起任职站长，工资为1 700元，实际发放2 200余元至2 300余元，到2006年7月起工资约为2 500元，2008年1月份起工资约为2 600元，每周工作6日，平均每周休息一日，每天工作时间从早上9：00到下午19：30等基本事实；但并不能说明泊车公司对劳动仲裁《裁决书》中认定的加班工资未支付的事实无异议。一审判决中载明双方对仲裁认定的基本事实认可，并不能证明泊车公司对加班工资未支付的事实没有争议。(2) 杨某提出一、二审法院审判程序违法，缺乏事实根据。从一、二审法院审理情况看，泊车公司已经承担了其支付杨某工资超出原约定工资这一事实的举证责任，泊车公司每月向杨某发放的工资实际为2 200余元、2 300余元、2 500元至2 600元不等。而杨某却不能举证证明双方约定的工资1 700元之外的款项仅属其基本工资组成部分或是奖金等，且不包含加班费。从泊车公司提供

---

① 该条例于2017年修正。

的《工资发放汇总表》和杨某提供的《民生银行借记卡客户对账单》内容也能够证明泊车公司实际发放的工资超出了原约定,且杨某每月领取工资时,其对泊车公司支付的工资、奖金、加班工资等计算标准和金额一直没有提出过异议。上述事实与杨某在一审中自认的事实也相符合。一、二审法院参照杨某所从事工作的劳动强度、工作性质等情况,结合其工作时间灵活、劳动强度不大等因素,认定泊车公司每月支付给杨某的工资中包含了双方约定的基本工资和奖金,其中超出 1 700 元部分为加班费,符合本案事实。杨某仅凭泊车公司每月向其发放工资未区分工资结构这一事实就主张泊车公司未向其发放过加班工资,理据不足,也不符合双方对工资数额的约定,一、二审法院未予采信,并无不当。故一、二审法院采信泊车公司对该部分事实的辩解,认定超出部分为加班费有事实依据。杨某对此虽提出异议,但未提供能够证实其主张的证据。杨某应当承担其举证不能的不利后果,两审判决举证责任的分配符合证据规则规定,并无不当。

故最高院于 2013 年 10 月 21 日裁定驳回杨某的再审申请。

【法 律 评 析】

(一)评析要点

本案仲裁委和法院在裁判文书中均认定了杨某加班的事实,争议焦点是,在泊车公司未对杨某进行考勤的情况下,如何认定加班工资。本案四级法院的判决和裁定就此分别作出了大体一致的认定和分析。实践中,由于某些劳动者的工作性质,即使实行标准工时制度,用人单位也无法对其进行考勤、确定实际工作时间,导致劳动者在加班加点工作时,相关待遇无法得到全面的保障。

本案中,一、二审法院、广东高院和最高院均没有支持杨某要求泊车公司支付加班工资的请求,原因在于,各级法院认为,结合双方劳动合同约定的月薪和杨某实际获得的收入,泊车公司已经支付了相应的加班工资,无需另行支付。在案件审理过程中,法院依据《工资发放汇总表》《民生银行借记卡客户对账单》认定泊车公司支付的工资超过双方约定的基本工资,杨某又不能证明超出部分为基本工资组成部分或是奖金等,也无法证明其实际收到的工资中不含加班工资,因此法院认为,在双方确认存在加班事实但又无法对具体加班时间进行证明的情况下,只要有证据证明用人单位实际支付了加班工资,即表明用人单位已经履行了相应义务,无需另行支付。

(二)法律依据与实务分析

《劳动法》第 3 条第 1 款规定,劳动者有取得劳动报酬的权利、休息休假的权利。第 4 条规定,用人单位应当保障劳动者享有劳动权利和履行劳动义务。第 43 条规定,"用人单位不得违反本法规定延长劳动者的工作时间"。第 44 条规定,用人单位应当按照法定标准支付高于劳动者正常工作时间工资的工资报酬。由此可见,劳动者延长工作时间的,有权享有加班工资。

对加班工资支付问题,国家法律并未进行明确规定,部分地方法院或劳动争议仲裁委员会出台的裁审意见对本案相关问题进行了论述和界定,可以参考。例如,江苏省高级人民法院、江苏省劳动争议仲裁委员会《关于审理劳动争议案件的指导意见》第 23 条规定,"用人单位实际支付劳动者的工资未明确区分正常工作时间工资和加班工资,但用人单位有证据证明已支付的工资包含正常工作时间工资和加班工资的,可以认定用人单位已支付的工资包含加班工资。但折算后的正常工作时间工资低于当地最低工资标准或者计件工资中的劳动定额明显不合理的除外。"又如,广东省高级人民法院、广东省劳动争议仲裁委员会《关于适用〈劳动争议调解仲裁法〉、〈劳动合同法〉若干问题的指导意见》第 27 条也有类似规定①。有鉴于此,本案各级法院作出的判决、裁定与相关法律和地方法院审判意见往往一脉相承,于法有据。

与本案相关,以下问题也值得探讨:

首先,在司法实践中,裁审机关除依据与案件事实相关的证据进行判定之外,案件背景、双方当事人实际情况、常识和惯例往往也是影响案件裁判的重要因素。本案中,法院除依据《工资发放汇总表》《民生银行借记卡客户对账单》认定泊车公司发放的工资中已包含加班工资之外,还参照杨某所从事工作的劳动强度、工作性质等情况,结合其工作时间灵活等因素,认定泊车公司每月支付给杨某的工资中包含了双方约定的基本工资和奖金。事实上,对泊车管理员、夜间值班保卫人员等岗位的员工,休息日加班或延长工作时间的情况较为常见,认定和计算其实际工作时间、加班时长确实存在一定困难。虽然存在综合计算工时工作制和不定时工作制两种特殊工时制度,但由于其适用对象有要求,且通常需办理行政审批手续,现实中并非任何岗位均可适用特殊工时制。因此,实践中才会出现类似本案这种通过整合"打包"的形式支付加班工资的做法。但不可否认,将加班工资不加区分地混同在正常工作时间工资中的行为可能会对劳动者权益造成侵害。因此,用人单位应尽量对劳动者的工作时间进行考核,细化工资构成,明确哪一部分为正常工作时间工资,哪一部分属于固定或不固定加班工资(如周六加班工资)。此外,最好在发放工资时由员工签字确认工资金额和授薪期间。

其次,本案中还有一点事实不容忽视,即杨某自 2004 年 6 月起任职站长,月薪为 1 700 元,但实际发放金额为 2 200 余元至 2 300 余元不等;到 2006 年 7 月起,实际发放月薪约为 2 500元,2008 年 1 月实际发放月薪为 2 600 元。可见,用人单位实际发放工资超过约定金额的时间持续较久,杨某在此期间也未提出异议或要求泊车公司明确工资发放的具体名目。由此,可以推断双方对履行劳动合同和发放工资的方式是认可或默许的。实际上,我国司法实践也认可"实际履行"属于合同变更的一种方式,例如《最高人民法院关于审理劳动争议案件适用法律若干问题的解释(四)》第 11 条规定,"变更劳动合同未采用书面形式,但已经实际履行了口头变更的劳动合同超过一个月,且变更后的劳动合同内容不违反法律、行政法规、国家政策以及公序良俗,当事人以未采用书面形式为由主张劳动合同变更无效的,人民法院不予支持。"

最后,本案争议焦点是用人单位与劳动者未书面约定实际支付的工资是否包含加班工资,实际支付工资超过约定工资的,是否还需另行支付加班工资。换言之,用人单位可以与员工约定实际支付的工资中已包含加班工资,实践中称之为"包薪制"。该种工资计发形式常见于我国香港等地区,具有一定合理性。但由于包薪制是通过"打包"的形式支付加班工资,确实也存在一定弊端:一方面,从劳动者角度,若加班加点时间较长,固定的"加班工资"往往不足以覆盖

---

① 用人单位与劳动者虽然未书面约定实际支付的工资是否包含加班工资,但用人单位有证据证明已支付的工资包含正常工作时间工资和加班工资的,可以认定用人单位已支付的工资包含加班工资。但折算后的正常工作时间工资低于当地最低工资标准的除外。

劳动者应享有的加班待遇;另一方面,从用人单位角度,若劳动者自由散漫、"磨洋工",甚至不参与加班加点工作,由于劳动合同中已经明确约定固定金额的"加班工资",用人单位仍需照常支付足额工资,由此造成经济损失。因此,无论用人单位还是劳动者,均应关注和维护自己的合法权益,通过协商方式确定公平合理的工资制度。

作者:董传羽

50. 工资支付保障
——洪某某拒不支付劳动报酬案

摘要：以转移财产、逃匿等方法逃避支付劳动者的劳动报酬或者有能力支付而不支付劳动者的劳动报酬，数额较大，经政府有关部门责令仍不支付的，构成拒不支付劳动报酬罪。

来源：上海市青浦区人民法院(2017)沪0118刑初1157号刑事判决书。

【事实概要】①

2017年1月21日，被告人洪某某离开其经营的明信时装(上海)有限公司(下称明信公司)回到韩国，后未返回该公司，拖欠王某某、周某乙等158名员工2017年1月的工资共计人民币608 089.25元未发放。2017年2月7日，上海市青浦区劳动保障监察大队对明信公司进行调查。2017年2月13日，明信公司的财务王某某将公司账上的166 088.82元按比例发放给158名员工。同年2月23日，上海市青浦区人力资源和社会保障局作出行政处理决定，责令明信公司于15日内补发拖欠的工资。后洪某某一直逃匿，未补发拖欠的工资；2017年8月18日被抓获到案后，如实供述了本案事实，其家属于案发后、提起公诉前向法院缴纳了拖欠的工资。

据此，公诉机关认为被告人洪某某以逃匿方法逃避支付劳动者的劳动报酬，数额较大，且经政府有关部门责令支付仍不支付，应以拒不支付劳动报酬罪追究刑事责任。洪某某到案后如实供述自己的罪行，可以从轻处罚。

洪某某及其辩护人对公诉机关指控的事实及罪名均无异议，辩护人以其当事人系初犯、属如实供述罪行且在提起公诉前已缴纳上述拖欠劳动报酬并获部分被害人谅解等为由建议法庭对其当事人从轻处罚。

【判决要旨】

上海市青浦区人民法院审理后认为：被告人洪某某以逃匿方法逃避支付劳动者的劳动报酬，数额较大，经政府有关部门责令支付仍不支付，其行为已构成拒不支付劳动报酬罪，依法应予惩处。洪某某到案后如实供述了自己的罪行，依法可以从轻处罚。公诉机关指控洪某某的犯罪罪名及认定其属如实供述罪行的公诉意见正确，法院予以确认。关于辩护人以其当事人系初犯、属如实供述罪行且在提起公诉前已缴纳上述拖欠劳动报酬并获部分被害人谅解等为由建议法庭对其当事人从轻处罚的辩护意见，因与查明的事实相符，故予以采纳。

为依法惩治拒不支付劳动报酬犯罪，维护劳动者的合法权益，依照《刑法》第6条第1款、第276条之一、第67条第3款、第52条、第53条之规定，判决：被告人洪某某犯拒不支付劳动报酬罪，判处拘役5个月，并处罚金人民币4万元。

---

① 来源：上海市青浦区人民检察院沪青检诉刑诉[2017]1116号起诉书。

【法律评析】

（一）评析要点

付出劳动并依法获取劳动报酬是劳动者的合法权利,依法支付劳动报酬是用人单位(或用工的其他组织或个人)的法定义务。拒不支付劳动报酬罪所称"劳动报酬",系指劳动者依照《劳动法》《劳动合同法》等应得的工资、奖金、津贴、补贴、延长工作时间的工资报酬及特殊情况下支付的工资等。①

对违法行为的惩处,刑事处罚可谓最严重,司法机关在界定犯罪时亦非常谨慎。关于拒不支付劳动报酬罪的犯罪构成,首先,行为人须有逃避支付或者有能力支付而不支付劳动者劳动报酬的犯罪故意(过失不构成本罪);其次,经政府有关部门责令支付仍拒不支付(但有证据证明行为人有正当理由未知悉责令支付或者未及时支付劳动报酬的除外②);最后,拒不支付劳动报酬的数额较大。

本案中,被告人洪某某以逃匿方法逃避支付劳动者的劳动报酬,数额较大,经政府有关部门责令支付仍不支付,最终受到法律的惩罚。

（二）法律依据与实务分析

《劳动合同法》第30条规定,"用人单位应当按照劳动合同约定和国家规定,向劳动者及时足额支付劳动报酬。用人单位拖欠或者未足额支付劳动报酬的,劳动者可以依法向当地人民法院申请支付令,人民法院应当依法发出支付令。"第85条规定:"用人单位有下列情形之一的,由劳动行政部门责令限期支付劳动报酬、加班费或者经济补偿;劳动报酬低于当地最低工资标准的,应当支付其差额部分;逾期不支付的,责令用人单位按应付金额百分之五十以上百分之一百以下的标准向劳动者加付赔偿金:(一)未按照劳动合同的约定或者国家规定及时足额支付劳动者劳动报酬的;(二)低于当地最低工资标准支付劳动者工资的;(三)安排加班不支付加班费的;(四)解除或者终止劳动合同,未依照本法规定向劳动者支付经济补偿的。"第93条规定,"对不具备合法经营资格的用人单位的违法犯罪行为,依法追究法律责任;劳动者已经付出劳动的,该单位或者其出资人应当依照本法有关规定向劳动者支付劳动报酬、经济补偿、赔偿金;给劳动者造成损害的,应当承担赔偿责任。"

上述规定均属劳动法律范畴。现实中,一度出现大量恶意欠薪案件,严重损害了劳动者的合法权益。因此,2011年《刑法修正案(八)》将特定条件下拒不支付劳动报酬的行为定性为犯罪,③对恶意欠薪者起到了巨大的震慑作用。

---

① 《最高人民法院关于审理拒不支付劳动报酬刑事案件适用法律若干问题的解释》(法释〔2013〕3号)第1条。

② 参见法释〔2013〕3号第4条。

③ 《刑法修正案(八)》第41条规定,在《刑法》第276条后增加一条,作为第276条之一,即"以转移财产、逃匿等方法逃避支付劳动者的劳动报酬或者有能力支付而不支付劳动者的劳动报酬,数额较大,经政府有关部门责令支付仍不支付的,处三年以下有期徒刑或者拘役,并处或者单处罚金;造成严重后果的,处三年以上七年以下有期徒刑,并处罚金。单位犯前款罪的,对单位判处罚金,并对其直接负责的主管人员和其他直接责任人员,依照前款的规定处罚。有前两款行为,尚未造成严重后果,在提起公诉前支付劳动者的劳动报酬,并依法承担相应赔偿责任的,可以减轻或者免除处罚。"

　　2013 年,最高人民法院以司法解释的形式进一步细化了拒不支付劳动报酬罪的犯罪构成和认定标准。《最高人民法院关于审理拒不支付劳动报酬刑事案件适用法律若干问题的解释》第 2 条规定:"以逃避支付劳动者的劳动报酬为目的,具有下列情形之一的,应当认定为刑法第二百七十六条之一第一款规定的'以转移财产、逃匿等方法逃避支付劳动者的劳动报酬':(一)隐匿财产、恶意清偿、虚构债务、虚假破产、虚假倒闭或者以其他方法转移、处分财产的;(二)逃跑、藏匿的;(三)隐匿、销毁或者篡改账目、职工名册、工资支付记录、考勤记录等与劳动报酬相关的材料的;(四)以其他方法逃避支付劳动报酬的。"第 3 条规定:"具有下列情形之一的,应当认定为刑法第二百七十六条之一第一款规定的'数额较大':(一)拒不支付一名劳动者三个月以上的劳动报酬且数额在五千元至二万元以上的;(二)拒不支付十名以上劳动者的劳动报酬且数额累计在三万元至十万元以上的。各省、自治区、直辖市高级人民法院可以根据本地区经济社会发展状况,在前款规定的数额幅度内,研究确定本地区执行的具体数额标准,报最高人民法院备案。"

作者:张君强

51. 职业安全健康制度：女职工特殊劳动保护
——广州 L 小姐诉男上司 Y 某及公司人格权纠纷（性骚扰）案

摘要：女员工被男上司性骚扰，举报后被公司借故辞退，一并起诉男上司及公司，法院判令男上司书面赔礼道歉、赔偿女员工精神损害抚慰金 3 000 元。

来源：广州市萝岗区人民法院一审判决（生效）①。

【事 实 概 要】②

L 小姐在起诉状中称，其在某公司品质部门任职。2008 年 8 月，被告 Y 某③（男）到品质部任副部长，成为其上司。此后一个月里，Y 某多次甚至当众对 L 小姐动手动脚，造成 L 小姐极大的心理伤害和精神压力，经常在夜里做噩梦而被惊醒。2008 年 12 月底，公司在某酒店举行忘年会（日系企业的年终聚会）其间，Y 某又对 L 小姐进行了更加严重的侵扰，强行卡住 L 小姐的肚子进行身体接触。当 L 小姐拼命反抗并呼喊救命奋力挣脱后，Y 某又狠狠地抓着 L 小姐的手要拉其到身边，L 小姐当场哀求道："求求你放开我，救命啊"。L 小姐回家后痛不欲生，整整两天以泪洗面，其亲人得知此事后都非常愤怒，认为不能再对 Y 某的行为忍让和姑息。

L 小姐向任职公司反映了 Y 某的行为，并通过律师向公司及 Y 某进行了交涉，希望通过公司向 Y 某施加压力，让 Y 某给出有诚意的书面道歉及保证，并赔偿精神损害。但随后 L 小姐被公司解除劳动合同。

L 小姐认为，Y 某的性骚扰行为已违反中国法律规定并对其造成了严重伤害，Y 某应向其赔礼道歉并赔偿精神损失；其所供职的公司未建立适当的环境和必要的调查投诉制度预防和制止性骚扰行为，亦存在过错。

【裁 判 要 旨】

2009 年 3 月，L 小姐将 Y 某和公司一同诉至广州市萝岗区人民法院，请求判令两被告向其连带赔偿精神损害抚慰金 40 万元人民币，被告 Y 某就其性骚扰行为向自己书面赔礼道歉。

两被告均辩称无侵犯人格权的行为。公司称，L 小姐要求公司与 Y 某连带赔偿其精神损害，没有事实和法律依据。公司自 2005 年 8 月就成立了工会，制定了工会章程，明确了工会委员会的基本任务包括维护女职工的特殊利益，同歧视、虐待、摧残、迫害女职工的现象作斗争。同时规定，女职工委员会负责接受女职工的投诉和法律咨询。此外，公司也在办公场所的设置布局上充分考虑了制止和预防性骚扰等行为的发生。L 小姐日常办公场所附近并未设置任何阻挡视线、隐蔽的屏风等，整间办公室是开放式的，员工之间可以看到周围同事的行为举止。

---

① 性骚扰案，即使是职场性骚扰，一般不按劳动争议审理。但职场性骚扰事关女性就业权益和劳动保障，故本书纳入典型案例以提醒各界关注。此类案件因涉及当事人隐私，一般不公开审理，故本书未附相关判决书。

② 参见邓新建：《广州首例原告胜诉性骚扰案背后的较量》，载中国法院网，https://www.chinacourt.org/，2021 年 2 月 15 日最后访问。

③ 报道原文中是日本姓氏，日文罗马字以 Y 开头，故本文称 Y 某。

因此,公司已建立了适当的环境、制定了必要的调查投诉制度,能够预防和制止员工对妇女的性骚扰。公司在接到 L 小姐的投诉后作出了迅速、积极的反应和处理,组织当事双方及公司相关负责人召开情况反映和协调会,让被告 Y 某在会议上对 L 小姐进行了口头道歉,并允许 L 小姐在 2009 年 1 月 12 日前进行答复。而 L 小姐未按照约定的日期进行答复,直至同年 1 月 22 日一直未返回公司工作,也未办理请假手续,公司是基于 L 小姐严重违反公司规章制度而解除其劳动合同。性骚扰并非职务行为,而是个人侵权行为。公司作为企业法人,无法对 L 小姐实施性骚扰行为。L 小姐没有任何证据可以证明公司对其实施了侵权行为,造成了损害后果。因此,公司请求法院驳回 L 小姐的诉讼请求。

被告 Y 某辩称:其在办公室工作期间及忘年会上,未对 L 小姐实施任何侵犯人格权的违法行为,L 小姐没有受到损害的事实;自己没有侵犯 L 小姐人格权的意图,主观上没有过错;L 小姐无任何合法有效的证据证实存在其所主张的损害事实、损害结果,且自己的行为不违法,两者之间也没有必然的因果关系。

广州市萝岗区人民法院 2009 年底不公开开庭审理了本案,2010 年初作出一审判决,认为 L 小姐指控被告 Y 某多次在公司内公开场合对其性骚扰,证据不明确;而 Y 某在忘年会上的性骚扰行为有公司员工拍下的照片为证,证据确凿,证明 Y 某侵犯了 L 小姐的人格权,造成其精神上的困扰,致其受到精神损害。因此判令被告 Y 某自本判决生效之日起 10 日内向 L 小姐书面赔礼道歉并向 L 小姐支付精神损害抚慰金 3 000 元;驳回 L 小姐的其他诉讼请求。

一审判决后,原被告双方均未在法定期限内上诉,故该判决生效。

【法律评析】

(一)评析要点

本案并非劳动争议,但起因是职场性骚扰,导火线是公司解除受害女员工的劳动合同。因此,与劳动争议有一定的关联。

以往由于法律规定缺失等原因,与实际发生的性骚扰事件相比,我国性骚扰受害者主动发起的诉讼微乎其微;反而有许多性骚扰嫌疑人针对其原用人单位申请劳动仲裁并起诉到法院,理由是用人单位以性骚扰为由解除其劳动合同依据不足,或者起诉性骚扰受害者、相关媒体或其他人员侵犯其名誉权。笔者多年前曾代表上海某日资贸易公司处理一起"劳动争议":将自有商务车出租给该公司并自任驾驶员的本地中年男子常给公司一位少妇发短信,要求做情人、给他一点"阳光",并多次在下班后等候该少妇。该少妇不堪其扰向总经理举报,公司遂解除与该男子的租车合同。该男子向公司所在区劳动争议仲裁委员会申请仲裁,称其系"带车求职",全日上班,要求公司支付解除"劳动关系"补偿金、工资、加班费、"双薪"等共计 4 万余元及解除租车合同违约金 9.6 万元(该男子曾以"勒颈"等方式强迫日籍总经理修改租车合同,约定公司无论以何种理由解除合同,均需向其支付年租金 80% 即 9.6 万元的违约金),还向上海市劳动争议仲裁委员会申请仲裁,要求公司为其缴纳社会保险费。笔者向仲裁员指出,本案双方并不存在劳动关系,不应以劳动争议立案;仲裁员称,既然双方都已到庭,就商谈一下和解。最终上述案件在仲裁阶段调解解决,公司向该男子支付 4 万元,双方再无纠葛。

本案 L 小姐将公司和 Y 某一并起诉,就公司的法律责任而言,判决结果并不令人意外。法庭审理后认为,L小姐所在公司在办公场所的设置布局上充分考虑了制止和预防性骚扰等行为发生。因此,法院对公司主张其不应对其员工Y某的侵权行为承担连带责任的意见予以采纳。就Y某的法律责任而言,L小姐陈述Y某在办公场所多次对其实施性骚扰行为,但没有提供其他任何相关证据予以证明。且Y某仅承认在工作中为不打扰办公室其他同事,有时轻拍原告肩膀以引起其注意。其工作场所是公共、开放式的,各同事之间的视线并无遮挡,故对L小姐该部分事实陈述,法庭没有予以认定。关于Y某在公司忘年会上对L小姐实施的性骚扰行为,L小姐提交的照片上清晰显示Y某从背后勒住L小姐脖颈使其贴近身体、从背后抓住L小姐手臂揽住其,该行为确有不当,侵犯了L小姐的人格权,造成了其精神上的困扰,使其不能继续正常工作,对其精神造成一定损害后果。L小姐要求Y某书面赔礼道歉并赔偿精神损害抚慰金的请求于法有据,法庭予以支持。但L小姐要求的精神损害抚慰金40万元过高,根据Y某实施侵害行为的场合、行为方式等情节,结合本案实际情况,将精神损害抚慰金调整为3 000元。①

有关人士认为,本案认定性骚扰并判决精神赔偿,是司法实践中一大突破,亦为(当时)国内人格权纠纷经典案例。② 但据笔者所知,本案远非全国首例原告(受害人)胜诉并获赔的性骚扰案。

2019年1月1日起,我国《民事案件案由规定》第九部分"侵权责任纠纷"的"348、教育机构责任纠纷"之后增加一个第三级案由"348之一、性骚扰损害责任纠纷",③故从该日起,类似本案的纠纷可以按照"性骚扰损害责任纠纷"立案并审理,无需再列入泛泛的"人格权纠纷"。2019年7月,我国已有以"性骚扰"为案由的案件由法院作出判决,且原告方(受害人)胜诉。④

(二)法律依据与实务分析

为保障女性劳动者权益,除对女职工的劳动保护外,职场性骚扰问题也值得探讨。

我国现行《劳动法》和《劳动合同法》均未提及"性骚扰"。《妇女权益保障法》⑤第40条规定:"禁止对妇女实施性骚扰。受害妇女有权向单位和有关机关投诉。"但该法并未规定性骚扰的概念和具体表现形式。另,《女职工劳动保护特别规定》⑥第11条也笼统地规定:"在劳动场所,用人单位应当预防和制止对女职工的性骚扰。"

实际上,同性间甚至女性针对男性的性骚扰也屡见报端,而我国以往相关法律未就上述性骚扰行为作出具体规定。2021年1月1日起施行的《民法典》第1010条规定:"违背他人意愿,以言语、文字、图像、肢体行为等方式对他人实施性骚扰的,受害人有权依法请求行为人承担民事责任。机关、企业、学校等单位应当采取合理的预防、受理投诉、调查处置等措施,防止和制

①② 邓新建:《全国首例原告胜诉性骚扰案》、《广州首例原告胜诉性骚扰案背后的较量》,载中国法院网,https://www.chinacourt.org/,2021年2月15日最后访问。

③ 《最高人民法院关于增加民事案件案由的通知》(法〔2018〕344号),2018年12月12日。

④ 王丹妮(文)、林鹏(编辑):《"性骚扰"胜诉第一案当事人:让糟糕的事情变得不那么糟糕》(2019年7月15日),载搜狐号"极昼",https://www.sohu.com/,2021年2月15日最后访问。该案由四川省成都市武侯区人民法院审理,至本文完稿日是否进入二审不详。

⑤ 2018年10月26日第二次修正。

⑥ 国务院令第619号,2012年4月28日。

止利用职权、从属关系等实施性骚扰。"其中"他人""受害人"并未限定为女性或异性。可见，我国《民法典》与时俱进，已将男性纳入性骚扰受害人的范畴，且未将性骚扰限定在异性之间。今后，除劳动者更应谨言慎行之外，用人单位有必要结合《民法典》上述规定，完善性骚扰相关规章制度，建立申诉、处理机制。以下谨就性骚扰的认定、处理要点和法律责任予以简述。

1. 性骚扰的认定

传统的性骚扰一般指异性间以性暗示语言或不当、非暴力的身体接触使受害人心理或身体反感或不适。通常，认定性骚扰行为，主观上需受害人因加害人的性暗示语言或不当、非暴力行为造成心理或身体反感或不适；客观上需有加害人的性暗示语言或不当，非暴力身体接触致使受害人心理或身体反感或不适。

我国《民法典》强调并进一步规定，性骚扰系"违背他人意愿"；除言语、肢体行为外，还包括以文字、图像等方式对他人实施性骚扰。如上所述，《民法典》生效后，我国的性骚扰就不限于男性对女性，甚至也不限于异性之间。

2. 用人单位处理性骚扰问题的要点

性骚扰属于侵犯公民人身权利的违法行为，工作场所的性骚扰在一定程度上也影响了劳动者的就业权。工作场所的性骚扰一般发生于工作时间、工作场所，且加害人与受害人存在同一单位的上下级关系或同事关系，主要表现为上级对下级的骚扰。根据《民法典》上述规定，用人单位应当采取合理的预防、受理投诉、调查处置等措施，防止和制止利用职权、从属关系等实施性骚扰。用人单位处理性骚扰问题尤其应注意：

（1）在规章制度中明确性骚扰的定义、范围、防范措施、申诉程序和处罚依据，并规定对违反者将给予相应的处罚，严重者可解除劳动合同（应界定何为"严重"，比如三次以上或导致受害人出现精神或心理障碍或加害人受到治安处罚等）。

（2）鉴于性骚扰行为一般都发生在较为私密的空间，绝大多数仅发生于加害人与受害人双方之间且时间较为短暂，用人单位在处理性骚扰事件时应注重相关证据的收集，对受害人诉称的性骚扰情形慎重调查，积极取证，并综合考虑性骚扰当事人的一贯表现和日常行为，然后再审慎处理。一般而言，鉴于受害人对性骚扰过程难以启齿，一旦受害人主动要求用人单位对加害人进行调查和处理，用人单位即应积极调查，并根据调查结果，依照相关规章制度妥善处理。

3. 性骚扰的法律责任

一般的性骚扰属于民事侵权行为，即加害人侵犯了受害人的人格尊严和性自主权。若性骚扰达到严重甚至暴力程度，加害人可能受到治安处罚乃至刑事处罚。

根据相关民事法律规定，损害他人人格尊严的，应停止侵权行为、赔礼道歉，给他人造成损害（包括精神损害）的还应承担赔偿责任。

我国《治安管理处罚法》第42条规定，公然侮辱他人或多次发送淫秽、侮辱、恐吓或者其他信息，干扰他人正常生活的，处5日以下拘留或者500元以下罚款；情节较重的，处5日以上10日以下拘留，可以并处500元以下罚款。另外，若"性骚扰"行为构成《治安管理处罚法》第26条规定的寻衅滋事，可对加害人处5日以上10日以下拘留，可以并处500元以下罚款；情节较重的，处10日以上15日以下拘留，可以并处1 000元以下罚款。《刑法》第237条规定，以暴力、胁迫或者其他方法强制猥亵妇女或者侮辱妇女的，处5年以下有期徒刑或者拘役。聚众或者在公共场所当众犯前款罪的,或有其他恶劣情形的,处 5 年以上有期徒刑。

　　实务中,性骚扰的难点在于取证。本案 L 小姐关于在办公场所受到 Y 某骚扰的主张因无相关证据,法院未予认定,故仅判令 Y 某赔偿区区 3 000 元。而 2019 年年底披露并发酵的某高校副教授将女生锁在车内实施骚扰、猥亵一案,受害女生事后在同学和律师指导下与加害人通过聊天软件对话取得"铁证",并据此使加害人受到严肃处理。①

作者:齐斌

---

　　① 　熊丙奇:《上财副教授被开:用长效机制遏制校园性骚扰》,载新浪财经(2019 年 12 月 11 日), https:∥baijiahao.baidu.com/,2021 年 2 月 15 日最后访问。

第六章 劳动监察与劳动争议处理法律制度

52. 劳动监察的实施
——深圳某公司与深圳市宝安区人力资源局行政处罚案

摘要:用人单位存在延长工作时间超过法定标准、工资未达最低标准、未按规定支付加班工资、无故拖欠员工工资的情形,且在劳动监察部门责令限期改正后仍未全部改正,被依法处罚。

来源:深圳市宝安区人民法院(2012)深宝法行初字第 117 号行政判决书;广东省深圳市中级人民法院(2013)深中法行终字第 257 号行政判决书。

【事 实 概 要】①

2012 年 6 月 19 日,深圳市宝安区人力资源局(下称人力资源局)对深圳某有限公司(下称 T 公司)进行劳动执法检查,对 T 公司总经理助理符某、员工许某、李某进行调查询问,并调取了 T 公司《2012 年 3 月加班统计表》《2012 年 3—4 月份工资表》,发现 T 公司存在以下违法行为:(1)工资未达最低标准;(2)未按规定支付加班工资;(3)拖欠员工工资;(4)2012 年 3 月份延长工作时间超过 36 小时,涉及员工 68 人。

2012 年 6 月 26 日,人力资源局向 T 公司作出并送达深(宝)劳监令 SJ2012011 号《劳动监察限期整改指令书》(下称《限期整改书》),指令 T 公司 3 日内整改并向人力资源局提交改正凭证和书面改正报告。2012 年 7 月 5 日,人力资源局对 T 公司整改情况进行复查,对 T 公司总经理助理符某、员工许某、李某进行调查询问,发现 T 公司在指令改正的期限内未全部改正《工资未达最低工资标准、未按规定支付加班工资、无故拖欠员工工资》的违法行为。

2012 年 7 月 19 日,人力资源局向 T 公司作出并送达深(宝)劳监听 SJ2012011 号《劳动监察行政处罚听证告知书》及深(宝)劳监告 SJ2012011 号《劳动监察行政处罚事先告知书》,向 T 公司依法告知了拟对其进行处罚的事实、理由、依据以及相关陈述、申辩、要求听证等权利。同年 8 月 21 日,人力资源局向 T 公司作出并送达深(宝)劳监罚 SJ2012011 号《劳动监察行政处罚决定书》(下称《处罚决定书》),认定 T 公司有如下违法事实:(1)工资未达最低工资标准,且责令限期整改逾期未改正,违反《劳动法》第 48 条;未按规定支付加班工资,且责令限期整改逾期未改正,违反《劳动法》第 44 条;拖欠员工工资,且责令限期整改逾期未改正,违反《劳动法》第 50 条;依据《深圳市员工工资支付条例》第 56 条第(1)、(2)项,决定 3 项合并罚款人民币50 000 元;(2)2012 年 3 月延长工作时间超过 36 小时,涉及员工 68 人,违反《劳动法》第 41

---

① 一审法院认定,二审法院确认。

条规定,依据《劳动保障监察条例》第 25 条,决定罚款人民币 27 200 元。以上二项合计,人力资源局对 T 公司作出罚款人民币 77 200 元的行政处罚决定。

【判 决 要 旨】

1. 深圳市宝安区人民法院一审判决

T 公司不服人力资源局行政处罚决定,向深圳市宝安区人民法院(下称一审法院)提起行政诉讼。

一审法院认为:人力资源局是深圳市宝安区人民政府的劳动行政部门,依法主管本行政区域内的劳动工作和劳动保障监察工作,有权对用人单位执行劳动保障法律、法规和规章情况的事项进行劳动监察,对存在的违法行为有权作出行政处罚。本案中,根据人力资源局提供的《2012 年 3 月加班统计表》《2012 年 3—4 月份工资表》《调查(询问)笔录》等证据,足以认定 T 公司存在工资未达最低标准、未按规定支付工作日加班工资、拖欠员工工资、2012 年 3 月涉及 68 名员工延长工作时间超过 36 小时的违法行为且在人力资源局责令限期改正后仍未全部改正,T 公司违法事实清楚,证据确凿。人力资源局认定 T 公司上述行为违反《劳动法》第 48 条、44 条、50 条、41 条的规定,根据《深圳市员工工资支付条例》第 56 条第(1)、(2)项以及《劳动保障监察条例》第 25 条的规定,对 T 公司作出罚款人民币 77 200 元的行政处罚决定适用法律正确,处罚决定内容符合法律规定。人力资源局在作出具体行政行为过程中,依法履行了告知义务,听取了 T 公司的陈述和申辩理由,保障了 T 公司陈述、申辩、要求听证等权利,程序合法。因此,人力资源局作出的行政处罚决定认定事实清楚,证据确凿,程序合法,适用法律正确,应当予以维持。综上,T 公司请求撤销《处罚决定书》的理由不能成立,人力资源局作出本诉行政处罚决定正确,依法应予维持。依据《行政诉讼法》第 54 条第(1)项之规定,一审法院判决维持人力资源局《处罚决定书》。

2. 深圳市中级人民法院二审判决

T 公司不服一审判决,向深圳市中级人民法院(下称二审法院)提起上诉,请求判令撤销一审行政判决、撤销人力资源局作出的《处罚决定书》。

T 公司上诉称,(1)人力资源局作出行政处罚的依据不足。人力资源局对 T 公司进行执法检查,于 2012 年 6 月 26 日开出了《限期整改书》,T 公司接到该《限期整改书》后,按照法律规定对公司进行了整改,调整了基本工资,发放了 4 月工资(由于公司生产经营困难,发放了部分员工 5 月工资),同时由于订单减少,自 2012 年 6 月起,公司便很少安排加班。依据《深圳市员工工资支付条例》第 56 条之规定,用人单位存在劳动违法行为的,应限期改正,逾期不改的,才处以罚款。T 公司接到人力资源局《限期整改书》后,积极地进行了整改,而在 T 公司整改过程中,人力资源局却为了罚款而作出行政处罚,既不符合相关法律规定,也不合情理。(2)调查人员身份不明。法律明确规定,在行政执法过程中,执法人员应当出示工作证,在此次执法检查及一审中,人力资源局始终没有对其执法人员的身份进行说明,也未见任何可以证明其合法身份的文件。(3)作出具体行政行为的机关不是实施处罚权的机关。人力资源局作出《处罚决定书》,所盖公章为"人力资源局劳动监察专用章",而作出此具体行政行为的主体为"人力资源局",与所盖公章不符。

人力资源局答辩称,人力资源局所有参与本案涉及的行政处罚的工作人员均具有行政执法资格,在行政执法过程中也依法表明了执法人员身份,并且 T 公司在行政处罚过程中对此一直未提出异议。"人力资源局劳动监察专用章"是人力资源局从事劳动监察执法业务的专用章,属于人力资源局的公章之一,加盖此公章并不意味着人力资源局以内部机构"宝安区劳动监察大队"的名义作出该行政处罚。

二审法院认为(本案前述事实略),对人力资源局执法人员执法时有无表明身份的问题,从调查笔录看,调查人与记录人已经首先表明其身份是深圳市宝安区劳动监察大队工作人员。因此,T 公司认为调查人员身份不明,与事实不符。至于行政处罚决定书上所盖公章为"深圳市宝安区人力资源局劳动监察专用章",该公章是人力资源局用于劳动监察的专用章,代表的就是人力资源局,T 公司认为该公章与作出处罚决定的主体人力资源局不符的理由不成立,二审法院不予采纳。

综上,人力资源局作出的《处罚决定书》认定事实主要证据充分,行政程序合法,所处罚款符合《劳动法》《深圳市员工工资支付条例》《劳动保障监察条例》的规定,一审法院予以维持该决定正确。T 公司的上诉理由不能成立,依法应予驳回。一审判决认定事实清楚,适用法律正确,依法应予维持。依照《行政诉讼法》第 61 条第(1)项之规定,二审法院判决驳回上诉,维持原判。

【法律评析】

(一) 评析要点

本案中,公司存在工资未达最低工资标准、未按规定支付加班工资、无故拖欠员工工资等违反劳动法律法规的行为,劳动监察部门在复查时发现公司在指定期限内仍未全部改正涉案违法行为。据此,人力资源局在履行前述告知及听证程序后,依法作出并送达《劳动监察行政处罚决定书》。

尽管公司以各种理由抗辩,但一审法院仍认为,人力资源局认定的公司违法事实清楚,证据确凿;在作出具体行政行为过程中,依法履行了告知义务,听取了公司的陈述和申辩理由,保障了公司陈述、申辩、要求听证等权利,程序合法;对公司作出的处罚决定适用法律正确,内容符合法律规定。据此,一审法院判决驳回公司的诉讼请求,二审法院维持了一审判决。

(二) 法律规定与实务分析

本案人力资源局援引的《劳动法》第 41 条规定:"用人单位由于生产经营需要,经与工会和劳动者协商后可以延长工作时间,一般每日不得超过 1 小时;因特殊原因需要延长工作时间的,在保障劳动者身体健康的条件下延长工作时间每日不得超过 3 小时,但是每月不得超过 36 小时。"[①]第 44 条规定:"有下列情形之一的,用人单位应当按照下列标准支付高于劳动者正常

---

① 《劳动法》第 42 条规定:"有下列情形之一的,延长工作时间不受本法第四十一条规定的限制:(一)发生自然灾害、事故或者因其他原因,威胁劳动者生命健康和财产安全,需要紧急处理的;(二)生产设备、交通运输线路、公共设施发生故障,影响生产和公众利益,必须及时抢修的;(三)法律、行政法规规定的其他情形。"同法第 43 条规定:"用人单位不得违反本法规定延长劳动者的工作时间。"

工作时间工资的工资报酬:(一)安排劳动者延长工作时间的,支付不低于工资的百分之一百五十的工资报酬;(二)休息日安排劳动者工作又不能安排补休的,支付不低于工资的百分之二百的工资报酬;(三)法定休假日安排劳动者工作的,支付不低于工资的百分之三百的工资报酬。"第48条第2款规定:"用人单位支付劳动者的工资不得低于当地最低工资标准。"第50条规定:"工资应当以货币形式按月支付给劳动者本人。不得克扣或者无故拖欠劳动者的工资。"《劳动保障监察条例》第25条规定:"用人单位违反劳动保障法律、法规或者规章延长劳动者工作时间的,由劳动保障行政部门给予警告,责令限期改正,并可以按照受侵害的劳动者每人100元以上500元以下的标准计算,处以罚款。"《深圳市员工工资支付条例》第56条规定:"用人单位有下列情形之一的,由人力资源主管部门责令限期改正;逾期未改正的,可以视情节轻重处三万元以上五万元以下的罚款:(一)支付员工工资低于最低工资的;(二)克扣或者无故拖欠员工工资的……"

　　另外,《劳动法》第90条规定:"用人单位违反本法规定,延长劳动者工作时间的,由劳动行政部门给予警告,责令改正,并可以处以罚款。"第91条规定:"用人单位有下列侵害劳动者合法权益情形之一的,由劳动行政部门责令支付劳动者的工资报酬、经济补偿,并可以责令支付赔偿金:(一)克扣或者无故拖欠劳动者工资的;(二)拒不支付劳动者延长工作时间工资报酬的;(三)低于当地最低工资标准支付劳动者工资的……"

　　实务中,用人单位违反法律规定损害劳动者权益的,如少发或拖欠工资,劳动者可以通过劳动仲裁及诉讼主张合法权益,也可以向劳动行政部门(现人力资源和社会保障部门)投诉、举报,维护自身合法权益。对用人单位某些违法行为,如在法定情形之外安排员工超时加班,投诉、举报往往更为奏效。劳动行政部门(具体而言一般是劳动监察大队)亦可通过日常执法检查,行使劳动保障监察权力,督促用人单位合法用工,维护劳动者合法权益。本案中,劳动监察人员在执法检查中发现公司存在涉案违法行为并要求公司限期整改,但公司未能全部改正,故人力资源局依法作出处罚,最终获司法支持。

　　劳动行政部门在日常执法检查中发现或经劳动者投诉、举报发现用人单位确有违法行为,一般会先予以警告,再责令用人单位限期整改。此时,用人单位应积极配合劳动行政部门的工作,与之进行良好、顺畅的沟通,并严格按照其要求在限期内积极整改;如此则一般不会导致行政处罚。否则很难避免本案公司的结果。

作者:张君强

53. 劳动争议调解协议的司法确认
——何某、四川某生化有限公司申请确认调解协议效力案

摘要：人民调解组织的调解协议经司法确认后方可申请法院强制执行。

来源：四川省南充市高坪区人民法院(2017)川1303民特121号民事裁定书。

【事实概要】

何某、四川某生化有限公司因劳动争议纠纷,于2017年11月19日经南充市高坪区矛盾纠纷多元化解协调中心主持调解,以公司为甲方,何某为乙方,达成了如下调解协议:(1)甲、乙双方同意解除劳动合同关系。(2)经甲、乙双方核实结算,甲方向乙方支付劳动合同期间各项费用共计43 171元。乙方于本协议签订后不再向甲方主张任何权利。(3)高坪区人民政府已决定对甲方全部资产进行征收,并已签订《四川××生化有限公司房屋土地及附构筑物征收补偿协议书》。甲方同意在征收补偿款中优先支付以上欠付乙方费用。(4)甲方自愿委托南充高坪发展投资(控股)有限责任公司将以上款项转入乙方指定账户,该款在征收补偿款中直接扣减。(5)本协议一式四份,经甲乙双方盖章后即产生法律效力。

【裁判要旨】

南充市高坪区人民法院于2017年11月19日受理了申请人何某、四川某生化有限公司关于确认调解协议的申请。

经审查,南充市高坪区人民法院认为,申请人达成的调解协议符合人民法院确认调解协议的条件。依照《民事诉讼法》第195条之规定,裁定申请人何某、四川某生化有限公司达成的调解协议有效。双方当事人应当按照调解协议的约定自觉履行义务。一方当事人拒绝履行或者未全部履行的,对方当事人可以向人民法院申请强制执行。本裁定书自即日起发生法律效力。

【法律评析】

(一)评析要点

本案要点在于人民调解组织的调解协议可否直接申请法院强制执行。我国社会目前正处于转型期,社会矛盾进入了易发、多发期,尤其是过去没有的新矛盾和新问题逐步形成、暴露。我国民间调解力量没有很好培植,其作用亦未充分发挥;诉讼与仲裁、调解等各种非诉讼纠纷解决方式之间缺乏协调性,当事人选择非诉讼纠纷解决方式的积极性不高;诉讼程序还有待进一步改进,诉讼调解也有待进一步加强和规范;对纠纷解决机制的引导和投入不够,人财物等必要保障不足。鉴于此,为完善诉讼与仲裁、行政调处、人民调解、商事调解、行业调解以及其他非诉讼纠纷解决方式之间的衔接机制,最高人民法院于2009年8月颁布了《关于建立健全诉讼与非诉讼相衔接的矛盾纠纷解决机制的若干意见》(下称《意见》),规定当事人可以不经仲裁程序,直接依据《意见》关于司法确认的规定向人民法院申请确认劳动争议调解协议的效

力。该《意见》的主要精神也体现在了 2013 年 2 月 1 日施行的《最高人民法院关于审理劳动争议案件适用法律若干问题的解释(四)》(下称《解释》)中。《解释》第 4 条规定,"当事人在人民调解委员会主持下仅就给付义务达成的调解协议,双方认为有必要的,可以共同向人民调解委员会所在地的基层人民法院申请司法确认"。在此过程中,法院亦将通过司法确认和对强制执行申请的审查,对矛盾纠纷非诉讼解决过程进行规范。

众所周知,不论标的额高低、争议大小,劳动争议均需"仲裁前置",有时可能因为法定程序旷日持久致使矛盾激化,贻误化解矛盾的良机。根据最高人民法院上述《意见》和《解释》,对人民调解组织主持达成的调解协议进行司法确认,大大节省了化解矛盾、争议的时间,有利于定分止争,促进社会和谐。本案双方当事人经人民调解组织主持达成了一致意见并签订协议,为使该调解结果产生由国家法律保障的强制执行力,双方共同作为申请人向法院申请司法确认,使其具有法律强制力,若一方不履行约定义务,对方当事人可向人民法院申请强制执行。

(二)法律依据与实务分析

《最高人民法院关于建立健全诉讼与非诉讼相衔接的矛盾纠纷解决机制的若干意见》第 11 条明确,"经《中华人民共和国劳动争议调解仲裁法》规定的调解组织调解达成的劳动争议调解协议,由双方当事人签名或者盖章,经调解员签名并加盖调解组织印章后生效,对双方当事人具有合同约束力,当事人应当履行。双方当事人可以不经仲裁程序,根据本意见关于司法确认的规定直接向人民法院申请确认调解协议效力。人民法院不予确认的,当事人可以向劳动争议仲裁委员会申请仲裁。"

《劳动争议调解仲裁法》第 14 条规定,经调解达成协议的,应当制作调解协议书。调解协议书由双方当事人签名或者盖章,经调解员签名并加盖调解组织印章后生效,对双方当事人具有约束力,当事人应当履行。该法第 15 条规定,"达成调解协议后,一方当事人在协议约定期限内不履行调解协议的,另一方当事人可以依法申请仲裁。"因此,调解协议达成后若一方不履行约定内容,另一方不能直接向人民法院申请强制执行,只能申请劳动仲裁;除非双方根据《最高人民法院关于审理劳动争议案件适用法律若干问题的解释(四)》第 4 条之规定,共同向人民调解委员会所在地的基层人民法院申请司法确认。并根据《劳动争议调解仲裁法》第 51 条之规定,申请法院强制执行。[①]

作者:董传羽

---

① 当事人对发生法律效力的调解书、裁决书,应当依照规定的期限履行。一方当事人逾期不履行的,另一方当事人可以依照民事诉讼法的有关规定向人民法院申请执行。受理申请的人民法院应当依法执行。

54. 劳动争议案件的管辖纠纷处理
——辛某与唯炜澜谛公司劳动争议管辖纠纷案

摘要: 员工与公司因劳动争议管辖法院产生纠纷,最高人民法院裁定由劳动合同履行地法院管辖。

来源: 北京市东城区劳动人事争议仲裁委员会京劳人仲字〔2015〕第 1144 号仲裁裁决书;最高人民法院(2015)民立他字第 58 号民事裁定书。

【事 实 概 要】

辛某与注册于上海市徐汇区的唯炜澜谛(上海)商贸有限公司(下称唯炜澜谛公司或公司)订有劳动合同,约定辛某的工作地点为北京市东城区。2014 年 12 月 17 日,公司向辛某发出协商变更劳动合同通知书,双方因此发生劳动争议。

【裁 判 要 旨】

1. 北京市东城区劳动人事争议仲裁委员会裁决

辛某向北京市东城区劳动人事争议仲裁委员会申请仲裁,该仲裁委员会于 2015 年 6 月 30 日作出裁决书,裁决唯炜澜谛公司于裁决书生效之日起 10 日内,支付辛某违法解除劳动合同赔偿金 38 778 元,驳回辛某其他仲裁请求。

2. 公司、辛某分别向上海市徐汇区人民法院和北京市东城区人民法院起诉

公司于 2015 年 7 月 6 日向上海市徐汇区人民法院提交起诉状并进入诉前调解程序,后因公司不同意诉前调解,该案于 2015 年 7 月 9 日正式立案。

辛某于 2015 年 7 月 9 日向北京市东城区人民法院提交起诉状,该法院当日立案。后公司提出管辖权异议,认为上海市徐汇区人民法院立案在先,应当将案件移送徐汇区人民法院并案审理。

3. 北京市高级人民法院向最高人民法院请示指定管辖

鉴于北京市东城区人民法院受理的辛某诉公司劳动争议纠纷案与上海市徐汇区人民法院受理的公司诉辛某劳动争议纠纷案形成管辖权争议,北京市高级人民法院以《关于辛某与唯炜澜谛(上海)商贸有限公司劳动争议案件管辖问题的请示》(京高法〔2015〕337 号)报请最高人民法院(下称最高院)指定管辖。

4. 最高人民法院裁定

最高院依法组成合议庭进行了审查,认为,根据《最高人民法院关于审理劳动争议案件适用法律若干问题的解释》的规定,劳动争议案件由用人单位所在地或者劳动合同履行地的基层人民法院管辖。北京市东城区人民法院作为劳动合同履行地的基层人民法院,上海市徐汇区人民法院作为用人单位所在地的基层人民法院,对案件均享有管辖权。当事人双方就同一仲裁裁决分别向有管辖权的人民法院起诉的,为了便于查清案件事实,保证裁判的统一性,宜由同一法院并案审理。考虑到劳动合同履行地及劳动者一方住所地在北京市,双方亦是先由东

城区劳动人事争议仲裁委员会进行仲裁,为方便劳动者诉讼,便于法院查明案件事实,由北京市东城区人民法院并案审理为宜。

综上,依照《民事诉讼法》第 37 条第 2 款的规定,裁定如下:指定唯炜澜谛公司诉辛某劳动争议纠纷一案由北京市东城区人民法院管辖。

【法 律 评 析】

(一)评析要点

本案要点在于用人单位和劳动者分别向用人单位所在地和劳动合同履行地人民法院提起诉讼时,如何确定管辖法院。

目前,劳动合同实际履行地与用人单位所在地分离的情况比较普遍。根据《最高人民法院关于审理劳动争议案件适用法律若干问题的解释》,劳动争议案件适用双重管辖原则,即用人单位所在地或劳动合同履行地的基层人民法院均有管辖权。但部分劳动争议案件可能需要援引和适用地方性法规、规章、规范性文件、劳动基准和司法解释,而用人单位所在地和劳动合同履行地往往因区域不同政策口径不一或裁审实务有别。[①] 为更好地保障劳动者的合法权益,《劳动争议调解仲裁法》规定,双方当事人分别向劳动合同履行地和用人单位所在地劳动争议仲裁委员会申请仲裁的,由劳动合同履行地劳动争议仲裁委员会管辖。另据《最高人民法院关于审理劳动争议案件适用法律若干问题的解释》,劳动合同履行地不明确的,由用人单位所在地基层人民法院管辖。

不过,本案管辖争议系发生于仲裁后的诉讼阶段,即劳动合同履行地的仲裁委员会作出裁决后,双方就同一仲裁裁决分别向有管辖权的人民法院起诉。此时,双方争相向两个有管辖权的法院分别起诉,俗称"抢管辖"。对此,《最高人民法院关于审理劳动争议案件适用法律若干问题的解释》规定,当事人双方就同一仲裁裁决分别向有管辖权的人民法院起诉的,后受理的人民法院应当将案件移送给先受理的人民法院。但在某种意义上,本案属于例外,因为实际上公司早 3 日起诉,只是因为受诉前调解程序耽搁,公司的起诉与辛某的起诉被京沪两家法院同日立案,而最高法指定公司诉辛某劳动争议纠纷案由北京市东城区人民法院管辖。

(二) 法律依据与实务分析

有关劳动争议案件管辖的规定主要是《劳动争议调解仲裁法》第 21 条:"劳动争议仲裁委员会负责管辖本区域内发生的劳动争议。劳动争议由劳动合同履行地或者用人单位所在地的劳动争议仲裁委员会管辖。双方当事人分别向劳动合同履行地和用人单位所在地的劳动争议仲裁委员会申请仲裁的,由劳动合同履行地的劳动争议仲裁委员会管辖。"《最高人民法院关于审理劳动争议案件适用法律若干问题的解释》第 8 条规定:"劳动争议案件由用人单位所在地

---

① 《劳动合同法实施条例》第 14 条规定:"劳动合同履行地与用人单位注册地不一致的,有关劳动者的最低工资标准、劳动保护、劳动条件、职业危害防护和本地区上年度职工月平均工资标准等事项,按照劳动合同履行地的有关规定执行;用人单位注册地的有关标准高于劳动合同履行地的有关标准,且用人单位与劳动者约定按照用人单位注册地的有关规定执行的,从其约定。"

或者劳动合同履行地的基层人民法院管辖。劳动合同履行地不明确的,由用人单位所在地的基层人民法院管辖。"第9条规定:"当事人双方不服劳动争议仲裁委员会作出的同一仲裁裁决,均向同一人民法院起诉的,先起诉的一方当事人为原告,但对双方的诉讼请求,人民法院应当一并作出裁决。"

此外,2015年《全国民事审判工作会议纪要》"关于劳动争议仲裁和诉讼的衔接问题"部分第56条提到,劳动争议由劳动合同履行地或者用人单位或者用工单位所在地的基层人民法院管辖。劳动人事仲裁机构作出裁决后,当事人双方分别向劳动合同履行地和用人单位或者用工单位所在地基层人民法院起诉,同一天受理立案的,由劳动合同履行地的基层人民法院管辖;先后分别受理立案的,由后受理立案的基层人民法院将案件移送先受理立案的基层人民法院。

对劳动仲裁委员会以无管辖权为由不受理的案件,《最高人民法院关于审理劳动争议案件适用法律若干问题的解释(四)》第1条规定,"劳动人事争议仲裁委员会以无管辖权为由对劳动争议案件不予受理,当事人提起诉讼的,人民法院按照以下情形分别处理:(一)经审查认为该劳动人事争议仲裁委员会对案件确无管辖权的,应当告知当事人向有管辖权的劳动人事争议仲裁委员会申请仲裁;(二)经审查认为该劳动人事争议仲裁委员会有管辖权的,应当告知当事人申请仲裁,并将审查意见书面通知该劳动人事争议仲裁委员会,劳动人事争议仲裁委员会仍不受理,当事人就该劳动争议事项提起诉讼的,应予受理。"

劳动合同不同于一般民事合同。民事合同双方当事人的地位是平等的,根据《民事诉讼法》,民事合同中涉及的财产纠纷可以由双方约定管辖法院,体现了对双方当事人在法律适用上的平等保护和对意思自治原则的尊重。而劳动合同体现的不仅仅是双方的财产关系,由于双方地位的实质不平等,劳动合同也体现了管理与被管理、依附与被依附的人身关系,劳动者相对于用人单位处于弱势地位。为了保护劳动者的利益,平衡双方的不平等地位,法律对劳动者与用人单位签订的劳动合同在劳动基准、合同内容、违约责任等方面作出了大量的强制性和限制性规定,从内容和形式上对劳动者进行倾斜保护,期望达到对劳动者弱势地位所造成的不平等进行实质上的矫正。因此,《劳动争议调解仲裁法》和最高人民法院相关司法解释均未将《民事诉讼法》有关约定管辖的规定适用于劳动争议案件。①

综上所述,劳动争议仲裁管辖具有法定性,特定情形下劳动合同履行地有仲裁优先管辖权,当事人约定的仲裁管辖有时会因为违反法律(主要是《劳动争议调解仲裁法》)和相关司法解释的强制性规定而无效。但用人单位作为格式劳动合同提供方,特定情况下(约定管辖未根本违反法律和司法解释时),不宜以合同中的管辖约定无效为由提出抗辩。

作者:董传羽

---

① 参见(2011)贾民初字第1号民事判决书。

55. 劳动争议仲裁：公司请求返还多付的 劳动报酬须经前置仲裁程序
——倪某与中信建投证券股份有限公司劳动争议案

摘要：倪某离职半年后收到原公司发放的 2013 年度忠诚奖，公司认为是误操作，要求返还；法院判决倪某返还上述款项之本金，无需赔偿利息。

来源：上海市黄浦区人民法院（2017）沪 0101 民初 12875 号民事裁定书；北京市朝阳区劳动人事争议仲裁委员会京朝劳人仲不字［2017］第 01450 号通知书；北京市朝阳区人民法院（2018）京 0105 民初 3708 号民事判决书；北京市第三中级人民法院（2018）京 03 民终 14621 号民事判决书。

【事实概要】①

倪某（男，1981 年 7 月生）原系中信建投证券股份有限公司（下称公司）员工，双方曾签订过期限自 2015 年 1 月 7 日起的劳动合同，约定倪某的工作内容为前台业务，工作地点在上海市浦东新区。倪某因个人原因向公司书面提出辞职，于 2016 年 6 月 30 日办理了交接手续。公司曾授予倪某额度为 20 万元的忠诚奖，2017 年 1 月 11 日，公司将金额为 115 767.14 元的款项委托中信信托公司（案外人）汇入倪某银行账户，倪某认可已收到该款项。后公司以误操作为由要求倪某返还，双方遂起争议。

公司主张忠诚奖系公司董事会设立的额外奖励，该奖励不是根据业绩完成情况进行分配的绩效奖，且只适用于中高级员工，是公司鼓励核心骨干员工未来一定时间内继续为公司服务的一种附条件的奖励，员工继续留在公司工作则享有忠诚奖，离开公司不再享有忠诚奖。为证明其主张，公司提交了《参与忠诚奖信托计划的承诺书》、信托合同、《中信建投公司忠诚奖管理办法》、忠诚奖授予通知书、员工承诺书等 7 份证据，其中员工承诺书显示有倪某字样的签字，内容为："本人作为《中信建投公司忠诚奖管理办法》之奖励受益人，做出如下承诺：承认并同意《中信建投公司忠诚奖管理办法》所有条款。在奖金锁定期内（2014 年 1 月 1 日—2016 年 12 月 31 日），如因个人原因在劳动合同期满前主动辞职，或劳动合同期满本人不再续签，或因过失而离职时，本人同意由公司收回本人已获授但尚未兑现（或归属）的奖金……"倪某不认可上述承诺书中其本人签名的真实性，但不申请笔迹鉴定，亦不认可其证明目的。倪某主张忠诚奖是绩效奖的一部分，其有权依劳动合同履行时间按比例获得忠诚奖；公司制定《中信建投公司忠诚奖管理办法》未经职工代表大会审议通过，不认可其合法性及有效性。倪某未举证证明忠诚奖是绩效奖的一部分。

关于 115 767.14 元是否为 2013 年全部忠诚奖，倪某不认可公司证据的真实性及证明目的，未提交反证，主张将忠诚奖 115 767.14 元全额退还没有事实依据，根据信托合同及相关承诺书的规定，忠诚奖金额存在被公司部分取消的可能，但已支付给其的忠诚奖表明公司未取消其部分奖金。

---

① 一审判决认定，二审判决确认。

【裁　判　要　旨】

1. 不当得利之诉裁定及北京市朝阳区劳动人事争议仲裁委员会通知

公司曾将倪某诉至上海市黄浦区人民法院，要求判令倪某返还不当得利 115 767.14 元及利息。该法院于 2017 年 7 月 24 日出具民事裁定书，认为公司与倪某原系劳动关系，系争款项亦涉双方劳动关系存续期间的劳动报酬问题，故应受我国劳动法的调整，公司应按规定的程序主张权利，不应直接提起诉讼，故公司的起诉不符合受理条件，裁定驳回该公司的起诉。

2017 年 9 月 21 日，公司就本案劳动争议向北京市朝阳区劳动人事争议仲裁委员会提出仲裁申请，同日仲裁委员会作出京朝劳人仲不字〔2017〕第 01450 号不予受理通知。

2. 北京市朝阳区人民法院一审判决

公司不服，于 2017 年 9 月诉至北京市朝阳区人民法院（下称一审法院），请求倪某返还 115 767.14 元并赔偿利息损失（自起诉之日按同期同类存款利率计至该款还清之日止）。

一审法院针对双方的争议焦点，具体分析如下：

（1）忠诚奖的性质。虽倪某不认可公司提交的部分证据，但其未提交反证，故法院对公司证据予以采信。上述证据前后一致，可以形成证据链条，能够与公司的主张相互印证，足以证明忠诚奖系公司董事会设立的针对部分核心人员的额外奖励，额度固定，具有 3 年锁定期，属附有兑现条件的长期激励措施，其主要目的在于稳定人才，提高人才的忠诚度。忠诚奖发放范围小，对象特定，无需依据一定时间内的业绩考核成绩按比例发放。而绩效奖通常涉及全部业务人员，发放范围广，需进行行业业绩考核，按约定比例发放，数额不固定，是用人单位对劳动者具体付出的劳动量的对价补偿。可见，本案中的忠诚奖并非通常概念上的绩效奖金。故倪某有关忠诚奖系绩效奖，其有权依劳动合同履行时间按比例获得的主张，缺乏依据，法院不予采信。

（2）115 767.14 元是否为 2013 年全部忠诚奖。公司提交的证据，倪某虽不予认可，但未提交反证，故法院予以采信，相关证据可以证明已发放给倪某的 115 767.14 元系 2013 年全部忠诚奖。

（3）向倪某发放 2013 年忠诚奖 115 767.14 元是否为误操作。用人单位具有用工自主权，应予以尊重，为留住人才而设的非劳动对价的额外奖金，应予以鼓励。本案中所涉忠诚奖因其上述性质，不同于直接关系全体劳动者的重大切身利益的普遍规章制度，故《中信建投公司忠诚奖管理办法》的制定未履行民主程序，并未违反法律法规的规定，由公司领导层集体决定，属用工自主权范围。倪某于忠诚奖 3 年锁定期前离职，向倪某发放的 2013 年全部忠诚奖奖金 115 767.14 元与忠诚奖制度的规定不符，故对公司关于该发放行为并非公司的真实意思表示，属误操作的主张，法院予以采信。

（4）关于其他人员误发忠诚奖的处理结果。公司提交的客户回单 6 张证明其他在锁定期前离职的 6 人已返还相应金额。倪某虽不予认可，但未提交反证，法院对此予以采信。但其他人员的返还行为，与倪某返还与否无因果关系。

综上，对公司要求倪某返还 115 767.14 元的诉讼请求，法院予以支持。因公司误操作导致上述款项发放到倪某账户，公司存在过错，故公司要求倪某赔偿利息损失的诉讼请求，缺乏事实及法律依据，法院不予支持。

一审法院遂判决：倪某于判决生效之日起 3 日内返还公司 115 767.14 元；驳回公司其他诉讼请求。

3. 北京市第三中级人民法院二审判决

倪某不服一审判决,向北京市第三中级人民法院(下称二审法院)提起上诉。二审法院组成合议庭审理了本案。

倪某请求依法改判其无需返还公司 115 767.14 元,主要理由是一审法院对公司的真实意思表示认定不清。公司则认为忠诚奖并不属于劳动报酬,倪某在忠诚奖锁定期限内因个人原因离职,最终导致公司不予发放的后果,倪某是应当预见到的。

二审法院认为,倪某上诉称忠诚奖系绩效奖以及属于劳动报酬的一部分、其有权依据 3 年锁定期内已工作两年半的事实获得 5/6 忠诚奖,缺乏依据,二审法院不予支持,遂于 2018 年 12 月 12 日判决驳回上诉,维持原判。

【法 律 评 析】

(一) 评析要点

本案的关键点是公司支付给倪某的 11 万余元款项是何性质、应否支付。换言之,公司是否误操作、该款项是否属于倪某的"不当得利"。

就本案两审判决结果而言,法院认定该款项确属不当得利。

不当得利之诉一般属于普通民事诉讼,原告可径行诉至法院。笔者曾代表员工方(被告)办理一起不当得利纠纷案,某民营公司在向其关联公司员工(总裁特别助理)支付 200 万元"奖金和购股损失补偿"(另有 100 万元系通过员工支付给案外人)后,又以"不当得利"为由要求该员工返还 300 万元及利息。一审法院认为,不当得利的构成要件有四,即一方获得利益、他方受有损失、利益和损失之间存在因果关系、没有合法根据;上述四要件紧密联系,缺一不可,原告应对被告同时符合上述四要件承担举证责任。因证据不足,一审法院判决驳回原告公司全部诉请。① 公司上诉后,二审法院认为,"因本案为给付不当得利案件,请求权人(公司)首先应证明其所为之给付缺乏法律上原因,此证明责任具有在先性",即在上诉人(公司)举证证明其给付无法律上原因的基础上,被上诉人(员工)才承担抗辩或反证的证明责任;因公司不能提供充分证据,二审法院遂判决驳回其上诉,维持原判。②

不当得利之诉有时可作为处理劳动争议的辅助手段。笔者团队曾在代表某外资企业处理与前高管的劳动争议(对方诉请金额超过 2 500 万元),在应对劳动争议的同时,协助该外资企业针对三家互不关联的公司在上海三个郊区分别提起不当得利之诉,三公司竟委托同一家事务所两名律师出庭;劳动争议双方最终在一审阶段和解,各自撤诉(包括上述不当得利之诉),笔者的当事人、上述外资企业无需支付分文(详见本书案例)。

如上所述,本案(此处特指劳动争议"一裁二审")发生之前,公司曾将倪某诉至上海市黄浦区人民法院,要求倪某返还不当得利。该法院认为双方原系劳动关系,系争款项亦涉劳动报

---

① 上海市浦东新区人民法院(2011)浦民一(民)初字第 45021 号民事判决书。本案发生前公司曾进行刑事报案;本案二审公司败诉后,其关联公司又以"借款合同纠纷"为由起诉本案员工方及两家公司(其中一家为该员工曾任职的公司),法院亦未判决员工方承担还款责任。

② 上海市第一中级人民法院(2012)沪一中民一(民)终字第 2822 号民事判决书。

酬问题,公司不应直接提起诉讼,故裁定驳回公司起诉。但实际上劳动人事争议仲裁委员会对本案亦不予受理。这是因为我国劳动争议仲裁和诉讼的受理范围有微妙差异,总体而言,司法是最后的救济,双方民事争议诉至法院时,如若调解不成,法院则应依法作出判决。

就本案实体问题而言,两审法院的认定和说理(见上文)比较充分,兹不赘述。

(二) 法律依据与实务分析

我国《民法通则》①第 92 条规定:"没有合法根据,取得不当利益,造成他人损失的,应当将取得的不当利益返还受损失的人。"本案二审判决作出时已生效的《民法总则》第 122 条(现行《民法典》第 122 条)亦规定:"因他人没有法律根据,取得不当利益,受损失的人有权请求其返还不当利益。"以上是我国关于不当得利的主要法律规定。

我国《劳动合同法》中虽出现过 39 次"劳动报酬",但仅在第五章"特别规定"第二节"劳务派遣"中提及"绩效奖金"②(另有一处"奖励"③与劳动报酬无关)。这从某种意义上表明,用人单位对"奖金"的定义和发放条件有相当的自主权。尤其是,本案所谓"忠诚奖"具有特定含义和指向,且与信托计划挂钩,是一种额外奖金,并非作为劳动量对价补偿的绩效奖金。其支付条件是单一的,即员工须履行特定的服务期(奖金锁定期;详见上文)。这种服务期不同于培训服务期(用人单位为劳动者安排专业技术培训后,若劳动者在服务期内自行离职,至多仅需按比例承担"服务期尚未履行部分所应分摊的培训费用"④)。

本案中,公司主张倪某在离职时尚未兑现的忠诚奖包括 2013 年度忠诚奖和 2014 年度忠诚奖两部分,均参加了不同期的信托计划。2013 年信托计划因该公司操作失误(未及时剔除已离职的7 名人员)发给倪某,但倪某 2014 年忠诚奖在 2018 年年初忠诚奖锁定期到期时就由公司收回了,证明公司坚持忠诚奖的兑现原则;倪某则认为其 2014 年度忠诚奖之所以未兑现是因双方已发生劳动争议。法院显然采信了公司的主张,即倪某收到的忠诚奖实际上属于不当得利。

本案公司将不应当兑现的全额忠诚奖通过中信信托公司汇入 7 名已离职人员的账户,经电话联系,除倪某外,其他人员均表示认可《中信建投公司忠诚奖管理办法》及相关承诺函中不再享有忠诚奖的规定和约定,并已将相关款项全额退还公司账户。为证明其主张,公司提交 6 张客户回单为证。倪某不认可客户回单的真实性及证明目的,但未提交反证,仅主张其他人员的处理与其无关。从法官角度,若支持倪某,在巨大的利益诱惑面前,其他几名离职人员可能通过诉讼向公司追索其已退还的忠诚奖,即本案判决不能起到"定分止争"的作用,反而会引发其他案件。

此外,本案二审期间,倪某提交腾讯网报道文章一份,欲证明忠诚奖属于"劳动报酬"。公司对腾讯网报道文章的真实性及倪某的证明目的均不予认可,认为腾讯网的报道并不能代表公司的意见。笔者未查阅上述报道,但该报道无论内容如何,显然与本案关联不大,也不可能构成实质性证据。

作者:齐斌

---

① 《民法通则》自 2021 年 1 月 1 日起失效,被《民法典》取代。
② 《劳动合同法》第 62 条第 1 款规定:"用工单位应当履行下列义务:……(三)支付加班费、绩效奖金,提供与工作岗位相关的福利待遇……"
③ 《劳动合同法》第 79 条。
④ 《劳动合同法》第 22 条。

56. 劳动争议诉讼：举证责任分配
——某网络技术(上海)有限公司与耿某劳动合同纠纷案

摘要：公司绩效考核、考勤等规章制度阙如或不明确，证据不足，解除员工劳动合同被认定为违法，需支付绩效奖金和违法解除劳动合同赔偿金共10万余元。

来源：上海市浦东新区人民法院(2016)沪0115民初78544号民事判决书；上海市第一中级人民法院(2017)沪01民终6431号民事判决书。

【事实概要】①

耿某(男，1983年7月生)于2014年10月8日进入某网络技术(上海)有限公司(下称公司)工作，双方签有自2014年10月8日至2017年10月7日的劳动合同，约定耿某执行不定时工作制度，其劳动报酬等依照公司向耿某发出的《聘用通知函》发放。同日，耿某在员工手册阅读说明中签字确认，阅知案外人××有限公司的员工手册，另据本案公司向耿某出具的《聘用通知函》所载，公司聘任耿某担任BD(业务发展)，耿某的基本工资为税前13 000元/月；绩效奖金为税前39 000元，根据公司《绩效考核管理办法》及个人签署的《绩效任务书》考核发放；提成根据公司相关业务管理办法计发。

2016年5月3日，公司向耿某发出《关于支付绩效奖金的说明》，称"关于绩效奖金，公司与你的约定最高不超过39 000元。现根据公司财务核算结果显示，你2015年度为公司创造的毛利(毛利=个人创造的所有收入−税−第三方直接成本)为249 369元，扣除你个人产生的各项成本及费用283 518.53元，你2015年度为公司创造的个人价值为负34 149.53元。鉴于此，在你为公司创造的价值为负的情况下，公司无法向你支付基于贡献的绩效奖金。"

2016年5月20日，公司向耿某发出解除劳动合同通知，载明因耿某多次严重违反公司规章制度，公司决定于2016年5月20日解除双方劳动合同。

另，2015年1月20日，公司经理向包括耿某在内的员工发送题为"关于外出报备和费用报销的通知"的电子邮件，要求员工外出需电子邮件报备。在该日邮件内容中，包含了2015年1月19日13时41分的邮件内容，就外出报备制度，明确"当月未经报备外出被发现2次，人事行政部发出书面提醒；经人事行政部书面提醒后未有改善，且当月未报备外出4次(含)以上，人事行政部发出书面警告，并通报批评"。2016年3月17日，公司销售总监俞某向包括耿某在内的员工发送"关于外出制度"的电子邮件，称当年销售外出考勤制度为：外出发送电子邮件抄送销售总监，在前台书面登记等。以上事实双方当事人无争议。

双方一致确认耿某离职前12个月的平均工资为15 500元。

---

① 一审判决认定。

【裁判要旨】

1. 上海市浦东新区劳动人事争议仲裁委员会裁决

2016 年 5 月 26 日,耿某向上海市浦东新区劳动人事争议仲裁委员会提出仲裁申请,要求公司支付其 2015 年度绩效奖金 39 000 元、违法解除劳动合同赔偿金 64 000 元、2016 年 5 月 1 日至 5 月 20 日期间的工资 13 200 元;公司为其办理退工手续(仲裁审理中耿某撤回此项请求)。2016 年 9 月 6 日,仲裁委员会裁决公司支付耿某 2016 年 5 月 1 日至 5 月 20 日税前工资 8 961.51 元,对耿某的其余请求未予支持。同年 10 月 10 日,公司按仲裁裁决结果向耿某支付 2016 年 5 月 1 日至 5 月 20 日税后工资 6 419.40 元。

2. 上海市浦东新区人民法院一审判决

耿某不服,诉至上海市浦东新区人民法院(下称一审法院),请求判令公司支付其 2015 年度绩效奖金人民币 39 000 元、违法解除合同赔偿金 64 000 元、2016 年 5 月 1 日至 2016 年 5 月 20 日工资 8 966 元、通讯补贴 300 元、未休年假损失 2 309 元;公司为其办理退工手续(一审审理中耿某撤回此项请求)。

公司主张耿某不符合 2015 年度绩效奖金发放条件,故不予发放。对此,一审法院认为,首先,公司向耿某发出的《聘用通知书》中已载明耿某的绩效奖金金额为税前 39 000 元,并明确了公司的考评依据为《绩效考核管理办法》及耿某个人签署的《绩效任务书》,其应对耿某不符合考核标准、考评结果的具体依据承担举证责任,然其未能提供公司 2015 年度《绩效考核管理办法》及经耿某签字确认的《绩效任务书》。其次,公司提供了其关联公司某人力资源(上海)有限公司 2015 年《销售管理办法》证明绩效奖金考评依据,耿某对此不予认可;公司虽提供了 2015 年 4 月 9 日、2016 年 6 月 20 日的电子邮件证明耿某知晓某人力资源(上海)有限公司的《销售管理办法》,但从邮件行文中可见本案公司销售制度尚在制定过程中,亦无法证明耿某认可以某人力资源(上海)有限公司制度作为其当年度的绩效考评依据;公司还提供了耿某 2015 年的业绩核算表等证明耿某当年度业绩情况,耿某对此亦不予认可,公司亦未提供其他证据佐证公司 2015 年业绩完成情况及考核的具体流程等。综上,一审法院对公司主张难以采纳,对耿某要求公司依照《聘用通知书》标准支付其绩效奖金 39 000 元的诉讼请求予以支持。

本案中,公司以耿某严重违反规章制度为由解除双方劳动合同,应对此承担举证责任。其一,公司虽提供了耿某指纹考勤打印件证明耿某多次旷工,但耿某对该考勤记录真实性不予认可,公司未能提供耿某的原始考勤记录加以证明,一审法院对该证据真实性不予确认。耿某在职期间,公司均正常发放耿某工资,从未就所谓旷工行为进行过明确处理,一审法院对公司主张难以采纳。其二,公司主张耿某不愿意参加绩效考勤,但亦未有规章制度对该行为有相应规定。据此,一审法院对公司解除耿某劳动合同的合法性不予确认。原审审理中,耿某、公司一致确认耿某离职前 12 个月平均工资为 15 500 元。根据双方确认的耿某离职前 12 个月的平均工资基数及耿某的工作年限,经计算,公司应当支付耿某违法解除劳动合同赔偿金 62 000 元。鉴于公司已按照仲裁裁决结果向耿某支付了 2016 年 5 月 1 日至 2016 年 5 月 20 日期间的工资,一审法院对该仲裁裁决结果不再予以确认。耿某其他诉讼请求未经仲裁前置程序,一审法院不予处理。

综上,依照《劳动法》第3条第1款,《劳动合同法》第47条、第87条,《最高人民法院关于适用民事诉讼法的解释》第90条,《最高人民法院关于审理劳动争议案件适用法律若干问题的解释》第13条的规定,一审法院于2017年3月31日判决:(1)公司于判决生效之日起10日内支付耿某2015年绩效奖金39 000元;(2)公司于判决生效之日起10日内支付耿某违法解除劳动合同赔偿金62 000元。

3. 上海市第一中级人民法院二审判决

公司不服一审判决,向上海市第一中级人民法院(下称二审法院)提起上诉,请求撤销一审判决,改判公司不支付耿某2015年绩效奖金39 000元、违法解除劳动合同赔偿金62 000元。

二审法院认为,本案争议焦点一是公司是否应支付耿某2015年度绩效奖金39 000元。公司向耿某发出的《聘用通知函》中明确其绩效奖金为税前39 000元,根据公司《绩效考核管理办法》及个人签署的《绩效任务书》考核发放。实际履行过程中,公司并未提供该公司制定的《绩效考核管理办法》及耿某签署的《绩效任务书》。虽然公司提供了案外人××有限公司的《销售管理办法》,但从公司提供的2016年1月8日邮件的内容来看,案外人的《销售管理办法》仅是作为公司制定本公司销售制度的参考,而非公司已直接适用了案外人的销售管理办法。故至少至2016年1月8日,公司的销售制度或《绩效考核管理办法》并未最终制定。公司未按《聘用通知函》中确定的考核依据及方式对耿某进行考核,应承担不利的法律后果。一审法院判令公司支付耿某2015年度绩效奖金39 000元,并无不当。

本案争议焦点二是公司解除耿某劳动合同的行为是否合法有据。公司主要以耿某旷工达33天、严重违反规章制度为由解除劳动合同,但仅提供了指纹打卡考勤打印件,在耿某对此提出异议的情况下,公司未能提供考勤机内的原始考勤记录。因该打印件无法与原件核对,故依法不能单独作为认定案件事实的依据。公司就员工未执行外出报备制度的情形规定了书面提醒、书面警告等处罚措施,但公司在解除合同前并未就此对耿某作出过任何处罚,也未因缺勤扣发过耿某工资,故二审法院难以认定公司主张的耿某旷工的事实成立。一审法院认定公司解除劳动合同的行为缺乏依据,应承担违法解除的赔偿责任,亦无不当。

综上所述,二审法院认为公司的上诉请求不能成立,应予驳回。一审判决认定事实清楚,适用法律正确,应予维持。遂于2017年7月24日判决:驳回上诉,维持原判。

【法律评析】

(一) 评析要点

本案核心是劳动争议的举证责任分配。劳动争议不同于普通民事争议或商事合同纠纷,"强资本弱劳工"是劳动法或社会法的理论基础之一,因此,一般而言,因用人单位解除劳动合同、减少劳动报酬等而发生的劳动争议,用人单位负举证责任(见本案一审判决及下文"法律依据")。但企业作为经济主体,显然更有资格评价员工的适任性和应得报酬的多寡,因此,劳动仲裁和司法实践中,如何尊重企业的经营自主权、平衡劳资双方利益,是一个永恒的话题。

鉴于《劳动合同法》关于用人单位单方解除劳动合同的规定(主要是第39~41条)比较抽象、原则,且用人单位须予以举证或履行前置程序,而用人单位规章制度也不可能包罗万象,实务中,我国劳动争议裁审机关也在不断调整思路、统一口径,避免劳资双方利益失衡。比如,根据《长三角区域"三省一市"①劳动人事争议疑难问题审理意见研讨会纪要》②第7条("在规章制度未明确规定或者制定存在程序瑕疵、劳动合同未明确约定的情形下,若劳动者存在明显过错,对用人单位行使解除劳动合同权的认定"),"劳动者存在违反法律、行政法规规定或者必须遵守的劳动纪律等情形,严重影响到用人单位生产经营秩序或者管理秩序的,应当认可用人单位解除劳动合同的正当性。对劳动者仅以用人单位规章制度未明确规定或者制定存在程序瑕疵、劳动合同未明确约定为由,主张用人单位解除劳动合同违法的,不予支持。"

笔者早年曾代表某货运航空公司处理一起劳动争议案,员工当事人在春节法定假期间与同事换班后,为500余元加班费与代替自己值班的同事发生争执,将其嘴角打伤并致其眼镜摔坏,公司在警告③无效后将该名员工辞退,该案"一裁二审"均支持了公司。而公司的《人力资源手册》对打人及其后果未有任何规定,劳动合同中通常也不会直白地写明"员工打人可予辞退"。可见,在处理劳动争议时,仲裁员和法官不能一味拘泥于《劳动合同法》第4条(关于规章制度制定、修改)的规定,必要时可行使自由裁量权。

当然,本案公司之所以败诉,乃因处理员工的依据不足,且未能使法官④相信公司有充分的理由解除耿某的劳动合同。

(二) 法律依据与实务分析

本案一审判决援引的《劳动法》第3条第1款是列举劳动者的权利;《劳动合同法》第47条是关于经济补偿的计算,第87条是违法解除或者终止劳动合同的法律责任。《最高人民法院关于适用〈中华人民共和国民事诉讼法〉的解释》⑤第90条规定:"当事人对自己提出的诉讼请求所依据的事实或者反驳对方诉讼请求所依据的事实,应当提供证据加以证明,但法律另有规定的除外。在作出判决前,当事人未能提供证据或者证据不足以证明其事实主张的,由负有举证证明责任的当事人承担不利的后果"。《最高人民法院关于审理劳动争议案件适用法律若干问题的解释》第13条则规定,"因用人单位作出的开除、除名、辞退、解除劳动合同、减少劳动报酬、计算劳动者工作年限等决定而发生的劳动争议,用人单位负举证责任。"

本案公司为证明解除耿某劳动合同的合法性,主张其旷工、外出未进行公出登记,但一审中公司又明确其考勤机内已无耿某的原始考勤记录。故,二审法院认为,因考勤打印件无法与原件核对,依法不能单独作为认定案件事实的依据。

公司还主张耿某不愿意进行绩效考核,但该项行为员工手册未有相应规定,耿某亦不予认可。关于绩效奖金,公司提供了多达14组证据,包括其关联公司某人力资源服务(上海)有限公司2015年《销售管理办法》(欲证明本案公司以该关联公司的考核办法作为对耿某2015年度的销售考核方法和依据)和邮件的公证书。因耿某不认可公司的主张和部分证据的真实性,

---

① 指江苏、浙江、安徽、上海。
② 江苏省人力资源和社会保障厅调解仲裁管理处2019年12月30日整理。
③ 该案员工当事人系飞机维修工程师,属稀缺人才,公司曾出资派其赴国外培训,若非情不得已,并不想解除其劳动合同。
④ 因未见本案仲裁裁决书,对仲裁员为何在解除劳动合同合法性问题上支持公司,笔者无法评价。
⑤ 法释〔2015〕5号,自2015年2月4日起施行。

一审法院认为公司未按《聘用通知函》中确定的考核依据及方式对耿某进行考核,应承担不利的法律后果即支付耿某 2015 年度绩效奖金 39 000 元。二审法院对此予以维持。

需要说明,本案双方劳动合同中约定耿某实行不定时工作制,无论公司是否就此获得人力资源和社会保障部门批准,公司对耿某均可考勤。

作者:齐斌

第七章　社会保障法基础理论

57. 社会保障的概念和特点：不缴社会保险费约定的效力
——田某与北京稻花村商贸有限公司社会保险纠纷案

摘要： 用人单位与劳动者关于不缴纳社会保险费的约定违反法律强制性规定，被法院认定为无效。

来源： 北京市门头沟区人民法院（2019）京 0109 民初 2621 号民事判决书；北京市第一中级人民法院（2019）京 01 民终 8310 号民事判决书。

【事实概要】

2015 年 9 月，田某（女，1968 年 8 月生）进入北京稻花村商贸有限公司（下称稻花村公司）工作，岗位为促销员，工作地点为门头沟区某大卖场，2018 年 7 月 27 日离职。

稻花村公司提供的《员工声明书》载明田某主动要求公司不缴社会保险，工资条证明公司已在工资中支付其社会保险补助 500 元／月。《员工声明书》打印部分载明："我本人入职公司，公司要求给我依法缴纳社会保险，因我个人原因，要求公司以现金形式将劳动保险费用 500 元直接发放给我，如果以后我本人反悔要求或者国家机关要求公司补缴社会保险或者承担没有缴纳社会保险的责任和义务，我同意将上述保险返还给公司，且我本人同意放弃要求公司承担因没有缴纳社会保险应承担或导致的一切法律责任和义务，我自愿承担上述法律责任。"声明人处有"田某"的手写签字，日期处有手写的"同意入职许×2015.10"。工资条载明田某每月的工资包含基本工资 2 200 元、提成、加班费和社保费用 500 元四部分，签名确认处有"田某"签名字样。

本案庭审中，田某对《员工声明书》、工资条均不认可，称入职时公司没有说要给其缴纳社保，签字也不是其本人所签。田某申请对上述证据上的签名进行笔迹鉴定，后自行撤回鉴定申请。一审法院认为，田某对上述签名予以否认，但未提交相应证据予以证明，而《员工声明书》关于每月以现金形式发放保险费用 500 元的表述与每月工资条记载的发放内容、金额一致，且工资条上的工资数额与田某提交的银行流水明细记载的工资数额亦相一致。此外，田某陈述其为非农业户口，于 2015 年 9 月 29 日入职稻花村公司之前未在北京其他单位工作过，也没有在北京或其他地方缴纳过社会保险;经咨询老家和门头沟的社保机构,其无法补交社保。

【裁判要旨】

1. 北京市门头沟区劳动人事争议仲裁委员会裁决

田某离职后,于 2019 年 2 月 22 日向北京市门头沟区劳动人事争议仲裁委员会申请仲裁,请求稻花村公司赔偿其未办社保的损失 20 万元。仲裁委裁决①不予受理。

2. 北京市门头沟区人民法院一审判决

田某不服仲裁裁决,以相同请求向北京市门头沟区人民法院(下称一审法院)提起诉讼。一审法院于 2019 年 4 月 1 日受理后,依法适用简易程序,公开开庭进行了审理。

一审法院经审理后认为,国家发展社会保险事业,建立社会保险制度、设立社会保险基金,使劳动者在年老、患病、工伤、失业、生育等情况下获得帮助和补偿。依法缴纳社会保险费是用人单位与劳动者的法定义务,劳动者需缴足一定年限的社会保险费后方可在年老、患病等情况下获得帮助和补偿。本案中,田某与公司经协商不缴纳社会保险的约定违反法律规定,应属无效。但田某自认其在稻花村公司工作前未缴纳过社会保险,故其在公司工作的近 3 年期间即使依照法律规定缴纳社会保险费,其亦达不到领取养老金等帮助、补偿的条件,且公司已在工资中支付田某每月 500 元的社会保险补助,综上,田某未能证明其遭受的养老金等损失系因公司所造成,对其相应的诉讼请求,不予支持。

3. 北京市第一中级人民法院二审判决

田某不服一审法院判决,向北京市第一中级人民法院(下称二审法院)提起上诉。二审法院于 2019 年 8 月 13 日立案后,依法组成合议庭进行了审理。

田某诉称:其岗位是大卖场负责人,而并非只是一名促销员;一审判决关于《员工声明书》和工资条认定错误,其是在空白文件上签字的,这是稻花村公司的普遍做法;一审判决适用法律不当,公司未为其缴纳社会保险侵犯了其合法权益,造成了损害。因此,请求撤销一审判决,依法改判或发回重审。

稻花村公司辩称,同意一审判决,不同意田某的上诉请求及理由。

二审法院认可一审法院上述观点,并认为,有田某签名的《员工声明书》显示,田某因个人原因,主动要求公司以现金形式将劳动保险费用直接发放给她,由此可见,未缴纳社会保险费的主要过错在田某自身。田某虽然声称其是在空白纸张上签字,但就该主张,并无证据佐证,故二审法院不予采信。

综上,田某未能证明其遭受的养老金等损失系因公司所造成,其上诉请求不能成立,应予驳回;一审判决认定事实清楚,适用法律正确,应予维持。据此,二审法院判决驳回上诉,维持原判。

---

① 本案二审判决原文如此。劳动人事争议仲裁委员会对当事人的申诉决定不予受理的,一般是向申请人发出通知,不属于裁决。

【法律评析】

（一）评析要点

本案的典型意义在于,劳动合同内容不应违反法律强制性规定,否则相关条款应属无效。本案中,田某与稻花村公司约定公司每月以现金形式发放保险费用 500 元,无需为田某缴纳社会保险费,违反了用人单位和劳动者均有义务依法缴纳社会保险费的法律规定。

若用人单位和劳动者可约定无需缴纳社会保险费,则社会保险制度将形同虚设,无法保障劳动者在年老、患病、工伤、失业、生育等情况下获得帮助和补偿的权利。

（二）法律依据与实务分析

《劳动法》第 72 条规定:"社会保险基金按照保险类型确定资金来源,逐步实行社会统筹。用人单位和劳动者必须依法参加社会保险,缴纳社会保险费。"《社会保险法》第 4 条规定:"中华人民共和国境内的用人单位和个人依法缴纳社会保险费……";第 58 条第 1 款规定:"用人单位应当自用工之日起三十日内为其职工向社会保险经办机构申请办理社会保险登记。未办理社会保险登记的,由社会保险经办机构核定其应当缴纳的社会保险费。"第 60 条第 1 款规定:"用人单位应当自行申报、按时足额缴纳社会保险费……职工应当缴纳的社会保险费由单位代扣代缴,用人单位应当按月将缴纳社会保险费的明细情况告知本人。"

上述规定均明确,依法缴纳社会保险费是用人单位和劳动者的法定义务,任何一方均无权免除另一方缴纳社会保险费的义务。另据《劳动合同法》第 26 条,"下列劳动合同无效或者部分无效:……(三)违反法律、行政法规强制性规定的";"对劳动合同的无效或者部分无效有争议的,由劳动争议仲裁机构或者人民法院确认。"因此,用人单位和劳动者关于不缴社会保险费的约定是无效的。

实践中,少数用人单位希望节约用工成本,而某些劳动者由于特定原因不希望缴纳社会保险费、只希望多一些现金收入,双方遂约定不缴纳社会保险费。如上所述,此类约定应属无效。虽然作出此类约定的用人单位与劳动者短期内似乎是"双赢",但长远来看,万一发生争议,用人单位可能面临巨额索赔,也难免行政责任甚至刑事责任(《社会保险法》第 94 条),而劳动者则无法享受相关社会保险待遇。

作者:张君强

58. 社会保障法律关系的主体
——吉某与绵竹某大药房连锁公司撤销劳动争议仲裁裁决案

摘要：吉某与某大药房连锁公司建立劳动关系，其社会保险却由某药店办理；吉某请求解除劳动合同、由公司支付经济补偿获仲裁裁决支持，公司向法院申请撤销仲裁裁决被驳回。

来源：四川省德阳市中级人民法院（2017）川06民特121号民事裁定书①。

【事实概要】

2015年5月，吉某（女，1979年8月生）与绵竹某大药房连锁公司（下称公司）建立劳动关系，公司为用人单位，但吉某的社会保险却由某药店（案外人）办理。该药店的经营者与公司的法定代表人为同一人。

【裁判要旨】

1. 劳动争议仲裁委员会裁决

吉某以公司未依法缴纳社会保险费为由，向当地劳动争议仲裁委员会申请仲裁，请求解除劳动合同、公司支付经济补偿金。仲裁委员会裁决公司支付吉某经济补偿5 400元。该裁决对公司是终局的。

2. 四川省德阳市中级人民法院民事裁定书

公司不服上述仲裁裁决，向德阳市中级人民法院（下称德阳中院）申请撤销该裁决。德阳中院2017年12月11日立案后进行了审查，认为依据《劳动合同法》第38条第1款第（3）项、第46条第（1）项规定，用人单位未依法为劳动者缴纳社会保险费的，劳动者可以解除劳动合同并主张经济补偿。本案中，药店代公司缴纳社会保险费的行为由于转移账户、改变缴费主体，违反了《社会保险法》第4条第1款"用人单位和个人依法缴纳社会保险费"和第10条第1款"职工应当参加基本养老保险，由用人单位和职工共同缴纳基本养老保险费"的规定，应认定为公司未依法为吉某缴纳社会保险，故吉某可以解除劳动合同并主张经济补偿；吉某月工资为2 700元，工作起始时间为2015年5月至2017年5月24日，工作年限为2年，应支付2个月的工资，故其经济补偿应为5 400元。仲裁裁决正确。德阳中院遂依照《劳动争议仲裁调解法》第47条第1项的规定，于2017年12月22日裁定驳回公司的申请，申请费400元由公司负担。

【法律评析】

（一）评析要点

为劳动者缴纳社会保险费是用人单位的法定义务，该义务不能任意转移。本案公司与代缴吉某社会保险费的药店虽然有关联，但二者属于不同的用人单位；药店与吉某没有劳动关

---

① 《法院：代缴社保视为未缴纳，员工可解除合同获得经济补偿！》，载"劳动法库"微信公众号，2019年11月19日。

系,由药店为吉某代缴社会保险费没有法律依据。

（二）　法律依据与实务分析

本案德阳中院民事裁定书援引的《劳动合同法》第 38 条第 1 款第（3）项、第 46 条第（1）项、《社会保险法》第 4 条（第 1 款）和第 10 条（第 1 款）详见上文。

另据《劳动争议调解仲裁法》第 47 条第（1）项,"追索劳动报酬、工伤医疗费、经济补偿或者赔偿金,不超过当地月最低工资标准十二个月金额的争议","除本法另有规定的外,仲裁裁决为终局裁决,裁决书自作出之日起发生法律效力"。同法第 48 条规定:"劳动者对本法第四十七条规定的仲裁裁决不服的,可以自收到仲裁裁决书之日起十五日内向人民法院提起诉讼。"本案仲裁裁决对公司是终局的,公司不能直接向基层法院起诉。

《劳动争议调解仲裁法》第 49 条第 1 款规定:"用人单位有证据证明本法第四十七条规定的仲裁裁决有下列情形之一,可以自收到仲裁裁决书之日起三十日内向劳动争议仲裁委员会所在地的中级人民法院申请撤销裁决:(一)适用法律、法规确有错误的;(二)劳动争议仲裁委员会无管辖权的;(三)违反法定程序的;(四)裁决所根据的证据是伪造的;(五)对方当事人隐瞒了足以影响公正裁决的证据的;(六)仲裁员在仲裁该案时有索贿受贿、徇私舞弊、枉法裁决行为的。"本案公司据此向德阳中院申请撤销仲裁裁决,但因其无法证明裁决有上述任何情形,德阳中院裁定驳回其申请。

本案结果并不意外,但实务中类似情形不在少数,若以本案结果推论任何代缴社会保险费的情形均属违法,则值得商榷。除历史上"停薪留职"、"协议保留社会保险关系"(上海市曾将其纳入"特殊劳动关系")的人员外,劳动合同签订主体(用人单位)与社会保险缴费主体脱节的情况在跨国公司、集团企业和劳务派遣中尤为普遍,原因不一而足,许多时候实际上有利于劳动者,甚至是劳动者本人所坚持的。笔者多年前曾代表某位于广州市的外资企业办理一起竞业限制劳动争议案,该案员工系上海人,先与上述外资企业签订劳动合同(倒签,起始日是当年 1 月 4 日),又与上海市对外服务有限公司签订劳动合同(亦为倒签,起始日是当年 1 月 3 日),并由后者为该员工缴纳社会保险费(实际由上述外资企业承担)。该案劳动关系(派遣关系)和社会保险问题比较复杂,若认为上述外资企业违法、该员工可解除劳动合同并根据《劳动合同法》第 38 条第 1 款第（3）项规定主张经济补偿金,显然对该外资企业是不公平的。因为截至该案终结,员工当事人的社会保险权益并无损失,且其根本没有意愿将社会保险关系从上海转移至广州。当然,万一该员工因履行其在上述外资企业的职责发生工伤,会产生工伤认定和工伤待遇支付方面的问题,但这些问题并非无解,兹不赘述。

总之,用人单位应以自身名义依法为劳动者办理社会保险;若因特殊情形需由其他实体(无论是关联企业、劳务派遣单位还是其他第三方)为员工代缴社会保险费,宜咨询专业律师意见,并与相关员工作出内容适当的书面约定或由其出具承诺书。这样,万一因社会保险缴纳问题发生争议,即使劳动仲裁委员会和法院不直接采信上述约定或承诺,亦会考虑双方利益的平衡和诚实信用问题。

作者:齐斌

第八章 养老保险

59. 职工基本养老保险：国家机关工勤人员养老保险待遇纠纷
——陕西省子洲县公安局与崔某养老保险待遇纠纷案

摘要：公安局未为其聘用的炊事员崔某缴纳养老统筹费用（养老保险费），崔某达退休年龄后继续工作十年余，因无法享受社会保险待遇申请劳动仲裁、后起诉至法院，两审法院判决公安局一次性赔偿崔某养老保险损失费15万余元。

来源：陕西省子洲县人民法院（2017）陕0831民初473号民事判决书；陕西省榆林市中级人民法院（2017）陕08民终3972号民事判决书。

【事 实 概 要】

2002年1月，陕西省子洲县公安局（下称公安局）以月工资200元聘用崔某（女，1956年8月生）担任其派出机构马蹄沟派出所炊事员。

2006年9月底，崔某达退休年龄，但因公安局从未给其缴纳养老统筹费用，造成其一直无法退休，一直工作到2016年12月。

【裁 判 要 旨】

1. 陕西省子洲县劳动人事争议仲裁院决定

崔某于2017年2月27日向陕西省子洲县劳动人事争议仲裁院申请仲裁，当日该仲裁院以崔某达到法定退休年龄、劳动合同终止为由决定不予受理。

2. 陕西省子洲县人民法院一审判决

崔某向陕西省子洲县人民法院（下称一审法院）起诉请求：依法判决被告（公安局）一次性赔偿其2017年1月至年满75周岁14年9个月退休金共计272 984元。

一审法院认为：本案的争议焦点为原告（崔某）所诉的养老统筹费用应否由被告（公安局）承担以及承担的具体数额。《最高人民法院关于审理劳动争议案件适用法律若干问题的解释（三）》第1条规定，劳动者以用人单位未为其办理社会保险手续，且社会保险经办机构不能补办导致其无法享受社会保险待遇为由，要求用人单位赔偿损失而发生的争议，人民法院应予受理。故此次崔某要求支付未缴纳养老保险损失赔偿金的请求法院应予以处理。根据《社会保险法》第16条第2款规定，参加基本养老保险的个人，达到法定退休年龄时累计缴费不足15年的，可以缴费至满15年，按月领取基本养老金；也可以转入新型农村社会养老保险或者城镇居民社会养老保险，按照国务院规定享受相应的养老保险待遇。2002年1月，崔某受聘被告处，2006年9月以前，被告未给崔某交纳养老保险金（费），后也未补缴。因被告未办理社会保险手续,且社会保险经办机构不能补办导致崔某无法享受社会保险待遇,故对崔某要求被告赔偿因未办理社会保险缴纳手续而造成养老金损失的请求,一审法院予以支持。赔偿应采取一次性赔偿的方式,最新第六次全国人口普查中 2010 年我国女性人口平均预期寿命为 77.37 岁,现崔某所诉的计算至年满 75 周岁不违反相关规定。具体的赔偿数额还应结合本地养老金发放情况为每月 1 035 元予以酌定,退休起算时间以被告实际解除与崔某的劳动关系的下月起计,即从 2017 年 1 月 1 日起计算至崔某年满 75 周岁,被告应赔偿崔某养老保险损失的时间为 14 年 9 个月,共计 183 195 元,扣除崔某个人应缴总金额 19 976.16 元和应缴利息总金额 5 997.78 元,被告应赔偿崔某 157 221.06 元。

据此,依照《劳动法》第 79 条、《最高人民法院关于审理劳动争议案件适用法律若干问题的解释(一)》第 1 条第(3)项、《最高人民法院关于审理劳动争议案件适用法律若干问题的解释(三)》第(1)条、《社会保险法》第 16 条第 2 款规定,判决:(1)子洲县公安局于本判决生效后 10 日内一次性赔偿崔某养老保险损失费 157 221.06 元。(2)驳回崔某的其他诉讼请求。

3. 陕西省榆林市中级人民法院二审判决

子洲县公安局不服一审判决,向陕西省榆林市中级人民法院(下称二审法院)提起上诉,请求依法撤销一审判决第(1)项,改判上诉人只需向被上诉人崔某支付经济补偿 22 500 元。

二审法院认为,用人单位应当依法为员工缴纳社会保险费,本案中上诉人自 2002 年 1 月聘用崔某起至 2006 年 9 月,未给崔某缴纳养老保险金,后也未补缴。根据《社会保险法》第 16 条第 2 款之规定,因上诉人未能依法给崔某办理社会保险手续,且社会保险经办机构不能补办,导致崔某无法享受其应该享有的社会保险待遇,对于该损失上诉人应当予以赔偿。故上诉人所持上诉理由不能成立,二审法院不予支持,遂于 2017 年 11 月 29 日判决:驳回上诉,维持原判。

【法 律 评 析】

(一) 评析要点

依法缴纳社会保险费(包括基本养老保险费,原称"养老保险统筹费用")不仅是用人单位对劳动者应该承担的法律义务,也是对国家的法律义务(劳动者个人也有缴费义务)。解除或终止劳动合同的经济补偿与社会保险费的法律依据、支付对象和功能均不相同,用人单位不能以经济补偿(或其他名目的现金补偿)代替社会保险费;在无法补缴的情况下,也不能按照解除或终止劳动合同经济补偿的标准计算社会保险损失赔偿费。

国家机关公务员不属于我国劳动法框架下的"劳动者",但国家机关(包括其派出机构如本案中的公安派出所)聘用的工勤人员则属于劳动者,国家机关有义务为其缴纳养老保险费及其他社会保险费。

(二) 法律依据与实务分析

本案一审判决援引的《最高人民法院关于审理劳动争议案件适用法律若干问题的解释(三)》第 1 条、《社会保险法》第 16 条第 2 款详见上文;《劳动法》第 79 条系劳动争议的处理程序。

　　一审判决还援引了《最高人民法院关于审理劳动争议案件适用法律若干问题的解释（一）》第1条第（3）项，即"劳动者退休后，与尚未参加社会保险统筹的原用人单位因追索养老金、医疗费、工伤保险待遇和其他社会保险费而发生的纠纷"，当事人不服仲裁裁决、向法院起诉的，"人民法院应当受理"。

　　另据《劳动合同法》第2条第2款，"国家机关、事业单位、社会团体和与其建立劳动关系的劳动者，订立、履行、变更、解除或者终止劳动合同，依照本法执行"。本案崔某担任公安局派出机构的炊事员，属于与国家机关建立劳动关系的劳动者，受我国劳动法律（包括《社会保险法》）保护。

　　类似本案崔某的情况（用人单位一直未为劳动者缴纳养老保险费），在计算养老保险损失赔偿额时，一般采取一次性赔偿方式。本案一审法院根据崔某的诉请（计算至其本人年满75周岁而非当时我国女性平均预期寿命77.37岁）判决被告（公安局）赔偿崔某养老保险损失的时间为14年9个月（从2017年1月1日起计算至崔某年满75周岁）。但崔某系1956年8月出生，至2031年8月即年满75周岁；法院认定的赔偿时间之所以是14年9个月而非14年8个月，笔者只能妄自揣测系照搬崔某本人的计算或农历、公历之差。①

作者：齐斌

---

　　① 我国许多地区居民习惯于将农历生日登记为身份证号码中的生日。1956年农历八月初一至廿六系公历9月5日至30日。

60. 企业员工社会保险待遇纠纷
——唐某与中国科技国际信托投资有限责任公司劳动争议案

摘要: 员工相继在母、子公司任职并曾在母公司被宣告破产前担任其他公司法定代表人,后因社会保险待遇等问题向母公司提出高额索赔,仲裁委员会不受理,两级法院以超过仲裁时效等为由驳回其诉请,再审亦未获支持。

来源: 北京市第二中级人民法院(2012)二中民初字第17587号民事判决书;北京市高级人民法院(2013)高民终字第4329号民事判决书;最高人民法院(2014)民申字第2181号民事裁定书。

【事实概要】①

唐某于1970年12月入伍,后于1992年8月转业到中国科学院,并被分配到中国科技国际信托投资有限责任公司(下称本案公司或公司)工作。1992年10月,唐某被派到大连某实业公司担任副总经理职务。1994年10月,唐某兼任大连某大厦有限公司总经理。2001年5月24日,本案公司下发通知,免去了唐某担任的大连某大厦有限公司总经理职位,指示另有任用。

另,自2005年6月17日起,唐某担任北京某科技发展有限公司的法定代表人,亦为股东之一。该企业因未参加年检,于2008年10月20日被工商行政管理部门吊销,并于2010年12月28日注销。2005年6月22日起,唐某担任北京某国际传媒广告有限公司的法定代表人,亦为股东之一,该公司现企业状态为开业。唐某在北京、大连均未参加城镇企业职工基本养老保险。

2009年11月2日,北京市第二中级人民法院作出(2009)二中民破字第21278-1号民事裁定书,裁定立案受理本案公司清算组提出的关于公司破产的申请。该民事裁定书中载明,公司自2002年以来一直进行自身债权清收和债务偿付等工作,未实际开展信托业务。2010年10月25日上述法院又作出(2009)二中民破字第21278-2号民事裁定书,宣告本案公司破产。

【裁判要旨】

1. 北京市海淀区劳动人事争议仲裁委员会通知

2012年10月25日,唐某就本案争议申诉至北京市海淀区劳动人事争议仲裁委员会,要求公司:(1)支付2008年2月至2010年10月未签订劳动合同的双倍工资差额12 760元;(2)支付2001年5月至2010年10月份待岗工资68 592元;(3)赔偿自1992年8月至2010年10月期间未为唐某缴纳社会保险,导致其无法享受养老金、医疗费、工伤保险待遇和其他社会保险费的损失1 000 000元;(4)支付经济补偿金123 000元。当日,仲裁委员会作出了不予受理案件通知书。

---

① 主要根据二审判决整理。

2. 北京市第二中级人民法院一审判决

2012 年 11 月,唐某将公司诉至北京市第二中级人民法院(下称一审法院),称其长期待岗,2010 年得知公司破产,多次找公司协商社会保险等事宜,公司领导均以清算未完成为借口推脱。现根据《企业破产法》第 48 条和《劳动合同法》相关规定,请求法院判决:(1)公司支付其 2008 年 2 月至 2010 年 10 月未签订劳动合同的双倍工资差额 444 246 元(2010 年城镇非私营单位职工金融业月平均工资 6 731 元×33 个月×2 倍);(2)公司支付其 2001 年 5 月至 2010 年 10 月待岗工资 774 065 元(6 731 元×115 个月);(3)公司赔偿其自 1992 年 8 月至 2010 年 10 月期间未为其缴纳社会保险导致其无法享受养老金、医疗保险待遇的损失 1 000 000 元;(4)公司支付其解除劳动关系的经济补偿金 282 702 元(6 731 元×42 个月,工作年限自 1969 年 8 月至 2010 年 10 月);(5)诉讼费由公司承担。

对唐某的各项诉讼请求,公司只认可 2008 年唐某找到其单位要求转档,但未提出其他请求。唐某则称申请仲裁前确未向公司主张过未签合同双倍工资差额、待岗工资、解除劳动关系的经济补偿金,但向公司主张过社会保险事宜。公司辩称:唐某 1992 年 8、9 月与公司存在短期的劳动关系,1992 年 10 月起系大连某实业公司的员工,由大连某实业公司发放工资,与大连某实业公司存在劳动关系,与被告公司不存在劳动关系;且唐某的各项诉讼请求也已超过仲裁时效,故不同意其诉讼请求。

一审法院经审理认为,当事人对自己提出的诉讼请求所依据的事实有责任提供证据加以证明,没有证据或者证据不足以证明当事人的事实主张的,由负有举证责任的当事人承担不利后果。关于唐某与公司劳动关系建立时间,唐某主张其于 1992 年 8 月入职公司,公司予以认可,法院对此予以确认。关于双方劳动关系截止日期,唐某主张双方存在劳动关系直至 2010 年 10 月公司被宣告破产时止,公司不予认可,称 1992 年 10 月唐某即到大连某实业公司工作,由该实业公司发放工资,与被告公司即不存在劳动关系;且 2005 年 6 月起唐某已担任其他公司的法定代表人,到其他公司工作,与被告公司也不可能存在劳动关系。因庭审中,公司认可其下属公司员工的人员调整及工资等级由其确定,唐某的档案亦在其公司,且 2001 年 5 月公司曾对唐某职务作出过任免决定,故对公司主张的唐某于 1992 年 10 月即与其不存在劳动关系的主张,法院不予采纳。因 2005 年 6 月,唐某已担任其他公司的法定代表人,应视为其自行离职,故法院确认唐某与被告公司之间的劳动关系自此解除。

《劳动争议调解仲裁法》第 27 条规定,劳动争议申请仲裁的时效期间为 1 年。仲裁时效期间从当事人知道或者应当知道其权利被侵害之日起计算。前述规定的仲裁时效,因当事人一方向对方当事人主张权利,或者向有关部门请求权利救济,或者对方当事人同意履行义务而中断。从中断时起,仲裁时效期间重新计算。因不可抗力或者有其他正当理由,当事人不能在本条第 1 款规定的仲裁时效期间申请仲裁的,仲裁时效中止。从中止时效的原因消除之日起,仲裁时效期间继续计算。劳动关系存续期间因拖欠劳动报酬发生争议的,劳动者申请仲裁不受本条第 1 款规定的仲裁时效期间的限制;但是,劳动关系终止的,应当自劳动关系终止之日起 1 年内提出。本案中,关于唐某要求公司支付 2008 年 2 月至 2010 年 10 月未签订劳动合同的双倍工资差额 444 246 元的诉讼请求,因唐某于 2012 年 10 月 25 日申请仲裁时,已超过仲裁申请时效,法院不予支持。关于唐某要求公司支付 2001 年 5 月至 2010 年 10 月期间待岗工资一节,因一审法院已确认双方劳动关系于 2005 年 6 月解除,唐某主张此前的权益已超过仲裁时效,其主张此后的权益亦于法无据,故对唐某该项请求,法院难以支持。关于唐某要求公司赔偿自1992 年 8 月至 2010 年 10 月期间未为唐某缴纳社会保险导致的其无法享受养老金、医疗保险待遇的损失 1 000 000 元一节,因养老保险待遇损失和医疗保险待遇损失的测算,不属人民法院劳动争议案件的受案范围,在唐某就其主张未提供相应证据的情况下,法院不予支持;对其要求鉴定及申请调查的请求,亦予以驳回。关于唐某要求公司支付解除劳动关系的经济补偿金一节,因唐某已于 2005 年 6 月自谋职业,应视为其自行离职,其向公司主张解除劳动关系的经济补偿金,于法无据,法院不予支持。

一审法院判决:驳回唐某的全部诉讼请求。

3. 北京市高级人民法院二审判决

唐某不服一审判决,以认定事实不清,适用法律错误为由,上诉至北京市高级人民法院(下称二审法院),请求撤销原判,改判支持其原审诉讼请求。

二审法院认为,本案的争议焦点为:双方劳动关系解除的时间;唐某主张的各项工资、经济补偿金是否有法律依据;未缴纳社保的损失赔偿在本案中能否支持。

关于劳动关系解除的时间,双方均认可唐某于 1992 年 8 月入职公司,对此二审法院予以确认。2001 年 5 月 24 日,公司下发免去唐某职位的通知,明确表示另有任用,且唐某的档案亦一直在公司。其间唐某担任其他公司的法定代表人,应视为其在长期待岗期间自谋出路的行为,不应简单认为自行离岗。双方劳动关系应至 2010 年 10 月公司被宣告破产时解除。

关于唐某主张的各项工资、经济补偿金是否有法律依据,本案中,关于唐某要求公司支付二倍工资差额、待岗期间工资及解除劳动合同经济补偿金的诉讼请求,在提起劳动仲裁时均已超过仲裁时效期间,故二审法院依法均不予支持。

关于未缴纳社保的损失赔偿,因养老保险待遇损失和医疗保险待遇损失的测算,不属人民法院劳动争议案件的受案范围,在唐某就其主张未提供相应证据的情况下,二审法院不予支持。

综上,唐某的上诉请求无依据,二审法院不予支持,遂于 2013 年 12 月 20 日判决:驳回上诉,维持原判。

4. 最高人民法院再审裁定

唐某不服二审判决,向最高人民法院(下称再审法院)申请再审称,依照法律相关规定,法人的民事主体资格终止应以该法人到工商局办理完注销登记手续之次日为其终止日期。公司现正处于破产清算阶段,未办理注销工商登记手续。二审判决适用《劳动合同法》第 44 条第 4 项之规定,认定唐某与公司的劳动关系于 2010 年公司被宣告破产时解除,适用法律错误。根据《劳动合同法实施条例》第 21 条、《劳动争议调解仲裁法》第 27 条的规定,唐某与公司的劳动关系应于 2011 年 10 月 26 日终止,唐某于 2012 年 10 月 25 日申请劳动仲裁,未超过 1 年的法定仲裁时效。

再审法院认为,根据《劳动合同法》第 44 条第 4 项的规定,用人单位被依法宣告破产的,劳动合同终止。根据一审、二审判决裁明的事实,公司于 2010 年 10 月 25 日被北京市第二中级人民法院裁定宣告破产,故二审判决认定唐某与公司的劳动合同于上述时点终止正确。根据《劳动争议调解仲裁法》第 27 条第 1 款、第 4 款之规定,本案劳动争议申请仲裁的时效期间为 1年,并自 2010 年 10 月 25 日公司被宣告破产、双方劳动关系终止之日起算。唐某以公司未依法注销为由,认为双方之间劳动关系存续至其达到法定退休年龄时止的主张,缺乏法律依据,不能成立。二审判决关于唐某于 2012 年 10 月 25 日就本案争议事项申请劳动仲裁,已经超出法律规定的仲裁时效期间的认定正确。唐某的再审申请不符合《民事诉讼法》第 200 条第(2)项、第(6)项规定的情形。

再审法院遂依照《民事诉讼法》第 204 条第 1 款的规定,于 2014 年 12 月 5 日裁定如下:驳回唐某的再审申请。

【法 律 评 析】

(一) 评析要点

如二审判决所认定,本案争议焦点是公司与唐某劳动关系解除(终止)的时点。一审法院认为,2005 年 6 月,唐某已担任其他公司的法定代表人,应视为其自行离职,故唐某与公司之间的劳动关系自此解除。二审法院则认为,唐某担任其他公司的法定代表人,应视为其在长期待岗期间自谋出路的行为,不应简单认为自行离岗,双方劳动关系应至 2010 年 10 月公司被宣告破产时解除(终止)。笔者同意二审法院的认定,因为我国劳动法律法规(包括《劳动合同法》第 39 条)并不禁止兼职(双重或多重劳动关系),所谓"自行离职(离岗)"亦非法律概念。只是,就本案而言,双方劳动关系究竟是在 2005 年还是 2010 年解除或终止,对结果并无影响。

本案唐某经历曲折,公司也命运多舛,但其实案情并不复杂。总之,劳动者维权宜早不宜迟,仲裁和诉讼请求也应于法有据。

(二) 法律依据与实务分析

《劳动合同法》第 44 条规定:"有下列情形之一的,劳动合同终止:……(四)用人单位被依法宣告破产的……"该规定清晰、明确,无需解释,亦无但书。至于公司何时注销,并不影响劳动合同(劳动关系)的终止。因此,本案公司被法院裁定宣告破产之日(2010 年 10 月 25 日)即为唐某与公司的劳动关系终止之时。唐某于 2012 年 10 月 25 日才申请劳动仲裁,显然已超过《劳动争议调解仲裁法》第 27 条第 1 款、第 4 款规定的 1 年仲裁时效,且无该条第 2 款、第 3 款所述中断、中止事由。

根据本案判决所述,一审期间,经法院主持调解,双方曾就社会保险相关事宜达成一致意见,后唐某反悔,最终未能协商解决。笔者无从了解上述"一致意见"的具体内容,但泛泛而言,在诉讼缺乏胜算的情况下,接受调解方案往往可以使己方利益最大化。

本案一审期间唐某还曾提出,因公司未为其缴纳社会保险导致其无法享受养老保险和医疗待遇,故申请法院调查取证或出具调查令,同时要求对唐某寿命余年所发生的医疗费用作评估鉴定,法院均予以驳回。这不仅仅是"谁主张谁举证"的问题,如果法院接受当事人的类似要求,显然将不胜负荷,何况有些要求从技术上也难以操作。

作者:齐斌

61. 职工基本养老保险待遇赔偿纠纷
——殷某与常州海企塑业科技有限公司、常州兰丽人力资源有限公司养老保险待遇纠纷案

摘要：单位缴纳城镇居民养老保险而非职工基本养老保险，导致员工养老保险待遇受损，员工要求用人单位赔偿损失，法院判决支持。

来源：江苏省常州市天宁区劳动人事争议仲裁委员会常天劳人仲不字［2017］第 56 号通知书；常州市天宁区人民法院（2017）苏 0402 民初 1802 号民事判决书。

【事实概要】

常州海企塑业科技有限公司（下称海企公司）与常州兰丽人力资源有限公司（下称兰丽公司）签订有劳务派遣协议，海企公司（甲方，用工单位）与兰丽公司（乙方，派遣单位）明确双方在《劳动合同法》框架内建立劳务派遣合作关系，甲方将本企业所需劳动力交由乙方统一派遣。

双方约定：乙方按甲方要求招聘、录用符合条件的人员，以劳务派遣的方式派往甲方，派遣的劳务人员一经确定，甲、乙双方应拟定《劳务派遣人员名单》并签字、盖章，作为本合同的附件，由乙方与劳务派遣人员签订劳动合同。劳务派遣人员的工资、各项社会保险费，甲方应于每月 15 日前转入乙方银行账户，乙方根据甲方提供的劳务派遣人员的工资清单，转入每个劳务派遣人员的银行工资卡内；甲方应做好劳务派遣人员的工资、各项社会保险费明细表，乙方根据甲方转入的工资、各项社会保险费足额发放和缴纳；乙方有义务把甲、乙双方签订劳务派遣协议的事实告知劳务派遣人员，并且作为乙方和劳务派遣人员签订的劳动合同其中一项条款；甲方向乙方支付的劳务费用包括：劳务派遣人员的劳务报酬及社会保险费用、劳务派遣的服务管理费用；甲方应支付的相关社会保险费用数额按双方约定的标准（金坛区居民养老保险 135 元/月），劳务派遣服务管理费标准按职工工资总额的 7.5% 收取。协议并对双方的权利、义务及其他事项作出了约定。协议由双方签章，未约定期限，也未注明签订时间。海企公司、兰丽公司陈述该劳务派遣协议系双方长期合作协议，本案中殷某即是在劳务派遣协议履行期间被兰丽公司派遣至海企公司工作。

自 2010 年 6 月至 2015 年 7 月，兰丽公司为殷某在金坛区缴纳了居民基本养老保险，每月 67～157 元不等。2010 年 5 月至 2015 年 7 月期间殷某的工资由兰丽公司代发，2010 年 5 月之前的工资由其他单位代发。

2015 年 8 月 3 日，海企公司（甲方，用人单位）与殷某（乙方，劳动者）签订一份全日制劳动合同书，约定：双方有固定期限的劳动合同自 2015 年 8 月 1 日起至 2016 年 12 月 31 日止，甲方安排乙方的生产一线操作工工作岗位。双方依法参加社会保险，按时缴纳各项社会保险费，其中依法应由乙方缴纳的部分，由甲方从乙方工资报酬中代扣代缴。后双方按劳动合同的约定履行，海企公司为殷某在常州市参保了基本养老保险、职工基本医疗保险，期限自 2015 年 8 月至 2016 年 9 月。期间殷某的工资由海企公司发放。殷某的个人活期信息明细显示海企公司发放殷某工资至 2017 年 2 月。2017 年 4 月 10 日，海企公司向殷某发出《终止劳动合同通知

书》,理由是鉴于殷某已超过法定退休年龄,现通知于 2017 年 4 月 10 日终止用工。

2016 年 10 月 30 日,常州钟海塑业科技有限公司(下称钟海公司)与海企公司签订《公司合并协议》,明确由钟海公司吸收合并海企公司,海企公司解散,钟海公司承继海企公司合并前的全部权利义务,承继海企公司原有劳动关系,继续履行原劳动合同约定的权利义务。2016 年 12 月,海企公司办理了工商注销登记手续。

【裁 判 要 旨】

1. 江苏省常州市天宁区劳动人事争议仲裁委员会通知

2017 年 3 月 29 日,殷某向常州市天宁区劳动人事争议仲裁委员会提出仲裁申请,要求钟海公司赔偿其养老保险待遇损失 58 450 元。该仲裁委于同日作出不予受理案件通知书。

2. 江苏省常州市天宁区人民法院一审判决①

殷某遂于 2017 年 4 月 6 日诉至常州市天宁区人民法院。法院追加兰丽公司为共同被告后,殷某认为两被告名义上为劳务派遣,实际上系委托代理关系,即由海企公司委托兰丽公司代缴社保。被告依法应为殷某缴纳职工养老保险,但实际上缴纳的是居民养老保险,两者保险费率相差很大,每月本应缴纳 1 000 余元社保,而被告仅为殷某缴纳 100 多元的居民养老保险,两被告间明显存在串通损害殷某利益的情形,故要求两被告连带赔偿殷某的养老保险损失。殷某主张其自 2006 年 9 月起即在海企公司处工作,但未能提供相应的依据。

法院经审理认为,《最高人民法院关于审理劳动争议案件适用法律若干问题的解释(三)》第 1 条规定,劳动者以用人单位未为其办理社会保险手续,且社会保险经办机构不能补办导致其无法享受社会保险待遇为由,要求用人单位赔偿损失而发生争议的,人民法院应予受理。根据法律规定,职工应当参加基本养老保险,由用人单位和职工共同缴纳基本养老保险费。用人单位应当按照国家规定的本单位职工工资总额的比例缴纳基本养老保险费,记入基本养老保险统筹基金;职工应当按照国家规定的本人工资的比例缴纳基本养老保险费,记入个人账户。本案中,兰丽公司作为殷某的用人单位,2010 年 6 月至 2015 年 7 月期间在金坛农保处为殷某缴纳了居民养老保险,该基本养老保险系由个人缴纳的基本养老保险,作为用人单位的兰丽公司规避了其应当为殷某缴纳社会保险费的义务,违反了法律的规定。作为用工单位的海企公司,在其与兰丽公司签订的《劳务派遣协议》中明确海企公司应支付的相关社会保险费用数额按双方约定的标准即金坛区居民养老保险 135 元/月,应视为海企公司对兰丽公司仅为殷某投保居民养老保险是明知的,故法院认定海企公司对兰丽公司因未按规定为殷某参加职工养老保险造成殷某的损失存在过错,海企公司、兰丽公司应对殷某的损失承担连带责任;海企公司现已注销,权利义务由钟海公司承继,故殷某要求钟海公司、兰丽公司承担连带赔偿责任的请求,符合法律的规定,法院予以支持。

关于赔偿的年限及标准问题。当事人对自己提出的主张有责任提供证据。殷某主张其自 2006 年 9 月起即在海企公司处工作,但未能提供相应的证据;诉讼中,殷某提供了个人活期明细信息,钟海公司、兰丽公司提供了殷某的社保缴费记录,均证明 2010 年 5 月之前殷某的工资由其他单位发放。2015 年 8 月至 2016 年 9 月期间海企公司为殷某正常缴纳了社保,故赔偿年

---

① 经检索,本案二审系调解结案,调解书内容不详。

限应自 2010 年 6 月至 2015 年 7 月。根据规定,劳动者超过法定退休年龄请求用人单位赔偿养老保险待遇损失,且经社会保险经办机构审核确实不能补缴或者继续缴纳养老保险费的,自该用人单位依法应当为劳动者办理社会保险之日起,如果劳动者在用人单位连续工作未满 15 年,用人单位按照每满一年发给相当于一个月当地上一年度职工月平均工资标准一次性支付劳动者养老保险待遇赔偿。故赔偿年限确定为 5 年,赔偿标准应按 2015 年城镇私营单位就业人员平均工资 43 032 元计算,具体为 17 930 元。

【法 律 评 析】

(一)评析要点

本案要点在于劳动者养老保险待遇损失可否要求用人单位赔偿。

社会保险纠纷不可诉的观点曾在坊间流传,这其实是对劳动争议受理标准的误解。早在《最高人民法院关于审理劳动争议案件适用法律若干问题的解释》颁行时,就曾将追索社会保险费(金)纳入法院受理范围。它规定劳动者退休后,与尚未参加社会保险统筹的原用人单位因追索养老金、医疗费、工伤保险待遇和其他社会保险费而发生的纠纷属于劳动争议,法院应当受理。

2010 年 9 月 14 日,最高人民法院民一庭庭长杜万华就《最高人民法院关于审理劳动争议案件适用法律若干问题的解释(三)》答记者问时指出,《劳动争议调解仲裁法》确定了社会保险争议属于劳动争议,但是否应把所有的社会保险争议不加区别地纳入人民法院受案范围,确是一个在实践中争议广泛的问题,需要司法解释进一步明确。用人单位、劳动者和社保机构就欠费等发生争议,是征收与缴纳之间的纠纷,属于行政管理的范畴,带有社会管理的性质,不是单一的劳动者与用人单位之间的社保争议。因此,对那些已经由用人单位办理了社保手续,但因用人单位欠缴、拒缴社会保险费或者因缴费年限、缴费基数等发生的争议,应由社保管理部门解决处理,不应纳入人民法院受案范围。因用人单位没有为劳动者办理社会保险手续且社会保险经办机构不能补办导致劳动者不能享受社会保险待遇,要求用人单位赔偿损失的,则属于典型的社保争议纠纷,人民法院应依法受理。因此,《最高人民法院关于审理劳动争议案件适用法律若干问题的解释(三)》第 1 条规定,"劳动者以用人单位未为其办理社会保险手续,且社会保险经办机构不能补办导致其无法享受社会保险待遇为由,要求用人单位赔偿损失而发生争议的,人民法院应予受理。"综上,按照最高人民法院的意见,劳动者主张养老保险待遇损失的,需具备两个条件:一是用人单位未办理社保手续。如果用人单位办了社保手续,仅仅是未足额缴费或存在欠缴,则不符合条件。二是社会保险经办机构不能补办。社保补缴理论上没有追溯期限,不过若劳动者已达退休年龄,实务中一般无法补办。

(二)法律依据与实务分析

缴纳社会保险是用人单位和劳动者的法定义务。《劳动法》第 72 条规定,用人单位和劳动者必须依法参加社会保险,缴纳社会保险费。《社会保险法》第 12 条规定,用人单位应当按照国家规定的本单位职工工资总额的比例缴纳基本养老保险费,记入基本养老保险统筹基金。第 16 条规定,参加基本养老保险的个人,达到法定退休年龄时累计缴费满 15 年的,按月领取基本养老金。

本案中,兰丽公司为殷某缴存的是城镇居民养老保险,而非城镇职工基本养老保险。二者虽均名为养老保险,但实则有天壤之别。第一,二者保障对象不同。城镇职工基本养老保险是保障城镇就业群体;而城镇居民社会养老保险保障的是城镇非从业居民群体,更具有普惠性。第二,二者实施强度不同。城镇职工基本养老保险是国家法律法规规定强制实施的,用人单位、劳动者个人都必须按照规定的缴费基数和比例缴费;而城乡居民养老保险(包括城镇居民养老保险)是由政府加以引导,政府补贴城乡居民积极参保,具有非强制性。第三,二者缴费标准不同。城镇职工基本养老保险的缴费基数、缴费比例是根据国家法律规定和政府公布的标准而确定的,一般不具有弹性。而城镇居民养老保险的缴费标准可以根据自身情况自主选择,有的地区还允许增设缴费标准,以适应各地经济发展不均的状况,具有灵活性。根据《社会保险法》第10条等相关规定,用人单位和职工共同缴纳基本养老保险费是法定义务,而本案中兰丽公司自2010年6月至2015年7月期间为殷某在金坛区缴纳了居民基本养老保险,致使殷某在达到退休年龄后累计缴纳城镇职工基本养老保险费未满15年,无法享受退休职工养老保险待遇。

关于养老保险待遇损失的认定,《社会保险法》第15条规定,"基本养老金由统筹养老金和个人账户养老金组成。基本养老金根据个人累计缴费年限、缴费工资、当地职工平均工资、个人账户金额、城镇人口平均预期寿命等因素确定。"因此,认定养老保险待遇损失可从上述几个因素入手,有些地方法院还制定了具体的判定方法。以本案发生地江苏为例,江苏省高级人民法院《关于审理劳动人事争议案件的指导意见(二)》第20条规定,劳动者超过法定退休年龄请求用人单位赔偿养老保险待遇损失,且经社会保险经办机构审核确实不能补缴或者继续缴纳养老保险费的,自该用人单位依法应当为劳动者办理社会保险之日起,如果劳动者在用人单位连续工作未满15年,用人单位应按照每满一年发给相当于一个月当地上一年度职工月平均工资标准一次性支付劳动者养老保险待遇赔偿;如果劳动者在用人单位连续工作满15年,用人单位应按统筹地区社会保险经办机构核定,以当地最低社会保险缴费基数为缴费基准,并按其应当缴费年限确定养老金数额,按月支付劳动者养老保险待遇,并随当地企业退休人员养老金水平调整而调整。故本案法院据此作出了判决。因2015年8月至2016年9月期间海企公司为殷某正常缴纳了社保,法院认为赔偿年限为2010年6月至2015年7月。

此外,2014年12月9日,重庆市高级人民法院民一庭《关于用人单位未为劳动者办理社会保险手续,且社会保险经办机构不能补办导致劳动者无法享受社会保险待遇的,用人单位应如何赔偿损失的通知》明确,劳动者以用人单位未为其办理社会保险手续,且社会保险经办机构不能补办导致其无法享受社会保险待遇为由,要求用人单位赔偿损失的,按以下原则处理:如劳动者在同一用人单位工作年限满15年的,则参照劳动者达到法定退休年龄前一年的重庆市退休职工社会月平均养老金标准的70%确定劳动者的损失,由用人单位按月赔付;如劳动者在同一用人单位连续工作不满15年,则以劳动者在用人单位的实际工作年限除以15年,再乘以其达到法定退休年龄前一年的重庆市退休职工社会月平均养老金标准的70%确定劳动者的损失,由用人单位按月赔付。

总之,对养老保险待遇损失的认定,目前尚未有统一标准,需按各地政策和司法实践口径执行。

作者:董传羽

62. 企业年金争议
——张某与湖北银行黄石分行劳动争议再审案

摘要: 退休员工在按原单位规定选择领取企业年金方案中的"中人补偿"及"生活补贴"补差后,又起诉要求原单位支付"补贴工资"及赔偿金,三级法院均未支持。

来源: 湖北省黄石市下陆区人民法院(2018)鄂 0204 民初 530 号民事判决书;湖北省黄石市中级人民法院(2019)鄂 02 民终 11 号民事判决书;湖北省高级人民法院(2019)鄂民申 3933 号民事裁定书。

【事实概要】①

张某(女,1963 年 1 月生)原系湖北银行黄石分行员工。2002 年 4 月 23 日,中共黄石市商业银行委员会文件《关于同意谢××等二十八位同志内部退养的通知》(黄商银党〔2002〕8 号)中记载,根据本人申请,并经 2002 年 4 月 14 日银行党政联席会议讨论通过,同意张某在内的 28 位同志内部退养,内部退养费从 5 月 1 日起支付。其中,张某月退养费金额为 600 元。2005 年 8 月 8 日,黄石市商业银行《关于为退休职工办理企业年金的通知》(黄商银发〔2005〕48 号)中记载,"从现在起我行职工新办理正式退休手续时,本行将为其办理一次性企业年金",同时对企业年金的办理标准进行了规定。

2012 年 7 月 1 日,《湖北银行关于提高退休人员生活待遇标准的通知》中载明:"本通知所称退休人员,是指湖北银行正式员工(含原城商行、城信社),符合国家有关退休条件的规定,经组织批准,办理了退休手续的人员。退休人员基本养老保险统筹项目内养老金发放和正常调整按所在地保险政策的有关规定执行,同时,综合考虑退休人员的历史贡献等,总行统一核定行内生活补贴标准,由退休人员所在地分行按标准执行。生活补助分为行龄补贴(与连续服务年限挂钩,按 300 元/人/年标准核定)、职级补贴(其他员工 6 000 元/年)及所在地社平收入补贴(当年当地社平工资×10%)。该通知自 2012 年 1 月 1 日起执行。"

2012 年 11 月 14 日,《湖北银行关于明确内退人员补贴标准的通知》中载明:"为了保障我行内退人员的基本生活水平,综合考虑物价上涨及内退人员的实际,参照同业做法,总行决定提高内退人员补贴标准。本通知所称内退人员,是指与各分行签订内部退养协议,并办理了内退手续的员工,或事实上比照内退人员管理的员工。"

2013 年 8 月 9 日,湖北银行发布《关于印发〈湖北银行股份有限公司企业年金方案〉的通知》(鄂银发〔2013〕213 号),该方案经湖北银行股份有限公司第一届董事会第七次会议、湖北银行第一届职工代表大会第一次会议审议通过,方案记载:(1)本行企业年金方案建立的时间为 2013 年 1 月 1 日。(2)参加人员范围为在本行适用期满、在本方案实施有效期内与本行签订有正式、生效的行员劳动合同,并正在履行劳动合同所规定的全部义务的在职人员(已退休的人员除外),在本行参加了企业职工基本养老保险并履行缴费义务。(3)参加员工有权选择

---

① 一审法院认定,二审法院确认。

参加或退出年金方案,在达到企业年金领取条件后,参加人或其受益人享有领取企业年金的权利。(4)中人补偿,中人是指于 2022 年 12 月 31 日及之前在本行退休的本方案参加人。补偿方式是设定最低月领取标准,若员工退休时,其个人期权账户余额确定的月均领取额低于规定领取标准的,本行可按相应标准补足差额。内退人员按 0—7 级标准执行。在本方案建立后退休的本行员工,自退休次月起开始享受补差待遇。凡一次性领取年金个人账户累计余额的,不能享受以上补差待遇。(5)员工达到法定退休条件并办理了退休手续,其个人期权账户积累额一次性转入个人实权账户。(6)达到国家规定的退休条件并办理了退休手续的,可以按照国家规定领取企业年金。(7)修改企业年金,需本行与职工代表通过集体协商制定,将修改后的方案草案提交职工代表大会讨论通过,重新报人力资源和社会保障部门审批备案,并以书面形式通知年金方案参加人和受托人。

2014 年 6 月 17 日,湖北银行下发《关于退休员工领取企业年金的通知》(鄂银人〔2014〕102 号),记载:在我行办理了企业年金的员工,达到国家规定的退休年龄并办理了退休手续后,从 2013 年起可享受企业年金相关政策待遇,2012 年 12 月 31 日及以前退休人员,按《湖北银行关于提高退休人员生活待遇标准的通知》相关补贴标准执行;2013 年 1 月 1 日至 2013 年 12 月 31 日退休人员按照"中人补偿"标准领取;2014 年 1 月 1 日及以后退休人员可参照 2013 年 1 月 1 日至 2013 年 12 月 31 日退休人员的领取标准办理企业年金领取手续。

2015 年 9 月 9 日,湖北银行黄石分行下发《黄石分行关于内退员工退休后相关待遇标准的规定》(鄂银黄发〔2015〕135 号),记载:(1)本规定适用于内退员工,从 2013 年 1 月 1 日后符合国家正式退休条件并办理退休手续的人员。(2)内退员工退休后,按原黄石市商业银行《关于为退休职工办理企业年金的通知》(黄商银发〔2005〕48 号)领取企业年金一次性补贴外,根据本人意愿可选择以下任意一种生活待遇标准,一是申请退出湖北银行企业年金计划,按照《湖北银行关于提高退休人员生活待遇标准的通知》规定的标准领取生活补贴,今后如遇湖北银行企业年金方案中的"中人补偿"标准提高,优于"生活补贴"标准时,则可按企业年金领取标准发放生活补贴;二是按规定领取湖北银行企业年金方案中的"中人补偿",同时按照《湖北银行关于提高退休人员生活待遇标准的通知》规定的"生活补贴"标准领取补差,今后如遇湖北银行企业年金"中人补偿"或"生活补贴"标准调整,按就高的原则执行或补差。

张某于 2005 年办理了内退手续,内退期间生活补贴的发放标准先为 1 685.91 元/月,后变更为 1 692.16 元/月。后张某于 2018 年 1 月 25 日正式退休,黄石市人力资源和社会保障局向其发放了退休证,退休证上记载张某达到养老金领取条件的时间为 2018 年 2 月。张某正式办理退休手续后,其于 2018 年 2 月 6 日向湖北银行黄石分行申请企业年金待遇领取,领取标准为 800 元/月。

另,黄石银行前身为黄石市商业银行,2010 年 12 月 24 日经中国银监会批准,黄石银行等组建为湖北银行,2011 年 2 月 27 日湖北银行正式成立,2011 年 6 月 30 日黄石银行正式更名为湖北银行黄石分行。

【裁 判 要 旨】

1. 湖北省黄石市下陆区人民法院一审判决

张某因对退休待遇不满,向湖北省黄石市下陆区人民法院(下称一审法院)起诉,请求(第(3)项系关于诉讼费,略):(1)判令湖北银行黄石分行支付拖欠其 2018 年 2—4 月 3 个月的补贴工资 2 400 元(应发 5 076.48 元减去实发 2 676.48 元);同时支付自 2018 年 5 月起按 1 692.16 元/月的标准向其足额支付补贴工资。(2)判令湖北银行黄石分行立即按应付金额 100%的比例向其加付未足额支付期间的赔偿金(截至 2018 年 6 月份实际应当加付的赔偿金为 4 000 元)。

关于张某退休后可否同时获得生活补贴 1 692.16 元/月及企业年金 800 元/月,一审法院认为,首先,《湖北银行关于提高退休人员生活待遇标准的通知》制发时间为 2012 年 7 月,当时湖北银行还未建立企业年金方案,故在湖北银行建立企业年金方案之前即 2013 年 1 月 1 日之前退休的人员应按照上述通知的规定领取生活待遇补贴。《湖北银行关于明确内退人员补贴标准的通知》仅针对湖北银行的内退员工。湖北银行《关于退休员工领取企业年金的通知》是指在湖北银行建立企业年金方案后,参与了企业年金方案的职工,在退休后可享受企业年金政策待遇。从上述三份通知可以看出,不同身份、不同时期的企业职工应按照相对应的文件规定获得相应的生活待遇。本案中,张某已于 2018 年 1 月 25 日正式退休,故其不应适用《湖北银行关于明确内退人员补贴标准的通知》的相关规定,而应按照正式退休人员的标准获得相应的生活待遇。

其次,内退时期生活待遇与正式退休后生活待遇不应混同。湖北银行黄石分行向内退人员发放生活补贴的背景是为了保障内退人员的基本生活水平,考虑到内退人员的工资水平较低且没有国家其他强制性保障措施,由企业自主决定发放相应的生活补贴,补贴方式和标准均由企业自主决定。正式退休人员有国家强制建立的基本养老保险制度和补充养老保险制度即企业年金来保障职工退休后的基本生活,故二者之间的待遇不能混同,更不能错误地认为内退时期领取的生活补贴应延续到正式退休后。张某主张其在正式退休后,在领取养老金和企业年金的同时还应按内退时期的标准领取生活补贴,于法无据。

再次,《企业年金办法》第 2 条规定:"本办法所称企业年金,是指企业及其职工在依法参加基本养老保险的基础上,自主建立的补充养老保险制度";第 24 条规定:"职工在达到国家规定的退休年龄或者完全丧失劳动能力时,可以从本人企业年金个人账户中按月、分次或者一次性领取企业年金"。《湖北银行股份有限公司企业年金方案》第 7 条规定:"参加员工有权选择参加或退出年金方案,在达到企业年金领取条件后,参加人或其受益人享有领取企业年金资金的权利"。本案中,张某参与了湖北银行的企业年金方案,同时,其于 2018 年 2 月 6 日向湖北银行黄石分行提交了企业年金待遇领取申请表,表明其愿意参加湖北银行黄石分行的企业年金方案,因此,张某退休后有权按月领取企业年金,湖北银行亦按照规定向其发放了企业年金。

最后,湖北银行黄石分行于 2015 年 9 月 9 日发放的《黄石分行关于内退员工退休后相关待遇标准的规定》就内退人员于 2013 年 1 月 1 日正式办理退休手续后的生活待遇标准作出了规定。该规定是湖北银行黄石分行行使自主管理权,在职工依法享有社会保险待遇、企业年金的基础上,补充生活补贴来提高退休职工的生活待遇。该规定的待遇标准并未损害职工的合法权益,亦未违反国家法律、法规的强制性规定,应属合法有效。在张某正式退休后选择领取企业年金的基础上,考虑到现行领取标准较低,湖北银行黄石分行为不降低退休员工的生活标准,自主决定同时按照《湖北银行关于提高退休人员生活待遇标准的通知》规定的"生活补贴"标准向其发放补差,未减少或损害张某退休后的福利待遇。张某正式退休后,主张在领取企业年金的同时还应按照内退时期的标准领取生活补贴的诉讼请求,无事实和法律依据;且张某亦未提交证据证明其在正式退休后亦可同时领取内退时期的生活待遇补贴,故对张某的上述主张,不予支持。

关于湖北银行黄石分行是否应向张某支付赔偿金,一审法院认为,《劳动法》第91条及《关于审理劳动争议案件适用法律若干问题的解释》第15条规定了支付赔偿金的情形。本案中,湖北银行黄石分行在张某退休后未发放其生活补贴的行为并不属于法律规定的应支付张某赔偿金的情形,故对张某要求湖北银行黄石分行支付赔偿金的诉讼请求,不予支持。

综上,依照《劳动法》第91条、《最高人民法院关于审理劳动争议案件适用法律若干问题的解释》第15条、第1条等规定,一审法院判决驳回张某的全部诉讼请求。

2. 湖北省黄石市中级人民法院二审判决

张某不服一审判决,向黄石市中级人民法院(下称二审法院)提起上诉。二审法院于2019年1月2日立案,组成合议庭进行了审理。

张某上诉请求:撤销一审判决,依法改判支持其一审全部诉讼请求。张某主张,一审查明的其内退期间生活补贴(1 692.16元/月)是退休后重新核定的生活补贴;其退休后领取的企业年金由《企业年金办法》调整,与生活补贴福利待遇无关;《黄石分行关于内退员工退休后相关待遇标准的规定》规定内容显失公平,将依劳动关系确定的生活补贴与企业年金混为一谈,应认定无效。

湖北银行黄石分行答辩称,《黄石分行关于内退员工退休后相关待遇标准的规定》系依据经湖北银行股份有限公司董事会及职代会审议通过的《企业年金方案》,合法有效;该规定第26条"中人补偿"是根据上述方案要求,结合实际情况对补差标准进行了明确规定,并无不当;张某于2018年1月25日正式退休并参加了企业年金,属2013年1月1日以后参与了企业年金的内退退休员工,应适用2014年6月17日印发的《关于退休人员领取企业年金的通知》和2015年9月9日印发的《黄石分行关于内退员工退休后相关待遇标准的规定》。根据上述规定,张某在退休后可以选择一种生活待遇标准,即:一是退出企业年金计划,按《湖北银行关于提高退休人员生活待遇标准的通知》规定领取相应的生活补贴;二是按规定领取湖北银行企业年金方案中的"中人补偿",同时按照《湖北银行关于提高退休人员生活待遇标准的通知》规定的"生活补贴"标准领取补差。张某于2018年2月6日提交了企业年金待遇领取申请表,表明其选择了第二种方式,无权要求同时享受生活补贴及企业年金。

二审法院认为:本案诉争的焦点为张某退休后可否在领取企业年金的同时获得每月生活补贴1 692.16元。本案中,湖北银行黄石分行为保障内退员工基本生活水平,综合考虑物价上涨及内退员工实际困难情况,根据《湖北银行关于明确内退人员补贴标准的通知》要求,从2012年1月起,每月在维持内退工资标准不变的基础上,按照总行规定的补贴标准上限为内退员工增加发放生活补贴,张某退休前作为该行内退员工领取了相应生活补贴。而对于内退员工退休后待遇问题,湖北银行黄石分行则采取继续领取生活补贴(加一次性领取企业年金补贴)或依照总行企业年金方案领取"中人补偿"(加"生活补贴"补差)两种方式任选其一,由内退员工自愿选择退休后的待遇。张某于 2018 年 1 月 25 日退休,于同年 2 月 6 日申请按月领取企业年金待遇。因张某每月领取的企业年金为 800 元,退休时最终核准"生活补贴"标准为 1 692.16 元/月,故张某按照"就高"原则,应当自领取企业年金待遇当月同时领取补贴补差 892.16 元。张某在退休次月仍按 1 685.91 元的标准领取了"生活补贴",是因为张某退休时对是否享受企业年金或生活补贴待遇未作出选择,且湖北银行黄石分行鉴于时值春节因而继续发放该生活补贴。而此后核准的"生活补贴"标准为 1 692.16 元,实则是张某按月领取企业年金后发放张某退休后生活补贴补差的依据,而非张某按该金额实际领取的补贴补差。故张某主张在退休后享受企业年金的同时还继续全额领取湖北银行黄石分行"生活补贴"与该行相关文件规定明显不符,其理由不能成立,其诉请缺乏事实和法律依据,二审法院不予支持。

综上所述,二审法院认为张某的上诉请求不能成立,应予驳回;一审判决认定事实清楚,适用法律正确,应予维持,遂于 2019 年 3 月 29 日判决:驳回上诉,维持原判。

3. 湖北省高级人民法院再审裁定

张某不服二审判决,向湖北省高级人民法院(下称再审法院)申请再审称,二审判决认定事实不清、适用法律错误。申请人退休后应享受的生活补贴待遇与内退期间的生活补贴工资并不相同,二审法院将二者混同没有依据。2012 年版《关于提高退休人员生活待遇标准的通知》湖北银行黄石分行至今还在沿用,此可证明生活补贴待遇中不包含企业年金。2019 年版《关于调整退休员工生活待遇的通知》在原有基础上调增了生活补贴待遇,证明湖北银行黄石分行不应扣减张某生活补贴待遇 800 元/月,二审法院未予支持其请求错误。

再审法院经审查认为,本案的争议焦点在于张某退休后是否可同时获得生活补贴和企业年金。湖北银行黄石分行在张某正式退休后,对其退休待遇的核算上采取企业年金以及按"生活补贴"标准向其发放补差的方式,并未减少或损害张某退休后的福利待遇。现张某主张其在获得企业年金的同时,还应继续全额领取湖北银行黄石分行"生活补贴"的主张没有事实依据。原一、二审法院对本案所涉相关文件、政策的阐述明确清晰,说理透彻,张某的再审申请事由不能成立。

综上,再审法院认为张某的再审申请不符合《民事诉讼法》第 200 条规定的应当再审的情形,于 2019 年 12 月 2 日裁定:驳回张某的再审申请。

【法 律 评 析】

(一) 评析要点

本案看似纷繁,但核心是张某的身份如何认定、湖北银行黄石分行及其母行(湖北银行股份有限公司)有关规定的效力及张某正式退休之后究竟应享受何种待遇。

张某在 2018 年年初正式退休之前属于"内退"(内部退养)人员,此后属于退休人员。我国《劳动法》《劳动合同法》《社会保险法》均无关于"内退"的规定,因此"内退"问题只能适用一些政策性文件以及用人单位内部的规章制度。本案张某的诉请系针对其正式退休之后的待遇。

我国自 2004 年 5 月 1 日起试行企业年金。① 根据现行《企业年金办法》，②企业年金是指企业及其职工在依法参加基本养老保险的基础上，自主建立的补充养老保险制度。国家鼓励企业建立企业年金，即企业年金并非强制推行，更非每家企业都有。湖北银行黄石分行及其母行有关文件于法不悖，其企业年金方案亦经母行董事会及职代会审议通过，可以作为法院审理本案的依据。

按照湖北银行黄石分行及其母行有关文件及张某的个人选择（按规定领取企业年金方案中的"中人补偿"及"生活补贴"补差），三级法院均未支持张某的诉讼请求。

"中人"是我国社会保险（养老保险）制度下特有的概念。就企业而言，所谓"中人"是指在我国统一的企业职工基本养老保险制度实施之前参加工作、实施之后退休的人员。与此相应，"老人"是指上述制度实施之前即已离（休）、退休的人员，"新人"则指上述制度实施之后参加工作的职工。③

（二）法律依据与实务分析

本案判决的法律依据见上文，兹不赘述。

关于张某退休后与原用人单位（湖北银行黄石分行）就福利待遇引发的纠纷适用法律问题，本案一审法院认为，虽湖北银行黄石分行参加了社会保险统筹，但张某主张的福利待遇系关于其退休后生活补贴和企业年金的发放，企业年金系用人单位建立的补充保险制度，不属于国家法律强制性的养老保险制度，由企业自主管理，因此，更多应参考企业内部规章制度。而劳动者张某退休后，虽与原用人单位不存在劳动关系，但其所享有的养老金、医疗费、工伤保险待遇和其他待遇等是基于其过去在劳动岗位上履行的劳动义务，因此，由此发生的争议可视为劳动争议。

本案双方争议金额不过区区数千元（当然，事关张某在有生之年每月应享受的待遇），历经一审、二审和再审。本案之所以发生，可能是原单位（湖北银行黄石分行）在张某退休时的操作导致了张某的误解。当时恰逢春节，原单位在张某选择享受企业年金或生活补贴待遇之前继续发放了一个月的生活补贴，张某由此认为该生活补贴与其之后领取的企业年金无关，在其选择享受企业年金（"中人补偿"）后，原单位除每月向其支付 800 元企业年金外，还应继续支付全额生活补贴。若当初原单位暂缓相关操作（等待张某作出选择）或在支付导致争议的一个月生活补贴时向张某耐心说明，可能本案就不会发生了。

本案判决和裁定均未提及劳动仲裁；若确实未经仲裁，按一审法院的逻辑，则本案可"视为"一起跳过仲裁前置程序的特殊劳动争议案。鉴于三级法院均未支持张某的诉请且皆非因程序问题，就结果而言，仲裁程序阙如并未影响本案的审理。

作者：齐斌

---

① 《企业年金试行办法》（劳动和社会保障部令第 20 号），现已失效。
② 人力资源和社会保障部、财政部令第 36 号，自 2018 年 2 月 1 日起施行。
③ 国务院《关于建立统一的企业职工基本养老保险制度的决定》（国发〔1997〕26 号，1997 年 7 月 16 日发布、实施）第 5 条规定："本决定实施后参加工作的职工，个人缴费年限累计满 15 年的，退休后按月发给基本养老金……"；"本决定实施前已经离退休的人员，仍按国家原来的规定发给养老金，同时执行养老金调整办法……"；"本决定实施前参加工作、实施后退休且个人缴费和视同缴费年限累计满 15 年的人员，……在发给基础养老金和个人账户养老金的基础上再确定过渡性养老金，过渡性养老金从养老保险基金中解决……"。以上即所谓"新人新办法、老人老办法、中人中办法"。

第九章 医疗保险和生育保险

63. "混同用工"情况下生育保险待遇的支付
——谢某与深圳市全木行电子商务服务有限公司、
深圳市链金所互联网金融服务有限公司、
深圳市特速实业有限公司"混同用工"纠纷案

摘要：三家关联公司"混同用工"，员工离职后追索产假工资差额、律师费和解除劳动合同经济补偿，二审法院判令三公司承担连带清偿责任。

来源：广东省深圳市福田区人民法院（2018）粤 0304 民初 17919 号民事判决书；广东省深圳市中级人民法院（2018）粤 03 民终 13950 号民事判决书。

【事 实 概 要】①

2015 年 10 月 27 日，谢某（女）入职深圳市链金所互联网金融服务有限公司（下称链金所金融公司），双方签订自 2015 年 10 月 27 日至 2016 年 10 月 26 日的劳动合同，后未续签；但谢某与深圳市全木行电子商务服务有限公司（下称全木行公司）签订了期限为 2016 年 10 月 26 日（一说 27 日）至 2017 年 10 月 25 日（一说 26 日）的劳动合同。

链金所金融公司与全木行公司同为深圳市特速实业有限公司（下称特速实业公司）集团成员，两家公司的总经理、执行董事、监事存在重合情形，两家公司也存在交叉为谢某发放工资以及缴纳社保费情况。

2017 年 7 月 1 日，谢某因剖宫产休产假，后认为单位未足额支付其产假工资而于同年 12 月提出离职。谢某认为，其在为链金所金融公司提供劳动期间，曾多次为全木行公司、特速实业公司提供劳动，且社保费缴纳和工资的发放亦存在交叉；链金所金融公司、全木行公司、特速实业公司为关联公司，上述三公司存在"混同用工"。

二审期间，谢某补充提交链金所金融公司、全木行公司网页截图，显示链金所金融公司的网址与公司方提交的员工发出的邮件后缀是一致的，欲证明谢某是作为链金所金融公司的劳动者提供劳动服务，相关劳动成果与全木行公司有关，但并不是为全木行公司提供劳动。链金所金融公司、全木行公司、特速实业公司对证据真实性、合法性没有异议，关联性有异议，认为不管用来发送邮件的地址显示哪一家公司，邮件中要求谢某处理的工作是全木行公司的，邮件地址显示链金所金融公司地址恰好能证明存在混同用工情形。

---

① 主要依据谢某陈述和二审判决。

【裁 判 要 旨】

1. 广东省深圳市福田区劳动人事争议仲裁委员会裁决

谢某向广东省深圳市福田区劳动人事争议仲裁委员会提起仲裁申请,要求链金所金融公司、全木行公司支付其 2016 年 11 月 27 日至 2017 年 10 月 26 日未签劳动合同二倍工资差额、产假工资差额和经济补偿金。仲裁委员会支持其部分请求。

2. 广东省深圳市福田区人民法院一审判决

谢某和上述公司均不服仲裁裁决,分别向深圳市福田区人民法院(下称一审法院)起诉。谢某请求判令链金所金融公司支付未签劳动合同二倍工资差额、产假工资差额和经济补偿金,全木行公司及特速实业公司(一审中被追加为被告)承担连带责任。一审判决如下:(1)全木行公司于判决生效之日起 10 日内向谢某支付产假期间的工资差额 47 650 元及律师费 3 433.79 元;(2)链金所金融公司及特速实业公司对上述款项承担连带清偿责任;(3)驳回谢某其他诉讼请求;(4)驳回链金所金融公司及全木行公司其他诉讼请求。

3. 广东省深圳市中级人民法院二审判决

上述三公司和谢某均不服一审判决,向深圳市中级人民法院(下称二审法院)上诉。二审法院于 2018 年 7 月 30 日立案,组成合议庭对本案进行了审理。

公司上诉请求:(1)撤销一审判决第(1)、(2)项;(2)依法改判链金所金融公司、全木行公司仅须向谢某支付产假期间工资差额人民币 3 523.33 元;(3)依法改判链金所金融公司、全木行公司仅须向谢某支付律师费 253.9 元。

谢某辩称:(1)剖宫产确实属于难产的情形。(2)关于本案两份协议(与谢某产假工资和期限有关)的效力问题,《劳动合同法》对与劳动有关的合同效力采取更为严格的标准,本案中(上述协议约定)少发产假工资、缩短产假期限,应依《劳动合同法》认定为无效。

谢某上诉请求:(1)撤销一审判决第(1)项关于律师费部分,撤销第(2)项、第(3)项全部。(2)依法改判支持谢某一审全部诉讼请求。

上述三公司辩称:(1)全木行公司已经与谢某签署了书面合同,全木行公司向谢某发放薪资,谢某向全木行公司提供劳动成果,谢某要求支付双倍工资的诉求不应得到支持。具体如下:全木行公司已经与谢某签署了书面合同,合同期限为 2016 年 10 月 26 日至 2017 年 10 月 25 日,谢某已经在劳动合同签收单上签字确认收到前述劳动合同,谢某作为一个完全民事行为能力人在签署与全木行公司的劳动合同签收单时,应当知悉与其建立劳动关系的是全木行公司,但当时其并未提出任何异议。(2)谢某为全木行公司提供了劳动。根据公司方提供的证据可知,在谢某与全木行公司的劳动合同存续期间,谢某为全木行公司提供了劳动。且在仲裁及一审庭审中,谢某已经认可了前述证据的真实性。谢某认为是根据领导张某指示处理全木行公司的工作,仅仅为全木行公司提供劳动不足以认定存在劳动关系。但事实上,谢某的直管领导既是全木行公司的高管也是链金所金融公司的高管,两个公司在高管层面上同样存在混同用工的情况。谢某用来发送邮件的邮件地址显示的不管是哪家公司,但邮件中要求谢某处理的工作是全木行公司的工作,谢某已经认可。邮件地址显示的是链金所金融公司,恰好证明两家公司存在混同用工。(3)全木行公司向谢某发放了工资。根据谢某提供的银行流水以及三公司在一审提供的证据可知,在 2016 年 6 月至 10 月即谢某与链金所金融公司劳动合同存续期间,谢某的工资是由全木行公司发放的,谢某在计算休产假前12个月平均工资时也将该部分工资计算在内,说明其认可全木行公司向其发放过工资。(4)从谢某的诉讼请求以及上诉请求可以看出,谢某要求全木行公司以及特速实业公司对链金所金融公司向谢某的义务承担连带责任,证明其已经认可了混同用工的事实。综上,全木行公司已经与谢某签署劳动合同,其要求支付二倍工资的诉请不应得到支持。不管谢某与三个公司中的哪家公司签署劳动合同,自谢某2015年入职以来,公司均为其正常发放薪资,缴纳社保,其作为劳动者的权益没有受到任何影响。

二审法院认为,根据双方二审诉辩意见,本案二审争议焦点为:(1)链金所金融公司应否支付谢某2016年11月27日至2017年10月26日期间未签书面劳动合同二倍工资差额;(2)谢某依法享有的产假工资数额;(3)谢某主张被迫解除劳动合同是否成立;(4)律师费承担问题;(5)特速实业公司应否承担连带清偿责任。对上述争议焦点,二审法院分析认定如下:

关于争议焦点(1),根据本案现有证据,谢某于2015年10月27日入职链金所金融公司,其与链金所金融公司签订了期限为2015年10月27日至2016年10月26日的书面劳动合同,与全木行公司签订了期限为2016年10月26日至2017年10月25日的劳动合同。链金所金融公司与全木行公司同为特速实业公司集团成员,两家公司的总经理、执行董事、监事存在重合情形,两家公司存在交叉为谢某发放工资以及购买社保(缴纳社保费)情况。因此,原审认定链金所金融公司与全木行公司存在对谢某混同用工事实具有事实依据,二审法院予以支持。特速实业公司在原审时亦认可其对谢某存在混同用工事实,二审法院对此亦予以确认。由于关联企业根据业务需要对劳动者进行混同、交叉用工不违反法律、行政法规强制性规定,而且根据现行劳动法律规定,劳动者的工作年限系连续计算,劳动者的权益并未受到实质影响。本案中,谢某入职后从事的工作包括链金所金融公司、全木行公司、特速实业公司的业务,其应对链金所金融公司与全木行公司对其混同用工的情况知情并认可。由于2016年11月27日至2017年10月26日(上文为25日——笔者注)期间谢某已与全木行公司签订书面劳动合同,其相关劳动权利义务已得到明晰和保障,现有证据并不能证明链金所金融公司、全木行公司、特速实业公司对谢某混同用工存在恶意,故二审法院对谢某诉请链金所金融公司承担二倍工资惩罚性法律责任不予支持。虽然链金所金融公司与全木行公司对谢某存在混同用工,但由于2016年11月27日至2017年10月26日期间谢某已与全木行公司签订书面劳动合同,其与全木行公司依法建立了劳动合同关系,故二审法院对谢某诉请其在上述期间与链金所金融公司存在劳动合同关系以及自2017年10月27日起已建立无固定期限劳动合同关系不予支持。

关于焦点(2),其一,关于谢某产假期间的工资标准问题,根据相关女职工劳动保护规定,女职工产假期间享受原工资标准待遇即享受产假前12个月应得的全部劳动报酬计算的月平均工资待遇,但在奖励假期间应按职工正常出勤情况下应得工资计算,加班费、高温津贴、支付周期超过一个月或未确定支付周期的劳动报酬除外。链金所金融公司、全木行公司、特速实业公司提交的女职工之协商意见书、协议书等证据中关于降低女职工产假期间的工资待遇(的约定)违反相关法律规定,谢某要求补足差额的理由成立。经核算,谢某产假前12个月平均工资为10 475.3元(谢某亦认可其月平均工资为10 475.3元),而且链金所金融公司、全木行公司、特速实业公司认可谢某工资结构为基本工资+绩效,故谢某产假期间的月工资标准应为10 475.3元。其二,关于谢某能享有产假工资的起止时间认定。谢某于2017年7月1日起休产假,为剖宫产,在产假期间,谢某于 2017 年 12 月 11 日提起劳动仲裁,要求支付产假期间欠付的工资 47 650 元(扣除已支付部分,自 2017 年 7 月 1 日暂计至 2017 年 11 月 30 日);谢某于 2017 年 12 月 26 日增加仲裁请求要求公司支付解除劳动合同经济补偿,因此,虽然谢某于 2017 年 12 月 26 日诉请公司支付解除劳动合同经济补偿时其产假尚未结束,但由于其提出了被迫解除劳动合同,故其主张 2017 年 12 月 27 日之后的产假工资于法无据,二审法院不予支持。综上,全木行公司应支付谢某产假期间工资差额 39320.88 元[(10475.3×6 − 10475.3÷31×5) − (8536.99+8536.99+4767.38)]。原审就此问题处理有误,二审法院予以纠正。

关于焦点(3),劳动者以用人单位存在《劳动合同法》第 38 条第 1 款情形为由主张被迫解除劳动合同,应当在离职时明确提出。但本案中,由于谢某在主张被迫解除劳动合同前仍处于产假期间,并不属于无故自(行)离(职)后再向用人单位主张被迫解除合同,而且全木行公司确实存在未足额支付谢某产假期间工资情形,故谢某主张被迫解除劳动合同符合法律规定,全木行公司应向其支付被迫解除劳动合同经济补偿。由于链金所金融公司与全木行公司存在对谢某混同用工事实,故谢某在链金所金融公司的工作年限应当连续计算,全木行公司应向谢某支付解除劳动合同经济补偿 26188 元(10475.3×2.5),链金所金融公司应对上述款项支付承担连带责任。

关于焦点(4),根据《深圳经济特区和谐劳动关系促进条例》第 58 条的规定,在劳动争议仲裁和诉讼过程中,劳动者胜诉的,劳动者支付的律师费用可以由用人单位承担,但最高不超过 5 000 元;超过 5 000 元的部分,由劳动者承担。本案谢某关于律师费的主张符合相关法律规定,根据谢某的胜败比例,全木行公司应向谢某支付律师费 4720 元[(39320.88 + 26188) ÷ (120437.4+47650+26188)×14000]。

关于焦点(5),特速实业公司在一审阶段认可对谢某存在混同用工行为,虽然谢某在一审才将特速实业公司追加为本案当事人,但因谢某与全木行公司及链金所金融公司、特速实业公司之间的劳动争议已经过仲裁前置程序,故原审法院在查明案情情况下判令链金所金融公司、特速实业公司对全木行公司所负债务承担连带责任并不违反劳动争议仲裁前置程序。

综上,链金所金融公司、全木行公司、特速实业公司、谢某均有部分上诉理由成立,二审法院对各自成立部分予以支持。依照《劳动合同法》第 38 条第 1 款第(2)项、第 46 条第(1)项,《女职工劳动保护特别规定》第 7 条,《广东省人口与计划生育条例》第 30 条,《广东省职工生育保险规定》第 17 条等,二审法院于 2018 年 10 月 29 日判决:(1)撤销一审判决第(2)项、第(3)项、第(4)项;(2)变更一审判决第(1)项为:全木行公司于本判决生效之日起 10 日内向谢某支付产假期间的工资差额 39 320.88 元以及律师费 4 720 元;(3)全木行公司于本判决生效之日起 10 日内向谢某支付解除劳动合同经济补偿 26 188 元;(4)链金所金融公司、特速实业公司对全木行公司在本案中所负债务承担连带清偿责任;(5)驳回谢某其他上诉请求;(6)驳回全木行公司、链金所金融公司、特速实业公司的其他上诉请求。

【法 律 评 析】

(一) 评析要点

本案主要看点是所谓"混同用工"的认定及其法律后果。"混同用工"并非一个法律概念。

实务中讨论此类问题时,我们可能更多着眼于"双重(多重)劳动关系"或称兼职。如本书其他案例①评析所述,我国劳动法律法规(包括《劳动合同法》第 39 条)并不禁止兼职(双重或多重劳动关系)。但兼职情况下劳动关系如何处理,包括劳动合同如何签订、社会保险费如何缴纳,法律法规并无具体规定(非全日制用工除外②)。

本案谢某的工作内容虽然比较复杂,与兼职类似,但其相继(而非同时)与链金所金融公司和全木行公司签订劳动合同,劳动合同关系始终是明晰的,只是社保费缴纳和工资发放存在交叉。但在判定劳动关系时,与劳动合同相比,社保费缴纳和工资发放关系皆非关键因素。因此,笔者认为,本案实质是劳动者在关联企业之间转移。这种转移可能并非谢某的本意,有时用人单位为规避无固定期限劳动合同会作出类似安排。但因本案法院(至少二审法院)并未着眼于此,笔者无从了解详细情况,因此不作定论。

本案二审法院认为谢某对上述"混同用工"知情并认可,现有证据又并不能证明涉案三公司对谢某混同用工存在恶意,故二审法院对谢某诉请链金所金融公司承担二倍工资惩罚性法律责任不予支持。另,二审法院认为,虽然本案存在"混同用工",但由于谢某已与全木行公司签订书面劳动合同,依法建立了劳动合同关系,故二审法院对谢某诉请其同时与链金所金融公司存在劳动合同关系以及自 2017 年 10 月 27 日起已建立无固定期限劳动合同关系不予支持。

但因为三公司存在"混同用工",二审法院判令链金所金融公司、特速实业公司对全木行公司在本案中所负债务承担连带清偿责任。这是一种独特的处理,值得业内人士从劳动法、公司法角度深入探讨。

如上所述,笔者认为"混同用工"并非一个法律概念,但对二审判决结果表示认同。毕竟法院需在尽量公平的基础上息讼止争。

(二) 法律依据与实务分析

本案二审判决援引的《劳动合同法》第 38 条第 1 款第(2)项规定,用人单位未及时足额支付劳动报酬的,劳动者可以解除劳动合同;另据同法第 46 条第(1)项,上述情形下,用人单位应当支付经济补偿。二审法院认定公司未足额支付谢某的产假工资,因此判决全木行公司向谢某支付解除劳动合同经济补偿,链金所金融公司、特速实业公司承担连带责任。

二审判决援引的《女职工劳动保护特别规定》第 7 条第 1 款规定:"女职工生育享受 98 天产假,其中产前可以休假 15 天;难产的,增加产假 15 天;生育多胞胎的,每多生育 1 个婴儿,增加产假 15 天";《广东省人口与计划生育条例》第 30 条(此条内容,判决作出时有效的上述条例 2018 年修正版与现行 2019 年修正版相同)规定:"符合法律、法规规定生育子女的夫妻,女方享受八十日的奖励假,男方享受十五日的陪产假。在规定假期内照发工资,不影响福利待遇和全勤评奖";《广东省职工生育保险规定》第 17 条规定:"职工按照规定享受产假或者计划生育手术休假期间,其生育津贴由用人单位按照职工原工资标准逐月垫付,再由社会保险经办机构按照规定拨付给用人单位。有条件的统筹地区可以由社会保险经办机构委托金融机构将生育

---

① 唐某与中国科技国际信托投资有限责任公司劳动争议案。

② 《劳动合同法》第 69 条第 2 款规定:"从事非全日制用工的劳动者可以与一个或者一个以上用人单位订立劳动合同;但是,后订立的劳动合同不得影响先订立的劳动合同的履行。"

津贴直接发放给职工。职工已享受生育津贴的,视同用人单位已经支付相应数额的工资。生育津贴高于职工原工资标准的,用人单位应当将生育津贴余额支付给职工;生育津贴低于职工原工资标准的,差额部分由用人单位补足。……本条所称职工原工资标准,是指职工依法享受产假或者计划生育手术休假前 12 个月的月平均工资。职工依法享受假期前参加工作未满 12 个月的,按其实际参加工作的月份数计算。"二审法院根据上述规定认定公司未足额支付谢某的产假工资。

本案中,因法院认定存在"混同用工",谢某第二份劳动合同载明的用人单位(全木行公司)之两家关联公司被判令承担连带清偿责任。实务中,若劳动者确属兼职,可与主要用人单位签订劳动合同,由其缴纳社会保险费等,并与兼职单位签订聘用合同或劳务协议等,必要时还可由相关各方签订三方或多方协议,就彼此之间关系性质和权利义务作出明确约定。日常管理中,还应注意工作邮箱地址、名片印制、"汇报线"等细节,避免各方履行合同、协议过程中出现与各方初衷和在先约定不符的情形,引发争议并导致诸如本案的连带责任。

此外,《深圳经济特区和谐劳动关系促进条例》第 58 条规定了"律师费转移支付"制度(败诉的用人单位按败诉比例在 5 000 元限度内承担劳动者的律师费),这是二审判决公司分担律师费的依据。但该制度并未普遍适用于我国其他地区。

作者:齐斌

64. 未婚妈妈生育保险待遇行政诉讼
——邹某与上海市社会保险事业管理中心劳动和社会保障行政诉讼案

摘要: 未婚生育的上海妈妈申领生育保险待遇被拒,诉至法院,两审法院均未支持[①]。

来源: 上海市浦东新区人民法院(2018)沪0115行初667号行政判决书;上海市第三中级人民法院(2018)沪03行终786号行政判决书。

【事实概要】

邹某(女,1976年生)于2017年5月23日未婚生育一子。2018年1月23日,邹某向上海市社会保险事业管理中心(下称市社保中心)提出申领生育保险待遇。因邹某未提供《计划生育情况证明》且表示无法进一步补全,市社保中心经审核于同日作出《办理情况回执》,告知邹某,其申请的业务不能办理。

邹某不服,诉至上海市浦东新区人民法院(下称原审法院),请求撤销被诉回执,并向其发放生育保险待遇。

另,邹某曾向原审法院提起另一起行政诉讼,[②]要求撤销浦东新区人民政府金杨新村街道办事处(下称金杨街道)作出的《申请享受生育保险待遇计划生育情况审核申请不予受理通知书》及浦东新区人民政府作出的维持复议的《行政复议决定书》,[③]且要求一并审查《上海市申请享受生育保险待遇计划生育情况审核办法》(下称《审核办法》)第1条、第2条、第3条的合法性。原审法院于2018年4月24日作出判决,认定在现行的计划生育制度下,生育保险待遇的享受有赖于对计划生育制度之遵守,故未婚生育并不符合享受生育保险待遇的条件。审核机关将"准入"条件予以一定程度的实质审查,并无明显不当。金杨街道作出的上述不予受理通知书于法有据,程序合法,并无不当。《审核办法》属现行有效的规范性文件,其中第1条、第2条、第3条亦不存在邹某所称的违反上位法的情形,故判决驳回邹某的全部诉讼请求。邹某在法定期限内对该行政诉讼未上诉,上述判决现已生效。

【判决要旨】

1. 上海市浦东新区人民法院一审判决

原审法院认为,根据《社会保险法》第8条规定,社会保险经办机构提供社会保险服务,负责社会保险登记、个人权益记录、社会保险待遇支付等工作。《上海市城镇生育保险办法》(第二次修订,下称《生育保险办法》)第3条规定,上海市人力资源和社会保障局是本市城镇生育保险的行政主管部门,负责本市城镇生育保险的统一管理,市和区、县生育保险经办机构负责城镇生育保险的具体管理工作。故市社保中心具有审核、发放生育保险待遇的法定职责。《生

---

① 本案很可能进入再审,但截至笔者成文之际,未见案件最新进展。

② (2017)沪0115行初1289号。

③ 浦府复决字(2017)第468号。

育保险办法》第 13 条规定,申领生育生活津贴、生育医疗费补贴的妇女必须同时具备下列条件:(1)具有本市城镇户籍;(2)参加本市城镇社会保险;(3)属于计划内生育;(4)在按规定设置产科、妇科的医疗机构生产或者流产。第 17 条规定,符合本办法第 13 条规定的妇女生育后,可以到指定的经办机构申请领取生育生活津贴、生育医疗费补贴、申请时需提供下列材料:(1)人口和计划生育管理部门出具的属于计划内生育的证明;(2)本人的身份证;(3)医疗机构出具的生育医学证明。市社保中心收到邹某申请后,按照第 17 条的规定,向邹某收取相关材料,系依法履行职责。因邹某无法提供人口和计划生育管理部门出具的属于计划内生育的证明,故市社保中心以材料不全,且无法补齐为由,作出被诉回执,告知邹某其申请的业务不能办理,将邹某提供的材料一并退回,并无不当。邹某认为《审核办法》与上位法冲突,违法失效,但已有生效判决对该规范性文件进行了合法性审查,认为并不存在违反上位法的情形。故邹某要求撤销被诉回执的诉讼请求,缺乏事实证据及法律依据,原审法院不予支持。

综上,原审法院于 2018 年 10 月 8 日判决驳回邹某的诉讼请求。

2. 上海市第三中级人民法院二审判决

邹某不服原审法院行政判决,向上海市第三中级人民法院(下称二审法院)提起上诉。二审法院于 2018 年 11 月 26 日受理后,组成合议庭,于 2018 年 12 月 20 日公开开庭审理了本案。

邹某上诉称,根据《国务院办公厅关于解决无户口人员登记户口问题的意见》(国办发〔2015〕年 96 号),生育保险金的领取应与户籍、医疗等是一样的,与计划生育脱钩。目前上海市计生部门已不再对未婚第一胎征收社会抚养费,因此也没有理由剥夺其享受生活保障即领取生育保险金的权利。同时,《生育保险办法》是依据《劳动法》制定的地方规章,《劳动法》对于生育保险待遇领取并没有设定以应属于"计划内生育"为前提条件。与此同时,与生育保险待遇相关的《社会保险法》《人口与计划生育法》以及《上海市人口与计划生育条例》也未禁止未婚妇女生育子女,未将未婚生育子女的情况列为不符合"计划内生育"。《生育保险办法》的相关规定已不应再适用,行政法规"法无明文规定不可为"是最基本的。同理,依据《生育保险办法》制定的《审核办法》的条款也不应再适用。我国《婚姻法》规定,非婚生子女享有与婚生子女同等的权利,不得加以危害和歧视。实际上,拒绝向邹某发放生育保险待遇的行为,不仅是侵犯了邹某的合法权益,也是对非婚生子女的歧视。卫生和计划部门没有对邹某的未婚生育行为作出违法认定,因此邹某不违反计划生育政策。邹某单位按时缴纳城镇生育保险费,邹某应当享受生育保险待遇。

被上诉人市社保中心辩称,根据《生育保险办法》第 13 条及第 17 条的规定,申领生育生活津贴、生育医疗费补贴的妇女必须属于计划内生育,且需提供人口和计划生育管理部门出具的属于计划内生育的证明。因上诉人无法提供,且表示也无法补全,故市社保中心作出无法办理的被诉回执,认定事实清楚、程序合法,适用法律正确。请求驳回上诉,维持原判。

二审法院认为:根据《社会保险法》第 8 条之规定,被上诉人市社保中心具有提供社会保险服务的职责。本案争议焦点在于上诉人是否符合领取生育保险待遇的条件。

二审法院审查认为,根据《劳动法》第 73 条第 1 款规定,劳动者在下列情形下,依法享受社会保险待遇:……(5)生育;该条第 3 款规定,劳动者享受社会保险待遇的条件和标准由法律、法规规定。根据《社会保险法》第 2 条规定,国家建立基本养老保险、基本医疗保险、工伤保险、失业保险、生育保险等社会保险制度,保障公民在年老、疾病、工伤、失业、生育等情况下依法从国家和社会获得物质帮助的权利。根据《人口与计划生育法》第 2 条第 1 款规定,我国是人口众多的国家,实行计划生育是国家的基本国策。该法第 17 条规定,公民有生育的权利,也有依法实行计划生育的义务,夫妻双方在实行计划生育中负有共同的责任。该法第 18 条第 1 款规定,国家提倡一对夫妻生育两个子女。该法第 24 条第 1 款规定,国家建立、健全基本养老保险、基本医疗保险、生育保险和社会福利等社会保障制度,促进计划生育。根据《婚姻法》第 16 条规定,夫妻双方都有实行计划生育的义务。

上海市人民政府为了保障妇女生育期间的基本生活和医疗需求,促进妇女就业,根据《劳动法》和本市实际,制定《生育保险办法》,属适用于本市行政区域内的有效依据。该办法第 2 条规定,本办法适用于具有本市城镇户籍并参加本市城镇社会保险的从业或者失业生育妇女。第 13 条、第 17 条又规定,只有计划内生育的妇女才有权利申领生育生活津贴、生育医疗费补贴,且申请时需提供人口和计划生育管理部门出具的属于计划内生育的证明。本案中,邹某未婚生育一子,金杨街道作为人口和计划生育管理部门对其作出不予受理通知书,未出具其属于计划内生育的证明;且其未提供其他证据证明属于计划内生育。市社保中心依据《生育保险办法》第 13 条、第 17 条之规定认定邹某不符合申请领取生育保险待遇的条件,并无不当。邹某主张其符合申领条件,没有事实和法律依据,二审法院难以支持。

综上,二审法院认为邹某的上诉请求和理由依法不能成立,原审判决认定事实清楚、适用法律正确,应予维持。据此,于 2019 年 2 月 15 日判决:驳回上诉,维持原判。

【法律评析】

(一) 评析要点

本案邹某系未婚生育,上述判决未提及其工作状况,本案亦非劳动争议,而是行政诉讼。邹某以一人之力挑战我国长期奉行、近年才开始松动的计划生育“基本国策”及相关的生育保险政策,使本案具有一定的标杆意义;如再审支持邹某,除涉及一系列法律法规的修订,也势必对我国传统的婚育、人权观念造成一定的冲击,在一定意义上亦未尝不是社会的进步。

(二) 法律依据与实务分析

本案涉及劳动和社会保障纠纷或称生育保险纠纷,一、二审判决的法律依据详见上文,兹不赘述。

与邹某等类似情形的女性相对照,我国女职工享受较为充分的“三期”保护(近年来有向“四期”扩展的趋势,即增加“经期”)。女职工“三期”是指孕期、产(假)期和哺乳期。针对女职工的特殊情况,我国《劳动法》和《劳动合同法》等法律法规对女职工保护作出了特别规定,尤其是对解聘“三期”女职工有限制性规定。

1. “三期”女职工解聘保护

《劳动合同法》第 42 条规定:“劳动者有下列情形之一的,用人单位不得依照本法第四十条、第四十一条的规定解除劳动合同:……(四)女职工在孕期、产期、哺乳期的。”第 45 条规定:“劳动合同期满,有本法第四十二条规定情形之一的,劳动合同应当续延至相应的情形消失时终止。”上述规定体现了国家对“三期”女职工的特殊保护,但用人单位并非对所有处于“三期"的女职工均不得单方解除劳动合同。"三期"女职工解聘保护仅限于用人单位依据《劳动合同法》第40条、第41条进行的"非过失性辞退"及"经济性裁员"。若处于"三期"的女职工具有《劳动合同法》第39条(过失性辞退)所列情形之一,用人单位仍可依法解除其劳动合同。但总体而言,用人单位需谨慎处理"三期"女职工的劳动关系。

此外,基于意思自治原则,《劳动合同法》等相关法律并未禁止用人单位与"三期"女职工协商解除劳动合同。换言之,在平等、公平、自愿的前提下,用人单位可与"三期"女职工协商解除劳动合同。

2."三期"女职工的职业禁忌

为减少和解决女职工在劳动中因生理特点造成的特殊困难,保护女职工健康,《女职工劳动保护特别规定》①规定了"三期"女职工的职业禁忌,并要求用人单位应将本单位属于女职工禁忌从事的劳动范围的岗位书面告知女职工。《上海市女职工劳动保护办法》②也有类似规定。

(1)女职工在孕期禁忌从事的劳动范围

女职工在孕期禁忌从事以下作业:作业场所空气中有毒物质浓度超过国家职业卫生标准的作业;抗癌药物、己烯雌酚生产,特定的接触麻醉剂气体等的作业;放射性物质相关作业;高处作业、冷水作业、低温作业;第三级、第四级高温作业;第三级、第四级噪声作业;第三级、第四级体力劳动强度的作业以及在密闭空间、高压室作业或者潜水作业,伴有强烈振动的作业,或者需要频繁弯腰、攀高、下蹲的作业。

(2)女职工在哺乳期禁忌从事的劳动范围

女职工在哺乳期禁忌从事以下作业:作业场所空气中有毒物质浓度超过国家职业卫生标准的作业;放射性物质相关作业;在密闭空间、高压室作业或者潜水作业,伴有强烈振动的作业,或者需要频繁弯腰、攀高、下蹲的作业。

(3)关于"三期"女职工岗位的其他规定

用人单位应在女职工"三期"提供适应其身体特点的相关岗位。《女职工劳动保护特别规定》第6条规定,女职工在孕期不能适应原劳动的,用人单位应当根据医疗机构的证明,予以减轻劳动量或者安排其他能够适应的劳动。对怀孕7个月以上的女职工,用人单位不得延长劳动时间或者安排夜班劳动,并应当在劳动时间内安排一定的休息时间。第9条规定,对哺乳未满1周岁婴儿的女职工,用人单位不得延长劳动时间或者安排夜班劳动。《上海市女职工劳动保护办法》第11条亦规定,对妊娠期的女职工,不应延长其劳动时间;对从事频繁弯腰、攀高、下蹲、抬举、搬运等容易引起流产、早产的工作,或者经区、县级以上医疗机构证明不宜从事原工作的,应暂时调做其他适当工作或酌情减轻工作量。

根据上述规定,用人单位应对"三期"女职工给予特殊照顾,提供适合其身体特点的岗位。

3."三期"女职工的工资和福利待遇

(1)"三期"女职工的工资

《妇女权益保障法》第27条规定,任何单位不得因结婚、怀孕、产假、哺乳等情形降低女职

---

① 国务院令第619号,2012年4月28日实施。
② 上海市人民政府令第52号,(修正后)2010年12月20日发布。

工的工资。《女职工劳动保护特别规定》第 5 条亦有类似规定。《上海市女职工劳动保护办法》第 18 条规定,女职工在产假期间的工资照发;按本规定享受的产前假和哺乳假的工资按本人原工资的 80% 发给;单位增加工资时,女职工按规定享受的产前假、产假、哺乳假,应作出勤对待。

（2）"三期"女职工的福利待遇

《女职工劳动保护特别规定》第 6 条第 3 款规定,怀孕女职工在劳动时间内进行产前检查,所需时间计入劳动时间。第 8 条规定:"女职工产假期间的生育津贴,对已经参加生育保险的,按照用人单位上年度职工月平均工资的标准由生育保险基金支付;对未参加生育保险的,按照女职工产假前工资的标准由用人单位支付。女职工生育或者流产的医疗费用,按照生育保险规定的项目和标准,对已经参加生育保险的,由生育保险基金支付;对未参加生育保险的,由用人单位支付。"第 9 条规定:"对哺乳未满 1 周岁婴儿的女职工,用人单位不得延长劳动时间或者安排夜班劳动。用人单位应当在每天的劳动时间内为哺乳期女职工安排 1 小时哺乳时间;女职工生育多胞胎的,每多哺乳 1 个婴儿每天增加 1 小时哺乳时间。"第 10 条规定:"女职工比较多的用人单位应当根据女职工的需要,建立女职工卫生室、孕妇休息室、哺乳室等设施,妥善解决女职工在生理卫生、哺乳方面的困难。"

根据上海市人力资源社会保障局《关于申领本市生育保险待遇有关问题的通知》,[1]女职工生育、流产当月用人单位为其累计缴纳生育保险费满 12 个月或者连续缴纳生育保险费满 9 个月的,其生育生活津贴由生育保险基金全额支付;女职工生育、流产当月用人单位为其累计缴纳生育保险费不满 12 个月且连续缴纳生育保险费不满 9 个月的,其生育生活津贴由生育保险基金按已缴费月数÷12 后所得的比例支付,剩余部分由女职工生育、流产当月所在用人单位先行支付;用人单位为该职工累计缴费满 12 个月或者连续缴费满 9 个月后,可向社(会)保(险)经办机构申请拨付已先行支付的费用。

回到本案,若邹某系婚内按"计划"生育,一般可以享受生育保险基金或用人单位提供的生育待遇,也就不会发生相关诉讼。就诉讼技术而言,邹某对与本案有关的另案(关于金杨街道《申请享受生育保险待遇计划生育情况审核申请不予受理通知书》及浦东新区人民政府作出的维持复议的《行政复议决定书》及《上海市申请享受生育保险待遇计划生育情况审核办法》前 3 条的合法性)原审判决未上诉,导致了其在本案中立场受损,殊为遗憾。

作者:齐斌

---

[1] 沪人社福发〔2016〕22 号,2016 年 7 月 1 日实施。

第十章　工　伤　保　险

65. 工伤保险的概念和特点：律师工伤待遇
——广东某律师事务所与陈某劳动争议案

摘要： 律师被认定为工伤后要求律师事务所支付工伤待遇差额和律师费，一审部分支持，二审全部驳回。

来源： 广东省深圳市罗湖区人民法院(2018)粤 0303 民初 12384 号民事判决书；广东省深圳市中级人民法院(2018)粤 03 民终 19386 号民事判决书。

【事 实 概 要】①

广东某律师事务所(下称律师事务所)与陈某(男，1973 年 1 月生)于 2013 年 5 月 30 日签署了《律师聘用合同书》，合同期限为 2013 年 6 月 1 日至 2014 年 5 月 30 日。律师事务所自 2013 年 6 月开始为陈某缴纳社保费用。陈某的律师变更信息显示，其于 2013 年 7 月 4 日转入本案律师事务所，2017 年 9 月 20 日因其申请律所设立(发起人)，不再在本案律师事务所执业。陈某称其转入律师事务所时办理登记手续需要一段时间，其是到本案律师事务所执业后再办理登记手续的，有一定滞后性。

陈某于 2013 年 6 月 11 日受伤(原因及伤情不详)，深圳市人力资源和社会保障局于 2013 年 8 月 19 日出具工伤认定书，认定其属工伤。深圳市劳动能力鉴定委员会于 2014 年 7 月 17 日出具鉴定结论，评定陈某为八级伤残，医疗终结日期为 2014 年 7 月 11 日。深圳市社会保险基金管理局于 2014 年 12 月 29 日出具工伤保险待遇决定书，按照计发基数为 2 757 元标准核发鉴定费 300 元、住院伙食补贴 1 232 元、一次性伤残补助金 30 327 元；于 2018 年 4 月 4 日出具工伤保险待遇决定书，按照计发基数为 4 488 元标准核发一次性工伤医疗补助金 17 952 元。

陈某受伤前一年的月均收入为 30 000 元。②

另据二审法院查明，陈某与律师事务所签订的《律师聘用合同书》约定：乙方(陈某)承担乙方个人的社会保险等费用，并保证账上预留足够的资金缴交社会保险费；乙方业务收入实行内部独立核算，乙方的收入扣除应当承担的税费后，其余归乙方所有，乙方可以自由提取。

【裁 判 要 旨】

1. 深圳市罗湖区劳动人事争议仲裁委员会裁决

陈某于 2018 年 2 月 8 日向深圳市罗湖区劳动人事争议仲裁委员会申请仲裁，请求律师事

---

① 一审法院认定、二审法院确认。
② 已生效的(2014)深中法民终字第 2862 号民事判决书认定。

务所支付其 2013 年 6 月 12 日至 2014 年 4 月 11 日停工留薪期间的工资 300 000 元、一次性伤残补助金差额 299 673 元、一次性伤残医疗补助金差额 71 808 元、一次性伤残就业补助金 336 600 元、律师费 5 000 元。裁决结果不详(本案二审判决未列明;但可参见下文律师事务所一审诉请)。

2. 深圳市罗湖区人民法院一审判决

本案双方均不服仲裁裁决。律师事务所向深圳市罗湖区人民法院(下称一审法院)起诉请求(诉讼费略,下同)不予支付陈某一次性伤残补助金 169 455 元、一次性就业补助金 336 600 元、律师费 2 500 元;陈某向一审法院起诉请求律师事务所支付 2013 年 6 月 12 日至 2014 年 4 月 11 日停工留薪期间工资 30 万元、一次性伤残补助金差额 299 673 元、一次性伤残医疗补助金差额 71 808 元、一次性伤残就业补助金 336 600 元、律师费 5 000 元。

一审法院认为,《工伤保险条例》第 2 条规定,我国境内企业、事业单位、社会团体、民办非企业单位、基金会、律师事务所、会计师事务所等组织和有雇工的个体工商户应当依照本条例规定参加工伤保险,为本单位全部职工或者雇工缴纳工伤保险费。律师事务所等组织的职工和个体工商户的雇工均有依照本条例的规定享受工伤保险待遇的权利。即律师事务所为缴纳工伤保险费的法定主体,其缴纳了工伤保险的职工或者雇工发生工伤后,均有权利享受工伤保险待遇。本案律师事务所属于法定应当为其单位全部职工或者雇工缴纳工伤保险的主体,其在陈某 2013 年 6 月受伤时为其缴纳了工伤保险,故陈某有享受工伤待遇的权利。陈某经社会保险行政部门认定属于工伤,伤残八级,且社会保险部门已经对部分工伤待遇进行了核发,故律师事务所应依法承担工伤待遇责任。律师事务所主张陈某的请求与人身损害赔偿的部分事项重合没有法律依据,法院不予支持。

关于律师事务所主张人身损害伤残认定与劳动能力鉴定适用的问题,一审法院认为,人身损害伤残认定与劳动能力鉴定属于民事纠纷中不同方面的认定,其认定的依据、适用的法律、认定的标准均有所区别,不能混同,也不存在互相参考借鉴的途径。因此,法院对律师事务所的该主张不予支持。

关于陈某的第一项诉讼请求(停工留薪期间的工资 300 000 元),一审法院认为,陈某在 2014 年 7 月已经知晓其医疗终结期,且律师事务所未支付停工留薪期间工资,而陈某于 2018 年 2 月 8 日才提起该项仲裁请求,已超过 1 年的仲裁时效。因此,法院对陈某的该项请求不予支持。

关于陈某的第二项诉讼请求(一次性伤残补助金差额 299 673 元),一审法院认为,根据法律法规规定,用人单位少报职工工资、未足额缴纳工伤保险费造成工伤职工享受的工伤保险待遇降低的,工伤保险待遇差额部分由用人单位向工伤职工补足。本案中,陈某受伤前一年月均劳动报酬为 30 000 元,而社保基金按照 2 757 元标准进行核发,故律师事务所应当补足支付差额部分。陈某每月 30 000 元劳动报酬高于 2014 年深圳市在岗职工月平均工资的百分之三百 18 162 元[6 054 元/月×300%],故应以 18 162 元/月作为计算基数。依照《广东省工伤保险条例》①第 34 条、第 35 条规定,律师事务所应补足支付陈某一次性伤残补助金 169 455 元[18 162 元/月×11 个月−30 327 元]。

① 此条例于 2019 年 5 月 21 日修订。

关于陈某的第三项诉讼请求(一次性伤残医疗补助金差额 71 808 元),一审法院认为,因陈某受伤前一年月均劳动报酬为 30 000 元,而社保基金按照 4 488 元标准进行核发,故律师事务所应当补足支付差额部分。陈某每月 30 000 元劳动报酬高于 2016 年深圳市在岗职工月平均工资的百分之三百 22 440 元[7 480 元/月×300%],故应以 22 440 元/月作为计算基数。依照《广东省工伤保险条例》第 34 条、第 35 条规定,律师事务所应补足支付陈某一次性伤残医疗补助金 71 808 元[22 440 元/月×4 个月-17 952 元]。

关于陈某的第四项诉讼请求(一次性伤残就业补助金 336 600 元),律师事务所认为陈某未停止执业,不应享有一次性伤残就业补助金。一审法院认为,职工造成了工伤伤残,并不当然地不能再提供劳动,只是伤残可能会对提供劳动带来一定的不良影响。在此前提之下,工伤责任单位支付的一次性伤残就业补助金是对伤残造成工伤职工提供劳动影响的一次性补偿。补偿金额也是根据不同伤残等级进行核算,伤残等级低,对提供劳动的影响相对较小,补助金金额自然少,故不存在因伤残职工可以继续提供劳动而免除工伤责任单位支付一次性伤残就业补助金责任之问题。因此,律师事务所应根据陈某伤残等级支付一次性伤残就业补助金。陈某受伤前一年月均劳动报酬 30 000 元高于 2016 年深圳市在岗职工月平均工资的 300% 22 440 元[7 480 元/月×300%],故应以 22 440 元/月作为计算基数。依照《广东省工伤保险条例》第 34 条、第 35 条规定,律师事务所应支付一次性伤残就业补助金 336 600 元[22 440 元/月×15 个月]。

关于陈某第五项诉讼请求(律师费),陈某提交证据证明其已支付律师费 5 000 元。根据双当事人的诉讼请求及本案的裁判结果,一审法院酌定本案律师事务所应支付律师费 2 500 元。

综上所述,根据《工伤保险条例》第 2 条、第 37 条,《民事诉讼法》第 64 条第 1 款、第 142 条之规定,一审法院判决:律师事务所应于判决生效之日起 10 日内向陈某支付一次性伤残补助金差额 169 455 元、一次性伤残医疗补助金差额 71 808 元、一次性伤残就业补助金 336 600 元、律师费 2 500 元;驳回律师事务所的全部诉讼请求;驳回陈某的其他诉讼请求。

3. 广东省深圳市中级人民法院二审判决

本案双方均不服一审判决,向广东省深圳市中级人民法院(下称二审法院)提起上诉。二审法院于 2018 年 10 月 10 日立案,组成合议庭对本案进行了审理。

律师事务所上诉请求:撤销原审判决第一至四项,支持律师事务所原审诉求。主要事实与理由是,原审判决没有考虑律师行业的特殊性,忽视了双方聘用合同的约定。陈某的社会保险费缴纳主体对外是律所,对内费用承担的主体是律师个人。虽然根据相关法律法规规定,对社会保险征收部门而言,缴纳社会保险的法定主体是用人单位而非个人;但是对内,对缴纳费用的承担,法律上并没有限制、也不排除当事人根据行业特殊性及个人收益情况而特别约定由当事人本人实际承担全部缴费责任。广东省××特区执业律师的社会保险费用均由律师个人承担,这是行业的特殊性。律师事务所向社保征收部门缴费的资金来源是陈某预留的足够扣缴的款项,律所并没有参与提取律师的个人收入进行分成,故没有收入来源。从陈某至律师事务所执业的 2013 年 6 月至 2017 年下半年,双方一直是按聘用合同约定缴纳社保费。双方聘用合同履行期间,陈某也没有提出过任何异议。执业律师与律所一般都不是劳动关系,故对律师不一定按劳动关系的模式进行管理。

　　律师事务所在原审中提供的裁判文书①表明,应根据律师工作性质特点判断双方法律关系。劳动者在实习阶段受律所管理,工作内容是律所业务组成部分的,应认定双方存在劳动关系;之后被聘为专职律师,按自己办理业务收入作为聘用工资,交纳办案费用,缴纳社保,也不受律所劳动管理,且双方未约定工作休息时间等内容,此阶段双方不存在劳动关系。双方聘用合同所有条款也可证实,双方并无涉及劳动关系管理的相关条款如工作时间、上下班考勤、劳动报酬、福利、休假等。因此,在双方不存在劳动关系的前提下,双方通过聘用合同约定,律师业务的全部收入扣除相关税费后全部归律师个人,缴纳社会保险费由陈某负责。这符合权利义务一致原则。简言之,对外,是以律所的名义向社会保险征收部门缴纳社会保险费,但对内,全部社保费的来源是律师创造的业务收入的一部分。基于律师行业的特殊性及双方的意思自治,律师与律所签订的聘用合同并不违反法律规定,也没有损害执业律师及他人的合法权益,司法裁判应该尊重当事人约定的权利义务。

　　另,社保缴费基数完全取决于律师本人的意愿。陈某2007年6月份开始(通过其他单位)缴纳社会保险,至2013年6月(发生工伤之时)陈某刚到律师事务所,已经缴纳社会保险费数年。少缴社会保险费完全是陈某自身原因造成的。一审判决由律师事务所补偿陈某一次性伤残补助和一次性医疗补助,完全违背了案件事实和双方聘用合同之约定。关于一次性就业补助金,原审判决完全是按照劳动关系的模式处理,忽视了律师行业的特殊性,有违权利义务一致原则。根据《劳动法》及相关法律规定精神,一次性就业补助金的性质,是对劳动者因暂时受伤影响其获取收入而给予的经济补偿。本案中,陈某作为专业律师,收入高于深圳平均收入3倍,在其受伤的1年时间,足以弥补其基本生活费用。再者,陈某受伤并不影响其执业,不存在一般劳动者因失去工作影响收入之情形。律师是靠自己的专业技能为客户提供法律服务获取收益和报酬,其收入来源为客户支付的律师费。而律所只是为律师从业提供执业平台,并没有参与提取律师收益。原审判决由律师事务所承担该项补助,有失公允,违背了双方聘用合同之约定,也有违权利义务一致和诚信原则,会带来不诚信的负面效应。

　　用人单位为劳动者缴纳工伤等社会保险的立法本意和目的,就是为了防范、规避风险,与双方是否存在劳动关系没有必然联系。考虑到陈某已经发生工伤,律师事务所作为缴费单位予以协助配合,使陈某及时申办工伤认定并获得理赔,符合"及时救济"的立法本意,但不能据此认定双方存在劳动关系并按《工伤保险条例》相关规定认定律师事务所应承担工伤赔偿责任。原审判决也有违公平合理原则,有悖公序良俗。本案中,陈某已通过民事和工伤理赔两种程序实现了其目的。但现在陈某又向律师事务所提出额外补差的赔偿诉求,要求律师事务所赔偿上百万元的损失。一个八级伤残的人通过上述操作,可获上百万的收益,这完全违背工伤理赔的合理补偿原则,演变成了当事人以诉讼手段谋取暴利,从而变相鼓励有不良企图者主动去"碰瓷"自伤。

　　综上,陈某所有诉求已通过人身损害赔偿和工伤保险理赔两种途径得到救济,其所有权益均已得到充分足额实现。原审判决有违律师行业的特殊性,有违本案事实。

　　被上诉人陈某答辩称,《广东省工伤保险条例》第58条规定很明确,律师事务所应当承担未足额缴交工伤保险费导致其受到的损失。

---

① （2014）穗中法民一终字第 5571、5572 号（广东另一律师事务所与李某劳动争议案）。

　　二审法院认为,本案二审争议的焦点为:律师事务所是否应当对陈某承担工伤保险用工主体责任。

　　分析如下:承担工伤保险用工主体责任的前提条件是劳动者与用工单位存在劳动关系或者虽然没有劳动关系,但用工单位存在违法情形,法律、法规规定应当承担工伤保险责任的。本案中,首先,陈某是一名专职律师,其与律师事务所签订有《律师聘用合同书》,陈某根据自己的业务需要开展工作,其收入来源为自己的业务收入,并非律师事务所根据其劳动量来确定、发放,陈某自己缴纳社保费用以及承担办公的日常费用包括办公场地的租金,其工作时间、内容完全由自己支配安排,并不接受律师事务所劳动管理,因此,陈某与律师事务所之间不存在劳动关系。《律师法》第6条要求申请律师执业必须提交"律师事务所出具的同意接受申请人的证明";第10条规定"律师只能在一个律师事务所执业";第25条规定,律师承办业务,由律师事务所统一接受委托,与委托人签订书面委托合同,按照国家规定统一收取费用并如实入账。由上述规定可以看出,律师执业必须以律师事务所名义统一接受委托、统一收取律师服务费及异地办案差旅费。律师事务所与陈某签订《律师聘用合同书》符合法律规定,本案不存在律师事务所聘用陈某违反法律规定的情形。

　　《最高人民法院关于审理工伤保险行政案件若干问题的规定》第3条确定了几种特殊情形下承担工伤保险责任的主体,即:(1)职工与两个或两个以上单位建立劳动关系,工伤事故发生时,职工为之工作的单位为承担工伤保险责任的单位;(2)劳务派遣单位派遣的职工在用工单位工作期间因工伤亡的,派遣单位为承担工伤保险责任的单位;(3)单位指派到其他单位工作的职工伤亡的,指派单位为承担工伤保险责任的单位;(4)用工单位违反法律、法规规定将承包业务转给不具备用工主体资格的组织或自然人,该组织或自然人聘用的职工从事承包业务时,因工伤亡的,用工单位为承担工伤保险责任的单位;(5)个人挂靠其他单位对外经营,其聘用的人员因工伤亡的,被挂靠单位为承担工伤保险责任的单位。本案不属于上述任何一种情形。律师事务所与陈某签订的《律师聘用合同书》中,明确约定陈某的社保费用由其自行承担,且陈某无论受聘到律师事务所之前还是离职之后,其社保缴费基数始终为深圳市当年的最低工资标准,该缴费标准是陈某自己的选择,并非律师事务所故意降低其缴费标准,因此,本案不存在《广东省工伤保险条例》第58条规定的情形,律师事务所无需承担陈某未足额缴纳工伤保险费造成其工伤保险待遇降低的损失。

　　综上所述,陈某与律师事务所之间不存在劳动关系,律师事务所也不存在违法用工的情形,其不符合承担工伤保险责任主体的条件,因此,无需对陈某的工伤承担责任。一审认定事实不清,适用法律不当,实体处理欠妥,二审法院予以纠正,遂于2019年3月8日判决:撤销一审判决;律师事务所无需支付陈某一次性伤残补助金差额169 455元、一次性伤残就业补助金336 000元、律师费2 500元;驳回陈某的诉讼请求。①

---

　　① 本案一审判决第二项是律师事务所支付陈某一次性伤残医疗补助金差额71 808元,二审判决未涉及此项(原因不详)。但因二审判决第一项是撤销一审判决(全部),故笔者认为陈某主张的上述一次性伤残医疗补助金也未获支持。

【法 律 评 析】

（一）评析要点

本案核心是执业律师与律师事务所之间的关系以及工伤责任承担问题。围绕上述问题，两审法院观点并不一致。笔者认为，一审判决比较机械，但法律上没有大的问题；二审判决比较务实，但从严格的法律意义上则值得商榷。二审法院认为一审认定事实不清、适用法律不当、实体处理欠妥，其中"认定事实不清""适用法律不当"是常见的（也是法定的）改判事由，"实体处理欠妥"则应是指一审判决未顾及本案律师事务所一再强调的"律师行业的特殊性"。当然，对本案律师事务所在庭审中的某些说法，笔者并不完全认同，因涉及律师业内某些敏感问题，兹不赘述。

相对而言，笔者略倾向于接受二审判决。因为本案陈某执业的律师事务所属于"传统型"律所，此类律所在当前阶段占我国律师事务所的绝大部分，律师的收入主要靠个人"创收"，律所几乎没有公共积累，若进行类似本案的赔付，实际上等于其他律师用自己的劳动所得贴补针对自己律所提起诉讼的同事，显失公平。另有少数律所实行较为彻底的公司化管理，这类律所除合伙人外的聘用律师（甚至包括某些名义合伙人）之劳动报酬主要为工资和奖金（往往以月工资的一定倍数或比例计算），工作由合伙人或律所分配，一般不允许个人接案，此类律所与聘用律师之间应属劳动关系。

不过，就社会保险法律关系而言，本案一审判决并非毫无可取之处。只是，二审判决更符合我国律师界现状，何况本案显然还隐含诚实信用等问题。简言之，做人要厚道，当律师更需要讲道理，所谓"君子爱财，取之有道"。

本案也反映了社保缴费基数与相应社保待遇的关联。根据社会保险制度的原理和权利义务对等的原则，社保缴费基数确实会影响缴费人员的工伤、养老等待遇。但本案陈某一直自愿按深圳市每年最低工资标准缴费，自然应自行承担相应的待遇"损失"。其实这也是我国律师行业的"潜规则"，背后的逻辑是，律师执业一生，如果将来年老时依靠退休金生活，无疑是彻头彻尾的失败。[①] 当然，目前我国律所正逐步规范化，许多公司化管理的律所和其他一些正规律所均依法足额缴纳社会保险费。

就业务模式、工作方式相似性而言，本案相关问题还可延伸至会计师事务所等中介服务机构。但律所更为特殊，因为我国律师事务所以合伙制为主（另有大量"个人所"），由司法局颁发执业许可证并进行年检，一般不视为企业；而许多会计师事务所是有限责任公司，由市场监管部门（原工商行政管理部门）注册登记，本身就是企业，属于当然的、劳动法律意义上的用人单位。

我国《劳动法》和《劳动合同法》比较粗疏，虽然理论上适用于律师事务所等中介服务机构，但实际上，律所具有极强的"人合"性等行业特点，若生搬硬套劳动法律条文，势必产生许多不和谐乃至荒诞的现象。除劳动关系认定，工时制度也是一大问题，即律所是否当然适用不定时工作制、律师可否主张加班费等问题。据悉，前些年某市律师协会曾起草一份关于本市律所

---

① 笔者引述该"逻辑"不代表完全认同。

自动适用不定时工作制的文件,但笔者未见其正式公布;即使公布也属行业自律规范,不是法律、法规、规章。甚至,我国律所是否需要成立工会也是一个值得商榷的问题。①

（二）法律依据与实务分析

本案法律依据详见两审法院判决,兹不赘述。本案之前已发生人身损害赔偿纠纷案,律师事务所主张陈某的所有诉求已通过人身损害赔偿和工伤保险理赔两种途径全部得到救济;对此,一审法院认为,律师事务所主张陈某本案的请求与人身损害赔偿的部分事项重合没有法律依据,因而不予支持。

本案陈某认为其请求基础是双方存在劳动关系,二审法院则认定双方不是劳动关系,故律师事务所不应承担工伤待遇责任。

对陈某的第一项诉讼请求(停工留薪期间的工资 300 000 元;两审法院均未支持),律师事务所认为实质上是误工费,陈某已经通过提起人身损害赔偿(诉讼)得到了合理的补偿,又以劳动关系为由主张权利,属于重复主张。陈某请求金额与法院已判决的误工费数额有出入,请求也已超过仲裁时效。对陈某的第二项诉讼请求(一次性伤残补助金差额 299 673 元),律师事务所认为与人身损害赔偿项目中的伤残金性质相同,属于重复主张。对陈某的第三项诉讼请求(一次性伤残医疗补助金差额 71 808 元),律师事务所认为属于工伤保险核发范围,其不应支付。对第四项诉讼请求(一次性伤残就业补助金 336 600 元),律师事务所认为,陈某在人身损害赔偿案件中,经复查鉴定为十级(工伤评定为八级伤残),故应以人身损害赔偿的鉴定结论作为参考依据(对此,一审法院认为,人身损害伤残认定与工伤劳动能力鉴定的依据、适用的法律、认定的标准均有所区别,不能混同),且一次性伤残就业补助金是针对劳动者因离开单位失业丧失收入来源而给予的经济补偿。但陈某作为律师,并未因调换执业机构而丧失就业机会,只要陈某本人不打算停止执业,其在任何一家律师事务所均可以正常工作,获取收入,故不应支付伤残就业补助金。

笔者认为,在探讨本案时,除传统律所的管理模式和本案双方聘用合同的内容,对本案另一个基础事实即陈某因何发生工伤也应给予充分的考量。一言以蔽之,应考虑陈某发生工伤究竟是因为办理个人案件(包括与本所其他律师谈好律师费分配方式的合作案件)还是因为办理律所公共案件(在传统律所中并不多见)。鉴于本案二审判决对此语焉不详,笔者只能简要提出。

此外,本案陈某的收入系由另案生效判决书认定。根据《最高人民法院关于适用〈中华人民共和国民事诉讼法〉的解释》第 93 条第 1 款第(5)项,除有相反证据足以推翻的之外,已为人民法院发生法律效力的裁判所确认的事实,当事人无需举证证明。因另案生效判决已对陈某受伤前一年的月均收入作出认定,且无足以推翻的相反证据,本案两审法院认定陈某劳动报酬收入为 30 000 元/月。

作者:齐斌

---

① 据悉,我国个别律师事务所已成立工会,若律所不排斥劳动关系,成立工会确可商榷。我国律师有自己的行业自律性组织——律师协会,律所和律师个人均需按年缴纳会费;此外,还有市级等律师工会(律师协会工会、律师行业联合工会)。

66. 工伤认定标准：病亡球员工伤认定行政诉讼

——王某、张某与上海市宝山区人力资源和社会保障局、上海市人力资源和社会保障局劳动和社会保障行政确认诉讼案

摘要：球员于封闭集训期的休息时间突发疾病死亡，市区两级人力资源和社会保障部门作出不予认定工伤决定及维持的复议决定，死者父母提起行政诉讼，法院判决撤销上述决定并责令区人保局重新作出认定。

来源：上海市浦东新区人民法院（2018）沪0115行初355号行政判决书①。

【事实概要】②

王宽伟生前系本案第三人上海申梵足球俱乐部有限公司（下称申梵俱乐部或俱乐部）签约球员，从2016年4月1日起至2017年7月15日处于劳动合同有效期内，作为外地签约球员平时住在申梵俱乐部提供的宿舍。

申梵俱乐部安排其签约球员参加2017年7月16日举行的联赛比赛，根据俱乐部安排，所有队员均需提前两天进行封闭集训，2017年7月14日、7月15日均属于封闭集训期。

2017年7月14日晚，王宽伟与室友住在宿舍内，7月15日上午，被室友发现在宿舍内仰卧于床、呼之不应，后经上海市青浦区医疗急救中心到场确认死亡。2017年8月11日，申梵俱乐部对王宽伟死亡一事申请工伤认定，经补正申请后，上海市宝山区人力资源和社会保障局（下称宝山人保局）于2017年9月8日予以受理，并对相关人员进行了调查询问。因司法鉴定程序，宝山人保局于2017年10月16日中止工伤认定程序；2017年12月12日，华东政法大学司法鉴定中心鉴定王宽伟为"符合剧烈运动、高温等因素诱发青壮年猝死综合症所致的急性死亡"。宝山人保局于2017年12月27日恢复工伤审理程序。

2018年1月16日，宝山人保局作出宝山人社认（2017）字第2774号《不予认定工伤决定书》并送达各方当事人，主要内容为：王宽伟与申梵俱乐部存在劳动关系（死亡经过和司法鉴定意见略，见上文）。王宽伟的情况不符合《工伤保险条例》及《上海市工伤保险实施办法》第14条、第15条认定工伤或视同工伤的情形，现决定不予认定工伤或者视同工伤。

王某（男，1970年10月生）、张某（女，1970年2月生）系死者王宽伟的父母、本案原告。其不服宝山人保局不予认定工伤决定，向上海市人力资源和社会保障局（下称上海市人保局）申请复议。上海市人保局于2018年4月19日作出沪人社复决字〔2018〕第18号《行政复议决定书》并送达各方当事人，认为被诉不予认定工伤决定并无不当，根据《行政复议法》第28条第1款第（1）项之规定，决定维持被诉不予认定工伤决定。

---

① 本案二审和/或重新认定工伤的情况不详；二审（终审）法院为上海市第一中级人民法院。
② 根据本案判决书整理。

【裁 判 要 旨】

王某、张某不服上海市人保局《行政复议决定书》,遂于 2018 年 5 月 2 日起诉至上海市浦东新区人民法院。浦东新区人民法院于同年 5 月 9 日立案受理,案由为"劳动和社会保障行政确认"。因申梵俱乐部与被诉行政行为具有法律上的利害关系,依法追加其为第三人参加诉讼,并组成合议庭,于 2018 年 6 月 14 日公开开庭审理了本案。

王某、张某诉称:死者王宽伟系其子,为申梵俱乐部名下职业足球运动员,王宽伟的死亡符合工伤认定情形。被诉不予认定工伤决定及被诉复议决定认为不属于工伤系认定错误,理由如下:第一,王宽伟死于工作时间。2017 年 7 月 15 日系俱乐部比赛前的备战日,俱乐部对王宽伟进行了封闭式的集中化管理,并非休息日。第二,王宽伟死于工作地点。对专业足球运动员而言,单位提供的宿舍本身就与运动员工作训练密不可分。第三,王宽伟死亡前从事的系与工作有关的预备性工作,亦符合突发疾病死亡的条件。赛前的备战日属于为比赛而实施的预备性工作,而非休息日,王宽伟猝死的原因在于俱乐部训练管理不当等,而非短期即时事故。第四,鉴定结论存在瑕疵,对于王宽伟的死亡具体时间没有定性,反而直接影响了案件的定性,不应该人为推定死亡时间,更不应该将不利后果推定在两原告一方。复议机关未针对上述焦点问题给出裁决理由。综上,请求判决撤销被诉不予认定工伤决定及被诉复议决定。

被告宝山人保局辩称,封闭集训期间有工作时间与休息时间的区分,不能将休息期间内死亡的情形认定为工伤。被告作出的不予认定工伤决定认定事实清楚,证据确凿,程序合法,适用法律正确,请求驳回原告的诉讼请求。

除本案基本材料外,宝山人保局向法院提交的作出被诉不予认定工伤决定的依据、证据还包括:《上海市工伤保险实施办法》第 5 条第 2 款,证明被告有权作出被诉工伤认定决定;该局对(俱乐部)教练刘某、领队史某、队务邵某和刘某、球员赵某、球员王某、球员许某、队医蔡某、人事张某所作的调查笔录及身份证明、委托材料等,证明王宽伟死于在宿舍内的休息期间,不符合认定工伤的情况;该局所做工作记录及录音文件两份,证明其对王宽伟同屋的吴某及球员赵某的电话调查情况,即王宽伟睡着后从未起床过;对俱乐部法定代表人时某所作的调查笔录两份及身份证明,证明对时某的调查情况,即封闭期是为了保障球员休息和安全,分工作时间和休息时间;2017 训练计划,证明事发当日的训练安排情况,球员在训练基地有明确的休息时间;宝山人保局对王某制作的调查笔录两份,证明原告无有效证据证明王宽伟的死亡符合工伤或者视同工伤的情形;俱乐部递交的《工伤认定申请表》(申请不予认定工伤)等等以及《工伤保险条例》第 14 条、第 15 条作为法律适用依据,《工伤保险条例》第 17 条、第 18 条、第 19 条、第 20 条,《上海市工伤保险实施办法》第 19 条、第 21 条作为执法程序依据,证明被诉工伤认定决定适用法律正确、程序合法。

除本案基本材料外,上海市人保局还提供以下依据:《行政复议法》第 12 条第 1 款作为职权依据,《行政复议法》第 28 条第 1 款第(1)项作为法律适用依据,《行政复议法》第 10 条第 3 款、第 17 条第 2 款、第 22 条、第 23 条第 1 款、第 31 条作为程序适用依据,证明被诉复议决定职权依据充分,适用法律正确、程序合法。

第三人申梵俱乐部经法院传票传唤未到庭发表意见。

法院认为，根据《工伤保险条例》第 5 条第 2 款之规定，县级以上地方各级人民政府社会保险行政部门负责本行政区域的工伤保险工作。俱乐部营业执照注册地在上海市宝山区，被告宝山人保局作为管辖地的工伤保险行政部门，具有作出被诉不予认定工伤决定的法定职权。根据《行政复议法》第 12 条第 1 款规定，上海市人保局具有受理复议申请并作出被诉复议决定的法定职权。

根据《工伤保险条例》第 15 条第 1 款第（1）项规定，在工作时间和工作岗位内，突发疾病死亡或者在 48 小时之内经抢救无效死亡的，视同工伤。本案中，俱乐部安排包括死者在内的足球运动员于 2017 年 7 月 16 日参加中乙联赛的比赛，根据俱乐部相关规定，比赛前两日属于备战日，应全员归队封闭集训。

本案争议焦点在于足球运动员于封闭集训期的休息时间突发疾病死亡，是否可以认定为工伤。法院认为，足球运动员的封闭集训期属于为比赛而备战的期间，该期间具有强制性、临时性、紧凑性、集中性、封闭性、备战性等特征，在此期间由足球俱乐部对足球运动员的作息、饮食、训练等进行严格管理，包括查房、不得随意外出、晚上必须住在宿舍等。因此，在无证据证明存在排除工伤认定事由的情况下，在此期间受到的伤害应予认定工伤。封闭集训期间系为即将开始的比赛备战，具有紧密的工作相关性。工伤认定的"三工"因素中，工作原因是核心要素，因工作原因导致的伤害应予认定工伤。足球运动员在封闭集训期间为即将开始的比赛而实施的备战行为，除单位安排的日常训练之外，如理疗、休息等也都具有为比赛备战的因素，与工作紧密相关，在此期间突发疾病死亡属于工伤认定范畴。另，应坚持倾斜保护劳动者原则。工伤保险属于社会保障的范畴，其首要宗旨在于保障因工作原因遭受事故伤害的职工获得医疗救治和经济补偿。王宽伟在事发当天出现脸红，在事发前两、三天出现体能异常，正常训练不能坚持等状况，结合司法鉴定意见，不能排除王宽伟系因在高温、高强度下训练所导致身体机能异常而突发疾病死亡的可能性。在此情况下不宜将其排除出工伤认定范畴。

综上所述，被诉不予认定工伤决定及被诉复议决定认定本案中王宽伟突发疾病死亡的情形不属于《工伤保险条例》及《上海市工伤保险实施办法》第 14 条、第 15 条认定工伤或者视同工伤的情形，属于适用法律错误。依据《行政诉讼法》第 70 条第（2）项、《最高人民法院关于适用〈中华人民共和国行政诉讼法〉的解释》第 136 条第 1 款、第 3 款之规定，于 2018 年 11 月 15 日判决如下：（1）撤销宝山人保局于 2018 年 1 月 16 日作出的不予认定工伤决定；（2）撤销上海市人保局于 2018 年 4 月 19 日作出的复议决定；（3）责令宝山人保局于本判决生效之日起 60 日内重新作出认定。

【法 律 评 析】

（一）评析要点

如上述判决所归纳，本案争议焦点在于足球运动员于封闭集训期的休息时间突发疾病死亡，是否可以认定为工伤。笔者认同上述判决结果及其说理，关于本案详情兹不赘述。

在某些特殊或模棱两可的情形下，认定工伤具有较强的政策性。国家通过立法的方式将部分相关政策明晰化，其实体现了对劳动者的倾斜保护。比如，在上下班途中，受到非本人主要责任的交通事故或者城市轨道交通、客运轮渡、火车事故伤害的,应当认定为工伤。[①] 还有些情形,严格来说并非工伤,但法律上视同工伤。比如,在工作时间和工作岗位,突发疾病死亡或者在 48 小时之内经抢救无效死亡的,依法享受工伤保险待遇。[②]

(二) 法律依据与实务分析

　　本案判决并未直接认定球员于封闭集训期的休息时间突发疾病死亡构成工伤或视同工伤,而是撤销了上海市区两级人力资源和社会保障部门的不予认定工伤决定及维持的复议决定,并责令宝山人保局重新作出认定。这是因为认定工伤属行政权范畴,不宜由法院直接判决为工伤与否。判决所述《上海市工伤保险实施办法》第 14 条(认定工伤范围)规定,“从业人员有下列情形之一的,应当认定为工伤:(一)在工作时间和工作场所内,因工作原因受到事故伤害的;……(七)法律、行政法规规定应当认定为工伤的其他情形。”该办法第 15 条(视同工伤范围)第 1 款规定:“从业人员有下列情形之一的,视同工伤:(一)在工作时间和工作岗位,突发疾病死亡或者在 48 小时之内经抢救无效死亡的……”,即《工伤保险条例》第 15 条第 1 款第 (1)项所规定内容。本案后续情况不详,但死亡球员很可能最终被“视同工伤”。

　　从诉讼技巧角度,除本案基本材料外,王某、张某还提供了俱乐部法定代表人时某的录音及文字记录,证明时某明确王宽伟死亡时间为比赛前备战日,其休息、治疗、饮食等都属于足球管理范畴;还提供了最高人民法院(2017)最高法行申 6467 号行政裁定书,证明在职工发病和死亡是否发生在工作时间、工作岗位上缺乏相关证据证明、难以确定的情况下,根据工伤认定倾向性保护职工合法权益的原则,应当作出有利于职工的肯定性事实推定,而非否定性的事实认定。从原告角度,提交上述证据或材料是可取的,可以在一定程度上影响法官的心证。

作者:齐斌

---

① 《工伤保险条例》第 14 条第(6)项。
② 《工伤保险条例》第 15 条第 1 款第(1)项及第 2 款。

67. 死亡标准与死亡时间的认定
——田某与湖北省荆州市沙市区人力资源和
社会保障局劳动和社会保障行政诉讼案

摘要：员工工作期间发病后近 48 小时时主治医生告知家属其已"脑死亡"，超过 48 小时之后被宣布临床死亡，人力资源和社会保障局不予认定工伤，家属提起行政诉讼未获一审判决支持，二审改判支持家属即认定死者系工伤。

来源：湖北省荆州市沙市区人民法院（2017）鄂 1002 行初 31 号民事判决书；湖北省荆州市中级人民法院（2018）鄂 10 行终 2 号行政判决书。

【事实概要】①

田某（女，1966 年 2 月生）与李某系夫妻关系，李某生前为一审第三人荆州市津楚保安服务有限公司（下称津楚公司）员工，被津楚公司安排至荆州市人民银行从事保安工作。2017 年 4 月 13 日 8 时 40 分许，李某在工作期间突发疾病，随后被送往荆州市中心医院抢救，同日 10 时 38 分，李某经入院诊断送入荆州市中心医院神经外科一病区抢救。2017 年 4 月 15 日 8 时 30 分左右，李某的主治医生日常查房时发现李某出现"脑死亡"的生理特征，遂告知家属"患者脑死亡，生还可能性极低，随时可能因呼吸循环衰竭死亡"，但家属不愿意签字放弃治疗。2017 年 4 月 15 日 15 时 33 分 21 秒，医生宣布李某因呼吸循环衰竭临床死亡，于同日 15 时 38 分 18 秒出院。后田某于 2017 年 4 月 28 日向荆州市沙市区人力资源和社会保障局（下称区人社局）申请工伤认定并提交了相关材料，区人社局于 2017 年 5 月 24 日作出受理决定，并于 2017 年 7 月 17 日作出《不予认定工伤决定书》（沙人社工伤决字〔2017〕52 号），认为李某在工作期间突发疾病至死亡，（抢救）期间超出 48 小时，不属于《工伤保险条例》第 15 条第 1 款第（1）项"视同工伤"的情形。

【裁判要旨】

1. 湖北省荆州市沙市区人民法院一审判决

田某不服区人社局不予认定工伤决定，遂诉至荆州市沙市区人民法院（下称一审法院）。

一审法院认为，根据《工伤保险条例》第 5 条的规定，"国务院社会保险行政部门负责全国的工伤保险工作。县级以上地方各级人民政府社会保险行政部门负责本行政区域内的工伤保险工作"，被告是作出工伤认定决定的行政主体，依法处理工伤认定申请是被告的法定职责。《工伤保险条例》第 15 条第（1）款规定，"职工有下列情形之一的，视同工伤：（一）在工作时间和工作岗位，突发疾病死亡或者在 48 小时之内经抢救无效死亡的……"，该条规定的"48 小时"的起算时间，应以医疗机构的初次诊断时间作为突发疾病的起算时间。在本案中，李某突发疾病被送往医院，于 2017 年 4 月 13 日 10 时 38 分经入院诊断送入神经外科一病区抢救，其

---

① 一审判决认定、二审判决确认。

初次诊断时间为"2017 年 4 月 13 日 10 时 38 分",2017 年 4 月 15 日 15 时 33 分 21 秒医生宣布李某因呼吸循环衰竭临床死亡,李某的死亡时间超出了 48 小时的法律规定。其间,尽管李某的主治医生于 2017 年 4 月 15 日 8 时 30 分左右,告知家属"患者脑死亡,生还可能性极低,随时可能因呼吸循环衰竭死亡",但是不能据此认定李某的死亡时间为"2017 年 4 月 15 日 8 时 30 分左右"。首先,主治医生告知家属"患者脑死亡"是在其日常查房的过程中根据患者的生理表现作出的主观判断,不是医疗机构最后的诊断结论,根据《民法总则》第 15 条①的规定,"自然人的出生时间和死亡时间,以出生证明、死亡证明记载的时间为准;没有出生证明、死亡证明的,以户籍登记或者其他有效身份登记记载的时间为准。有其他证据足以推翻以上记载时间的,以该证据证明的时间为准",故在本案中李某的死亡时间,应以医院出具的《死亡记录》上记载的时间为准;其次,根据主治医生的判断,患者是存在生还可能性的,但是概率极低,证明李某并未进入死亡状态,而是生命垂危状态,医生告知家属患者"脑死亡"是征求家属意见是否放弃治疗,而非向家属宣告患者死亡。工伤认定具有严格的法定性,《工伤保险条例》第 15 条规定的是三种"视同工伤"的情形,本身就是对"工伤认定"的拓展,在适用此条时,应严格遵守 48 小时的法定条件。综上,区人社局于 2017 年 7 月 17 日作出《不予认定工伤决定书》,对田某的工伤认定申请作出不予认定为工伤的决定并无不妥。

据此,依照《行政诉讼法》第 69 条之规定,一审法院于 2017 年 11 月 23 日判决驳回田某的诉讼请求。

2. 湖北省荆州市中级人民法院二审判决

田某不服一审判决,向湖北省荆州市中级人民法院(下称二审法院)提起上诉。二审法院组成合议庭,于 2018 年 1 月 25 日公开开庭审理了本案。

田某上诉称:李某的主治医师告知家属,患者已"脑死亡",只是家属不愿意放弃治疗,致使连续抢救时间超过 48 小时,田某认为在李某被宣布为"脑死亡"时,其已经事实死亡。请求二审法院撤销一审判决。

区人社局答辩称:(1)田某主张李某在 48 小时内已经脑死亡没有证据支持。(2)田某主张以"脑死亡"作为死亡标准没有法律依据。(3)区人社局以医疗机构出具的《住院病案首页》《死亡记录》等为证据,认定李某在工作时间和工作岗位突发疾病,经抢救无效在超过 48 小时之外死亡,是正确的。请求二审法院驳回田某的诉讼请求,维持一审判决。一审第三人津楚公司未提交书面答辩意见。

二审法院认为,《工伤保险条例》第 15 条第 1 款第(1)项规定"职工在工作时间和工作岗位,突发疾病死亡或者在 48 小时内经抢救无效死亡的,视同工伤"。本案各方当事人对李某系在工作时间、工作地点突发疾病被送往医院抢救后死亡的事实并无异议;争议焦点是对其具体死亡时间及标准的认定。

本案中,患者李某于 2017 年 4 月 13 日 10 时 38 分被送往荆州市中心医院抢救,4 月 15 日 8 时 27 分,查房医师李某、医师郭某告知家属"患者神志深昏迷,双瞳散大,气管插管,呼吸机辅助呼吸,血压为多巴胺维持",8 时 30 分,再次告知家属现患者"脑死亡",生还可能性极低,随时可能因呼吸循环衰竭死亡。因家属出于亲情不愿意放弃治疗,在 15 日 15 时 03 分患者开始

---

① 现为《民法典》第 15 条。《民法总则》于 2021 年 1 月 1 日废止。

出现心跳停止,血压测不出,15 时 33 分被宣布临床死亡。关于患者李某是否"脑死亡"的问题,田某提交了荆州市中心医院病程记录,可以证明李某于突发疾病 48 小时内已"脑死亡",区人社局和第三人津楚公司没有提出足以推翻患者已"脑死亡"的证据,因此,区人社局和第三人应当承担举证不能的法律后果。结合《工伤保险条例》第 1 条"保护劳动者权益、分散工伤风险"的立法本意,针对本案李某抢救时间的认定,应当作出对劳动者有利的解释。李某于 2017年 4 月 13 日 10 时 38 分被送至医院抢救,于 2017 年 4 月 15 日 8 时 30 分被告知为"脑死亡",由于家属出于亲情不愿意放弃治疗,患者继续依靠呼吸机辅助呼吸和药物治疗才致使抢救时间超过 48 小时。对于李某这种特殊状态的出现,应认定属于《工伤保险条例》第 15 条第 1 款第(1)项规定的视同工伤的情形。一审法院和区人社局认定李某经抢救无效死亡超过 48 小时,属对法律理解不当,应予纠正。区人社局作出的不予工伤认定决定和一审法院作出的判决,二审法院依法予以撤销。

依照《行政诉讼法》第 89 条第 1 款第(2)项之规定,二审法院于 2018 年 3 月 1 日判决如下:(1)撤销一审判决;(2)撤销区人社局作出的《不予认定工伤决定书》;(3)区人社局于本判决生效之日起 60 日内对田某的工伤认定申请重新作出决定。

【法律评析】

(一)评析要点

本案系行政诉讼,并非劳动争议,但与劳动者权益密切相关。

本案二审判决归纳的争议焦点为对李某具体死亡时间及标准的认定,其对《工伤保险条例》立法意图的解读、举证责任的分配和李某"脑死亡"时间的认定均值得称道;尤其是,判决指出,针对本案李某抢救时间的认定,应当作出对劳动者有利的解释。这体现了劳动争议司法实践中不可或缺的人文关怀。

但二审判决并非全无值得商榷之处。最关键的问题是,"脑死亡"和"临床死亡"的关系为何,二审法院为何采纳"脑死亡"标准。一审法院认为,应以医疗机构的初次诊断时间作为突发疾病的起算时间;本案中,无论从李某发病之时还是从医疗机构的初次诊断时间起算,到有证据证明其"脑死亡"之时均未超过 48 小时,但到李某被宣布"临床死亡"之时则都超过了 48 小时。因此,本案的关键是以何标准认定李某死亡。

作为死亡标准,如果呼吸循环衰竭的"临床死亡"优于"脑死亡",显然荆州市沙市区人力资源和社会保障局的《不予认定工伤决定书》并无不妥,一审判决也应予维持。反之,如果以"脑死亡"作为死亡标准,则二审判决是正确的。至于究竟应该采取何标准,已经超出了劳动法律范畴,而是一个医学问题(见下文)。

(二)法律依据与实务分析

《工伤保险条例》第 15 条第 1 款第(1)项规定,在工作时间和工作岗位,突发疾病死亡或者在 48 小时之内经抢救无效死亡的,视同工伤。由于上述规定,又因工伤死亡待遇优于疾病死亡待遇,生活中发生过一些人伦悲剧和怪诞现象,即濒死病人的家属在临近病人发病 48 小时之际要求医生放弃治疗(撤呼吸机),而用人单位代表则希望继续抢救。当然,本案情况相反,在李某的主治医生告知家属其已"脑死亡"时,距离李某发病还差 10 分钟即达 48 小时,但李某的家属不愿意签字放弃治疗。笔者宁愿相信这是亲情使然,而非因为家属不谙法律。

本案二审判决援引的《行政诉讼法》第 89 条第 1 款第(2)项规定:"人民法院审理上诉案件,按照下列情形,分别处理:……(二)原判决、裁定认定事实错误或者适用法律、法规错误的,依法改判、撤销或者变更"。但如上所述,从严格的法律意义上,结合我国医学实践(死亡标准),一审和二审判决孰是孰非,恐怕尚有争议。

根据《中国医师道德准则》①第二部分"医师与患者"第 28 条,"在宣告患者死亡时,要严格按照临床死亡标准和相关医疗程序施行。"可见,宣告死亡系采取"临床死亡"标准。但"脑死亡"是否为"临床死亡"的一种,该准则并未涉及。另外,该准则只是行业规定,不是国家法律法规。

因"脑死亡"争议较大、众说纷纭,且受制于国民意识和传统文化,我国目前仍采取"心跳停止"的临床死亡标准(如本案李某"呼吸循环衰竭")。临床实践中,我国医生抢救病人一般会在其心脏停止跳动后继续抢救 30 分钟,仍然无效(心脏不能恢复跳动)的,即宣布死亡。

我国并非没有"脑死亡"标准,②只是未能得到普遍采纳和接受。这客观上也影响了我国器官移植的开展,因其已超出本文主题,兹不赘述。

作者:齐斌

---

① 中国医师协会 2014 年 6 月 25 日发布。

② 原卫生部办公厅《关于启动心脏死亡捐献器官移植试点工作的通知》(卫办医管发〔2011〕62 号,2011 年 4 月 26 日)附件 1"中国心脏死亡器官捐献分类标准"提到"国内最新脑死亡标准"(《中国脑血管病杂志》2009 年第 4 期)及中国过渡时期"脑—心双死亡标准"(brain death plus cardiac death),并提到(我国)"脑死亡法律支持框架缺位"。

68. 上下班途中单方交通事故不能认定工伤

——袁某与无锡市人力资源和社会保障局劳动和社会保障行政确认诉讼案

摘要：劳动者在上下班途中发生单方道路交通事故，没有交警部门出具的事故责任认定书或其他证据证明非本人主要责任，不符合工伤认定情形，不属于工伤。

来源：江苏省无锡市梁溪区人民法院（2016）苏 0202 行初 38 号行政判决书；江苏省无锡市中级人民法院（2016）苏 02 行终 366 号行政判决书。

【事实概要】

袁某原系无锡市华良物业管理有限公司（下称华良公司）职工，从事保安工作，具体工作地点在置业新天地一楼大厅。

2015 年 5 月 15 日上午 7 时 50 分许，袁某骑电动车上班，在置业新天地的地下停车库坡道摔倒受伤，经诊治，诊断为外伤、左多发肋骨骨折。

2015 年 10 月 27 日，袁某以华良公司职工名义向无锡市人力资源和社会保障局（下称市人社局）申请工伤认定，并提交工伤认定相关申请材料。市人社局审查材料后于 2015 年 11 月 2 日受理。同月 5 日，华良公司向市人社局提交关于不予认定袁某工伤的报告及地下车库坡道照片，认为袁某系骑电动车从汽车进出的坡道去地下车库停车时由于自身不小心造成摔伤，不应认定工伤。其中，照片显示去往地下车库的坡道入口处竖有"下坡慢行注意安全"的警示牌，并有限速限高等标示牌。袁某于 2015 年 12 月 7 日向市人社局提交了一份说明，称其在摔伤后曾拨打 110 报警，但未到交警部门做笔录，之后也不会再去交警部门处理。

市人社局经调查、审核，于 2015 年 12 月 15 日作出锡人社工字（2015）第 001042 号不予认定工伤决定书，认为袁某受到的事故伤害不符合《工伤保险条例》第 14 条、第 15 条规定的情形，决定不予认定为工伤或视同工伤。市人社局于 2015 年 12 月 22 日、23 日分别向华良公司和袁某送达该决定书。

【裁判要旨】

1. 无锡市梁溪区人民法院一审判决

袁某不服市人社局不予认定工伤决定书，向无锡市梁溪区人民法院（下称一审法院）提起行政诉讼，称其符合《工伤保险条例》第 14 条第（1）、（2）项应当认定为工伤的情形，请求判决撤销市人社局不予认定工伤决定书并责令其重新作出工伤认定。

市人社局辩称，根据查明的事实，袁某在发生事故时，系上班途中的状态。《工伤保险条例》第 14 条第（6）项规定：职工在上下班途中，受到非本人主要责任的交通事故或者城市轨道交通、客运轮渡、火车事故伤害的，应当认定为工伤。本案中，袁某受伤的情形虽然发生在上班途中，但系其在下地下车库坡道时骑行滑倒，为单车事故，应当承担事故的主要以上责任，因此不符合《工伤保险条例》第 14 条第（6）项的构成要件。《工伤保险条例》以列举方式规定了应当认定为工伤和视同工伤的情形，袁某的受伤经过同样也不符合《工伤保险条例》第 14 条、第

15 条规定的其他情形,因此不予认定为工伤或者视同为工伤。关于袁某提出《工伤保险条例》第 14 条第(1)、(2)项规定的情形,本案中,袁某受伤地点并非工作场所,受伤时间也不在上班时间内,受伤原因并非从事生产经营活动直接导致的事故伤害;受伤时从事的活动也不属于与本职工作有关的组成部分,故不符合上述规定的情形。综上,市人社局作出的行政行为事实清楚、证据确凿、适用依据正确,程序合法,请求法院驳回袁某的诉讼请求。

第三人华良公司述称,对于劳动关系和袁某受伤当天上班无异议,但认为袁某受伤是因为下坡骑行,袁某的工作就包括阻止他人下坡骑行,袁某本人系明知故犯,不应认定为工伤,请求驳回袁某的诉讼请求。

一审法院经审理认为,《工伤保险条例》第 14 条、第 15 条规定了应当认定为工伤和视同工伤的法定情形;本案中,袁某系在上班途中骑电动车下坡道时滑倒摔伤,未与其他车辆发生碰撞,事发后也未向有关部门提出事故责任认定的申请,故不符合第 14 条第(6)项规定的情形。《工伤保险条例》第 14 条第(1)项规定,职工在工作时间和工作场所内,因工作原因受到事故伤害的,应当认定为工伤。第(2)项规定,职工在工作时间前后在工作场所内,从事与工作有关的预备性或者收尾性工作受到事故伤害的,应当认定为工伤。袁某受伤时并非工作场所,亦未从事生产经营活动或者与本职工作有关的预备性工作,故不符合该两项规定的情形,也不符合《工伤保险条例》规定的其他应当认定为工伤或者视同工伤的情形,市人社局作出不予认定工伤或者视同工伤的决定并无不当。市人社局根据袁某的申请和华良公司的举证,经调查、审核在法定期限内作出不予认定工伤或者视同工伤的决定并分别向受伤职工和用人单位送达,符合法定程序。袁某提出其符合《工伤保险条例》第 14 条第(1)、(2)项规定的情形、应当认定为工伤的主张,理由不成立,一审法院不予支持。

综上,依照《行政诉讼法》第 69 条的规定,判决驳回袁某的诉讼请求。

2. 无锡市中级人民法院二审判决

袁某不服一审判决,向无锡市中级人民法院(下称二审法院)提起上诉称:(1)其工作内容是负责巡逻和停车场收费,受伤地点位于新天地一楼到收费停车场的机动车通道内,受伤时其已经进入工作场所,符合《工伤保险条例》第 14 条第(1)项规定的工作时间和工作场所。(2)其准备进入地下停车库的小房间是为给电动车充电和更换保安服,属于从事预备性工作。(3)机动车通道的建设不符合《办公建筑设计规范》是导致其受伤的主要原因。其受伤符合工作时间、工作地点和工作原因要求,应当认定为工伤。请求撤销原判,依法改判。

市人社局辩称:(1)袁某受伤发生在上班途中,为单车事故。袁某在工伤认定程序中未提交交警部门出具的交通事故认定结论,应当承担事故的主要以上责任,不符合认定工伤的情形。(2)袁某将预备性工作进行扩大化理解没有依据。

华良公司述称,下坡通道的设计与华良公司没有关联,华良公司仅负责物业管理。请求驳回上诉,维持原判。

二审法院认为,根据《最高人民法院关于审理工伤保险行政案件若干问题的规定》第 1 条,人民法院在认定是否存在《工伤保险条例》第 14 条第(6)项规定的"本人主要责任"时,应当以交警部门出具的法律文书为依据,除非有相反证据足以推翻。本案中,袁某在上班途中骑电动车下坡道时摔倒受伤,是单方道路交通事故,没有交警部门出具事故责任认定书或其他证据证明非本人主要责任,不符合《工伤保险条例》第 14 条第(6)项规定的工伤认定情形。市人社局据此认定袁某所受伤害不属于工伤,并无不当。市人社局受理袁某的工伤认定申请后,要求华良公司举证,调查核实了相关事实,在法定期限内作出不予认定工伤决定书并送达双方,行政程序合法。

袁某认为其处于上班过程中,至少是在从事预备性工作,所受伤害应当属于工伤。二审法院认为,上班途中、从事预备性工作、正式上班虽然是一个动态的连续过程,但是仍然可以根据工作性质、单位管理、前后阶段以及生活常理等因素予以区分。袁某受伤在上班之前、地点在地下车库下坡通道、目的是停放电动车,明显是处于上班途中,不能扩大理解为预备性工作或者上班。

因此,袁某的上诉理由不能成立,对其上诉请求不予支持,二审法院遂判决驳回上诉,维持原判。

【法 律 评 析】

(一)评析要点

本案争议焦点在于袁某受伤时间是属于上班途中还是从事预备性工作阶段乃至上班时间,以及上下班途中的单车事故可否认定为工伤。

两审法院说理的侧重点和依据有所不同,但一致认为:袁某系在上班途中受伤;上下班途中的单车事故不能认定为工伤或视同工伤。

(二)法律依据与实务分析

《工伤保险条例》第14条规定:"职工有下列情形之一的,应当认定为工伤:(一)在工作时间和工作场所内,因工作原因受到事故伤害的;(二)工作时间前后在工作场所内,从事与工作有关的预备性或者收尾性工作受到事故伤害的;(三)在工作时间和工作场所内,因履行工作职责受到暴力等意外伤害的;(四)患职业病的;(五)因工外出期间,由于工作原因受到伤害或者发生事故下落不明的;(六)在上下班途中,受到非本人主要责任的交通事故或者城市轨道交通、客运轮渡、火车事故伤害的;(七)法律、行政法规规定应当认定为工伤的其他情形。"第15条规定:"职工有下列情形之一的,视同工伤:(一)在工作时间和工作岗位,突发疾病死亡或者在48小时之内经抢救无效死亡的;(二)在抢险救灾等维护国家利益、公共利益活动中受到伤害的;(三)职工原在军队服役,因战、因公负伤致残,已取得革命伤残军人证,到用人单位后旧伤复发的。职工有前款第(一)项、第(二)项情形的,按照本条例的有关规定享受工伤保险待遇;职工有前款第(三)项情形的,按照本条例的有关规定享受除一次性伤残补助金以外的工伤保险待遇。"

上述条款系以列举的方式规定了工伤和视同工伤的情形,其中,根据《工伤保险条例》第14条第(6)项之规定,员工在上下班途中,受到交通事故或者城市轨道交通、客运轮渡、火车事故伤害的,认定工伤的前提条件是"非本人主要责任"。就常理而言,单车事故很难说是"非本人主要责任",绝大多数情况下交警部门也不会就此出具事故责任认定书,当事人亦难有其他证据;本案事发后袁某甚至未向交警等部门提出事故责任认定申请。因此,本案不属于《工伤保险条例》第14条第(6)项的情形。

关于袁某受伤时间是属于上班途中还是从事预备性工作乃至上班时间，根据《最高人民法院关于审理工伤保险行政案件若干问题的规定》第6条，"对社会保险行政部门认定下列情形为'上下班途中'的，人民法院应予支持：（一）在合理时间内往返于工作地与住所地、经常居住地、单位宿舍的合理路线的上下班途中；（二）在合理时间内往返于工作地与配偶、父母、子女居住地的合理路线的上下班途中；（三）从事属于日常工作生活所需要的活动，且在合理时间和合理路线的上下班途中；（四）在合理时间内其他合理路线的上下班途中。"本案中，正如二审法院所认定，袁某受伤系在上班之前、地点在地下车库下坡通道、目的是停放电动车，其受伤时处于上班途中，并非从事预备性工作或者上班时间。

2020年初新型冠状病毒疫情（COVID-19）爆发之后，我国各地纷纷采取了严格的防控措施，大量企业停工停产、延迟复工，企业界和法律界等人士一度探讨延迟复工期员工在家办公感染新型冠状病毒以及用人单位陆续复工后、员工在上班时间乃至上下班途中染病是否构成工伤（包括视同工伤），国家和各地也陆续出台了相关文件。简言之，上述情况下的工伤认定，除应依据当地政策（主要是劳动合同履行地的规定）之外，还须看具体情形，比如用人单位的性质（是否医疗机构或负责抢险救灾的其他机构）、员工的身份（是否医护及相关工作人员或志愿者）、在日常工作中染病还是前往疫区出差染病，等等。

笔者认为，就工伤认定而言，"病"和"伤"还是泾渭分明的，患病、负伤的原因（如是否因为工作）也很重要。根据《工伤保险条例》第15条第1款前两项，"在工作时间和工作岗位，突发疾病死亡或者在48小时之内经抢救无效死亡"以及"在抢险救灾等维护国家利益、公共利益活动中受到伤害"的，也仅仅是"视同工伤"。换言之，实际上不算工伤，而法律上视为工伤。

因此，再回顾和结合本案，在现行法律框架下，普通用人单位一般员工在上下班途中感染新型冠状病毒或其他疾病，恐怕很难被认定为工伤。

作者：张君强

69. 工伤认定程序

——张某与上海敬豪劳务服务有限公司、中海工业(上海长兴)有限公司劳动合同纠纷案①

摘要： 从事接触职业病危害作业的劳动者未进行离岗前职业健康检查的,用人单位不得解除或终止其劳动合同;即使用人单位与劳动者已协商一致解除劳动合同,解除协议也应认定无效;劳动者仲裁、一审败诉,二审胜诉。

来源： 上海市崇明县人民法院(2015)崇民一(民)初字第1021号民事判决书;上海市第二中级人民法院(2015)沪二中民三(民)终字第962号民事判决书。

【事 实 概 要】

2010年1月,张某与上海敬豪劳务服务有限公司(下称敬豪公司)建立劳动关系,继续被派遣至中海工业(上海长兴)有限公司(下称中海公司)担任电焊工,双方签订最后一期劳动合同的期限为2010年1月1日至2014年6月30日。

2014年1月13日,敬豪公司(甲方)与张某(乙方)签订协商解除劳动合同协议书,载明:甲、乙双方一致同意劳动关系于2014年1月13日解除,双方的劳动权利义务终止;甲方向乙方一次性支付人民币48 160元,以上款项包括解除劳动合同的经济补偿、其他应得劳动报酬及福利待遇等。敬豪公司于2014年1月21日向张某支付人民币48 160元。

2014年4月,张某经上海市肺科医院诊断为"电焊工尘肺壹期"。同年12月10日,张某经上海市劳动能力鉴定委员会鉴定为"职业病致残程度柒级"。

【裁 判 要 旨】

1. 上海市崇明县劳动人事争议仲裁委员会裁决

2014年11月27日,张某向上海市崇明县(现崇明区)劳动人事争议仲裁委员会申请仲裁,要求自2014年1月13日起恢复与敬豪公司的劳动关系。仲裁委员会裁决不予支持。

2. 上海市崇明县人民法院一审判决

张某不服仲裁裁决,向上海市崇明县人民法院(下称一审法院)起诉,要求与敬豪公司自2014年1月13日起恢复劳动关系。

张某诉称:2007年10月,其与上海兴旭劳务服务有限公司签订劳动合同,该公司法定代表人是王文清;2010年1月,其被转入公司法定代表人同是王文清的敬豪公司;其自2007年10月起即被派往中海公司担任电焊工。2014年1月13日,敬豪公司与张某签订协商解除劳动合同协议书。张某要求做离职前职业健康检查,公司法定代表人王文清承诺签订协议后安排其体检,但第二天即反悔。张某经向有关部门举报投诉后,敬豪公司才让其做相关体检。张某认为双方签订的协商解除劳动合同协议书系敬豪公司提供的格式合同,虽称系张某提出解除劳

---

① 此为最高人民法院公报案例,载《最高人民法院公报》2017年第5期。

动关系,实是公司提出。故张某提起仲裁、诉讼,要求与敬豪公司自 2014 年 1 月 13 日起恢复劳动关系。

敬豪公司、中海公司共同辩称,张某与敬豪公司于 2014 年 1 月 13 日已经达成解除劳动关系的协议,敬豪公司已按协议支付补偿金。现张某已离开公司一年多,故不同意恢复劳动关系。

一审审理中,张某表示其在敬豪公司工作至 2014 年 1 月 23 日,是敬豪公司向其提出解除劳动合同的,也未给其做离职体检,故对未进行离岗前职业健康检查的劳动者不得解除或者终止劳动合同。敬豪公司表示双方签订的解除劳动合同协议书真实、有效,敬豪公司继续为张某缴纳社保只是想协助张某工伤理赔,但不能就此推断双方的劳动关系还存在。

一审法院审理后认为,根据法律规定,从事接触职业病危害作业的劳动者未进行离岗前职业健康检查,或者疑似职业病病人在诊断或者医学观察期间的,用人单位不得依照《劳动合同法》第 40 条、第 41 条的规定解除劳动合同。现双方协商一致解除劳动关系,不属该法第 40 条、第 41 条规定的情形,且双方的解除行为系真实意思的表示。张某为"职业病致残程度柒级",且双方劳动合同也已到期,现敬豪公司不同意恢复劳动关系,张某要求自 2014 年 1 月 13 日起恢复与敬豪公司的劳动关系,于法无据,不予支持。

据此,一审法院判决:张某要求与敬豪公司自 2014 年 1 月 13 日起恢复劳动关系的诉讼请求不予支持。

3. 上海市第二中级人民法院二审判决

张某不服一审判决,向上海市第二中级人民法院(下称二审法院)提起上诉称:其与敬豪公司虽于 2014 年 1 月 13 日签订了《协商解除劳动合同协议书》,但由于敬豪公司的缘故,直到 2014 年 12 月其才被鉴定为"职业病致残程度柒级"。敬豪公司未安排其在离职前体检,违反了《职业病防治法》相关规定,故体检之前不能解除劳动合同。因此,请求法院判令自 2014 年 1 月 13 日起恢复其与敬豪公司的劳动关系。

敬豪公司、中海公司共同辩称:双方系经协商一致解除劳动合同,张某经鉴定为"职业病致残程度柒级",并不会导致其解除劳动关系违反《劳动合同法》相关规定,故不同意与张某恢复劳动关系。综上,请求驳回张某的上诉请求。

二审法院经审理,确认了一审查明的事实,确定本案的争议焦点为:从事接触职业病危害作业的劳动者未进行离岗前职业健康检查的,用人单位与劳动者协商一致解除劳动合同是否当然有效。

二审法院认为:根据《劳动合同法》第 42 条第 1 款的规定,从事接触职业病危害作业的劳动者未进行离岗前职业健康检查的,用人单位不得依照该法第 40 条、第 41 条的规定解除劳动合同。此款规定虽然没有排除用人单位与劳动者协商一致解除劳动合同的情形,但根据《职业病防治法》第 36 条①之规定,"对从事接触职业病危害的作业的劳动者,用人单位应当按照国务院安全生产监督管理部门、卫生行政部门的规定组织上岗前、在岗期间和离岗时的职业健康检查,并将检查结果书面告知劳动者……对未进行离岗前职业健康检查的劳动者不得解除或

---

① 该法于 2018 年 12 月 29 日第十三届全国人民代表大会常务委员会第七次会议《关于修改〈中华人民共和国劳动法〉等七部法律的决定》第四次修正,修正后为第 35 条。

者终止与其订立的劳动合同"。用人单位安排从事接触职业病危害作业的劳动者进行离岗职业健康检查是其法定义务,该项义务并不因劳动者与用人单位协商一致解除劳动合同而当然免除。

本案中,双方于2014年1月13日签订的《协商解除劳动合同协议书》并未明确张某已经知晓并放弃了进行离岗前职业健康检查的权利,且张某于事后亦通过各种途径积极要求敬豪公司为其安排离岗职业健康检查。因此,张某并未放弃对该项权利的主张,敬豪公司应当为其安排离岗职业健康检查。在张某的职业病鉴定结论未出之前,双方的劳动关系不能当然解除。

2014年12月10日,张某被鉴定为"职业病致残程度柒级"。根据《工伤保险条例》第37条规定,职工因工致残被鉴定为七级至十级伤残的,劳动、聘用合同期满终止,或者职工本人提出解除劳动、聘用合同的,由工伤保险基金支付一次性工伤医疗补助金,由用人单位支付一次性伤残就业补助金。因此,鉴于双方签订的劳动合同原应于2014年6月30日到期,而张某2014年12月10日被鉴定为"职业病致残程度柒级",依据《工伤保险条例》的规定,用人单位可以终止到期合同,故张某与敬豪公司的劳动关系应于2014年12月10日终止。

综上,二审法院依照《职业病防治法》第36条、《工伤保险条例》第37条、《民事诉讼法》第170条第1款第(2)项之规定,于2015年11月12日判决:(1)撤销一审判决;(2)张某与敬豪公司自2014年1月13日起恢复劳动关系至2014年12月10日止。

【法 律 评 析】

(一) 评析要点

本案的典型意义在于,对张某及与其情形类似的、从事接触职业病危害作业的劳动者,若仅依据《劳动合同法》,双方可协商一致解除劳动合同,这也是本案一审法院的观点;但因其他法律有禁止性规定,上述解除行为应当受到限制,因此二审法院撤销了一审判决。

如上所述,本案二审法院认为,在张某的职业病鉴定结论未出之前,其与公司的劳动关系不能当然解除。本案双方2014年1月13日协商解除劳动合同的行为(协议)因违法而无效;双方劳动合同原应于2014年6月30日到期,因未有职业病鉴定结论而顺延,故双方劳动关系应恢复至张某被鉴定为"职业病致残程度柒级"之日即2014年12月10日;2014年12月10日当日,双方劳动关系终止,而非解除。

(二) 法律依据与实务评析

《职业病防治法》第35条第2款规定:"用人单位不得安排未经上岗前职业健康检查的劳动者从事接触职业病危害的作业;不得安排有职业禁忌的劳动者从事其所禁忌的作业;对在职业健康检查中发现有与所从事的职业相关的健康损害的劳动者,应当调离原工作岗位,并妥善安置;对未进行离岗前职业健康检查的劳动者不得解除或者终止与其订立的劳动合同。"《工伤保险条例》第37条规定:"职工因工致残被鉴定为七级至十级伤残的,享受以下待遇:(一)从工伤保险基金按伤残等级支付一次性伤残补助金,标准为:七级伤残为13个月的本人工资,八级伤残为11个月的本人工资,九级伤残为9个月的本人工资,十级伤残为7个月的本人工资;(二)劳动、聘用合同期满终止,或者职工本人提出解除劳动、聘用合同的,由工伤保险基金支付一次性工伤医疗补助金,由用人单位支付一次性伤残就业补助金。一次性工伤医疗补助金和一次性伤残就业补助金的具体标准由省、自治区、直辖市人民政府规定。"

实务中,《劳动合同法》对用人单位和劳动者协商一致解除劳动合同并没有特别的限制性规定,即便是从事接触职业病危害作业的劳动者未进行离岗前职业健康检查或者疑似职业病病人在诊断或者医学观察期间,若双方依据《劳动合同法》第36条自愿协商一致解除劳动合同,相关协商解除协议往往会被认定为有效,如本案仲裁裁决和一审判决。但依据《职业病防治法》上述规定和本案二审法院的观点,用人单位在解除或终止从事接触职业病危害作业的劳动者劳动合同前,必须进行离岗前职业健康检查,否则不得解除或终止劳动合同。

因此,用人单位在解除或终止从事接触职业病危害作业的劳动者劳动合同前,需严格履行法定程序,在解除或终止劳动合同前对其进行离岗前职业健康检查。若劳动者不愿进行离岗前职业健康检查,则应要求其书面确认其已知晓并放弃了进行离岗前职业健康检查的权利;否则,万一发生争议,用人单位将面临败诉的风险。

作者:张君强

70. 工伤保险待遇：工伤医疗期待遇
——张某与某液压器材(苏州)有限公司经济补偿金纠纷案

摘要：劳动者以用人单位未及时足额支付停工留薪期工资为由解除劳动合同并主张经济补偿金，"一裁二审"均未支持。

来源：江苏省苏州市工业园区劳动人事争议仲裁委员会苏园劳仲案字[2018]第1405号仲裁裁决书；江苏省苏州市工业园区人民法院(2018)苏0591民初10308号民事判决书；江苏省苏州市中级人民法院(2019)苏05民终5200号民事判决书。

【事实概要】①

张某(男,1978年12月生)于2010年6月入职某液压器材(苏州)有限公司(下称公司)，岗位为仓管员。双方签订劳动合同,公司为张某缴纳社保费。2017年5月2日,张某在下班途中发生交通事故受伤,自此张某未再至公司上班。2017年5月3日至5月14日期间张某住院治疗。2017年6月8日,苏州工业园区劳动和社会保障局认定张某5月2日的受伤为工伤。2018年2月5日,苏州市劳动能力鉴定委员会认定张某受伤伤残等级为"捌级"。2018年5月3日至5月7日,张某再次入院治疗。双方确认张某2017年5月2日受伤前12个月月平均工资为7 112.81元。

2018年6月24日,张某以公司未及时足额支付工资为由,向公司邮寄《解除劳动合同通知书》,并主张解除劳动合同经济补偿金。公司于6月26日收到该解除通知书。本案仲裁中公司向张某补发停工留薪期待遇9 120.09元,张某确认已收到该笔款项。

张某签字的《借款申请书》明确载明："兹因本人需要筹集医疗手术资金,今向×××液压器材(苏州)有限公司借款人民币陆万元,还款方式：公司每月在借款人月工资中扣除一定金额作为还款,直至还清。"落款日期为2017年5月3日,公司于次日将6万元借款转账给张某。

张某认为公司应按7 112.81元发放其停工留薪期待遇,不认可公司每月的扣款,其在领取每月工资单后向公司提出过异议；并称其他员工在职期间发生工伤,不存在公司所述因借款少发工资的情况,公司在员工工伤停工留薪期内均按基本工资发放。

【裁判要旨】

1. 苏州工业园区劳动人事争议仲裁委员会裁决

张某于劳动争议发生后法定期限内申诉至苏州工业园区劳动人事争议仲裁委员会。仲裁时,公司表示张某自2017年5月3日受伤之日至2018年2月5日伤残鉴定结论作出之日应享受停工留薪期工资待遇；2018年2月6日至2018年5月2日期间应享受医疗期待遇,发放病假工资；2018年5月3日至离职之日享受停工留薪期待遇。公司认为已足额支付张某的工资。

仲裁委员会于2018年10月11日裁决公司支付张某护理费1 440元、停工留薪期待遇差

---

① 一审判决认定、二审判决确认。

额 23 391.16 元、一次性伤残就业补助金 35 000 元,不支持张某的其他仲裁请求。

2. 苏州工业园区人民法院一审判决

张某对仲裁裁决不服,遂于法定期限内诉至苏州工业园区人民法院(下称一审法院),请求(诉讼费略):(1)判令公司支付其停工留薪期 2017 年 5 月 3 日至 2018 年 2 月 5 日、2018 年 5 月 3 日至 2018 年 6 月 26 日期间待遇差额 45 975.99 元;(2)公司支付其解除劳动合同经济补偿金 60 458.89 元。

一审法院认为:当事人对自己的诉讼主张所依据的事实应当提供相关证据加以证明,否则应由负有举证责任的一方承担不利后果。张某发生交通事故被认定为工伤,并经鉴定为八级伤残,张某应依法享受工伤保险待遇。劳动者在工伤停工留薪期间内,原工资福利待遇不变,用人单位应足额支付停工留薪期工资。就停工留薪期间,双方均明确为 2017 年 5 月 3 日至 2018 年 2 月 5 日、2018 年 5 月 3 日至 2018 年 6 月 26 日。经核算,公司应支付张某上述期间的停工留薪期工资差额 40 622.47 元。仲裁庭审中,公司已支付张某工资差额 9 120.09 元,张某确认收到,经核算,公司仍应支付张某停工留薪期工资差额 31 502.38 元(40 622.47 元 - 9 120.09 元)。

关于张某主张的解除劳动合同经济补偿金,张某主张其因公司未及时足额支付其受伤期间的工资而要求解除劳动合同和解除劳动合同经济补偿金;而公司则认为因双方之间存在借款,故在张某每月工资中扣除部分款项,不存在违法行为。

一审法院认为,首先,公司借款给张某 60 000 元,张某已确认借款的事实,且张某签字的借款申请表上明确还款方式为每月在借款人月工资中扣除一定金额。其次,公司在张某受伤后仍向张某发放工资,且张某每月均收到工资单,对其工资构成及金额是知晓的,表明公司不存在克扣张某工资的主观恶意,故张某主张的因公司克扣工资而解除劳动合同的经济补偿金缺乏事实依据,一审法院不予支持。

关于仲裁裁决的护理费 1 440 元、一次性伤残就业补助金 35 000 元,双方均不持异议,故一审法院予以确认。

据此,一审法院依照《劳动合同法》第 38 条、《工伤保险条例》第 33 条、《民事诉讼法》第 64 条之规定判决:(1)公司于判决生效之日起 10 日内支付张某护理费 1 440 元、一次性伤残就业补助金 35 000 元、停工留薪期工资差额 31 502.38 元;(2)驳回张某的其他诉讼请求。

3. 江苏省苏州市中级人民法院二审判决

张某不服一审判决,向苏州市中级人民法院(下称二审法院)提起上诉。二审法院于 2019 年 5 月 28 日立案受理,组成合议庭审理了本案。

张某请求二审法院撤销原判,依法改判公司支付经济补偿金 60 458.89 元。事实与理由是:其受伤前平均工资为 7 112.81 元,受伤后公司并未按照该标准及时、足额支付工资,其以此为由解除劳动合同并要求经济补偿金,应当得到支持。公司则表示服从原判。

二审期间,张某明确其主张经济补偿金的理由为公司未及时足额支付其停工留薪期工资。

二审法院认为,本案的争议焦点为劳动者能否以用人单位未及时足额支付停工留薪期工资为由解除劳动合同并主张经济补偿金。对此,根据《劳动合同法》第 38 条的规定,用人单位未及时足额支付劳动报酬的,劳动者可以单方解除劳动合同并主张经济补偿金,但停工留薪期工资并非该条规定的"劳动报酬"。具体理由如下:首先,从法律渊源上看,停工留薪期工资规定在《工伤保险条例》当中,而劳动报酬则规定在《劳动法》《劳动合同法》当中。其次,从性质上看,停工留薪期是劳动者因工遭受事故伤害或者患职业病需要暂停工作接受工伤医疗,并保持原工资福利待遇不变的期间,用人单位支付停工留薪期工资是基于劳动者因工伤或患职业病而暂停工作的事实,不以劳动者提供劳动为对价,在性质上等同于"误工费"。而劳动报酬是劳动者提供劳动的对价。最后,从主观状态上看,停工留薪期工资在劳动者治疗终结期间或之前支付,其支付的标准、期限本身处于不确定状态,需要司法机关进行裁判,用人单位在此之前未支付或者未足额支付停工留薪期工资并不存在主观恶意。相反,劳动法律、法规对劳动报酬的支付规定有明确的标准及周期,如无特殊理由,用人单位未及时足额支付劳动报酬视为其主观上存有恶意。综上,停工留薪期工资属于工伤保险待遇,并非劳动报酬,劳动者以用人单位未及时、足额支付停工留薪期工资为由解除劳动合同并主张经济补偿金,依法不应得到支持。本案中,张某明确其主张经济补偿金的理由为公司未及时、足额支付其停工留薪期工资,如上所述,其主张缺乏事实及法律依据,二审法院不予支持。

综上,二审法院认为张某的上诉请求不能成立,应予驳回;一审判决认定事实清楚,适用法律正确,应予维持,遂于2019年8月23日判决:驳回上诉,维持原判。

【法律评析】

(一) 评析要点

二审判决认为,本案争议焦点是劳动者能否以用人单位未及时足额支付停工留薪期工资为由解除劳动合同并主张经济补偿金。并认定停工留薪期工资并非《劳动合同法》第38条规定的"劳动报酬",而属于工伤保险待遇。按此逻辑,即使用人单位故意拖欠停工留薪期工资,劳动者因此解除劳动合同后,也不能主张经济补偿金,这显然矫枉过正。笔者认为,理解上述问题的关键是对"劳动报酬"采取狭义还是广义的理解。如果把视野拓宽到双方建立劳动关系、履行劳动合同的全过程,将停工留薪期工资理解为基于劳动者对用人单位以往的贡献(曾经提供的劳动)而依法享有的待遇,停工留薪期工资实际上也可说是劳动报酬(若劳动者上班第一天就发生工伤,无非是对用人单位的贡献趋近于零)。何况,停工留薪期工资并非从工伤保险基金中支付,而是"由(工伤职工)所在单位按月支付";只有在工伤职工评定伤残等级后,才停发原待遇,按照《工伤保险条例》有关规定享受伤残待遇(具体规定见下文)。

因此,笔者认为,本案关键在于公司是否故意拖欠张某停工留薪期工资。对此,两审法院均认为公司未足额支付张某停工留薪期工资并不存在主观恶意。不过,二审法院认为"停工留薪期工资在劳动者治疗终结期间之前支付,其支付的标准、期限本身处于不确定状态,需要司法机关进行裁判",笔者认为值得商榷,因为有关法规对支付标准有明确规定,支付期限也取决于伤残等级评定时间而非法院的裁判(具体规定见下文)。

(二) 法律依据与实务分析

一审判决援引的《劳动合同法》第38条实际上并不适用于本案。其援引的《工伤保险条例》(2010年修订)第33条规定:"职工因工作遭受事故伤害或者患职业病需要暂停工作接受工伤医疗的,在停工留薪期内,原工资福利待遇不变,由所在单位按月支付。停工留薪期一般不超过 12 个月。伤情严重或者情况特殊,经设区的市级劳动能力鉴定委员会确认,可以适当延长,但延长不得超过 12 个月。工伤职工评定伤残等级后,停发原待遇,按照本章的有关规定享受伤残待遇。工伤职工在停工留薪期满后仍需治疗的,继续享受工伤医疗待遇。生活不能自理的工伤职工在停工留薪期需要护理的,由所在单位负责。"可见,工伤职工在停工留薪期内,原工资福利待遇不变,由所在单位按月支付;评定伤残等级后,停发原待遇,依法享受伤残待遇。

　　一审判决援引的《民事诉讼法》第 64 条是关于举证责任的规定。本案张某曾向公司借款,还款方式为公司每月在其工资中扣除一定金额。因双方对此有明确约定,张某主张公司克扣工资也就缺乏事实根据。

作者:齐斌

71. 因工致残待遇
——谢某与上海某物业公司工伤保险待遇纠纷案

摘要：工伤员工向公司追索医疗费、护理费、交通费共计 21 万余元，仲裁、一审均不支持，二审支持大部分医疗费和酌定的护理费、交通费共计 11 万余元。

来源：上海市黄浦区劳动人事争议仲裁委员会黄劳人仲［2017］办字第 1220 号裁决书；上海市黄浦区人民法院（2017）沪 0101 民初 29503 号民事判决书；上海市第二中级人民法院（2018）沪 02 民终 3745 号民事判决书。

【事实概要】①

2001 年 7 月 1 日，谢某（男，1960 年 8 月生）与上海某物业公司（下称公司）签订聘用协议后在公司从事保安工作。2014 年 12 月 31 日，双方签订最后一份聘用合同书，期限为 2015 年 1 月 1 日至 2015 年 12 月 31 日，谢某在公司某项目部门担任保安领班，月劳务费 3 755 元，另有加班费。聘用期间，公司为谢某办理意外伤害保险。双方并约定，谢某如发生工伤，所需费用由公司承担。

2015 年 7 月 12 日上午，谢某在上班期间摔倒，造成颈脊髓损伤伴四肢不全瘫，右侧肋骨骨折。同年 8 月 7 日，经公司申请，上海市黄浦区人力资源和社会保障局对谢某的事故伤害作出认定工伤决定书。同年 12 月 22 日，上海市黄浦区劳动能力鉴定委员会对谢某伤残情况作出初次（复查）鉴定结论，为因工致残程度六级。后经上海市社会保险事业管理中心核定，谢某发生的工伤医疗费用计 230 426.50 元，由社保基金支付谢某一次性伤残补助金 54 544 元、工伤保险基金医疗费 136 847.84 元，非工伤基金支付医疗费为 93 578.66 元、住院伙食补助费 4 060 元。

2017 年 1 月 17 日，谢某向上海市黄浦区人民法院提起健康权诉讼，要求公司支付其医药费、护理费、交通费、营养费、精神损失、被扶养人生活费、残疾赔偿金等 205 301.04 元。同年 5 月 23 日，谢某向上述法院提出撤回诉讼申请。

本案一、二审期间，谢某及公司均陈述谢某已于 2015 年 8 月 8 日办理退休手续，开始领取养老保险待遇。另，双方还陈述，公司曾投保雇主责任险，保险期限为 2015 年 1 月 1 日至 2015 年 12 月 31 日，赔偿的内容包括雇员发生事故的医疗费、合理必要的护理费、交通费等。

本案审理期间，经谢某申请，二审法院至上海长征医院及上海市普陀区医疗保险事务中心调查。谢某在上海长征医院住院期间的主治医师表示，谢某手术中使用的仿生骨系手术必需，该器材为国产，比同等进口的器材费用低，手术中涉及的麻醉药品、缝线、湿热交换器和过滤器、手术薄膜等部分可能需要进口，但都是手术中必须使用的，在该院治疗方案中，该费用属最低。且手术前均已告知家属，部分耗材、药品是自费的，但都是必须使用，家属签字同意的。上海市普陀区医疗保险事务中心出具《工伤和×××疾病医疗费预审核单》载明，谢某在上海长征医院住院治疗期间，向该中心核报医疗费中有仿生骨等在内的非医保支付范围项目合计

---

① 一审判决认定、二审判决确认或另查明。

70 729.10 元,其中 191.50 元为伙食费。谢某对调查材料的真实性无异议,认为自费部分均已由其支付。公司对该调查材料真实性无异议,但认为让单位承担工伤保险范围外的医疗费用没有依据。

【裁 判 要 旨】

1. 上海市黄浦区劳动人事争议仲裁委员会裁决

2017 年 6 月 30 日,谢某向上海市黄浦区劳动人事争议仲裁委员会申请仲裁,要求公司支付:(1)医药费 116 001.32 元;(2)交通费 4 022 元;(3)护理费 92 160 元。2017 年 9 月 18 日,仲裁委员会作出裁决,不支持谢某的所有仲裁请求。

2. 上海市黄浦区人民法院一审判决

谢某不服仲裁裁决,起诉至上海市黄浦区人民法院(下称一审法院),请求公司支付其医疗费 116 001.32 元、护理费 92 160 元、交通费 4 022 元。

一审法院认为:我国法律法规规定,对职工因身体健康或生命,在工作中遭受暂时或永久损害的,应获得物质或现金的补救和补偿。其作用是使伤残者的医疗救治、日常生活获得保障,使伤亡者遗属的基本生活获得保障。因工受伤的,支付参保后新发生的工伤医疗费、工伤康复费、住院伙食补助费、统筹地区以外就医交通食宿费、辅助器具配置费、生活护理费、伤残职工伤残津贴等。

本案可以确认 2015 年 7 月 12 日谢某在岗期间受伤属于工伤,并属因工致残程度六级。在谢某主张的医疗费用中,已经上海市社会保险事业管理中心核定,由社保基金向谢某支付一次性伤残补助金 54 544 元、工伤保险基金医疗费 136 847.84 元、非工伤医疗费 93 578.66 元、住院伙食补助费 4 060 元。超出费用以外的非工伤保险范围内治疗费用,双方未获得一致意见,亦未得到公司的认可,故谢某主张非工伤保险范围内的医疗费用没有依据,不予支持。对于工伤护理,应经劳动能力鉴定委员会鉴定,确定不能生活自理,符合护理条件,可由工伤保险基金按月支付,谢某要求公司因工伤支付护理费用,缺乏依据,不予采纳。关于交通费用,谢某提交的车资定额发票,无法确认就医与交通时间相吻合,不符合事实依据,不予支持。此外,公司作为用人单位,对谢某在岗期间已办理的雇主责任险,应采取措施积极落实补救。

据此,一审法院依据《劳动法》第 78 条之规定,判决对谢某的诉讼请求均不予支持。

3. 上海市第二中级人民法院二审判决

谢某不服一审判决,向上海市第二中级人民法院(下称二审法院)提起上诉。二审法院于 2018 年 4 月 10 日立案,组成合议庭对本案进行了审理。

谢某上诉请求:撤销一审判决,改判公司支付其医疗费 116 001.32 元、护理费 92 160 元、交通费 4 022 元。

公司辩称:公司与谢某签订的聘用协议约定发生工伤所需费用由公司承担,该约定的支付责任是法定的赔偿责任。工伤医疗费应由工伤保险基金支付,个人自费部分不属于工伤医疗报销范围,也没有经公司同意,公司没有责任支付谢某个人自费部分的医疗费。谢某在普陀区中心医院住院的原因为肠胃炎,与工伤无关,不同意支付相关医疗费用。公司认为停工留薪期内的护理费需要定点医疗机构出具的相关证明,如果谢某能够提供,且能证明护理费确实发生,也在规定的标准之内,公司同意支付。现谢某未能提供相关证明,且其主张的护理费标准高于护工行业标准,故公司方无法认可。停工留薪期后的护理费,公司认为需要经过生活自理能力鉴定。谢某至今未做生活自理能力鉴定,因此,谢某要求公司支付护理费缺乏依据,不同意支付。同时认为,谢某 2015 年 8 月 8 日已退休,其主张退休后产生的护理费也没有依据。《工伤保险条例》规定交通费需是在外省市就医产生,工伤保险基金才予以支付。谢某要求公司支付交通费不符合《工伤保险条例》的规定,不同意支付。且谢某提交的交通费发票无法证明是治疗工伤产生。综上,要求驳回上诉,维持原判。

二审法院认为,工伤保险制度的设置是为了保障因工作遭受事故伤害或者患职业病的职工获得医疗救治和经济补偿,促进工伤预防和职业康复,分散用人单位的工伤风险。[①] 其适用的是无过错补偿的原则,但相应待遇的享受有确定的标准。依照相关法律法规的规定,用人单位应当依照规定参加工伤保险。用人单位的职工和个体工商户的雇工,在发生工伤事故后有依照《工伤保险条例》的规定享受工伤保险待遇的权利。谢某于 2015 年 7 月 12 日受伤后被认定为工伤并经鉴定为工伤伤残程度六级。谢某提起人身损害赔偿诉讼后又撤诉,现谢某通过提起劳动仲裁主张享受工伤待遇,其主张的工伤保险待遇主要为医疗费、护理费及交通费,故本案应依照《工伤保险条例》的相应规定处理。

关于医疗费,根据《工伤保险条例》的规定,职工因工作遭受事故伤害或者患职业病进行治疗,享受工伤医疗待遇。职工治疗工伤应当在签订服务协议的医疗机构就医,情况紧急时可以先到就近的医疗机构急救。治疗工伤所需费用符合工伤保险诊疗项目目录、工伤保险药品目录、工伤保险住院服务标准的,从工伤保险基金支付。现谢某主张工伤保险基金负担以外的自费医疗费用 116 001.32 元,根据双方约定亦应由公司全部承担。对此,公司主张其与谢某在聘用协议中约定发生工伤的费用由公司承担系指法定的用人单位应承担的工伤赔偿责任,而医药费系应由工伤保险基金承担,其无义务支付谢某。

对此,二审法院认为,公司系基于聘用关系而与谢某签订协议,其中赔偿义务的承担也特指工伤,故公司主张双方约定的由其承担的赔偿义务系工伤保险待遇中用人单位应承担的法定的赔偿责任更具合理性。但作为格式合同的制作方,公司在聘用合同中未做明确说明,应承担相应责任,但该责任的承担仍应以公平合理为原则。现谢某要求公司支付的医疗费包括住院期间医保未报销的自费部分费用及其自费在医院外购药的费用。而谢某住院产生自负费用大部分为其在上海长征医院住院期间发生。经查,谢某在上海长征医院住院期间自费的医疗费中有 70 537.60 元系该院为谢某手术治疗植入的仿生骨等自费器材、药品费用。该院主治医师明确表示谢某该手术所需的仿生骨等器材、药品的费用为治疗必需且对比其他同类治疗方案已属费用最低。除此外已无其他更为经济的手术方案,并不存在家属放弃医保治疗方案另行选择高额自费医疗方案的情况,故上述费用虽不在工伤保险基金报销范围,但确系抢救治疗所必需。谢某手术期间,公司未派人至医院,对谢某治疗方案的选择亦未持否定意见,亦从未对谢某一方明确上述抢救治疗的必需费用不属于双方协议约定由公司承担的费用,对此,公司应承担相应法律后果。

此外,结合谢某在长征医院住院期间的住院记录的记载,其在住院期间遵医嘱至药房购买的药品亦属治疗所必需,同上所述,公司亦应予以支付。谢某主张其受伤当日入院根据医嘱购

---

① 《工伤保险条例》第 1 条。

置颈托属于治疗必需,根据谢某伤情尚属合理。综上,公司应承担谢某在长征医院住院期间发生的自费医疗费 70 537.60 元及自费医药费用 24 842 元。对谢某的该部分诉讼请求,二审法院予以支持。谢某主张其余自费医疗费部分亦应由公司承担,但并未提供证据证明均系抢救治疗所必需,故其要求公司亦予以承担,二审法院难以支持。

关于谢某主张的护理费,根据法律规定,生活不能自理的工伤职工在停工留薪期需要护理的,由所在单位负责。谢某于 2015 年 7 月 12 日受伤,2015 年 12 月 22 日经鉴定为工伤伤残程度六级。谢某于 2015 年 8 月 8 日办理退休手续享受了养老保险待遇,其停工留薪期应于 2015 年 8 月 8 日结束。该期间公司确认未派人护理,公司应当承担相应的护理费用。2015 年 8 月 8 日至 2015 年 12 月 22 日谢某经伤残等级鉴定为六级伤残期间,其仍在住院治疗,上述期间本应处于停工留薪期内。现谢某在 8 月 8 日办理了提前退休手续,致使停工留薪期终止。二审法院认为,谢某该行为免除了公司继续支付停工留薪期工资的义务,系有利于公司一方的行为,而该期间谢某确需护理,由此产生护理费亦属必需。同前所述,该期间合理的护理费可参照《工伤保险条例》相关标准确定。据此,二审法院酌定公司应支付谢某 2015 年 7 月 12 日至 2015 年 12 月 22 日期间护理费 16 035 元。至于 2015 年 12 月 22 日之后的护理费,根据《工伤保险条例》规定,工伤职工已评定伤残等级并经劳动能力鉴定委员会确认需要生活护理的,从工伤保险基金按月支付护理费。现谢某主张伤残等级鉴定后的护理费由公司支付缺乏依据,二审法院难以支持。

关于谢某主张的交通费,二审法院认为,虽然《工伤保险条例》仅规定由工伤保险基金承担工伤职工至外省市就医的交通费,但同样鉴于公司未与谢某明确约定由其承担的费用不包括治疗其工伤必需的交通费,故谢某救治期间的必要交通费亦应由公司承担;对其转院治疗的必要交通费,二审法院酌定为 500 元。

综上,一审判决确有不妥之处,二审法院予以纠正,依照《工伤保险条例》第 33 条、《民事诉讼法》第 170 条之规定,于 2019 年 1 月 9 日判决:撤销一审判决;公司应于本判决生效之日起 10 日内支付谢某医疗费 95 379.60 元、护理费 16 035 元、交通费 500 元。

【法 律 评 析】

(一) 评析要点

本案关键是工伤员工治疗过程中发生的自费医疗费(非工伤基金支付的医疗费)等费用可否向用人单位主张。如二审判决所述,工伤保险适用无过错补偿的原则。但既然工伤保险制度的宗旨之一是为了分散用人单位的风险,在工伤保险基金支付的费用之外,用人单位对工伤员工承担的责任应该是有限的。这是本案仲裁裁决和一审判决未支持谢某的主要原因。然而谢某作为收入不高的工伤员工,经鉴定为六级伤残,在工伤保险基金承担的费用之外,若由其自行承担数额较大的医疗费、护理费等,显然也不尽合理。

本案亮点是二审法院运用了格式合同理论和公平合理原则,判决用人单位对谢某的工伤承担一定的责任。双方聘用合同约定不够明确,为二审判决奠定了事实基础。因聘用合同文本是用人单位提供,按照我国《合同法》的格式合同理论①,此类合同约定不明的,解释利益归于对方(即本案的工伤员工)。

为查明医疗费的合理性,经谢某申请,二审法院还分别至上海长征医院及上海市普陀区医疗保险事务中心调查。这说明二审法官是尽职尽责的,二审判决因此也就比较公平。

(二) 法律依据与实务分析

本案二审判决援引的《工伤保险条例》第 33 条规定:"职工因工作遭受事故伤害或者患职业病需要暂停工作接受工伤医疗的,在停工留薪期内,原工资福利待遇不变,由所在单位按月支付。停工留薪期一般不超过 12 个月。伤情严重或者情况特殊,经设区的市级劳动能力鉴定委员会确认,可以适当延长,但延长不得超过 12 个月。工伤职工评定伤残等级后,停发原待遇,按照本章的有关规定享受伤残待遇。工伤职工在停工留薪期满后仍需治疗的,继续享受工伤医疗待遇。生活不能自理的工伤职工在停工留薪期需要护理的,由所在单位负责。"二审法院系据此酌定公司向谢某支付护理费。

法律不是万能的。实务中,工伤的情形五花八门,又涉及医学专业问题,因此,工伤纠纷的处理具有一定的政策性,也需要足够的智慧和技巧。本案一审法院认为,"公司作为用人单位,对谢某在岗期间已办理的雇主责任险,应采取措施进行积极落实补救"。这可能是一审判决未支持谢某的原因之一,即一审法院认为谢某的工伤待遇问题尚有其他救济途径。但从另一个角度,雇主责任险的被保险人是用人单位,既然本案公司已投保雇主责任险,在谢某发生工伤、公司依生效判决支付相关费用后,应可由保险公司理赔,因此,法院判决公司承担一定的责任亦未尝不可。二审法院是否循此思路,笔者不得而知,只是二审判决更为合理、更能息诉止争(如上所述,本案之前,谢某曾针对公司向法院提出健康权诉讼,后因故撤诉)。

作者:齐斌

---

① 2021 年 1 月 1 日后适用《民法典》第 496~498 条。

72. 退休职工可否享受一次性伤残就业补助金待遇

——谭某与上海某汽车配件有限公司工伤保险待遇纠纷案

摘要：法院判决超过退休年龄的工伤职工仍可享受一次性伤残就业补助金。

来源：上海市宝山区人民法院（2017）沪0113民初22004号民事判决书。

【事实概要】

谭某于2007年3月至上海某汽车配件有限公司（下称汽配公司）从事冲压工作，双方签有劳动合同。后谭某在工作中受伤，于2015年4月27日被认定为工伤，同年7月2日被鉴定为因工致残程度十级。谭某受伤后休息至2015年5月31日，后返岗工作。2016年6月18日，谭某达到法定退休年龄，汽配公司为谭某缴纳社会保险费至该月。2017年3月31日，汽配公司通知谭某双方劳动关系于2017年4月1日终止，谭某为汽配公司工作至2017年3月。

【裁判要旨】

1. 上海市宝山区劳动人事争议仲裁委员会裁决

2017年6月22日谭某提起仲裁，要求汽配公司支付谭某2015年3月20日至2015年5月31日期间停工留薪期工资差额5 000元、护理费1 000元、交通费500元、违法解除劳动合同赔偿金105 600元、一次性工伤医疗补助金19 512元、一次性伤残就业补助金19 512元。同年10月13日，仲裁委作出裁决，对谭某所有请求不予支持。

2. 上海市宝山区人民法院一审判决①

谭某不服仲裁裁决，提起诉讼。

针对谭某的一次性伤残就业补助金请求，上海市宝山区人民法院经审理认为，《社会保险法》《劳动合同法实施条例》《工伤保险条例》以及上海市政府颁布的《上海市工伤保险实施办法》均有关于一次性伤残就业补助金的规定。其中，2011年7月1日起施行的《社会保险法》明确规定，工伤职工终止或者解除劳动合同时，应当依照《工伤保险条例》规定享受一次性医疗补助金和一次性就业补助金。《劳动合同法实施条例》规定用人单位依法终止工伤职工劳动合同的，除依照《劳动合同法》第47条的规定支付经济补偿外，还应当依照国家有关工伤保险的规定支付一次性工伤医疗补助金和一次性伤残就业补助金。《工伤保险条例》明确，一次性工伤医疗补助金和一次性伤残就业补助金的具体标准由省、自治区、直辖市人民政府规定。因此，一次性伤残就业补助金的支付条件由国家法律法规规定，具体发放标准各地政府有权决定。而关于工伤保险待遇政策的理解亦应当符合立法精神及上述国家法律法规的规定。

谭某系外来务工人员，其经鉴定为工伤十级伤残。发生事故后不久虽因其达到法定退休年龄而导致劳动合同终止，但并无证据显示其达到法定退休年龄后已经可以通过社保部门依法享受养老及医疗保险待遇，其仍需通过提供劳动维持生计，其因工伤产生的医疗困难及劳动

---

① 经检索，本案未见二审判决。

能力下降带来的就业困难并无相应的弥补途径,在此情况下,不让其享受一次性伤残就业补助金,违背立法精神。根据法律规定,十级伤残的一次性工伤医疗补助金和一次性伤残就业补助金的金额分别为 3 个月上年度全市职工月平均工资。谭某为公司提供劳动至 2017 年 3 月 31 日,故公司应按上一年度的全市职工月平均工资标准向谭某支付一次性伤残就业补助金 19 512 元。

因汽配公司未上诉,谭某也未对一次性伤残就业补助金的请求提出上诉,故一审的该项判决生效。

【法 律 评 析】

(一)评析要点

本案要点在于超过退休年龄的工伤职工可否享受一次性伤残就业补助金。

退休返聘人员是否适用《工伤保险条例》,不仅在司法实践中存在分歧,在理论上也众说纷纭。一次性伤残就业补助金作为工伤保险待遇,是对工伤员工再就业时可能待遇受损的一种补偿和支持;退休人员本应无再就业的需要,但对本案谭某而言,其作为已达退休年龄的外来务工人员,尚未享受养老保险待遇,可能仍需依靠劳动维持生计,若将其按照一般退休人员对待,虽貌似符合法律的形式规范,但没有达到实质公义,没有保障退休返聘人员的权益,也没有实现一次性伤残就业补助金的立法本意。因此,在现有法律框架下,探索尽可能保障退休返聘人员的合法权益的途径,是本案值得关注的重要价值。

随着医疗水平不断提高,人民生活水平不断上升,越来越多达到退休年龄的人员选择发挥余热,开始新的或延续原有职业生涯。但作为达到法定退休年龄的人员,在继续工作时的劳动保障与往常并不一致,囿于相关法律法规规定的不明确,退休返聘人员在发生人身伤害时,往往难以按照《工伤保险条例》的规定享受工伤保险待遇。一般认为,认定工伤的前提是劳动者与用人单位存在劳动关系。退休返聘人员由于达到退休年龄,有的甚至已开始享受养老保险待遇,根据相关规定与雇主只能建立劳务关系。因此,退休返聘人员是否可以享受工伤保险待遇在理论和实践中都存在不小争议。

持否定观点的人大抵认为,退休返聘人员与雇主系劳务关系。已超过法定退休年龄的工伤职工,不再符合享受一次性伤残就业补助金的条件,因此不支持其享受该待遇。该观点理论支持源自《最高人民法院关于审理劳动争议案件适用法律若干问题的解释(三)》第 7 条:用人单位与其招用的已经依法享受养老保险待遇或领取退休金的人员发生用工争议,向人民法院提起诉讼的,人民法院应当按劳务关系处理。该观点的核心条件在于员工是否享受养老保险待遇或领取退休金,若已经享受或领取,则属于劳务关系,是一般民事法律关系,通过《合同法》《民法总则》《侵权责任法》等(2021 年 1 月 1 日后均由《民法典》取代)规范调整;若尚未享受或领取,则可根据实际情况判断是否构成劳动关系,继而认定是否属于工伤。另外,除了从理论角度认定应不享受工伤保险待遇外,即便可以认定,劳动行政管理部门在实务操作中也通常陷于无法办理工伤保险待遇的困境,甚至在实际经办过程中也无法在其办公系统操作。例如,浙江省劳动和社会保障厅《关于超过法定退休年龄人员在工作中受伤可否受理工伤认定申请的批复》中明确:根据《劳动法》、国发〔1978〕104 号规定,用人单位使用的超过法定退休年龄人员,不属建立劳动关系的对象。此类人员受伤的,不属于工伤认定受理范围。又如,《广东省工伤保险条例》第 63 条也规定,劳动者达到退休年龄或者已经依法享受基本养老保险待遇的,不适用本条例;前述规定的劳动者受聘到用人单位工作期间,因工作原因受到人身伤害的,可以要求用人单位参照本条例规定的工伤保险支付有关费用。此外,厦门市和太原市关于《工伤保险条例》实施的规定中也有类似内容。

而持肯定观点的人认为,相关法律并未明确退休人员是否可享受工伤保险待遇;若退休返聘人员未依法享受养老保险待遇,且雇主继续为其缴纳工伤保险,则退休返聘员工应享受工伤保险待遇。该观点主要是为了平衡退休年龄与享受养老保险待遇不一致时劳动者利益保护问题。持此观点的代表有浙江省高级人民法院民事审判第一庭、浙江省劳动人事争议仲裁院《关于审理劳动争议案件若干问题的解答(二)》①。不过,此观点仍将继续缴纳工伤保险作为前提,与本案有些许差异。

(二)法律依据与实务分析

本案法律依据详见上文。此外,最高人民法院行政审判庭在《关于超过法定退休年龄的进城务工农民因工伤亡的应否适用〈工伤保险条例〉请示的答复》②中认为,用人单位聘请的超过法定退休年龄的务工农民,在工作时间内、因工作原因伤亡的,应当适用《工伤保险条例》的有关规定进行工伤认定。虽然上述答复系针对工亡案件,但法律适用的原理应该相同,故实践中超过法定退休年龄的外来务工人员(或称农民工)遭受工作伤害时,可援引最高人民法院上述答复作为支持己方请求的依据和理由。在上海,根据上海市劳动和社会保障局、上海市医疗保险局《关于实施〈上海市工伤保险实施办法〉若干问题的通知》,"本市用人单位聘用的退休人员发生事故伤害的,其工伤认定、劳动能力鉴定按照《实施办法》的规定执行,工伤保险待遇参照《实施办法》的规定由聘用单位支付。"

另,《工伤保险条例》第 36 条第 2 款、第 37 条第(2)项规定,一次性工伤医疗补助金和一次性伤残就业补助金的具体标准由省、自治区、直辖市人民政府规定。一次性伤残就业补助金的立法本意是对工伤职工再就业时可能待遇受损的一种补偿和支持,理论上一旦达到退休年龄、享受养老保险待遇,劳动者就无再就业的需要,因此,劳动者越临近退休年龄,再就业所剩的时间就越短,所需补偿也就所少,一次性伤残就业补助金就应逐年递减。仍以上海为例,上海市制定的两项补助金发放标准见于《上海市工伤保险实施办法》,其第 40 条、第 41 条均规定:"经工伤人员本人提出与用人单位解除劳动关系,且解除劳动关系时距法定退休年龄不足 5 年的,不足年限每减少 1 年,一次性工伤医疗补助金和一次性伤残就业补助金递减 20%,但属于《中华人民共和国劳动合同法》第三十八条规定的情形除外";因工伤人员退休或者死亡使劳动关系终止的,不享受一次性工伤医疗补助金和一次性伤残就业补助金。本案中法院之所以判决公司支付一次性伤残就业补助金,主要是考虑到谭某与一般的退休员工不同,即其仍需通过提供劳动维持生计。

作者:董传羽

---

① 浙高法民一〔2014〕7 号。
② (2010)行他字第 10 号。

73. 被依法辞退员工可否享受一次性伤残就业补助金待遇

——侯某诉上海隆茂公司劳动合同纠纷案

摘要: 法院判决公司依法辞退伤残员工时亦应支付一次性伤残就业补助金。

来源: 上海市闵行区劳动人事争议仲裁委员会闵劳人仲[2013]通字第289号通知书;上海市闵行区人民法院(2014)闵民一(民)初字第2198号民事判决书;上海市第一中级人民法院(2014)沪一中民三(民)终字第546号民事判决书。

【事 实 概 要】

上海隆茂公司(下称隆茂公司)系劳务派遣公司。2011年3月1日,隆茂公司、侯某签订了期限自当日起至2012年2月28日止的劳动合同。合同约定,将侯某安排至甲公司(用工单位)工作,月工资1 140元,若侯某因严重违反用工单位依法制定的各项规章制度而被用工单位退回的,隆茂公司可以解除劳动合同。

2012年3月21日,侯某在储运车间修理木托盘时被机器压伤左手食指,经医院诊治结论为左食指挫裂伤,左食指末端粉碎性骨折。同年4月17日,隆茂公司作为申请人向上海市长宁区人力资源和社会保障局申请工伤认定。同年4月27日,该局作出长宁人社认结字(2012)第0295号认定工伤决定书,确认侯某所受伤害属于工伤。同年8月31日,上海市长宁区劳动能力鉴定委员会出具劳鉴(长)字1207-0051号鉴定结论书,结论为侯某上述工伤构成因工致残程度十级。

同年7月19日,甲公司向侯某出具员工违纪处罚单,主要内容为侯某于当日擅自离岗回家睡觉,根据员工手册之规定,对该蓄意怠工之违纪行为予以三类违纪处罚,处罚内容为最后书面警告并罚款200元。侯某拒绝签收此员工违纪处罚单。同年7月26日,甲公司再次向侯某出具员工违纪处罚单,主要内容为侯某于当日拒绝服从上司工作安排,根据员工手册之规定,该违纪事实属于不服从公司管理人员调动及其他命令,作三类违纪处罚,因侯某已于一个月内连续两次触犯三类违纪规则,故根据员工手册规定之予以开除处分。侯某再次拒绝签收员工违纪处罚单。次日,甲公司以电子邮件形式告知隆茂公司,因侯某多次违反其管理制度,故予以开除处分,并附2012年7月26日员工违纪处罚单。同年8月15日,甲公司以电子邮件形式通知侯某,主要内容为侯某于同年7月26日离职,社会保险费缴纳至同年7月止。隆茂公司于2012年8月24日办理了侯某的社会保险个人账户转出手续。

2013年2月,甲公司经工商行政部门核准更名为乙公司。

【裁 判 要 旨】

1. 上海市闵行区劳动人事争议仲裁委员会通知

2013年12月4日,侯某向上海市闵行区劳动人事争议仲裁委员会申请仲裁,要求隆茂公司:(1)支付十级伤残一次性工伤医疗补助金14 076元;(2)支付十级伤残一次性伤残就业补助金14 076元;(3)支付解除劳动合同经济补偿金4 332元。同年12月6日,仲裁委员会作出不予受理通知书,以侯某的请求事项已超过仲裁申请时效为由决定不予受理。

2. 上海市闵行区人民法院一审判决

侯某不服仲裁委员会通知,向上海市闵行区人民法院(下称一审法院)起诉。

一审法院认为,隆茂公司因侯某违反劳动纪律而解除了双方的劳动关系,该行为已经(另案)生效判决书确认属合法解除,且此不属《劳动合同法》规定的用人单位应当支付劳动者解除劳动合同经济补偿金的情形,故侯某要求隆茂公司支付其解除劳动合同经济补偿金之诉请缺乏依据,一审法院对此不予支持。

关于侯某要求隆茂公司支付其十级伤残一次性工伤医疗补助金及一次性伤残就业补助金的诉请,一审法院认为,按照《上海市工伤保险实施办法》第41条之规定,因工致残被鉴定为七级至十级伤残的工伤人员,在劳动合同期满终止或工伤人员本人提出解除劳动合同的情况下,可享受由工伤保险基金支付一次性工伤医疗补助金,用人单位支付一次性伤残就业补助金的工伤待遇。故,侯某要求隆茂公司作为用人单位支付一次性工伤医疗补助金无依据。至于一次性伤残就业补助金,与前述同理,双方的劳动关系由隆茂公司合法解除,不属于上述规章规定的用人单位应支付该一次性待遇的情形,侯某该部分诉请无依据,一审法院对此亦不予支持。

据此,依照《劳动合同法》第2条第1款之规定,一审法院判决驳回侯某的诉讼请求。

3. 上海市第一中级人民法院二审判决

侯某不服一审判决,向上海市第一中级人民法院(下称二审法院)提起上诉称:隆茂公司违法解除与其的劳动关系,其有大华医院、上海市第六人民医院、盱眙县中医院疾病诊断书、病情证明单,证明其2012年7月19日及26日均在病假期间。隆茂公司人事人员考虑到侯某伤情,同意侯某只需上下班打卡无需实际提供劳动,故甲公司开除决定中的两次违纪均不能成立。综上所述,侯某请求撤销一审判决,改判隆茂公司支付:(1)十级伤残一次性工伤医疗补助金14 076元;(2)十级伤残一次性就业补助金14 076元;(3)违法解除劳动合同赔偿金8 664元;(4)不能恢复劳动关系补偿金3个月6 498元;(5)强行违纪罚款200元;(6)工伤医药费500.40元;(7)年休假(折薪)882元;要求确认隆茂公司的开除决定无效并撤销该开除决定。

二审法院经审理认为,根据相关规定,因工致残被鉴定为七级至十级伤残的工伤人员,在劳动合同期满终止或工伤人员本人提出解除劳动合同的情况下,可由工伤保险基金支付一次性工伤医疗补助金,隆茂公司为侯某办理了2011年7月至2012年7月期间的上海市城镇社会保险,故侯某要求隆茂公司支付一次性工伤医疗补助金的上诉请求缺乏法律依据,二审法院不予支持。关于侯某主张的一次性伤残就业补助金,二审法院认为,工伤保险待遇是对职工因工作原因受到伤害而得到的补救和补偿,它不应受劳动关系解除原因等因素的影响;且根据相关规定,工伤职工在丧失享受待遇条件、拒不接受劳动能力鉴定、拒绝治疗的情况下,才停止享受工伤保险待遇,而用人单位合法解除劳动合同不符合以上三种情形,故隆茂公司应支付侯某一次性伤残就业补助金,侯某的相关上诉请求二审法院予以支持。至于侯某提出的其余上诉请求,因均未经仲裁前置程序,故二审法院均不予处理。

综上所述,依照《民事诉讼法》第170条第1款第(2)项的规定,判决如下:(1)撤销一审判决;(2)隆茂公司应于本判决生效之日起15日内支付侯某一次性伤残就业补助金人民币14 076元;(3)驳回侯某的其余诉讼请求(不包含不予处理部分)。

【法 律 评 析】

（一）评析要点

本案要点在于用人单位依法辞退的情况下，员工是否有权获得一次性伤残就业补助金。

《社会保险法》第 39 条规定，"因工伤发生的下列费用，按照国家规定由用人单位支付：……（三）终止或者解除劳动合同时，应当享受的一次性伤残就业补助金。"其中的"解除劳动合同"并未限定原因。

《工伤保险条例》第 37 条第（2）项规定，劳动、聘用合同期满终止，或者职工本人提出解除劳动、聘用合同的，由工伤保险基金支付一次性工伤医疗补助金，由用人单位支付一次性伤残就业补助金。但上述规定并未明确用人单位依法辞退员工时是否仍需向员工支付一次性伤残就业补助金，因此，在实践中该问题确实存在一定争议。

（二）法律依据与实务分析

工伤保险由国家颁布法规，政府成立专门机构管理，强制用人单位向保险机构缴纳工伤保险费，建立工伤社会保险基金，支付工伤费用，分担企业工伤风险，保障工伤劳动者的生活。它具有强制性、社会性、互济性和非盈利性的特点。从法律性质上看，一次性伤残就业补助金是工伤保险待遇的一种，有别于劳动报酬、福利待遇等，是对工伤员工再就业时可能待遇受损的一种补偿和支持，与解除或终止劳动合同经济补偿金、赔偿金法律性质和立法本意都不相同。《工伤保险条例》规定，五级至十级伤残的职工都可享受一次性伤残就业补助金，且伤残程度越重（五级最重），补助标准也越高。此外，根据各地的工伤保险实施办法，工伤职工距退休不满 5 年的，一次性伤残就业补助金也将逐年递减。《广州市劳动人事争议仲裁委员会、广州市中级人民法院民事审判庭关于劳动争议案件座谈会的意见综述》提道："《工伤保险条例》第三十六条、三十七条规定支付一次性工伤医疗补助金及一次性伤残就业补助金的前提是职工提出解除或者终止劳动关系，其中的'终止'，是指劳动者未达法定退休年龄前终止或解除劳动关系，需重新就业的情形。劳动关系因劳动者达到法定退休年龄而终止，并不属于该情形。工伤职工退休，无需再向其支付一次性伤残就业补助金和一次性工伤医疗补助金。"因此，一次性伤残就业补助金的法律性质是对工伤职工重新就业可能权益受损的补助，是一种工伤待遇。

除国家层面的行政法规外，许多地方政府也制定了工伤保险实施办法，但关于用人单位依法辞退伤残员工时应否支付一次性伤残就业补助金这一问题莫衷一是，仅有少数地区在《工伤保险条例》第 37 条第（2）项情形之外明确规定了一次性伤残就业补助金发放的其他情形。例如，《北京市实施〈工伤保险条例〉若干规定》第 24 条第 1 款规定，"工伤职工与用人单位的劳动关系依法解除或者终止的，该用人单位应当按照《条例》的规定向该工伤职工支付一次性伤残就业补助金。"《福建省实施〈工伤保险条例〉办法》第 26 条规定，"用人单位依据《劳动合同法》第三十六、三十九条规定解除劳动（聘用）关系的"，属于支付一次性伤残就业补助金的情形（即协商解除劳动合同或过失性辞退皆需支付）。另外，《陕西省实施〈工伤保险条例〉办法》

第 24 条还规定,"用人单位依据《劳动法》第二十五条①规定解除劳动关系的",也要支付一次性伤残就业补助金。

　　如前所述,《工伤保险条例》第 37 条第(2)项规定的支付一次性伤残就业补助金的情形并未包含用人单位依法解除劳动合同的情况。若仅对该项进行文义解释,用人单位依法解除劳动合同,确无法定义务支付一次性伤残就业补助金。实务中也的确有人认为,如本案情形,用人单位因伤残员工严重违规予以辞退是对员工过错的惩罚,无需支付一次性伤残就业补助金。但上述做法的实际后果是,伤残员工不但因其过错导致解除劳动合同的惩罚、造成失业,还因此不能享受特定伤残待遇,劳资双方利益严重失衡,甚至等于变相鼓励用人单位设法辞退伤残员工。从这个角度,北京、福建、陕西上述规定和本案二审判决确有可取之处。

作者:董传羽

---

　　①　《劳动法》第 25 条规定:"劳动者有下列情形之一的,用人单位可以解除劳动合同:(一)在试用期间被证明不符合录用条件的;(二)严重违反劳动纪律或者用人单位规章制度的;(三)严重失职、营私舞弊,对用人单位利益造成重大损害的;(四)被依法追究刑事责任的。"

74. 因工死亡待遇

——深圳市水湾远洋渔业有限公司与安某、兰某船员工伤保险待遇纠纷案[①]

摘要：用人单位为职工购买商业性人身意外伤害保险的，不因此免除其为职工缴纳工伤保险的法定义务；职工获得用人单位为其购买的人身意外伤害保险赔付后，仍然有权向用人单位主张工伤保险待遇。

来源：广州海事法院(2015)广海法初字第 343 号民事判决书；广东省高级人民法院(2016)粤民终 711 号民事判决书。

【事 实 概 要】

2011 年 11 月，深圳市水湾远洋渔业有限公司(下称水湾公司)与浙江鑫隆远洋渔业有限公司(下称鑫隆公司)签订 1 份委托招聘合同，约定：鑫隆公司为水湾公司名下"中洋 16"轮、"中洋 18"轮、"中洋 26"轮等 6 艘船舶招聘远洋船员，以鑫隆公司名义与应聘船员签订聘用合同，合同的权利义务由水湾公司享有和承担；鑫隆公司在与应聘船员签订聘用合同时应当口头向其披露委托方，经应聘船员无异议后方可签订聘用合同；鑫隆公司为水湾公司招聘船员时产生的费用由水湾公司承担。

2012 年 7 月 8 日，安某某与鑫隆公司签订 1 份超低温金枪鱼船大管轮聘用合同，合同约定：鑫隆公司招聘安某某为远洋大管轮职务船员，聘用期限为两年半，自安某某出境日 9 月 1 日起至安某某所在船只抵境日或合同到期日止；工资核定为每月 6 000 元，奖金标准见合同附件，伙食费为每天 20 元；鑫隆公司将扣安某某前两个月工资作为机票保证金，待合同期满后返还，扣除机票保证金后的基本月薪每两个月结算 1 次，每逢单月 10 日左右鑫隆公司将应付款项汇至安某某指定账户，奖金及其他由船上核算后兑现；鑫隆公司负责为安某某投保人身意外险，如在聘用期内发生因工伤亡，按有关意外保险条款执行；受聘时间满两年后，由鑫隆公司承担安某某的同程机票，受聘时间满两年半后，安某某额外享受旅途费用 200 美元及满期奖金 750 美元。

2012 年 8 月 22 日，水湾公司作为投保人，为包括安某某在内的 48 名船员向中国人民财产保险股份有限公司深圳市分公司投保团体意外伤害保险，保障项目为额外身故、残疾、烧伤给付，每人保险金额为 60 万元，保险期间为 2012 年 8 月 23 日至 2013 年 8 月 22 日。水湾公司于投保当日缴纳了保费。

2012 年 9 月，安某某等 14 名船员被派遣至"中洋 26"轮上进行远海捕鱼作业。2013 年 8 月 5 日 17：30 时，"中洋 26"轮在法属波利尼西亚南方群岛拉帕岛附近海域遇险侧翻。14 名船员仅 6 人获救，安某某不在获救人员之列。2014 年 1 月 16 日，安某某被河南省栾川县人民法院宣告死亡。中国人民财产保险股份有限公司深圳市分公司制作的、核赔日期为 2014 年 3

① 此章为最高人民法院公报案例，载《最高人民法院公报》2017 年第 12 期。

月 28 日的赔款计算书记载,其已实际支付安某某身故赔偿金 60 万元。安某(安东卫之父)和兰某(安东卫之母)确认已领取上述保险赔偿金 60 万元。同年 12 月 10 日,浙江省绍兴市越城区人民法院作出"(2014)绍越民初字第 1799 号"民事判决书,确认鑫隆公司与安东卫签订聘用合同的行为属于隐名代理,鑫隆公司与安某某签订的聘用合同直接约束水湾公司和安某某,水湾公司与安某某存在劳动关系。水湾公司对该判决结论予以认可。2015 年 3 月 16 日,深圳市人力资源和社会保障局作出"深人社认字(宝)[2015]第 580387001 号"工伤认定书,认定安某某于 2013 年 8 月 5 日因工外出在法属波利尼西亚南方群岛拉帕岛附近海域遇险、经法院判决宣告死亡属于工伤。水湾公司对其尚欠安某某工资 18 967.2 元、奖金 7 742 元的事实予以确认。

另外,兰某持有栾川县残疾人联合会填发的残疾人证,记载残疾类别为肢体,残疾等级为三级。深圳市劳动能力鉴定委员会于 2015 年 7 月 15 日作出的深劳鉴劳字[2015]第 415514 号深圳市非因工伤(病)职工劳动能力鉴定结论记载,兰某达到大部分丧失劳动能力的条件。国家统计局公布的 2012 年度全国城镇居民人均可支配收入为 24 565 元;广东省人力资源和社会保障局、广东省地方税务局公布的 2012 年度广东省深圳市在岗职工月平均工资为 4 918 元。

【裁判要旨】

1. 广州海事法院一审判决

安某、兰某于 2015 年 3 月 25 日向广州海事法院(下称一审法院)提起诉讼,一审法院受理后依法组成合议庭,于 2015 年 5 月 29 日召集双方当事人庭前交换证据,并于当日和同年 9 月 17 日公开开庭进行了审理。

安某、兰某诉称,2015 年 3 月 16 日,深圳市人力资源和社会保障局认定安某某遭受事故伤害情形属于工伤,依法应当享受工伤保险待遇。两原告作为安某某的法定继承人,请求法院判令水湾公司支付拖欠安东卫的工资及奖金 26 709.2 元、丧葬补助金 29 508 元、供养亲属抚恤金 432 000 元、一次性工亡补助金 491300 元,并承担案件诉讼费用。

一审法院经审理后认为,本案为一宗船员劳务合同纠纷。2012 年 9 月 1 日至 2013 年 8 月 5 日期间,安某某受水湾公司聘用在"中洋 26"轮上进行远海捕鱼作业,安某某与水湾公司存在劳动合同关系。根据《劳动合同法》第 30 条关于"用人单位应当按照劳动合同约定和国家规定,向劳动者及时足额支付劳动报酬"的规定,水湾公司有义务向安某某及时足额支付工资、奖金等劳动报酬。安某某遭遇工伤死亡,作为其法定继承人的安某和兰某有权向水湾公司主张安某某应得的劳动报酬。安某和兰某关于要求水湾公司向其支付工资 18 967.2 元、奖金 7 742 元的诉讼请求,应予支持。

水湾公司没有为安某某买(缴)工伤保险,根据《广东省工伤保险条例》第 43 条①关于"职工所在用人单位未依法缴纳工伤保险费,发生工伤事故的,由用人单位支付工伤保险待遇"和第 57 条②第 1 款关于"用人单位依照本条例规定应当参加工伤保险而未参加或者未按时缴纳工伤保险费,职工发生工伤的,由该用人单位按照本条例规定的工伤保险待遇项目和标准向职

---

① 此条例于 2019 年修订,现为第 41 条。
② 此条例于 2019 年修订,现为第 55 条。

工支付费用"的规定,水湾公司应向安某和兰某支付安某某依法应享有的工伤保险待遇。水湾公司虽然为安某某购买了意外伤害商业保险,并与安某某在聘用合同中约定在聘用期内如因工伤亡,按有关意外保险条款执行;但依法缴纳工伤保险是用人单位的法定义务,该项义务不能通过当事人协商予以免除。安某和兰某以意外伤害保险单受益人身份取得商业保险赔偿金后,仍有权主张工伤保险赔偿。水湾公司关于安某和兰某已取得 60 万元商业保险金即无权再主张工伤保险赔偿金的抗辩不能成立。

根据《广东省工伤保险条例》第 37 条①的规定,职工因工死亡,其近亲属可领取的工伤保险赔偿包括丧葬补助金、供养亲属抚恤金和一次性工亡补助金。丧葬补助金为 6 个月的统筹地区的上年度职工月平均工资,深圳市 2012 年度职工月平均工资为 4 918 元,安某某应享有的丧葬补助金为 29 508 元。一次性工亡补助金标准为上年度全国城镇居民人均可支配收入的20 倍,2012 年全国城镇居民人均可支配收入为 24 565 元,安某某应享有的一次性工亡补助金为 491 300 元。上述丧葬补助金 29 508 元和一次性工亡补助金 491 300 元,由水湾公司向安某和兰某支付。

兰某以丧失劳动能力为由,要求水湾公司给付供养亲属抚恤金。根据原劳动和社会保障部《因工死亡职工供养亲属范围规定》第 3 条的规定,兰某作为因工死亡职工安某某的母亲,在未年满 55 周岁的情况下申请供养亲属抚恤金,必须满足完全丧失劳动能力这一条件。又根据《因工死亡职工供养亲属范围规定》第 6 条第 2 款关于"因工死亡职工供养亲属的劳动能力鉴定,由因工死亡职工生前单位所在地设区的市级劳动能力鉴定委员会负责"的规定,有权对兰某的劳动能力做出鉴定的机构为深圳市劳动能力鉴定委员会。根据该鉴定委员会的鉴定结论,兰某达到大部分丧失劳动能力的条件,不符合法律规定的完全丧失劳动能力的条件,其要求水湾公司给付供养亲属抚恤金的诉讼请求,不予支持。

综上,一审法院判决:水湾公司向安某、兰某支付安某某的工资、奖金共计 26 709.2 元;支付丧葬补助金、一次性工亡补助金共计 520 808 元;驳回安某、兰某的其他诉讼请求。

2. 广东省高级人民法院二审判决

水湾公司不服一审判决,向广东省高级人民法院(下称二审法院)提起上诉,请求:维持一审判决第一项;撤销一审判决第二项,改判驳回安某、兰某关于丧葬补助金、一次性工亡补助金的诉讼请求。二审法院依法组成合议庭进行审理。

水湾公司诉称,一审法院认定安某和兰某获得商业保险赔偿后仍有权向水湾公司主张工伤保险赔付错误。因船员流动性强,用人单位无法也不能为船员购买工伤保险,为保护船员利益,水湾公司和船员安东卫在劳动合同中约定由水湾公司为其购买商业保险,并约定船员获得商业保险赔偿后不得再向水湾公司主张工伤保险赔付。安某和兰某已经获得了 60 万元的商业保险赔偿,一审法院再支持其向水湾公司提出的工伤保险赔付,实质上支持了二者的不诚信行为,违反公平原则,恳请予以改判。安某和兰某在二审期间未提出答辩意见。

二审法院经审理后认为,安某和兰某以其子安某某在水湾公司工作期间因工遇难为由,要求水湾公司支付拖欠安某某的工资及支付工伤保险待遇,故本案为继承人提起的船员劳务合同纠纷;本案争议焦点为安某和兰某获得商业保险赔付后能否再向水湾公司主张其子安某某

---

① 此条例于 2019 年修订,现为第 35 条。

的工伤保险待遇。

虽然涉案劳动合同第 5 条第 1 款约定"乙方（安某某）在聘用期内,如发生因工伤亡等,按有关意外保险条款执行",但《工伤保险条例》第 2 条第 1 款规定,"中华人民共和国境内的企业、事业单位、社会团体、民办非企业单位、基金会、律师事务所、会计师事务所等组织和有雇工的个体工商户（以下称用人单位）应当依照本条例规定参加工伤保险,为本单位全部职工或者雇工（以下称职工）缴纳工伤保险费",根据该规定,为职工缴纳工伤保险费是水湾公司的法定义务,该法定义务不得通过任何形式予以免除或变相免除。《工伤保险条例》第 62 条第 2 款又进一步明确,"依照本条例规定应当参加工伤保险而未参加工伤保险的用人单位职工发生工伤的,由该用人单位按照本条例规定的工伤保险待遇项目和标准支付费用",但并不能据此认定水湾公司和安某某生前一致同意免除水湾公司对安某某因工伤亡而应承担的工伤保险待遇给付义务,或安某某生前同意将其作为被保险人的意外伤害保险项下的保险金从水湾公司应承担的工伤保险待遇义务中扣除。在水湾公司未为安某某缴纳工伤保险费的情况下,水湾公司应向安某某的父母安某和兰某支付工伤保险待遇。水湾公司为安某某购买的商业性意外伤害保险,性质上是水湾公司为安某某提供的一种福利待遇,不能免除水湾公司作为用人单位负有的法定的缴纳工伤保险费的义务或支付工伤保险待遇的义务。水湾公司辩称安某和兰某已经获得水湾公司为安某某购买的意外伤害保险项下的商业保险赔偿,无权再向水湾公司主张工伤保险待遇没有法律依据,不予支持。法律及司法解释并不禁止受工伤的职工或其家属获得双重赔偿。

《最高人民法院关于审理工伤保险行政案件若干问题的规定》第 8 条第 1 款规定:"职工因第三人的原因受到伤害,社会保险行政部门以职工或者其近亲属已经对第三人提起民事诉讼或者获得民事赔偿为由,作出不予受理工伤认定申请或者不予认定工伤决定的,人民法院不予支持"。该条第 3 款规定:"职工因第三人的原因导致工伤,社会保险经办机构以职工或者其近亲属已经对第三人提起民事诉讼为由,拒绝支付工伤保险待遇的,人民法院不予支持,但第三人已经支付的医疗费用除外"。由此可见,上述规定并不禁止受工伤的职工同时获得民事赔偿和工伤保险待遇赔偿。水湾公司称安某和兰某同时获得保险金和工伤保险待遇属一事二赔、违反公平原则,没有法律依据,不予支持。一审法院判决水湾公司向安某和兰某支付工伤保险待遇正确,二审法院予以维持。鉴于当事人均未就一审法院计算前述工伤保险待遇的方法、标准和项目提出异议,二审法院对此不再进行审查。

综上,二审法院确认,一审法院认定事实清楚,适用法律正确,处理结果恰当,应予维持。水湾公司上诉理据不足,予以驳回。据此判决驳回上诉,维持原判。

【法律评析】

（一）评析要点

本案争议焦点是劳动者因工死亡,(法定继承人)获得商业保险赔付后能否再享受工伤保险待遇。两审法院均认为,劳动者因工死亡,(法定继承人)可以同时获得商业保险赔付和享受工伤保险待遇。

本案用人单位未为劳动者缴纳工伤保险费,工伤保险基金不予承担工伤保险待遇,用人单位应向工亡职工亲属（法定继承人）支付全部工伤保险待遇。在现有法律无明确规定的情况下，用人单位不得将以劳动者作为被保险人的意外伤害保险项下的保险金从用人单位应承担的工伤保险待遇中扣除。

（二）法律依据与实务分析

本案法律依据除《劳动合同法》《社会保险法》《工伤保险条例》和《广东省工伤保险条例》相关规定外，二审法院还援引了《最高人民法院关于审理工伤保险行政案件若干问题的规定》第8条第1款、第3款。

实务中，在商业保险赔付与工伤保险待遇竞合的情况下，关于商业保险理赔数额是否应予扣除，我国各地法院有不同的处理意见。比如，河北省邯郸市中级人民法院在（2019）冀04民终4784号民事判决书中认为，用人单位为劳动者投保了意外伤害商业保险，其目的是分担自己的支付责任，因此应从用人单位应承担的责任（数额中）予以扣除。

笔者赞同本案两审法院的观点。为职工缴纳工伤保险费是用人单位的法定义务，该义务不得通过任何形式予以免除或变相免除；劳动者因工受伤应享受相应的工伤保险待遇。至于用人单位为劳动者购买的商业性意外伤害保险，性质是一种福利待遇，不能因此免除用人单位负有的缴纳工伤保险费的义务。因此，用人单位不能以为劳动者购买的意外伤害商业保险已赔付为由，主张该等赔付款项应从其应负担的工伤保险待遇中扣除。事实上，为数不少的用人单位在依法为劳动者缴纳社会保险费之余，还会额外为劳动者购买商业保险作为员工福利，以更全面地保障员工的权益。此种做法值得鼓励，但并不能因此免除用人单位应承担的工伤保险责任，也不能将以劳动者作为被保险人的意外伤害保险项下的保险金从用人单位应承担的工伤保险待遇中扣除。当然，以用人单位为被保险人的雇主责任险则另当别论。

作者：张君强

第十一章　失　业　保　险

75. 失业保险待遇：支付条件、支付期限和终止
——崔某、江门市蓬江区社会保险基金管理局劳动和
社会保障其他行政行为纠纷案

摘要： 失业人员在领取失业保险金期间重新就业的，停止领取失业保险金；多领取的失业保险金应当退还。

来源： 广东省江门市江海区人民法院（2018）粤 0704 行初 188 号行政判决书；广东省江门市中级人民法院（2018）粤 07 行终 164 号行政判决书；广东省高级人民法院（2018）粤行申 1997 号行政裁定书。

【事 实 概 要】

崔某于 2018 年 4 月 2 日入职江门江海演艺中心有限公司（下称江海公司），并接受了江海公司的入职培训，学习了该公司的各项规章制度，向该公司申请从该月起为其缴纳社会保险。江海公司也为崔某办理了社会保险费申报手续，并为其缴纳了当月的社会保险费（含失业保险费）。后崔某于当月 16 日向江海公司提出离职及解除劳动关系申请，江海公司于同日向崔某发出《解除劳动关系通知书》，决定从当日起与崔某解除劳动关系。同月 17 日，江海公司向崔某核发了当月的工资。

江门市蓬江区社会保险基金管理局（下称社保局）以崔某在已重新就业的情况下，故意隐瞒就业，仍于 2018 年 4 月 8 日办理了领取失业保险金手续，继续领取失业保险待遇为由，于 2018 年 5 月 23 日作出涉案《告知书》，决定从该日起停止发放崔某的失业保险待遇并要求崔某在收到该通知的 30 天内，将已经领取的 2018 年 4 月的失业保险金共 1 080 元退还社保局。

【裁 判 要 旨】

1. 广东省江门市江海区人民法院一审判决

崔某向广东省江门市江海区人民法院（下称一审法院）起诉请求：撤销社保局作出的《告知书》；社保局履行社保监管职责，撤销 2018 年 4 月江海公司为崔某进行的社保申报，支付 2018 年 4 月及之后的失业保险待遇和医疗保险待遇。

一审法院判决驳回崔某的诉讼请求。

2. 广东省江门市中级人民法院二审判决

崔某不服一审法院判决，向广东省江门市中级人民法院（下称二审法院）提起上诉。二审法院于 2018 年 10 月 18 日立案后，依法组成合议庭审理了本案。

崔某上诉请求:(1)撤销原审判决,依法重新判决;(2)依法确认社保局没有依法行政和诚信行政,维护崔某的合法权益;(3)请求对《社会保险法》和《广东省失业保险条例》中的"重新就业"进行诠释,确定崔某在本案中没有"重新就业"。

社保局答辩称:(1)崔某与案外人江海公司于 2018 年 4 月存在劳动关系,从事该公司安排的有报酬的劳动,该公司也为崔某在企业用工及人力资源服务平台上进行了用工备案,为崔某缴纳了 2018 年 4 月的社会保险费(含失业保险费),并支付了崔某 2018 年 4 月的工资。根据《关于确立劳动关系有关事项的通知》(劳社部发〔2005〕12 号)第 1 条、第 2 条的规定,显然,崔某于 2018 年 4 月已重新就业。(2)社保局作出的《告知书》合法合规。基于崔某于 2018 年 4 月已重新就业,根据《社会保险法》第 51 条"失业人员在领取失业保险金期间有下列情形之一的,停止领取失业保险金,并同时停止享受其他失业保险待遇:(一)重新就业的;(二)应征服兵役的;(三)移居境外的;(四)享受基本养老保险待遇的;(五)无正当理由,拒不接受当地人民政府指定部门或者机构介绍的适当工作或者提供的培训的"、《广东省失业保险条例》第 28 条"失业人员在领取失业保险金期间有下列情形之一的,停止领取失业保险金,并同时停止享受其他失业保险待遇:(一)重新就业的;(二)应征服兵役的;(三)移居境外的;(四)按月享受基本养老保险待遇的;(五)无正当理由,累计三次拒不接受当地人民政府指定部门或者机构介绍的适当工作或者提供的培训的"和《关于印发〈江门市失业保险业务经办规程〉的通知》(江社保〔2014〕109 号)第 32 条"已领取当月失业保险金,同时当月已重新就业并参加失业保险的失业人员,由次月起停发其失业保险金,由社会保险经办机构责令退还多领取的失业保险金,已退还失业金的期限作为剩余领取期限转入下次失业时合并计算"的规定,社保局决定停止发放崔某的失业保险待遇,并责令其退还已领取的 2018 年 4 月的失业保险金。此外,根据《广东省失业保险条例》第 40 条"失业人员有停止享受失业保险待遇情形的,应当及时告知社会保险经办机构"的规定,崔某于 2018 年 4 月 2 日重新就业后,应当及时告知社保局停止发放其失业保险待遇,但根据社保局提交的《2018 年 4 月失业保险金签到表(蓬江区)》和《社保信息管理系统失业报到信息查询截图》显示,崔某在已重新就业的情况下,故意隐瞒就业,仍于 2018 年 4 月 8 日办理了领取失业保险金手续,继续领取失业保险待遇。(3)社保局不是崔某要求"撤销2018 年 4 月江海公司为原诉人的社保申报"该项诉求的适格被告。理由是:根据《转发市地税局市劳动保障局关于社会保险费征缴的实施办法的通知》(江府办〔2002〕111 号)第 2 条"社会保险费由地方税务机关按地方税收管理体制实行属地征收,缴费单位、缴费个人每月须向地方税务机关申报缴纳当月应缴的社会保险费"和第 17 条"本办法自 2003 年 4 月 1 日起施行"的规定,现时江门市的社会保险费征收机构为地方税务机关,社保局作为社会保险经办机构,不具有征收社会保险费的职能。

二审法院调查期间,崔某提交 2 份网上打印件,证明终止领取失业保险的法定工作程序及重新就业的法定定义。

二审法院认为,本案系劳动和社会保障其他行政行为纠纷。社保局在本案中执法主体适格,二审法院予以确认。

本案的争议焦点为:社保局作出的涉案《告知书》是否合法。

确立劳动关系成立除用人单位与劳动者签订劳动合同之外,还可根据"劳社部发〔2005〕12号"第 1 条和第 2 条的规定认定。而劳动关系的确立属于认定就业的重要事实。本案中,可以认定崔某与江海公司于 2018 年 4 月曾成立劳动关系,崔某属重新就业。崔某主张其与江海公司未签订书面劳动合同,双方劳动关系并未成立及未重新就业,缺乏法律依据,二审法院不予支持。

本案中,崔某于 2018 年 4 月重新就业,依法应停止享受相应失业保险待遇。由于崔某已领取了 2018 年 4 月相应的失业保险金,社保局根据前述规定作出涉案《告知书》并无不妥。此外,一审法院对崔某诉讼请求中对涉案《告知书》并未涉及停发其医疗保险待遇的事项及社保申报问题不作处理,二审法院予以维持。

综上所述,一审判决认定事实清楚,适用法律法规正确,二审法院予以维持;依照《行政诉讼法》第 89 条第 1 款第(1)项的规定,判决驳回上诉,维持原判。

3. 广东省高级人民法院再审裁定

崔某不服二审判决,向广东省高级人民法院(下称再审法院)申请再审称:二审判决适用"劳社部发〔2005〕12 号"属于适用法律错误。该通知适用于用人单位与劳动者之间的劳动争议。而本案是关于失业保险待遇的行政行为纠纷,争议对象是劳动和社会保险部门对参保的失业人员办理和终止其失业保险权利的具体行政行为。崔某并未重新就业,不符合《广东省失业保险条例》第 28 条停止领取失业保险金的要求。本案争议焦点是崔某是否重新就业,重新就业是《广东省失业保险条例》中以劳动合同为要件的就业还是以《通知》中的有培训、有出短期工资等的广义就业。综上,请求撤销二审判决,依法予以再审。

再审法院认为,本案是劳动和社会保障行政纠纷,争议焦点是社保局作出的涉案《告知书》是否合法。本案中,崔某于 2018 年 4 月 2 日入职江海公司,依据"劳社部发〔2005〕12 号"第 1 条和第 2 条的规定,可以认定崔某与江海公司于 2018 年 4 月已经成立了劳动关系,崔某在当月已经重新就业。社保局作出涉案《告知书》,事实清楚,适用法律正确,并无不当。另外,崔某诉请社保局支付其 2018 年 4 月及之后的医疗保险以及撤销 2018 年 4 月江海公司为其办理的社保申报,不属于本案的审查范围,一、二审法院不作处理,并无不妥。一审驳回崔某要求撤销涉案《告知书》的诉讼请求,二审予以维持,并无不当。崔某认为二审适用法律错误,其并未重新就业,不符合停止领取失业保险金的要求,请求撤销二审判决,依法予以再审,理据不足,再审法院不予支持。

综上,崔某的再审申请不符合《行政诉讼法》第 91 条规定的情形。依照《最高人民法院关于适用〈中华人民共和国行政诉讼法〉的解释》第 116 条第 2 款的规定,再审法院裁定驳回崔某的再审申请。

【法律评析】

(一)评析要点

失业保险金系国家为保障失业人员失业期间的基本生活,促进其再就业而向失业人员发放的生活费。失业人员停止领取失业保险金的情形之一是"重新就业"。

本案中,崔某与江海公司于 2018 年 4 月短暂建立劳动关系,三级法院结合本案事实,依据"劳社部发〔2005〕12 号"第 1 条和第 2 条,认定崔某于 2018 年 4 月重新就业,并认定人社局决定停止发放其失业保险待遇并要求限期退还已领取的失业保险金符合法律规定。

（二）法律依据与实务分析

除本案三级法院援引的法律法规外，《失业保险条例》第 28 条还规定："不符合享受失业保险待遇条件，骗取失业保险金和其他失业保险待遇的，由社会保险经办机构责令退还；情节严重的，由劳动保障行政部门处骗取金额 1 倍以上 3 倍以下的罚款。"

现实中，有些劳动者因不了解相关法律法规或贪图小利，在重新就业后仍领取失业保险金。遵纪守法、诚实守信是每一位公民基本的行为准则。一旦失业人员出现应当停止享受失业保险待遇的情形，正确的做法是及时告知社会保险经办机构；否则，不仅产生诚信问题，情节严重的，还可能导致劳动保障行政部门等的处罚；也有个别不法分子以非法占有为目的骗取失业保险金，[1]最终受到刑法的惩罚。

作者：张君强

---

[1]　参见内蒙古自治区兴安盟中级人民法院（2019）内 22 刑终 100 号刑事裁定书、苏州市吴江区人民法院（2019）苏 0509 刑初 1184 号刑事判决书等。

第十二章　社会福利和社会优抚

76. 职业福利：进城务工人员是否应缴纳住房公积金
——进城务工人员与青岛某食品公司行政投诉纠纷案

摘要：农村户籍员工向管理部门投诉，要求单位补缴住房公积金，后经协商确定补缴期限和金额。

来源：青岛市住房公积金管理中心青住金处理先告字〔2017〕16 第 010 号行政处理事先告知书；青岛市住房公积金管理中心青住金改正字〔2017〕16 第 022 号责令限期改正通知书；上海市黄浦区人民法院（2013）黄浦行初字第 203 号民事判决书；山东省青岛市中级人民法院（2013）青行终字第 401 号民事判决书。

【事 实 概 要】

因项目征地原因，在当地经营二十余年的青岛某食品公司（下称食品公司）将面临拆迁。员工得此消息后，立即有组织地向公司提出各种诉求以期获取更为优厚的额外补偿。其中有数十名员工入职时是农业户口，属进城务工人员（或称农民工），因政策原因此类员工先前并未缴存住房公积金。

2004 年 10 月，食品公司所在地省政府决定在全省范围内取消户口性质划分，食品公司彼时曾尝试为进城务工人员缴存住房公积金，但被住房公积金管理中心告知无需缴存；2016 年 11 月，食品公司响应员工要求，再次为该批员工申请开户和缴存住房公积金，并成功缴存。2017 年 12 月，该批员工突然向住房公积金管理中心提交举报，要求公司补缴从入职到 2016 年 11 月之间的住房公积金差额。住房公积金管理中心受理并发出《行政处理事先告知书》，要求食品公司为员工补缴住房公积金，其中最早的住房公积金须从《住房公积金管理条例》生效即 1999 年 4 月开始补缴；初步匡算，食品公司须补缴住房公积金差额达数百万元。食品公司认为管理中心认定不妥，故聘请律师进行法律咨询并向公积金管理中心提交陈述、申辩。

【操 作 要 旨】

根据《行政处理事先告知书》，公司可在收到告知书之日起 3 日内向住房公积金管理中心提出陈述和申辩，逾期未提出的，视为放弃陈述、申辩权利。然而，该告知书于周五送达，住房公积金管理中心周末休息，留给食品公司准备陈述、申辩的时间非常有限。食品公司即刻聘请律师咨询意见，并委托其起草陈述、申辩意见。嗣后，食品公司派员与代理律师如期提交了陈述、申辩意见，并专程前往住房公积金管理中咨询和沟通相关问题。住房公积金管理中心工作人员收到公司的书面陈述、申辩意见后，听取了食品公司的意见，但未对相关问题作出解答。

工作人员认为,实务当中受理和处理进城务工人员缴存住房公积金确实属于疑难问题,需要进行内部研讨后答复,同时希望公司能够提供相关法律法规或案例、判决供其参考,以便作出正确的行政处理。食品公司在律师协助下,检索和准备了充足的法规规定和司法判例,还整理部分参考材料一并提交给住房公积金管理中心。最终,住房公积金管理中心采纳了食品公司的部分意见,重新作出了《责令限期改正通知书》,将住房公积金起始缴存的时间从1999年4月延迟至2004年10月,免予缴存数十万元的住房公积金差额。

【法 律 评 析】

(一)评析要点

近年来随着社会保险(社保)改革的不断推进——"社保入税"、养老金全国统筹等等,国家对企业劳动用工的合规要求进一步提高。"五险一金"中的"一金"——住房公积金的合规要求并不低于社保,若企业忽视为进城务工人员缴存住房公积金,可能导致意想不到的法律风险。

如《国务院关于解决农民工问题的若干意见》所述,"农民工是我国改革开放和工业化、城镇化进程中涌现的一支新型劳动大军。他们户籍仍在农村,主要从事非农产业,有的在农闲季节外出务工、亦工亦农,流动性强,有的长期在城市就业,已成为产业工人的重要组成部分。大量农民进城务工或在乡镇企业就业,对我国现代化建设作出了重大贡献。"因此,统筹城乡发展,保障农民工合法权益,改善农民工就业环境是劳动法制建设的重要议题,要保障农民工享受应有的社会福利。众所周知,缴存住房公积金是用人单位法定义务,但为何本案中的食品公司未为进城务工人员缴存住房公积金?

首先,从法律渊源来看,设立住房公积金的本意是通过单位和员工共同缴存长期住房储备金的方式解决城镇单位在职员工的购房、租房等问题。在制度设立之初,由于农村人口拥有集体土地供自建住房,因此无需考虑购房、租房问题。从国家法规和政策来看,1999年4月3日施行的《住房公积金管理条例》并未明确规定进城务工人员应缴存住房公积金。2005年1月7日建设部、财政部、中国人民银行发布的《关于住房公积金管理若干具体问题的指导意见》规定:有条件的地方,城镇单位聘用进城务工人员,单位和职工可缴存住房公积金。2006年3月27日《国务院关于解决农民工问题的若干意见》指出:有条件的地方,用人单位和个人可以缴纳住房公积金用于农民工租赁或购买自主房屋。从地方政策来看,本案食品公司所在地省政府曾发文强调,在城市中有稳定工作的进城务工人员及单位可以暂按较低的缴存比例,先行建立住房公积金账户;并设定目标,到2017年将劳动关系稳定的农民工基本纳入住房公积金制度覆盖范围。由此可见,无论是就住房公积金的性质还是政策法规的本意而言,直到近年,农民工都并非强制缴存住房公积金的对象。

其次,多年以前,尚有耕地的农民工流动性较大,常是闲时进城务工,忙时返乡务农,不能或不想留在城市生活,因此并不希望在工资中扣缴住房公积金中个人承担部分。久而久之,企业也不为其缴存住房公积金,这为日后纠纷埋下隐患。

实际上,《住房公积金管理条例》虽未明确进城务工人员应缴存住房公积金,但根据目前司法判例和部分见诸报端的行政处理案例,"在职员工"并不以户籍而区别对待。加之,近年来城市化进程加快,曾位于城市边缘的农村地区通过实施"村改社区"政策逐步变为城市地区,原农村户籍居民同样产生购房、租房的需求。由此来看,将农民工纳入住房公积金缴存范围,也是顺理成章。

本案中食品公司并非恶意欠缴住房公积金;更何况,食品公司所在省份现行政策对农民工缴存住房公积金仍是鼓励为主,而非强制。结合该省 2004 年 10 月取消户籍性质划分的政策,本案中的员工在 2004 年 10 月才不再是农民工身份,而变为强制缴存对象。最终,住房公积金管理中心根据食品公司提交的申辩意见,变更最早补缴时间为 2004 年 10 月。

(二)法律依据与实务分析

如上所述,我国关于住房公积金的法律规定肇始于 1994 年的《住房公积金管理条例》,其后该条例历经数次修改,但未对缴存对象的户籍进行过任何限制,也未提及住房公积金追缴年限问题。原建设部、财政部、中国人民银行《关于住房公积金管理几个具体问题的通知》虽对"在职职工"的范围①进行界定,但内容基本与本案无关。不过,原建设部、财政部、中国人民银行《关于住房公积金管理若干具体问题的指导意见》第 1 条提到:有条件的地方,城镇单位聘用进城务工人员,单位和职工可缴存住房公积金。即城镇单位聘用进城务工人员的,并非无条件强制缴纳住房公积金。此意见与《国务院关于解决农民工问题的若干意见》并行不悖,由此可见该时期国家行政机关对进城务工人员缴存住房公积金问题的倾向。从地方政策来看,《山东省人民政府办公厅关于进一步加强住房公积金管理工作的意见》第 2 条提道,"有关部门要研究将进城务工人员纳入住房公积金制度覆盖范围的办法,在城市中有稳定工作的进城务工人员及其单位可暂按较低的缴存比例,先行建立住房公积金账户。"根据《关于进一步做好农民工缴存使用住房公积金工作的意见》第 1 条"目标要求","到 2017 年,将劳动关系稳定的农民工基本纳入住房公积金制度覆盖范围"。可见,在 2017 年将农民工纳入住房公积金制度是政府的目标要求;据此理解,此前未"达标"的状态,即尚未将农民工纳入住房公积金制度是符合当时情况的。青岛市住房公积金管理中心《关于进城务工人员缴存提取住房公积金有关事项的通知》第 1 条"基本原则"提道:"允许用人单位暂按较低比例为进城务工人员先行建立住房公积金账户,随企业效益提升逐步提高,鼓励有条件的企业一步建缴到位;坚持积极稳妥、分类推进,引导规模大、效益好、用工稳定的企业全员建缴,用工流动性大、季节性强的企业,先将劳动关系稳定的进城务工人员纳入缴存范围,根据企业和职工实际情况逐步展开。"

综合上述关于进城务工人员缴存住房公积金的规定,可以看出,行政机关的意见是明确且一贯的,即有条不紊、由点到面地将住房公积金制度推广到进城务工人员群体,逐步将其纳入住房公积金体系中,而非不附加条件地"一刀切"。

据此,彼时在职员工系进城务工人员的,单位不缴存住房公积金并不违规。而判别员工是否进城务工人员,最准确、可靠和直接的手段就是确认其户口性质。若彼时在职员工为农村户

---

① 《关于住房公积金管理几个具体问题的通知》第 1 条规定:"根据《条例》、国家统计局有关统计指标解释和劳动保障部有关规定,《条例》所称在职职工,是指在国家机关、国有企业、城镇集体企业、外商投资企业、城镇私营企业及其他城镇企业、事业单位、民办非企业单位、社会团体(以下统称单位)中工作,并由单位支付工资的各类人员(不包括外方及港、澳、台人员),以及有工作岗位,但由于学习、病伤假(六个月以内)等原因暂未工作,仍由单位支付工资的人员。包括与单位签定劳动合同或符合劳动保障部门认定的形成事实劳动关系的在岗职工,不包括已离开本单位仍保留劳动关系的离岗职工。"

籍,则单位无强制性法定义务为其缴纳住房公积金,未缴纳的不应构成违法行为。

此观点也在司法实践中得到印证:山东省青岛市中级人民法院裁判的(2013)青行终字第401号案中,青岛市住房公积金管理中心(在行政投诉阶段)和青岛市中级人民法院均认为,进城务工人员(即农业户口人员)不属于强制性缴存住房公积金的主体范围,用人单位不为其缴存住房公积金并不违法;进城务工人员(上诉人)请求青岛市住房公积金管理中心(被上诉人)履行责令其原用人单位为其缴存住房公积金的职责没有法律依据。上海市黄浦区人民法院作出的(2013)黄浦行初字第203号民事判决中,法院认为,虽原告(用人单位)提出第三人(员工)曾系农业户口性质,不属于公积金缴存对象,但经查明员工户口在江苏省取消户口性质前为非农业性质,现统称为家庭户口,属于公积金缴存对象,原告应当依法为其缴存住房公积金,故被告(住房公积金管理中心)所作的责令限期缴存通知书事实清楚,程序合法,有充分法律依据。上述判例均将进城务工人员的户籍性质作为缴存住房公积金与否的判别标准,再次印证户籍性质确实对缴存住房公积金存在影响。

2004年6月,山东省公安厅《关于进一步深化户籍管理制度改革的意见》第1条提道:"在全省范围内取消农业、非农业户口性质的划分,按照常住居住地登记户口的原则,统一登记为居民户口。农村人口在城镇登记常住户口后依法享有当地居民应有的权利,承担应尽的义务。"后该文件经山东省人民政府办公厅转发,于2004年10月1日实施。本案食品公司在律师的协助下,陈述了相关意见并提供该文件、类似判例等,最终被重新认定住房公积金补缴的合理时间,确保了法律法规和相关政策文件的正确施行,也维护了企业合法权益,实现了劳动关系双方利益的平衡。

作者:董传羽

附章　劳动关系衍生诉讼

77. 离职总经理侵犯公司名誉权
——沈某侵犯 C 公司名誉权纠纷案

摘要：公司高级管理人员离职后匿名向不特定对象散布对公司不利的不实言论，法院认定侵犯公司名誉权。

来源：上海市黄浦区人民法院(2015)黄浦民一(民)初字第9609号民事判决书；上海市第二中级人民法院(2016)沪02民终4939号民事判决书。

【事实概要】

沈某于2014年5月担任C公司中国区总经理，账号为ABC、昵称为"西门×萱"的QQ空间及邮箱(XYZ@163.com，下称163邮箱)均系沈某使用。

2015年1月，沈某与公司发生劳动争议。同年1月12日起，沈某使用163邮箱向多家公司高级管理人员发送邮件，称"C公司在我不知情的情况下，单方面对外捏造我辞职了，且在我不在场的情况下，撬我办公室拿走所有物品，拖欠工资"；"没想到C公司竟然会是如此没有诚信的企业，过河拆桥也就罢了，竟然会对事实都赖掉"，"C公司在我休假的时候把我办公室、保险柜等都撬了，拿走我所有物品，销毁证据"等。2015年5月7日，A公司谭某回邮件称："知道您的遭遇，我亦感到震惊，难以置信"；5月8日，B公司总经理宋某回邮件称："得知您不幸遭遇为您感到遗憾并愤慨"。

昵称为"西门×萱"的QQ用户于2015年10月21日向多人发送邮件，内容包括"我从来没有见过像你C公司这么下贱的人"；"直到今天，你还在使用病毒偷盗我的个人信息，破坏我的生活！让我们看看你的所作所为：1.你强迫我们在中国出售过期产品。2.你强迫我们利用假文件注册。3.你强迫我们出售未经法律批准的产品。4.你在我们的手机上安装病毒，并盗取我们的个人信息。5.你不支付给我们工资和公务开支。6.你利用同事偷盗我们的私有物品。7.直到今天，你还在利用手机病毒盗取我们的个人信息。8.你向顾客出售过期产品，当提出质量问题时，你假装没有出售任何产品给他们，并利用律师威胁顾客。C公司是个正常的公司还是个信息中心呢？你就像个窥视者而不是商人！"；等等。

C公司委托上海市静安公证处进行证据保全，静安公证处于2015年11月18日出具了"(2015)沪静证经字第5418号"等3份公证书，C公司支付了公证费人民币9 000元。为本案诉讼，C公司还支付了律师费100 000元。C公司认为，沈某散布的不实信息在C公司的客户及潜在客户中造成极其恶劣的影响，严重侵犯了C公司的名誉权，扰乱了公司经营秩序，并直接对公司商业信誉造成极大损害，导致公司错失大量潜在的商业机会；在沈某发给C公司员工的邮件中也有多处侮辱性词语,侵害了 C 公司的名誉权。

【裁 判 要 旨】

1. 上海市黄浦区人民法院一审判决

C 公司为制止沈某继续损害公司名誉,向上海市黄浦区人民法院(下称一审法院)起诉,请求判令沈某:(1)立即删除侵权言论,包括沈某个人 QQ 空间在内所有侵犯 C 公司合法权益的不实信息,并在上海市公开报纸上以自书的方式向 C 公司书面道歉,内容由法院审核;(2)立即使用其 QQ 邮箱(ABC@ qq.com)及 163 邮箱向 C 公司书面公开道歉,以实名方式向相关邮件接收人澄清其散布的虚假信息,并将书面道歉内容发送以上邮件接收人;若沈某不履行,则要求法院将判决内容通过其他媒体公布,费用由沈某承担;(3)赔偿 C 公司公证费、律师费、翻译费等。

法院另查明,2015 年 1 月 16 日,沈某报警称其在公司内的两台电脑、资料等被偷。民警到场后了解到,此系公司人事变动引起的财物交接问题,应由报警人自行与公司沟通处理。

一审法院认为,公民、法人享有名誉权,禁止用侮辱、诽谤等方式损害公民、法人的名誉。沈某原系 C 公司中国区总经理,在与公司发生劳动合同纠纷后,向 C 公司多家客户的高级管理人员发送邮件,A 公司谭某和 B 公司总经理宋某均回邮件(见上文),证明其相信沈某在邮件中所述均为事实。昵称为西门×萱的 QQ 用户在未经查证的情况下,称 C 公司出售过期及未经法律批准的产品,造成了 C 公司社会评价的降低,已构成对 C 公司名誉权的侵害,沈某应当对此承担相应的民事责任,故 C 公司要求立即删除侵权言论包括沈某个人 QQ 空间在内所有侵犯 C 公司合法权益的不实信息,立即使用其 QQ 邮箱及 163 邮箱向 C 公司书面公开道歉,以实名方式向相关邮件接收人澄清其散布的虚假信息并将向 C 公司书面道歉内容发送以上邮件接收人的诉讼请求,一审法院依法予以支持。

一审法院判决:(1)沈某在判决生效后 10 日内删除在 QQ 邮箱及 163 邮箱中侵犯 C 公司合法权益的相关邮件;(2)沈某在判决生效后 10 日内使用 QQ 邮箱及 163 邮箱向 C 公司书面道歉,并将书面道歉内容发送相关邮件接收人,道歉函的内容由法院核定;否则法院将本案判决书主要内容刊登于其他媒体上,费用由沈某承担;(3)沈某在判决生效后 10 日内偿付 C 公司合理的公证费、翻译费;(4)驳回 C 公司的其他诉讼请求。

2. 上海市第二中级人民法院二审判决

沈某不服一审判决,上诉至上海市第二中级人民法院(下称二审法院),请求撤销一审判决,改判驳回 C 公司一审全部诉讼请求。

沈某上诉称:本案系争邮件均存在于其名下 163 邮箱和 QQ 邮箱中,未曾出现在其 QQ 空间中,原审相关认定有误;涉案 163 邮箱和 QQ 邮箱均为其私人领域,其有权在自己的私人领域内记录个人感受;其未侵犯公司名誉权,其使用 163 邮箱向公司客户单位发送邮件是为搜集劳动合同纠纷案件中的证据;其认为,公司拒付报销费用、在中国区业务步入正轨后就非法解雇其,就是没有诚信、过河拆桥的行为,况且其是向客户单位而非社会公众发送邮件,不会影响公司的社会评价;其使用 QQ 邮箱发送的系争邮件,主要是向公司位于欧洲某国的总部高层领导反映实际情况,其他收件人和抄送人也均为公司员工,因此也不会造成社会公众对公司评价的降低,邮件中提及的公司种种违法行为虽未经有关部门查处,但均是客观事实;公司提起本案诉讼,本质上是因不满劳动合同纠纷案裁判结果而恶意报复其。

C 公司答辩称:不同意沈某的上诉请求。在 C 公司起诉前就有员工反映称在沈某的 QQ 空间内看到过涉案内容;为杜绝沈某的侵权言论再次对外扩散的可能,其理应将系争邮件从邮箱中彻底删除;在以 163 邮箱发送给 C 公司客户单位的系争邮件中,带有很多诬蔑性言论,可以明显看出沈某的目的绝非是搜集证据,而是在客户单位中恶意贬损 C 公司的名誉;沈某通过 QQ 邮箱发送的系争邮件,收件人多达十余人,其中不仅有 C 公司的员工,还有某国总部的部分高管,其中 G 某不仅是 C 公司法定代表人,更是某国总部 CEO,邮件中对 C 公司"用手机病毒盗取员工个人信息""强迫员工销售过期产品、未经法律批准的产品""伪造毒理报告"等指控,在国内外均是严重违法行为甚至构成犯罪,此等未经任何执法机关查证的不实指控严重损害了 C 公司的名誉,对 C 公司经营管理秩序造成的影响更是难以估量;沈某称 C 公司出于报复目的而提起本案诉讼,纯属无稽之谈。综上,请求驳回上诉,维持原判。

二审法院审理后认为,法人的名誉是指社会对特定法人的生产经营能力、资产状况、商业信誉等因素的综合评价。法人的名誉权受法律保护。本案中,沈某通过 163 邮箱向 C 公司多家客户单位发送邮件,指称 C 公司有"拖欠工资""撬办公室""过河拆桥"等失信行为,并有部分客户单位高管因此回复称"感到震惊""遗憾及愤慨"。上述邮件内容已为讼争双方之外的第三方尤其是 C 公司的商业客户所知悉,由此足以影响 C 公司的社会评价,使 C 公司的名誉受损。沈某还通过 QQ 邮箱向包括 C 公司员工及上级公司高层领导在内的 10 多人发送、抄送邮件,并在未经查证的情况下指称 C 公司存在"利用手机病毒盗取员工个人信息""强迫员工销售过期产品、未经法律批准的产品""伪造毒理报告"等严重不法行为,上述邮件内容足以令公司员工和上级公司对 C 公司的商业信誉和经营管理能力作出负面评价。现沈某以系争邮件内容属实、亦未使公众知悉为由,主张其未侵犯 C 公司的名誉权,理由显然不成立,二审法院对其上诉主张不予采信。

综上所述,一审法院认定事实清楚,判决并无不当,二审法院遂判决驳回上诉,维持原判。

【法 律 评 析】

(一)评析要点

本案属高管劳动争议与侵犯法人(公司)名誉权纠纷竞合的典型案例。从程序角度看,公司在劳动争议案之外针对沈某另行提起侵权之诉,属行使法定权利。本案不仅案情复杂,牵涉面广,即沈某通过匿名 QQ 邮箱及其他私人邮箱向公司客户、潜在客户、供应商、员工、相关研究机构等散布大量谣言,取证难度大;而且后果严重,公司相关客户及意向合作方因上述谣言搁置或中止合作,其他员工也人心惶惶。若公司仅在劳动争议程序中被动应对,无法切实有效地维护公司合法权益。

自然人的名誉权受法律保护,法人的名誉权亦受法律保护。本案中,沈某非法散布的不实言论已构成对 C 公司名誉权的侵害,沈某应承担相应的民事责任。故两审法院均判决支持 C 公司的诉讼请求。

（二）法律依据与实务分析

《刑法》第 221 条规定，"捏造并散布虚伪事实，损害他人的商业信誉、商品声誉，给他人造成重大损失或者有其他严重情节的，处二年以下有期徒刑或者拘役，并处或者单处罚金。"《侵权责任法》第 6 条[①]规定，"行为人因过错侵害他人民事权益，应当承担侵权责任。根据法律规定推定行为人有过错，行为人不能证明自己没有过错的，应当承担侵权责任。"第 7 条[②]规定，"行为人损害他人民事权益，不论行为人有无过错，法律规定应当承担侵权责任的，依照其规定。"

按照上述规定，捏造并散布虚伪事实，损害他人的商业信誉、商品声誉，轻者需承担民事侵权责任，重者需承担刑事责任。

笔者在办理本案之初发现，C 公司陈述的案情仅有几封匿名邮件佐证，暂无其他资料。鉴于相关匿名人员不断通过邮件散布谣言损害公司利益，公司名誉受损的范围不断扩大，我们团队在分析基本案情的基础上，经公司欧洲总部同意，相继采取了以下步骤：

1. 向前述匿名邮箱发送律师函并向沈某发送措辞适当的警示函（并未直接指称其从事了违法行为）。律师函等发送后取得了立竿见影之效，相关匿名邮箱发送邮件散布谣言的频率和范围大大减少。

2. 调查取证、固定证据，提起民事诉讼。经细致调查分析，部分匿名邮箱（包括 QQ 邮箱）系以公司提供给沈某之工作手机号码注册；另有线索证明上述 QQ 邮箱确系沈某使用。我们通过公证等手段固定证据，起草了民事起诉状并顺利立案。

3. 在民事起诉的同时，我们还为客户起草了刑事报案书，向相关公安分局和派出所进行刑事报案并取得了书面回执。

本案中，C 公司最初仅仅提供了证据线索（尚非严格意义上的证据）。我们团队运用专业知识乃至法律之外的技术搜集和固定的全部涉案证据，几乎均指向沈某，此时的证据足以证明沈某散布谣言损害公司商业信誉和商品声誉，已达到民事起诉乃至胜诉标准。

在刑事报案之前，我们团队已经估计到，由于民事与刑事证据的差别，本案沈某虽已损害公司商业信誉和商品声誉，但公安机关很可能认为未达严重程度且事出有因（公司内部纠纷），不予立案。因此，我们一开始的目标就是获得书面凭证。经总计两小时以上的据理力争，接案警员终于同意出具书面备案回执。回执虽小，意义重大。此后若相关匿名人员再次侵犯公司合法权益，该备案回执无疑将可证明其屡教不改、情节严重，在后续法律程序中起到常人意想不到的作用；另外，该回执还可证明公司没有怠于行使权利。当然，公司报案举措若被上述匿名人员得悉，显然还会起到相当的震慑作用。

实务中类似案件的难点在于调查取证。针对匿名散布不实信息损害公司等法人单位声誉的行为，单位或受委托的律师应当根据已有线索，在初步确定散布谣言者后，立即固定（公证）不实信息相关证据。单位在固定证据后应立即采取相关警告措施，防止谣言进一步扩散；同时，尽快诉诸法律，尽量减少该等不实信息对单位声誉造成的损害，维护单位的合法权益。

作者：张君强

---

① 现为《民法典》第 1165 条。法条内容作了实质性修改，强调"应当承担侵权责任"的前提是已"造成损害的"。
② 现为《民法典》第 1166 条。法条内容作了文字调整。《侵权责任法》自 2021 年 1 月 1 日废止。

78. 股东赔偿公司损失

——上海某电子元件有限公司与石某"公司的控股股东纠纷、实际控制人纠纷、高级管理人员损害公司利益责任纠纷"案

摘要: 股东合谋私设小金库并私分公司钱款,大股东与公司达成赔偿公司损失的谅解备忘录后,公司起诉小股东要求按出资比例赔偿公司损失,法院部分支持。

来源: 原上海市卢湾区人民法院(2009)卢民二(商)初字第 1150 号民事判决书;上海市第一中级人民法院(2009)沪一中民三(商)终字第 890 号民事判决书。

【事实概要】①

上海某电子元件有限公司(下称公司)系 2001 年 6 月成立的有限责任公司,注册资本人民币 50 万元,股东为冯某及石某,持股比例分别为 62%、38%,冯某任执行董事及法定代表人,石某任监事。

2001 年 7 月至 2006 年 6 月,冯某及石某在公司账户外设立小金库,将未开发票的营业款直接存入小金库账户中,并予以私分。同时两股东以编制假工资单的手法,虚列工资等成本,并将套出的钱款存入小金库账户中使用。对此,上海市卢湾区国家税务局经调查后,于 2008 年 11 月对公司作出"税务行政处罚决定书""税务处理决定书",要求公司补缴税款 151 003.70 元,支付滞纳金 80 308.10 元、罚款 151 003.70 元。之后公司支付了上述款项。

2009 年 7 月,冯某按其出资比例向公司赔偿其所造成的损失 229 389.30 元,并与公司达成了谅解备忘录。

【裁判要旨】

1. 上海市卢湾区人民法院一审判决

因公司要求石某按其出资比例赔偿公司上述经济损失未果,公司遂起诉至上海市卢湾区人民法院(下称一审法院)。一审法院于 2009 年 8 月 11 日受理,2009 年 9 月 9 日公开开庭审理。

公司诉称:石某系公司股东。2001 年 7 月至 2006 年 6 月,石某在担任公司监事及财务人员期间违反财务规章制度及税收法规,直接参与设立公司账外小金库、虚增公司成本,偷漏国家税款,导致公司被上海市卢湾区国家税务局行政处罚 382 315.50 元,造成经济损失。鉴于石某出资占公司股本 38%,故要求石某按其持股比例向公司赔偿 145 280 元。另外,由于石某保管着两本公司账外小金库的账本,故请求判令石某予以返还。

被告石某辩称:设立公司账外小金库、虚增公司成本等行为是在公司控股股东及法定代表人冯某的授意下进行,由此产生的责任应由冯某承担。另外,冯某滥用股东权利通过设立小金

---

① 一审法院查明,二审法院确认。

库非法提取公司的营业款,已经构成了公司法人人格的否认,故原告不具备诉讼主体资格。综上,请求驳回公司的诉请。

一审法院认为,按照公司法的相关规定,公司股东应当遵守法律、行政法规和公司章程,依法行使股东权利,不得滥用股东权利损害公司的利益。本案中公司两股东利用担任公司执行董事及监事的便利,通过私设账外小金库、虚列工资成本等方式,分取公司营业款,致使公司被国家税务机关处罚,造成经济损失。为此,股东理应向公司承担赔偿损失之责任,故公司要求石某作为股东以其出资比例进行赔偿,符合法律规定。然而,值得注意的是,公司向税务机关缴纳的费用中 151 003.70 元系补缴的税款。依法纳税本应是公司应尽的义务,该款项不能视作公司的经济损失,故公司要求石某按比例赔偿该部分的款项不予支持。据此,石某赔偿公司经济损失的具体金额应为 87 898.48 元。石某认为其系在冯某的授意下实施了相关行为,故主观上并不具有过错;由于石某与冯某共同实施了侵害公司利益的行为,在民法上已构成了共同侵权,由谁授意并不影响责任的承担,对石某该项主张不予采信。

在庭审中,石某辩称因冯某滥用股东权利,造成了公司法人人格的否认,公司不具有诉讼主体资格。根据相关法律规定,法人人格否认的情形之一系股东对公司进行不正当支配和控制,本案中两股东利用私设账外小金库不当获取公司资金,已符合公司独立人格否认的情形。然而,适用法人人格否认制度的前提尚在于,股东滥用公司法人独立地位逃避债务,损害公司债权人利益。本案纯粹是一起公司与股东的利益纠纷,并不存在损害债权人的情形,故而不能适用法人人格否认制度。审理中,公司另要求石某返还所制作的账外小金库的账本。由于该账本记录着两股东违法之事实,理应由税务机关作为处罚的事实依据予以收缴,其所有权并不属公司,公司不享有要求返还的民事权利,对其该项诉请不予支持。

一审法院依照《公司法》第 20 条第 1 款、第 2 款之规定,于 2009 年 9 月 14 日作出如下判决:(1)石某于判决生效之日起 10 日内赔偿公司 87 898.48 元;(2)驳回公司其他诉讼请求。

2. 上海市第一中级人民法院二审判决

一审法院判决后,公司、石某不服,均上诉于上海市第一中级人民法院(下称二审法院)。二审法院于 2009 年 10 月 20 日受理后,依法组成合议庭,于 2009 年 10 月 28 日公开开庭进行了审理。

公司上诉请求撤销一审判决第(2)项,改判支持其原审提出的全部诉讼请求。上诉理由为石某未将账外小金库的资金归入公司的法定财务账户,因此补交的税款应由石某支付,公司有权追讨;小金库的账本未为税务机关收缴,故应由公司保管。石某答辩称,其没有任何过错,不需要承担所谓的损失,故不同意公司的上诉请求。石某的上诉请求为撤销一审判决,改判驳回公司原审提出的全部诉讼请求。上诉理由是:公司的实际控制人冯某因涉嫌偷税被公安机关立案侦查并被提起公诉,偷逃税款是冯某的授意,石某没有过错,故不应当承担责任。公司答辩称,不同意石某的上诉请求,坚持其自己的主张。

在二审法院审理过程中,双方均未提供新的证据。

二审法院认为,上海市卢湾区国家税务局于 2008 年 11 月对公司作出"税务行政处罚决定书""税务处理决定书"等证据显示,本案中公司的两名股东冯某和石某利用担任公司执行董事及监事的便利,通过私设账外小金库、虚列工资成本等方式,分取公司营业款,致使公司被国家税务机关处罚。故而,侵权的股东理应向公司承担赔偿损失的责任,故公司要求石某作为股东以其出资比例进行赔偿的诉请符合法律规定,一审法院在判决中扣除相关本应由公司承担的纳税金额,并作出由石某按出资比例赔偿 87 898.48 元的判决并无不当,二审法院予以认可。公司认为小金库的账本未为税务机关收缴,故应由公司保管的主张。对此,二审法院认同一审法院的认定,即"该账本记录着两股东违法之事实,理应由税务机关作为处罚的事实依据予以收缴,其所有权并不属公司,公司不享有要求返还的民事权利",故二审法院对公司的上述主张不予采信。

石某上诉所称,公司的实际控制人冯某因涉嫌偷税被公安机关立案侦查并被提起公诉,偷逃税款是冯某的授意,石某没有过错,故不应当承担责任。对此,二审法院认为,石某在对公司实施侵权行为的过程中处于何种地位,并不影响其责任的承担,在构成共同侵权的前提下,理应按照出资比例承担赔偿责任,故石某的此上诉意见,二审法院亦不予采信。

综上所述,上诉人公司、石某的上诉请求均不成立,一审判决并无不当,应予维持。二审法院遂于 2009 年 12 月 3 日判决:驳回上诉,维持原判。

【法 律 评 析】

(一) 评析要点

本案案由为"与公司有关的纠纷"之"损害公司利益责任纠纷"。此类诉讼一般由公司发起,索赔对象主要是公司的控股股东、实际控制人或高级管理人员。

本案虽非劳动争议,但与劳动争议具有一定的关联。实务中,常见公司高管单独或与其他人员合谋、营私舞弊等损害公司利益的情形,其手法除本案情形外,还包括虚假报销(包括伪造事由以真实发票报销及以假发票报销)、虚构交易签订合同进行对外支付再通过关联公司或人员套取钱款等,许多情况还涉嫌职务侵占等刑事犯罪。

对上述涉嫌违法犯罪的高管,企业一般的处理方式是,首先依据《公司法》和公司章程免除相关高管的职务,然后根据《劳动合同法》第 39 条相关规定解除其劳动合同或劳动关系。必要时可进行刑事报案或依法向法院提起诉讼。根据本案二审判决可以知悉,股东冯某曾因涉嫌偷税被公安机关立案侦查并被提起公诉。

(二) 法律依据与实务分析

本案一审判决援引的《公司法》第 20 条第 1 款、第 2 款规定:"公司股东应当遵守法律、行政法规和公司章程,依法行使股东权利,不得滥用股东权利损害公司或者其他股东的利益;不得滥用公司法人独立地位和股东有限责任损害公司债权人的利益。公司股东滥用股东权利给公司或者其他股东造成损失的,应当依法承担赔偿责任。"

本案一审庭审中,公司为证明其主张,向法庭提供下列证据:(1)公司章程、上海市公安局卢湾分局对石某所做笔录、石某在工商银行及农业银行开立的储蓄账户卡、石某制作的账外小金库账簿;(2)上海市卢湾区国家税务局对公司的行政处罚决定书、告知书、处理决定书及税收缴款书、税务违章问题处理调账回单;(3)公司 2002 年至 2006 年的"应付福利费"的财务账册、公司改制时所出具的承诺书;(4)冯某与公司达成的"关于冯某赔偿公司税务罚款备忘录"及冯某支付公司赔偿款 229 389.30 元的银行对账单。石某对上述证据的真实性不持异议,故法院对其真实性予以确认。

　　本案庭审中,一审法院还向上海市公安局卢湾分局调取了该局对冯某所做的笔录及上海某会计师事务所有限公司对公司的司法鉴定意见书。当事人对前述资料无异议。公司申请证人杨某及陶某出庭作证。两名证人向法庭陈述,其系公司职工,任职期间曾听说石某及冯某在公司账外设立小金库,并分取其中款项。

　　根据上述证据,两审法院支持了公司的部分诉请。值得一提的是,本案适用法律虽为《公司法》,实质为侵权纠纷,石某在本案中系共同侵权人。

　　本案还存在法人人格否认的问题。一审中,石某辩称因冯某滥用股东权利,造成了公司法人人格的否认,公司不具有诉讼主体资格;一审法院认为,本案中两股东利用私设账外小金库不当获取公司资金,已符合公司独立人格否认的情形,但本案是公司与股东的利益纠纷,并不存在损害债权人的情形,故而不能适用法人人格否认制度。换言之,若本案适用法人人格否认,则公司不能作为原告起诉石某,石某会因此获益,其侵权行为将无法得到司法的否定评价,因此,法院并不支持石某的主张。

　　除公司与股东的侵权纠纷外,实务中,董事、总经理等高管以各种手段损害公司利益导致公司索赔的民事诉讼也日益增多。例如笔者团队代表某外资企业处理的一起案件中,公司前总经理(离职前任董事,外籍华人)将其工资报酬分解为若干名目,违规抵扣、报销或隐瞒所得,少缴巨额个人所得税。公司发现后聘请专业税务顾问予以核查并向税务机关如实汇报、补缴税款和滞纳金达480余万元,为此起诉该前总经理要求返还上述款项。

作者:齐斌

79. 高级管理人员赔偿公司损失
——安藤与上海寿东包袋有限公司高级管理人员损害公司利益赔偿纠纷案

摘要：前总经理侵占、挪用公司财产,公司索赔获法院部分支持。

来源：上海市第二中级人民法院(2010)沪二中民四(商)初字第96号民事判决书;上海市高级人民法院(2011)沪高民二(商)终字第40号民事判决书。

【事 实 概 要】①

上海寿东包袋有限公司(下称寿东公司或公司)于1993年4月注册成立,现股东为香港寿东国际有限公司和上海安巷工贸有限公司(系受让原上海市嘉定区方泰赵巷五金厂股权)。香港寿东国际有限公司系日本寿东WHY集团的子公司。安藤××(下称安藤)于2004年2月受日本寿东WHY集团委派至(上海)寿东公司担任总经理一职,全面负责公司生产和经营管理,至2008年4月30日离职。

2008年5月21日,安藤在一份致日本寿东WHY集团石原一三总经理的《还款确认书》上签字。该确认书具体内容为"关于本人应返还(上海寿东)公司的项目以及金额同意如下:1. 教育费10 732 995日元;2. 接待交际费6 757 076日元(但是本金额中可以明确看出包括了和寿东F/S集团成员一起吃饭的,应将该金额扣除。该金额由WHY总部再调查。)3. 使用用途不明的金额中,可明确认作私用的365 919日元;4. 未调查的使用不明金额2 259 363日元。合计20 115 353日元。由于尚未完成全部时期的调查,同意将今后调查的金额加到上述金额中。另外,关于还款方法请允许另行确认。"

2009年2月1日,上海某会计师事务所出具的《审计报告》载明,寿东公司2006年1月至2008年4月30日期间以现金收款的"内买"和特卖的实际销售金额为人民币2 628 153元,公司法定财务账簿记录的相应销售金额为人民币1 769 108元,两者差异为人民币859 045元。

2009年3月24日,日本寿东WHY集团办公室主任猪狩在公安机关所作询问笔录中称,董事会一致同意安藤子女的教育费用超出公司规定的部分由其个人承担,但当时安藤已经向公司报销了,所以要求他返还给公司,为此,安藤亲笔在《还款确认书》上签字。

2009年7月21日,上海市嘉定区国家税务局的《税务处理决定书》认定:寿东公司2006年—2008年未开具发票收取现金部分产品销售收入人民币859 045元未申报纳税,追缴应补税款万分之五的滞纳金人民币70 768.88元。2009年8月24日,寿东公司缴纳了上述滞纳金。

2009年9月22日,上海市第二中级人民法院作出(2009)沪二中刑初字第106号刑事判决,认定安藤于2008年3月至4月间,利用担任寿东公司总经理的职务便利,授意财务经理章某将公司小金库资金人民币755 460.42元提取后归安藤个人使用。据此,安藤犯挪用资金罪,被判处有期徒刑3年,缓刑3年。

---

① 一审查明,二审确认。

本案一审审理中,寿东公司就《还款确认书》上各项金额作了进一步说明。关于安藤子女教育费用部分,寿东公司是参照上海市日本人学校收费标准,已经扣除了应当由寿东公司按照《海外规定》负担的部分。关于招待费用,因为寿东公司是总经理负责制,只有安藤签字才能报销。根据报销凭证,只要能够说明具体招待去向以证明是用于公务的,已经全部予以扣除;剩下部分都是没有具体用途,且安藤自己也无法合理说明的,故应当由安藤归还给寿东公司。关于安藤明确认作私用部分,是安藤至海外出差时购买个人物品在寿东公司报销的金额,应当归还。至于未调查使用不明部分,是安藤至海外(包括返回日本)的出差费用,其中有住宿费、餐饮费等,住宿费公司已经同意为其报销,予以扣除,剩下的全部是餐饮费,不能报销,应当返还给寿东公司。

【裁 判 要 旨】

1. 上海市第二中级人民法院一审判决

因安藤在签署上述《还款确认书》后反悔,寿东公司向上海市第二中级人民法院(下称一审法院)起诉,认为安藤利用担任总经理的职务便利,侵占、挪用了公司财产,给公司造成经济损失,应承担民事责任,遂请求判令:(1)归还占用公司资金款额 20 115 353 日元,按照《还款确认书》签署当日汇率,折合人民币 1 341 024 元计付;(2)赔偿公司支出的税务滞纳金人民币 70 768.88 元;(3)赔偿公司支付的审计费人民币 60 000 元。

一审法院认为本案系公司高级管理人员损害公司利益赔偿纠纷。争议焦点在于《还款确认书》的效力及其内容的真实性,因此,对《还款确认书》作如下分析:

(1)关于安藤报销子女教育费用的问题。根据专项审计报告,安藤在其任职期间子女报销费用共计人民币 114 万余元,而现在寿东公司诉请安藤返还教育费用 10 732 995 日元(折合人民币 72 万余元),两者之间有较大的差额,由此可见,寿东公司扣除应当由单位负担的安藤子女教育费用部分后再与安藤本人协商确认还款金额的事实成立,寿东公司该项诉求具有合理性。安藤辩解其系经过日本寿东 WHY 集团同意报销后才让其子女就读国际学校的。对此,日本寿东 WHY 集团的负责人猪狩的证词否定了该说法,安藤对此也未能提供其他证据佐证,且系争费用是以职工培训费用名义报销的,日本寿东 WHY 集团称一直未能察觉亦符合常理,故安藤在此节事实上的主张缺乏事实依据,一审法院不予采信。安藤应当按照《还款确认书》上确认的相应数额返还给寿东公司。

(2)关于安藤报销招待费用的问题。一审法院认为安藤在无法说明相关费用合理用途的情况下,应当按照《还款确认书》上确认的 6 757 076 日元扣除招待寿东 F/S 集团费用 768 122 日元后来确定安藤应返还给寿东公司的金额。

(3)关于安藤报销私用费用的问题。根据专项审计报告,安藤任职期间其他费用报销为人民币 38 740.39 元,上述其他费用是安藤在海外出差时购买私人物品所用。现寿东公司诉请安藤返还 365 919 日元(折合人民币 24 575 元),低于审计的金额,故寿东公司关于已经扣除合理部分的解释成立。安藤对此部分费用也没有进行合理的说明,故应当按照《还款确认书》上确认的数额 365 919 日元返还给寿东公司。

(4)关于安藤报销使用不明金额的问题。根据专项审计报告,安藤任职期间报销海外就餐费用人民币 20 万余元。根据日本寿东 WHY 集团制定的《海外规定》,驻海外公司职员海外出差不给予津贴,故安藤至海外出差按规定是不能报销餐费的。现寿东公司诉请安藤返还 2 259 363 日元(折合人民币 151 737 元),并且进一步说明已同意安藤报销海外出差住宿费用,显然寿东公司已经作了减免。安藤应当按照《还款确认书》上确认的数额 2 259 363 日元返还给寿东公司。

综上,本案系争《还款确认书》所确定的赔偿内容真实合理,具有合同法律效力,应予确认。安藤应当返还 19 347 231 日元给寿东公司。此外,《还款确认书》签署日期为 2008 年 5 月 21 日,该日汇率为每 1 元人民币兑换 14.89 元日币,故上述 19 347 231 日元应折合成人民币 1 299 343.92 元由安藤归还给寿东公司。

关于安藤是否应当赔偿寿东公司税务滞纳金的问题,一审法院认为,依据证人章某的证词,寿东公司的小金库在安藤上任前就已经存在,但存在并非就是合理,安藤可以不继续设立小金库。根据《审计报告》,在安藤任职期间有人民币 85 万余元销售款未入账,章某的证词可以说明未入账款项都是现金收入,且都按照安藤的要求存入了以其个人名义开立的银行账户。再根据生效的刑事判决书,可以证明安藤控制支配寿东公司的小金库,且挪用了小金库人民币 75 万余元的事实。上述证据都充分证明了该小金库是安藤一人控制使用的事实。由于寿东公司私设小金库,导致被税务机关处罚滞纳金,而该滞纳金与安藤的上述行为有必然的因果联系,安藤应当赔偿寿东公司因缴纳滞纳金所产生的经济损失人民币 70 768.88 元。

另,关于安藤是否应当赔偿寿东公司为实现债权支付的审计费用的问题,一审法院认为,该审计并非在审理过程中为查明事实而必要的司法审计,寿东公司亦可以采取其他方法佐证其主张,该费用与本案安藤作为公司高级管理人员损害公司利益没有直接的关系,从公平合理角度出发,寿东公司主张安藤赔偿审计费用人民币 60 000 元的理由不充分。

综上所述,安藤作为寿东公司总经理,在其任职期间利用职务便利,违反相关规定,采用违规报销方法挪用公司资金和以个人名义存储并使用公司资金,侵占了寿东公司的财产,并造成寿东公司被处罚税务滞纳金,其应当承担返还侵占寿东公司资金和赔偿寿东公司经济损失的责任。据此,一审法院依照《民法通则》第 4 条和《公司法》第 148 条、第 149 条第 1 款第(1)、(2)项、第 150 条的规定,判决:(1)安藤返还寿东公司人民币 1 299 343.92 元;(2)安藤赔偿寿东公司经济损失人民币 70 768.88 元;(3)对寿东公司的其余诉讼请求不予支持。

2. 上海市高级人民法院二审判决

安藤对一审判决不服,向二审法院提起上诉,请求撤销一审判决,改判驳回寿东公司的全部诉讼请求。二审法院于 2011 年 6 月 2 日立案受理,2011 年 8 月 11 日公开开庭对本案进行了审理。

二审法院认为,民事法律行为从成立时起具有法律约束力。本案中,上诉人安藤在《还款确认书》中承诺其应返还寿东公司合计 20 115 353 日元之款项。该确认书由安藤本人签字。从内容上看,关于"接待交际费"亦有"公务招待部分应予扣除"的表述,反映出费用计算的合理性。安藤作为具有完全民事行为能力的自然人,在《还款确认书》上确认还款系其真实意思表示,未违反法律、行政法规的规定,当属有效。据此,安藤主张《还款确认书》无效缺乏法律依据,二审法院不予支持。一审判决安藤向寿东公司返还人民币 1 299 343.92 元、赔偿经济损失人民币 70 768.88 元系结合上述《还款确认书》、专项审计报告的相关内容,并参考双方庭审陈述计算得出,处理正确,应予维持。

综上,二审法院于 2011 年 9 月 20 日判决驳回上诉,维持原判。

【法 律 评 析】

(一) 评析要点

本案案由系"损害公司利益责任(赔偿)纠纷"。本案并非劳动争议,但与高管履行职务(履行劳动合同)的行为有关。

本案一审法院将双方争议焦点归纳为《还款确认书》的效力及其内容的真实性,实质是安藤应否归还公司诉请的款项以及应当归还多少。

此类案件往往涉及刑事犯罪。如上所述,因本案所涉小金库资金,安藤被法院以挪用资金罪判处有期徒刑 3 年(缓刑 3 年)。

(二) 法律依据与实务分析

本案一审判决援引的《民法通则》第 4 条①规定:"民事活动应当遵循自愿、公平、等价有偿、诚实信用的原则。"这主要是针对安藤向案外人(日本寿东 WHY 集团)总经理出具的《还款确认书》。

一审判决援引的、当时有效的《公司法》②第 148 条、第 149 条第 1 款第(1)、(2)项、第 150 条分别对应现行《公司法》③第 147 条,即"董事、监事、高级管理人员应当遵守法律、行政法规和公司章程,对公司负有忠实义务和勤勉义务。董事、监事、高级管理人员不得利用职权收受贿赂或者其他非法收入,不得侵占公司的财产";第 148 条第 1 款第(1)、(2)项,即"董事、高级管理人员不得有下列行为:(一)挪用公司资金;(二)将公司资金以其个人名义或者以其他个人名义开立账户存储……";以及第 149 条,即"董事、监事、高级管理人员执行公司职务时违反法律、行政法规或者公司章程的规定,给公司造成损失的,应当承担赔偿责任"。上述条款也是本案公司提起诉讼的法律依据。

如本案二审判决所述,安藤在《还款确认书》中承诺其应返还寿东公司款项,该确认书由其本人签字,费用计算合理,"具有合同法律效力"(二审判决说理部分将该确认书直接表述为"还款协议书");安藤作为具有完全民事行为能力的自然人,在《还款确认书》上确认还款系其真实意思表示,未违反法律、行政法规的规定,当属有效,其主张《还款确认书》无效缺乏法律依据。可见,除非安藤能够证明其在出具上述《还款确认书》时存在重大误解或者本案公司或关联方人员有欺诈、胁迫、乘人之危的行为,或者确认书内容显失公平,其很难否认该确认书的效力;而且即使存在上述情形,因不涉及国家利益,安藤也只能请求人民法院或者仲裁机构变更或者撤销该确认书,而无法主张该确认书无效。

---

① 民事活动应当遵循的原则现为《民法典》第 4—9 条的规定。《民法通则》于 2021 年 1 月 1 日废止。
② 2005 年 10 月 27 日修订、2006 年 1 月 1 日实施。
③ 2018 年 10 月 26 日修正、实施。

　　有必要说明,2021 年 1 月 1 日生效的《民法典》不再有"乘人之危"的提法,亦不再将订立合同"显失公平"列为单独的"可撤销"事由;其第 151 条规定,"一方利用对方处于危困状态、缺乏判断能力等情形,致使民事法律行为成立时显失公平的,受损方有权请求人民法院或仲裁机构予以撤销。"

作者:齐斌

80. 职 务 侵 占
——张某、施某、张某某、倪某某职务侵占案

摘要: 私营企业员工利用职务上的便利,与本企业其他员工共谋将本企业财物非法占为己有,达到数额较大的标准,构成职务侵占罪。

来源: 上海市静安区人民法院(2017)沪 0106 刑初 808 号刑事判决书①。

【事实概要】

根据上海市静安区人民检察院沪静检诉刑诉[2017]941 号起诉书,张某于 2009 年 7 月开始担任炜歆公司客服,负责联系客户报价、跟踪订单等。2014 年 1 月至 2016 年 3 月,张某利用职务便利,在炜歆公司员工施某、张某某、倪某某的同意和配合下,虚增炜歆公司与相关公司的业务订单,并设法使相关公司多开收款发票,从而蒙骗炜歆公司向上述公司支付不必要的应付货款共计人民币 123.69 万余元;再通过施某、张某某、倪某某从相关公司处套取上述货款并予以侵吞,为此还向相关公司支付了一定比例的"开票费"。

2017 年 1 月 4 日,被告人张某主动至公安机关投案,如实供述了上述事实。案发前,张某在其亲属帮助下已先行退赔炜歆公司 40 万元。2017 年 2 月 14 日,被告人施某、张某某、倪某某主动至公安机关投案。到案后,倪某某如实供述了上述事实;张某某起初存在辩解,后如实供述了主要事实;施某如实供述了主要事实,后否认部分事实,在庭审中又如实供述了上述事实。

另,案发后,被告人施某、张某某、倪某某分别向被害单位炜歆公司退赔 19.7 万余元、12.4 万余元、12.6 万余元,并取得了被害单位谅解。

【判决要旨】

上海市静安区人民法院经审理认为,被告人张某身为公司人员,以非法占有为目的,利用职务上的便利,分别与被告人施某、张某某、倪某某共谋,共同将本单位财物非法占为己有,其中被告人张某参与侵占财物数额巨大,施某、张某某、倪某某参与侵占财物数额较大,其行为均已构成职务侵占罪,依法应予惩处。公诉机关指控的罪名成立。本案系共同犯罪,被告人张某起主要作用,系主犯,依法应当按照其所参与的全部犯罪处罚;被告人施某、张某某、倪某某起次要或者辅助作用,依法应当从轻处罚。被告人张某犯罪以后自动投案,如实供述自己的罪行,系自首,且在案发后向被害单位退赔了部分违法所得,依法可以减轻处罚。被告人施某犯罪以后自动投案,如实供述了主要犯罪事实,后对部分犯罪事实翻供,但在一审宣判前又能如实供述,仍可认定为自首,且在案发后向被害单位退赔了部分违法所得,取得了谅解,依法可以从轻处罚并宣告缓刑。被告人张某某虽不具有自首情节,但能如实供述自己的罪行,且在案发后积极退赔被害单位经济损失,取得了谅解,依法可以从轻处罚。被告人倪某某犯罪以后自动

投案,如实供述自己的罪行,系自首,且在案发后积极退赔被害单位经济损失,取得了谅解,依法可以从轻处罚并宣告缓刑。

据此,上海市静安区人民法院判决:(1)张某犯职务侵占罪,判处有期徒刑2年6个月;(2)施某犯职务侵占罪,判处有期徒刑1年3个月,缓刑1年3个月;(3)张某某犯职务侵占罪,判处有期徒刑7个月;(4)倪某某犯职务侵占罪,判处拘役6个月,缓刑6个月;(5)责令退赔违法所得,连同已退赔的赃款,发还被害单位;缴获的犯罪工具等予以没收。

【法 律 评 析】

(一)评析要点

本案是一起典型的职务侵占案,个别员工利用在公司的职务便利并串通公司其他业务部门人员,通过虚增本公司与相关公司的业务订单,设法使相关公司多开收款发票,从而蒙骗本公司向相关公司支付不必要的应付货款,然后再从相关公司处套取多付的货款并予以侵吞。本案涉案人员的作案手法相对比较隐蔽,以本公司"正常"应付款的形式掩盖了虚增本公司债务的实质,导致本公司遭受一百余万元经济损失。尽管本案涉案人员有自首或如实供述犯罪行为的情节并向受害的本公司退赔,但因其侵占公司财产数额分别达到了"巨大""较大"(具体规定见下文)程度,因而被追究刑事责任。

(二)法律依据与实务分析

《劳动法》第25条第(3)项和《劳动合同法》第39条第(3)项均规定,劳动者严重失职、营私舞弊,给用人单位(利益)造成重大损害的,单位可以解除劳动合同。在此情形下无需向员工支付任何经济补偿。

员工因严重失职、营私舞弊(方便起见以下统称"舞弊")导致用人单位"重大损害"的标准,法律并无明确规定。对此,可适当参考刑事范畴"职务侵占罪"[①]的立案标准。最高人民检察院、公安部《关于公安机关管辖的刑事案件立案追诉标准的规定(二)》(公通字〔2010〕23号)第84条规定:"公司、企业或者其他单位的人员,利用职务上的便利,将本单位财物非法占为己有,数额在五千元至一万元以上的,应予立案追诉。"据此,员工给用人单位造成人民币5 000元以上的损害,一般可认定为重大损害。

实务中,大多数企业对职业舞弊行为都采取零容忍的态度。若员工舞弊给企业造成的损害不足人民币5 000元,并非没有处理依据。《劳动合同法》第39条第(2)项规定,劳动者严重违反用人单位规章制度的,单位可以解除劳动合同。因此,若用人单位依法制定的规章制度对员工舞弊行为有明确规定而员工严重违反,单位可据此依法解除员工的劳动合同。用人单位可在依法制定的规章制度中明确列举舞弊的具体情形,并规定任何舞弊行为均属严重违反规章制度,将导致立即解除劳动合同(日系企业多称"惩罚性解雇")。当然,这只是最大限度保护用人单位权益的一种可行举措,实务中劳动争议仲裁员和/或法官仍可能坚持以单位的损失

---

① 《刑法》第271条第1款规定:"公司、企业或者其他单位的人员,利用职务上的便利,将本单位财物非法占为己有,数额较大的,处五年以下有期徒刑或者拘役;数额巨大的,处五年以上有期徒刑,可以并处没收财产。"

金额为标准,认定员工舞弊行为是否达到严重程度。此外,职业舞弊一般会导致企业经济损失且主要表现为直接的金钱损失,企业可通过民事诉讼要求舞弊员工赔偿损失,或者对与舞弊员工有关的第三方公司提起不当得利之诉。

若员工舞弊行为情节严重、侵占公司财产数额较大,[①]可能触犯刑法。除本案外,职务侵占常见的情形还包括私设"小金库"并用之进行个人消费、私分违规收取的现金、虚假报销、与自己或亲友设立的公司从事违规交易等。一旦公司内审部门、中介机构或相关政府机关(尤其税务机关)发现该等情形,企业可依法处理。

笔者认为,职业舞弊主要是因企业的风险控制等管理制度不规范、不完善导致,其次是企业对员工的合规培训不足。因此,企业为防范员工职业舞弊,主要应加强以下两方面的管理:

首先,完善内部风险控制制度及财务管理制度,对采购、报销等舞弊行为高发的业务活动和流程进行严格把控,细化具体的审批权限,尤其是针对高级管理人员的审批权限。同时,将前述管理制度与劳动人事规章制度关联,对未能严格遵守规章制度的员工进行职位晋升、年终奖励、员工激励等方面的限制,同时对模范遵守规章制度的员工给予额外的激励、奖励等,促使员工自觉遵守规章制度。

其次,加强对员工的合规培训,强化员工防范职业舞弊的风险意识。在培训中,让员工切实理解,一旦从事舞弊,不仅仅是违反企业规章制度、可能被辞退,亦可能触犯刑法,导致相应的刑事处罚。另外,针对美资企业或在美上市的企业,还应对全体员工进行《反海外腐败法》(FCPA)合规培训,以免因员工在中国的舞弊行为导致公司遭受美国政府(司法部和证券交易委员会等)的相关处罚乃至产生刑事责任。

此外,在调查职业舞弊、固定相关证据的时候,往往需要借助法务会计、数据恢复和检索等技术手段并进行公证。[②]

作者:张君强

---

① 《最高人民法院、最高人民检察院关于办理贪污贿赂刑事案件适用法律若干问题的解释》第 11 条第 1 款规定:"刑法第一百六十三条规定的非国家工作人员受贿罪、第二百七十一条规定的职务侵占罪中的'数额较大''数额巨大'的数额起点,按照本解释关于受贿罪、贪污罪相应的数额标准规定的二倍、五倍执行。"该解释第 1 条第 1 款规定:"贪污或者受贿数额在三万元以上不满二十万元的,应当认定为刑法第三百八十三条第一款规定的'数额较大',依法判处三年以下有期徒刑或者拘役,并处罚金。"因经济发展水平等原因,各地司法实践中"数额较大""数额巨大"的标准可能不尽一致。

② 齐斌、张君强:《中国劳动法视角下职业舞弊应对与防范》,载《商法》2019 年 4 月 9 日。

附 录　拓 展 案 例

为顾及读者阅读的广度和审读,我们精选了如下 20 个案例,感兴趣的读者可扫码付费阅读。

1. 劳动法的适用范围:承包出租车的司机与出租车公司是否存在劳动关系
   ——郭某与徐州市某汽车出租有限公司劳动争议案
2. 劳动法的适用范围:事实劳动关系认定
   ——丁某与镇江永安器材有限公司劳动争议案
3. 劳动法的适用范围:船员劳动关系的确认
   ——孙某与厦门中远海运劳务合作有限公司、东方海外货柜航运有限公司船员劳务合同纠纷案
4. 劳动者与用人单位的权利:外籍高管索赔劳动合同剩余期限工资
   ——上海某财务管理咨询公司诉夏某劳动合同纠纷案
5. 劳动合同订立的程序:"缔约过失"诉讼案
   ——陆某与掘新科技(上海)有限公司其他劳动争议案
6. 劳动关系的确认:合作协议纠纷
   ——王某诉上海温石文化传媒有限公司劳动合同纠纷案
7. 劳动合同的效力:高管竞业限制案
   ——威迩徕德公司与刘某竞业限制纠纷案
8. 劳动合同的解除:协商解除劳动合同的经济补偿
   ——陈某与广州市金力清洁服务有限公司劳动争议纠纷案
9. 劳动合同的解除:员工离职需提前两个月通知的约定是否有效
   ——利达公司与干某劳动合同纠纷案
10. 劳动合同的解除:员工辞职后主张经济补偿
    ——陈某与南京某电气有限公司劳动争议案
11. 劳动合同的解除:员工因旷工被过失性辞退
    ——刘某与北京点米网络科技股份有限公司等劳动争议案
12. 劳动合同的解除:严重违反用人单位规章制度
    ——朱某与某信托公司劳动合同纠纷案
13. 劳动合同的解除:违法解除劳动合同的后果
    ——京隆公司与张某赔偿金纠纷案
14. 劳动合同的终止:无固定期限劳动合同能否终止
    ——王某与福陆(中国)工程建设有限公司劳动合同纠纷案
15. 劳动合同的终止:重病员工的医疗补助费
    ——深圳市某电机电业制造厂、香港某实业有限公司与刘某劳动合同纠纷案